物流三部曲

贺登才 著

中国财富出版社有限公司

图书在版编目（CIP）数据

物流三部曲．知／贺登才著．－－北京：中国财富出版社有限公司，2024.8
（2024.10 重印）．－－ ISBN 978-7-5047-8210-6

Ⅰ．F252.1-53

中国国家版本馆 CIP 数据核字第 202403FB39 号

策划编辑 朱亚宁	责任编辑 王 君	版权编辑 李 洋
责任印制 梁 凡	责任校对 庞冰心	责任发行 董 倩

出版发行	中国财富出版社有限公司		
社　　址	北京市丰台区南四环西路 188 号 5 区 20 楼	邮政编码	100070
电　　话	010－52227588 转 2098（发行部）	010－52227588 转 321（总编室）	
	010－52227566（24 小时读者服务）	010－52227588 转 305（质检部）	
网　　址	http://www.cfpress.com.cn	排　　版	宝蕾元
经　　销	新华书店	印　　刷	宝蕾元仁浩（天津）印刷有限公司
书　　号	ISBN 978-7-5047-8210-6/F·3707		
开　　本	787mm×1092mm　1/16	版　　次	2024 年 9 月第 1 版
印　　张	46.5	印　　次	2024 年 10 月第 2 次印刷
字　　数	687 千字	定　　价	168.00 元（全 3 册）

前　言

本人于 1998 年 1 月由山西进京工作，当时的服务单位是中国物资流通协会。2000 年 2 月，原单位更名重组，成立中国物流与采购联合会（简称中物联），我先后任办公室副主任、研究室主任、副秘书长，2010 年 2 月起任副会长。2005—2023 年，全面负责中国物流学会日常工作，先后任副秘书长、副会长（执行）、秘书长。

过去的 20 多年，是我国现代物流大发展的重要阶段，也是中国物流与采购联合会奠定行业地位的关键时期。本人有幸参与其中，在本单位领导、同事及业界同人的支持帮助下做了一些工作，积累了部分资料。在即将卸任的时候，我对这些资料做了归纳整理，选择其中有代表性的 139 篇结集成书，始于 2001 年 11 月，止于 2024 年 8 月，分为"知""行""策"三篇。

第一篇"知"，收录 49 篇文章，包括在《求是》《半月谈》《人民日报》《经济日报》《瞭望》杂志和《中华人民共和国年鉴》等中央媒体发表过的文章，也有在《中国交通报》《宏观经济管理》《经贸导刊》《中国物流与采购》《物流技术与应用》等行业媒体发表过的，还有学习强国、国家发展改革委和交通运输部等网站登载过的作品；有本人为《现代物流服务体系研究》《中国物流学术前沿报告》《中国物流重点课题报告》《中国物流园区发展报告》《中国公路货运发展报告》等书所写的前言、序言（有改动），也有为业内知名专家和年轻人书稿所作的序，还有部分讲稿提纲；既呈现了我

国现代物流逐步成长壮大的历程，也能反映出本人对现代物流基本规律由浅入深的认识过程。

本书的第二篇"行"，收录44篇文章。因为工作的原因，这20多年来，本人走遍了全国包括港澳台在内的所有省级行政区，地市级行政区起码去过四分之一，还去美国、日本和欧洲一些国家学习考察。通过走访调研，深入一线了解第一手资料，为向政府部门提出精准的政策建议提供了活水源头。本篇收录了本人在一些地方的讲话要点和致辞大意，由于篇幅所限，还有大量长篇文稿无法收录进来。本人感觉，深入实地走访调研，是做好行业协会工作的"基本功"，也是服务政府、服务行业、服务企业的"重头戏"。

本书第三篇"策"，收录46篇文章。反映企业诉求，提出政策建议，是行业协会的基本职能，也是本人的重点工作。20多年来，我有幸参与了国务院三大"物流发展规划"的研究起草工作，即2009年《物流业调整和振兴规划》，2014年《物流业发展中长期规划（2014—2020年）》和2022年《"十四五"现代物流发展规划》。作为"十四五"国家发展规划专家委员会中的一员，我还参与了《中华人民共和国国民经济和社会发展第十四个五年规划和2035年远景目标纲要》的前期研究和中期评估工作。

在参与国家规划研究起草工作的同时，向政府建言献策，我代表中物联为改善物流业发展的政策环境奔走呼号。特别是2009年9月，本人主持起草的"物流发展60条建议"，曾作为当年国务院办公厅现代物流调研组调研提纲，大部分建议被纳入《国务院办公厅关于促进物流业健康发展政策措施的意见》（国办发〔2011〕38号）（业内俗称"国九条"），对改善物流政策环境起了积极的推动作用，也是为中华人民共和国成立60周年的献礼。

除此之外，我还多次参加全国人大、全国政协、中央军委后勤保障部、国家货币政策委员会，国务院办公厅、研究室、参事室、职转办，国家发展改革委、财政部、国家税务总局、商务部、工业和信息化部、交通运输部、市场监督管理总局、国家铁路集团等部门和单位关于物流议题的相关座谈

会，提出政策建议。也曾列席国务院常务会议，出席物流政策协调会，与副总理、国务委员、秘书长当面对话，解释提出政策建议的必要性和紧迫性。

多年来，我们提出的许多政策建议被采纳，在业内乃至全社会都取得了积极效果。如，取消高速公路省界收费站、物流企业大宗商品仓储设施用地城镇土地使用税减半征收、允许物流快递企业"一照多址"登记注册、疫情防控期间阶段性减免高速公路过路费等。当然，有些建议虽然多年多次提出，仍然有待落实。随着网络化、数字化、智能化不断深入，我们还将遇到新的政策问题。反映企业诉求，提出政策建议，参与政府决策，支持行业高质量发展，是行业协会工作永恒不变的主题。

"知"是"行"之始，"行"是"策"之源。物流知、行、策，是本人从事行业协会工作20多年的基本准则和切身感悟。一个来自小地方的"物流小白"，能够见证和参与行业基础工作，并有所积累和感悟，主要得益于"天时、地利、人和"。一是改革开放好时代给每一位拼搏奋斗的追梦人带来了无限机会；二是现代物流大平台的广泛性，使我能够接触到政产学研用方方面面的人和事；三是在我的人生道路上，每走一步都得到了领导、老师和同事的帮助和支持。借本书问世之际，我向所有关心支持帮助过我的贵人致以深深的敬意！

二〇二四年八月十四日

目　录

2002 年全国物流与采购工作综述

(二〇〇三年四月十五日)

物流与采购是传统的经营行为，而现代物流是一门新兴产业。"物流"概念自 20 世纪 70 年代末引入我国以来，经历了近 20 年的启蒙研讨、酝酿尝试，到 90 年代后期，在改革开放和现代化建设的推动下，伴随着跨国公司的进入和信息技术的发展，才开始在经济生活中推广应用，并引起社会各界的广泛关注。

新世纪的第一年，以物流业发展进入"十五"规划，六部委出台首部关于加快物流发展的"若干意见"，首家全国性物流行业协会挂牌，国家标准《物流术语》颁布实施，第一个物流示范基地建立和各地大力推动物流规划与建设等重大事件为标志，被称为中国物流发展的"起步年"。

2002 年，是我国加入 WTO 后的第一年，也是中国物流取得重大进展的一年。在持续"升温"的基础上，物流与采购领域呈现出新的发展态势，理论和实践层面都有实质性进展。不少专家指出：2002 年，将以从"务虚"到"务实"的"转折年"，被写入我国物流发展的史册。

一、党中央、国务院和各级政府对现代物流给予极大关注

2002 年 2 月 25 日，江泽民在省部级主要领导干部国际形势与世界贸易

组织专题研究班上发表讲话，指出：由于长期受计划经济体制的影响，"重生产、轻流通"的观念烙印很深，这也是影响经济发展的一个重要原因。发展社会主义市场经济，搞好流通极为重要，是消费通过流通来决定生产。只有现代的流通方式才能带动现代化的生产，大规模的流通方式才能带动大规模的生产。因此，要大力支持和推动连锁经营、集中配送等现代流通方式，推动经济发展，提高竞争力。

朱镕基、李岚清和吴仪等都对发展现代物流做出明确指示。2002年两会期间，代表和委员共提出9项涉及物流发展的提案，有的还被评为"优秀提案"。这些提案被批转有关政府部门办理并引起重视，对政府部门指导物流发展起到了积极的推动作用。

2002年1月，国家经贸委在上海召开推进流通现代化工作现场会，把发展现代物流作为"十五"期间流通现代化的三大重点任务之一，并着手研究制定有关物流发展的产业政策。国家计委和国家经贸委开始起草全国物流发展的总体规划，对各地物流规划提出指导意见。"两委"首次把现代物流技改列入国债资金扶持项目，2002年已有54个，总投资100亿元的项目获得批准，国家配套贴息10亿元。2002年，铁道部、交通部、对外经济贸易合作部、中国民航总局、信息产业部、财政部、教育部、国家质量监督检验检疫总局等与物流相关的部门，都把发展现代物流列入重要议事日程，做了大量卓有成效的工作。

2002年，各级地方政府，特别是沿海经济发达地区和经济中心城市纷纷出台物流规划和政策。据不完全统计，全国已有20多个省市和30多个经济中心城市制定了当地的物流发展规划和配套政策。从全国分区域的形势来看，长江三角洲经济区、珠江三角洲经济区和环渤海经济区，成为现代物流发展最为活跃的地区，也是地方政府推动力度较大的地区。

二、物流相关领域对外开放迈出新的步伐

我国政府遵守"入世"承诺，加强物流相关领域的制度清理和建设。例如，3 月 11 日，国家计委、国家经贸委和外经贸部发布新的《外商投资产业指导目录》及附件，自 2002 年 4 月 1 日起施行。新《外商投资产业指导目录》放开了外商投资码头的持股比例，并鼓励外商投资道路运输、仓储及物流业。6 月 20 日，外经贸部发文在北京、天津、上海和重庆四个直辖市，浙江、江苏、广东三省及深圳经济特区开展设立外商投资物流企业的试点工作。《外商投资民用航空业规定》经国务院批准，自 2002 年 8 月 1 日起正式实施，外商投资中国民用航空业的范围、方式、比例和管理权等全部放宽。交通部全面清查和废止了不适应"入世"要求的文件和法规，并相继出台新的文件和法规等。

在政府强有力的推动下，中国物流在"入世元年"迈出了对外开放的新步伐。主要表现在三个方面：一是众多跨国公司在中国建立采购中心。位列全球 500 强之首的沃尔玛，2002 年决定把全球采购办公室（采购中心）从香港迁到深圳。截至 2002 年底，该公司在中国已开设 20 多家分店，通过直接或间接的方式采购了 120 多亿美元的中国商品分销到世界各地。全球日用化学品巨头联合利华公司也于 2002 年在上海建立了全球采购中心。二是国际知名的物流公司加快在中国建立网络。例如，2002 年马士基物流公司在中国获得大连、南京、宁波、重庆和成都 5 个分支机构的营运执照，至 2002 年底，在中国共有 14 个分公司和 2 个代表处。日本邮船（NYK）作为日本最大的班轮运输公司，在中国已有 4 个分公司，又申请开设天津分公司和连云港、武汉、重庆办事处。截至 2002 年底，Exel 公司在中国已拥有 15 个业务区，员工人数逾 800 人，其服务对象由专门针对科技公司扩大到汽车、消费品、零售、医疗用品及器材等领域。三是中外合资的物流项目急剧发展。

例如，上海航空公司与日立物流、香港正大船务公司在沪组建现代物流企业。交通部批准的合资物流企业——大众交通控股51%的上海大众佐川急便正式成立。交通部批准了厦门象屿保税区惠建码头有限公司经营海上国际集装箱港口装卸、仓储和中转业务的申请。2002年中国引进外资突破500亿美元，成为全世界引进外资最多的国家，其中物流领域是外资最感兴趣的领域之一。

三、国内第三方物流企业稳步发展

第三方物流是专业化分工的产物，代表了社会化物流发展的方向。我国的第三方物流起步较晚，也缺乏相应的分类划型标准和统计信息体系，但2001—2002年的发展势头引人注目。一方面是传统的国有交通运输与仓储大型企业实行资产重组与流程再造，向第三方物流企业转型。如中远集团、中外运、中储集团、中海物流、中集集团等。2002年最有影响的例子有：中国民航经过资产重组后成立六大集团，与中国民航总局脱钩；中国国际航空公司与中信泰富及北京首都机场共同投资筹组一家大型货运公司；诚通集团旗下的中国物流公司宣布以强大的第三方物流企业的面貌全面进入市场；中国铁路系统最大的物资流通企业——中国铁路物资总公司与国内其他5家单位共同发起组建了中铁现代物流科技股份有限公司；2003年初，中国邮政物流公司筹备成立。

另一方面是民营物流公司不断扩展，呈稳步发展态势。例如，著名的宝供物流企业集团投资兴建的苏州宝供物流基地于2002年底前落成运行。该基地规划用地总面积约400亩，首期建设用地为115亩。宝供物流企业集团计划在广东再建一个大型配送基地。近年来发展迅速的另一家民营物流企业——安得物流公司则成立了一家第四方物流公司，专门提供物流方案设计和供应链管理服务。像这样的民营物流公司还有南方物流、大田物流等一大批，它们共同的特点是务实、稳健、生气勃勃。

四、制造业、商贸业物流改造方兴未艾

2002 年，无论新兴的行业还是传统行业，或是垄断性行业，都在以自己的需求方式启动物流，出现了一些新的变化，主要体现在以下几个方面：

一是现代物流在新兴的行业领域加快发展。如 IT 业、电子业、家电业，对现代物流和管理技术的需要更为迫切，这些领域的流程再造和物流信息化管理迈出了比较大的步伐。海尔、科龙、小天鹅、春兰、联想、TCL、华为、上海实业等，对物流业的启动起到了导向性的作用。济南市电子商务与现代物流应用示范工程正式启动，是 2002 年中国家电流通领域，以至于物流领域的一个标志性事件。来自国内乃至国际家电产业链上游的家电巨头海尔、联想、西门子、伊莱克斯等众多家电生产厂家，以及产业链下游的诸多销售商，联合加入这一体系，构成技术领先的家电电子商务联盟。据介绍，2002 年已有 35 家企业加入，实现销售总额 80 亿元。

二是传统行业开始重视现代物流的推广运用。如，钢铁行业正在向高科技的电子商务方向发展，物流网络已经成为钢铁交易的新平台。汽车制造业物流从自身的整合起步，在采购、仓储等环节进行整合，通过运用信息技术，降低了成本，提升了竞争力。石化行业的企业面对国内及国外同行的竞争，继续实施有效的发展战略，不断增强企业的竞争优势。主要业务发展策略包括：构建高效率、低成本的成品油分销网络，全面控制主要市场的物流和储运设施，巩固油品销售市场的优势地位；加快发展市场需求量大、附加值高的核心石化产品，并通过积极发展和应用采购与销售电子商务平台，进一步提高石化产品直销的比例，大幅降低公司经营成本，迅速增强公司参与国际竞争的能力。

三是采用现代物流技术推进流通现代化。在国家的大力支持和市场需求

的强劲推动下，以现代物流管理和技术为支撑的连锁超市已经成长为我国零售业的主流业态。根据国家经贸委贸易市场局公布的资料，2002 年业绩排前 30 位的连锁企业销售额为 1780.38 亿元，比 2001 年同期增长 43.43%，是同期全社会消费品零售总额增长率 8.8% 的近 5 倍；30 家连锁企业的店铺总数为 8988 个，比上年同期增长 53.22%。其中销售额增长率超过 100% 的有 3 家，店铺数增长超过 100% 的有 4 家。统计显示，2001 年排名第 20 位的连锁企业销售额为 17.17 亿元，而 2002 年排在第 30 位的连锁企业销售额已接近 20 亿元。上海华联集团有限公司零售连锁部分以 214.73 亿元销售额、1541 家店铺的业绩，名列榜首，销售额与店铺数分别比上年同期增长52.51% 和 47.89%。

四是部分垄断性行业物流网络建设进展神速。为了迎接"入世"带来的严峻挑战，打造现代商业物流，国家烟草专卖局计划用 1 年左右的时间实施行业整合，打造全国分销配送体系，实现网上销售一体化。同时，加快进军国际市场的步伐，实现大宗出口。2002 年上半年重点启动和开展了 11 个省会城市的网建联动项目。截至 2002 年 6 月底，11 个网建联动城市销量同比增长 11%，实现销售收入同比增长 22%，实现利润同比增长 62%。医药分销物流成为 2002 年的又一个"热点"。在国家政策的扶持、地方政府的引导下，我国医药流通领域正在掀起一轮医药物流建设的热潮，其方式主要有企业战略合作、企业内部资源优化、对外合资与合作等。到 2002 年 6 月份，全国有 10 家医药企业的物流中心项目，通过了国家经贸委专家组的审议。

五、区域物流规划和建设掀起高潮

继 2001 年我国相当部分省市制定现代物流发展规划后，2002 年，在城市与区域物流发展上的显著特征是各级、各类发展规划的加紧制定。

在长江三角洲地区，2002 年江苏省出台了《江苏省现代物流发展规划

（2002—2010 年）》，提出要在南京、徐州、连云港、苏州、无锡建设四大物流枢纽，并在 2005 年前基本建成三大物流发展区域的 14 个物流园区。《浙江省现代物流发展纲要》提出的现代物流发展目标为：加快培育现代物流市场体系，加快完善现代物流设施网络体系，加快建设现代物流信息体系，努力构筑具有国际竞争力的物流服务系统，构筑减轻环境负荷的绿色物流服务系统，构筑满足居民多样化需求的高效便捷物流服务系统。《上海市"十五"现代物流产业发展重点专项规划》，提出要在"十五"期间，以航空航运、商贸流通为依托，充分发挥海、陆、空运输和口岸等综合优势，构筑以现代综合交通体系为主的物流运输平台、以邮电通信及网络技术为主的物流信息平台和以引导、协调、规范、扶持为主的物流政策平台，培育上海现代物流业市场主体，加快现代物流基地规划与建设步伐，充分利用现代信息技术，加快发展电子商务，推进物流和商流的网络化，构建交通运输、配送服务、加工代理、仓储管理、信息网络、营销策略等所组成的物流大循环系统，基本形成与国际接轨的我国现代化物流中心。南京、宁波、扬州、无锡等经济中心城市也分别制定了各自的物流发展规划。

在珠江三角洲地区，《广东省物流业 2005 年发展规划》正在制定中。该规划由广东省计委牵头，省经贸委、交通厅、信息产业厅、邮政局、统计局及有关行业协会共同参与。《广东省物流业 2005 年发展规划》包括省内、国内、国外现代物流业现状和发展趋势分析，国家产业政策分析，广东省物流业发展的基本思路、布局和建设要点，以及相应的政策措施等。深圳市较早在国内制定了物流业发展规划，2001 年，深圳市发布了《深圳市"十五"及 2015 年现代物流业发展规划》，并成为深圳市经济社会发展专项规划之一。为配合规划实施，深圳市在 2002 年出台了相应的扶持政策。广州、汕头等地相继制定出当地的物流发展规划和政策。

在环渤海经济区，北京市 2002 年完成了《北京城市物流系统规划》，提出以城市交通三大体系及其枢纽为依托，以物流信息平台为支撑，以相关的法规政策为保障，建立高效、快捷、经济、环保的城市物流系统，服务于北京，辐射华北，与国际物流相衔接，为北京率先在全国基本实现社会主义现代化提供基础保证。根据北京的实际情况，争取北京城市物流在 2010 年基本实现以下目标：一是初步建成 10 个左右综合货运枢纽，成为大型物流基地的基础设施和物流配送区的配套设施；二是城市物流社会化程度（实际适站量与理想适站量的比值）达到 35%；三是市区物流配送社会化程度（实际配送量与实际货运量的比值）达到 20%；四是全市物流成本降低 10 个百分点；五是物流园区之间初步实现物流信息共享。《天津市现代物流发展纲要》提出，要依托天津港、天津机场、天津保税区、天津经济技术开发区，建立相应的物流园区，充分利用园区的功能条件、发展基础和既有政策环境，主要发展面向本市国际性企业的国际物流服务，以及面向华北、东北和西北的外贸物流服务。

中西部和其他地方如吉林、湖南、云南、广西、甘肃、福建等省区和武汉、合肥、沈阳、郑州等中心城市也有了自己的物流发展规划。

六、基础设施建设和技术进步跨上新台阶

2002 年，我国继续加大基础设施改造与建设的投资力度，交通运输条件得到了进一步改善。到 2002 年底，全国公路通车里程达 176.5 万公里，其中高速公路里程 2.51 万公里；铁路总营业里程达 7.19 万公里，其中复线里程 2.39 万公里，电气化里程 1.81 万公里；内河通航里程 12.16 万公里，沿海和内河共有生产性泊位 3.36 万个，其中万吨级以上泊位 835 个；民航航线总数已超过 1140 条，航线总里程突破 155 万公里，各型运输机 1000 多架，全国通航机场 143 个。2002 年，各种运输方式完成货运量 147.1 亿吨，全社会货物周转量达 4.94 万亿吨公里，增长 3.8%。

2002 年，物流信息化建设，特别是公共物流信息平台建设和应用有了

很大进展。深圳市现代物流信息系统已作为全国唯一的公共物流信息平台项目，入选"十五"国家智能交通系统应用十大工程。中国电子口岸工程充分运用现代信息技术，借助国家电信公网资源，将外经贸、海关、工商、税务、外汇、运输等涉及口岸行政管理和执法的进出口业务信息流、资金流、货物流的电子底账数据，集中存放在一个公共数据中心，在统一、完全、高效的计算机平台上实现数据共享和数据交换，使口岸行政管理和执法部门可以进行跨部门、跨行业的数据交换和联网数据核查，企业可以在网上办理报关、报仓、结付汇核销、出口退税等各种进出口业务。南海区数码物流平台、天津市电子商务与现代物流应用示范工程项目、建材行业物流信息平台和中国邮政建立的"邮网通"等都是运作比较成功的行业和区域物流信息平台。在物流企业信息化方面，中物联通过大量调查研究，推出了 16 个 2002 年物流与采购信息化优秀案例。这些案例分别来自制造业、流通业和第三方物流企业，有一定的代表性和推广价值。

物流装备的市场状况尚没有官方的统计数据可供参考，但是从一些领军企业的情况仍然可以看出市场扩张和技术进步的速度。2002 年，上海振华港机与深圳盐田国际集装箱码头签署了 10 台超巴拿马型岸桥、27 台场地用场桥合同，价值高达 1.05 亿美元。昆明船舶集团的物流系统公司 2002 年的营业额超过 2 亿元，安徽叉车集团公司 2002 年也以年产销叉车超过万台的业绩，跻身世界级别的叉车制造业之列。国外的一些物流设备厂商开始进入中国市场。如广东的江高邮政采用的系统，是由西门子公司进行系统集成的，引进了国外比较先进的自动分拣设备。德马泰克公司则在深圳华为建造了一个投资超亿元的大型物流系统仓库。安徽烟草系统要建立配送中心，中标方是日本的大富公司。

2002 年，能够体现我国物流装备技术进步的产品有：太原重型机械集团有限公司生产的国际上起重量最大的桥式起重机；沪东中华造船（集团）有限公司生产的我国最大的集装箱船"新浦东"号（可装载 5668 个标准集装箱）；试飞院宝航新天地公司新研制的重型牵引车；湖南株洲车辆厂生产的我国第一台核燃料铁路运输车；徐工集团装载机厂的轮式装载机；东风公司的东风"天龙"新型重型车；山西汽车集团有限责任公司开发的40吨级自卸车；诸暨链条设备总厂生产的高速精密链板自动冲裁机；杭州钱江链传动有限公司的自润滑含油滚子；湖南省电力物流公司研制的大型设备运输列车；河北省三河市长城输送机制造有限公司的大高度、高速垂直板链式提升机（在北京水泥厂投入运行）；夹江水工机械厂为广西岩滩水电站生产的垂直升船机；中南传动机械厂的蹄式制动驱动桥；山东泰山建能机械公司的双链可弯曲刮板输送机；六〇一所自行研制开发的折臂式液压升降平台；长航集团宜昌红光港机有限公司生产的轨道式集装箱龙门起重机；辽宁省装备集团喜莱工程机械有限公司生产的第一台多功能履带起重机；沈阳沃而得复合材料有限公司开发生产的塑木复合托盘；灵山机械公司研制开发的切割式传动胶带专用设备；中集集团的半挂车；石家庄煤矿机械有限责任公司的液压随车起重运输车；等等。

标准化建设是发展现代物流的另一项基础性工作。政府、企业和专家高度重视，并已经组织机构和队伍，开展了基础研究，取得了实实在在的成绩。例如，国家质量监督检验检疫总局于2002年正式颁布的两项国家标准《大宗商品电子交易规范》和《数码仓库应用系统规范》自2002年9月1日起正式实施。2002年末，交通部发布了港口管理信息系统、数据字典等八项行业标准。此外，政府有关部门和行业协会正在筹备建立全国物流标准化技术委员会，联合社会各方面力量推进物流标准化建设。与此同时，一些地方政府也很重视标准化建设的工作。例如，广东省政府转发了省质量技术监督局《关于加快我省现代流通业标准化工作的意见》，提出要完善流通业标准体系建设；加强流通业信息标准化工作；加快商品条码的广泛应用；加大对物流标准化工作的资金投入和支持力度。

七、采购领域出现新的态势

2002 年，是中国采购理论与实践快速发展的一年。作为政府、企事业单位和居民自主行为的采购活动已成为影响生产、流通和消费的重要经济活动。采购制度、方式和手段的变革已从生产企业扩展到政府、军队、医院、学校以及公共事业部门等国民经济各个领域。

我国的政府采购工作及统计数据始于 1998 年，当年政府采购的规模为 31 亿元。1999 年扩大到约 130 亿元，增长幅度为 319%，节约资金 14.37 亿元，节资率为 13.02%。2000 年为 328 亿元，增长幅度为 152%，节约资金 96.4 亿元，节资率为 30%。2001 年，政府采购总额为 653 亿元，增幅为 99.09%，节约资金 76.57 亿元，节资率为 10.74%。2002 年政府采购总额已达到 1000 亿元，增幅为 53.14%。2002 年，全国财政系统有政府采购人员 10522 人，其中，管理机构有 4691 人，执行机构有 5831 人。全国人大常委会于 2002 年 6 月 29 日正式通过了《中华人民共和国政府采购法》，初步形成了我国政府采购制度的法律体系。医疗采购、军事采购和科研项目采购在 2002 年也有新的进展。

2002 年，我国国民经济仍然保持 8% 的增长速度，全年生产资料销售总额突破 7 万亿元，这一数字从一个侧面反映了 2002 年企业采购生产资料的总体规模。2002 年是我国加入世界贸易组织后的第一年，许多行业的市场准入和关税减让，使企业面临严峻的挑战，越来越多的企业认识到加强采购管理、变革传统的采购模式是扭亏增盈的重要途径。如，石化行业企业进行了物品采购管理体制的改革，确立了集中采购管理体制。许多钢铁企业进行了企业的流程再造，重新规范了采购流程，成立企业招标采购管理委员会，通过公开招标的方式采购物品。汽车行业采购的突出特点是全球采购。据海关统计，2002 年，汽车关键件和零部件共进口 46.4 亿美元。许多家电企业如联想、长虹、TCL 等均采取大批量购买的方式，以得到采购价格上的优惠。海尔集团自 1998 年开始进行企业流程再造，对所有的物品（除广告和售后服务部门外）实行集中采购，采购人员从 1000 多人减少到 100 多人，供应商由原来的 2336 家优化到 840 家，国际化供应商的比例达到 71%。通过集中采购的规模优势以及对采购系统的整合，海尔集团的采购成本大幅下降，1999 年采购成本下降 5 亿元，2001 年下降 7 亿元，2002 年下降 10 亿元。2002 年零售行业采购方面的突出特点有：一是统一采购、统一配送比例加大。不仅连锁经营业态加快了配送中心的建设，许多百货商店也变革自身采购系统，变柜台、各商品部自行采购为集中统一采购。二是共同采购。2002 年 9 月北京大中、上海永乐等 9 家家电零售企业共同组建"中永通泰"家电联盟进行共同采购，在 2002 年 10 月的顺德家电博览会上签下 28 亿元的采购意向。

随着经济全球化进程的加快，越来越多的跨国公司将中国纳入其全球生产和采购体系。2001 年跨国零售集团在我国的采购额约为 300 亿美元，约占当年我国出口总额的 12%。截至 2002 年 3 月，已有沃尔玛、通用电气、IBM（国际商业机器公司）等 20 多家跨国公司在深圳设立了独资采购中心。2002 年 3 月，上海跨国采购中心正式成立，并于 2002 年 8 月正式挂牌运营。新华网统计数据显示，截至 2002 年 8 月 28 日，已有 184 家跨国公司地区总部和中国总部进驻上海。北京国际商品采购中心项目论证已经结束，预计总投资 5 亿元。天津市也正在做天津跨国采购中心的规划。青岛市跨国采购促进中心的建设也在紧锣密鼓地进行。

联合国采购是跨国采购的一种特殊形式。联合国采购属于大型集团式采购。2003 年联合国采购总额将达到 100 亿美元，但联合国在中国的采购比例很低，1999 年是 2700 万美元，占其总采购金额的 0.82%；2000 年仅为 1500 万美元，占其总采购金额的 0.42%。截至 2002 年 6 月 10 日，联合国采购司认可的供应商中国企业仅有 80 家。

八、人才教育、理论研究取得新成绩

2002 年，物流学历教育、在职培训等各方面均取得长足进展。据统计，2001 年以前，我国高等院校中实际上进行物流专业招生的或者专业方向（以物流管理或者物流工程专业出现）招生的，大概有 15 所院校（其中只有 2 所院校是获得教育部正式批准的）。2002 年，光本科教育，我们国家正式招收物流管理或者是物流工程专业，以专业的形式出现或者是以专业方向的形式出现的大学至少有 40 所；有 50 多所高校开设了交通运输和交通工程、电子商务专业等与物流相关的专业。另有 15000 人在正规院校接受不同程度物流专业的教育。此外，还有各种在职短期培训，此类培训已经开始走向规范化。据专家估计，年内接受各类物流教育、培训的人数超过 5 万。

物流理论研究在 2002 年呈现出多样化发展的格局。一是基础理论研究，如中国物流与采购联合会组织的有关物流成本的研究、有关物流统计信息体系的研究，南开大学和天津市统计局共同完成的《中国物流产业核算制度及统计核算体系研究》等。二是应用技术研究，如科技部组织的"十五"科技攻关项目。三是政策研究，如国家经贸委、国家计委组织的全国物流规划研究，财政部委托中国物流与采购联合会的关于"入世"后我国发展物流的财税对策研究等。四是案例研究，如中物联组织的物流与采购信息化优秀案例的评选等。研究的内容在不断深入，研究的队伍也在不断扩大，还出现了一些具有特色的理论研究。例如，北京交通大学对于区域经济和物流以及电子商务物流的研究，北京科技大学对于物流技术、设备和物流标准化的研究，中国人民大学和华中科技大学对于物流与供应链管理理论的研究，中国人民解放军后勤指挥学院对于军事物流的研究等，在物流理论界已有一定影响。2002 年 11 月底，中国物流学会在广东省南海市召开首届年会，展示了物流研究的最新成果，共有 70 篇论文获奖，获奖者有政府官员、高校师生、企业家、研究机构的学者等，遍布与物流相关的行业。

在对 2002 年中国物流的新进展进行总结评价的同时，不得不注意到当前我国物流业发展中的突出问题。具体表现为三个"整合不够"和一个"实施难"：一是政府管理的职能整合不够。最典型的是各地方政府、各相关中央部委的物流发展规划，彼此难以衔接，更谈不上整合和统筹规划。二是物流的资源整合不够。2002 年的实践反映出对于现代物流的整合认识还不足，多数物流建设项目不是整合原有资源来提升供应能力。三是物流业基础建设的整合不够。涉及理论研究、人才培养、基础统计体系和公共信息平台的建设、法律法规制度的建设、标准化体系的建设等。四是促进物流发展的政策措施难以实施。2002 年有关政府部门的确下了很大功夫来研究促进物流发展的政策措施，讨论的内容涉及市场准入制度、税收优惠政策、倾斜的投融资政策和技术政策、人力资源管理政策等。尽管这些政策涉及政府机关的方方面面，但是协调起来难度较大，难以实施。

2003 年是全面贯彻落实党的十六大精神，进入建设小康社会新阶段的第一年，也是新一届政府任期的第一年。我们有理由相信，2003 年中国的物流发展将继续保持较好势头，可望在以下八个方面得到较快发展或产生显著变化。一是各地的物流规划将陆续进入实施阶段；二是跨国物流公司加快在中国的扩张；三是传统的运输与仓储企业加快向第三方物流企业转变；四是物流需求将首先从部分行业释放；五是政府将继续大力推进物流产业发展；六是高科技和信息化在物流业的作用更加受到重视；七是物流人才教育工程进一步启动；八是物流基础设施建设仍将是投资重点。总之，"整合"，包括资源的整合、企业的整合、业务的整合，以及政府管理部门的整合，将成为 2003 年中国物流与采购发展的总基调，我们对 2003 年中国物流的发展充满信心。

（原载于《中华人民共和国年鉴 2003》）

何谓物流

（二〇〇三年七月）

　　物流，对很多人来讲，还是一个比较新鲜的词，其实它和我们的生活息息相关。比如，我们去超市购物，到麦当劳就餐，这两者的背后都有一个高效的物流系统做支撑。在今年抗击非典疫情的战斗中，政府能在很短的时间内平抑物价、稳定市场，正是借助了现代物流的力量。

　　物流是一种历史悠久的人类社会实践活动，普遍地存在于物质生产的各个部门。首先，企业内部物流资源整合和一体化，形成了以企业为核心的物流系统，物流管理也随之成为企业内部独立的职能。之后，物流资源整合和一体化扩展至企业之间相互联系、分工协作的整个产业链条，形成了以供应链管理为核心的物流系统。在此基础上，出现了为工商企业和消费者提供专业化服务的现代物流企业，这是物流产业走向现代化的重要标志。

　　随着经济的快速发展和增长方式的转变，物流规模日趋庞大，物流系统日益复杂，传统的分散进行的物流活动远远不能适应现代经济发展的要求。物流活动的低效率和高成本，成为影响经济运行效率和制约社会再生产顺利进行的因素，被视为"经济的黑大陆""降低成本的最后边界"。日本物流成本研究学者西泽修教授，把降低产品的制造成本称为"第一利润源"；把扩大产品销售称为"第二利润源"；把降低物流成本称为"未知的第三利润源"。

科学技术的进步使"第一利润源"和"第二利润源"的空间越来越小，而"第三利润源"大有潜力可挖。特别是随着客户需求的多样化、生产的柔性化、产品周期的缩短和质量、价格的趋同化，现代物流成为企业在竞争中制胜的重要手段。

近年来，物流实践在全球范围迅猛发展，各国专家也在不断对物流概念做出新的解释。1981 年，日本日通综合研究所把物流定义为：物质资料从供给者向需要者的物理性移动，是创造时间性、场所性价值的经济活动。从物流的范围来看，包括包装、装卸、保管、库存管理、流通加工、运输、配送等诸种活动。如果不经过这些过程，物就不能移动。自 2001 年 8 月起，国家标准《物流术语》开始实施。这项国家标准对物流概念定义如下："物品从供应地向接收地的实体流动过程。根据实际需要，将运输、储存、装卸、搬运、包装、流通加工、配送、信息处理等基本功能实施有机结合。"由此，我们不难看出，物流是物品流动的过程，这个过程强调有机结合。有专家指出，物品从港口到港口的流动称为运输；而从生产线到货架，对各个环节进行整合和一体化运作就是物流。从全社会的角度来看，现代物流知识的普及，物流理念的推广和物流模式的转换，必将对我国经济增长方式、生产流通方式和人们生活方式产生重大而深远的影响。

（原载于《半月谈》杂志 2003 年第 14 期《百事咨询》栏目，本文节选部分内容）

物畅其流　物尽其用

——现代物流业发展的国际经验及启示

（二〇〇六年十一月）

20 世纪 50 年代以来，现代物流业作为新兴服务产业在世界发达国家得到迅速发展，已成为国民经济的重要组成部分，以及衡量一个国家现代化水平与综合国力的重要标志。现代物流的核心理念，在于以系统的观点和方法，对"物"的实体流动全过程进行功能整合。也就是说，将运输、仓储、包装、装卸搬运、流通加工、配送和信息处理等功能实施一体化运作，从而有效降低物流成本，提高物流效率和效益，增强企业和产品的竞争力。由此可见，现代物流是一种创造时间性价值和场所性价值的经济活动，最终目的是达到物畅其流、物尽其用。

一、当前发达国家物流业发展的主要特点

20 世纪 80 年代以来，美、日、欧等发达国家和地区展开了一场对各种物流功能、要素进行整合的"物流革命"。首先，企业内部物流资源整合和一体化，形成以企业为核心的物流系统；之后，物流资源整合和一体化扩展到企业之间相互联系、分工协作的整个产业链条，产生了供应链管理的核心业务；与此同时，出现了为工商企业和消费者提供专业化服务的现代物流企

业，即第三方物流企业。随着经济全球化和信息技术的发展，物流活动范围空前扩大，供应链管理和物流功能整合进入新的阶段。

1. 物流效率总体水平较高

国际上通常把社会物流总费用与国内生产总值（GDP）的比率作为衡量一个国家物流总发展水平的标志。比率越低，表明物流效率越高。近 20 年来，发达国家物流总费用与 GDP 的比率一直处于下降态势，目前平均约为 10%，而且这种下降趋势还在继续。例如，美国 1981 年物流总费用与 GDP 的比率为 16.2%，2004 年已降为 8.6%。近年来，我国的这项指标虽然有所降低，但 2005 年仍然高达 18.6%。尽管我国经济发展阶段和经济结构与发达国家相比差异较大，但这些数据也反映出我国在物流运作的效率方面，与发达国家存在明显差距，不过也有巨大潜力。

2. 第三方物流发展迅速

发达国家的企业普遍专注于价值链中的核心环节，积极推进企业内部物流活动社会化。近些年，仓储、出货运输、运费单据审计支付、进货运输、运费汇总分配和交叉配送等，已成为发达国家企业物流外包的重点环节。物流外包促进了第三方物流的迅速发展，并成为物流市场中的一个新兴领域。据统计，2000 年度的《财富》500 强企业在 1997—2000 年，对第三方物流的需求从 40%增长到 56%；51%的企业使用以仓储和分销为主业的第三方物流，24%的企业使用以运输为基础的第三方物流。第三方物流的迅速发展，使得制造企业的物流增值服务需求得到较好满足，促进了产品在全球范围内不同市场的高效流动。

3. 物流企业间不断兼并重组

进入 21 世纪以来，世界物流市场掀起一股兼并重组的浪潮。例如，美国联合包裹运送服务公司（UPS）以 1.5 亿美元现金及承担约 1.1 亿美元债务的形式，收购万络全球货运代理公司。世界航运巨头丹麦马士基（Maersk）以 28 亿美元成功收购铁行渣华（P&O Nedlloyd），可使马士基海陆的运力达到世界集装箱船队运力总和的 17%。目前，这种兼并和收购已波及中国物流市场。物流企业间兼并重组的着眼点是通过优势互补或网络扩张，实现物流服务的规模化、集约化和高效化，世界级"物流巨头"应运而生。例如，美国联合包裹运送服务公司的业务网点遍及世界 200 多个国家和地区；拥有遍布世界各地的 1700 家转运枢纽和配送中心、7 万个投递和零售网点以及 8.8 万辆递送车；平均每天有 1000 多次航班起降，投递 1360 万件包裹和文件；2000 年公司营业额达到 298 亿美元。

4. 社会化的物流中心和园区建设令人瞩目

物流中心或物流园区的出现，是现代物流业发展的又一个重要特征。日本从 20 世纪 60 年代开始对物流园区的发展进行规划和政策扶持，按经济特性把全国分为八大物流区域，在各区域建设和整合物流设施，形成物流团地即物流园区。日本对物流团地的定位是：物流团地是有效综合物流资源，实行现代化作业，减少重复运输，实现设施共享和一体化的物流中心节点。具有代表性的如东京的和平岛、葛西、板桥和足立等物流园区。欧洲一些国家于 20 世纪 60 年代末、70 年代初开始建设物流园区，特别是德国，它在物流园区建设方面已经处于世界领先地位。

5. 企业物流运作模式发生重大变化

20 世纪上半叶，发达国家的物流活动基本上处于分散状态。至 70—80 年代，企业逐步将需求预测、采购、生产规划、制造库存、仓储和物料处理职能集成物料管理，工业包装、产成品库存、配送规划、订单处理、运输、顾客服务集成实体配送。进入 90 年代，物料管理和实体配送集成目前人们所说的物流（管理）。把分散于不同部门的物流活动集中于一个管理部门内，已经成为许多企业提升竞争力的重要手段。目前，发达国家许多有远见的企业开始实施基于供应链管理的组织变革，即利用信息技术全面规划供应链中的物流、信息流和资金流等，并进行计划、组织、协调与控制。显然，发达国家的企业物流管理已经突破传统的企业边界。这给企业管理带来了更大的挑战，也给那些成功实施供应链管理的企业带来了巨大的效益。美国物流协会的两次更名，就体现了这一变化趋势。协会 1963 年成立时，叫"实物配送协会"，后更名为"物流管理协会"，2005 年又更名为"供应链管理专业协会"，反映了现代物流发展的演进规律。

6. 物流活动已经从一国向全球扩展

由于经济全球化、贸易集团的扩展以及用网络进行全球性的商品买卖，发达国家物流活动范围和影响力已经从早期国内的工场物流、设施物流、企业物流，向供应链物流和全球物流扩展。全球物流是跨国的物资、信息和资金流动，是国际上供应商的供应商通过核心企业与客户的客户的连接。如今，许多跨国企业的高层管理者管理着复杂的全球供应链：从世界各地采购原材料到把最终产品配送到世界各地。企业与企业间的竞争，逐步演变为供应链与供应链的竞争。

7. 物流技术不断进步与革新

新技术的不断产生影响物流运作和物流管理的效率。从 19 世纪中期到 20 世纪末，一些重要的物流技术经历了由运输工具（轮船、火车、汽车、飞机）、装载单元（集装箱、托盘）、仓储设施（高层货架仓库、自动化仓库）、计算机管理（仓储管理系统、卫星管理系统），直到基于互联网的一体化管理（电子商务、无线射频技术、智能交通系统）等领域的不断创新，给物流业持续发展带来了技术上的支持。

二、发达国家物流发展的主要经验

1. 现代物流业发展适应经济社会环境的变化

一是物流发展符合经济结构调整的变化。物流作为一种现代服务方式，是经济发展到一定阶段的产物，物流需求量和需求层次与社会经济发展水平有相当密切的联系。一般而言，物流需求总量受社会经济发展的影响，不同的社会经济增长时期决定了物流需求的不同特点。社会经济发展水平相对发达的地区，其物流需求水平相对高一些。一些进入后工业化时期的发达国家，对于多功能集成或一体化的物流需求比较强烈；社会经济发展水平相对落后的国家或地区，分散、非系统化的传统物流需求还比较流行。

二是物流发展符合市场环境的变化。市场范围的扩大以及区域市场的一体化大大扩大了物流活动的范围，并进一步深化了物流的分工。经济全球化、区域一体化等市场环境的变化，使物流需求的空间范围日益扩大。贸易的自由化和产品的地理分工推动物流、资金流、信息流的迅速增长。竞争性市场的形成，促使物流成为企业寻求竞争优势的重要手段。

三是物流发展适应了生产方式变革的要求。由于生产和消费之间的空间越来越分离，上下游企业之间的分工越来越深化，许多行业（如汽车、电子、服装等）的生产都不同程度地出现了一些新的变化，即从"福特制"（以大批量、标准化生产和垂直一体化的大企业为特征）向"后福特制"转变，采用一些极具挑战性和竞争性的新的生产方式，如柔性生产、敏捷生产、精益生产、大批量定制等，目的是能够对日益变化和细分的市场做出迅速、精确的反应。而要实现上述目标，整合企业内外的物流活动已经成为必不可少的环节，这一方面促进了企业物流组织的变革，另一方面也推动物流外包的发展。

2. 根据本国国情发展现代物流业

由于各国资源禀赋（如土地、人力）的差异，所以各国物流发展存在较大差异。例如，日本并没有像美国一样发展平面仓库，而是针对本国国土面积狭小造成的土地资源稀缺和人力资源成本高的特点，发展自动化立体仓库，以降低高昂的人力成本，减少土地资源占用。"零库存"也是日本人用相对便宜的及时运输替代相对昂贵的储存空间的例证。德国是欧洲物流发展最好的国家，早在 1984 年就建成第一个物流园区——不来梅物流园区。1992 年，德国从铁路运输的角度出发，做出一个总体规划，在全德境内建造 28 个物流园区。物流园区对于德国物流的发展、整合交通和推动当地的经济发展，都起到了很重要的作用。

3. 积极发挥物流产业政策的导向作用

发达国家主要是通过国家发展战略、规划和相关的法律，来确定物流发展的近期和远景目标，同时特别重视物流活动的监管和标准的制定。美国物流业是在经济发展过程中自觉形成的一个产业，其发展主要是由民间组织即各种物流协会来推进的，工商企业自觉加入。自 20 世纪 60 年代以来，美国物流管理委员会一直把促进物流科技和管理技术发展，培训物流技术人才作为自己的重要职责。《美国运输部 1997—2002 财政年度战略规划》已成为美国物流现代化发展的一个行动指南。欧盟在促进欧洲统一市场形成的过程中，制定和大力推行的统一贸易政策、运输政策、关税政策、货币政策等，极大地促进了货物在全欧洲范围内的自由流动。日本自 1997 年以来，已连续三次制定和修订《综合物流施策大纲》，不断出台相关的法律和物流发展政策，对于物流业发展起到了不可估量的促进作用。

三、几点启示

1. 选择合适的物流发展模式

我国与发达国家在经济发展阶段、资源禀赋、消费者需求、物流市场培育等方面都存在较大的差异，在未来物流业发展的过程中，既要借鉴发达国家的普遍做法和经验，也要结合国情，选择符合实际的物流发展模式。例如，在区域物流政策方面，我们要承认东中西部的差异，采取不同的物流发展模式；在城乡物流发展方面，更应该注重农业和农村物流的发展；在资本和人力资源的选择上，要更多地考虑发挥人力资源的优势；在先进技术的选用上，首先应该强调"适用"，并不是"越先进越好"。要结合我国国情，制定和实施物流业发展专项规划，把降低社会物流成本、提高物流效率，作为物流发展的重要指标。

2. 形成有利于物流发展的综合政策体系

物流业是复合型产业，物流政策涉及的内容十分广泛。近年来，我国政府十分重视物流发展，陆续出台了一些政策措施。有必要在此基础上借鉴发达国家的经验，逐步形成国家层面的物流发展综合政策体系。我们的物流产业政策，要有利于支持企业剥离、分立或外包物流功能，培育社会化物流的需求基础；有利于培育一批国际竞争力强的跨国、跨所有制的大型专业物流企业，不断增强我国物流服务的供给能力；有利于抓好物流基础设施的整合与提升改造，建设大型物流枢纽，发展区域性物流中心和城市公共配送中心；有利于注重物流信息化、标准化、统计核算、人才培养、技术创新和理论研究等行业基础工作，构建现代物流业发展的支撑和服务体系。

3. 促使我国现代物流业实现跨越式发展

发达国家现代物流业萌芽虽然可以追溯到 100 年前，但最近 20 多年才是发生质变的关键时期，其中信息化带动起到了决定性作用。我国现代物流业发展尽管起步较晚，但信息化方面与发达国家并没有实质性的差距。只要我们结合国情，学习借鉴发达国家物流发展的经验，直接采用现代信息技术改造传统物流运作模式，我国的现代物流业就一定能够实现跨越式发展，在国民经济和社会发展中发挥更加重要的作用。

（原载于《求是》杂志 2006 年第 22 期。作者：贺登才，魏际刚）

入世 5 年　物流发展步伐稳健

（二〇〇七年一月）

没有任何一个行业能够像现代物流业这样在短短的数年内得到快速发展，尤其是在中国入世的这 5 年中。5 年来，中国现代物流业正在走向理性和成熟。

一、物流产业地位确立

5 年来，物流类报纸、杂志、图书、网站如雨后春笋般涌现，各地各类物流论坛、研讨会让人目不暇接；100 多家物流研究机构相继设立，每年产生的物流专业论文数以万计；物流问题进入人大、政协提案，进入各级领导的报告、讲话，特别是在 2006 年 3 月通过的《国民经济和社会发展第十一个五年规划纲要》（简称《"十一五"规划纲要》）中单列一节"大力发展现代物流业"，物流业的产业地位首次在国家规划层面得以确立，为中国物流业的发展指明了方向。

二、"三足鼎立"格局形成

外资物流巨头在这 5 年中，纷纷进入中国，抢滩市场。物流巨头的进入对于中国的物流业而言既是挑战，更是机遇。有关调查显示，有 80% 以上的民营物流企业是通过为外资企业服务，才开始学习物流的管理与技术，从而进入物流行业的。如今大多数民营物流企业成立于 20 世纪 90 年代中后期，在我国加入 WTO 以来的 5 年中获得了超常规发展。现在已经出现了员工上万人、年营业额超过 10 亿元甚至是 20 亿元以上的民营物流企业。许多民营物流企业在这几年中完成了最初的原始积累和全国性的网络布局，正在谋划向境外、国外发展。与此同时，原来隶属于铁道、民航、邮政、外贸和交通等部委的传统物流企业，绝大部分也是在这 5 年中完成了改制重组，走上现代物流综合服务提供商的发展道路。事实证明，外资物流的进入，不仅没有冲垮民族物流企业，相反，在竞争与融合中，形成了国有、民营和外资"三足鼎立"的格局。同 5 年前相比，我国物流供给服务能力从根本上得到了提高。

三、管理与技术创新

2001 年发布的国家标准《物流术语》中还没有"物流园区"这样的词条。现在，据不完全统计，运营、在建和规划中的物流园区项目超过 200 个，有一些已经相对成熟，产生了很好的示范效应。5 年前，大多数 50 年以上库龄的仓库仍在"超期服役"；现在，立体仓库、托盘、货架、集装箱、机动工业车辆、自动拣选设备等物流技术装备大量使用。互联网的应用普及，推进物流信息化，使我国现代物流业加快追赶国际先进水平的步伐。物流信息平台从无到有，企业信息系统加快了升级改造步伐，供应链管理信息系统开始出现。物流管理与技术创新，如供应商管理库存、区港联动、仓单质押、物流地产等由概念进入实施阶段。客户关系管理系统、全面订单管理系统、库存管理系统、车辆管理系统、财务管理系统、决策分析系统、卫星定位系统、实时查询系统和无线射频技术等开始为国内物流企业所掌握运用。

四、物流业基础工作全面推进

5 年前，带有"物流"两字的行业协会还很少见。现在，不仅全国性物流行业协会的工作全面开展，而且绝大多数的省区市建立了物流行业协会，标志着物流作为一个行业正在形成和发展。与此同时，各项行业基础性工作，在政府有关部门的领导、行业协会的组织和企业的积极参与下全面推进。跨地区、跨部门、跨行业的物流标准化技术委员会成立，《全国物流标准 2005 年—2010 年发展规划》制定，许多基础标准开始实施；社会物流统计制度已经建立，基本的物流统计数据公开发布；上千所物流专业的各类学校开办，在校生超过 50 万人，物流职业资格培训深入开展；多种物流科技奖项开始评审并形成制度，中国物流年鉴、中国物流发展报告等记录行业发展变化的基础资料按年度出版。

五、变革管理体制 改善政策环境

按照加入 WTO 的相关承诺，我国政府有关部门出台了一系列与现代物流发展相关的法律、法规和政策性文件。2004 年 8 月，经国务院批准，国家发展改革委等 9 部委联合印发了《关于促进我国现代物流业发展的意见》。由国家发展改革委牵头，商务部等 13 个政府部门和中国物流与采购联合会等 2 家行业协会组成的全国现代物流工作部际联席会议于 2005 年建立，联席会议各成员单位从自身职能出发做了大量工作，推进现代物流发展的合力正在形成。各省市自治区明确了现代物流工作的牵头部门，不少地方制定规划、出台政策，物流发展的体制和政策环境有了很大改善。

六、成为服务业的支柱产业

国家发展改革委、国家统计局和中国物流与采购联合会的统计表明："十五"时期，我国社会物流总额扣除价格因素，年均增长 15% 左右，明显快于"十五"时期 GDP 增长 9.5% 的水平；我国社会物流总费用与 GDP 的比率由 2000 年的 19.4% 下降到 2005 年的 18.5%，等于节约社会物流费用合计近 1000 亿元；物流业增加值 2005 年超过 1.2 万亿元，同比增长 12.7%，占当年服务业增加值的 16.6%，现代物流业已成为我国现代服务业的支柱产业。同时，现代物流业在经济结构调整经济增长方式，建设资源节约型、环境友好型社会，推动和谐发展与可持续发展方面发挥着越来越重要的作用。

入世 5 年来，特别是 2005 年物流领域对外资全面开放以来，外资加快了进入中国的步伐。从业态上看，不仅有物流服务业，也包括为物流运作提供配套服务的物流地产设施设备、咨询服务、教育培训等方面；从企业类型上，不仅有无人不晓的大型企业，也有名不见经传的中小型企业；在进入地域上，不再局限于经济中心城市，正在向二、三线城市扩展；在合作方式上，投资、并购、独资的倾向越来越明显。

我国物流虽有较快发展，但仍然处于初级阶段，我们虽然是"物流大国"，还不是"物流强国"。面对汹涌而来的国际竞争，国内企业应该积极应对，探索如何结合我国国情，学习借鉴国外经验，做强做大民族物流企业。相关的政府管理部门也应结合我国物流业发展的实际，积极探索开放条件下物流行业监管服务的新模式。

钢铁物流的新"窗口"

——贺《中国冶金报》之《钢材流通导刊》创刊

（二〇〇七年三月三日）

《中国冶金报》是我的老朋友。我既是她的老读者，也是老作者。贵报推出《钢材流通导刊》，为我国钢铁物流发展提供了新的"窗口"。

近年来，我国现代物流发展很快。去年3月，全国人大通过的《"十一五"规划纲要》，把"大力发展现代物流业"摆在突出位置，区域物流、行业物流都在稳步推进。钢铁物流流量大、运距长、要求高，是我国现代物流业的重要组成部分，这几年的发展同样引人注目。大型钢铁生产企业、商贸流通企业和钢材交易市场都在建设物流基地，钢铁物流的市场主体、流通渠道与方式正在发生深刻变革，物流业与生产企业的融合与互动加快，现代物流在钢铁行业调整经济结构、转变经济增长方式、促进又好又快发展中的作用越来越突出。

我国钢铁生产规模大、速度快。多年来，我国一直是世界上最大的产钢国和钢铁消费国。目前，我国钢铁结构调整、产业布局有了明晰的发展规划，而钢铁物流明显滞后于钢铁生产，与发达国家相比还相对落后，存在很大的发展空间。随着经济全球化发展，国际化的市场竞争越来越激烈，我国钢铁物流正在出现新的趋势：一是物流主体进入新一轮整合期，物流商、贸易商的集中度将进一步提高；二是单一贸易形式的中间商供应份额将会缩小，加工配送的份额将大幅提高；三是由钢材市场延伸的钢铁物流基地将向着大型化、专业化、网络化的方向发展；四是随着互联网技术和电子银行的不断发展，网上钢材营销将逐渐得到推广和普及；五是物流的成本、速度与服务正在构成企业和产品的核心竞争力和"第三利润源"；六是学习借鉴国外钢铁物流模式，适合中国国情的钢铁物流新格局将会逐步成形。

《中国冶金报》是我国钢铁行业第一大报。《钢材流通导刊》的出版，是贵报顺应形势发展，符合市场需要的重大举措，必将受到业界的欢迎。希望发挥贵报传统优势，以钢铁产品为连接点，向产品需求、供应、销售、行情、深加工、物流配送等延伸，为钢铁企业的销售部门、钢材贸易商、物流商、钢材深加工和制品行业人士服务。在分析市场形势，报道行情走势，介绍营销策略的同时，特别要注意增加钢铁物流方面的报道。同时，要坚持开门办刊，加强与国内同类报刊的联系与合作。中国物流与采购联合会作为物流行业社团组织，本人作为行业新闻工作的联系人，愿意为贵刊搞好服务，并通过贵刊，为广大物流商、贸易商服务。

（原载于《中国冶金报》2007 年 3 月 3 日第 5 版）

重点课题需要深入研究

——《中国物流重点课题报告（2007）》前言

（二○○七年五月三十日）

现代物流业，是一个正在崛起的新兴产业，对其规律性的研究刚刚起步。近年来，中国物流与采购联合会、中国物流学会，伴随着我国现代物流业发展的步伐，先后推出了反映物流实践发展的《中国物流年鉴》和《中国物流发展报告》，展示优秀物流论文的《中国物流学术前沿报告》。现在，一本汇集调查研究成果的《中国物流重点课题报告》与读者见面了。

《中国物流重点课题报告（2007）》收录了 2005 年以来，中国物流与采购联合会、中国物流学会承担国家有关部委研究课题及自主设立研究课题的精华部分。全书约 70 万字，入选 17 篇课题研究报告，分为物流综合、专业物流和物流基础工作三部分。第一部分物流综合共 7 篇文章，探讨了现代物流与科学发展观、与国民经济增长的关系，研究了物流业发展的战略与规划问题、物流业整合问题、产业政策问题、民营物流企业发展和外资进入中国物流业的影响及其政策问题；第二部分专业物流共 6 篇文章，分别从制造业、农业、商贸业、汽车物流、物流园区和跨国公司采购等方面，分析了发展的现状和问题，提出了相应的对策建议；第三部分物流基础工作共 4 篇文章，对物流标准化、信息化、物流统计指标体系和采购经理指数等问题进行了研究。

《中国物流重点课题报告（2007）》所收文章，大部分保留原文，有的根据本书出版的需要由原课题组做了适当删减。课题组成员所在单位及职务，依据报告完成时提供的情况收录。文章选题比较宽泛，集中反映了当前我国物流业发展的重点、难点和热点问题。这些文章，是在充分调查研究的基础上形成的初步结论，具有较强的实用性和针对性。研究报告中的有些建议，已被政府有关部门采纳；文中提出的数据和情况，被各类媒体广泛采用；有关物流行业基础性工作，已经依据课题研究的思路建立起来，并逐步完善。这些文章研究的内容，都是前人没有深入研究或较少涉及的问题，具有一定的开拓性和创新性。报告所提出的许多观点，对于确立现代物流的产业地位、形成有利于物流业发展的政策措施、引导物流企业的经营发展、普及现代物流的理念和知识，发挥了重要的推动作用。

《中国物流重点课题报告（2007）》是中国物流加速发展的产物，是各方面关心支持的结果，也是中国物流与采购联合会、中国物流学会工作的重要成果。进入 21 世纪以来，我国现代物流业快速起步，出现了一大批急需研究的重大课题。物流实践的发展，又为课题研究提供了丰厚的土壤。特别是 2005 年全国现代物流工作部际联席会议建立以后，推动现代物流业发展的合力逐步形成，为深入研究物流问题创造了有利环境。国家发展改革委、财政部、商务部、科技部、国务院国有资产监督管理委员会、国家统计局、海关总署等部门都委托中国物流与采购联合会、中国物流学会进行相关的课题研究，中国物流与采购联合会、中国物流学会也根据实践发展的需要，自主设立了部分研究课题。这些课题的研究，得到了政府有关部门、研究机构和物流企业，以及专家学者的大力支持，先后参与研究的各方面人士超过100 人，参加讨论、提供资料的人士更是数以千计。可以说，本书的出版发行，是集体智慧的结晶，是行业组织依靠各方协商协作的成果。在这里，我们向所有参与支持这些课题研究的单位和个人，表示衷心的感谢！

《中国物流重点课题报告（2007）》，也可以看作是年度"中国物流发展报告"和"中国物流学术前沿报告"的姊妹篇，今后，我们还会按年度分别结集出版。这三个报告，将从不同角度描述中国物流业发展的进程，分析问题，展望前景，提出自己的解决方案，为政府、企业和国内外投资者提供决策参考，也可以作为物流研究、教学和管理人员的工具书。

我国的现代物流业正在快速发展，对其规律性的探索刚刚开始。本书提供的研究报告，只能是一个阶段，对某一问题的"一家之言"。希望读到本书的同人提出宝贵意见，并与我们一起深入探讨。

（自 2007—2018 年连续组织编辑出版"中国物流重点课题报告"12 本，作为执行主编，每本都由本人撰写《前言》，本书收录的是 2007 年版的《前言》）

中国物流业发展的十大趋势

（二〇〇八年四月）

中国的现代物流业，如果从引进概念的 1978 年算起，与改革开放的进程基本同步。特别是最近十多年来，由起步期进入快速发展期。现代物流的产业地位得以确立，物流企业群体加速成长，物流集聚区逐步形成，物流运作的设施设备、信息化水平、行业基础工作和政策环境有了较大改善，出现了持续平稳快速发展的势头。

一、物流业需求扩张与结构调整的趋势

温家宝总理在十一届人大一次会议的《政府工作报告》中指出，2008年国民经济和社会发展的预期目标是：在优化结构、提高效益、降低消耗、保护环境的基础上，国内生产总值增长 8% 左右。

考虑到中国经济持续快速增长的惯性难以减速，各地政府换届后发展的"冲动"更为强劲，2008 年国民经济增长的幅度应该超过预期目标。再加上中国经济总量基数较大，第二产业比重较大，外贸依存度较强等因素，必将带来物流规模的进一步扩张。据预测，2008 年我国社会物流总额的增长幅度不会低于 20%，物流业增加值占全部服务业增加值的比重可达 18% 左右，物流总费用与 GDP 的比率基本上可以保持 2007 年的水平。

党的十七大强调，要加快转变经济发展方式，走中国特色新型工业化道路，实现产业结构优化升级。经济增长由主要依靠投资、出口拉动向依靠消费、投资、出口协调拉动转变，由主要依靠第二产业带动向依靠第一、第二、第三产业协同带动转变。经济发展的热点地区，国际上由发达国家向发展中国家转移，国内由东部沿海地区向中西部转移。这两个"转变"和"转移"，必将推动物流业结构调整，主要表现为对物流需求"质"的提升要大于"量"的扩张。

二、企业物流社会化与专业化的趋势

在物流需求扩大，成本上升的压力下，越来越多的制造企业开始从战略高度重视物流功能整合。分离外包物流业务的行业已经从前几年的家电、电子、快速消费品等企业向钢铁、建材、汽车等上游企业扩展。外包的环节由销售物流向供应物流、生产物流、回收物流，由简单的仓储、运输业务外包向供应链一体化延伸。制造企业与物流企业将会加强深度合作，结成战略合作伙伴关系，我国物流社会化程度将会进一步提高。2007年9月，国家发展改革委组织召开"首届全国制造业与物流业联动发展大会"，100多家企业提供了书面材料，400多人出席会议，12对制造企业与物流企业当场签署了合作协议。

企业物流的专业化趋势也相当明显。不少企业，特别是商贸企业正在加大投资力度，强化自身物流功能，几乎所有大型连锁企业都在力图优化自己的专业供应链。一些具有强势品牌的生产企业，如海尔、联想、双汇等已发展了大批连锁专卖店，并相应发展自身的物流配送网络。制造企业对第三方物流企业提出了面向高端的物流服务需求，要求物流企业能够提供专业化的解决方案和运作模式。总体来看，制造企业的外包意向强于流通企业。

三、物流企业规模化与个性化的趋势

国家发展改革委、国家统计局和中国物流与采购联合会联合发布的《2007 年全国重点企业物流统计调查报告》显示，随着物流服务需求的高速增长，物流企业物流业务量上升较快。2006 年调查的综合型物流企业业务收入增长 37.9%，仓储型物流企业业务收入增长 22%，运输型物流企业业务收入只增长了 10.3%。根据本次调查的结果，2007 年主营业务收入前 50 名物流企业名单发布。这个名单与上年发布的名单对比，主营业务收入在 30 亿元以上的由 13 家上升到 18 家；20 亿元以上的由 18 家上升到 24 家；10 亿元以上的由 34 家上升到 35 家；排序第 50 位企业的主营业收入由 3.55 亿元提高到 6.22 亿元。其中虽有统计范围逐步扩大的原因，但仍然可以看出物流市场集中度提高、物流企业规模扩大的发展趋势。

物流企业个性化发展的趋势，主要表现为传统服务的整合和专业化服务的创新。普通型的低端服务利润会越来越薄，而创新型业务、增值型服务和适合客户需要的特色服务将获得更大的发展空间，专业化物流的发展会更加深入。制造、商贸企业对供应链管理的重视，将会推动物流企业向专业领域渗透，加速与供应链上下游的联动。物流企业针对客户个性化的需求，大力发展增值型、创新型业务，自主物流服务的品牌价值越来越重要。

四、物流市场细分化与国际化的趋势

各行业物流的规模、结构和要求不同，其物流需求的速度、成本也有很大差别，这就加速了物流市场的细分化。从各行业物流费用率的差异来看，工业生产行业物流费用率较高的是橡胶制品业、家具制造业、造纸及纸品、煤炭开采和洗选业及农副产品加工业等行业；流通企业物流费用率较高的是纺织服装日用品零售、文体用品零售、综合零售和食品饮料烟草零售行业。相对来说，物流费用占销售额比例较高的行业，采用现代物流方式的动力就会比较强。

作为世界第三大贸易国和第四大经济体，中国的物流市场正在成为国外企业关注的重点，投资的热点。一些国际化的企业将加快并购国内企业，完善在中国的网络布局，国内物流网络逐步成为全球供应链网络的一部分。同时，随着全球化配置资源的推进和中国劳动力成本等方面优势的减弱，国外企业也会把产业转移的目标定为其他的发展中国家。面临国际化竞争的中国物流市场，国内大型物流企业将加快资源重组，组建具有国际竞争力的企业集团，随着中国的产品和服务"走出去"，物流业的国际化程度会进一步提高。

五、区域物流集聚与扩散的趋势

区域物流集聚的"亮点"有：一是围绕沿海港口形成的"物流区"。除传统的"广（州）、大（连）、上（海）、青（岛）、天（津）"等地以外，处于海峡西岸的厦门港、处于欧亚大陆桥最东端的连云港，特别是处于北部湾地区的"南（宁）、北（海）、钦（州）、防（城港）"等都有大的动作。二是围绕城市群崛起的"物流带"。如，成、渝地区的综改试验区，武汉周边的"两型社会"试点，辽宁中部城市群，黑龙江的"哈（尔滨）、大（庆）、齐（齐哈尔）"，湖南的"长（沙）、株（洲）、（湘）潭"等。三是围绕产业链形成的"物流圈"。如青岛的家电，长春的汽车，上海的钢铁、汽车和化工等。

区域物流扩散的"热点"有：一是配合国家区域经济发展战略，东部沿海地区物流发展稳步提升，物流服务向中西部地区渗透和转移。二是农产品进城和日用工业品及农用生产资料下乡推动的城乡"双向物流"，带来现代物流方式由城入乡的扩散。三是大量依靠国外进口的资源型企业由内地向沿海外迁，以优化产业布局，降低物流成本。四是区域间物流合作逐步加强。特别是长三角、珠三角、环渤海、北部湾地区和海峡两岸的物流合作可望有实质性推动。

六、物流基础设施整合与建设的趋势

我国物流基础设施已有相当规模。2007 年全国铁路营业总里程已达 7.8 万公里。根据《中长期铁路网规划》，铁路系统计划在北京、天津、上海等地建设 18 个物流中心。全国公路通车总里程达 357.3 万公里，其中高速公路 5.36 万公里。按照《国家公路运输枢纽布局规划》，将整合与建设 179 个国家公路运输枢纽。我国拥有 1400 多个港口，各类生产性泊位 35753 个，其中万吨级深水泊位 1403 个，内河通航里程 12.3 万公里。全国运输机场总数从 2006 年底的 147 个增加至 152 个。各地普遍制定了物流园区建设规划，已有一批投入运营。

2008 年，我国现代物流业发展规划即将出台，政府有关部门将加大对物流业的政策支持。加上新一届地方政府开始工作，预计 2008 年各地将根据国家物流规划，制定或修订本地规划，更好地协调物流基础设施布局，物流基础设施建设的协同效应开始显现。

七、关键领域和薄弱环节物流优先发展的趋势

2008 年中央一号文件提出"加强农业基础地位，走中国特色农业现代化道路"。党的十七大提出"加快推进以改善民生为重点的社会建设"。农村和民生的发展，回归"以人为本"的治国理念，促进人口资源环境的协调，对稳定经济社会发展大局具有特殊重要的意义。建立健全农村市场服务

体系，将促进发展适应现代农业要求的物流产业，为农产品进城和工业品下乡提供便捷通道；社会保障体系和公共卫生体系的发展，将支持发展关系民生的食品、药品及危险化学品物流，保障人民生命安全和社会稳定。发生在 2008 年春节前后的雨雪冰冻灾害，暴露了我国应急物流体系的脆弱。总结抗冰救灾的经验，国家必然重视应急物流体系的研究和建立。

八、物流信息集成化与移动化的趋势

公共信息平台在经过几年的探索后，逐步走向成熟。一是电子商务物流平台。2007 年中国 B2B 电子商务交易规模达到 12500 亿元，增长率高达 25.5%；B2C 电子商务市场营收规模达到 52.2 亿元，增长 33.5%。钢铁、煤炭、粮食等大宗商品批发市场以及新兴的电子商务企业，利用电子商务平台信息技术，发展的势头很猛。二是物流园区信息平台。一种是在园区内建立信息平台，让进驻的企业共享信息，另一种是把成功的园区模式复制到其他区域，并开展联网经营。三是电子口岸平台。可以实现一个门户入网、一站式通关服务、统一用户管理，为用户提供高品质、多功能、全方位的口岸通关服务。四是政府监管物流平台。这几类信息平台，在政府和企业的双重推动下，还会获得快速发展。

网络运营商为寻找新的业务增长点，纷纷将服务和竞争的触角伸向物流信息化应用市场。中国联通推出了专业服务品牌——"物流新时空"，中国移动推出了物流行业移动信息化解决方案，中国网通以供应链管理系统为核心，定制整合成物流行业解决方案，中国电信推出"一站式"服务，利用信息技术改造传统物流。移动与物流的结合，显示了物流信息化的新趋势。

九、物流经营成本进一步上升的趋势

2008 年，有可能是物流企业遇到经营困难最多的一年。物流资源要素全面紧缺，经营成本持续上升，平均利润率将会进一步下降。现有的仓储能力已显不足，新建物流设施取得土地难度加大，所需费用大增；铁路运力持续偏紧，部分海运航线订舱困难，公路运输也在一定程度上出现了车源紧张的状况；企业发展资金短缺，融资困难；高端管理人才严重不足，操作性员工成本持续上升，稳定性下降。与此同时，行业竞争激烈，特别是运输、仓储等基础性普通服务，同行间的"价格战"有增无减。油价不断攀升，油价已占据运输企业总成本的 35%～40%，而且不时出现加油受限的问题。

由于上述几方面的挤压，物流行业平均利润率进一步下降。有企业反映，物流企业平均毛利率已由 2002 年的 30%降低到 2007 年的 10%以下，仓储企业只有 3%～5%，运输企业只有 2%～3%。在运营成本持续上升，主营业务"要价"很难提高的情况下，企业的利润空间将进一步受到挤压，市场主体重组"洗牌"的趋势将会加速。

十、物流发展的政策环境更加宽松的趋势

2008 年 3 月，国务院办公厅发布《国务院办公厅关于加快发展服务业若干政策措施的实施意见》，提出了促进服务业发展的具体政策措施。政府有关部门将会按照党中央、国务院的要求，加大对物流业的政策支持力度。一是国家发展改革委正在研究提出推动物流业与制造业联动发展的政策措施；二是商务部已经出台《商务部关于加快我国流通领域现代物流发展的指导意见》；三是各有关部门将会研究解决物流企业发展中遇到的交通、税收、土地和融资等现实问题，新一批物流企业营业税差额纳税试点企业将获批；

四是有关部门将会继续推进铁路、公路、民航、水运等基础设施建设，特别是综合运输体系和物流信息化建设；五是进一步研究打破区域间的市场壁垒，推进区域间物流合作；六是重点领域、重点行业和重点品种的物流发展，将会得到政策扶持；七是物流标准、统计、人才教育培训及理论研究等行业基础性工作，物流企业信用等级评价体系将会进一步完善。

（原载于《空运商务》2008 年第 8 期，后被《物流技术与应用》《市场周刊·新物流》《运输经理世界》《铁路采购与物流》《中国储运》等多家媒体转载）

中国物流业发展的经验与体会

——发展中国家物流与供应链管理官员研修班演讲提纲（节选）

（二〇〇八年五月十二日）

一、以需求为基础，以产业为依托

物流业是生产性服务业，服务的对象是产业，包括制造业、流通业和农业，物流的规模、结构和方式都要以需求为前提和基础。研究物流、发展物流，首先要研究物流需求，做好需求分析：需求总量多大，结构如何，从哪里来，到哪里去，有什么特殊的要求。在规划之前，需求状况怎么样，靠什么模式运作，问题出在哪里，新的规划如何引导现实需求，如何开发潜在需求。离开了需求，就不会有物流业，物流规划也只能是"空中楼阁"。

二、以企业为主体，以市场为导向

运作物流的主体，是企业物流，还是物流企业？企业物流怎么运作？物流企业又有哪些？它们各自的利弊得失怎么样？我们应该支持和培育什么样的供给主体？怎么样使供给主体提高供应服务能力？如何推动专业化、社会化的物流主体加快发展，满足更大、更多、要求更高的物流需求？反过来，促进企业物流提升改造，整合外包，创造社会化的物流需求基础。企业物流向物流企业的转变或转移，应以市场为导向，基于市场经济的规律加以推动。

三、整合与建设物流设施，提升和改造物流设备

物流设施设备是进行物流活动的物质技术基础，也是生产力发展水平与物流现代化程度的重要标志，对于改善物流状况、强化物流能力、实现物流目的具有不可替代的作用。所以，要在整合现有物流基础设施的基础上，抓好配套完善，形成网络，协调运作。要配置相应的物流设备，发挥设施设备的整体效能。

四、以标准化促进社会化，以信息化推动现代化

物流标准化是以物流作为一个大系统，制定系统内部设施、机械设备、专用工具等各个分系统的技术标准；制定系统内各个分领域如包装、装卸、运输等方面的工作标准；以系统为出发点，研究各分系统与分领域中技术标准与工作标准的配合性，统一整个物流系统的标准；研究物流系统与相关其他系统的配合性，进一步谋求物流大系统的标准统一。标准化是物流管理的重要手段，对物流成本和效益有决定性作用。物流信息化就是通过信息技术的应用，提高物流管理水平，提高物流服务效率，实现经济增长方式的转变。物流信息化包括基础设施和环境的建设、企业信息化、物流相关的政府监管和服务信息化，以及物流信息平台体系的建设等内容。标准化和信息化是现代物流发展的重要标志。

五、改革管理体制，营造政策环境

有的地方资源不见得富有，区位不一定优越，甚至交通状况一般，为什么成为区域、国内以至世界物流的枢纽或中心？国际上如新加坡，国内如浙江的义乌。关键在于政策环境，有宜商环境、创业环境，商品在这里能够加速周转，资金在这里能够尽快增值，企业在这里能够赚到更多的钱。在物流业发展过程中，政策和法律制度环境极其重要，这种制度上的引导，配合市场机制的发挥，可以有力地促进物流业健康稳定发展。物流业发展的管理体制，要能够适应网络化经营、一体化运作的需要。

六、一定要制定符合本国经济发展需要的物流发展战略

物流连接生产、流通和消费，是支撑经济运行的重要基础。物流的发展与经济发展的规模、结构、阶段、布局、体制等密切相关。物流来源于经济，服务于经济。经济发展的程度和水平，决定物流发展；物流的能力和水平，对经济发展起促进或制约作用。我国在 20 世纪 70 年代末期引进物流概念，只有在将近 20 年之后才有比较快的发展，是同我国经济体制改革、经济发展阶段和水平分不开的。现代物流已成为衡量一个国家和地区经济发展水平与现代化程度的重要标志，是综合国力和投资环境的重要体现。发展中国家有条件也有能力实现物流业跨越式发展，但一定要制定符合本国经济发展需要的物流发展战略，走符合本国特色的物流发展道路。

（本文节选自作者在商务部举办的发展中国家物流与供应链管理官员研修班的演讲提纲，共有 30 个国家的 56 名官员听取演讲）

集约化经营的物流新模式

（二〇〇八年十月）

物流园区（基地）是集约化经营的物流运作载体和网络节点，在我国出现大约 10 年。浙江传化物流基地是这种新的物流模式的典型代表。

这种新模式的核心在于布局集中、资源集聚。首先是需求资源集聚。杭州市及周边地区有 2 万多家制造企业和商贸企业的物流需求，聚集在一个平台运作，传统的"大而全""小而全"物流模式被打破。公铁联运和江海转运，干线运输和城市配送，大宗物流和加工分拨等各种物流需求，在这里可以"无缝对接"。其次是供给资源的集聚。420 多家专业物流企业，超 40 万辆的社会车辆，由"散兵游勇"进入一个平台。众多"专而精"的专业物流提供者，共同构成"全而优"的物流服务"综合超市"。最后是服务资源的集聚。形成了包括基础性物流设施、信息交易和商务配套等服务的综合性运营平台。运输、仓储、装卸、搬运、包装、加工、配送和信息处理等物流功能，可以"一次购齐"。

资源的集聚为集约化经营创造了条件，集约化经营带来整合效应。就需方来讲，甩掉自营物流职能，通过平台购买物流服务，可以集中精力搞生产，降低物流成本 40% 左右。就供方来讲，进驻配套齐全的服务基地，贴近客户，贴近市场，在激烈的竞争中专注于自己的核心竞争力。就平台经营企业来讲，放弃直接的物流经营业务，向物流平台整合运营商发展，从为供需双方的服务中找定位、出效益。就当地政府和社会来讲，物流资源集聚，集约化经营，有利于减少土地占用，缓解交通压力；有利于加强市场监管，优化投资环境；有利于促进专业分工，提高经济运行质量和效益；有利于增加财政收入和就业机会，促进改善民生，建设和谐社会。

据调查，我国物流园区（基地）已经发展到475个，出现了货运服务、生产服务、商贸服务和综合服务等多种类型的物流园区，形成了不同物流需求与多种服务方式有机对接的平台。像浙江传化物流基地这样的已经投入运营的物流园区，在提高物流的组织化水平和集约化程度，转变物流运作模式和经济发展方式，调整优化经济结构和产业布局等方面发挥了重要作用。

乘势而上加快产业升级步伐

（二〇〇九年四月）

近日，国务院常务会议审议并原则通过物流业调整振兴规划。这是自1978年引进物流概念以来，我国出台的第一个物流业专项规划，意义深远，作用重大。规划立足当前，着眼长远。规划既为了应对国际金融危机，解决当前物流业发展面临的突出问题，保先进生产力，保重点骨干企业，促进企业平稳发展；又从产业长远发展的角度出发，解决制约物流业发展的体制、政策和实施瓶颈，促进产业升级，提高竞争力。

近年来，我国物流业虽然发展较快，但许多深层次的矛盾和问题尚未解决，尤其受到国际金融危机的冲击，又面临新的挑战。当前，把物流业列入十大调整振兴产业之一，成为促进经济平稳较快发展一揽子计划的一部分，极大地提振了业界人士的信心。同时，规划的发布，极大地提高了物流业的知名度和社会地位，促进了社会各界对物流业的普遍关注，引起了各地方、各部门对物流业的高度重视。有关部门正在分解落实和制定完善各项配套政策措施，许多地方也在结合当地实际制订具体的工作方案。物造业发展出现了前所未有的有利环境。

规划通篇贯穿一条主线，那就是"建立现代物流服务体系，以物流服务促进其他产业发展"的指导思想。规划提出了"十项主要任务""九大重点工程"和"九条保障措施"等核心内容，可大致归纳为扩大物流市场需求、支持物流企业发展、优化基础设施布局、加强行业基础工作和改善物流政策环境等五个要点，规划提出"农村物流工程""制造业与物流业联动发展的示范工程""促进物流服务的社会化"，实际上是把扩大需求作为物流业发展的基础，把制造业、流通业和农业的物流需求作为重点。在"优化物流业的区域布局"方面，提出要重点发展九大物流区域，建设十大物流通道，确定了21个全国性物流节点城市和17个区域性物流节点城市。规划考虑全面，重点突出，导向作用十分明显。

规划提出，要制定和落实煤炭、粮食、农产品冷链、物流园区、应急物流、商贸物流和物流标准等七个专项规划。规划还提出加强组织和协调、改革物流管理体制、完善物流政策法规体系、制定落实专项规划、多渠道增加对物流业的投入、完善物流统计指标体系、继续推进物流业对外开放和国际合作、加快物流人才培养、发挥行业社团组织的作用等九条措施。有关部门将会按照规划的要求，出台更有针对性、更加具体的政策措施。各地也会制定和修订各自的物流业发展规划。由此可见，规划预留了政策接口和操作空间。

规划还体现了市场配置资源、政府营造环境、调动企业积极性的特点。物流企业是物流市场的主体，也是物流业调整和振兴的主体。规划的落实，在于政府营造环境，更在于企业市场化运作。市场配置资源的方向不会动摇，物流领域的市场化改革不会停顿。国家会通过多种方式支持物流业发展，但最根本的还要依靠企业按照市场规律去运作。物流企业应该积极地领会规划，主动地贯彻规划，按照规划的基本思路，调整经营方向，找准市场定位，提高管理水平，增强服务能力。在社会各方面的重视与支持下，物流业调整和振兴步伐会大大加快。

这个"焦","聚"得好！

（二〇一一年八月）

今年 5 月，中央电视台（简称央视）财经频道连续推出"聚焦中国物流顽症"系列节目，集中展示和剖析我国物流业发展中遇到的突出问题，在社会上引起了强烈的反响，产生了良好的社会效果。我们说，这个"焦"，"聚"得好！

好就好在聚在了"点子上"。物流业是融合运输业、仓储业、货代业和信息业等的复合型服务产业，是国民经济的重要组成部分，涉及领域广，吸纳就业人数多，促进生产、拉动消费作用大，在促进产业结构调整、转变经济发展方式和增强国民经济竞争力等方面发挥着重要作用。物流业出现问题，与社会生产、商品流通和老百姓生活息息相关，牵一发而动全身。央视财经频道紧紧抓住"物流顽症"，通过《经济半小时》《今日观察》《对话》和《财经下午茶》等诸多栏目，打出了"组合拳"，抓住了"牛鼻子"。这组节目，不仅对于物流业健康发展，而且对于国民经济全局都是一个有力的推动。

好就好在聚在了"节骨眼儿"上。2009 年 3 月国务院印发《物流业调整和振兴规划》（简称《规划》）以来，我国物流业快速发展，产业发展水平不断提升。但随着《规划》的深入实施，一些不适应物流业发展的政策问题进一步显现，制约了产业发展。从国民经济全局来看，今年以来，经济增速放缓，通胀预期偏高，节能减排压力加大，结构调整难度增加，一些不确定因素、两难选择摆在我们面前。特别是 CPI（消费者物价指数）居高难下，成为当前经济生活中的突出问题。在这样一个"节骨眼儿"上，从与生产、流通和消费密切相关的物流业入手，寻找物价推手，可以说迫在眉睫，正当其时。

好就好在"聚"出了老百姓的"心里话"。物流业出现的问题，有许多属于多年来积累的"顽症"，但是从来没有像这次"聚焦"这样受到全社会广泛关注。央视财经频道的记者不辞劳苦，迈开双脚，走向基层，把"顽症"呈现在光天化日之下。如，"货车进城难""过路费""乱罚款""仓储难""进场费""联运短路""重复征税"等方面的问题，通过具体的事例，老百姓的语言，做了深入、细致、客观的报道。一位民间维权人士指出，这次央视聚焦物流顽症的报道引起了社会强烈反响，尤其是说出了数千万货车司机的心里话，我们翘首盼望新政策出台，也期望央视一如既往为广大司机代言。

好就好在推动了高层领导动"真格"。这次"聚焦"不仅集中反映了突出问题，而且深入了分析问题成因，提出了建设性的政策建议，取得了比预想还要好的效果。2011 年 6 月 8 日，国务院总理温家宝主持召开国务院常务会议，研究部署促进物流业健康发展工作，提出了推动物流业发展的 8 项政策措施。6 月 14 日，交通运输部等五部门联合发出《关于开展收费公路专项清理工作的通知》，提出，通过 1 年左右时间的专项清理工作，全面清理公路超期收费、通行费收费标准偏高等违规及不合理收费，坚决撤销收费期满的收费项目，取消间距不符合规定的收费站（点），纠正各种违规收费行为。7 月 10 日，温家宝总理在西安考察物流企业。他指出，我国物流业总体水平落后，影响企业发展，也影响居民消费。发展物流业，可以促进其他产业发展。振兴物流业的措施不但要迅速出台，而且要令出必行。

通过这次"聚焦"，我们看到了国务院领导对根治"物流顽症"的决心和信心，也充分感受到了舆论监督的强大威力。我们期盼央视财经频道再次"聚焦中国物流"，但聚焦的内容将是"顽症"的化解以至于消除。这需要物流行业自身的努力，需要新闻媒体积极参与，更寄希望于政府有关部门形成合力，令出必行。

（2011年春天，中央电视台财经频道通过《经济半小时》《对话》《财经下午茶》等栏目，集中报道了物流领域存在的突出问题，引起全社会强烈反响，推动了国务院"物流国九条"的出台。本人参与了现场录像和部分策划工作）

建立现代物流服务体系的行动纲领

——谈《物流业调整和振兴规划》

（二〇〇九年五月）

2009 年 3 月 10 日，国务院以国发（2009）8 号文发布了《物流业调整和振兴规划》（简称《规划》）。这是我国出台的第一个物流业专项规划，也是第一次以国务院名义发布有关物流业的专题文件。我们要认真学习，深刻领会，把思想和行动统一到党中央、国务院的决策部署上来，切实按照《规划》的要求，促进物流业健康发展。

借此机会，我结合自己的工作经历，谈谈了解到的有关情况，以及个人学习《规划》的几点体会。

一、《规划》出台的背景

2 月 25 日，国务院总理温家宝主持召开国务院常务会议，审议并原则通过了《物流业调整和振兴规划》。这是我国第一个物流业专项规划，也是十大产业中唯一的服务业规划，能够被列入其中，表明党中央、国务院对物流业发展的重视，也体现了我国宏观经济政策的成熟。

第一，这是我国物流业深入发展的必然结果。从 1978 年引进物流概念以来，直到 2006 年国家《"十一五"规划纲要》确立产业地位，我国物流业有了很大发展，对经济社会的贡献越来越大。这里只举四组数据：①2008年，我国社会物流总额达89.9万亿元，每1个单位的GDP需要3个单位的物流量来支撑。②2008年，我国物流业增加值占全部服务业增加值的比重为16.5%；物流业每增加6.06个百分点，就可以带动服务业增加1个百分点。③2008年，我国社会物流总费用占GDP的比率为18.3%，比发达国家高出1倍左右。④我国物流业现有从业人员约2000万人；物流业每增加1个百分点，就可以新增10万个就业岗位。以上数据表明，物流业是国民经济的重要支撑，是调整结构的重要手段，是提高效益的重要途径，是扩大就业的重要渠道。

我国物流业虽然发展较快，但许多深层次的矛盾和问题尚未解决。"大而全""小而全"的企业物流运作模式还相当普遍，社会化的物流需求不足；物流企业"小、散、差、弱"，专业化的供应服务能力不强；物流基础设施结构不合理，衔接配套能力差；部门分割、地方封锁、行业垄断，对资源整合和一体化运作形成障碍等。总体来看，我国物流业运作模式粗放，运行效率低下，还不能够适应经济平稳较快发展的需要。2008年下半年以来，又受到国际金融危机的冲击，物流市场需求增速放缓，服务价格大幅下跌，物流企业经营出现严重困难。无论是长远发展，还是解决当前问题，都迫切需要制定一个专项规划。

第二，这是实施促进经济平稳较快发展一揽子计划的客观需要。为应对国际金融危机，促进经济平稳较快发展，党中央、国务院，陆续形成了一揽子计划。即大规模增加政府投资，实行结构性减税；大范围实施调整和振兴产业规划，提高国民经济整体竞争力；大力推进自主创新，加强科技支撑，增强发展后劲；大幅度提高社会保障水平，扩大城乡就业，促进社会事业发展。物流业进入十大产业振兴规划，实际上也就成为一揽子计划的一个组成部分。

物流业纵贯商品生产、流通和消费各个环节，横跨国民经济各个产业，是衡量一个国家现代化水平与综合国力的重要标志。把物流业列入产业调整振兴规划，是发挥物流业基础性作用，落实宏观经济政策的重要手段。无论是政府投资基础设施建设和灾后重建，还是"家电下乡""农机下乡""汽车下乡"等政策的落实，都离不开强有力的物流服务来支撑。这次列入调整振兴的十大产业中，九大产业涉及能源、原材料和制造业，物流业是唯一的生产性服务业。各个产业本身、产业与产业之间，产品与国内外市场的联系，都要以物流为支撑和纽带。把物流业列入十大产业，有利于形成完整的产业链和供应链，从整体上提高我国产业竞争力。物流业也是劳动密集型产业，就业容量大，与老百姓的生活息息相关。

制定实施物流业调整和振兴规划，不仅是促进物流业自身平稳较快发展和产业调整升级的需要，也是服务和支撑其他产业的调整与发展、扩大消费和吸收就业的需要，对于促进产业结构调整、转变经济发展方式和增强国民经济竞争力具有重要意义。

第三，这是各有关方面7年来艰苦工作奠定的良好基础。早在2002年，当时的国家计委和国家经贸委就开始物流规划的研究制定工作。2003年政府机构改革以后，由国家发展改革委经济贸易司主持制定工作。中国物流与采购联合会受政府部门委托，组织有关的企业和专家参与了调查研究、文本起草、修订论证等相关工作。随着产业的逐步成熟和规划文本的不断完善，到2008年第四季度，国家发展改革委才将反复修改的规划草案提交国务院审议。历时7年，凝聚了行业希望与智慧的物流业规划提交之际，正赶上国家产业调整振兴规划制定出台的有利时机。因此，物流业能够跻身十大产业调整振兴规划，既是行业深入发展，地位和作用被广泛认可的标志，也是多年来认真准备的结果；既有当前特殊形势的需要，也是物流业长远发展的要求。《规划》的出台和实施，无论对物流业应对当前危机、谋求长远发展，还是对扩大内需、振兴产业，促进结构调整和经济平稳较快发展，都将产生重大而深远的影响。

二、《规划》的框架结构和主要内容

《规划》共分6大部分：发展现状与面临的形势，指导思想、原则和目标，主要任务，重点工程，政策措施和规划实施。分设33个小标题，共11000余字。这个《规划》虽然也在题目中冠以"振兴"的字眼，但更偏重指出长远的发展方向，是我国物流业发展的行动纲领和施工草图。

《规划》通篇贯穿了一条主线。那就是在"指导思想"中提出的"建立现代物流服务体系，以物流服务促进其他产业发展"。在"规划目标"中也提出，"初步建立起布局合理、技术先进、节能环保、便捷高效、安全有序并具有一定国际竞争力的现代物流服务体系"。这是我国物流业自身发展的必然要求，也是服务和支撑其他产业的调整与发展，促进产业结构调整、转变经济发展方式和增强国民经济竞争力的需要。

《规划》的核心内容可以归纳为五个要点。围绕"建立现代物流服务体系"这样一条主线，《规划》在第三部分提出了"十项主要任务"，在第四部分提出了"九大重点工程"，在第五部分提出了"九条保障措施"。我把这"二十八条"归纳为五个要点，这就是：扩大物流市场需求、支持物流企业发展、优化基础设施布局、加强行业基础工作和改善物流政策环境。也可以把这五个要点理解为"现代物流服务体系"的基本框架。

第一，扩大物流市场需求。需求是产业发展的基础，也是制定《规划》的起点。《规划》第三部分"主要任务"第一条"积极扩大物流市场需求"，分别提出了生产企业、流通企业和农业物流问题。第二条"大力推进物流服务的社会化和专业化"指出，"鼓励生产和商贸企业按照分工协作的原则，剥离或外包物流功能，整合物流资源，促进企业内部物流社会化"。在第四部分"重点工程"中，第四项"大宗商品和农村物流工程"、第五项"制造业与物流业联动发展工程"实际上也是扩大需求的具体举措。从需求入手推动产业发展，等于抓住了"牛鼻子""原动力"。

第二，支持物流企业发展。物流企业是市场竞争的主体，也是《规划》实施的重点对象。《规划》在第三部分"主要任务"的第三条"加快物流企业兼并重组"中提出："鼓励中小物流企业加强信息沟通，创新物流服务模式，加强资源整合，满足多样性的物流需要。加大国家对物流企业兼并重组的政策支持力度，缓解当前物流企业面临的困难，鼓励物流企业通过参股、控股、兼并、联合、合资、合作等多种形式进行资产重组，培育一批服务水平高、国际竞争力强的大型现代物流企业。"第四条"推动重点领域物流发展"中讲到的十个重点领域都立足于物流企业和设施体系建设。第五部分"政策措施"中的大部分，以及其他各部分都涉及支持物流企业发展的相关内容。

第三，优化基础设施布局。设施设备是物流运作的载体，也是《规划》的重要"抓手"。《规划》在第三部分"主要任务"中要求"优化物流业发展的区域布局"，提出要重点发展九大物流区域，建设十大物流通道，确定了21个全国性物流节点城市和17个区域性物流节点城市。《规划》在第三部分"主要任务"中专设一条"加强物流基础设施建设的衔接与协调"，指出："加强交通运输设施建设，完善综合运输网络布局，促进各种运输方式的衔接和配套，提高资源使用效率和物流运行效率。发展多式联运，加强集疏运体系建设，使铁路、港口码头、机场及公路实现'无缝对接'，着力提高物流设施的系统性、兼容性。充分发挥市场机制的作用，整合现有运输、仓储等物流基础设施，加快盘活存量资产，通过资源的整合、功能的拓展和服务的提升，满足物流组织与管理服务的需要。加强新建铁路、港口、公路和机场转运设施的统一规划和建设，合理布局物流园区，完善中转联运设施，防止产生新的分割和不衔接。加强仓储设施建设，在大中城市周边和制造业基地附近合理规划、改造和建设一批现代化的配送中心。"《规划》在第四部分所列的九大重点工程中有四项涉及基础设施建设，分别是：多式联运、转运设施工程，物流园区工程，城市配送工程和应急物流工程。

第四，加强行业基础工作。行业基础工作是行业发展成熟的重要标志，也是《规划》关注的重点。在第三部分把"提高物流信息化水平""完善物流标准化体系"和"加强物流新技术的开发和应用"列为主要任务。在第四部分，把"物流标准和技术推广工程""物流公共信息平台工程"和"物流科技攻关工程"列为重点工程。在第五部分，把"完善物流统计指标体系""加快物流人才培养"和"发挥行业社团组织的作用"列为政策措施，体现了《规划》对基础工作及行业协会的重视。

第五，改善物流政策环境。政策环境是产业调整振兴和发展的必备条件，也是《规划》的核心内容。《规划》从国家和地方政府的职能定位出发，以推动物流业发展为目标，通篇体现了较强的政策导向作用。特别是第五部分单列"政策措施"，提出了"加强组织和协调""改革物流管理体制""完善物流政策法规体系""制订落实专项规划""多渠道增加对物流业的投入"和"继续推进物流业对外开放和国际合作"等政策要点。

三、《规划》的总体评价

如果把 2006 年"十一五规划"确立现代物流的产业地位，作为我国物流业发展的"里程碑"的话，这次将物流业列入十大产业振兴规划，可以比作物流业发展的"奠基石"，其重要意义和巨大作用不可低估。

这是提振信心、提升地位的《规划》。近年来，我国物流业虽然发展较快，但许多深层次的矛盾和问题尚未解决，又受到国际金融危机的冲击。在此紧要关头，把物流业列入十大振兴产业规划，使其成为促进经济平稳较快发展一揽子计划的一部分，极大地提振了业界人士的信心。此消息一经发布，业内无不欢欣鼓舞，奔走相告，摩拳擦掌，跃跃欲试。同时，《规划》的发布，极大地提高了物流业的社会地位，促进了社会各界对物流业的普遍关注，引起了各地方、各部门对物流业的高度重视。国务院有关部门正在分解落实和制定完善各项配套政策措施。许多地方政府也在结合当地实际，制订具体的工作方案。物流业发展出现了前所未有的有利环境。

这是立足当前、着眼长远的《规划》。《规划》早在 7 年前就开始起草，又是我国首次制定，必然要有全面的布局和长远的考虑：既要应对国际金融危机，解决当前物流业发展面临的突出问题，保先进生产力，保重点骨干企业，促进企业平稳发展；又要从产业长远发展的角度出发，解决制约物流业发展的体制、政策和实施瓶颈，促进产业升级，提高竞争力。《规划》具有奠基性作用。

这是预留了政策接口和操作空间的《规划》。《规划》提出，要制定煤炭、粮食、农产品冷链、物流园区、应急物流、商贸物流和物流标准等七个专项规划，而且各地也会制定和修订各自的物流业发展规划。《规划》在第五部分"政策措施"的"完善物流政策法规体系"中，要求"抓紧解决影响当前物流业发展的土地、税收、收费、融资和交通管理等方面的问题"。根据我们的调查理解，调整和振兴物流业目前最需要以下八个方面的政策：财政支持政策；税收减免政策；有利融资政策；便捷交通政策；土地使用政策；结构调整政策；需求引导政策；产业安全政策。更重要的是，我们的政府部门能够按照物流业"网络化经营、一体化运作"的新需要，调整工作思路，克服现有政策障碍。相信政府有关部门一定会按照《规划》的要求，结合物流业发展的实际，出台符合物流业发展需要的政策措施。

这是市场配置资源、政府营造环境、调动企业积极性的《规划》。《规划》的落实，在于政府营造环境，更在于企业市场化运作。市场配置资源的改革方向不会动摇，物流领域的市场化改革不会停顿。国家一定会通过多种方式支持物流业发展，但最根本的还是要依靠企业按照市场规律去运作。物流企业应该积极地领会《规划》，主动地贯彻《规划》，按照《规划》的基本思路，调整经营方向，寻求市场定位，提高管理水平，增强服务能力。

四、物流企业如何落实《规划》

《规划》为物流业发展提供了前所未有的机遇，物流企业要根据自己的实际，做好《规划》的对接和落实工作。

一是与《规划》的指导思想对接。《规划》提出的指导思想是：以邓小平理论和"三个代表"重要思想为指导，深入贯彻落实科学发展观，按照保增长、扩内需、调结构的总体部署，以应对国际金融危机对我国经济的影响为切入点，以改革开放为动力，以先进技术为支撑，以物流一体化和信息化为主线，积极营造有利于物流业发展的政策环境，加快发展现代物流业，建立现代物流服务体系，以物流服务促进其他产业发展，为全面建设小康社会提供坚实的物流体系保障。学习《规划》重在领会精神实质，要把思想统一到《规划》的指导思想上来。

二是与《规划》的区域布局对接。《规划》提出要重点发展九大物流区域，建设十大物流通道，确定了21个全国性物流节点城市和17个区域性物流节点城市，形成全国性、区域性和地区性物流中心和三级物流节点城市网络，优化物流业的区域布局。这是《规划》区域布局的重点，也应该成为物流企业经营发展的重点区域。

三是与《规划》的重点领域对接。《规划》提出"推动重点领域物流发展"，实际上确定了10个重点领域：石油、煤炭和重要矿产品物流；粮食、棉花物流；农产品、农资和农村日用消费品物流；城市统一配送；医药物流；化学危险品物流；汽车综合物流服务；回收物流和绿色物流；邮政物流；应急物流。这是《规划》提出的重点领域，也应该成为物流企业考虑的经营重点。

四是与《规划》的九大工程对接。《规划》提出了物流业发展的九大重点工程：多式联运、转运设施工程；物流园区工程；城市配送工程；大宗商品和农村物流工程；制造业与物流业联动发展工程；物流标准和技术推广工程；物流公共信息平台工程；物流科技攻关工程；应急物流工程。这些工程一定会成为国家重点支持的工程，物流企业要积极参与建设。

五是与地方和部门的工作方案和配套政策对接。国发（2009）8 号文要求，各地区要按照《规划》确定的目标、任务和政策措施，结合当地实际抓紧制订具体工作方案，切实抓好组织实施，确保取得实效。国务院各有关部门要根据《规划》明确的任务分工和工作要求，做到责任到位、措施到位，加强调查研究，尽快制定和完善各项配套政策措施，切实加强对《规划》实施的指导和支持。当前，各地区、各部门正在按照国务院文件的要求，制订具体的工作方案和配套政策。相对于《规划》来说，这些方案和政策更有针对性和操作性，物流企业要予以极大关注，力争在政府的重视与支持下，经过业内人士的不懈努力，把《物流业调整和振兴规划》落到实处。

（原载于国家发展改革委主管刊物《宏观经济管理》2009 年第 7 期）

"松间""清泉"著华章

——《供应链核心企业研究》序

（二〇一〇年三月二十六日）

卢松泉，其名是否取自"明月松间照，清泉石上流"的佳句？其照，站在群山之巅，白云缭绕，似有"一览众山小"的意境。及至看到《供应链核心企业研究》，洋洋十余万言，又是前人很少涉及的前沿问题，大有"养在深闺人未识"的慨叹。于是，我才决定花点时间，把松泉其人、其书介绍给读者朋友。

松泉博士生于黄河之滨的普通农民之家，就读于中南工业大学，后获得华中科技大学 MBA 和管理学博士学位，具有较深的理论功底。他长期担任企业中高层领导职务，在生产和流通一线摸爬滚打，积累了较丰富的实战经验。理论与实践的结合，是卢博士的优势所在，也是本书的鲜明特色。

供应链管理，是一种新的经营与运作模式。依我个人的理解，最主要的特征，在于突破原有的企业边界，在更宽领域和更深层次上对各种要素资源实行"横向一体化"整合，形成贯穿于相关企业的"链"。在这样一个"链"中，核心企业起着关键性的作用。当前，供应链管理研究已成为业界的"热点"，但对处于核心地位、起主导作用的供应链核心企业的研究，至今仍不多见。从这个角度来看，卢博士做了一项很有意义的开创性工作。

《供应链核心企业研究》一书，在文献综述的基础上，综合运用多种手段和方法，对供应链核心企业进行了比较系统的研究。首先，基于约束理论通过实证分析，对供应链核心企业的概念作了界定；其次，通过建立动态交易费用模型对核心企业生成动因进行了较全面的解释；再次，应用 META 图构建层次和指标双重权重的核心企业动态选择模型，用以动态选择核心企业；从次，建立核心企业的识别评价维度，运用 AHP 法对核心企业进行识别评价；最后，运用自组织理论对供应链生命周期中核心企业自组织演化的角色和过程驱动力进行研究；另外，探讨非稳态下核心企业漂移动因和动态漂移维度，揭示供应链核心企业漂移的轨迹与发展趋势。全书思路清晰，结构严谨，语言平实，通俗易懂。

本书在国内外供应链有关核心企业研究成果的基础上，进行了新的探索，以下成果具有较强的创新性：一是全面界定供应链核心企业的概念。基于约束理论，通过对双汇猪肉加工、国美格力产销、平煤姚电生产供应链进行实证研究，界定了供应链核心企业的概念，为解释供应链管理提供了较有说服力的理论支持。二是全面探讨核心企业生成动因并给出基于动态交易费用的诠释模型。在外部环境、内部因素和核心企业自身素质的共同作用下，供应链企业间战略合作关系在博弈中提升，核心企业得以形成。在此基础上建立动态交易费用模型，用动态治理成本补充静态治理成本，用治理效益补充治理成本，形成较全面的治理结构特征。将核心企业供应链与原始供应链治理结构作量化对比分析，进一步诠释核心企业的生成机理。三是构建层次权重与指标权重双重权重的核心企业动态选择模型。应用 META 图表达供应链企业之间的关系，基于约束理论建立信息约束、原材料约束、市场约束、技术约束为主要指标的核心企业识别选择指标体系，采取层次权重和指标权重双重权重对指标进行修正。通过 META 通路初步选出候选的供应链，根据计算结果得出候选供应链和供应链各节点企业的综合指标排序，从而可以更加科学合理地选择核心企业。随着供应链的结构更加虚拟化和动态化，供应链核心企业将在多个维度发生自组织演化漂移。核心企业由供应链中间逐渐向两端区位漂移，是供应链核心企业演化漂移的总趋势。这样，就会出现以资源商和零售商同为核心企业的"哑铃型双核心企业供应链"。这些创新成果，都是很有意义的。

《供应链核心企业研究》一书，既是一本管理学研究的专业学术著作，更是一本物流供应链管理实践指导意义较强的工具书。适合政府有关部门、企业管理层、院校和研究咨询机构的有关人员，以及对这个问题感兴趣的在校学生阅读。同时，供应链管理理论引入我国时间不长，许多问题还需要进一步通过实践检验。本书的研究虽然具有开创性的意义，但也会存在一些缺憾和不足。希望各位读者，与作者一起学习、实践、诊断、探究，共同构建符合中国特色的供应链管理理论体系，促使该理论被更多的企业采用，更好地为国民经济发展和转变发展方式服务。

（卢松泉著《供应链核心企业研究》，中国物资出版社 2010 年 6 月）

现代物流服务体系的"五大要素"

——《现代物流服务体系研究》序

(二〇一〇年十二月八日)

从 2002 年起，受中国物流与采购联合会领导的委派，本人有幸参与了我国第一个物流业发展专项规划（2009 年 3 月国务院发布的《物流业调整和振兴规划》）的起草工作。之后，陆续参加地方、部门和企业物流规划的评审与论证会议。面对物流业这样一个新兴的产业，物流规划这样一个全新的课题，我感觉更多的是迷茫和困惑。

每当坐在评委席上，翻动着经过多少人辛勤劳作产生的规划文本，倾听着起草专家娓娓道来的用心陈述。我不禁扪心自问：自己凭什么对他们的劳动成果"说三道四"。凭理论功底吗？自己没有系统地读过经济理论著作。凭实践经验吗？自己没有物流业务的操作经历。凭对当地情况的了解吗？起草组成员做了长期的调查研究，项目实施单位的许多同志更是从小就生长在那个地方，对当地情况了如指掌，而自己对当地情况知之甚少。为此，我强烈地感受到需要一根"尺子"，一把"钥匙"：一根衡量物流规划的"尺子"，一把打开物流大门的"钥匙"。

抱着这样的目的，我向老前辈、老专家请教，向项目文本起草专家和实施单位学习，与参加评审的同事切磋，在社会物流的"大学"里，寻找"尺子"和"钥匙"。经过七八年的探索，目前仍然处于追寻途中，好在已有一些朦胧的理解：如果把物流规划比作一幢大楼的话，那么竣工验收之时，至少需要从"五层架构"，或者"五大要素"来衡量，那就是：需求基础、供给主体、设施设备、信息系统和政策环境。我甚至认为，这"五大要素"是构成现代物流服务体系的基本框架。

一、需求是物流业发展的基础

我们常常遇到这样一些问题：我这个城市区位优势明显，500公里范围以内辐射多少人口；我这个城市交通条件便利，有几条高速公路通过；我这家企业拿到了多少亩土地，具备做物流的条件。这些条件不能说毫不重要，但是忽略了推动物流业发展的基础，那就是需求。区位优势、交通条件、土地资源固然重要，但不见得能够自动转化为物流优势。需求，只有需求，才是推动物流业发展的根本动力。在许多物流规划评审论证会上，不断重复着这样的场景：一个城市究竟需要几个物流园区？一个园区的面积多大为好？各方为此争论不休。我认为，1平方公里不能说小，10平方公里不见得大，应该让有效需求说了算。就一个城市而言，当地居民消费物流需求、工农业生产物流需求和货物中转物流需求，构成物流需求的总规模。物流需求的规模、结构、流量、流向、流速和节奏等因素，决定着物流业发展的基本方向。说到底，物流业是服务业，物流业的发展必须靠需求来驱动，以产业为支撑。做好深入细致、切合实际的需求分析，是制定物流业发展规划的基础工作；扩大物流市场需求、推进物流需求社会化，是物流业发展的先决条件。

二、企业是物流业发展的主体

在我国企业名称登记中出现"物流"两字也不过十几年时间，而物流企业实现了"爆炸式"增长。有从制造企业中分离出来的专业物流企业，有从传统的商业、物资、粮食、供销、铁路、交通、邮政等企业转型发展而来的物流企业，也有从市场上产生的民营物流企业和从国外引进的跨国物流企业。物流企业对于中国物流业发展的推动有目共睹，但"小、散、差、弱"的现象不容忽视。以至于现在还没有人能够说清楚我国物流企业的确切数量。生产力发展水平的层次性、阶段性，决定了物流服务需求的差异性和物流企业的多样性。国内既有达到甚至超越国际先进水平的物流企业，也有"一家一户一辆车"式的物流服务经营主体。这样的格局，有可能长期存在。我们应该推进企业兼并重组，提高企业组织化程度，加快培育具有国际竞争力的物流企业和企业集团；也应该引导规范、扶持发展符合市场需要的中小型物流企业。只有物流企业发展，物流服务能力提升，才能促进物流产业升级，才能满足日益增长的市场化、社会化的物流需求。

三、设施设备是物流业发展的载体

近年来，我国物流基础设施发展很快，许多单项、单体建设规模已经走在世界前列。现在的问题是，地区、部门之间，缺乏协调；线路、节点之间，衔接不够；设施、设备之间，不相匹配。比如，全国仓储类物流设施分散在各个地方和部门，没有最基本的统计和管理，更谈不上整合利用；各种运输方式缺乏合理分工，联运转运设施、设备不相配套，综合运输体系的作用远未发挥。物流设备也有类似情况，典型的如托盘共用系统缺失。最基本的物流单元不能一贯化运作，多次装卸、搬倒、重复劳动，损失浪费大，效率和效益低。因此，摸清现有物流设施设备的底数，加强统筹规划和综合协调，调整优化结构布局，提高综合服务能力，是物流规划的题中应有之义。根据实际需求，结合现有条件，适度、适量发展物流设施、设备，避免盲目投资和重复建设，是物流业发展中需要特别注意的关键问题。

四、信息化是物流业发展的灵魂

还记得我们小的时候，供销社每到月底总会挂出一块"月底盘点，停业一天"的小黑板。如今，偌大的超市、卖场从来不会因为点货而停业，这就是信息化的功劳。信息化条件，使实时监控成为可能，为更大范围整合资源提供了技术条件。近年来，我国企业物流信息化、行业和地区公共信息平台、政府监管平台等发展迅速，条码、IC 卡和 RFID（射频识别）等采集技术广泛应用，GPS/GIS 等物流信息跟踪技术不断普及，"物-物"相连的物联网技术已有成功案例。但总体来看，我国多数企业信息化水平较低，物流活动中重复操作、准确性差、可靠性低等问题依然存在，上下游企业之间没有形成快速、及时、透明的信息传递和共享机制。物流业公共信息平台建设中普遍遇到了"信息孤岛"的问题，已建立的信息系统不能互联互通，相关数据达不到高度集成，公共信息平台的核心价值不能充分体现。信息化是物流现代化的主要特征，也是物流规划的核心内容。解决信息化过程中出现的突出矛盾，是推进物流信息化，实现物流业跨区域、跨行业、跨越式发展的关键。

五、政策环境是物流业发展的基本保证

为什么有的地方既不沿边，也不靠海，资源、区位，甚至交通不见得具有明显优势，却可以成为区域、全国以至于世界性的物资集散地或物流枢纽？主要在于政策环境，依靠所谓"政策的洼地、利润的高地"，来吸引和集聚物流需求。进入 21 世纪以来，特别是"十一五"时期，支持物流业发展的政策相继出台，我国物流业发展的政策环境有了明显改善。但总体来看，现行政策设计思路与物流业运作模式不相适应的矛盾依然存在。一体化

运作、网络化经营，是客户对物流服务的基本要求，也是物流企业经营运作的基本模式，但现行政策既不支持一体化运作，也不利于网络化经营。比如，运输和仓储两项基本服务功能，执行不一样的税率，使用不一样的发票，无法提供"一票到底""一站式"服务；大型企业在异地设点，必须注册为法人单位，不能与总部统一核算、统一纳税，总部取得的经营资质分部不能使用，对做大做强企业形成严重障碍。如何为物流企业经营运作创造适宜的政策环境，如何使政策环境逐步适应商业模式变革的需要，是物流规划的重要内容，更是政府推动物流业发展的重要职能和历史性责任。

以上五大要素互相作用、紧密衔接，才能保证现代物流服务体系正常运转。为了实现物流服务的目标，供需主体要素必须进行有效对接，设施设备系统和信息技术系统提供必备条件，体制政策系统为规范和提升服务水平营造环境。这五大要素，如同人的五个手指，任何一个不给力，或者五指不能并拢，都不会形成推动物流业发展的"拳头"。

现代物流服务体系也是一个动态的概念。随着工业化、信息化、城镇化、市场化、国际化深入发展，人均国民收入稳步增加，经济结构加快转型，社会生产方式、流通方式，以至于人们的生活消费方式正在发生深刻变革。作为满足和适应社会经济发展需要的现代物流服务体系，其组织架构和运行模式必然随之变化。"问渠那得清如许？为有源头活水来。"不断变化的社会经济环境和物流需求基础，是现代物流服务体系赖以生存，并为之服务的源头活水。建立和完善现代物流服务体系，不仅是一项艰巨的任务，也是一个长期的过程。

以上就是我这么多年来，对现代物流服务体系的初步认识。如何把这些朴素的经验和方法，做一些理论方面的总结和提炼，就教于更多的同行专家，这是我常常考虑的一个问题。

特别需要指出的是，自 2001 年中国物流与采购联合会成立以来，我先后担任办公室副主任、研究室主任、副秘书长等职。联合会领导为我提供了研究机会和平台，使我能够在我国物流业大发展的历史时期，参与物流业发展的规划、政策与趋势研究。陆江会长以其特有的睿智与谦和，从思想观念、研究方法以至于语言表达等方面给我以循循善诱的启发与指导。丁俊发常务副会长帮助我明确研究方向，联合会各位领导和许多同事，以及研究室的两位助手，也给予很大的支持和鼓励。为此，天津大学刘伟华副教授以其扎实的理论功底和勤奋的写作态度，帮我把这些想法进行系统的归纳整理并变成文字。当本书出版之际，我向他们表示由衷的敬意，向专家学者和同事、同行表示深深的谢意。

本书以本人朴素的认识——"五层架构"作为现代物流服务体系建设的核心内容，分别对其地位作用、现状问题、解决办法以及政策建议作了阐述；对现代物流服务体系的内涵、要素构成与演化机理作了理论上的分析；对现代物流服务体系的运行机制与协调模式作了相关描述，提出了现代物流服务体系规划、建设与评价的意见。意在为政府有关部门制定相关的规划和政策作参考资料，为企业经营决策提供基本思路，为评价地方和部门物流业发展规划介绍基本的方法。同时，也为院校物流教学以至于我国现代物流理论体系建设贡献"一家之言"。

现代物流是一门新兴的产业，现代物流服务体系是一个全新的命题。本书的主要内容来自朴素的实际工作总结，在理论方面所作的探讨也是初步的。鉴于作者认识水平与研究能力所限，书中一定有许多不足与缺憾，敬请读者批评指正。本书的出版仅仅是抛砖引玉，希望能够引起更多同行对这一课题的关注。

（贺登才、刘伟华合著《现代物流服务体系研究》，中国物资出版社2011 年 4 月第 1 版，本文节选部分内容）

创新驱动　典型引路

——《中国物流管理优秀案例集（2010）》序

（二○一一年三月）

2010年的春天，我们怀着担心与期待的心情，开始策划"中国物流管理优秀案例"的征集、评选与推广活动。究竟有多少家企业会响应，能不能保证案例的推广价值？

当又一个春天来临的时候，我们感到充实与欣慰。这次活动收到的案例总数超过100篇，其中43篇获奖。在2010年南京召开的第九次中国物流学术年会上，案例宣讲点评活动出现了"火爆"场面。会后，许多专家学者、企业管理者和院校师生纷纷要求结集出版。正是在业界人士的关注和鼓励下，在中国物流与采购联合会、中国物流学会领导的坚定支持下，《中国物流管理优秀案例集（2010）》才得以问世。

本书从获奖案例中精选出32个优秀案例。这些案例的实施单位，都是国内优秀物流企业或企业物流部门。内容涉及诸多方面：有企业物流和物流企业战略转型案例，如开滦集团、大庆油田、淮南矿业、无锡中储、云南物产、海尔集团、浙江中捷和新颜物流等；有物流服务方案设计案例，如佳怡物流、新安物流、佳依佳、宇石国际、宁波港铃、上海长桥、鞍钢鲅鱼圈等；有物流业务的运作方案，如中铁快运、远成物流、浙江传化、滨海泰达、上海新锦华、华瑞物流、绍兴中国轻纺城、西安国际港务区、中国物流公司和临沂天源等；有物流实用技术与方法，如一汽集团、中石油西北公司、九州通医药物流、吉化集团、杭钢集团、浙江中通和南宁漳泉等。这些企业有的在综合物流业务方面规模大、实力强、模式新，有的在钢铁、汽车、纺织、果蔬、药品、危化品、冷链、应急等专业物流方面有市场、有能力、有特色。

创新是这些案例共同的主题。本书入选案例在物流理念创新、模式选择、运作实施、行业推广等方面都具有显著特点：

1. 理念的先进性

入选案例符合国务院《物流业调整和振兴规划》确定的发展方向，采用了先进的物流与供应链管理理念，积极整合社会资源，扩大社会化物流需求，提升专业化物流服务能力，推动了企业转型升级。

2. 模式的创新性

入选案例针对各行业企业在物流管理中存在的普遍问题，按照管理创新原则，对传统物流模式进行改造与提升，在现实运用中取得了积极效果。

3. 效益的显著性

入选案例企业已经具备了一定的经济规模、独特的商业模式、较强的市场适应性与竞争力，在最近几年取得了显著的经济效益。

4. 经验的可推广性

入选案例内容真实具体，具有较强的行业代表性，模式方法具有标杆性、可操作性和推广价值，对同类企业有一定的借鉴意义。

根据入选案例涉及的内容范围，全书分为"物流战略""物流设计""物流运作"和"物流技术"四个篇章。为便于推广借鉴，采用了统一的框架结构。每个案例都包含"引言""行业背景""企业动因""模式内涵""实施效果""重要意义""规划目标"和"推广价值"等几大部分。正文前附有"摘要""关键词"和"适用领域"，以便于读者有选择地学习参考。本书所选案例，可作为物流及相关企业的参照对象，规划部门和研究机构的研究材料，政府相关部门和国内外投资者的决策参考，也可作为相关院校物流专业教学的补充教材。

本书是集体智慧的结晶。值此成书之际，感谢为本次活动提供案例和案例实施单位的领导与编写人员，感谢关心和支持本次活动的业内人士，特别要感谢天津大学管理学院刘伟华副教授和他的团队，为本书编辑、整理和提炼工作付出了大量心血。

"榜样的力量是无穷的。"这些案例的总结、评选和推广，必将对我国物流实践起到引导和示范作用。但"嚼别人吃过的馍没有味道"，学习借鉴的目的在于创造。我们期待更多鲜活的优秀案例，在我国物流业发展的又一个春天百花吐艳，春色满园。我们也真诚地期待读到本书的同人，对中国物流管理优秀案例的征集、评选和推广工作提出宝贵意见。

（《中国物流管理优秀案例集（2010）》，中国物资出版社2011年4月）

商贸物流工作的新起点

—— 商务部等三部委《商贸物流发展专项规划》解读

（二○一一年五月）

2011年3月14日，商务部、国家发展改革委、全国供销合作总社三部委联合发布了《商贸物流发展专项规划》（商商贸发〔2011〕67号）（以下简称《专项规划》）。该规划属于国务院《物流业调整和振兴规划》（国发〔2009〕8号）（以下简称《规划》）确定的专项规划之一，也是引导和推动我国商贸物流发展的第一个专项规划。中国物流与采购联合会受商务部委托，参与了《专项规划》的研究起草工作。现就《专项规划》的主要内容及落实问题，谈点个人的观点。

一、《专项规划》出台的背景和意义

《专项规划》是我国商贸物流发展的必然产物，也是国务院《物流业调整和振兴规划》的配套文件。其出台背景，可以从这样几个方面来看：

第一，这是落实国务院《规划》的要求。2009年3月10日，国务院印发的《物流业调整和振兴规划》明确提出："商务部会同供销总社等有关部门制订商贸物流专项规划。"商务部作为国务院商品流通工作的主管部门，按照《规划》的要求牵头组织《专项规划》的编制工作，属于国务院交办事项，也是一项重点工作。

第二，这是我国商贸物流发展的需要。改革开放以来，特别是进入 21 世纪以后，我国商贸物流发展很快。城乡商贸物流服务体系初步建立，服务水平不断提高；商贸物流基础设施不断完善，配套能力不断增强；商贸物流服务主体迅速成长，先进物流服务方式推广速度加快；商贸物流发展环境明显改善，各种支持和配套政策日臻完善。同时，我国商贸物流整体水平不高，物流效率偏低，难以满足商贸服务业快速发展和居民消费升级的需求。因此，《专项规划》具有较强的针对性和实用性。

第三，这是商务部工作的重要成果。商务部十分重视商贸物流发展，早在 2008 年就出台了《商务部关于加快我国流通领域现代物流发展的指导意见》（商改发〔2008〕53 号）。2009 年，商务部组织开展了流通领域现代物流示范工作，首批评审命名了 46 个全国流通领域现代物流示范城市。这次由商务部牵头，委托中国物流与采购联合会等专家开展研究，征求地方商务工作主管部门意见，组织国务院有关部门协调，出台《专项规划》，也是商务部推动商贸物流工作的又一项重要成果。

《专项规划》首次对商贸物流的概念作了明确定义：商贸物流是指与批发、零售、住宿、餐饮、居民服务等商贸服务业及进出口贸易相关的物流服务活动。商贸物流属产业物流，是商品流通的重要组成部分。制定《专项规划》的意义在于：构建高效、安全、通畅的商贸物流服务体系，有利于降低物流成本，提高流通效率和效益；有利于促进商贸服务业转型升级，提升流通产业竞争力；有利于扩大就业，改善民生，维护社会稳定与繁荣；有利于减轻资源和环境压力，促进经济发展方式转变，更好地为建设小康社会、构建和谐社会服务。

二、《专项规划》的指导思想和发展目标

《专项规划》共分五大部分：一是发展现状；二是面临的形势；三是指导思想和发展目标；四是重点工作；五是保障措施。全文分设 24 个小标题，共约 7000 字。

《专项规划》在全面分析我国商贸物流发展现状和面临形势的基础上，提出了商贸物流发展的指导思想：坚持以科学发展观为指导，以转变发展方式为主线，以结构调整为突破口，以改革创新为动力，以科技应用为支撑，通过健全法规，加强监管，规范秩序，完善标准，优化布局，引导和鼓励企业物流服务模式创新，推进商贸物流服务的专业化、信息化、网络化、规模化发展，不断完善商贸物流服务体系，增强商贸服务企业竞争力，提高流通现代化水平和全社会物流效率，促进国民经济又好又快发展。

《专项规划》按照国务院《规划》的总体要求，紧密围绕商贸物流发展的实际提出了发展目标：到 2015 年，初步建立一套与商贸服务业发展相适应的高效通畅、协调配套、绿色环保的现代商贸物流服务体系，形成城市配送、城际配送、农村配送有效衔接，国内外市场相互贯通的商贸物流网络，引导和培育一批能够适应商贸服务业发展需要、具有较强国际竞争力的商贸物流服务主体，较好地满足城市供应、工业品下乡、农产品进城、进出口贸易等物流需求。规模以上连锁超市商品统一配送率达到 70%；农村"万村千乡"农家店商品统一配送率达到 60%，农资连锁经营企业商品配送率达到 80%以上；果蔬、肉类、水产品冷链运输率分别提高到 20%、30%、36%；立体仓库的总面积占仓库总面积的 40%；物流企业机械化、自动化、标准化、信息化水平显著提高；商品库存周转速度明显加快，流通环节物流费用占商品流通费用的比率显著下降。

《专项规划》的核心内容充分体现了科学发展"主题"和转变发展方式

"主线"，根据商贸物流发展需要，适应新变化，探索新思路，立足新起点，服务新需求，着力于完善商贸物流服务体系，增强商贸服务企业竞争力，着眼于提高流通现代化水平和全社会物流效率，从而达到促进国民经济又好又快发展的目的。

三、《专项规划》重点工作解读

《专项规划》是一个引导性、方向性的规划，共提出网络布局、基础设施、服务主体、模式创新、科技应用、典型示范、绿色物流、应急物流和国际物流等九项重点工作任务。

1. 完善商贸物流网络布局

提出了以服务于商贸服务业和居民消费为目标的城市配送体系，城乡一体化的物流服务体系，工业制成品、农产品、生产资料等大宗商品跨区域运输的城际配送网络，以及适应国际商品交易中心、贯通全球的国际物流通道建设等四个方面的布局要求。

2. 加强商贸物流基础设施建设

提出的建设重点主要有：服务于大中城市、商贸业聚集地、大型批发市场、进出口口岸的物流中心、配送中心；服务于连锁零售、"万村千乡"工程等的物流配送中心建设；商贸型物流园区的建设和改造；传统仓储向现代物流配送中心转变工程和商贸物流公共信息化基础设施建设等。

3. 提高商贸物流专业化、一体化服务水平

支持的重点有：完善物流配送功能，发展统一配送，提高连锁企业物流配送精细化水平；支持商贸服务业与物流业对接，促进供应链各环节有机结合；鼓励创新物流合作方式和服务模式，发展共同配送；支持品牌生产企业与物流企业密切合作，建立专业化的城际和国际物流配送网络；支持家电、服装、医药、烟草、图书、汽车、钢材、散装水泥、再生资源回收、粮食以

及餐饮主食等专业化物流发展，满足流通专业化发展的需要。

4. 引导和鼓励商贸物流模式创新

支持的重点有：各类批发市场完善物流服务功能；建立以现代物流配送中心和高效信息管理系统为支撑的电子商务物流基地，满足网络购物快速发展的需要；加快物流电子交易平台建设，促进传统、分散的中小企业物流服务模式变革。

5. 提高商贸物流科技应用水平

鼓励企业加强物流装备更新和设施改造，提高作业效率；加大信息技术在商贸物流领域的推广应用力度，实现商品来源可追溯、去向可查证、物流流程可视化；支持商贸服务企业与物流企业、生产企业通过共用信息系统，实现数据共用、资源共享、信息互通；加大物联网技术在商贸物流中的推广应用，提高我国商贸物流现代化、智能化水平，推动智慧物流发展。

6. 深入开展商贸物流发展示范工作

以建设流通领域现代物流示范城市为突破口，适时启动商贸物流园区、物流技术、物流配送中心示范工作。开展诚信经营示范活动，加强物流企业、物流园区信用体系建设。

7. 大力推广绿色物流方式

加大绿色物流装备、设施和节能仓库的推广使用力度；进一步完善综合运输体系，优化各种运输方式的比例；大力采用和推广多式联运，实现各种运输方式之间的有效衔接；引导建立服务于商贸服务业的逆向物流体系，促进资源的循环利用；从流通末端应用入手，推广托盘共用系统，鼓励中心城市、重点区域运用物联网技术，率先推动托盘共用体系建设。

8. 完善应急物流运行机制

突出政府层面的应急物流指挥调度和组织协调，以及商贸流通领域社会层面应急物流资源的优化整合、科学配置和统筹利用；加强应急食品、物资储备库的规划建设，建立应急物资储备管理信息系统；鼓励大型商贸企业、物流企业制度性参与应急物流保障体系。

9. 大力推进商贸物流国际合作

鼓励外商投资现代物流业，鼓励物流企业开展国际化经营。发挥我国大型物流企业的国内外网络优势，拓展国际货运代理业务的服务范围和增值服务空间，努力打造内外贸结合的商贸物流网络，实现国际与国内商贸物流渠道的有效衔接。

以上九项重点工作任务，考虑到连锁零售、批发市场和电子商务等多种业态，城市物流、农村物流和国际物流对物流发展的不同需要，提出了不同要求，各有侧重。同时，九项任务互相联系，统筹考虑，体现了一定的整体性和层次性。

四、《专项规划》保障措施解读

为完成重点工作任务，《专项规划》提出了加强组织协调、改善市场环境、加大政策支持和加强基础工作等四条保障措施。

1. 加强商贸物流发展的组织协调和引导

要求各级商务主管部门、发展改革委、供销合作社按照本规划确定的目标和任务，根据商贸物流发展特点，加强对商贸物流工作的规划指导和组织协调，建立相关工作机制，落实工作责任。在国家现代物流工作综合协调机制下，调动各方面的积极性，形成推动商贸物流发展的合力。行业社团组织要充分发挥政府与企业间的桥梁与纽带作用，做好行业自律，完善从业规范，推进行业制度建设，加强国际交流与合作，为行业健康发展提供全方位的服务。

2. 改善商贸物流发展的市场环境

提出加强对商贸物流领域的立法研究，制定适合商贸物流发展需要的法律法规；推进市场化改革和体制创新，增强商贸物流业发展活力；打破地区封锁，构建公平、规范、有序的商贸物流市场体系；加强城乡物流服务体系的整体规划，通过地方立法和制定相关政策；加强物流产业安全评估及竞争力评价，完善物流行业产业损害预警机制；加强商贸物流信用体系建设，增强企业信用意识和风险防范意识。

3. 加大商贸物流发展的政策支持

要求各级商务主管部门、发展改革委、供销合作社，协调相关部门运用财政、金融、税收、土地等手段支持商贸物流业发展；认真做好商贸物流发展规划，物流基础设施项目需符合土地利用总体规划，并纳入当地城乡建设规划；加大对重点商贸物流项目的财政资金支持力度，鼓励金融机构加强金融产品和服务方式创新，积极探索多种形式的抵押或质押贷款担保方式。

4. 加强商贸物流基础工作

要求健全商贸物流统计分析制度，建立行业数据库，监测、分析商贸物流运行状态；加强仓储、配送各环节及物联网应用等相关技术和管理标准的制定工作，重点做好蔬菜、禽肉、水产品、速冻食品低温运输、装卸、仓储、加工配送等冷链物流相关标准的推广应用和衔接工作；协调相关部门与行业组织推动建立和完善多层次复合型商贸物流人才培养体系，及时输送市场急需的商贸物流专业人才。

《专项规划》是我国商贸物流领域的第一个相关工作规划，首次明确了商贸物流的定义及其在商品流通以至于国民经济发展中的地位，提出了指导思想、基本原则和发展目标，确定了九项重点工作和四项保障措施。该规划虽然没有更多含金量的具体政策措施，但为有关部门及地方政府制定政策和企业经营决策，指出了发展的方向和路径，明确了支持和鼓励的重点，必将在一个新的起点上，给我国商贸物流发展以新的推动。

（原载于 2011 年 5 月 10 日《物流技术与应用（货运车辆）》第 5 期）

聚人才　上水平　求实效

——《中国物流学术前沿报告（2011—2012）》前言

（二〇一一年十月）

在第十次中国物流学术年会召开之际，精选年会优秀论文编辑而成的《中国物流学术前沿报告（2011—2012）》与大家见面了。2011 年，是中国物流与采购联合会成立 10 周年，也是中国物流学术年会创立 10 周年。经过 10 年的发展，年会已成为我国物流业界"产学研结合、国内外交流"的年度盛会，物流理论与实践工作者交流和合作的重要平台。

即将过去的 2011 年，也是我国物流业政策环境进一步改善的一年。3 月，十一届全国人大四次会议审议通过的"十二五"规划纲要再次突出强调"大力发展现代物流业"。6 月，温家宝总理主持召开国务院常务会议，专题研究支持物流业发展的政策措施。8 月，根据国务院常务会议精神，《国务院办公厅关于促进物流业健康发展政策措施的意见》（"国九条"）出台。政策环境的改善，为"十二五"期间我国现代物流服务体系建设奠定了坚实基础，也对物流理论和实践工作提出了新的要求。

在新的形势下，中国物流学会将团结广大会员和有志于中国物流事业的各界人士，深入贯彻国务院《物流业调整和振兴规划》和"国九条"，全面提升政策和理论研究水平，加快引导和集聚优秀人才，致力于建设我国物流业发展的首选智库。中国物流学术年会举办以来，参评论文规模不断扩大，质量稳步提高，影响力越来越大。第十次中国物流学术年会参评论文总数达908篇，出自全国25个省、自治区、直辖市近2000位作者。其中的部分成果获得了国家和省级科研经费资助，某些领域的研究居于国内或国际领先水平。经评审，共评选出获奖论文322篇，其中一等奖15篇，二等奖27篇，三等奖91篇，优秀奖189篇。这些论文选题紧扣行业发展需要，注重实用性和创新性相统一，具有一定的前瞻性和广泛的代表性。

作为中国物流学术年会的交流材料，本书精选其中的39篇获奖论文，征得作者同意，结集成册。全书分为物流经济、物流管理、供应链管理和物流技术与工程等几个篇章。参照历年惯例，在本书附录中，收录第十次中国物流学术年会获奖论文名单，以及上海海事大学物流情报研究所提供的《2011年物流文献检索》，以备读者查询。本书可为物流相关院校、企业、园区、协会，以及所有热心物流研究的人士提供学习参考。

当前，我国正处于全面建设小康社会的关键时期，也是现代物流服务体系建设的重要阶段。经济社会和物流实践的发展，对中国物流学会工作提出了新的要求。下一阶段，我们将继续深入开展调查研究，积极推动政策研究转化为政策措施，应用研究转化为实际运用效果，基础研究转化为学科体系建设的核心内容。努力创新研究思路和方法，团结各方面物流专家和人才，积极引导物流理论创新、管理创新和技术创新，共同建立有中国特色的物流学术理论研究创新体制。务实推进政产学研结合，继续做好产学研基地的组织开发工作，开拓产学研结合思路，创新产学研结合模式，积极推进学术研究与产业发展对接。做好专业教育与培训，培养高素质物流人才。深化国际交流与合作，提高中国物流学会国际影响力。不断加强制度建设，进一步增强中国物流学会凝聚力。

《中国物流学术前沿报告（2011—2012）》的出版，得到了各地物流研究、教学机构及相关企事业单位的关注和支持。特别是作者朋友积极参与征文活动，各位评委认真参加评审工作，上海海事大学物流情报研究所每年提供目录查询和科技查新服务。在此，我们向参评论文作者、各位评委以及所有关心、支持和参与本书编辑出版的各方面人士表示衷心的感谢！同时，我们也深知，我国物流学术理论研究水平与实际需求还有较大差距，物流研究的基础理论体系尚未形成，应用成果亟待推广。由于时间和篇幅所限，还有许多优秀成果尚未编入本书，入选论文也缺乏精细的编辑。对于本书的不足，恳请读者同人提出宝贵意见和建议。

2011 年是"十二五"规划的第一年，我国物流业发展面临新的机遇和挑战。中国物流学会将继续团结广大物流理论和实践工作者，聚人才、上水平、求实效，努力把中国物流学会建设成"中国物流首选智库"，谱写中国物流学会工作的新篇章！

（自 2005—2013 年连续组织编辑出版"中国物流学术前沿报告"共 11 本，作为执行主编，本人为每本书都撰写了《前言》，本书收录的是 2011—2012 年版的《前言》）

打造中国物流"升级版"

——《物流行业企业管理现代化创新
成果报告（2012—2013）》序

（二〇一三年四月）

2013 年，又是一个春天。我国新一代领导集体全新亮相。习近平总书记号召："继续为实现中华民族伟大复兴的中国梦而努力奋斗。"李克强总理提出："打造中国经济升级版。"

我们深知，"物流梦"一定是"中国梦"的一部分，"中国经济升级版"离不开"物流升级版"。呈现给各位的《物流行业企业管理现代化创新成果报告（2012—2013）》一书，力求为"物流升级版"探索基本的方法与路径。

"物流升级版"是我国物流业自身发展的客观需要。虽然我国物流业概念已经取得举世瞩目的成就，但是，我们必须清醒地看到，我国物流业仍然处于初级发展阶段。社会化的物流需求不足与专业化的供给能力不够相互交织；社会物流总费用与 GDP 的比率居高不下和物流企业利润率每况愈下的问题同时存在；各类物流基础设施单项突进与整体效能发挥不够的矛盾远未解决；产业之间、地区之间、城乡之间、各类物流要素之间发展不平衡、不协调、不匹配的问题依然严峻；粗放运作和无序竞争对资源、能源以及环境的负担仍然较重；物流业管理体制、运行机制以及市场环境、政策环境亟待进一步改善。一句话，我国物流业发展必须突破"天花板"，打造"升级版"。

"中国经济升级版"对"物流升级版"提出了新的要求。一是经济发展阶段的新要求。今后一个时期，我国经济将会进入一个相对平稳的"中速增长"阶段，转变发展方式的任务尤为迫切。这就要求物流业从规模扩张、速度优先转向质量和效益的提升。二是结构调整的新要求。制造业淘汰落后产能，流通业创新经营模式，农业物流深度变革，以及优化产业结构布局，统筹城乡和区域协调发展，在扩大开放中扩大内需等，都要求物流业调整结构，转变运行方式。三是"新四化"的新要求。促进工业化、信息化、城镇化和农业现代化同步发展，离不开现代物流服务体系的建立和完善，必然要求相应的物流服务来配套。四是"美丽中国"的新要求。打造"升级版"，绝对不允许以资源环境为代价换取片面增长。这就要求大力发展"绿色物流"，最大限度减少物流运行的资源消耗，减轻环境负担。一句话，"物流升级版"是"中国经济升级版"的基础和保障，必须适应中国经济升级版的需要。

"物流升级版"需要物流业全面转型提升，也需要学习借鉴先行者的成功经验。这是脱胎换骨的改造，是转轨变型的提升，离不开战略定位、规划设计，也需要科学运作、技术创新。本书以上述四个方面为篇章，收集整理了34个创新成果案例。这些案例从"2012年度物流行业企业管理现代化创新成果奖"参评的近100个成果报告中精选而来，具有较强的代表性。它们当中既有中央、地方的国有企业，也有民营企业、外资企业；既有独立的专业物流企业，也有制造企业所属的物流公司；既有综合型的物流管理模式，也有汽车、化工、钢铁、日用消费品等行业的物流解决方案；既有公路、铁路、仓储领域转型升级的案例，也有供应链一体化物流服务的创新成果。本书所选创新成果经过了实践检验并取得明显成效，也是产学研结合产生的精华。它们的经验虽各具特色，但都具有行业的先进性、内容的创新性、效益的显著性和经验的可推广性。在编辑过程中，我们设计了相对统一的框架结构，从企业基本情况、成果名称、产生背景、主要内容、主要创新点、应用效果和推广价值等方面进行了梳理、归纳、总结和提炼。本书可供类似企业参考借鉴，也可作为物流类院校的教学参考用书和物流职业培训的备选资料。

"物流升级版"要由业内人士共同打造。这是一项极其浩大的系统工程，也是一个长期艰苦奋斗的过程。本书的出版发行，试图为此提供一些样板指引，力求起到典型引路的作用。既给物流企业以参考借鉴，在实际运作中加以推广；更希望提供一种思路和视角，引导更多的企业在实践中创造，不断积累新的经验。我们真诚地期待，在全体物流人的努力下，共同打造中国"物流升级版"，携手同圆中国物流梦！

本书的完成，得益于所有参评单位积极提供创新成果；得益于各地行业协会等单位协助成果推荐工作；得益于中国物流学会各位评委慧眼识珠；得益于天津大学刘伟华教授和他的团队的辛勤劳动。借此机会，我向所有参与这项工作的业界同人表示衷心的感谢。同时，也真诚地希望对本书的编辑出版以至于创新成果的征集、选编提出宝贵意见。

（《物流行业企业管理现代化创新成果报告（2012—2013）》，中国财富出版社 2013 年 6 月）

物流园区的定义、定向和定量问题

——《中国物流园区发展报告（2013）》序言

（二〇一三年六月二十六日）

2003 年的夏天，惊心动魄的"非典"疫情稍有缓解，首次全国物流园区交流研讨会即在江城武汉召开。时任全国政协委员的陆江会长带领全国政协经济委员会诸位老部长出席会议，中国物流与采购联合会开始关注、引领物流园区发展。

10 年过去了，物流园区这一新生事物在许多地方落地生根，蓬勃发展，但也出现了遍地开花、鱼龙混杂的现象。10 年来，在各地、各有关方面的大力支持下，中国物流与采购联合会主办的物流园区会议成功举办了 11 次，全国范围的物流园区调研进行了 3 次，参与的相关标准和规划的研究起草工作取得了阶段性成果，2012 年经民政部批准成立了物流园区专业委员会。

作为这些工作的参与者，我在欣喜之余，仍有许多纠结与困惑。值此首部《中国物流园区发展报告（2013）》出版之际，拟就物流园区的定义、定性和定量等问题，以一孔之见求教于业界同人。

一、什么是物流园区？

这是物流园区的定义问题，也是物流园区发展的首要问题。尽管在 2006

年发布的国家标准《物流术语》（GB/T 18354—2006）中就对"物流园区"的概念做了明确界定，2008 年又出台了国家标准《物流园区分类与基本要求》（GB/T 21334—2008），但各地在实际工作中的理解和把握仍有很大不同。2012 年，我随国家发展改革委调研组在长三角地区调研时发现，上海市只报了 4 个物流园区，而临近的一个省报出 140 多个园区。上海的物流园区就那么少吗？邻省的物流园区就那么多吗？经咨询才知道，其根本原因在于对物流园区的标准理解不同和统计口径的差异。近年来，国家支持物流业特别是物流园区发展，不少地方规划建设物流园区，一些批发市场、商品集散中心、货运场站也都抢着戴上"物流园区"的帽子。怎样认定大量出现的"物流园区"成为中央政府有关部门和地方政府主管部门面临的一个难题，在多个场合我听到许多人为此争论不休。

前不久，地方政府分管物流园区规划的一位同志讲了"五个一"标准，我感觉通俗易懂，比较贴切。再结合其他专家的意见和我这几年的观察与思考，现归纳于下。

（1）要有一定的需求基础和明确的功能定位。物流园区说到底是物流的载体、服务的平台，必须有需求基础和服务对象。不是说我有一块地，就一定能做物流园区；也不是说毗邻地区做了，我也一定能做。关键得看有没有足够的物流需求，只有需求才是催生物流园区的根本动力。一般来讲，一个地区的物流需求来自三个方面：一是商品流通与居民消费，或者叫商贸物流需求，这是由本地区辐射区域内的人口数量与消费水平决定的；二是产业需求，比如制造业、基础原材料工业或是农业的物流需求，这是由本地区产业结构和需求规模决定的；三是货物中转需求，主要取决于本地区的区位交通条件。有了足够的需求，还要明确相应的功能定位。某个园区服务于哪一种需求，应该有多大的规模，有哪些服务功能，怎样才能够降低成本、提高效率、改进服务。这是必须搞清楚的问题。一个物流园区可以有商品交易的功能、商务展示的功能、生活服务的功能，但其基本功能还应以物流服务为主，物流运营面积至少不应该低于总面积的一半。

（2）要有一定的占地规模和区位交通条件。2012年《第三次全国物流园区调查》显示，占地面积为0.1~1平方公里（150~1500亩）的物流园区占46%。即将出台的国家标准《物流园区服务规范及评估指标》，拟将物流园区占地面积设定为不低于0.5平方公里（750亩）。没有一定的占地面积，无法保证物流运营的需要；如果占地面积过大，又会造成土地资源的浪费。具体到某个物流园区占地面积究竟多大为好，仍然取决于物流需求的规模和结构。同样的占地面积，区位交通条件相当重要。根据欧美等国家的经验，物流园区必须具备两种以上运输方式的无缝衔接。结合我国现实情况，物流园区也应该毗邻两条以上高速公路或国道，临近高速公路出入口或者铁路货运场站、水运码头、航空站点，而且要能够快速连接。同时，我们也应该积极创造条件，促进多种运输方式在物流园区有效对接。

（3）要有一套集约使用的设施设备和信息系统。国家标准《物流术语》对"物流园区"做了如下定义：为了实现物流设施集约化和物流运作共同化，或者出于城市物流设施空间布局合理化的目的而在城市周边等各区域，集中建设的物流设施群与众多物流业者在地域上的物理集结地。布局集中、设施集约、业者集结，正是物流园区的基本特征和优势所在。只有集中布局、集约使用，才有利于发挥设施设备的综合效能，提高物流运作效率。信息化是现代物流的灵魂，更是物流园区整合资源、集约经营必不可少的工具。园区的现代化水平，集中体现在信息化手段上。实体平台和虚拟网络应该同时规划、同步建设、联动发展。

（4）要有一批物流企业的集聚。物流企业是物流市场的主体，应该在物流园区"唱主角"。一个物流节点设施，不管占地面积多大、运营能力多强，如果只有一个运营主体，只是为本企业提供服务，还不能说具有"物流园区"的基本特征。有没有企业进驻，进驻什么样的企业，进驻多少企业，是检验物流园区成功与否的重要标志。入驻企业的类型可以多种多样，但应该以物流企业为主。进驻的各个物流企业分工越来越细密，在某一方面的服务越来越精准，整个物流园区就会变成一个综合型的"物流超市"，才有能力为客户提供"全流程"的"一站式"服务。

（5）要有统一的管理机构和相应的配套服务体系。2012年《第三次全国物流园区调查》结果显示，对物流园区的管理以企业自主管理为主，占62%；由政府设立的管委会管理的占33%。这两种方式是目前物流园区管理的主要方式。最近几年，有的省市在物流园区设立专门的管委会，纳入政府编制，赋予一定的行政职能，物流园区的管理因此得到加强。同时，许多物流园区在不断增加服务功能，如商务服务、政务服务、信息服务、运营管理服务和生活配套服务等，逐步形成园区为入驻企业服务，入驻企业为客户服务的"服务链"。

以上"五个一"标准，试图对物流园区的基本特征有一个直观的描述和相对明确的界定。但我国地域辽阔，经济发展不平衡，物流业又是复合型的服务产业，各地物流园区建设、运营的情况千差万别。怎样确定相对统一的评价尺度，还需要深入探讨。

二、怎样理解物流园区的属性？

这是物流园区的定性问题，也是物流园区发展的根本问题。通过10多年的发展，我国物流园区的地位和作用日益突出。国务院2009年发布的《物流业调整和振兴规划》要求"加强物流园区规划布局"，并把"物流园区工程"列为九大工程之一。国家发展改革委正在组织制定《全国物流园区发展规划》，许多地方政府把物流园区作为推动物流业发展的重要抓手。但在实际操作中，物流园区并没有得到应有的重视。因为占地面积较大、投资强度不足、亩均税收偏低，许多地方引入物流园区的积极性远差于引入总部类企业。有专家把物流园区形象地比作"垃圾桶"，谁家都离不开，但谁都不愿意将其设在自己家门口。因此，对物流园区属性的认识，不能仅仅停留在园区本身，也不能按照一般的地产项目对待，而应该特别注意其基础性、公共性和公益性。

（1）物流园区具有基础性。所有物质资料的生产都离不开物流服务，国民经济各个产业门类都需要物流业来支撑，物流服务是基础性服务。从这个意义来说，物流园区处于产业链的枢纽地位，发挥着供应链的节点作用。铁路、公路、民航、水路等运输通道是基础设施，与这些设施相配套的物流园区等节点设施同样是不可或缺的基础设施。物流园区通过与物流中心、配送中心、装卸站场等网络设施的合理分工、协同运作，提供基础性的物流服务，保证现代物流服务体系有序运行，进而促进相关产业发展。

（2）物流园区具有公共性。物流园区与机场、车站、公交站点一起，提供公共性的客流和物流服务，共同发挥城市综合服务功能。物流园区不是自我服务、封闭运营的企业，而是面向全社会的开放平台。通过空间集聚、资源整合、协同运作，物流园区为众多制造业、商贸业等企业提供一体化的物流服务，进而降低全社会的物流成本，促进产业转型升级，推动区域经济发展。物流园区所创造的价值，并不仅仅在于园区本身，更多地体现在产业结构的完善、投资环境的优化和区域综合实力的提升。

（3）物流园区具有公益性。设立物流园区，把分散的物流企业和设施集聚起来，不仅可以提高企业运行效率，而且有利于集约、节约利用土地。通过资源整合，实现长途运输与短途运输的合理衔接，优化城市配送；推广多式联运、甩挂运输，提高装载效率；合理配置车辆，减少出行车次，缓解交通拥堵，减少噪声、尾气等对环境的污染，改善城市环境，促进生态文明建设。

如果以上"三性"能够成立，政府就应该从完善城市功能、优化投资环境、促进区域经济发展的角度，来支持物流园区的规划建设。

三、我国的物流园区是多了，还是少了？

这是物流园区的定量问题，也是物流园区发展的紧迫问题。据《第三次全国物流园区调查》，入选《2012 年度中国物流园区（基地）名录》的各类物流园区共计 754 家。对比 2006 年的 207 家，增长 264%；与 2008 年的 475 家相比，增长 58.7%。许多业内人士估算，被称为"物流园区"的节点设施远不止这些，应该有上千家，甚至几千家。

2012 年 8 月，国务院《关于深化流通体制改革 加快流通产业发展的意见》（国发〔2012〕39 号）文指出："依法加强流通业用地管理，禁止以物流中心、商品集散地等名义圈占土地，防止土地闲置浪费。"从政府部门到行业协会、研究机构，许多业内人士反映，我国物流园区建设发展中出现了"过热"问题，应该引起有关部门的高度重视。

那么，我国运营的物流园区是否真多了？我们可以做些市场调查，问问租库的客户。随着城市扩容改造，地价不断攀升，原有的运输场站设施和仓储设施改作他用；而新建又面临"用地难、地价贵"难题，导致仓储设施严重短缺，仓库租金轮番上涨。据中国物流与采购联合会 2012 年的调查，东部地区普通仓库日租金普遍进入 1 元时代，保税、冷链、医药等专业仓库日租金已接近 2 元，北上广深等一线城市普遍"一库难求"。随着产能过剩、产业升级和电子商务迅猛发展，而地价持续上涨，在可以预见的将来，物流节点仓储类设施短缺的状况很难得到根本性改善。

透过物流园区"过热"的表象，我们在调查中也发现这样几种情况：一是一些地方出于招商引资的需要，有意夸大占地面积。号称规划面积十几平方公里的物流园区，实际开发面积只有几百亩。二是"赶时髦""戴帽子"。许多地方并未进行实质性的功能提升，只是简单地把批发市场、农贸市场、货运场站等更名为物流园区、基地或中心，导致物流园区的数量快速膨胀。

三是一些地方确实出现了以"物流园区"名义圈占土地的问题。先是脱离物流需求，盲目规划占地；然后仓促上马，造成先天不足；最后再找理由改变用途，以物流用地搞房地产项目，或者占而不用，等待土地升值。

因此，我们不能简单地得出物流园区"过多""过滥"或"过热"的结论。一方面物流园区等仓储类设施结构性短缺，真正做物流的拿不到土地，而且这种状况还在加剧；另一方面又出现了以物流名义圈占土地的严重问题，而且没有得到有效遏制。不仅宝贵的土地资源不能合理使用，而且极大地败坏了物流园区的声誉，严重阻碍着物流园区的发展。这是当前物流园区发展中的一个极其重要而又十分紧迫的问题，必须引起决策部门的高度重视。

物流园区既然是新生事物，必然遇到这样那样的矛盾和问题。作为行业协会，我们在前 10 年工作的基础上，推出《中国物流园区发展报告（2013）》。试图通过本书的出版发行，忠实记录我国物流园区的发展历程，认真探讨出现的矛盾和问题，努力总结其中的特点和规律，与业界同人一起，共同推进我国物流园区持续健康发展。

以上仅是个人观点。如有不妥之处，敬请批评指正。

（《中国物流园区发展报告（2013）》，中国财富出版社 2013 年 7 月）

物流业发展的"新常态"

（二〇一五年一月）

去年九月，国务院发布《物流业发展中长期规划（2014—2020 年）》（以下简称《规划》），我国物流业进入"新常态"下发展的新阶段。我个人理解，从现在起到 2020 年，我国物流业具有"三期叠加"的阶段性特征。

一是物流产业地位的提升期。我国从改革开放初期引入"物流"概念，到 2006 年《"十一五"规划纲要》确立物流业的产业地位，2009 年将物流业列入十大调整和振兴的产业。这一次明确提出物流业"是支撑国民经济发展的基础性、战略性产业"。这是对物流业产业地位的明确定位，也是提升其产业地位的基本方向。

二是现代物流服务体系的形成期。《规划》在"指导思想"当中提出，"着力建立和完善现代物流服务体系"。又在"发展目标"中明确，"到 2020 年，基本建立布局合理、技术先进、便捷高效、绿色环保、安全有序的现代物流服务体系"。这是物流业发展的战略目标，也是这一阶段的重要任务。

三是物流强国的建设期。从总量规模来看，我国是"物流大国"，但并非物流强国。物流运行总体上成本高、效率低，存在诸多体制机制障碍，相应的服务贸易长期滞后，国际竞争力不强。特别是"一带一路"倡议的实施，对我国物流业国际化发展提出了新的要求。因此，《规划》提出，支持优势物流企业加强联合，构建国际物流服务网络，打造具有国际竞争力的跨国物流企业。

在这样一个"三期叠加"的发展阶段,物流业发展的形势逐步呈现以下六个特点:

一是总体运行的大趋势:常态趋稳,动态调整。经过连续高速增长之后,我国物流业增速自 2012 年以来一路放缓。社会物流总额和物流业增加值增幅,分别由 2011 年的 12.3% 和 13.9%,降为 2012 年的 9.8% 和 9.1%,2013 年的 9.5% 和 8.5%,2014 年的 7.9% 和 9.5%,2015 年一季度仍然延续了小幅回落的势头。在总体运行放缓趋稳的同时,结构调整步伐加快。无论需求结构、供给结构、地区结构、城乡结构以及增长的动力,已经和正在发生深刻变化。今后一个时期,我国物流业将从规模速度型粗放式增长进一步转向质量效率型集约式增长,从增量扩能为主转向调整存量、做优增量并存的深度调整。

二是市场需求的新特点:"黑冷白热",网涨店缩。随着结构调整的深入,钢铁、煤炭、水泥、矿石等"黑货"的增速进一步趋冷放缓;而属于生活消费品的"白货"预计不会低于两位数增长。2014 年,以大宗货物运输为主的全国铁路货物运输量有所下降,今年以来仍然延续了下滑态势。社会消费品零售总额 2014 年全年增长 12%,2015 年仍然保持上升势头。网上零售额 2014 年实现 2.79 万亿元,同比增长 49.7%。与此同时,一些实体店铺、批发市场销售出现萎缩态势。麦肯锡的研究报告表明,电子商务新增消费比例在三、四线城市高达 57%;县域地区单个网购用户人均网购购买力高于一、二线城市。2014 年,农村新增快递网点 5 万多个,农村包裹超过 20 亿件。此外,线上与线下结合的社区物流服务、"门到门"的末端消费潜力逐步显现,个性化、多样化、体验式服务成为"新亮点"。

三是组织结构的新变化:平台整合,产业融合。2014 年,平台整合方兴未艾。物流园区、"公路港"等实体平台迅速扩张,车货匹配的虚拟平台风起云涌,物流金融服务等监管平台开始出现。虚拟平台和实体平台相辅相成，天网和地网互联互通。具有竞争优势的平台型企业"裂变式"发展，在物流地产、快递快运、干线运输、汽车物流、冷链物流等细分领域开始占据主导地位，市场需求正在向优势企业和品牌集中。制造业与物流业"两业联动"，逐步走向商贸业、农业、金融业等"多业联动"，合作共赢的"产业生态圈"正在形成。以某个产品或产业为核心，相关的研发、采购、设备、制造、维修、销售、物流、回收以至于金融、保险等业态高度集聚，协同发展的"产业融合体"雏形显现。

四是物流企业的新对策：互联网加，供应链乘。以互联网思维改造传统运营模式，云计算、大数据、物联网、移动互联等信息技术广泛应用。一批车货匹配平台迅速崛起，行业门户应用从 PC（个人计算机）端向移动互联延伸；车联网技术飞速发展，向车队管理、智能调度、金融服务等领域全方位扩展；嵌入物联网技术的物流机械化、自动化智能设备快速发展，促进了流程的可视化、可跟踪和可追溯；中国智能物流骨干网开始建设。物流企业运用供应链理念跨界经营。电商企业构建物流系统，物流企业增加电子商务功能；快递企业干普货，干线企业做快递；物流企业参与采购、供应、分销、物流供应链一体化服务。实力强大的物流企业开始国外布点，跨境电子商务热度不减，向全球延伸服务供应链。

五是行业发展的新动力：资本驱动，科技创新。2014 年物流业投资增势迅猛。阿里巴巴、京东商城先后上市，一大批物流企业已经或正在筹备上市融资，并购、重组案例层出不穷，各类投资机构普遍看好物流业。据不完全统计，获得风险投资基金的车货匹配类信息平台不下 150 家。各类资本大量介入，新的经营模式受到资本追捧，正在改变传统的"游戏规则"，在推动模式创新的同时，对传统物流企业形成了巨大挑战。随着人口老龄化日趋发展，劳动力成本逐步提高，科技创新的重要性显著上升。"以机器替代人"的趋势带动现代化物流装备产业蓬勃发展，助推行业信息化、机械化、自动化。

六是政府层面的着力点：规划先行，政策跟进。2014年，《物流业发展中长期规划（2014—2020年）》正式发布，《促进物流业发展三年行动计划（2014—2016年）》随后出台。2015年，是全面完成"十二五"规划的收官之年，也是贯彻国务院《物流业发展中长期规划（2014—2020年）》的第一年。全国现代物流工作部际联席会议加强政策协调，各有关部门从各自职能出发推进《规划》落实。新一轮示范城市、示范园区、示范企业、示范信息平台、甩挂运输、货运场站、物流配送等试点示范工作全面推进。各级地方政府从地方经济发展的角度，重视和支持物流业发展，行业政策环境持续改善。

在新的历史时期，物流业面临全面的创新改革、全面的平台整合、全面的结盟合作、全面的诚信建设等重点任务。其根本出路在于，研究新特点，把握新趋势，通过转型升级，提升物流服务的质量和水平，从而适应新常态，融入新常态。

（原载于《中国远洋航务》2015年第1期）

"逆向物流"的正向解读

——《基于服务外包的售后逆向物流管理研究》序

（二〇一五年七月）

郝皓教授把他的新作发来，要我写上两句话，作为"开场白"。一看书名，"逆向物流"是个关键词。何为"逆向物流"？国家标准《物流术语》云：逆向（反向物流）是指从供应链下游向上游的运动所引发的物流活动。

我就想：我们日常退货、换货、返修，是不是逆向物流？集装箱返空、包装物回收，是不是逆向物流？废品收购、再生资源利用，是不是逆向物流？这些司空见惯的物流活动，蕴含着物流活动的"蓝海"，但并未引起更多人注意。郝皓教授便是我所结识的物流专家中精于此道的一位智者。

初识郝皓，是 2002 年 9 月，在由中国物流与采购联合会牵头并联合多家行业协会主办的第三届中国国际物流高峰会议上，郝皓的论文《逆向物流，不再沉默》获得了论文最高奖。当时他担任爱立信公司消费电子产品大中国区供应链高级经理，也是当年唯一获得论文最高荣誉的全球 500 强企业职业经理人。此后十几年，他在逆向物流这块物流"处女地"里耕耘不辍。或在第一线调研，或在论坛上疾呼，在国内外各类核心期刊上发表了不少有影响力的研究论文，并主持了我国首个系列逆向物流国家标准（4 项）的制定。

郝皓博士出自复旦大学李宏余教授门下，系复旦大学管理科学与工程博士后，现任中国物流学会常务理事、中国物流与采购联合会指定专家、全国物流标准化技术委员会（SAC/TC269）委员、中国书法家协会会员、上海市运筹学会服务科学与标准化专业委员会理事长。他结合自己多年的供应链管理经验，运用深厚的理论功底，以独特的专业视角，撰写了这本兼顾学术价值与实践意义的专著《基于服务外包的售后逆向物流管理研究》，为我国逆向物流理论研究与行业实践书写了新的篇章。

该书付梓之际，我有幸能够先睹为快。纵观全书，思路清晰、结构完整、理论扎实、富有新意，且论证严谨、论据充实。尤其是对企业实际案例的剖析，深入浅出，具有很强的针对性、实践性与可操作性。同时，看得出作者在资料收集与积累方面下了很大功夫，不仅资料数据翔实、例证贴切丰富，还以"身边事""家常话"等可读性强的行文风格贯穿全书。这是一本善于从普通社会现象中去揭示、归纳和提炼一般经济规律的专业论著，为进一步探讨我国逆向物流理论与实践等前沿问题，解决我国工业企业与服务企业产品生产、销售与服务等一系列问题提供了新的思路。

作者让我为书作序，表明郝教授对我的尊重与信任，而我欣然应允又诚惶诚恐，生怕评价失之偏颇而影响了该书的理论价值与实践意义。为此，我只是按照自己的理解，做些简单的思考。要知该书的真谛，最好认真研读全书。

首先，逆向物流是一个时时刻刻都可能发生在我们身边的具体问题。随着我国经济社会快速发展、技术进步和社会分工细化，物流业整合加剧，物流配送服务体系日臻完善，逆向物流迎来了千载难逢的发展良机。尤其是在当前服务供应链与电子商务平台大力发展的背景下，消费者已不再局限于购买一个产品，产品生产、销售、配送及售后服务等一系列元素都被纳入了消费者的考虑范畴。换句话说，消费者会综合考虑一个产品的外观、性能、质量，以及产品的配送、退换货与维修等售后服务。尤其是退换货及维修的方便程度会在很大程度上影响消费者的购买意愿，反过来也会直接或间接地影响企业的形象、声誉与成本。事实上，我们每个人每一天都会自觉或不自觉地与逆向物流搭上关系。逆向物流已成为联系生产厂家、商家与消费者的重要纽带，是企业产品质量和诚信的重要体现，与我们的日常生活息息相关。

其次，逆向物流正在改变着我们的生产与生活方式。许多年前，我们买东西必须到实体商铺，购买的货物必须自己想办法运回家。正向物流的快速发展帮助解决了产品从厂家到商家、从商家到用户的问题，但如果遇到产品质量、保修以及召回等问题时，我们可能会遇到麻烦，尤其是在汽车维护保养行业、电子商务行业等。逆向物流正是解决这个难题的得力手段，不仅能够让普通消费者在家就可以享受到厂家和商家完善的物流服务，还可以解决消费者购买产品的后顾之忧，而厂家和商家也可以通过逆向物流与消费者建立更直接的服务关系，让生产与消费变得更方便、更轻松。

再次，逆向物流是现代企业提升核心竞争力的新抓手。曾几何时，我国的家电制造企业风起云涌，各种品牌的电视机、洗衣机、电冰箱比比皆是。但大浪淘沙，没过几年无数企业销声匿迹，无数品牌昙花一现，而极少数品牌能够生存下来，越做越大，辐射全国，甚至拓展到欧美市场。这不仅有技术研发的原因、产品质量的原因、市场营销的原因，更是包括逆向物流在内的物流服务体系驱动的结果。正向物流与逆向物流的结合，不仅能够消除消费者的后顾之忧，还能够提供更好的消费体验，在树立和提升企业良好社会形象的同时，能够更及时和全面地了解消费者对产品的需求与反馈，从而推进企业产品与服务创新，降低产品的瑕疵率和返修率，降低产品成本，最终提升企业竞争力，提高顾客价值，实现厂家、商家与消费者的多赢。

最后，逆向物流符合国家大力发展循环经济的要求。《物流业发展中长期规划（2014—2020年）》《国务院关于加快培育外贸竞争新优势的若干意见》已从宏观和政策层面明确了以"逆向物流""循环物流"新领域推动传统物流产业优化与升级，并向低碳、环保、绿色、循环利用的"新型物流"模式转型。因此，逆向物流代表着产业转型升级的方向，需要大力研究和推广，但我国对这方面的研究和应用才刚刚开始。

郝皓教授的这本书能够从我国汽保行业发展实际与迫切需求出发，对逆向物流进行了全面而深入的研究。其研究成果无论是在理论的创新性方面还是在实践的可操作性方面，都做了有益的探索，具有较高价值。但相对于我国整个逆向物流还处于起步阶段的发展现状，如何将这种先进的逆向物流设计与管理理念运用和推广到实践中去，尽快转化为现实的生产力，还需要我们共同努力。我真诚地期待郝皓教授的研究成果落地生根、开花结果，并吸引更多的有志之士投入这项潜力巨大、前途无量的工作中来，让逆向物流在我国经济社会发展中扮演越来越重要的角色。

（郝皓著《基于服务外包的售后逆向物流管理研究》，清华大学出版社2016年1月）

"动"与"静"的艺术

——《物流服务运作管理》序

（二〇一六年一月）

北京交通大学的郎茂祥、张晓东两位教授，多年来研究物流、讲授物流、参与物流实务，桃李芬芳，成果颇丰。如今，他们带领团队，把实战经验提升到理论高度，写成了《物流服务运作管理》一书。

值此书出版之际，两位年轻教授要我在前面写几句，这是对我的信任和抬爱。但对我来说，更是一个不小的难题。首先，什么是物流就是一个众说纷纭的话题。

有人说，物流从远古走来。我们讲劳动创造了人，这个"劳动"本身应该包含原始的物流活动。万里长城、木牛流马……都有物流活动贯穿期间。"一骑红尘妃子笑，无人知是荔枝来"不就是典型的物流运作场景吗？马帮、驼队、镖局、茶道，以至于陆上丝绸之路、海上丝绸之路……不也是物流活动历史演进的真实写照吗？

有人说，"物流"从国外引进。物流活动古已有之，现代物流概念的产生不过100多年，引进我国还不到40年。20世纪70年代末期，改革开放的大幕刚刚开启，各行各业百废待兴。其时，现代物流概念被引进国内，开始了早期的知识启蒙和理论探索。随着国门打开，跨国企业进入；全球化深入推进，国际贸易迅速升温；深化体制改革，企业成为市场竞争主体；商品极大丰富，买方市场加快形成；信息技术进步，物流管理有了新的手段：这些市场环境、制度环境和技术条件推动了现代物流在中国大地蓬勃兴起。

也有人说，物流是"动"与"静"的艺术。国家标准《物流术语》中把"物流"解释为：物品从供应地向接收地的实体流动过程。根据实际需要，将运输、储存、装卸、搬运、包装、流通加工、配送、信息处理等基本功能实施有机结合。我的理解，这个概念的核心在于八大功能的有机结合、系统运作，其中运输和储存是基本功能。所以有专家把物流解释为"动"与"静"的艺术。"动"是运输，用以解决物品空间位移问题；"静"是储存，解决时间调节问题。什么时候"动"？什么时候"静"？"动"往何处？"静"待何时？这个"动""静"不就是本书所讲的"物流服务运作管理"的核心内容吗？

还有人说，物流是基础性、战略性产业。物流概念引进之初，人们并不认为物流是一门产业。到了 2006 年，在国家发布的《"十一五"规划纲要》中，首次单列一节，提出"大力发展现代物流业"，标志着物流产业地位的确立。2009 年，为应对国际金融危机，国务院提出十大产业调整和振兴规划，物流业位列其中。2014 年，国务院出台《物流业发展中长期规划（2014—2020 年）》，把物流业定位于"支撑国民经济发展的基础性、战略性产业"。何为基础性？我认为，与供电、供暖、供气以至于客运系统一样，所发挥的基础性作用无可替代。何为战略性？一产、二产、三产以至于所有的物质资料生产以及绝大多数精神产品的生产都离不开物流业的支撑。因此，物流业是影响、支撑、服务和带动全局的产业。

这样一个重要的服务产业，离不开运营服务的主体——物流企业，需要服务运作管理。无论什么样的物流企业，不管企业性质、规模大小、评估等级、运营模式，都有一些共同的特点。

一是一体化运作。就是把运输、储存等八大功能有机结合，进行一体化运作，提供一站式服务。尽管这些功能不是由一家企业来实现，但一定是

"门到门""点对点""桌对桌"的服务。这是现代物流最基本的运作模式，也是整合物流资源最基本的方式方法。从这一特点来看，快递服务就是典型的现代物流业态之一。

二是网络化经营。无论是直营还是加盟，物流企业离不开网络。网络的规模、布局以及响应速度，反映物流服务运作的能力和水平。国内一些竞争力强的物流企业，其网点总数已达上万个，正在向国外扩展。跨国物流企业、快递巨头，无不依托遍布全球的服务网络。网络化经营是物流企业的核心竞争力之一。

三是信息化整合。信息化是现代物流的灵魂。为什么生产企业可以实现"零库存"？为什么商场超市从不"停业盘点"？为什么物流企业敢于承诺下单后几小时内送货上门？背后都有强大的信息系统支撑。随着云计算、大数据、物联网技术的广泛运用，物流企业整合社会资源的能力越来越强。近年来，"双11"爆仓的问题逐步缓解，物流信息化功不可没。

四是专业化提升。随着物流需求细分、社会分工细化，汽车物流、冷链物流、医药物流，以至于专门针对某一品牌服务的物流企业崭露头角。在一些细分领域，已经出现了"小巨人"型物流企业。它们通过深耕某一领域，精确、精准、精细、精益服务运作，提升专业服务能力，形成了品牌效应，提高了市场占有率，也形成了自己独有的核心竞争力。

作为本书的第一读者，我有幸先睹为快。我深深地感受到了作者在物流领域深厚的研究积淀和坚实的实践基础，体会到了他们的独到见解和特有风格。

一是基础性与实用性相一致。本书面向物流专业本科学生，立足于物流服务运作管理实践，注重基本原理、基本概念、基本模式、基本方法的阐释。针对将要进入物流领域的学生所需要的基本知识，从实务操作角度介绍了实用方法和丰富案例，可以帮助学生尽快了解行业、尽早进入"角色"。

二是系统性与先进性相统一。本书从物流服务运作管理的概述讲起，介绍了服务模式、服务网络，指导学生进行服务方案设计、合同订立以至于运输、仓储等物流基本功能模块的实务操作，以物流质量管理收尾。这样的结构顺序，符合物流服务运作管理流程，也便于学生由浅入深地学习掌握。而且，本书还增加了许多近年来出现的新观点、新模式、新方法，启发学生较快适应工作环境，创造性地开展工作。

三是严谨性与通俗性相融合。本书行文风格严谨务实，不仅有基本概念的阐释、过程的描述，也有丰富的图表、案例，而且语言平实，通俗易懂，便于学生对知识的理解和掌握。

物流服务运作管理，是既古老又现代的行当。随着时代的发展和技术的进步，还会不断加入新的内容。我希望年轻学子通过对本书的学习，热爱这个行业，钻研这个专业，干好这份职业；也希望两位教授和他们的团队，积极投身于物流学科体系建设，不断有新作问世，为我国物流业事业的发展提供更好的教材，培养更多的人才。

（郎茂祥、张晓东主编高等学校物流工程专业系列教材《物流服务运作管理》，北京交通大学出版社 2016 年 8 月）

以多式联运为突破口
构建交通物流融合发展新体系

——"交通物流融合发展 16 条"学习体会

（二〇一六年七月）

前不久，国务院办公厅发出《国务院办公厅关于转发国家发展改革委营造良好市场环境推动交通物流融合发展实施方案的通知》（国办发〔2016〕43 号），提出了 16 条政策措施（以下简称"交通物流融合发展 16 条"），目标是构建交通物流融合发展新体系。这是推进供给侧结构性改革的新举措，也是交通运输与现代物流融合发展的新机遇。

"交通物流融合发展 16 条"发布以来，获得物流业界广泛好评。我们认为，这是我国政府在经济发展新常态下，精准产业政策的具体体现，也是交通与物流两大基础性产业融合发展的顶层设计。促进两大产业融合发展，是物流业转型升级的客观需要，也是发挥综合交通运输网络优势的必然选择。对于推进供给侧结构性改革，全面落实"去产能、去库存、去杠杆、降成本、补短板"五大重点任务具有重要意义。

"交通物流融合发展 16 条"的核心在于打通全链条、构建大平台、创建新模式，应把多式联运作为突破口。经过多年的建设发展，我国综合运输体系基本形成，但交通与物流融合发展还有待加强，交通基础设施的网络优势有待发挥。近年来，我国物流业获得较快发展，但社会物流总费用居高难下与物流企业利润空间不断压缩的矛盾依然突出。除了经济结构、产业布局以及发展阶段等客观原因外，交通与物流融合不够是重要原因。发展多式联运，构建交通物流融合发展新体系，涉及的运输方式多、区域地方多、管理部门多，离不开基础设施、运营管理、业务流程、标准规范和市场环境等方面的协调统一。为此，建议从"五个一"建设入手。

一是基础设施"一张网"。统筹综合交通枢纽与物流节点布局，强化交通枢纽的物流功能，构建综合交通物流枢纽系统。根据区位条件、辐射范围、基本功能、需求规模等，科学划分全国性、区域性和地区性综合交通物流枢纽。做好骨干物流通道布局，有序推进面向全球、连接内陆的国际联运通道建设。依托综合运输大通道，率先推进集装化货物多式联运。尽快打通连接枢纽的"最后一公里"，加快实施铁路引入重要港口、公路货站和物流园区等工程。

二是运营管理"一体化"。推动大型运输企业、货主企业和物流企业建立战略合作关系，支持有实力的物流企业、运输企业向多式联运经营人、综合物流服务商转变，增强"一体化"服务能力。探索建立各类物流运营主体联运服务、利益共享机制，创新经营模式。运用市场经济规律，发挥各类运营主体优势，形成各种运输方式和各类企业合理分工格局，在专业分工基础上建立"一体化"运营机制。切实落实企业首站负责、安全互认、费用清算等相关制度，保障各环节衔接顺畅的动态调整和应急处置。

三是业务流程"一单制"。推进单证票据标准化，构建电子赋码制度，实现电子标签码在物流全链条、全环节的互通互认，以及赋码信息的实时更新和共享。加快推广"一单制"，引导企业提供便捷运输，实现一站托运、一次收费、一单到底。推动集装箱铁水联运、铁公联运两个关键领域在"一单制"运输上率先突破。大力发展铁路定站点、定时刻、定线路、定价格、定标准运输，加强与"一单制"便捷运输制度对接。

四是标准规范"一根绳"。制定完善多式联运规则和全程服务规范，完善和公开铁水联运服务标准。理顺商品包装模数、托盘货架、集装箱、公铁水运输工具等全程单元化运输的相关标准，推广使用标准化基础装载单元。建立共享服务平台标准化网络接口和单证自动转换标准格式。推进多式联运专用运输装备标准化，研发推广公铁两用挂车、驮背运输平车、半挂车和滚装船舶。支持发展大型化、自动化、专业化、集约环保型转运和换装设施设备。加强标准化基础能力建设，建立和完善"一把尺子""一根绳"多式联运标准化体系。

五是市场监管"一道令"。按照多式联运一体化需要，制定和完善交通物流枢纽和骨干通道规划，并保证与土地利用总体规划、城乡规划、交通专项规划有效衔接。进一步发挥全国现代物流工作部际联席会议制度的协调作用，研究协调跨行业、跨部门、跨领域的规划、政策、标准等事项。加强各地方、各部门在体制、机制、税制、法制等方面的统筹协调，统一执法监管标准，营造统一规范的市场环境。

中国物流与采购联合会作为行业社团组织，多年来得到企业信赖和政府支持，参与了国家有关物流规划及政策的制定工作。我们将借助国务院"交通物流融合发展 16 条"出台的东风，密切联系企业，贯彻政府决策，为推进多式联运、构建交通物流融合发展新体系做出新的贡献。

（原载于《物流时代周刊》2016 年总第 422 期）

公路货运之浅析

——《中国公路货运发展报告（2015—2016）》前言

（二○一六年八月三十日）

历时半年，由中国物流与采购联合会公路货运分会组织，集分会特约专家智慧编写的《中国公路货运发展报告（2015—2016）》与大家见面了。这是分会成立一年多来的重要工作成果，也是对公路货运行业一年来的系统观察、数据分析和深入思考。

如果说物流业是支撑国民经济发展的基础性产业的话，那么，公路货运业就是"基础的基础"。这个行业的现状与特点需要客观地描述，发展的趋势与路径需要分析和研判。这是公路货运分会的职责所在，也是本书的主体内容。社会上各类机构多有涉及，本书各位专家均有表述。本人试图以"大、小、多、少"和"上、下、来、去"几个字，做简要概括。难免挂一漏万，权当抛砖引玉。

一是产业规模"大"。据统计，2015 年，我国公路运输完成货运量 315 亿吨、货物周转量 5.8 万亿吨，分别占综合运输总量的 75.5% 和 32.7%；公路运输费用为 3.3 万亿元，约占 GDP 的 4.88%，占服务业增加值的 9.7%；公路货物运输从业人员 2138.8 万人，加上与之配套的辅助工种，其供养人口应在 1 亿人上下。可以说，公路货运业是支撑经济、惠及民生的重要行业。

二是经营主体"小"。同年，全国营运货车总计1389.2万辆，从事公路货运的经营业户为718.2万户，其中，个体运输户占91.8%。平均每户拥有营运车辆还不到2辆，86.5%的货运企业拥有车辆不足10辆。由此可见，是"一家、一户、一辆车"的"小业主"，托起了公路货运这个"大行业"。

三是运营环节"多"。业户的"小而散"与货源的"多而杂"，是公路货运行业"多环节"生存的土壤。一单货运业务的流程一般经由：货主单位、物流企业、零担快运（专线、整车）企业、货运经纪人（信息平台），最终才到实际承运的个体司机。一方面促进了专业分工和资源整合，另一方面也导致运营环节多、管理不规范、责任难界定等问题。

四是优势企业"少"。2015年，业内拥有100辆及以上营运车辆的道路运输企业户数仅有1317家，还不到业户总数的万分之二。"物流企业50强"当中，以公路运输为主的企业还不到10家，年度经营规模在100亿元以上的更是屈指可数。规模较大、技术领先、管理先进的公路货运企业少之又少。

公路货运是最早开放的业态之一，也是观察经济发展状况的"晴雨表"。随着经济发展进入"新常态"，供给侧结构性改革深入推进，互联网+风起云涌，公路货运也出现了新的发展趋势。

一是上规模、上服务、上平台。这两年产业基金加大投入，风险投资持续火热，企业进行兼并重组、加盟合作、连锁复制，资源向优势企业集中，一些发展势头良好的"小巨人"迅速成长。随着多样化、一体化、信息化的服务需求快速增长，倒逼企业不断开发新的服务产品，"客户体验"提档升级。随着互联网+战略的实施，"天网+地网"的平台模式热潮涌动。"平台与平台"的竞争与合作，成为集约发展的推动力。

二是下乡镇、下农村、下社区。随着我国新型城镇化的推进，消费升级带动物流业转型，农村和乡镇地区对物流服务水平提出了更高要求。随着农村产业链的完善和县域经济的发展，农产品进城和工业品下乡带动城乡"双向物流"发展。电子商务、网上购物快速发展，社区末端配送压力增大，对物流业的城市布局和网络优化提出了新的挑战。农村、乡镇、社区将成为物流企业的"主战场"。

三是政策来了、技术来了、资金来了。这两年，国务院和有关部门密集出台了关于交通物流融合发展、物流业"补短板"、交通提质增效等的多个文件，提出了通行、财税、投资、土地等一系列政策措施，行业政策环境持续改善。随着以移动互联网为代表的信息技术快速发展，信息互联和开放共享成为引领行业发展的新潮流。大量私募基金、风险投资以及社会各类资本看好公路货运行业，一批货运企业纷纷登陆"新三板"。政策推动、技术驱动、资金拉动，市场格局正在发生重大调整。

四是去运力、去库存、去环节、去"黑洞"。据统计，2015 年，我国公路运输经营业户和运营货车总数，分别同比减少5.2%和4.4%，去运力初见端倪。随着生产和流通模式的转变，商品周转速度加快，库存规模缩小，去库存对运输结构优化提出了新要求。随着流通环节扁平化，运输组织方式将趋于集约高效，过多的运营环节必然调整。随着用户服务要求提高，互联网技术日益普及，物流运行全程透明化，去"黑洞"的要求越来越强烈。

当前，党和国家重视物流业发展，把物流业作为供给侧结构性改革的重要领域，陆续出台多项政策措施。公路货运行业在国民经济转型和互联网+战略的带动下，面临新的机遇和挑战。行业的健康发展需要变革和创新，也需要理性思考和判断，这也是我们出版《中国公路货运发展报告（2015—2016）》的初衷。

《中国公路货运发展报告（2015—2016）》分综合报告、专题报告、特约报告、附录四大部分，以"回顾与展望"为主题，以实际案例为参考，以热点问题为突破，试图对 2015 年中国公路货运行业的发展状况进行全面、客观的总结评价，对 2016 年的行业趋势做权威的分析预测，力求为政府、企业、院校、研究机构及境内外投资者提供有价值的决策参考。

本书的作者大多数为公路货运分会聘请的特约专家，他们来自分会会员单位，长期奋战在公路货运第一线，具有丰富的实战经验。近年来，他们积极参与分会组织的各项活动，对行业发展的重点、难点、热点和痛点有着切身体会。他们既是本书的核心作者，也是分会的骨干力量。

公路货运行业涉及领域广、存在问题多、分析难度大。我们的年度报告首次出版，还存在许多不足和疏漏，敬请各位读者不吝赐教。

（《中国公路货运发展报告（2015—2016）》，中国财富出版社 2016 年10 月）

创新，物流发展永恒的主题

——《物流服务运作与创新》序

（二〇一七年三月）

伟华和希龙，这两位物流管理博士，同出于上海交通大学季建华教授门下。十几年来，一位在学界辛勤耕耘，一位在政界默默奉献。他们结合各自的实际工作，运用深厚的理论功底，"连天""接地"，上下求索，不断有物流服务方面的新作问世。早在 2009 年，他俩曾出版了专著《服务供应链管理》，系统阐释了相关理论。可以说，"二刘"已经在这一研究领域取得了"一流"的研究成果。

之后，伟华出国访学，回国后已升任博导，并当选为中国物流学会最年轻副会长；而希龙赴广西挂职锻炼，深入企业调研，在政府现代物流工作管理部门业绩突出，积累了丰富经验。可喜的是，两位年轻人在繁忙的教务和政务之余依然笔耕不辍，向研究的深度和广度进军。最近，两位又写出了研究生教材《物流服务运作与创新》。本书成稿之际，受他俩委托，我有幸先睹为快并为之作序，这也是我第二次担此重任。而欣然应允之后我又诚惶诚恐，生怕当了"歪嘴和尚"。一来自己对物流服务运作缺乏系统研究；二来对本书的立意和精髓理解尚不深入。只好根据本人的粗浅认识，先做一个"开场白"。要知本书的"真谛"，建议各位认真研读原著。

物流服务运作与创新，是物流产业发展进步的助推器，离不开物流产业地位的确立和提升。2006 年,《"十一五"规划纲要》确立了物流的产业地位,2014 年,国务院《物流业发展中长期规划(2014—2020 年)》将物流业明确为基础性、战略性产业。过去的十年,是物流业产业地位确立并逐步提升的十年,也是加速结构调整、动能转换,补短强基、提质增效的十年。与十年前相比,我国社会物流总额由 2006 年的 59.6 万亿元增加到 2016 年的 230 万亿元;社会物流总费用与 GDP 的比率由 2006 年的 18.3%下降到 2016 年的 14.9%。在此期间,高速发展的中国物流业新旧矛盾交织,多重困难叠加,新模式、新技术、新业态大量涌现,物流服务运作的新模式、新方法和新格局层出不穷。这也成为本书丰厚的"土壤"和不竭的"源泉"。

物流服务运作与创新,是物流企业降本增效的有力"抓手",离不开企业的深入实践与系统的总结。近年来,我国物流企业顺应国家"互联网+"战略部署,深入开展理念创新、业态创新、模式创新、技术创新,全面推进互联网与传统产业深度融合。物流行业的兼并重组、战略联盟异军突起,跨界融合、供应链整合风起云涌,物流运营模式研究日益受到关注。这些模式与方法,既有鲜明的时代背景与企业烙印,也需要理论工作者系统提炼和总结。

物流服务运作与创新,是物流企业响应市场需求的必然选择,离不开企业的应用、推广与提升。随着我国经济发展进入新常态,增速变化、结构优化以及动能转化,将对物流市场需求带来深刻影响,新的物流服务运营模式在实践中不断得到应用与提升。尤其是在农业现代化、中国制造 2025、流通业变革、三次产业结构变化、城镇化及消费升级等新的背景下,物流服务创新的步伐越来越快,物流服务运营的科学规律也在不断演化与发展。

作为对当前我国物流服务运作与创新的系统总结与提炼,本书思路清晰、结构严谨、富有新意,通篇活跃着创新的元素;从对实践案例的剖析来看,实践性、针对性和可操作性显而易见,"鲜活"的场景跃然纸上。全书注重研究生教材的特点,突出对相关理论知识的追根溯源,深入浅出,娓娓道来，并强调对服务创新的趋势性引导分析，有助于学生深化对物流服务发展前沿理论的理解与认识。同时，本书也可作为对此问题感兴趣的产学研各界同人提供参考借鉴。

物流服务运作与创新，是一个持续发展与动态演进的过程，也是物流业发展永恒的主题，需要物流实践和理论工作者长期不懈地努力。伟华和希龙两位博士，为我们开了个好头。希望他们认准目标，持之以恒，百尺竿头，更进一步。同时期待有更多的物流学者、企业家身体力行，不断推进我国物流服务运营理论与实践的创新，以创新引领和推动我国由"物流大国"向"物流强国"迈进。

（此文是为天津大学刘伟华教授、国家发展改革委刘希龙所著高等院校物流管理与工程类专业创新应用型人才培养立体化系列教材《物流服务运作与创新》所写的序，清华大学出版社出版）

示范物流园区的经验特色与发展前景

——《示范物流园区创新发展报告（2017）》前言

（二〇一七年七月十五日）

《示范物流园区创新发展报告（2017）》（以下简称《报告》）与大家见面了。这是国家发展改革委经济贸易司和中国物流与采购联合会联合出版的第一本专题《报告》。本书收录了我国首批示范物流园区提供的经验材料，旨在总结推广示范物流园区工作经验，指导示范物流园区创建工程，促进我国物流园区持续健康发展。

2015 年 5 月，国家发展改革委、国土资源部、住房和城乡建设部印发《关于开展物流园区示范工作的通知》（发改经贸〔2015〕1115 号）。其中提出，到 2020 年，全国分批评定 100 家左右基础设施先进、服务功能完善、运营效率显著、社会贡献突出的示范物流园区，并委托中国物流与采购联合会具体组织评选工作。

2016 年 10 月，国家发展改革委、国土资源部、住房和城乡建设部联合发出《关于做好示范物流园区工作的通知》（发改经贸〔2016〕2249 号），对中国物流与采购联合会经组织专家评审认定的首批 29 个示范物流园区公布确认。

首批 29 个示范物流园区来自 20 个省、自治区、直辖市及 5 个计划单列市，都是经省级发展改革委等政府部门重点培育和推荐的物流园区，有的还是省级示范物流园区。多数园区分布在《全国物流园区发展规划》确定的节点城市，其中位于一级物流园区布局城市的 20 个，位于二级物流园区布局城市的 5 个。园区类别以综合服务型居多（18 个），也有生产服务型（4 个）、口岸服务型（3 个）、货运枢纽型（2 个）和商贸服务型（2 个）。作为国内物流园区发展的典型，示范物流园区实现了资源集聚、布局集中，用地节约、功能集成，产业集群、运营集约，对于建立和完善现代物流服务体系，提高全社会物流效率，吸纳就业、惠及民生，改善投资环境，促进产业结构调整和动能转换，推动区域经济融合发展，支持国家"一带一路"、长江经济带、京津冀协同发展等重大战略实施具有重要意义。

首批示范物流园区评审确定后，中国物流与采购联合会物流园区专业委员会根据（发改经贸〔2016〕2249 号）文件精神，召开会议，发出文件，专题部署本书的编辑出版工作。示范物流园区的单位领导重视，组织力量，总结提交经验材料。为保证全书体例结构相对统一，内容各具特色，专委会专家、委员会主任姜超峰，副主任张晓东组织力量进行了统筹审核。最后，《报告》收录了其中 27 个示范物流园区的经验材料。这些园区的创新做法与示范特色主要体现在以下几个方面。

第一，规划选址方面。入选的示范物流园区均已纳入省级物流发展规划，经国土资源部、住房和城乡建设部审核，全部符合城乡建设规划及土地利用总体规划。选址定位从物流需求发生地、送达地，流向、流量及区位综合交通条件出发，多数园区临近或嵌入商品集散地（如商品批发市场、电商产业园区等）、工业集聚区（如经济开发区、高新技术开发区等）和口岸（自贸区、综合保税区）等，与物流需求大体契合。许多园区位于城市边缘区货物来源方向，便于分拨集散。多数园区距铁路货场、航空场站、港口码头，或高速公路出入口 5 公里以内，其中 18 个园区包含了铁路现代物流中心或已引入铁路专用线，具备了多式联运条件。如重庆西部物流园、武汉东西湖综合物流园、湖南金霞现代物流园等园区分别将重庆铁路集装箱中心站、武汉铁路集装箱中心站、长沙霞凝铁路物流中心纳入其中，成为中欧班列发运基地。大连保税区（物流园区）、宁波（镇海）大宗货物海铁联运物流枢纽港等将铁路专用线对接到港口泊位，便于开展公铁海联运。一些地方整合改造既有资源，集约节约用地。如青海朝阳物流园区对老旧仓储设施升级改造，形成集城市配送、城际快运、电商物流、进出口贸易、供应链管理于一体的新兴物流园区，使闲置资源得到充分利用。

第二，功能布局方面。示范物流园区多数经过市场调研，根据服务对象的需求，谋划"定制化"的功能布局；从服务、辐射区域经济发展的需要出发，设定功能布局，避免同城同质低水平重复建设；从设施设备综合利用、物流组织合理配置的角度考虑，优化功能布局，尽可能提高设施设备利用率；从园区内外交通运输组织顺畅，生产、生活区域分隔，车辆通行停靠装卸作业有序来考虑功能布局。如武汉东西湖综合物流园根据市场需求，设定电子商务与快递、现代物流、保税物流和多式联运四大板块，形成合作共赢、协同发展新格局。湖南金霞现代物流园设置能源、医药、粮食、钢贸、食品等物流板块，与周边产业形成了功能互补、产业联动、效益叠加的良好态势。惠龙港国际物流园区通过融资平台、交易平台、进出口平台等"三个平台"和加工中心、配送中心"两个中心"，为大宗商品上下游企业提供"一站式"综合服务，实现了商流、物流、资金流和信息流"四流合一"。

第三，招商运营方面。发挥物流园区枢纽作用，服务区域主打产业，完善以物流服务为核心的特色产业集群，促进物流业与制造业、商贸业融合发展。如上海外高桥保税物流园区以国际物流为核心，引进国际班轮公司、第三方物流企业、贸易商、生产商、分销商等大型企业，发挥国际中转、国际采购、国际配送、国际转口贸易四大功能，成为享誉世界的国际物流中心。临沂经济技术开发区现代物流园依托开发区主导产业，发展工程机械、医药、钢材五金、农产品等专业物流，同时引进并培育大型专业现代物流企业，为园区制造企业提供供应链服务，形成现代物流业与先进制造业联动发展态势。内蒙古红山物流园依托汽贸市场、钢材市场、粮油市场和医药市场等专业市场，提供专业化的物流服务。物流园区的集聚效应形成"成本洼地"，吸引物流企业、制造企业、商贸企业、研发企业以及商务服务、政务服务以至于生活服务等各类企业进驻。收入本书的27个示范物流园区平均入住各类企业393家，入住的国家5A级物流企业、世界500强企业逐年增加。

第四，服务模式方面。27个园区各有特色，异彩纷呈，有这样一些普遍性做法：一是利用设施设备集中配置的优势，提供集约化的物流服务，如货物到发、中转、装卸、搬运、储存、配送、信息服务、分拣、包装、流通加工、托盘共用等。二是利用各类物流企业集聚的优势，提供供应链式的增值服务，如金融物流、货运代理、咨询与方案设计、市场交易、贸易代理、商品展示、设施设备租赁、保价运输、保险代理、中介与担保、报关报验、监管保税等。三是利用布局集中的优势，提供基础配套服务，如物业管理、工商税务、保险、邮政通信、银行、停车、综合维修、加油加气、供电、供水、住宿、餐饮等。四是充分利用园区集聚效应，提供跨区域、跨运输方式、跨业态、跨国界的创新服务，如杭州传化公路港引进政府职能、中介服务职能和生活服务职能，为进驻企业和司机提供"一体化"服务"一站式"管理，成为中小微实体企业孵化平台。重庆西部物流园联合广西北部湾集团、新加坡港务集团，构建以铁路口岸为中心，连接广西钦州港、新加坡港的"渝桂新"国际海铁联运大通道，使重庆至新加坡的运输时间比现行经上海、深圳的出海通道平均缩短8~10天。厦门保税物流（区港联动）园区利用自身优势，发展对台集拼操作业务，年对台业务量超过4000标箱，已占据99%的市场份额。四川遂宁中国西部现代物流港管委会建设政务服务中心，首批承接的15个职能部门、86项行政权力、17位工作人员全部就位，审批事项办结率100%，群众满意率达99%。

第五，技术条件方面。示范物流园区运用互联网+高效物流相关技术走在行业前列，物流强度、劳动生产率等主要运行指标处于行业领先地位。示范园区通过政府主导、园区自建或与政府共建公共信息平台，表示网页等级的 PR 值指标远高于同行水平。其中 20 家园区的网页等级达到 3 以上，12 家在 4 以上。许多园区仓储、运输、配送等业务信息系统有效集成，物流信息上下游透明共享，设备与货物基本实现条码化管理，自动识别、无线传输、集成传感等物联网感知技术已有应用，业务操作可视、可控，为运营管理提供了实时数据支持。多数园区，托盘、周转箱、集装箱等集装单元器具得到普遍应用，自动化仓储系统、RF 拣选系统、搬运装卸设备、输送分拣设备作业效率与管理水平较高。如嘉兴现代物流园引入智能物流机器人及一整套物流解决方案，支持入驻企业仓储运营智能化升级改造；装备世界领先的自动分拣货柜，配合物联网系统，开展高端供应链服务；引入智能物流托盘运营中心，为华东地区提供一站式智能物流托盘服务。广西防城港市东湾物流园区采用"散改集"粮食运输模式后，粮食单箱装箱 20 分钟内、卸货 10 分钟内即可完成。张家港玖隆物流园开发行车定位无线调度系统，实现了手持终端扫描、行车自动定位等自动化功能，极大地提高了装卸效率。广东林安物流园利用大数据建立了包括会员制、实名制、验证制、公证制、保险制和黑名单制等在内的诚信体系，为物流上下游企业及银行、保险等相关方面提供信用服务。

第六，管理体制方面。示范物流园区都有统一的运营管理机构，为园区规划建设和运营管理提供保障。多数园区通过政府设立平台型公司，负责园区前期的土地开发、"七通一平"招商入园。有的园区设立物流公司或产业基金，帮助入园企业共同发展。也有的引进区域合作伙伴，共同投资管理。安徽合肥商贸物流开发区与上海市莘庄工业区签订战略合作协议，在跨区域联动、产业转移、招商引资、贸易物流、管理体制等方面进行深度合作，全方位对接。还有的引入政府监管机构，创新监管模式，有效促进业务工作。如，河南保税物流中心率先推进"电子商务+保税中心+行邮监管"模式，将海关、检验检疫融入业务流程，加快了通关速度，推进了跨境电子商务加速发展。山东盖家沟国际物流园区推进产权制度改革，将村办集体企业改制为村民持股的股份制企业，从一个小型配货站发展成全国的综合物流园区。

第七，网络建设方面。一些开发建设较早、运营管理稳定的示范物流园区进入连锁复制阶段，如创建于 2003 年的杭州传化公路港，2013 年开始在全国连锁结网，已完成 20 个省（直辖市）、90 多个城市的网点布局，形成覆盖主要经济区域的"智能公路物流网络系统"。始建于 2003 年的广东林安物流园，采用"互联网+物流+产业+金融"全国性的物流骨干网络生态系统，已集聚 180 万个个体会员和 20 万个企业会员。有的园区利用自身节点作用，链接农村物流网络。如青海朝阳物流园区利用国家电子商务示范基地的政策优势，聚集全省大部分电商企业，提供联合办学、培训交流、资金支持等一系列职能服务，对青海 2000 多个农村物流网点建设发挥了重要作用。有的园区开始在"一带一路"沿线国家设点，如河南保税物流中心已在俄罗斯、德国、比利时、美国、匈牙利、澳大利亚等 6 个国家建设海外仓。青岛胶州湾国际物流园开通"胶（州）黄（岛）"班列，推进（海）港（铁路）站互联；开行"中亚""中蒙""中乌"等跨境班列，延伸联运网络；开行"中韩快线"国际班轮，通过双重循环运输，发挥网络效应。

第八，绿色环保方面。示范物流园区贯彻绿色物流理念，统一规划建设供水、排水、供电、供气、供热、通信等地下设施，采用节能环保绿色仓储技术，支持推广新能源、电动车，注重生态文明建设，如北京通州物流基地制定了《通州物流基地生态化建设实施方案（2015—2017 年）》，建立了经济发展、物资减量与循环、污染控制、园区管理等 4 大类、共 17 个单项构成的指标体系，将生态基础设施建设和绿色智慧物流体系作为主要抓手，不断推进园区绿色低碳发展。还有的园区优化产业结构，大力发展循环经济。如迁安市北方钢铁物流产业聚集区引进平刚物流高炉除尘灰仓储加工项目、新奥能源集团焦炉煤气制液化天然气项目，将当地钢铁企业和焦化企业产生的废渣废气回收利用，实现了资源的循环再利用。

示范物流园区发展走在了全国同行业前列，创新做法与经验值得借鉴，但在后续发展中依然存在一些突出问题和政策瓶颈。园区自身发展遇到的突出问题包括"升、降、融、通"四个方面。一是提档升级问题。示范物流园区多数已经运营较长时间，近20家园区运营时间已达10年以上，市场需求、政策环境、客户对象和技术条件都发生了很大变化。如何适应新形势，对园区发展进行"二次规划"，在现有基础上再创新、再创业、再创辉煌，是一个十分重要而又紧迫的问题。二是降本增效问题。物流园区是重资产业态，投资大、周期长、回报慢。许多园区的投资额达10亿元、数十亿元，甚至达上百亿元，还本付息压力巨大。特别是一些先期以出让方式，以较低价格"卖地"给入驻企业，后期少有经营服务收入的园区，经营主体的运营成本值得考虑。再加上市场竞争加剧，增加收入受限，各种"刚性"支出居高难下，降本增效任务艰巨。三是产业融合问题。物流园区应以需求为支撑，以产业为依托，解决产业融合的问题。而产业需求、运营模式又处于深刻变革当中，如何适应产业革命、技术革命的新变化，实现物流园区与相关产业的深度融合，是事关长远发展的大事。四是互联互通问题。物流园区之间互联互通，可以在更大范围、更宽领域实现各类资源的优化配置，带来"1+1"大于"2"的效果。但这么多年，关于互联互通实际上"雷声大、雨点小"，急需找到业内多数园区认可的互联互通运作机制和措施路径。

关于物流园区发展的政策瓶颈，我们归纳为"多、高、难、重"四个方面。一是审批多。物流园区规划建设、运营管理涉及部门多、领域广，需要办理的审批事项比较繁杂。近年来，国家深入推进简政放权，审批难、多的问题有所缓解，但依然需要耗费大量精力。二是收费高。地价、电价、水价，还有其他名目繁多的收费项目，无疑推高了物流园区的运营管理成本。三是规划获批难、用地难、拆迁难、建设难、行路难、进城难、融资难等难题，仍然是物流园区发展的障碍。四是负担重。除了自身还本付息、人工工资、五险一金、各种税费等负担外，"营改增"以来运输服务税负有所增加，承担的社会职能也需要多方面对。因此，物流园区发展的主要政策诉求是希望政府进一步深化"放管服"改革，简政放权、降税清费、规划用地、通行便利，消除障碍，营造更优环境。

示范物流园区是我国物流业发展中涌现出来的先进典型，代表了园区现实发展水平，也引领未来发展方向。展望未来，我们把物流园区的发展方向归结为"三多""四化"和"五个一"。

"三多"：一是需要"多业联动"。物流业与制造业、商贸业、农业以至于金融业深化联动融合，构建产业链支撑体系、供应链服务体系、价值链增值体系。二是需要大力发展"多式联运"。以物流园区为枢纽载体，使各种运输方式之间、线路与节点之间合理分工、顺畅衔接，不同要素资源、不同区域、不同行业之间优化配置。三是需要"多方协同"。供方、需方及第三方，政府、企业及行业协会，省内、国内及国外，产学研用各方协同共享，强化物流园区发展的凝聚力。

"四化"：一是"平台化"。把物流园区打造成为产业服务的开放平台，吸引各类主体尽情"表演"。二是"集群化"。通过便捷高效的物流服务，支撑功能完善的产业集群。三是"智慧化"。大力发展智慧物流，促进物流园区提档升级。四是"生态化"。构建运营主体及各利益相关方互相依存、共生共荣的物流产业"生态圈"，保障产业与园区可持续发展。

"五个一"：整合多种运输方式、各类物流园区，形成规划布局"一张网"；开展"端到端"全流程服务，实现运营管理"一体化"；消除"信息孤岛"，促进开放共享，构建互联互通"一朵云"；硬件无缝对接、信息实时联通，需要标准规范"一根绳"；破除地区封锁和部门分割，追求市场监管"一道令"，以高效的政务服务保障高效物流顺畅运行。

以上是对首批示范物流园区经验材料的简要提炼和归纳总结，也反映了我们对物流园区发展的一些基本看法。以适当方式推广示范物流园区经验，既是政府部门委托的任务（见国家发展改革委、国土资源部、住房和城乡建设部《关于做好示范物流园区工作的通知》），也是行业协会的职责所在。收录本书的 27 篇材料一般包括园区概况、主要做法、示范特色与经验借鉴及未来展望等部分。全书在体例上相对统一，内容上各具特色，重点在于表述各自的功能定位、运营特色、创新思路与做法，以及可复制、能推广的运营管理经验。为使读者全面了解示范物流园区创建工作的指导思想、基本原则和方法步骤，书中附上国家发展改革委等三部门以及中国物流与采购联合会相关工作文件。本书对于全国物流园区运营管理单位、入驻企业、政府主管部门以及相关的教学、研究、投资、咨询机构具有参考借鉴价值。

值此《报告》出版之际，首先感谢国家发展改革委等政府部门的信任，把示范物流园区评审以及经验总结推广工作交给我们，并几次发出指导性文件。感谢提供经验材料的 27 家示范物流园区大力支持和积极配合，认真起草并多次修改经验材料。特别要感谢北京交通大学交通运输学院张晓东教授带领的团队，通宵达旦、精益求精，反复沟通协调修改意见。也要感谢中国财富出版社的领导和工作人员，在时间紧、任务重的情况下，加班加点，精心操作，保证了本书的出版时间和质量。

组织评选示范物流园区是一项全新的工作，出版《报告》对于我们来说也是第一次。整体的策划、具体的内容等各方面还有许多不尽如人意之处，特别是还有 2 家示范物流园区的材料没有收入书中。当前，第二批示范物流园区评选工作正在进行，示范物流园区创建工程任重道远。恳请业界朋友对本书提出宝贵意见，并就进一步搞好示范物流园区创建工程提出建议。

（《示范物流园区创新发展报告（2017）》，中国财富出版社 2017 年 8 月）

公路货运：怎么看，怎么办？

——《中国公路货运发展报告（2016—2017）》前言

（二〇一七年九月）

适逢"金九银十"，收获的季节，忙碌的时候。中国物流与采购联合会公路货运分会送上一份带着"泥土芳香"的"果实"——《中国公路货运发展报告（2016—2017）》（以下简称《报告》）。其主旨在于"回顾收成""预报天气"，试图对公路货运行业提出一些方向性的指引。

《报告》撰稿人大多来自生产经营管理"一线"，属于"民间高手"。他们观察入微、思考细腻、辛勤耕耘，提出的观点"接地气""顺天气""聚人气"。本人浏览之余，借此机会发一点感慨，以就教于诸位作者与读者朋友。

3000 万名从业人员、3 万亿元运输费用、三分之二的货运量，公路货运的行业地位和作用自不待言。随着供给侧结构性改革深入推进、产业结构调整和动能转换、市场环境变化及新技术革命来袭，我们这个行当不可能置身事外。唯一不变的就是"改变"，唯有"变革"才能生存，才能图强。

1. "增增减减"看市场

从 2013 年到 2016 年，我国的公路货运量增长幅度从 11.3% 下降到 6.8%，其间虽有起起伏伏，但总的趋势是逐步进入下行通道。这样的趋势是不是与产业结构、运力结构、政策调整有关，会不会成为"新常态"？公路货运市场规模还会保持高速增长吗？需要运输的"货"还会越来越多吗？

货运量增幅下降的同时，公路运输费用的增幅同样延续了下滑趋势，从2013年的9.9%已跌至2016年的4.1%。如果拿这个曲线与前述货运量增幅曲线做个对比，定会惊出一身"冷汗"。2016年公路运输费用的增长低于货运量增幅2.7个百分点。虽然不排除多式联运发展、运力结构调整的因素，但已清楚地表明公路运输的"伙计们"干了相同的活儿，却要少得近千亿元的收入。2016年中国公路物流运价指数全年均值103.4点，较上年下降2.7个百分点。难道这是偶然的巧合吗？我们不得不面对这样一个现实，公路运输的"货"越来越少了，"钱"越来越难赚了。

货运量和运输费用的"双降"，又体现为结构性的不同。就在全年公路运价指数同比下降2.7，整车运价指数下降5.7的同时，2016年零担轻货指数增长3.9，以自营零担快运为主的某大型公路货运企业全年主营业务收入同比增长31.6%。"黑（货）冷、白（货）热""网（网络销售）涨、店（店铺销售）缩"的市场变化，势必引发公路货运市场急剧调整。2016年，与消费相关的单位与居民物品物流总额，全年保持了40%以上的高速增长，与电商消费相关的快递业务量和收入分别增长51.7%和44.6%。由此带动了快递、快运、城际配送、城乡配送以及市内共同配送增速加快。这些结构性的变化，警示我们认真研究，顺势而变。

2. 分分合合看企业

物流要素资源向"大车队""大企业"集聚。2016年，公路货运行业出现了拥有3000辆自有车辆的"超级车队"和拥有8000家门店的网络型企业。资本市场看好公路货运行业发展前景，许多B轮以至于D轮投资已进入相关企业。快递企业上市融资后，纷纷进入零担快运、整车运输市场，一些科技型、平台型企业也在"新三板"上市。种种迹象表明，公路货运行业整合变强、重组做大，规模化、集约化端倪初现。

车辆大型化与企业规模化同步发展。2016年，我国载货汽车保有量比上年减少 2.7%，粗略计算净减少 36 万辆，而同期载重吨位却增长 4.4%，意味着车辆数量的减少并未带来运能同步缩减。据统计，2016 年全年货运效率平均指数为 100.35，比上年提高 3.1%。排在前 10% 的样本企业单车月均行驶里程为 1.27 万公里，月均行驶时长 242.9 小时，分别比上年增长 4.6% 和 5.2%，装备更新带来了效率的提升。

转换经营模式应对市场变化。一是开发产品。从普通零担到快运、快递、合同物流、整车物流，从定日达、隔日达到当日达、"卡车航班"、"精准专车"等。二是下沉渠道。物流企业下农村、进社区，物流网点从一、二线城市延伸到乡镇网络，所有区县全覆盖。三是平台落地。信息平台类企业自建联建地面网络，线上线下联动，逐步从车货匹配的撮合模式向承担全程运输责任与风险的无车承运人模式转型。四是跨界融合。快递和快运企业互相融合渗透，物流企业向贸易业务延伸，物流金融全面介入等。平台化发展，生态圈融合，经营思路变革和运营模式创新，拓展公路货运行业发展的"新天地"。

3. 降本增效看政策

自 2014 年国务院发布《物流业发展中长期规划（2014—2020 年）》以来，各有关部门、许多地方政府出台了一系列支持物流业发展的政策性文件。特别是 2017 年 8 月，国务院办公厅发出《关于进一步推进物流降本增效促进实体经济发展的意见》，从七个方面提出 27 条具体的政策措施。在这个文件中有 24 个"政策点"明确交通运输部为责任部门。其中业界普遍关注的道路运输通行管理、公路货运执法行为、道路货运证照考核和车辆相关检验检测制度、物流领域相关税收政策、车辆通行收费水平、多式联运、甩挂运输和无车承运人试点等都有具体要求。"降本增效"将是今后一个时期物流政策的"主旋律"，也是公路货运行业发展的"助推器"。

公路货运行业市场、企业、政策，过去一年怎么看，今后路子怎么走，各位"民间高手"都有具体表述。《报告》以"综合报告""专题研究"

"特约报告"和"附录"四部分为基本框架。以"回顾与展望"为主题，统领行业总格局，细分市场各领域，以实际案例为参考，以热点问题为突破，对当年中国公路货运行业发展状况进行了较为全面、客观的总结评价，对下一年行业趋势做出了相对权威的分析预测，力求为政府、企业、院校、研究机构及境内外投资者提供有价值的决策参考。

《报告》由中国物流与采购联合会公路货运分会组织专家委员会特约专家编写。公路货运分会是中国物流与采购联合会在公路货运领域的专业分支机构，以"反映企业诉求、协助政府决策、关爱卡车司机、助推行业发展"为定位，维护行业的共同利益和会员的合法权益，积极发挥企业和政府部门之间的桥梁与纽带作用，努力推动公路货运行业科学、健康和可持续发展。

《报告》的编辑出版，得到了业界人士的大力支持，体现了集体智慧的结晶。在此谨向为本报告的编写与出版提供帮助的单位及资料提供者致以诚挚的谢意。同时，恳请广大读者批评指正，提出意见建议。也欢迎各界人士参与到《报告》的编写工作中来，为公路货运行业持续健康发展建言献策。

（《中国公路货运发展报告（2016—2017）》，中国财富出版社2017年10月）

关注节点 连"线"成"网"

——《物流园区规划设计与运营：理论、方法及实践》序言

（二〇一七年十二月）

十多年前，因参加全国现代物流工作部际联席会议工作的关系，我结识了当时在铁道部运输局工作的韩伯领同志。伯领同志长期从事铁路货运与物流工作，对铁路物流园区战略规划、网络布局、标准规范及运营管理等方面具有丰富的实战经验和深厚的理论功底。本人曾多次参与由他主持的相关研究课题讨论，也曾请他出席全国物流行业会议。他对物流园区规划设计与运营方面的独到见解不限于铁路系统，我建议与路内外同行分享。

周凌云博士为中国铁道科学研究院运输经济研究所副研究员，从事物流、铁路运输、供应链管理等研究工作十余年，主持国家自然科学基金、住建部、国家统计局、铁路总公司等课题10多项，其多项研究成果曾获国家发展改革委、中国物流与采购联合会、中国铁道学会等的科技进步奖。

临近年关，伯领与凌云两位合著的书稿《物流园区规划设计与运营：理论、方法及实践》发来我处，本人有幸先睹为快。铁路货运与物流方面的两位资深专家要我作序，欣喜之余又诚惶诚恐。只能根据自己的理解，"硬着头皮"写几句"读后感"，就教于读者和作者。

即将过去的2017年，中国共产党召开了具有重大历史意义的第十九次全国代表大会。党的十九大报告提出，要加强物流等基础设施网络建设。

"网络"需要"线路"的联通，更离不开"节点"的衔接。经过40年改革开放，特别是十八大以来5年的发展，我国"铁、公、水、航、管"等各类"线路"建设突飞猛进，特别是高速铁路排名世界第一，但相应的货运与物流"节点"建设相对滞后，发展不平衡、不充分矛盾凸显。

近年来，党中央、国务院高度重视物流园区发展，在先后出台的一系列引导和推动物流业发展的规划与政策中，都把物流园区作为支持的重点。在政府推动、市场拉动、技术驱动的作用下，我国物流园区进入快速发展阶段。据不完全统计，到2015年全国已有物流园区（基地）1210个。受国家发展改革委、国土资源部及住房和城乡建设部委托，经中国物流与采购联合会评审认定的两批示范物流园区共有56个。这当中大部分物流园区特别是示范物流园区，对于整合物流资源，提升物流效率，改善服务功能，优化投资环境，促进区域经济发展，支撑国家战略等方面都发挥了重要作用。

但从总体上来看，我国多数物流园区仍处于粗放式发展阶段。需求支撑不足、功能定位不准、互联互通不够、招商运营困难等问题依然存在。当前，我国经济已由高速增长阶段转向高质量发展阶段，物流园区面临新的机遇和挑战，许多带有方向性的基础理论问题需要深入探讨。譬如，物流园区的内涵与特征，物流园区形成与发展的理论基础，物流园区形成动因及演化机理，物流园区规划程序、内容及方法，物流园区市场需求调查，物流园区设施选址及规模确定，物流园区功能区规划设计，物流园区设备配置分析，智慧物流园区信息平台建设，物流园区开发与运营管理，物流园区产业集群发展等。

伯领和凌云两位作者历经几年艰辛努力，向业界推出《物流园区规划设计与运营：理论、方法及实践》一书，对以上问题都做了很好的回答。该书学术视野开阔，研究视角新颖，运用方法多元，创新性和实用性相对统一，实践案例和理论探究相得益彰。他们充分依托多年的物流理论研究和运营管理实践经验，站在项目全生命周期角度，从形成机理、规划布局、功能设计，到智慧建设、开发运营、产业发展，对物流园区开发与运营管理进行了全面系统的分析研究。书中以大量现实案例阐释理论方法应用成效，以简洁明快的专业语言总结提炼实践经验，反映了物流园区理论发展前沿和实践发展趋势。该书的出版发行，进一步丰富和完善了我国物流园区理论体系，对于物流园区持续健康发展具有理论指导价值和实践参考意义。

该书作为物流园区专业领域的学术著作，对于物流园区规划设计部门、运营管理单位、入驻企业、设施设备提供商、投资咨询机构和政府主管部门以及关注物流园区发展的专业人士都有重要参考价值，也可作为物流专业教育培训的一部工具书。期盼广大读者能够从中汲取所需营养，也期待两位作者继续辛勤耕耘，再有新作问世。

（韩伯领、周凌云著《物流园区规划设计与运营：理论、方法及实践》，北京交通大学出版社 2018 年 8 月）

《现代物流服务体系研究》再版序

（二〇一八年三月五日）

2011 年 4 月，本人与天津大学教授刘伟华合著的《现代物流服务体系研究》一书问世。书中提出以需求基础、供给主体、设施设备、信息系统和政策环境为"五大要素"，试图对现代物流服务体系的诠释发出一家之言。

七年过去了，我们认为，"五大要素"的基本框架没有变，现代物流服务体系的构成要素与演化机理没有变，但运行的"时与空""质与量""网与线""内与外"都发生了翻天覆地的变化。为使这项研究工作能够继续深入下去，我们在原有体系框架的基础上更新了相关内容。值本书再版之际，我把这些"变"与"不变"写在前面，与读者朋友一起讨论。

需求是物流业发展的基础没有变，但其规模、结构和要求几成天壤之别。我国经济总量和社会物流总额分别由 2010 年的 41.2 万亿元和 125.4 万亿元上升到 2017 年的 83.2 万亿元和 252.8 万亿元，七年间两个规模双双翻番。居民消费、产业物流和货物转运三大物流需求加快规模扩张和结构调整。

城市居民物流消费需求快速增长。近年来，每年都有 2000 万人由农村进入城市，2017 年末，常住人口城镇化率已达 58.52%；城镇居民人均可支配收入由 2010 年的 1.91 万元提高到 2017 年的 3.64 万元。随着城市人口扩张和居民收入水平提高，消费升级驱动物流需求持续增长。最近 5 年，全国社会消费品零售总额年均增长 11.3%，2017 年已达 36.63 万亿元；网上零售额年均增长 30% 以上，2017 年达 5.48 万亿元，约占社会消费品零售总额的 15%。我国快递包裹量已进入日均超亿件时代，与消费相关的汽车、医药、冷链、电商、快递等物流业务高速增长。

产业物流需求转型升级。从产业结构看，我国第三产业占比已由 2011 年的 43.1% 上升到 2017 年的 51.6%。从产品结构看，高技术产业、装备制造业等物流需求增速明显快于高耗能物流、大宗商品物流。从运行主体看，多数企业沿着企业物流—物流企业—物流平台的轨迹演进。制造企业与物流企业联动融合，朝现代供应链方向转型升级。"中国制造 2025""智能制造""服务型制造"等"制造强国"战略的实施，为现代物流产业发展开辟了新空间。

货物转运物流需求集群发展。在"京津冀协同发展""长江经济带""粤港澳大湾区"等区域经济发展战略和"一带一路"倡议的推动下，物流需求向原材料产地、产品消费地、交通便利的货物转运地集中集聚，一批以物流业为支撑的产业集群、物流枢纽、分拨中心迅速崛起。中欧班列已累计开行 6235 列，一批物流集群正在"一带一路"沿线城市逐步形成，物流业对经济发展的先导性、主导性作用进一步显现。

尽管物流需求发生了深刻变革，但其基础地位和作用没有变。分析需求、集聚需求、创造需求、引导需求，推进物流需求社会化，仍然是新时代物流业发展的先决条件。

企业是物流业发展的主体地位没有变，但随着供给侧结构性改革深入推进，发挥的作用不可同日而语。这期间，中国铁路总公司成立，物流板块的国企合并重组，央企混改启动，一批"巨无霸"型的企业和企业集团相继问世。物流类企业加快进入证券市场，仅 2017 年一年就有 8 家企业跻身国内主板，5 家在境外证券交易所上市，45 家登陆国内"新三板"。产业基金、风险投资不断注入前景看好的物流项目，企业间兼并重组、联盟合作、平台开放日益活跃，企业群体迅速发展壮大。全国 A 级物流企业已达 5000 家，一批综合实力强、引领行业发展的标杆型企业集中涌现。2016 年我国物流企业 50 强的主营业务收入已占整个物流业总收入的 11.5%，物流市场的集中度不断攀升。传统物流企业积极拥抱"互联网+"，运用大数据、移动互联技术，整合提升自身服务能力，创新商业模式。平台型企业向线下实体延伸，自营类企业推进平台开放战略，商贸、物流、金融、科技合作共赢的大生态圈初现端倪。

设施设备是物流业发展的载体没有变，但其规模、结构和运行方式已然发生巨大变化。我国高速铁路营业里程、高速公路通车里程、城市轨道交通运营里程、沿海港口万吨级及以上泊位数量均位居世界第一。高速铁路覆盖 80% 以上的城区常住人口在 100 万以上的城市，铁路、高速公路、民航运输机场基本覆盖城区常住人口在 20 万以上的城市。各种运输方式衔接更加紧密，重要城市群核心城市间、核心城市与周边节点城市间实现 1~2 小时通达，互联互通的格局基本形成。2016 年世界十大港口排名中，中国占据 7 席。其中上海港自 2013 年开始货物、集装箱吞吐量均位居世界第一。全球第四、亚洲第一，以顺丰航空公司作为主运营公司的航空物流枢纽——湖北国际物流核心枢纽项目开工建设。多式联运上升为国家战略，铁海、铁公、空铁公等多种联运方式加快发展，国家物流枢纽和多式联运示范基地开始布局。仓储设施加快现代化改造，物流园区、配送中心、货运场站等节点设施提档升级。自动化立体仓库、物流系统集成设备、输送分拣设备扩大应用，托盘、集装箱等单元化运载工具推行标准化、循环利用。特别是智慧物流技术蓬勃兴起，无人车、无人机、无人仓、无人码头纷纷试水。物流技术的进步，设施设备的更新，推动着物流效率的提高与发展方式的转变。

信息系统是物流业发展"神经中枢"的地位没有变，但其智慧化水平已今非昔比。区域物流公共信息平台依靠大规模的云计算处理能力、标准的作业流程、灵活的业务覆盖、精确的环节控制、智能的决策支持和深入的信息共享来完成物流行业的各环节信息化要求。国家交通运输物流公共信息平台服务用户数716万户，日均交换和查询数据量已分别达到161.5万条和1345.5万条。以阿里、京东为代表的电商巨头以物流互联网和物流大数据为依托，通过协同共享创新模式和人工智能先进技术，重塑产业分工，再造产业结构。预计未来5~10年，物联网、云计算、大数据等新一代信息技术将进入成熟期，物流人员、装备设施以及货物将全面接入互联网，形成全覆盖、广连接的物流互联网。"万物互联""全程透明"的现代供应链助推智慧物流发展，信息技术的飞速发展为物流业插上腾飞的翅膀。

政策环境是物流业发展的基本保证，这几年获得持续改善。2014年，国务院发布《物流业发展中长期规划（2014—2020年）》，把物流业定位于基础性、战略性产业。2017年，党的十九大报告提出，加强物流等基础设施网络建设，在现代供应链等领域培育新增长点、形成新动能。国务院办公厅先后发出《国务院办公厅关于加快发展冷链物流保障食品安全促进消费升级的意见》（国办发〔2017〕29号）、《国务院办公厅关于进一步推进物流降本增效促进实体经济发展的意见》（国办发〔2017〕73号）、《国务院办公厅关于积极推进供应链创新与应用的指导意见》（国办发〔2017〕84号）。国家发展改革委、工业和信息化部、财政部、国土资源部、住房和城乡建设部、交通运输部、商务部、海关总署、国家税务总局、国家工商行政管理总局、国家质量监督检验检疫总局、国家统计局、国家铁路局、中国民用航空局、国家邮政局等有关部门都密集出台支持、促进、引导和规范物流业发展的政策文件。各地区、各部门对物流业的重视和支持程度显著提高，为物流业持续健康发展不断注入新的活力。

世间一切事物，"变"是绝对的，"不变"是相对的。我们讲"五大要素"的不变，只是为了研究工作的方便。其实，现代物流服务体系本身就是一个动态的概念，每时每刻都在发展变化之中。以上所讲的"变"，只能是管中窥豹，难免"挂一漏万"。建立和完善现代物流服务体系，促进物流行业高质量发展，不仅是一项艰巨的任务，也是一个长期的过程，需要与时俱进，务实创新，不懈努力。

当前，我国已经进入中国特色社会主义建设的新时代。无论决胜全面建成小康社会，建设现代化经济体系，还是全面建成中国特色社会主义现代化强国，都离不开现代物流服务体系的有力支撑。我国经济由高速度增长阶段迈向高质量发展阶段，物流业高质量发展，需要高质量的现代物流服务体系。本书再版时保持了原有的框架结构，补充了新的研究成果和实践案例，意在为相关政府部门、行业企业、研究机构和院校物流教学提供参考资料，也可作为业界同人的讨论提纲。

借此机会，衷心感谢我所服务的团体——中国物流与采购联合会，正是基于这样一个政产学研各界精英汇聚的平台，我们才得以结识业界同人，获得研究工作的"源头活水"。感谢伟华教授以其扎实的理论功底和超凡的写作能力，将我的一些想法诉诸文字。感谢关心支持本人工作、本书出版的同事、同行、同人，提供强大的精神动力和业务能量。同时，恳请各位读者提出意见建议，以便我们对此课题持续关注。

（中国财富出版社 2018 年第二版）

创新驱动　示范引领

——国家级"示范物流园区（仓储基地）"评审创建工作情况

（二〇一八年四月）

2015 年 5 月，国家发展改革委、国土资源部、住房和城乡建设部印发《关于开展物流园区示范工作的通知》（发改经贸〔2015〕1115 号）。通知提出，到 2020 年，全国分批评定 100 家左右基础设施先进、服务功能完善、运营效率显著、社会贡献突出的示范物流园区，并委托中国物流与采购联合会具体组织评选工作。

2016 年 10 月，国家发展改革委、国土资源部、住房和城乡建设部联合发出《关于做好示范物流园区工作的通知》（发改经贸〔2016〕2249 号），对中国物流与采购联合会经组织专家评审认定的首批 29 个示范物流园区予以确认。

2017 年 11 月，国家发展改革委办公厅、商务部办公厅联合发出《关于做好国家智能化仓储物流示范基地有关工作的通知》（发改经贸〔2017〕1917 号），对中国物流与采购联合会经组织专家评审认定的 10 家国家智能化仓储物流示范基地予以确认。

2018 年 2 月，国家发展改革委、国土资源部、住房和城乡建设部联合发出《关于做好第二批示范物流园区工作的通知》（发改经贸〔2018〕249 号），对中国物流与采购联合会经组织专家评审认定的第二批 27 个示范物流园区予以确认。

2018 年 4 月，国家发展改革委在西安组织召开全国物流创新发展工作会议，总结推广以上示范单位的创建经验。

以上两批共 56 家示范物流园区和 10 家国家智能化仓储物流示范基地都是我国物流园区（仓储基地）细分行业的杰出代表。它们的经验和做法对于建立和完善现代物流服务体系，降低物流成本，提高物流效率；深入推进供给侧结构性改革，促进产业结构调整和动能转换；推动物流等基础设施网络建设，支持国家"制造强国""脱贫攻坚"及区域经济协调发展和"一带一路"倡议等重大战略具有重要意义。

及时总结推广示范创建工作经验，对于充分发挥典型物流园区（仓储基地）的示范带动作用，促进传统物流企业转型升级，推动物流业降本增效和创新发展是一项很有意义的工作。现将这些单位的主要做法、经验和示范特色初步梳理归纳如下：

第一，规划"连天"，选址"接地"。各地把物流园区（仓储基地）作为城市基础设施和基本功能看待，加强规划选址工作。56 家示范物流园区均已被纳入省级物流发展规划，经国土资源部和住房和城乡建设部审核，全部符合城乡建设规划及土地利用总体规划。多数园区分布在《全国物流园区发展规划》确定的节点城市和"一带一路"沿线城市。选址定位从物流需求发生地、送达地、转运地，流向、流量及区位交通综合条件出发，多数园区临近或嵌入商品集散地（如商品批发市场、电商快递产业园区等）、工业集聚区（如经济开发区、高新技术开发区等）和口岸（自由贸易试验区、综合保税区）等。许多园区位于城市外围，货物来源方向，位于环城公路或高速公路出入口附近，便于交通组织和分拨集散。

第二，产业支撑，需求到位。较强的需求基础是示范单位成功的基本条件。如，义乌港物流园依托辐射世界的小商品市场，2017 年商贸物流货运量达 6800 万吨，出口贸易量 130 万 TEU。临沂经济技术开发区现代物流园创建网上商城"临商网"，注册会员超过 5 万家，全年网上交易额 100 多亿元。豫东综合物流产业园为传统批发市场嫁接现代物流功能，吸引全国经销商、批发商 6000 多户，2017 年完成物流交易量 900 多万吨。湖南金霞现代物流园入驻优质物流企业 138 家，其中 10 家为 5A 级物流企业，服务于医药、粮食和能源三大产业集群。迁安北方钢铁物流园区依托当地 4000 万吨钢铁产能、约 3 亿吨物流量，2017 年完成主营业务收入 102 亿元。安徽合肥商贸物流园区面向城市大型商圈，承担了合肥地区 60% 的食品、40% 的日用品配送和 70% 的电商快递分拨业务量。集宁现代物流园区围绕当地优势产业，延伸皮革生产、销售和物流产业链，通过"三产融合"带动农牧民增收致富。

第三，布局合理，功能齐备。示范物流园区多数经过充分的市场调研，根据服务对象的需求，从设施设备综合利用、物流组织合理配置的角度谋划功能布局。多数园区距铁路货场、航空场站、港口码头，或高速公路出入口在 5 公里范围以内，其中包含铁路现代物流中心或已引入铁路专用线的园区近 30 个。如，中国铁路成都局集团有限公司与地方政府共同组建"成都国际陆港运营有限公司"，负责青白江"城厢铁路物流基地"及整个内陆港运营。2017 年开行蓉欧班列 817 列、中亚班列 99 列。重庆西部物流园、武汉东西湖综合物流园、青岛胶州湾国际物流园等园区分别将铁路集装箱中心站纳入其中，成为中欧班列发运基地。宁波（镇海）大宗货物海铁联运物流枢纽港等将铁路专用线对接到港口泊位，便于开展公铁海联运、水公转运。示范物流园区一般具备货物到发、中转、装卸、搬运、储存、配送、信息服务、分拣、包装、流通加工、托盘共用等基本物流功能，实现了资源集聚、布局集中、用地节约、功能集成、产业集群、运营集约。

第四，引进企业，物流集聚。较强的服务功能和集聚效应，在示范物流园区形成"成本洼地"，吸引物流企业、制造企业、商贸企业、研发企业以及商务服务、政务服务和生活服务等各类企业进驻，首批示范物流园区平均入驻各类企业 393 家。北京通州物流产业园区按照物流+总部开发运营思路，引进苏宁云商等 200 多家大型企业。2017 年完成实物配送量 1000 万吨，实现总收入 260 亿元，税收总额超过 10 亿元。上海自贸区外高桥保税物流园区先后吸引中外物流企业 40 家、外贸企业 60 余家进驻，国际物流 500 强中的前 20 名企业中已有近七成入园。2017 年园区进出区货值突破 1000 亿美元，海关关税超 250 亿元人民币，完成中转货值约 2 亿美元。上合组织（连云港）国际物流园联合哈萨克斯坦国有铁路公司等骨干企业有序开发和共享连云港中哈物流场站，新疆霍尔果斯、哈萨克斯坦东门经济特区，延伸阿拉木图、阿克套港、塔什干、伊斯坦布尔等国内外物流网络资源。投产运营三年多来，累计完成进出货物中转服务 951 万吨，集装箱 63 万 TEU。深国际华南物流园先后引进奥特莱斯、名车广场、红酒基地和跨境电商交易中心等企业和项目，进出口货值累计突破 3000 亿美元。陕西航空国际物流港引进具有航空特色的 28 个重大项目，依托航空优势，构建航空物流产业链，2017 年货邮吞吐量增至 260 万吨。

第五，智慧物流，提档升级。示范物流园区运用互联网+高效物流相关技术走在行业前列，首批 10 家国家智能化仓储物流示范基地在智慧物流技术方面处于国际领先水平。京东正在积极打造干线、支线、末端"无人机+通航"智慧物流体系，编织空中物流网络。"亚洲一号"第三期项目实现了全流程、全系统无人化操作，自动化、智能化设备覆盖率达 100%。菜鸟网络陆续推出电子面单、四级地址库、智能路由分单、物流预警雷达、菜鸟天地、菜鸟鹰眼、大数据反炒信系统、菜鸟裹裹等多款数据技术产品。目前，电子面单淘系平台渗透率接近 85%，每年节约纸张消耗费用约 12 亿元，中转环节错分率降低 40%。顺丰速运自 2010 年以来，全网共配备 31 套小件分拣机，总设计能力达 70 万票/小时；9 套大件包裹分拣机，总处理能力达 14 万件/小时。苏宁云仓 2000 万件商品实现全流程智能化作业，拣选效率可达 1200 件/人/时。原来需要 3000 人完成的作业量，采用新工艺后只需要 500

人即可完成。日日顺物流经历了从企业物流到物流企业再到平台企业的转型。青岛智能化仓储物流示范基地搭建了智能化无人管理系统、全流程可视化的智能操作设备和开放共享的智能仓平台，为客户提供供应链一体化定制解决方案。九州通物流建立了云仓智慧物流供应链平台，实行全网数据集中、业务并网管控，实现了监管方、委托方、运营方、承运方和客户"五位一体"的供应链协同。

第六，优化服务，形成体系。广东林安物流集团打造"物流+互联网+诚信+金融+产业"的智慧物流生态圈，陆续开发了林安信息、林安支付、林安征信、林安保险、林安公证和林安指数等系列服务产品。2017年，林安信息平台完成货运量6000万吨，价值约9000亿元。惠龙港国际物流园区先后与银行、保险、电信等企业签订战略合作协议，开发出"惠龙卡""运费贷""汽车贷"和"惠龙专品"等服务项目。广西凭祥综合保税区管委会设立政务服务中心，涉及工商、税务、保险、报关、住建、国土、规划、环保等行政审批事项，实现了"一个窗口受理、一个窗口办结"。贵州清镇物流园区引进建立了贵州马上到云服务物流项目，延伸政府税务服务与管理职能设立了财税服务中心，对证照办理、票据管理、纳税申报、资格认定等四个方面的税务事项实行"一站式"服务。四川遂宁中国西部现代物流港管委会建设政务服务中心，首批承接的15个职能部门、86项行政权力、17位工作人员全部就位，审批事项办结率100%，群众满意率达99%。

第七，模式创新，管理有序。深圳怡亚通供应链公司整合优化服务对象的供应链系统，在全国建成6大配送中心和380个中转站点，形成覆盖广泛的物流服务网络，将上下游企业的采购、生产、分销等环节的物流信息实施综合管理。招商物流北京分发中心推行数据集中化、系统集成化、操作统一化和财务业务一体化的"四化"模式，作业人员减少20%，节约仓库资源15%，最大作业能力提升12%。山东盖家沟国际物流园区在村办集体企业的基础上改制为村民持股的股份制企业，经过20年的发展，资产总额达210

亿元，入驻客户 3000 余家。示范物流园区强化内部管理，服务进驻企业，一般具有物业管理、工商税务、保险、邮政通信、银行、停车、综合维修、加油加气、供电、供水、住宿、餐饮等基础配套服务功能。还有不少园区兼具金融物流、货运代理、咨询与方案设计、市场交易、贸易代理、商品展示、设施设备租赁、保价运输、保险代理、中介与担保、报关报验、监管保税等增值服务功能，形成园区特有的管理服务模式。

第八，连锁复制，抢抓机遇。一些示范物流园区经过多年发展，进入连锁复制阶段。浙江传化智联自 2003 年以来致力于打造"公路港城市物流中心"，累计布局 126 个公路港项目，其中 65 个已落地运营。公司以数字技术连接货主、车辆、仓库、园区和企业，实现全网调度、全网监控、"一单到底"，2017 年完成营业收入超过 100 亿元。山西中鼎物流园连接大同、运城和曹妃甸区域物流园，以及代县、忻州、朔州、侯马等 13 个铁路多式联运货场，构建覆盖山西全省、辐射全国的铁路物流网络。山东佳怡物流园采用自建与合作方式，搭建起包括 2100 多个终端服务网点、7000 多条运输线路，基本覆盖三级以上城市的物流服务网络。重庆秀山（武陵）现代物流园将全县划为 4 个片区、15 条乡村物流线路，串联起 190 家武陵生活馆，快递包裹可实现"T+1"进村入户、"1+T"发至全国，日均收发快递 3 万余件，有力地支持了脱贫攻坚。河南保税物流中心推行"电子商务+保税中心+行邮监管"模式，将海关、检验检疫融入业务流程，目前已在俄罗斯、德国、比利时、美国、匈牙利、澳大利亚等 6 个国家建立了海外仓。

第九，绿色环保，节能节地。北京通州物流产业园组织编制了《通州物流基地生态化建设实施方案（2015—2017 年）》，组建绿色车队，搭建生态信息管理中心，扩建供暖中心、改造燃煤锅炉，建设 LNG 汽车加气站、继变电系统等项目，初步建立起低碳、循环、高效的绿色物流体系。到 2017 年，园区总收入与能耗、水耗比例较 2014 年下降了 35%。广东南方物流集团物流园推行绿色物流主题，贯彻科技、低碳、节能、环保理念。园区楼顶安装太阳能光伏发电系统，每年发电 300 万度，可减少 1000 余吨煤炭消耗。库房采用水帘降温循环系统，代替空调。配备电动交通车辆，园区人员交通实现了零排放。京东自主研发了可二次利用、可降解的京东防撕袋，以降低对环境的污染。青海朝阳物流园区对老旧仓储设施升级改造，形成集城市配送、城际快运、电商物流、进出口贸易、供应链管理于一体的新兴物流园区，使闲置资源得到充分利用。

第十，政府重视，政策给力。近年来，党中央、国务院以及各有关部门十分重视物流园区发展，出台了一系列规划政策。2009 年 3 月，国务院发布我国第一个物流业发展专项规划《物流业调整和振兴规划》（国发〔2009〕8 号），把物流园区工程列为 9 项工程之一。2011 年 8 月，《国务院办公厅关于促进物流业健康发展政策措施的意见》（国办发〔2011〕38 号）指出：科学制定全国物流园区发展专项规划，提高土地集约利用水平，对纳入规划的物流园区用地给予重点保障。2013 年 9 月，国家发展改革委、国土资源部、住房和城乡建设部等 12 个部门联合发布《关于印发全国物流园区发展规划的通知》（发改经贸〔2013〕1949 号）。2014 年 9 月，国务院印发《物流业发展中长期规划（2014—2020 年）》，明确物流业为支撑国民经济发展的基础性、战略性产业，再次把物流园区工程列为重点工程。2015 年 5 月，国家发展改革委、国土资源部、住房和城乡建设部印发《关于开展物流园区示范工作的通知》（发改经贸〔2015〕1115 号）。2017 年 8 月，《国务院办公厅关于进一步推进物流降本增效促进实体经济发展的意见》（国办发〔2017〕73 号）要求，进一步发挥城乡规划对物流业发展的支持和保障作用。在土地利用总体规划、城市总体规划中综合考虑物流发展用地，统筹安排物流及配套公共服务设施用地选址和布局，在综合交通枢纽、产业集聚区等物流集散地布局和完善一批物流园区、配送中心等，确保规划和物流用地落实，禁止随意变更。对纳入国家和省级示范的物流园区新增物流仓储用地给予重点保障。此外，国家发展改革委等政府部门及许多地方政府先后出台相关政策，从规划、用地、融资、降税、清费、交通多式联运、简政放权和试点示范等多方面对物流园区予以支持，政策环境持续改善。

2017年10月，习近平总书记在党的十九大报告中提出，加强水利、铁路、公路、水运、航空、管道、电网、信息、物流等基础设施网络建设。物流基础设施网络建设第一次出现在党的纲领性文件中，我国物流园区发展的新时代、新机遇已经到来。

（此文刊于国家发展改革委主管《中国经贸导刊》2018年第12期）

"智慧物流"大潮中的耀眼"浪花"

——《国家智能化仓储物流示范基地创新发展报告（2018）》前言

（二〇一八年六月十八日）

2015年7月，国务院印发《国务院关于积极推进"互联网+"行动的指导意见》（国发〔2015〕40号），把"'互联网+'高效物流"列入11项重点行动之一。2016年7月，国家发展改革委贯彻国务院文件精神，印发《"互联网+"高效物流实施意见》，部署开展智能仓储和协同配送工程，提出建立国家智能化仓储物流示范基地（以下简称"示范基地"）。

2017年6月，国家发展改革委经济贸易司给中国物流与采购联合会来函，委托组织开展"示范基地"评选工作。同年11月，国家发展改革委办公厅、商务部办公厅联合发出《关于做好国家智能化仓储物流示范基地有关工作的通知》（发改办经贸〔2017〕1917号），确定将中国物流与采购联合会组织专家评选推荐的"京东上海亚洲一号物流基地"等10家单位入选"示范基地"，并要求"及时总结示范基地的成熟模式、可复制推广的经验"。

为此，我们组织力量总结提炼首批10家"示范基地"的案例，再加上对"智能化仓储物流"发展情况的观察和理解而汇编成书。在本书开篇，我结合这些典型案例，兼顾行业智慧物流发展情况，谈谈自己的感想，以就教于诸位读者朋友。

第一，"智能化仓储物流"需要立足仓储、服务物流。

物流业本身属于服务业，仓储是物流服务的基本功能。"智能化仓储物流"来源于、依托于、服务于仓储物流业务，才有可能开辟物流细分领域高质量发展的新路径。从首批 10 家"示范基地"的功能定位来看，都是基于自身物流业务的"智能化"，进而提升物流效率和客户体验。京东、苏宁和菜鸟网络的电子商务物流、顺丰快递物流、九州通医药物流、长春一汽入厂物流、日日顺居家大件物流、招商合同物流、怡亚通供应链物流和荣庆的冷链物流等主营业务，都是"示范基地"的需求基础和服务对象；"示范基地"的成功运营反过来成为推动物流业务超常规发展的新动能。

京东"亚洲一号"上海智慧物流中心服务于集团电商领域巨大的市场交易量，在存储、拣选、包装、输送、分拣等环节大规模应用自动化设备、机器人、智能管理系统。90%以上的操作已实现自动化，存储效率是普通存储的 5 倍，分拣能力是人工效率的 10 倍多，单台分拣机的分拣效率达 20000 多件/小时，年处理订单能力超过 4000 万单。截至 2017 年，京东物流运营了 14 个大型智慧物流中心——"亚洲一号"，全国智慧物流中心数量达 500 个，物流基础设施面积超过 1200 万平方米，物流服务覆盖我国大陆所有区县。物流组织活动与技术创新应用深度融合的"智能化仓储物流基地"，为公司主营业务连续翻番提供了坚实保障；体量巨大并不断快速增长的物流需求，也成为推动仓储物流加速升级的强劲动力。

结合京东及其他"示范基地"的典型案例，综观当今"智慧物流"发展的潮流，"物流需求"才是"活水源头"；那些离开了"源头"的"智慧"，只不过是"无源之水"，难免成为"空中楼阁"而"昙花一现"。

第二，"智能化仓储物流"需要系统规划、顶层设计。

"智能化仓储物流基地"是连接供应链上下游的核心枢纽，是物流运作的中心环节，而且投资规模大、回收周期长，涉及方方面面的利益关系，系统规划和顶层设计至关重要。首批 10 家"示范基地"都在前期规划设计方面集中各方智慧，投入很大精力，为成功运营创造了前提条件。

增城园区作为菜鸟网络中国智能骨干网的华南枢纽项目，定位于服务华南区域的电商仓储物流中心，对存储、分拣、打包、配送等电子商务物流服务进行了一体化功能设计。通过整合供应链，设计仓储配送流程，联合物流合作伙伴帮助天猫超市及其商家提供物流服务。广东全境已实现当日达、次日达，发货及时率年均 99.5%，库存准确率达 99%。依托大数据预测、云计算、自动化流水线等手段，平均 3 分钟即可完成一个订单的分拣和打包。园区日均处理单量超过 30 万单，相当于十几个线下大型超市的销货量。2017年"双十一"当天发货 90 万单，再次刷新日单量峰值纪录。

长春一汽国际物流有限公司物流园区涉及国产化零件种类 5000 多种，出库量高达 15000 立方米/天，出库看板数高于 25000 张/天。长春一汽国际物流有限公司物流园区从汽车制造物流需求特点出发，以物流作业流程为着眼点，按照结合需求、适度超前的原则，用全局视角、系统思维的方法，对园区功能布局、交通线路、信息系统、物流设备、作业流程等做了详细的系统规划，并与物流园区整体规划相衔接，保证了园区建设和运营有序、有料、有效。

它们的成功经验以及一些地方的失败教训表明，"智能化仓储物流基地"是一项极其复杂的系统工程，前期的规划设计至关重要。不仅要有深入细致的市场调研、需求分析，明确的服务对象、功能定位，而且要尽可能做好规划选址、交通组织、技术路线、设备选型、运营模式、财务预算和风险防控等工作，并将底线思维贯穿于整个规划设计的全过程。那些"中看不中用""骑虎难下"的物流项目，多数在前期的规划设计中已经埋下了"祸根"。

第三，"智能化仓储物流"需要协同联动、互联互通。

"智能化仓储物流"不仅要整合企业内部资源，还要平台具有开放性，能更大范围地整合社会资源。日日顺物流以技术进步和管理创新"双轮驱动"，以平台开放与社会资源协同联动。目前已拥有 10 个前置揽货仓、136 个物流中心、6000 个微仓，日订单峰值能力可达 123 万单。通过开放居家大件智能仓储供应链服务平台、智能云仓平台、干线集配平台和可视化区配平台，吸引了全国 9 万辆"车小微"加盟到平台创业，带动创业人数超过 18 万。青岛仓以智能仓为核心，建立起覆盖到村的仓储网、即需即送配送网、送装一体服务网和即时交互信息网的共享服务平台，打通"仓（储）、干（线）、配（送）、（安）装、揽（活儿）、鉴（定）、（维）修、（回）访"八大环节，为客户提供居家大件全品类、全渠道、全流程的一体化物流服务。

顺丰华北航空枢纽（北京）中心（以下简称"华北航空枢纽"）利用智能信息化包裹分拣系统，发挥顺丰华北网络运营枢纽功能，可同时对 400 多个目的地快递点高效分拣，单日最大处理量可达 170 万件，是整个公司信息采集、市场开发、物流配送、快件收派等业务机构发展的重要组成部分。以华北航空枢纽为代表，顺丰集团近年来逐步由劳动密集型的粗放模式向自动化、信息化的高科技营运模式转型。截至 2017 年 12 月，全网共 31 套自动化小件分拣机和 9 套自动化大件包裹分拣设备投入使用，有效解决了长期困扰企业的快件时效和安全两大顽疾。

物流的功能在于整合，网络的作用在于互联。顺丰和日日顺等"示范基地"的经验表明，整合全网资源，连接外部资源，促使各类资源协同联动，才能放大"智能化仓储物流"的作用。"一花独放不是春，万紫千红春满园。""单打独斗""点式经营"的仓储物流基地或园区，终将走上"互联互通""智能共赢"的通路。

第四，"智能化仓储物流"需要全链路优化、全流程监控。

"智能化仓储物流"通过供应链服务平台，让上下游各参与主体信息共享和资源整合，实现全链路优化、全流程监控。九州通武汉东西湖现代医药物流中心成立物流运营管控组织，利用企业智能物流信息平台，对全国物流中心、合作伙伴物流运作进行并网垂直管理，建立了基于订单生命周期、作业全流程、物联网设备和区块链技术的追溯体系，可为客户提供全程实时追溯服务，保障冷链药品安全。九州通物流自主研发、打造"九州云仓"互联网+物流信息管理应用品牌，将遍布全国的 77 个物流中心、1498 台运输车辆集中并网。构建互联网+大数据+物联网技术"九州云仓"物流信息管理基础平台，支持九州通集团 22 万多个经营品规、5600 余家上游供货商、70000 余家下游客户的业务。同时还为医药生产企业、医疗机构、医药商业提供委托存储、委托配送、管理咨询服务与系统集成等增值服务。

怡亚通供应链深圳物流基地以客户需求为核心，将互联网新技术与供应链相结合，依托于垂直化、多层级经销商服务体系，打通从产业链源头生产端到消费终端的物流服务全流程，实现产品在设计、采购、生产、销售、交付等环节物流空间与时间的转移，推动供应链协调发展。基地货物年吞吐量达 100 万吨，每天货物处理能力为 10 万件，货损率小于 0.03%，订单拣货准确率为 99.98%以上，货物周转率为 30 天。

仓储是物流活动的关键环节，处于供应链上下游的中心位置。无论九州通、怡亚通，还是其他"示范基地"，尽管服务对象和运营模式不同，但它们的"通"是相同的。订单生命全周期、物流作业全流程，万物互联、全程相通，进而打通从产业链源头生产端到消费终端的物流服务全流程。"全链路贯通""全流程优化"，是"智能化仓储物流"的核心要义。

第五，"智能化仓储物流"需要结合实际，适度适用。

建设"智能化仓储物流"既要有创新性、前瞻性，更要结合业务工作需要，讲究适度适用。招商物流北京分发中心面向个性化的合同物流，根据客户需要采用供应链一体化服务模式，实现了物流订单"一单到底"。经过十多年的发展，招商物流北京分发中心在快销品及类快销品等细分市场取得领先地位，从原材料采购、经济批量订货、经销商融资等环节深度优化企业供应链，积极拓展智能物流服务，精心打造出日化、食品、电商、装备制造以及服装等多个物流服务产品线。这些物流服务产品线成为合同物流细分市场领军企业的核心节点。

荣庆物流于1985年开始在上海贩运蔬菜起家，不断探索冷链物流发展路径。目前在全国拥有120多个分公司或办事处，1500个运营网点。荣庆物流自有各类运输车辆1600多台，各类仓储设施面积50多万平方米，已发展成以冷链物流为核心业务，涉及长途运输、仓储、配送、物流信息服务等业务的物流集团公司。2008年开始投入使用的上海荣庆国际物流园仓储总面积约3万平方米，其中冷库面积2.5万平方米，2017年冷链货物吞吐量达100多万吨，货损率控制在0.1%~0.3%，客户满意率在99%以上。

近年来，信息化、智能化浪潮汹涌澎湃，物流业紧随其后。我国在"智能化仓储物流"方面出现了许多"高大上"的设备和技术，有些已经走在了世界前列。但我国是发展中国家，处于社会主义发展初级阶段，各地经济发展水平和物流需求差异较大，不平衡、不充分问题突出。需求的多样性，决定了"智能化仓储物流"不可能"一刀切""齐步走"。要分析需求匹配，注重适度适用，讲究投入产出，处理好速度、效率、服务和成本之间的关系。"智能化仓储物流"的初始目标是要在合适的时间，采取合适的方法，按照客户的需求，将合适的物品送达合适的地点。不忘初心，脚踏实地，才能走出一条有中国特色的物流业发展道路。

第六，"智能化仓储物流"需要敢为人先，与时俱进。

"智能化仓储物流"是时代的产物，其发展是一个不断探索的过程。首批10家"示范基地"的实践走在行业前列，且不约而同地做出了新的发展规划，制定了新的发展目标。南京苏宁云仓物流基地将物流"标准化"理念融入规划设计，构建以供应链物流管理平台"乐高"、物流决策和全程监控平台"天眼"、智能仓库控制系统"指南针"为核心的信息系统，选择高效物流装备，实现了提档升级。约2000万件商品从入库、补货、拣选、分拨到出库全流程智能化作业，日处理包裹最高可达181万件，拣选效率每人每小时 1200 件。采用传统工艺需人工 3000 人以上的仓库，采用新工艺后用工人数减少到 500 人。苏宁云仓高效率运转，直接缩短了用户收货时间，线下门店自提使用"急速达"服务，可实现 2 小时收货。苏宁物流"当日达""次日达"一系列标准类服务产品不断升级，南京全域 159 个街道和村镇全部实现了"半日达"。

在此基础上，苏宁物流提出了"智慧物流""高效物流"和"开放物流"的发展愿景。通过全链路的数据驱动，做到"有感知，会思考，掌握主动权"；通过高质量的信息技术无缝对接，实现货物的高质量、高效率、低成本交付；战略性布局全国仓储设施网络，打造国内最具效率的供应链基础服务设施，使 99% 的顾客能够享受到"今天买，明天到"的配送服务；坚守"有责任的开放、有增值的服务、有温度的体验"，未来的苏宁物流将持续坚持"极客精神、极物标准、极速状态"，融入更加开放、融合的现代化物流服务生态。

综观 10 家"示范基地"的智能化之路，多数于 2011 年以后起步，2015 年至今加速发展。国家近两三年相关支持和促进发展的政策也逐渐加码。从这个时间节点来看，"智能化仓储物流"是一个新生事物，其产生发展需要一定的环境条件，不以人的意志为转移。几年前甚至前几天谁也想象不到的物流场景，今天悄然来到我们面前。那么，现在如火如荼的事物，会不会过几年销声匿迹？有鉴于此，需要业内"弄潮儿"敢为人先，勇立潮头；也需要我们放宽眼界，拥抱明天的变革。随着时间的推移，"智能化仓储物流"将迎来新的机遇和挑战，必将开辟更加光明的前景。

以上是本人通过对首批 10 家"示范基地"案例的学习研究，结合行业发展情况所做的一些归纳和思考。由于能力和水平所限，对于这么多丰富经验的归纳，难免"盲人摸象"，缺乏系统性和全面性；其中的"痛点"和"难点"很少涉及，必然失之肤浅和表面；对其发展趋势无从研判，更显"孤陋寡闻""目光短浅"。各位如想深入交流，研究借鉴，建议研读原文，实地考察，与内行、专家深入切磋。

智能仓储物流的发展是一个技术、理论、实践并重的全新课题。随着技术的不断革新、客户需求和政策环境的变化，必将出现更加智能化、柔性化、现代化的设备、技术及运营模式，仓储中心、物流园区也会随着设备的更新、信息化体系的完善不断升级改造。就我们目前所掌握的行业情况及知识水平，还不足以做出更加精准的描述和深入的研究。文中尚存诸多疏漏和不妥之处，敬请各位读者不吝赐教。

本书是国家发展改革委经济贸易司、中国物流与采购联合会首次以"国家智能化仓储物流示范基地创新发展"为题出版的专业书籍。我们要感谢国家发展改革委经贸司、商务部流通业发展司等政府部门的信任，感谢首批10家"示范基地"毫无保留提供材料，特别要感谢北京大学光华管理学院陈丽华教授和她的团队废寝忘食地辛勤劳动，还要感谢中国财富出版社的积极配合，使本书能够赶在今年的全国物流园区工作年会上如期出版，也算是奉献给"智慧物流"大潮中的一朵"浪花"。

（《国家智能化仓储物流示范基地创新发展报告（2018）》，中国财富出版社 2018 年 7 月）

物流园区"十八变"

——《中国物流园区发展报告（2018）》前言

（二〇一八年六月九日）

我们正处于一个急剧变革的时代，物流园区也在不断发展变化之中。无论市场形势、政策环境、技术条件，还是物流园区运营模式、服务方式、发展动能，都在经历着前所未有的变革。跟踪与记录行业变革、分析与研判发展趋势，是《中国物流园区发展报告》（以下简称《报告》）创立的初衷。作为了解中国物流园区的一个"窗口"，《报告》先后于 2013 年和 2015 年两度出版。展现在读者面前的 2018 年版《报告》，以期和业界同人一起认识变革，拥抱变革。

在本期《报告》中，我们约请业内专家、地方政府物流工作管理部门以及园区和企业的代表，分别从不同视角对变革中的中国物流园区做出各具特色的观察与思考。在《报告》开篇，本人就自己看到和想到的物流园区变化情况作描述，以求抛砖引玉，讨论修正。为了表述的方便，我把这些变化归纳梳理为物流园区"18 变"。

第 1 变：贴近需求多了，盲目建设少了。物流园区的建设和运营与经济发展水平密切相关，需求推动、产业支撑是基础条件。近年来，各地物流园区靠近商品市场，引进加工企业，布局枢纽节点，向产品生产地、销售地、转运地或消费地集聚发展。那种不问需求、"圈地再说"的做法面临"无物可流"的严酷现实。

第2变：遵从规划多了，野蛮生长少了。近年来，国家以及地方政府发布了一系列相关规划，引导物流园区规范发展。从这次全国物流园区调查结果看，绝大多数园区按照政府规划选址布局，特别是两批、56个示范物流园区全部符合当地物流业发展规划、城乡建设规划和土地利用总体规划。那些野蛮生长、无序发展的"物流园区"，面临拆迁改造的境地。

第3变：网购快递多了，传统渠道少了。近年来，网上零售额年均增长30%以上，2017年更是达到5.48万亿元，占社会消费品零售总额的比重已达15%。由此带来快递包裹量"爆发式"增长，2017年已进入日均超亿件时代。网购快递狂飙突进，对传统销售渠道形成冲击，推动物流运作模式加速变革。

第4变："轻薄短小"多了，"傻大黑粗"少了。从产业结构看，我国第三产业占比已由2011年的43.1%上升到2017年的51.6%。从产品结构看，高技术产业、装备制造业等物流需求增速明显加快，高耗能物流、大宗生产资料物流增速放缓。制造企业与物流企业联动融合，朝着现代供应链方向转型升级，物流运作货物品类转向标准化、小型化和个性化。

第5变：手机导航多了，信息大厅少了。信息大厅曾经是公路枢纽型物流园区的"标配"，大厅里人头攒动，货主与承运人通过信息屏幕寻找合作对象。几乎一夜之间，许多信息大厅变得人烟稀少，门可罗雀。这不是交易量的锐减，而是交易场景的变迁。信息大厅已被智能手机、网上配货取代，不以人的意志为转移。

第6变：高效运输多了，停车等货少了。随着车辆大型化、运力规模化和车货匹配的精准化，运输效率不断提升。中国物流与采购联合会（简称中物联）公路货运分会监测的星级车队数据显示，星级车队重型牵引车月均行驶里程为1.15万公里，其中5星级车队更是达到1.6万公里。运输效率提升和配货模式变革，压缩了停车等货时间。

第7变：中转分拨多了，存货待售少了。订单驱动式的生产流通模式，要求加快中转分拨，改善客户体验。传统的储存型仓库需要量逐步减少，取而代之的是快进快出的中转分拨型仓库。仓储模式的变革，对仓库的布点、结构、功能、设施以至于周边通道等都提出了新的要求。

第8变：专业细分多了，包打天下少了。需求结构和流通方式的变化，促进了市场细分。快递园区、电商园区、冷链园区、医药园区等专业细分的物流园区从无到有，加快发展。园区内进驻企业根据各自的业务专长深化细分领域服务，走专业化分工的路子，甚至出现了一批"精品专线""卡车航班"。众多专业企业的集聚，为整个物流园区综合服务功能的提升创造了条件。

第9变：跨界融合多了，固守边界少了。企业间兼并重组、联盟合作、平台开放日益活跃，企业群体迅速发展壮大。一批细分领域的"小霸王""独角兽"不断突破原有边界，跨界竞争、兼业融合渐成气候。快递企业涉足快运领域，快运企业介入快递业务，物流园区服务于"仓干配"一体化，物流园区及进驻企业业务融合，服务延伸，原有的企业边界越来越模糊淡化。

第10变：生态共建多了，各自为政少了。一个物流园区进驻成百甚至上千家企业，既有物流企业、贸易企业，也有生产和流通加工企业，还有为这些企业提供服务的信息服务、商务服务和生活服务企业，以至于政务服务机构。众多进驻单位你中有我，我中有你，互相依存、共生共荣构成了物流园区生态圈，并且需要融入更大的社会经济生态服务系统。那种自给自足、自我服务、各自为政的"小作坊"难有立足之地。

第11变：多网协同多了，"信息孤岛"少了。经过前几年的实践检验，越来越多的同行认识到，信息可以通过网络传输，资金能够通过网络结算，但实体的物流运作还是离不开地面实体网络。"天网"落地，"地网"上天，天地一体；运输网络与仓储网络配套，干线网络和仓配网络衔接；信息网、资金网、物流网多网协同效应逐步显现，"信息孤岛"实在是孤掌难鸣。

第12变：互联互通多了，封闭运行少了。据中物联最新调查统计，我国物流园区总数已超过1600家。但这些园区在区域分布上不均衡，在能力利用上不充分，园区封闭运行，园区之间苦乐不均，缺少联系机制。为破解这一难题，我们正在发起"百驿互联"行动，破解单打独斗、封闭运行格局，构建物流园区互联互通服务平台，把单个园区连接起来，从整体上使物流园区网络提质增效。

第13变：铁路入园多了，远程汽运少了。多式联运上升为国家战略，铁海、铁公、空铁公等多种联运方式加快发展，国家物流枢纽和多式联运示范基地开始布局。铁路加速进港入园，具有两种以上运输方式的物流园区越来越多。与此同时，国家强力治理公路超限超载，推行公路货运车型标准化，港口煤炭矿石集疏运"公转铁"，远程长途汽车运输越来越少，物流园区运输方式经历新的重大调整。

第14变：无人技术多了，"人海战术"少了。仓储设施加快现代化改造，物流园区、配送中心、货运场站等节点设施提档升级。自动化立体仓库、物流系统集成设备、输送分拣设备扩大应用，托盘、笼车、料箱、集装箱等单元化运载工具推行标准化、循环利用。特别是智慧物流技术蓬勃兴起，无人车、无人机、无人仓、无人码头纷纷试水。物流技术进步，推动着物流发展动能转变，"人拉肩扛"的"人海战术"必然退出历史。

第15变：增值服务多了，单一服务少了。随着服务功能拓展，园区和企业能够提供的增值服务越来越多：仓储、运输、货代、配送、流通加工、分拨转运等物流服务功能，展示、交易、供应链管理等商流服务功能，代收货款、质押监管、代垫运费、信用评价、保险保理等金融服务功能，停车、住宿、餐饮、物业、加油、修理等生活服务功能，还有工商、税务、海关等政务服务功能。功能齐全的物流园区越来越多，单一服务的路子越走越窄。

第16变：全程总包多了，经营环节少了。随着功能拓展，服务提升，越来越多的物流园区开展全程总包服务。以物流服务为中心环节，将前端的原材料采购、入厂物流、线边仓，中间的销售、物流仓储、配送，到后端货款回收、供应链金融、回收返修等一体化运作，商流、物流、资金流、信息流"四流合一"。物流园区的"一站式"服务一旦成熟，将开始发挥产业链枢纽、供应链中枢的作用。

第17变：诚实守信多了，违法失信少了。随着国家发展改革委等20部门《关于对运输物流行业严重违法失信市场主体及其有关人员实施联合惩戒的合作备忘录》（发改运行〔2017〕1553号）发布施行，政府部门依法依规对联合惩戒对象从市场准入和政策支持、政府监管、金融守信、从业资格、社会形象等方面实施多项联合惩戒措施。物流业诚信体系建设进入法治化轨道，违法失信行为将寸步难行。

第18变：国际业务多了，不出国门少了。物流园区在全方位开放的新格局下，加快国际化发展步伐。以物流园区为起点的中欧班列开行量已突破7600列，许多园区与国外同行建立了经常性业务联系。有的物流园联合国外骨干企业开发和共享对方物流场站，有的引入国外企业进驻跨境电商交易中心，还有的规划建设国外产品中国分拨中心和国货外销产品分拨中心。物流园区服务于国家全面开放战略，在陆海内外联动、东西双向互济的新格局中发挥着越来越大的作用。

以上"18变"只是笔者个人的一些基本看法，实际上物流园区的变革、变化、变动远不止这些，需要读者朋友放宽眼界、广开思路、深入思考。"女大18变，越变越好看"；而"物流18变，越变越难办"。如何准确地认识变化，积极地应对变化，在变化中实现质量变革、效率变革和动力变革，推动物流业从规模速度型增长实现质量效益型发展，是一件大事、急事，也是难事、难题，有待业内同人上下求索，合力破解。

本书的框架结构在前两本《报告》的基础上略有调整，由综合篇、专题篇、地区篇、政策篇和调查研究篇等五个篇章组成。同期出版的《示范物流园区创新发展报告（2018）》，收录了第二批示范物流园区的创新做法与示范特色，也可以看作本书的"案例篇"。《报告》意在全面、系统、准确地反映我国物流园区发展状况，分析存在问题，研判发展趋势，为政府决策部门，物流园区投资商、运营商、设备提供商、入驻企业及国内外投资机构等提供参考，也可作为物流类专业院校、相关研究人员以及高级物流管理人员的参考用书。

物流园区发展是一个理论与实践并重的全新课题，就我们现在所掌握的情况和认知水平，还不足以做出精准的描述和深入的研究。书中尚存许多疏漏和不妥之处，敬请各位不吝赐教。

（《中国物流园区发展报告（2018）》，中国财富出版社 2018 年 7 月）

物流稳中向好　经济动力充足

（二〇一八年八月二十四日）

今年上半年，全国社会物流总额达 131.1 万亿元，按可比价格计算，同比增速达 6.9%，物流需求规模继续扩大，物流结构调整优化，新动能加快成长，成本继续下降。在政策环境持续改善的推动下，我国物流业实现了平稳运行。

物流成本持续下降，物流市场主体活跃。2017 年，我国社会物流总费用与 GDP 的比率为 14.6%，较 2012 年的 18% 下降 3.4 个百分点，实现了"五连降"。今年上半年，这一比率再次降到 14.5%。物流企业加快与上下游企业战略合作，构建生态体系，综合实力显著增强，一批引领行业发展的标杆型物流企业加快涌现。物流成本的下降，反映出经济运行的质量和效益进一步改善。

物流发展动能转换加速，运行效率逐步提升，以智慧物流为代表的技术创新势头迅猛。无人仓、无人码头、无人机、无人驾驶、物流机器人等一批国际领先的现代技术广泛应用，互联网+高效运输、智能仓储、便捷配送、在线调度、全流程监测和货物追溯等新模式全面推广，重塑产业分工，再造产业结构，培育出转变物流产业发展方式的新生态。随着客户需求和服务能力的提升，物流业与上下游制造、商贸企业深度融合，加快延伸产业链、优化供应链、提升价值链。一些物流企业通过聚焦整合资源、优化流程、协同创新，向供应链服务商转型。

展望下半年，我国物流业平稳运行，稳中向好的基本面不会改变。预计全年还将保持中高速增长。社会物流总费用与 GDP 的比率继续处于下降通道，物流运行的质量和效益将进一步提升。

物流业是融合运输、仓储、货代、信息等产业的复合型服务业，是支撑国民经济发展的基础性产业。我们要坚持新发展理念，以供给侧结构性改革为主线，以高质量发展为实施路径，推动物流效率变革、动力变革、质量变革，着力解决物流发展不平衡、不充分、不可持续问题，增强我国物流创新力和竞争力，支撑关联产业转型升级，更好满足现代化经济体系建设和人民日益增长的物流服务需求。同时，政府部门继续深化"放管服"改革，也将为物流业高质量发展营造更好环境。总的来看，物流业稳中向好的发展态势，反映出我国经济增长动力充足、效率提升、质量改善，为保持经济继续平稳运行打下基础。

（原载于《人民日报》2018 年 8 月 24 日第 10 版）

布局国家物流枢纽　建设网络运行体系

——对《国家物流枢纽布局和建设规划》的理解

（二〇一八年十二月二十七日）

日前，经国务院同意，国家发展改革委和交通运输部联合印发《国家物流枢纽布局和建设规划》（发改经贸〔2018〕1886 号）（以下简称《规划》）。这是贯彻党中央、国务院关于加强物流等基础设施网络建设的决策部署，为实现物流资源优化配置和物流活动系统化组织所采取的重大举措，也是首次在国家层面提出的"物流枢纽"专项规划。《规划》的发布实施，必将对打造"通道+枢纽+网络"物流运行体系，推进物流业高质量发展，建设"物流强国"，进而优化国家经济空间布局，构建现代化经济体系产生重大而深远的影响。

一、《规划》出台的背景和重大意义

《规划》的出台，是我国现代物流业发展的客观要求。经过 40 年发展，我国现代物流服务体系基本建立，物流基础设施条件不断完善。截至 2017 年底，全国铁路营业里程达 12.7 万公里，其中高铁 2.5 万公里；公路营运总里程 477.3 万公里，其中高速公路 13.6 万公里；港口万吨级以上泊位达 2366 个；民航运输机场发展到 226 个；规模以上物流园区超过 1600 个。交通与物流融合发展，物流基础设施网络基本成型，支持物流业成长为国民经济的基础性、战略性产业。但是，我们也要看到，我国的物流基础设施存在系统规划不足、布局不尽合理，枢纽地位不够、运营方式粗放，互联互通欠缺、协同效应不强等问题，多种运输方式与各类节点设施发展不平衡、全国性网络作用发挥不充分等问题。布局和建设辐射区域更广、集聚效应更强、服务功能更优、运行效率更高的综合性物流枢纽，是促进物流资源集聚、提高物流运行效率、支撑产业转型升级、区域经济协调发展的迫切需要。

《规划》的出台，是贯彻党中央、国务院决策部署的重大举措。从我国物流基础设施的内部结构来看，节点建设滞后于线路建设，枢纽建设更是网络建设的"短板"。党的十九大报告指出，加强水利、铁路、公路、水运、航空、管道、电网、信息、物流等基础设施网络建设。特别强调物流基础设施建设等同于水利、铁路、公路、水运、航空、管道、电网、信息等"网络建设"。多年来，政府有关部门就物流发展、综合交通运输体系建设先后出台多项规划，但以"国家物流枢纽"为主题的专项规划还是首次编制。按照党中央、国务院的要求，制定和实施《规划》，对于补齐物流基础设施短板，扩大优质物流服务供给，打造低成本、高效率的全国性物流服务网络，提升实体经济活力和竞争力具有重大意义。

《规划》的出台，是推进物流业高质量发展，建设"物流强国"的必然选择。当前，我国物流业仍然处于重要的战略机遇期，面临新的机遇和挑战。社会主义现代化强国建设的新征程，对物流业发展提出了新要求。随着"制造强国战略"的实施，需要推动现代物流业、现代供应链与先进制造业深度融合；围绕"乡村振兴战略"，需要加快构建和完善面向农业、农村和农民的物流服务网络；贯彻"区域协调发展战略"，需要统筹西部大开发、东北全面振兴、中部地区崛起、东部率先发展和京津冀、粤港澳大湾区、长三角等地区物流布局；结合打赢蓝天保卫战要求，需要调整运输结构，优化物流布局，大力发展绿色物流；配合全方位对外开放战略，需要以"一带一路"为重点，打造服务全球的物流基础设施和产业供应链体系。所有这些，都需要以"国家物流枢纽布局和建设"为龙头，构建科学合理、功能完备、开放共享、智慧高效、绿色安全的国家物流枢纽网络。

二、《规划》的主要内容和突出"亮点"

《规划》分为规划背景；总体要求；合理布局国家物流枢纽，优化基础设施供给结构；整合优化物流枢纽资源，提高物流组织效率；构建国家物流枢纽网络体系，提升物流运行质量；推动国家物流枢纽全面创新，培育物流发展新动能和加强政策支持保障，营造良好发展环境等七部分。我的理解，《规划》既全面深刻，又重点突出、"亮点"频现。

一是提出了清晰的"时间表"。其中，到 2020 年，布局建设 30 个左右辐射带动能力较强、现代化运作水平较高、互联衔接紧密的国家物流枢纽，初步建立符合我国国情的枢纽建设运行模式，形成国家物流枢纽网络基本框架。到 2025 年，布局建设 150 个左右国家物流枢纽，推动全社会物流总费用与 GDP 的比率下降至 12% 左右，并实现高效物流运行网络基本形成，物流枢纽组织效率大幅提升，物流综合服务能力显著增强的目标。到 2035 年，依托国家物流枢纽，形成一批具有国际影响的枢纽经济增长极，将国家物流枢纽打造成为产业转型升级、区域经济协同发展和国民经济竞争力提升的重要推动力量。三个阶段的划分既符合国家重大发展战略，又紧密结合物流业实际，具有较强的可行性。

二是描绘了明确的"落地点"。《规划》统筹考虑国家重大战略实施、区域经济发展、产业结构优化升级等需要，结合"十纵十横"交通运输通道和国内物流大通道基本格局，选择 127 个具备一定基础条件的城市作为国家物流枢纽承载城市，规划建设 212 个国家物流枢纽，包括 41 个陆港型、30 个港口型、23 个空港型、47 个生产服务型、55 个商贸服务型和 16 个陆上边境口岸型国家物流枢纽。对国家物流枢纽规划建设提出了区位条件良好、空间布局集约、存量设施优先、开放性公共性强、服务功能完善、统筹运营管理、区域协同联动等具体要求。为此，《规划》列出的专栏1"国家物流枢纽布局承载城市"，依据充分，层次分明，类别清楚，一目了然，便于各地对号入座。

三是勾画了具体的"施工图"。《规划》在第四、第五和第六部分分别设立专栏，对国家物流枢纽布局和建设提出了具体工程和明确要求。其中，专栏2"国家物流枢纽资源整合工程"，列出了"国家物流枢纽建设运营主体培育工程"和"国家物流枢纽联盟工程"。专栏3"国家物流枢纽服务能力提升工程"，列出了"内陆集装箱体系建设工程""枢纽多式联运建设工程""枢纽铁路专用线工程""枢纽国际物流功能提升工程"和"标准化装载器具推广应用工程"。专栏4"国家物流枢纽创新驱动工程"，列出了"枢纽经济培育工程""枢纽业务模式创新培育工程"和"智能快递公共枢纽建设工程"。每个工程都有具体的建设要求和完成时限，只待细化落实，照图施工。

总体来看，《规划》指导思想明确，内容丰富具体，重点突出聚焦。建议大家通读全文，全面领会。

三、对推进《规划》落地的一些想法

总体来看，《规划》意义重大，重点突出，针对性强，是我国物流基础设施网络的布局大纲和建设指南。一份规划，九分落实。全面落实《规划》，不仅是政府有关部门的责任，也是全行业以及各利益相关方的重点任务。

一要加强《规划》的权威性、严肃性。《规划》经国务院同意，国家发展改革委和交通运输部两部门发布，具有相当的权威性，要认真维护其严肃性。《规划》要求各地区、各部门按照职责分工，完善细化相关配套政策措施，认真落实各项工作任务。各省级发展改革部门要会同交通运输部门，根据本《规划》和相关工作要求，指导承载城市结合城市总体规划和本地区实际编制具体方案，并对照有关要求和重点任务，积极推进枢纽规划建设。要研究制订国家物流枢纽网络建设实施方案，建立定期评估和动态调整机制，对长期达不到建设要求或无法有效推进枢纽实施的承载城市要及时调出。建议对于《规划》确定的国家物流枢纽，一定要有强制性规划，并进行用途管制。一经确定为枢纽用地，不论政府和企业都不得随意变更。

二要加强《规划》的政策性、支撑性。国家物流枢纽布局和建设是一项政策性很强的工作，需要适宜的政策环境来支撑和保障。《规划》提出，要优先利用现有物流园区特别是国家示范物流园区，以及货运场站、铁路物流基地等设施规划建设国家物流枢纽。对于业内普遍关切的土地支持政策，《规划》明确，对国家物流枢纽范围内的物流仓储、铁路站场、铁路专用线和集疏运铁路、公路等新增建设项目用地，允许使用预留国家计划；地方相关部门审批、核准、备案的，由各省（区、市）计划重点保障。鼓励通过"先租后让""租让结合"等多种方式供应土地。对因建设国家物流枢纽需要调整有关规划的，要积极予以支持。对于铁路划拨用地用作物流相关设施建设的，也有新的盘活使用政策。此外，对于持续深化物流领域"放管服"改革，优化枢纽培育和发展环境，加大投资和金融支持力度等都有新的表述。如果《规划》提出的政策措施能够切实落实，将可以有效保证国家物流枢纽布局和建设的需要。

三要加强《规划》的组织性、协调性。《规划》提出，要充分发挥全国现代物流工作部际联席会议作用，建立国家物流枢纽培育和发展工作协调机制，统筹推进全国物流枢纽布局和规划建设工作。要求国家发展改革委、交通运输部会同有关部门加强统筹协同和工作指导，及时协调解决规划实施中存在的问题。关于"国家物流枢纽联盟工程"，《规划》提出，发挥行业协会等作用，支持和推动枢纽建设运营企业成立国家物流枢纽联盟。发挥骨干企业网络化经营优势，推动国家物流枢纽之间加强业务对接，积极推进要素流动、信息互联、标准协同等合作机制建设。国家物流枢纽布局和建设这样庞大的系统工程，离不开强有力的组织协调工作，这是《规划》真正落地的关键所在。

中国物流与采购联合会作为行业社团组织，参与了《规划》的部分调研工作。在推动《规划》落实的过程中，我们将按照党中央、国务院的统一部署和有关部门的安排，继续深入调查研究，积极反映企业诉求，主动协助政府做好信息互联、标准协同、统计分析和联盟组建等委托事项，为推动《规划》落地更好地发挥桥梁和纽带作用。

（原载于《中国物流与采购》2019 年第 1 期）

多管齐下　多方发力　推动物流高质量发展

——对《关于推动物流高质量发展促进形成强大国内市场的意见》的理解

（二〇一九年三月五日）

今年全国两会前夕，国家发展改革委等 24 个部门和单位联合印发《关于推动物流高质量发展促进形成强大国内市场的意见》（发改经贸〔2019〕352 号）（以下简称《物流 25 条》），提出 25 条政策措施。其目的是巩固物流降本增效成果，增强物流企业活力，提升行业效率效益水平，畅通物流全链条运行，进而促进形成强大国内市场，构建现代化经济体系，实现国民经济高质量发展。

一、《物流 25 条》恰逢其时，应运而生

推动物流高质量发展符合党中央、国务院关于高质量发展的战略部署和我国经济发展的阶段性特征；是促进形成强大国内市场，构建现代化经济体系，实现国民经济高质量发展的内在要求；也是推进物流业发展方式转变、结构优化和动力转换，实现自身转型升级的必由之路。

党的十九大做出了我国经济已由高速增长阶段转向高质量发展阶段的科学判断。李克强总理在十三届人大二次会议所做的《政府工作报告》中明确

要求，提升产业链水平，畅通国民经济循环，推动经济高质量发展。《物流25条》开宗明义，把物流业定位于支撑国民经济发展的基础性、战略性、先导性产业，把物流高质量发展作为推动经济高质量发展不可或缺的重要力量。这是党中央、国务院高质量发展战略和政策在物流领域的具体体现，也反映了《物流25条》的政治站位。

当前，国内外环境正在发生深刻变化。世界经济增速放缓，保护主义、单边主义加剧，不稳定不确定因素明显增加。国内经济下行压力加大，消费增速减慢，有效投资增长乏力，实体经济困难较多。要使经济增长保持在合理区间，迫切需要部分产业率先加快结构调整，着力提质增效，以带动其他产业融合发展，实现转型升级。而物流业是实体经济的有机组成部分，更是市场流通的必经环节，经济平稳增长、产业协调发展和消费升级都离不开相应的物流服务。物流业对于经济发展的贡献不仅在于本身创造的税收、就业，累积发展后劲，更在于支撑各相关产业健康发展，增强实体经济活力，促进形成强大国内市场，服务于现代化经济体系建设。

我国物流业经过改革开放40多年的发展，服务能力和水平显著提升，为经济持续高速增长、综合国力显著增强提供了有力支撑，对产业升级、流通业改革、发展方式转变和民生改善发挥了重大作用。从规模上看，我国已成为全球"物流大国"，许多指标排在世界前列。但也要清醒地认识到，从总体上看，我国物流运行质量和效率还不高、服务供给能力不强、基础设施整体效能发挥不够、创新能力不足等问题依然存在。发展不平衡、不充分的矛盾比较突出，传统的以数量规模、要素驱动的粗放发展方式难以为继，体制政策环境有待进一步改善。近年来，各部门、各地方出台了一系列支持物流业发展的政策措施，多数开始见效。但也存在涉及部门多、地方协调难等问题，导致出台政策落实不够，营商环境与市场主体的期待还有差距。

推进物流高质量发展，是形成强大国内市场，满足人民日益增长的美好生活对物流服务需求的战略任务，也是当前物流业深化供给侧结构性改革、提质增效的主攻方向。《物流 25 条》较好地回答了这一紧迫课题，对于新时代物流业转型升级、创新发展必将发挥重要的指导作用。

二、《物流 25 条》点多面广，切合实际

去年下半年以来，国家发展改革委牵头组织现场调研、企业座谈、起草酝酿、征求各有关部门和地方意见，逐步形成了《物流 25 条》的核心内容。这些内容既考虑和已出台政策的衔接，保持政策的连续性，又在原有基础上寻求突破和创新；主要"政策点"根据职能分工征得有关部门同意，既全面系统，又重点突出；既符合党中央、国务院关于高质量发展的总体部署，又紧密结合物流业创新发展的实际。部分核心内容，已被纳入今年的国务院《政府工作报告》。

《物流 25 条》全文 8000 多字，分为七个部分。主要"政策点"集中在高质量的基础设施网络、高质量的物流服务能力、高质量的内生发展动力和高质量的营商环境等方面。

《物流 25 条》第二部分"构建高质量物流基础设施网络体系"，提出了四个大的"政策点"。一是推动国家物流枢纽网络建设。根据《国家物流枢纽布局和建设规划》的总目标，特别提到 2019 年要启动第一批 15 个左右国家物流枢纽布局建设。二是加强联运转运衔接设施短板建设。要推动具备条件的物流园区引入铁路专用线，加强入港铁路专用线等基础设施短板建设，支持铁路专用线进码头等。三是完善城乡消费物流体系。要实施城乡高效配送专项行动，完善城乡配送网络；实施"邮政在乡"工程，升级"快递下乡"工程，深入开展电子商务进农村综合示范等。四是建立资源共享的物流公共信息平台。要促进相关部门、大型市场主体的物流公共数据互联互通和开放共享；扩大物流相关信息公开范围和内容，为物流企业和制造业企业查询提供便利；依托行业协会实施全国百家骨干物流园区"互联互通"工

程等。

《物流25条》第三部分"提升高质量物流服务实体经济能力"，突出强调物流业与相关产业联动融合发展，也有四个大的"政策点"。一是促进现代物流业与制造业深度融合。主要是支撑制造业高质量集群化发展；支持物流企业开展服务化转型；扩大大宗物资运量运能互保协议范围；构建高价值商品的快捷物流服务网络等。二是积极推动物流装备制造业发展。提出要加大重大智能物流技术研发力度，推动关键技术装备产业化；研究推广尺寸和类型适宜的内陆集装箱，在适宜线路开展铁路双层集装箱运输，推广铁路重载运输技术装备等。三是提升制造业供应链智慧化水平。要鼓励物流和供应链企业在依法合规的前提下开发面向加工制造企业的物流大数据、云计算产品；鼓励发展以个性化定制、柔性化生产、资源高度共享为特征的虚拟生产、云制造等现代供应链模式等。四是发挥物流对农业的支撑带动作用。要加强农产品物流骨干网络和冷链物流体系建设，聚焦农产品流通"最先一公里"；鼓励企业创新冷链物流基础设施经营模式，开展多品种经营和"产销双向合作"；加强邮政、快递物流与特色农产品产地合作，畅通农产品"上行"通道；推动地方全面落实冷链物流企业用水、用电、用气与工业同价政策等。

《物流25条》第四部分"增强物流高质量发展的内生动力"，提出七个方面的"政策点"。一是发展物流新服务模式。列举了诸如：以网络为依托的货运新业态，铁路企业班列化货物列车、"门到门"运输和"点对点"铁路冷链运输、共同配送、集中配送、夜间配送、分时配送、探索发展无人机配送等。二是实施物流智能化改造行动。提出要大力发展数字物流；支持物流园区和大型仓储设施等应用物联网技术，鼓励货运车辆加装智能设备；发展机械化、智能化立体仓库等。三是推进多式联运发展。提出要研究制定统一的多式联运服务规则，完善多式联运转运、装卸场站等物流设施标准；加快建设多式联运公共信息平台；依托国家物流枢纽网络开发"一站式"多式联运服务产品，加快实现集装箱多式联运"一单制"；研究在适宜线路开展驮背运输；发展海铁联运班列等。四是促进物流供应链创新发展。要发展基于核心企业的"链主型"供应链、基于现代信息技术的"平台型"供应链、依托专业化分工的"互补型"供应链、基于区域内分工协作的"区块型"供应链和基于存货控制的"共享型"供应链等。五是加快国际物流发展。要点有深入推进通关一体化改革，提升通道国际物流便利化水平；加强陆上边境口岸型物流枢纽建设；加强与中亚、欧洲沿线各国的大型生产制造企业的对接，提升中欧班列国际物流服务能力与质量等。六是加快绿色物流发展。强调持续推进柴油货车污染治理力度；研究推广清洁能源（LNG）、无轨双源电动货车、新能源（纯电动）车辆和船舶；在批发市场、快递转运中心、物流园区等建设充电基础设施；落实新能源货车差别化通行管理政策；发展绿色仓储，使用绿色包材，以绿色物流为突破口，带动上下游企业发展绿色供应链等。七是促进标准化单元化物流设施设备应用。提出要精简货运车型规格数量，严查严处货车非法改装企业；稳步开展超长平板半挂车、超长集装箱半挂车等非标货运车辆治理工作；推动城市配送车辆结构升级；支持集装箱、托盘、笼车、周转箱等单元化装载器具循环共用以及托盘服务运营体系建设；鼓励和支持公共"挂车池""运力池""托盘池"等共享模式和甩挂运输等新型运输发展；加快物流信息、物流设施、物流装备等标准对接等。

《物流25条》第五部分"完善促进物流高质量发展的营商环境"的主要内容有，深化物流领域"放管服"改革、推进铁路货运服务提质增效、降低车辆通行和港口物流成本、提升城市物流管理水平等。第六部分"建立物流高质量发展的配套支撑体系"提出了，完善现代物流业统计制度、健全物流标准规范体系、构建物流高质量发展评价体系、健全完善物流行业信用体系。第七部分"健全物流高质量发展的政策保障体系"提出，创新用地支持政策、加强投融资支持方式创新等。以上三部分内容有的是对已有政策的深化和细化，有的对已有政策提出了具体的完成时限，还有的是首次提出的"政策干货"。特别是业界普遍关心的用地支持政策、简化行政审批、清理涉企收费等，更有针对性和可操作性。

《物流 25 条》力求工作实效，按照能操作、可落地、见效快的原则，提出了 2019 年推动物流高质量发展的 10 项重点工作，主要包括开展国家物流枢纽布局建设、实施物流智能化改造行动、全国百家骨干物流园区"互联互通"工程、降低铁路运价水平、创新物流用地支持政策等，并要求建立工作台账，由相关部门和单位按任务分工推动落实。

三、落实《物流 25 条》，需要多方发力，形成合力

个人认为，《物流 25 条》是近年来政府出台的同类文件当中，覆盖面较广、"政策点"较多、"含金量"较高的一份"高质量"指导性文件。仔细梳理，全文"政策点"超过 100 个。如何使"好政策"落到实处，见到实效，切实增强行业企业"获得感"，需要政府、企业和协会多方发力，形成合力，各司其职，共同推进。

（1）政府应发挥推动政策落实的主导作用。《物流 25 条》由 24 个部门和单位联合发布，这些部门及各级地方政府应该是推动政策落实的主体。一是加强协调。一份文件，九分落实。多部门联合协调形成的文件，同样离不开上下贯通、部门联动，加大政策创新和支持力度。希望更好地发挥现代物流工作部际联席会议等协调机制的作用，加强组织领导，明确任务分工和完成时限，强化协同配合，切实推动各项政策真正落地实施。二是进一步发挥行业协会作用。在《物流 25 条》的起草制定过程中，政府部门委托中国物流与采购联合会多次组织召开企业座谈会，听取相关企业和行业协会意见，使政府决策更符合实际和民意。在政策落实过程中，同样需要发挥行业协会作用，把听取企业和行业协会意见贯穿全程。这也是推进科学民主决策、建

设法治政府的重要举措。三是开展评估和督查。在 2018 年国务院大督查工作中，把物流政策落实情况作为督查重点，取得了明显成效。建议在《物流 25 条》贯彻落实过程中加强工作指导和督促检查，及时协调解决政策实施中的问题，促使各项政策"落地有声""抓铁有痕"。

（2）行业企业应更好地把握政策导向。企业是市场主体，市场在资源配置中起决定性作用。企业在关注市场变化的同时，也要很好地把握政府政策导向。个人理解，减税降费、资金扶持、营造良好环境是政府政策手段；提出发展战略、制定产业规划和政策，引导企业发展方向，也是更好地发挥政府作用的具体体现。不可把政府政策简单地等同于资金扶持、项目补助。《物流 25 条》提出的许多政策方向，应该引起行业企业的高度重视。比如：国家物流枢纽网络建设，多式联运转运设施补短板，百家骨干物流园区互联互通，以网络为依托的货运新业态（应为"无车承运人"的升级版），超长平板半挂车、超长集装箱半挂车（俗称"大板车"）治理，调整运输结构（重点是"公转铁"），多式联运"一站式"产品和"一单制"服务，物流业与农业、制造业、商贸业等产业融合，电子商务进农村综合示范、国家级贫困县全覆盖，数字化转型、智能化改造、供应链创新应用，标准化、单元化物流，国际物流、绿色物流等。当然，关于用地支持政策、投融资支持方式创新、取消高速公路省界收费站、高速公路差异化收费、避免城市货车限行"一刀切"、货车异地审验等"利好"政策同样值得期待。

（3）行业协会将更好地发挥桥梁纽带作用。近年来，中物联在业界的大力支持下，深入开展调查研究，积极反映企业诉求，主动协助政府决策，得到政府、企业和行业的认可。《物流 25 条》在百家骨干物流园区互联互通、完善现代物流业统计体系和构建物流高质量发展评价体系等条目中明确将我会列入责任单位。在 2019 年推动物流高质量发展的 10 项重点工作中，也把中物联作为全国百家骨干物流园区互联互通工程的分工负责单位。此外，多数条款同行业协会工作职责密切相关，而且我们已有相当的工作基础。中物联作为行业社团组织，将按照政府部门的统一部署和行业企业的殷切期盼，在落实《物流 25 条》中发挥应有作用。同时，也希望继续得到政府有关部门、地方政府、各兄弟协会和会员单位以及广大行业企业的大力支持。多管齐下，多方发力，扎实推进物流高质量发展各项工作。

（原载于《大陆桥视野》2019 年第 3 期）

将"物流透明"进行到底

——《透明数字化供应链》序

（二〇一九年七月）

信息，是现代物流的神经。信息透明，是推动物流现代化的根本途径。从墙上挂的"小黑板"到电脑 PC 端，再到移动互联 APP；从物流要素中人、车、货、仓的透明，到单据流转、流程节点和业务网络的透明，再到基于供应链、需求链的产业信息透明。物流信息透明，推动物流产业转型升级；物流高质量发展，离不开信息透明。

在《透明数字化供应链》成书之际，笔者有幸先睹为快。掩卷深思，不禁感慨系之：将"物流透明"进行到底，"物流透明"永远在路上。本书作者黄滨担任深圳市易流科技股份有限公司董事、副总裁，有着丰富的企业管理经验，形成了独特的管理思路和见解。他创办易流科技学院，兼任多所院校兼职教授、研究生校外导师，属于学者型企业管理的实践者，又是企业家中知行合一的研究者。在"物流透明"理论研究领域，易流黄滨称得上是不畏艰险的拓荒者、不知疲倦的先行者。他有着西北汉子的"犟劲"，曾多次徒步 130 公里穿越大漠戈壁。十几年来，他咬定"物流透明"不放松，坚持在这个领域进行理论研究和实践探索。先后有《物流透明 3.0》《运输过程透明管理》《互联网+物流导航》等多本专著问世；辗转十余万里，举办近百场专题讲座，传播他的"物流透明"理论。

《透明数字化供应链》是黄滨近年来"物流透明"理论的最新研究成果，也是兼具创新性、实用性和普及性的力作。在本书即将出版之际，作者邀我为其作序。就本人的学识水平与业界影响，本无力担此重任。但他坚忍不拔的意志和顽强执着的精神感染着我，只好欣然领命，写下这样一段文字，请读者批评指正。

本书作者坚持"将透明进行到底"的理念，围绕数字供应链发展的实际，从基础理论、思维意识和工具、实践应用三个层面渐次展开，为读者呈现了认识供应链、把握供应链、改善供应链的独特视角。在追求理论创新的同时，实用性也是本书的一大"亮点"。为帮助读者深入了解每个章节的内容，全书列出 90 道思考讨论题。如果读者能够结合自身企业特性，围绕这 90 个问题做深度思考，一定会对打开管理思路有所启发。本书适用于广大物流供应链领域的经营管理人员思考借鉴，也可作为物流与供应链专业院校的教学参考用书。

目前，我国经济已由高速增长阶段转向高质量发展阶段。物流业高质量发展，既需要实践领域的推动，也需要理论体系的探索。易流黄滨多年来坚持围绕我国物流发展实践，对"物流透明"理论的普及深化起到了积极的促进作用。希望作者不忘初心、牢记使命，继续耕耘，不断前进。也希望更多的物流实践工作者和理论研究人员投身到中国物流行业经营规律的探索、挖掘、提炼和普及工作中来，为推进物流高质量发展，建设物流强国做出更大贡献。

（物流透明管理研究院执行院长黄滨著《透明数字化供应链》，人民邮电出版社 2019 年 10 月）

无车承运人新业态全面推广的"行动指南"

——对《网络平台道路货物运输经营管理暂行办法》的理解

（二〇一九年九月）

日前，交通运输部、国家税务总局印发《网络平台道路货物运输经营管理暂行办法》（以下简称《管理办法》）。这是贯彻党中央、国务院"巩固、增强、提升、畅通"八字方针，深化道路货运行业供给侧结构性改革的重大举措，也是无车承运人新业态经过两年试点之后全面推广、有序发展的行动指南。《管理办法》的出台实施，将对促进道路货运新业态加快发展，规范行业治理，整合社会资源，推进物流业降本增效，促进行业转型升级和高质量发展发挥重要作用。

一、《管理办法》出台的重大意义

《管理办法》的出台，是无车承运人新业态全面推广的客观要求。2016年8月，交通运输部印发《关于推进改革试点加快无车承运物流创新发展的意见》（交办运〔2016〕115号），在全国开展无车承运试点工作。两年来，无车承运物流新业态得到快速发展，涌现了一批代表性企业，实现了零散车辆资源的规模化集聚和运输业务的集约化运作，有效提升了货运物流的组织效率和规模效应。据交通运输部监测统计，截至2018年11月，229家试点企业共整合社会运力 142 万辆，完成货运量 3.2 亿吨，提高车辆利用效率约 50%，降低交易成本 6%~8%，创新改革效果初步显现。但是，我们也要看到，由于没有相应的管理制度保障，无车承运试点企业在实际经营中遇到问题缺乏制度约束；未纳入试点的无车承运平台不能取得道路货运经营资质，无法开展相应业务；监管部门也很难进行有效监管，对市场稳定造成一定影响。因此，行业期盼政府部门尽快出台针对性的法规制度予以规范，明确试点工作之后的政策走向。

《管理办法》的出台，是无车承运人新业态高质量发展的重要保障。随着新一轮科技革命和产业变革，物联网、云计算、大数据、人工智能等新一代信息技术在货运物流领域加快应用，推动行业数字化变革，成为行业转型升级的新动能。在无车承运人试点的示范引领下，传统货运物流企业加快拥抱互联网，通过搭建货运物流网络平台，集聚更多社会资源，再造物流服务模式，探索自身转型升级的新路径。我们可以看到，一批传统货运物流企业依托线下运作优势，扩大物流服务范围，加快向网络平台货运经营转型，正在成为新的趋势和行业高质量发展的动力来源。《管理办法》的出台，给无车承运新业态吃了"定心丸"，为培育壮大货运物流领域的新业态、新模式、新动能提供了制度保障。

《管理办法》的出台，是深化"放管服"改革的具体行动。《管理办法》在网络平台货运经营的法律定位、行业准入、政府监管、行为规范、监督检查等方面做出规定，进一步明确各级道路运输管理部门的监管责任和监管要求，有利于明确经营者的管理责任和行为规范。同时，《管理办法》在鼓励创新的基础上坚持审慎监管、科学监管，特别是利用互联网手段，强化事中事后监管，并对政府部门间政务信息共享提出了要求，有望实现"政府监管平台、平台管理车辆"的两级监管模式。这些对于创新现代监管方式、完善行业治理体系、提升治理能力做了有益的探索。

二、《管理办法》的主要亮点

《管理办法》坚持鼓励创新、包容审慎、问题导向和依法行政原则，通过确定网络平台道路货物运输法律定位、经营规范、运营监管等事项，更好地维护社会公众权益，保障安全生产，推动"互联网+"新业态规范快速发展，引领带动道路货运业高质量发展，促进物流降本增效，服务经济社会发展大局。我个人理解，有以下突出亮点。

一是明确了范围边界。网络平台货运经营属于新业态，在前期试点中我们借鉴国外经验，称之为无车承运人。随着《中华人民共和国电子商务法》《网络预约出租汽车经营服务管理暂行办法》等法规制度的出台以及试点工作的推进，政府管理的范围边界逐步明确。为更好地指导行业健康发展，《管理办法》将无车承运人更名为"网络平台道路货物运输经营"，更准确地界定了概念定义和法律定位，也为行业企业"对号入座"，政府部门"审慎监管"奠定了基础。其中，对于网络平台道路货运经营者承担承运人责任的要求，理清了承运业务和撮合业务的管理范围。既符合当前《中华人民共和国道路运输条例》上位法的管理边界，也对当前行业管理中由于边界不清、概念混淆导致的监管难提供了判定标准。

二是明确了管理要求。网络平台货运经营是货运物流创新驱动的重要成果，越来越多的创新企业希望进入市场。《管理办法》明确了经营者资质要求和政府部门的监管责任。要求从事网络货运经营的，应当向所在地县级负有道路运输监督管理职责的机构提出申请，经营范围为网络货运。同时，《管理办法》还规定，从事网络货运经营的，还应符合互联网信息服务法律法规规定的线上服务能力等其他条件。在后续实施细则或配套制度修订中相信会对"线上服务能力等其他条件"予以进一步明确。特别是《管理办法》要求，省级交通运输主管部门应按照相关技术规范的要求建立和完善监测系统，网络货运经营者信息平台应与其实现有效对接。这延续了试点过程中运行监测分析的做法，也对经营者的信息化能力提出了相应的要求。

三是明确了监管手段。网络平台货运经营是"互联网+"货运物流的典型代表。《管理办法》提出，鼓励网络货运经营者利用大数据、云计算、卫星定位、人工智能等技术整合资源，顺应了行业发展趋势。同时，《管理办法》的出台，也是"互联网+"政府监管的创新举措。《管理办法》要求经营者平台接入省级交通运输主管部门监测系统，及时、准确上传运单数据，加强对经营者的运营监测，并将监测结果作为执法的重要依据，顺应了政府治理能力现代化的要求。此外，《管理办法》还要求，省级交通运输主管部门应当定期将监测数据上传至部网络货运信息交互系统，并与同级税务等部门建立信息共享机制。体现了推进跨部门"互联网+"联合监管的趋势，有望逐步从部门"单打独斗"转变为综合监管、"智慧监管"，创新行业监管方式。

四是明确了经营行为。无车承运人试点两年来，由于经营者在实际运营中无法可依，导致行业出现一些经营不规范问题。如，资质认定、法律地位、责任义务、安全管理等方面没有明确地界定，对于合规企业正常业务的开展带来了较大困扰。《管理办法》的出台，明确要求网络平台货运经营者应建立安全管理制度，落实安全生产主体责任，有助于保障运输各方的合法权益。明确要求经营者委托符合规定的道路货运经营者、车辆和从业人员。特别强调实际承运人应取得道路运输经营许可证、道路运输证和道路货物运输驾驶员从业资格证。明确要求经营者应对托运人身份进行查验登记，督促实际承运人实行安全查验制度，对货物进行安全检查或者开封验视。明确要求经营者遵守国家网络和信息安全的有关规定，及时备份并保持相关经营数据，并做好数据保密。这些经营行为的规定，在一定程度上回答了此前困扰行业发展的关键问题，有利于网络平台货运经营的合规发展和市场经营环境的维护。

三、关于后续工作的一些想法

《管理办法》是在货运物流新业态蓬勃发展，供给侧结构性改革深入推进，无车承运试点工作基础之上，《中华人民共和国道路运输条例》尚未修订完成的条件下出台的一个部门管理办法。下一步，建议在以下几个工作方面予以重点推进和深入落实。

一是抓好已有政策的"落实"。做好试点工作后行业全面推开的过渡和衔接工作，稳妥推进网络平台货运经营资质管理、行为规范和监督检查。严守准入条件，防止不符合标准的经营者进入市场。强化监测监督，做好事中事后监管。规范经营行为，引导经营者合规经营。此外，在无车承运人试点前后，各有关部门出台了一批支持政策措施。一些政策已经落实，但是仍有一些政策还有待推进。例如，个体运输户经营资质取得难的问题还有待解决，建议结合运政系统全国联网时机，推行网上申请、网上审验等"互联网+"政务服务，便利实际承运人取得经营资质，让经营主体回归"本位"。此外，网络平台货运经营者委托实际承运人运输后进项发票的取得、实际承运人异地代开增值税专用发票、通行费电子发票取得问题等，还有待结合行业实际情况和政府现有手段予以协调解决，切实推动已有政策落地。

二是推动配套政策和实施细则"出台"。为全面推进《管理办法》的实施，亟待完善相关设施细则。如，对于网络平台货运经营者线上服务能力的认定，建议统一认定标准和提交材料，规范操作规程和时限要求。在后续实施细则或配套法规修订中，明确网络平台货运经营者在安全生产管理、会员资质审查、接入监测系统、赔付风险保障、客户信息查验和信息保密等制度方面的具体规范和要求。结合试点经验，建议进一步建立完善省部两级监测系统，建立服务评价公示制度和质量信誉考核机制，深化行业诚信建设，加强行业规范自律。

三是强化部门政策的"协同"。网络平台货运经营不仅涉及道路运输管理部门，还包括工信、公安、税务、工商等有关部门。在试点过程中，经营者通过接入省级监测系统，上传运输数据便利道路运输管理部门进行信息化监测，开辟了"互联网+"政府监管的新路。建议下一步加强相关部门数据共享，实现数据互认和联合监管，建立公开透明和协同治理的监管方式，引领行业治理体系改革和治理能力现代化建设。

中国物流与采购联合会作为行业社团组织，参与了《管理办法》的部分调研和研究工作。在推动落实的过程中，我们将按照党中央、国务院的统一部署和有关部门的具体安排，继续深入调查研究，积极反映企业诉求，主动协助政府做好相关委托事项，为营造公平竞争的市场环境，支持货运物流行业创新发展做出应有贡献。

（原载于《中国物流与采购》2019 年第 18 期）

直面问题求实效　协同推进抓落实

——对《国务院办公厅转发国家发展改革委交通运输部关于进一步降低物流成本的实施意见》的理解

（二○二○年六月八日）

前不久，国务院办公厅转发国家发展改革委、交通运输部关于《进一步降低物流成本的实施意见》（以下简称《意见》），从 6 个方面提出了进一步降低物流成本的 24 条政策措施。这是国务院办公厅继转发国家发展改革委《物流业降本增效专项行动方案（2016—2018 年）》和《关于进一步推进物流降本增效 促进实体经济发展的意见》后，第三次发文专题部署降低物流成本的重大举措。

一、问题导向找"痛点"

社会物流成本水平是国民经济发展质量和效益的集中体现，也是深化供给侧结构性改革，推动高质量发展的重要抓手。近年来，党中央、国务院高度重视，政府有关部门持续推进，物流相关行业企业积极行动，物流降本增效工作取得明显成效。我国社会物流总费用与 GDP 的比率从 2012 年的 18%，2014 年的 16.6%，降至 2019 年的 14.7%，实现了"七连降"。

物流业连接一二三产业，服务于各行各业。降低物流成本是系统工程，与以下因素密切相关。一是经济结构的调整。相对来说，一产和二产所需物流费用高于三产，三产占比逐步提高，是带动物流费用率相对走低的重要因素。二是物流运行效率的提升。全行业创新应用现代供应链，普及推广智慧物流，推动质量、效率和动能转换，物流企业发挥了降本增效的主体作用。三是营商环境的改善。党的十八大以来，党中央高度重视物流业发展，国务院连续出台支持和促进物流业发展的规划、政策，国家发展改革委、交通运输部等部门坚持"放管服"改革，有针对性地推动落实一系列政策措施。比如，开展国家物流枢纽、示范物流园区、冷链基地、货运枢纽、多式联运、甩挂运输等方面的试点示范；取消高速公路省界收费站、取消政府还贷二级公路收费，清理规范铁路、港口收费项目；取消营运车辆二级维护强制性检测及收费，取消 4.5 吨及以下普通货运从业资格证和车辆营运证，货运车辆年检实行"三检合一"；仓储设施土地使用税、挂车车购税减半征收，降低运输服务环节增值税税率；特别是在疫情防控当中推出的阶段性全面取消高速公路收费以及税费、金融、社保等援企稳岗政策，有效降低了制度性交易成本，促进了物流业发展环境持续改善。

但就目前情况看，我国物流"成本高、效率低"的问题仍较突出。因此，物流业降本增效已被纳入政府部门常态化工作机制。每年两会前后，国务院领导同志都有对此项工作的批示指示。物流降本问题数次被列入国务院常务会议议题和国务院大督查重点范围。据此，《意见》早在去年（2019年）春天就开始酝酿、调研、起草，历时一年左右，经反复修改定稿。其中，受国家发展改革委、交通运输部委托，中国物流与采购联合会多次组织专题会议、开展问卷调查、深入企业了解具体情况，向政府反映政策诉求。从制度环境和运行机制来看，问题集中体现在"四个三"，即"三难"，用地难、融资难、通行难；"三多"，管理条线多、收费项目多、税收负担多；"三低"，多式联运占比低、标准化水平低、行业集中度低；"三不畅"，基础设施联通不畅、仓干配连接不畅、信息互联共享不畅。这是国家发展改革委相关负责同志归纳总结的突出问题，也是《意见》直面的重点内容。

《意见》的出台，既是立足当前贯彻落实党中央、国务院决策部署，积极应对应急抗疫常态化及中美贸易摩擦扩大化，抓"六稳"促"六保"，统筹推进疫情防控和经济社会发展的及时举措，更是着眼长远，持续改善发展环境，完善社会物流运行体系，适应产业链供应链高质量发展需要，助力我国产业迈向全球价值链中高端的战略考量。

二、目标导向看"亮点"

《意见》围绕"减负降本、提质增效"总目标，从制度、要素、税费、信息、联运、综合等 6 个方面提出了 24 条举措，涉及 100 多个"政策点"。可以说，抓住了系统性解决制约降低物流成本突出矛盾和主要问题的重点。

抓住"牛鼻子"，降制度成本。制度性成本是进一步降低物流成本的关键环节，也是政府工作的重要职责。《意见》提出 6 条措施：在完善证照和许可办理程序上，强化电子政务服务；明确了严格执行全国统一的治超执法标准，深入推进治超联合执法常态化、制度化；在维护道路货运市场正常秩序上，明确提出建立严厉打击高速公路、国省道车匪路霸的常态化工作机制等有力举措；在优化城市配送车辆通行停靠管理上，针对困扰城市配送企业"通行难、停靠难、装卸难"的"三难"问题，从相关设施和配送模式、通行管理对症下药；在推进通关便利化上，明确要求推进作业无纸化及多环节信息双向交互试点，并要求对海运、通关环节不合理、不能适应监管需要的，按规定予以取消或退出口岸验核；在深化铁路市场化改革上，提出通过引入市场竞争机制，开展投融资、规划建设、运营管理、绩效管理、运输组织等改革。

充实"家底子"，降要素成本。资金和土地，是物流企业平稳运行的基本要素，也是稳企业、保就业的基础条件。在保障物流用地需求方面，《意见》明确要求对国家及有关部门、省（自治区、直辖市）确定的国家物流枢纽、铁路专用线、冷链物流设施等重大物流基础设施项目，在建设用地指标方面给予重点保障；在完善物流用地考核方面，特别提出在符合规划、不改变用途的前提下，对提高自有工业用地或仓储用地利用率、容积率并用于仓储、分拨转运等物流设施建设的，不再增收土地价款。在资金方面，除明确要求对国家物流枢纽、国家骨干冷链物流基地等重大物流基础设施建设加大财政支持力度外，还特别提到鼓励规范发展供应链金融，依托核心企业加强对上下游小微企业的金融服务。在完善风险补偿分担机制上，首次提出支持保险公司开发物流企业综合保险产品和物流新兴业态从业人员的意外、医疗保险产品。

护住"钱袋子"，降税费成本。新冠肺炎疫情冲击之下，受国内国际两个市场需求不足的影响，物流企业经营压力大增。《意见》从物流领域税费优惠政策、降低公路通行成本、降低铁路航空货运收费、规范海运口岸收费、加强物流领域收费行为监管 5 个方面提出了降本举措。其中，在公路通行成本方面，明确要求结合深化收费公路制度改革，全面推广高速公路差异化收费，引导拥堵路段、时段车辆科学分流。在降低铁路货运收费上，要求降低运杂费迟交金收费标准，严格落实取消货物运输变更手续费。在降低机场货运收费方面，提出将机场货站运抵费归并纳入货物处理费。

打通"窗格子"，降信息成本。信息互联互通是现代物流业上下游高效协同和整体优化的必备条件，而"信息孤岛"，衔接不畅，必然带来物流交易成本增加。《意见》提出，在确保信息安全的前提下，交通运输、公安交管、铁路、港口、航空等单位要向社会开放与物流相关的公共信息。还提出，研究建立全国多式联运公共信息系统，推行标准化数据接口和协议，更大程度实现数据信息共享。

疏通"门栓子"，降联运成本。近年来，我国交通运输基础设施得到长足发展，综合运输体系基本形成，但铁路、水运、航空、公路等多式联运所占比例不高。《意见》明确提出推动物流设施高效衔接，降低物流联运成本。要求中央和地方财政加大对铁路专用线、多式联运场站等物流设施建设的资金支持力度，研究制定铁路专用线进港口设计规范，促进铁路专用线进港口、进大型工矿企业、进物流枢纽。同时还从标准方面提出要求，推广应用符合国家标准的货运车辆、内河船舶船型、标准化托盘和包装基础模数，带动上下游物流装载器具标准化。

着眼"换路子"，降综合成本。《意见》从推进物流基础设施网络建设、培育骨干物流企业、提高现代供应链发展水平、加快发展智慧物流 4 个方面提出了降本措施。这些措施既符合物流业仓运配等环节服务向综合物流及供应链服务发展的需要，也顺应产业链、供应链、价值链"三链融合"发展的趋势。

《意见》按照"立足当前、着眼长远，远近结合、标本兼治"的基本原则，提出的政策措施既考虑与现有政策的衔接和深化，直面"老问题"；又在原有基础上寻求突破和创新，提出"新对策"。既全面统筹，又重点突出，亮点明显，应该引起更大关注。比如，加快运输领域资质证照电子化，推动线上办理签注；优化大件运输跨省并联许可服务，进一步提高审批效率；研究制订 2021—2025 年国家物流枢纽网络建设实施方案，构建"通道+枢纽+网络"的物流运作体系；继续实施示范物流园区工程，示范带动骨干物流园区互联成网；布局建设一批国家骨干冷链物流基地；进一步放宽市场准入，吸引社会资本参与铁路货运场站、仓储等物流设施建设和运营；支持利用铁路划拨用地等存量土地建设物流设施；指导地方按照有关规定利用集体经营性建设用地建设物流基础设施；研究将城市配送车辆停靠接卸场地建设纳入城市建设和建筑设计规范；推动铁路企业与港口、物流等企业信息系统对接，完善信息接口等标准，加强列车到发时刻等信息开放；推广应用多式联运运单，加快发展"一单制"联运服务；严格落实网络货运平台运营相关法规和标准，促进公路货运新业态规范发展等。《意见》从多方面综合施策，补短板、强弱项，促升级，保安全，吹响了将物流降成本工作向纵深推进的新号角。

三、结果导向抓"落点"

《意见》是近年来政府出台的同类文件当中，规格高、覆盖面广、"政策点"多、"含金量"高的一份"高质量"文件。一份文件，九分落实。如何使"好政策"落到实处，见到实效，切实增强行业企业"获得感"，需要政府、企业、行业和社会形成共识，增强合力，各司其职，多方发力。

政府主导，形成协同共推机制。《意见》提出的政策措施多数是难啃的"硬骨头"，分工涉及国家发展改革委、交通运输部、工业和信息化部、商务部等 18 个部门，离不开上下贯通、部门联动。需要更好地发挥现代物流工作部际联席会议等协调机制的作用，明确任务分工和完成时限，强化协同配合，及时研究解决政策落实中出现的问题。作为推动政策落实的主体，各级地方政府应当结合当地实际，加强领导，明确责任，抓紧抓实。各地方、各部门应按照各自的职责分工，研究出台实施细则，确保各项政策落地实施。在政策落实过程中同样需要发挥行业协会的作用，通过协会及时反馈落实情况，把听取企业和行业意见贯穿始终。在近年来国务院大督查工作中，对物流政策落实情况的重点督查，取得明显成效。建议对《意见》贯彻落实情况加强工作指导和督促检查，对落实好的地方和部门通报表扬，落实不够的批评问责，促使各项政策"落地有声""抓铁有痕"。

企业主体，准确把握政策导向。企业是市场主体，市场在资源配置中起决定性作用。我们的企业在关注市场变化的同时，也应很好地把握政府政策导向。减税降费、资金扶持、营造良好环境是政府政策手段；提出发展战略、制定产业规划和政策，引导企业发展方向，也是更好地发挥政府作用的具体体现。行业企业应深入研究政府政策，结合自身实际，用足用好政策。

同时，要全面准确地理解和把握政策导向，不可把政府政策简单地等同于资金扶持、项目补助。《意见》提出的许多政策方向，应该引起行业企业高度重视，结合"十四五"规划，研究制定符合政策导向和市场取向的企业发展战略和规划。

宣传引导，形成社会广泛共识。降低物流成本涉及物流运作各环节，供应链上下游全链条，事关所有实体企业和千家万户，必须形成广泛共识。不能把降低物流成本简单地理解为，一味降低服务价格，更不能等同于无限度挤压公路运价。公路运输只是一种运输方式，运输和仓储也是八大物流功能之一，物流、商流、资金流和信息流共同构成供应链中的"四流"。降低物流成本应从产业链、供应链角度整体看待，通过资源整合、流程优化、组织协同、生态共建，来降低综合物流成本，最终让我们的实体企业和人民群众享受物流高质量发展带来的"政策红利"。

中国物流与采购联合会，作为全国现代物流工作部际联席会议成员单位之一，近20年来坚持为政府、行业和企业服务。我们在参与《意见》研究起草，承接政府服务项目的基础上，将继续深入调查研究，及时总结推广降低物流成本的典型经验做法，深入了解并及时反映落实中出现的问题，积极协助政府推动政策落地见效，为进一步降低物流成本，支撑现代化经济体系建设，助力实体经济高质量发展发挥更大作用。

（原于2020年6月9日载于交通运输部网站）

新视角下的"大物流"

——简评《构建现代物流体系》

（二〇二〇年八月九日）

在我国即将开启全面建设社会主义现代化国家新征程、向第二个百年奋斗目标进军的历史性时刻，《构建现代物流体系》（以下简称《体系》）问世了。该书以习近平新时代中国特色社会主义经济思想为指导，以全新的视角，纵论"大物流"的机遇和挑战、现状与未来，体现了很强的理论性、实践性和前瞻性，对于"十四五"时期物流业创新发展具有重要参考价值。

一、理论视角：高屋建瓴，深入浅出

对习近平总书记关于现代物流业发展重要论述的认真梳理和深刻阐述，是《体系》一书的突出特点和重要贡献。党的十八大以来，习近平总书记对物流业发展所作的指示、批示和讲话，是习近平新时代中国特色社会主义经济思想的重要组成部分，也是物流业创新发展的理论基础和指导思想。

习近平总书记创造性地运用马克思关于生产、流通、消费的关系理论，从市场经济体系全局来看待物流业的地位和作用，以新的视角提出了"大物流"观。他指出，"物流业一头连着生产、一头连着消费，在市场经济中的地位越来越凸显"。在党的十九大报告中，总书记提出，"加强水利、铁路、公路、水运、航空、管道、电网、信息、物流等基础设施网络建设。"这就从国家发展战略全局的高度，将物流与交通、电力、水利、信息等重大基础设施并列，强调了基础性、战略性和准公益性地位。他同时要求，"推动互联网、大数据、人工智能和实体经济深度融合，在中高端消费、创新引领、绿色低碳、共享经济、现代供应链、人力资本服务等领域培育新增长点、形成新动能"。这些全新的论述，把现代供应链创新应用提到新的高度，对于加快培育供应链发展新动能，推进物流业供给侧结构性改革具有重要意义。面对百年未有之大变局，习近平总书记要求，"着力打通生产、分配、流通、消费各个环节，逐步形成以国内大循环为主体、国内国际双循环相互促进的新发展格局，培育新形势下我国参与国际合作和竞争新优势"，从产业链、供应链、价值链层面指明了现代物流业转型升级和创新发展的方向。

习近平总书记就现代物流业的地位作用、机遇挑战和发展方向等方面所作的重要论述，既高屋建瓴，又深入浅出。可将《体系》一书看作我们深入学习、深刻领会总书记物流业重要论述的必备"工具书"和"活词典"。

二、实践视角：以点带面，见微知著

《体系》一书对我国现代物流业发展现状及成绩做了全景式展示。党的十八大以来，在习近平总书记重要论述指引下，我国现代物流业发展质量显著提升，社会物流成本水平明显下降。国家物流枢纽等示范工程加快推进，物流基础设施网络逐步成型。物流市场主体发展壮大，在干线运输、电商快递、家居家电、食品冷链、即时配送等细分领域形成了一批在全国乃至全球具有重要影响力的网络型龙头企业。国际物流不断提速，面向共建"一带一路"倡议的全球物流网络加快建设。物流技术突飞猛进，信息化、自动化水平明显提升，新模式、新技术、新业态蓬勃兴起。标准、统计、人才教育培训和理论研究体系等行业基础工作趋于完备，规划引领、政策保障机制逐步完善。现代物流体系高效有序运行，为国家重大发展战略顺利推进，我国成长为世界第二大经济体和第一大贸易国提供了有力支撑，对现代化经济体系建设、发展方式转变和人们生活改善发挥了重要作用。

《体系》不仅用大量的图表数据展现全行业发展成果，还列出专栏展示物流细分领域重要进展和重点企业优秀案例。在"物流基础设施加快成网"一节，详细列出国家物流枢纽、示范物流园区、多式联运示范工程、国家智能化仓储物流示范基地、国家骨干冷链物流基地等建设名单和优秀案例。在"物流市场主体快速成长"一节，充分展现物流企业规模不断壮大、A级物流企业成为行业主力军、龙头物流企业主导能力增强的发展现状。在"国际物流稳步快速发展"和"物流技术进步突飞猛进"等章节，同样采用了生动的数据和鲜活的案例。

这种以点带面、以小见大的表述方式，有利于读者深入了解物流业成长进步的轨迹，从而更好理解习近平总书记重要论述的现实意义。《体系》一书也可以被看作观察我国现代物流业发展的"全景图"和"显微镜"。

三、未来视角：登高望远，连"天"接"地"

《体系》在学习领会习近平总书记重要论述的基础上，密切联系实际，着重对"十四五"时期现代物流业发展面临形势、战略定位、基本原则和实施路径作了权威阐述。

当前，世界百年未有之大变局加速演进，新冠肺炎疫情对国际格局产生了深刻影响，以国内大循环为主体、国内国际双循环相互促进的新发展格局初现端倪。《体系》从适应复杂多变的国际经贸环境、把握经济高质量发展的时代要求和顺应技术创新应用的发展趋势三个角度，分析了"十四五"时期我国现代物流业发展面临的形势。作出了我国物流业发展要把握现代产业体系建设关键期、强大国内市场培育加速期、区域经济协调发展提升期和现代供应链体系构建闯关期的基本判断。

《体系》通过对习近平总书记重要论述的深刻领会，以及对面临形势的深入分析，提出了"十四五"时期我国物流业发展的战略定位、原则和实施路径。明确指出，我国现代物流业发展的总体战略定位是：支撑国民经济有序运行的基础性产业，优化产业组织与提升产业价值的战略性产业及引导产业布局和业态创新的先导性产业。推动现代物流业发展的基本原则是：创新融合、区域协同、集聚高效、智能绿色和韧性联动。推进现代物流业发展的实施路径是：构建"通道+枢纽+网络"的现代物流运行体系、建立安全可靠的现代供应链体系、发展集约高效的现代物流服务体系、培育发展创新赋能的现代物流经济、健全保障有力的现代应急物流体系、打造内联外通的现代国际物流体系、培育分工协同的物流市场主体体系和夯实科学完备的现代物流基础体系等"八大体系"。

以上这些基本思路，以习近平总书记重要论述为指导，站在中华民族伟大复兴战略全局和世界百年未有之大变局的高度，从现代化经济体系建设和人民群众对美好生活的需求出发，指出物流业创新发展的基本方向。既登高望远，又连"天"接"地"。无论对于各级政府编制"十四五"规划和研究制定有关政策，还是对于相关企业调整和制定经营发展战略，相关院校列入选修教材、研究机构开展学术研究都具有重要参考价值。《体系》也可以被看作"十四五"时期推动"大物流"高质量发展的"时间表"和"路线图"。

（原于 2020 年 11 月 20 日载于国家发展改革委网站）

（《构建现代物流体系》为学习贯彻习近平新时代中国特色社会主义经济思想做好"十四五"规划编制和发展改革工作系列丛书，由中国市场出版社、中国计划出版社 2020 年 8 月出版）

"两业"一体化 助力"双循环"

——对《推动物流业制造业深度融合创新发展实施方案》的理解

（二○二○年八月二十七日）

近日，国家发展改革委等 14 个部门联合出台《推动物流业制造业深度融合创新发展实施方案》（下称《方案》），提出了 18 条重要举措。对于在当前形势下进一步深入推动物流业制造业深度融合、创新发展，保持产业链、供应链稳定，构建以国内大循环为主体、国内国际双循环相互促进的新发展格局具有重要指导意义。

一、从"两业联动"到深度融合

制造业是国民经济的根基，也是物流需求的重要来源。在我国社会物流总额中工业品物流占 90% 以上，工业品从原材料采集、生产制造到消费端的整个流程中 90% 以上的时间处于物流环节。物流业与制造业的融合程度，决定着"两业"的发展水平和国民经济的综合竞争力。早在 2007 年，国家发展改革委就联合工业和信息化部、中国物流与采购联合会组织召开了首届全国制造业与物流业联动发展大会。随后的 2009 年国务院首次推出我国物流业发展的第一个国家规划《物流业调整和振兴规划》，把"制造业与物流业联动发展工程"列入"九大工程之一"。十几年来，我国物流业制造业联动融合发展趋势不断增强，在推动降低制造业成本、提高物流业服务水平等方面取得了积极成效，但融合层次不够高、范围不够广、程度不够深，与促进形成强大国内市场，构建现代化经济体系，适应"双循环"新发展格局的总体要求还不相适应。

进入 2020 年，一场突如其来的新冠肺炎疫情严重冲击物流业、制造业。供应链弹性不足、产业链协同不强、物流业制造业联动不够等问题凸显，直接影响到产业平稳运行和正常生产生活秩序。13 年后的今天，国家发展改革委等部门紧扣"双循环"发展新格局，对制造业和物流业联动发展赋予新的时代内涵，由联动发展提到深度融合。我的理解，"两业联动"还是两个主体之间的协同互动关系，而"深度融合"则是将"两业"融为一体，你中有我、我中有你，形成利益共同体、命运共同体。这是深化供给侧结构性改革、推动经济高质量发展的现实需要；是进一步提高物流发展质量效率，深入推动物流降本增效的必然选择；也是适应制造业服务化、智能化、绿色化发展趋势，加快物流业态模式创新的内在要求。

当今世界正经历百年未有之大变局，新冠肺炎疫情全球大流行使这个大变局加速变化，国际经济、科技、文化、安全、政治等格局都在发生深刻调整。我国已进入高质量发展阶段，社会主要矛盾已经转化为人民日益增长的美好生活需要和不平衡不充分的发展之间的矛盾。《方案》针对国际国内形势发展变化，立足于产业经济发展的全局性、系统性、结构性问题，基于当前深化供给侧结构性改革，推进质量变革、效率变革、动力变革，推动我国经济高质量发展的需要，在总结过去"两业联动"经验的基础上，提出了"深度融合、创新发展"的政策举措。更着眼于前瞻性、战略性、全球性竞争的考量，提出了统筹推动物流业降本增效提质和制造业转型升级，促进物流业制造业协同联动和跨界融合，延伸产业链，稳定供应链，提升价值链的总体要求。对于物流业、制造业实现"一体化"运作，适应"双循环"发展新格局，构建现代化产业链、供应链体系具有很强的现实意义和深远的历史意义。

二、从关键环节到重点领域

《方案》从 18 个方面作出了总体部署，提出了明确的指导思想和发展目标：到 2025 年，物流业在促进实体经济降本增效、供应链协同、制造业高质量发展等方面作用显著增强。探索建立符合我国国情的物流业制造业融合发展模式，制造业供应链协同发展水平大幅提升，精细化、高品质物流服务供给能力明显增强，主要制造业领域物流费用率不断下降；培育形成一批物流业制造业融合发展标杆企业，引领带动物流业制造业融合水平显著提升；初步建立制造业物流成本核算统计体系，对制造业物流成本水平变化的评估监测更加及时准确。

为落实上述目标，《方案》用大量篇幅对 5 个关键环节和 6 个重点领域做了重点部署。

一是紧扣 5 个关键环节，为两业融合创新发展疏通路。其一，促进企业主体融合发展，力推发挥融合发展的市场主体作用。明确提出"支持物流企业与制造企业通过市场化方式创新供应链协同共建模式，建立互利共赢的长期战略合作关系"。有利于改变产业链与供应链上的不稳定、难协同问题，强化在国际市场竞争的抗风险能力。其二，促进设施设备融合联动，打通融合发展的基础保障。其中"积极推进生产服务型国家物流枢纽建设，充分发挥国家物流枢纽对接干线运力、促进资源集聚的显著优势，支撑制造业高质量集群化发展"，势必加速物流基础设施集成化发展，加速生产制造与物流服务的集群化协同。其三，促进业务流程融合协同，力推业务场景深度融合创新发展。其中"加快发展高品质、专业化定制物流，引导物流、快递企业为制造企业量身定做供应链管理库存、线边物流、供应链一体化服务等物流解决方案，增强柔性制造、敏捷制造能力"，必将推动适应数字化竞争环境下的个性化、智能化、柔性化供应链协同。其四，促进标准规范融合衔接，强化以标准化疏通融合发展障碍。其中"建立跨部门工作沟通机制，对涉及物流业制造业融合发展的国家标准、行业标准和地方标准，在立项、审核、发布等环节广泛听取相关部门意见，加强标准规范协调衔接"。这有利于营造两业联动融合发展的专业化、标准化软环境。其五，促进信息资源融合共享，强化数字物流时代的新融合发展。其中"促进工业互联网在物流领域融合应用""建设物流工业互联网平台""推动将物流业制造业深度融合信息基础设施纳入数字物流基础设施建设""积极探索和推进区块链、第五代移动通信技术（5G）等新兴技术在物流信息共享和物流信用体系建设中的应用"等新提法，将助推新基建与两业融合发展，促进传统行业数智化改造。

二是突出 6 个重点领域，为两业融合创新发展布高地。其一，抓大宗商品物流，维护国家能源及战略物资供应链安全。《方案》重点提到了原油、矿石、粮食、有色金属等大宗商品物流，明确提出"依托具备条件的国家物流枢纽发展现代化大宗商品物流中心，促进大宗商品物流降本增效"。其二，抓生产物流，力推智能化制造物流和支柱产业（汽车制造）高效物流保领先发展。《方案》明确要求，"鼓励制造业企业适应智能制造发展需要，开展物流智能化改造，推广应用物流机器人、智能仓储、自动分拣等新型物流技术装备，提高生产物流自动化、数字化、智能化水平"。其三，抓消费物流，力推消费物流升级促进相关消费制造满足高品质需求。《方案》要求推进"个性化较强的产品提供高品质、差异化寄递服务，促进精益制造和定制化生产发展"并重点发展冷链温控物流。其四，抓绿色物流，强化发展贯穿产品全生命周期的绿色制造供应链。《方案》要求"引导制造企业在产品设计、制造等环节充分考虑全生命周期物流跟踪管理，推动产品包装和物流器具绿色化、减量化、循环化"，并推进废旧物资逆向物流体系建设。其五，抓国际物流，强化跨部门协调机制和骨干物流体系建设保国际产业链供应链安全。《方案》要求"发挥国际物流协调保障机制、全国现代物流工作部际联席会议等作用，加强顶层设计，构建现代国际物流体系，保障进口货物进得来，出口货物出得去"，为"中国制造"构筑"买全球，卖全球"的国际供应链体系。其六，抓应急物流，加强产业链、供应链的应急保障和修复再生体系建设。《方案》明确要求"研究制定健全应急物流体系的实施方案""增强相关制造产业链在受到外部冲击时的快速恢复能力"。这将利于强化制造业供应链应急保障和再生能力，积极应对公共卫生事件和自然灾害等带来的供应链风险。抓好了这些重点行业及领域的工作，必将带动其他领域的融合创新发展，也可为"双循环"发展新格局赢得竞争制高点。

三、从推进机制到政策落地

两业深度融合创新发展离不开相应的政策环境，《方案》从营商环境、政策措施、金融支持、示范带动到组织协同提出了五个方面的保障措施。其一，营造良好市场环境，强化营商环境。《方案》要求"深入推进放管服改革，对物流业制造业融合发展新业态、新模式实施包容审慎监管"。其二，加大政策支持力度，强化重点支持。《方案》重点加大铁路专用线建设、物流用地给予等支持力度，为解决当前物流用地难及铁路货运专线建设难等突出问题提供了政策依据。其三，创新金融支持方式，强化活血纾困。《方案》首次提出"支持社会资本设立物流业制造业融合发展产业投资平台，拓宽融资支持渠道"，有利于解决融资难、融资贵等突出问题。其四，发挥示范引领作用，强化骨干带动。《方案》首次提出"鼓励龙头企业发起成立物流业制造业融合创新发展专业联盟，促进协同联动和跨界融合"。其五，强化组织协调保障，强化协同保障。《方案》提出了"两个依托"。在监管面，依托全国现代物流工作部际联席会议机制推进物流业制造业融合发展，加强跨部门政策统筹和工作协调；在行业层面，"依托主要行业协会建立物流业制造业融合发展动态监测和第三方评估机制，研究制定融合发展统计和评价体系，定期发布研究报告，为相关政府部门决策提供参考，引导行业健康发展"。

一分政策，九分落实。为保障《方案》真正落地实施，建议做好以下几个方面的推进工作。一是适时推出实施细则或配套政策。比如涉及土地、金融、信息、税收等方面政策的落地，还需要相关部门和地方政府出台具体的落地实施措施。二是强化跨部门、跨行业、跨地区协同推进机制。《方案》提出的政策措施，涉及领域宽，部门、行业多，协调难度大，在中央政府层面应强化全国现代物流工作部际联席会议工作机制的作用，协调解决跨部门政策衔接问题。在地方政府层面，也应建立类似的协同机制，推进跨部门协同。要注意发挥行业协会、科研机构、相关院校和骨干企业的作用，形成共同推进的合力。三是促进工业互联网在物流领域融合应用，支持大型工业园区、产业集聚区、物流枢纽等物流信息平台实现互联互通，建立电子政务下的公共供应链政务服务平台，促进政府信息开放共享，运用信息技术引领行业治理体系改革和治理能力现代化建设。四是明确责任主体，加强督导督查。明确相关政策的责任落实主体和时限要求，强化对相关责任主体的监测、评估。及时总结推广表扬落实好的主体，对落实不力的单位给予预警提醒或诫勉。

中国物流与采购联合会作为全国性物流行业社团组织，在推动《方案》落实过程中将按照有关部门的具体安排，积极反映企业诉求，主动协助政府部门做好相关委托事项，为推动制造业与物流业深度融合创新发展，适应国内国际"双循环"发展新格局作出应有贡献。

（原载于国家发展和改革委员会网站、《中国经贸导刊》2020 年第 17 期）

现代物流发展的新阶段

——《"十四五"规划和 2035 年远景目标纲要》学习体会

(二〇二一年三月十六日)

当前，全国上下都在学习贯彻《中华人民共和国国民经济和社会发展第十四个五年规划和 2035 年远景目标纲要》（以下简称《"十四五"规划和 2035 年远景目标纲要》）。作为指导今后 15 年国民经济和社会发展的纲领性文件，《"十四五"规划和 2035 年远景目标纲要》充分体现了应对新阶段新挑战的系统思维和整体谋划。其中将现代物流体系建设列入支撑构建新发展格局的重要领域，做了全面部署和系统表述，为现代物流在新阶段的新发展指明了方向。

一、我国现代物流发展的历史阶段

我国现代物流与改革开放进程同步发展。40 多年来，经历了从理念传播、实践探索、产业地位确立到创新发展的各个阶段。1978 年 11 月，"物流"概念首次被引入国内。随后，我国派出代表团参加国际物流会议，成立物流专业研究团体，介绍物流知识的专业文章、著作相继发表、出版，邀请国外专家来华举办讲座，国内大专院校、研究机构、专家学者积极投入现代物流理论研究和知识传播。1992 年，邓小平同志发表"南巡讲话"，党的十四大确定建立社会主义市场经济体制。跨国物流公司"试水"中国物流市场，民营物流企业大量涌现，国有物流企业向现代物流企业转型发展。我国物流市场出现了国有、民营、外资物流企业"三足鼎立"、共同发展的局面。新世纪伊始，我国加入世界贸易组织，现代物流开启了发展的"新纪元"。政府部门为促进现代物流发展发出第一个专题文件，物流行业第一家综合性社团组织成立，全国现代物流工作部际联席会议组建运行。2006 年，国家《"十一五"规划纲要》明确了现代物流的产业地位；2009 年，国务院发布第一个物流业发展专项规划《物流业调整和振兴规划》。

党的十八大以来，以习近平同志为核心的党中央高度重视现代物流，从国家战略高度和发展全局做出战略部署。2014 年，国务院发布《物流业发展中长期规划（2014—2020 年）》，把物流业提升到基础性、战略性高度。2017 年，党的十九大报告提出，加强"物流等基础设施网络建设"；在"现代供应链等领域培育新增长点、形成新动能"；2020 年，党的十九届五中全会明确了"构建现代物流体系"的目标任务。经过 40 多年的发展，我国现代物流实现了历史性变革，取得了举世瞩目的成就，为增强综合国力和增进民生福祉，全面建成小康社会做出了重要贡献。特别是在极不平凡的 2020 年统筹疫情防控和经济社会发展工作中，现代物流的地位和作用得到充分体现。

改革开放 40 多年来，从"六五"计划到"十三五"规划，都是围绕实现小康目标来设计部署。党的十九大对实现第二个百年奋斗目标作出战略安排，提出到 2035 年基本实现社会主义现代化，到本世纪中叶把我国建成富强民主文明和谐美丽的社会主义现代化强国。"十四五"规划是全面建设社会主义现代化国家、向第二个百年奋斗目标进军的第一个五年规划，这是其历史使命和基本定位。新发展阶段就是从全面建设小康社会转向全面建设社会主义现代化国家的历史性跨越。

在新的发展阶段，我国发展环境面临深刻复杂的变化。从外部环境看，当今世界正经历百年未有之大变局，不稳定性不确定性明显增加。从内部环境看，中国经济要想实现高质量发展，也需要继续应对许多风险和挑战。经过40多年高速发展的现代物流同样面临大而不强、粗而不精、融而不合等不平衡、不充分、不完善的问题。如何精准把握新发展阶段、认真贯彻新发展理念、支撑构建新发展格局，是摆在现代物流高质量发展面前的新课题。

二、《"十四五"规划和2035年远景目标纲要》对现代物流发展提出的新要求

《"十四五"规划和2035年远景目标纲要》对现代物流的关注前所未有。通篇有21处直接提到"物流"，分布在深入实施制造强国战略、促进服务业繁荣发展、建设现代化基础设施体系、强化流通体系支撑作用、打造数字经济新优势、丰富乡村经济业态、实施乡村建设行动、提升城镇化发展质量、加快发展方式绿色转型、构建基层社会治理新格局和促进国防实力与经济实力同步提升等多个章节。全方位、多角度系统全面勾画出现代物流体系建设蓝图。

《"十四五"规划和2035年远景目标纲要》对"物流"的表述几近涉及现代物流体系建设的方方面面。比如，在物流基础设施建设方面，要求"建设现代物流体系，加快发展冷链物流，统筹物流枢纽设施、骨干线路、区域分拨中心和末端配送节点建设，完善国家物流枢纽、骨干冷链物流基地设施条件，健全县乡村三级物流配送体系，发展高铁快运等铁路快捷货运产品。"在专栏5"交通强国建设工程"中，专门列入"推进120个左右国家物流枢纽建设。"在产业物流方面提出，"聚焦增强全产业链优势，提高现代物流、采购分销、生产控制、运营管理、售后服务等发展水平。"在物流降本增效方面要求"规范和降低港口航运、公路铁路运输等物流收费，全面清理规范涉企收费。"在民生物流方面提出"推动就业社保、养老托育、扶残助残、医疗卫生、家政服务、物流商超、治安执法、纠纷调处、心理援助等便民服

务场景有机集成和精准对接。"在农业和农村物流方面要求"加强农产品仓储保鲜和冷链物流设施建设，健全农村产权交易、商贸流通、检验检测认证等平台和智能标准厂房等设施，引导农村二三产业集聚发展。""完善乡村水、电、路、气、邮政通信、广播电视、物流等基础设施，提升农房建设质量。"在城市物流方面提出"有序疏解中心城区一般性制造业、区域性物流基地、专业市场等功能和设施。""因地制宜建设先进制造业基地、商贸物流中心和区域专业服务中心。"在智慧物流方面要求"构建基于5G的应用场景和产业生态，在智能交通、智慧物流、智慧能源、智慧医疗等重点领域开展试点示范。""深入推进服务业数字化转型，培育众包设计、智慧物流、新零售等新增长点。"在国际物流方面要求"加强国际航空货运能力建设，提升国际海运竞争力。优化国际物流通道，加快形成内外联通、安全高效的物流网络。"在军事物流方面提出"加快建设现代军事物流体系和资产管理体系。"在应急物流方面，要求"加快建立储备充足、反应迅速、抗冲击能力强的应急物流体系。"在绿色物流方面提出"推动城市公交和物流配送车辆电动化。"此外，另有13处对创新运用"供应链"提出了明确要求。

三、迎接现代物流发展的新阶段

《"十四五"规划和2035年远景目标纲要》描绘了"十四五"及今后15年现代物流发展的宏伟蓝图。其核心要义，在于建设现代物流体系。根据本人的理解，现代物流体系应由需求基础、供给主体、设施设备、信息系统和政策环境五大要素构成。现就从五大要素的角度，提出现代物流在新发展阶段，贯彻创新、协调、绿色、开放、共享五大新发展理念，需要重视的五个方面的重点工作谈点个人的体会。

1. 融合有效需求

有效需求是现代物流体系的基础和动力。扩大物流市场化需求，推进物流需求社会化，是物流业发展的先决条件。发展现代物流首先要做好深入细致、切合实际的需求分析，通过精准预测，引导产业链供应链集约高效。要积极推进制造业与物流业深度融合，提供全产业链的一体化服务；构建农业农村物流体系，做好千家万户小生产与瞬息万变大市场的有效衔接；健全完善商贸便民物流体系，把零散的、碎片化的民生物流需求，聚集为规模化、集约化的有效需求；整合进出口物流需求，提高"国货国运"比重；以创新驱动、高质量供给引领和创造新需求，提升供给体系的韧性和对国内需求的适配性。

2. 提升供给主体

经过多年发展和政策支持，我国已经形成多种所有制、多种运营模式、不同细分领域的物流企业，它们成为物流市场的运营主体。特别是在供应链服务、电商快递、公路货运、仓储配送、食品冷链、汽车、大件物流等细分领域产生了一批经营模式先进、竞争能力较强、发展前景看好的头部物流企业。但总体上看，传统的粗放运营模式尚未根本改变，市场竞争力特别是国际物流竞争力有待加强。需要深化供给侧结构性改革，营造开放共享、公平竞争的市场环境，包容审慎、鼓励创新的政策环境。培育和壮大具有国际竞争力的现代物流企业，扶持引导符合市场需要的中小物流企业。鼓励各类企业按照市场经济规律联合重组、联网运营，不断提高服务能力和水平，以满足日益增长的市场化、社会化物流需求。

3. 补齐设施短板

近年来我国交通运输通道建设突飞猛进，但与之配套的节点和枢纽建设相对滞后。物流运营必需的物流枢纽、物流园区、配送中心和货运场站建设普遍面临用地难、融资难、配套难等一系列难题，物流节点的集聚辐射和网络效应有待发挥。下一步，应该补短板、强弱项。重点是国家物流枢纽布局建设和联网运行，形成通道+枢纽+网络运行体系；示范物流园区、国家骨干冷链物流基地等新建和存量物流基础设施的提升改造；多种运输方式的联运转运设施设备，特别是高铁枢纽路侧和航空物流枢纽空侧物流转运中心；都市圈和城市群物流园区，市域、县域配送中心，街道、社区、村镇物流站点无盲点、全覆盖的三级物流配送网络；强化海外物流基地、国际供应链网络建设，增强自主可控能力。在补短板建设中，还应充分考虑军事物流、应急物流的需要，保障物流体系安全稳定运行；嵌入绿色物流因素，为碳达峰、碳中和做出贡献。

4. 推进数智升级

加强传统物流企业数字化转型、智能化升级、网络化发展。以互联网、大数据、云计算、物联网、人工智能等技术应用为依托，建设有效串联产业链供应链环节、物流运作环节和市场流通环节的新型信息平台，为嵌入交易、物流、结算等各运营环节功能提供技术支持。加快物流枢纽、园区、企业及相关政府部门物流信息整合步伐，推动铁路、航空、港口等信息开放。构建基于5G的应用场景和产业生态，大力发展产业互联网，打通产业互联网与消费互联网的连接，为提高全社会物流效率、降低综合物流成本提供有力支撑。

5. 优化政策环境

近年来，物流业发展得到各部门、各地方政府的高度重视，政策环境持续改善，但仍有一些"堵点"需要突破。近期特别要打通"天（产业互联网、物流数智化瓶颈问题）、地（物流用地难、用地贵问题）、链（产业链、供应链自主可控问题）、路（配送车辆路权问题）"等关键"堵点"。长期政策应做好"体制、机制、税制和法制"四篇大文章。要深化体制改革，打破行业、地区、部门分割封锁，推进要素资源市场化，建立全国统一的物流大市场；政府各相关部门、行业协会、物流企业、货主企业等物流活动参与方构建互相依存的"生态圈"，形成共同推进物流体系建设的合力机制；在延续现有减税降费政策的基础上，结合增值税改革，实现物流服务各环节从低统一税率；加强物流业标准、统计、人才培养、产学研结合等基础性工作，在梳理现行政策的基础上，完善物流业法律法规建设，开展物流促进法等相关法律的前期研究工作。以深化改革开放为根本动力，以增进民生福祉为根本目的，积极推进现代物流体系建设。

当前，国家发展改革委正在牵头编制《"十四五"现代物流发展规划》《"十四五"冷链物流发展规划》等专项规划，物流业各相关部门和许多地方政府都在研究提出落实《"十四五"规划和 2035 年远景目标纲要》的实施路径。相信经过各有关方面和所有从业人员共同努力，我国现代物流体系建设一定会在新发展阶段获得新发展，为构建新发展格局提供坚强支撑。

（原载于《中国物流与采购》2021 年第 8 期）

十年辛苦不寻常　继往开来创辉煌

——《十年再回首》序言

（二〇二一年八月）

　　20 年前，新世纪伊始，我国加入世界贸易组织，现代物流迎来快速发展的"新纪元"。初创不久的中国物流与采购联合会开始编撰《中国物流发展报告》，按年度每年出版 1 册。20 年来 20 册《中国物流发展报告》，见证了中国现代物流追赶跨越的历史进程；记录了党和国家对现代物流事业的重视与支持；总结了业内同人的经验与智慧，成为我国现代物流发展的"编年史"。

　　10 年前，我们把 2002—2011 年 10 年间撰写的《中国物流发展报告》中的"综述部分"结集成册，出版了《回首十年》。在紧张与忙碌中，又一个 10 年过去了。2021 年，中国物流与采购联合会迎来了成立 20 周年，《中国物流发展报告》连续出版 20 册。把最近 10 年"中国物流发展综述报告"汇成一册，供今人参考、后人查阅，是《十年再回首》的初心和使命。

　　十年再回首，我国进入中国特色社会主义建设的新时代。2012 年党的十八大以来，我国经济发展稳健运行，由"高速增长"迈向"高质量发展"新阶段。2020 年，我国国内生产总值突破百万亿元，连续 14 年对世界经济增长贡献率稳居全球第一；创新驱动战略深入实施，科技竞争实力不断增强，我国专利申请总量连续 9 年位居世界第一；脱贫攻坚取得全面胜利，历史性地解决了绝对贫困问题；供给侧结构性改革深入推进，质量变革、效率变革和动力变革加速转换；"中国制造2025"深入实施，产业结构不断优化升级；绿色发展理念深入经济社会各领域，污染防治攻坚战取得明显成效；"放管服"改革不断深化，培养激发市场主体活力，营商环境持续改善；"一带一路"倡议赢得国际社会广泛参与，共同构建人类命运共同体，更高水平对外开放形成新格局；2020年我国战胜新冠肺炎疫情，在全球率先实现经济正增长；在党中央坚强领导下，经过全党全国各族人民持续奋斗，第一个百年奋斗目标顺利实现，世世代代梦寐以求的小康社会在中华大地全面建成。这些成就的取得，也为我国现代物流发展提供了坚实的市场基础，创造了良好的发展环境。

十年再回首，我们见证了现代物流业从后发追赶到创新跨越的"黄金十年"。物流市场规模空前扩展，到2020年，全国社会物流总额跨过300万亿元，比2011年的158.4万亿元增加了89%。全国公路货运量、铁路货运量、港口货物吞吐量、快递业务量持续快速增长，已多年位居世界第一，我国已成为全球物流大国。2020年新冠肺炎疫情暴发以来，现代物流为抗击疫情和服务民生做出重要贡献，为保持产业链供应链安全稳定提供了基础支撑。

（1）运行速度和质量迈上新台阶。10年间，我国物流市场运行速度加快、质量提高，提质降本增效取得突出成效。全国社会物流总费用与GDP的比率已从2011年的17.8%下降到2020年的14.7%，超额完成了《物流业发展中长期规划（2014—2020年）》预定的16%的目标。物流企业加速数智化、全球化、绿色化升级发展，服务能力不断提升，正在向供应链一体化服务迈进。物流服务延伸到车间生产线、基层门店、社区村镇和居民家中，都市圈和城市群可以实现次日达、当日达甚至即时达，中欧班列跑出全球加速度，国内客户物流体验显著提升，国际竞争力显著增强。

（2）物流企业整体集约化发展。10年间，我国物流行业深化供给侧结构性改革，不断强化服务资源市场化整合。在大宗商品、电商快递、仓储配送、网络货运、家居家电、冷链物流等细分领域，头部企业迅速发展壮大，市场主体集中度明显上升。截至 2021 年上半年，全国 A 级物流企业总数已达 6147 家，其中 5A 级物流企业 371 家。综合物流 50 强企业的物流业务收入合计，已由 2011 年的 7274 亿元，上升到 2020 年的 1.1 万亿元，进入 50 强的门槛提高到 37.1 亿元。一大批领先物流企业成功上市，行业整合重组步伐加快，物流市场规模化、集约化程度明显提高。

（3）物流基础设施网络化升级。10 年间，我国物流基础设施不断完善，"通道+枢纽+网络"的现代物流运作体系初步形成。"十纵十横"综合运输大通道基本建成，"四纵四横"高铁网提前建成，"八纵八横"高铁网正在加密成型。到 2020 年底，全国规模以上物流园区发展到 2000 个左右，国家物流枢纽建设布局已达 45 个，17 个国家骨干冷链物流基地、70 个多式联运示范项目顺利推进，物流基础设施向智能化、网络化发展。

（4）物流科技创新数智化转型。10 年间，物流市场加速数智化、自动化科技应用。大数据、云计算、物联网、人工智能等引发物流行业数智化转型浪潮。5G 物流园区在部分领先物流企业中运营发展，L4 级自动驾驶卡车在一些港口开始商业化运营，首条多式联运智能空轨集疏运系统落地，无人仓、无人码头、无接触配送初现成效。数字化物流平台企业得到快速发展，在网络货运、电商快递、即时配送、干线运输、同城配送、国际航运等领域涌现出一批数字化物流平台企业。

（5）行业基础性工作系统性优化。10 年间，国家标准、行业标准、团体标准协同发展，物流标准体系初步建立。从 2011 年至 2021 年上半年，由全国物流标准化技术委员会归口、研制并已发布国家标准 59 项、行业标准 71 项。物流统计工作制度化、体系化、专业化建设稳步推进，制造业采购经理指数、物流业景气指数、电商物流运行指数、公路运价指数等一批权威指数，为行业运行监测提供了有力支持。物流教育与培训体系逐步完善，"物流管理""物流工程""供应链管理"列入教育部本科专业目录，"物流管理"等 5 个专业列入教育部首批 1+X 证书制度试点项目。物流相关媒体宣传和物流理论研究工作不断加强，传统媒体向新媒体、融媒体创新发展。供应链专业与物流学术期刊《供应链管理》《物流研究》先后创立，现代供应链与现代物流理论研究和宣传工作创新发展。

（6）行业地位和作用跨越式提升。10 年间，在党中央、国务院坚强领导下，物流产业政策顶层设计不断强化，物流产业地位进一步提升。2014 年 9 月，国务院发布《物流业发展中长期规划（2014—2020 年）》，明确物流业为"支撑国民经济发展的基础性、战略性产业"。2017 年 10 月，习近平总书记在党的十九大报告中明确指出，加强水利、铁路、公路、水运、航空、管道、电网、信息、物流等基础设施网络建设。党中央把物流基础设施提到与铁公水航管以及电网、电信同等重要的地位。同年，国务院办公厅先后就发展冷链物流、推进物流降本增效和供应链创新与应用发出专题文件。2018 年 11 月，国务院常务会议部署推进物流枢纽布局建设，多措并举发展"通道+枢纽+网络"的现代物流体系。2021 年 3 月，《"十四五"规划和2035 年远景目标纲要》提出了"建设现代物流体系"的目标任务，在 20 多处做出明确部署，现代物流已上升为国家重大发展战略和重点工程。

"十年辛苦不寻常。"十年再回首，我们深刻体会到：一是国民经济持续健康发展，人民生活水平不断提高，是现代物流融合发展的需求基础；二是新发展理念是现代物流创新发展的根本遵循，只有不断推进质量、效率和动能转换，才能保证现代物流高质量发展；三是改革开放是现代物流发展的根本动力，只有不断推进供给侧结构性改革，完善市场经济体制，才能形成充满活力的物流市场；四是物流企业是物流市场活动的主体，只有做强做优做大做精物流企业，才能发展壮大物流产业；五是良好的政策环境是现代物流持续健康发展的必要条件，只有各地方各有关部门加强统筹协调，同时注重发挥行业协会的桥梁和纽带作用，才能形成协同治理机制，不断改善营商环境；六是党的领导是中国特色社会主义的本质特征，也是现代物流不断发展的根本保证，只有坚持党的领导，才能走好中国特色物流发展道路。

当我们十年再回首，回顾总结我国现代物流巨大进步和丰硕成果的时候，应该归功于党中央、国务院高瞻远瞩、顶层设计，相关政府部门多措并举、大力推动；归功于 40 多万物流企业、5000 多万从业人员，以及更加广大的企业物流、货主企业、设施设备与信息服务提供商等企业和单位开拓创新、拼搏进取；归功于物流相关产、学、研、用等各界同人积极参与、大力配合。

展望下一个 10 年，是我国由"物流大国"迈向"物流强国"的关键时期；畅想下一个 10 年或者 15 年，现代物流必将创造新的辉煌。现代物流与交通强国、制造强国、质量强国、网络强国、数字中国、乡村振兴、区域协调、高水平对外开放和美丽中国建设等国家战略深度融合；供需适配、结构合理、便捷高效、绿色安全的现代物流体系更加完善；现代物流新动能持续发力，服务能力和水平进一步提升，为满足人民群众美好生活物流需求做出更大贡献；物流从业人员工作环境和生活条件得到实质性改善，卡车司机、快递小哥、仓管人员等基层员工经济待遇和社会地位明显提高；物流强国建设取得重要进展，全球物流网络趋于完善，"中国物流"的竞争力和话语权显著增强；市场化、法治化监管体制和物流法律法规体系基本健全，物流活动各参与方共生共荣的新生态逐步形成；现代物流适度超前发展，为我国 2035 年基本实现社会主义现代化提供坚实保障。

当前，我国已经全面建成小康社会，第一个百年奋斗目标顺利实现，开启了第二个百年奋斗目标，全面建设社会主义现代化国家的新征程。建设社会主义现代化国家，需要强有力的现代物流体系来保障，离不开物流强国的有力支撑。现代物流引入我国已经 40 多年，新世纪以来又过去了两个 10 年。建设物流强国，使命光荣，任重道远，需要几代人坚持不懈，继往开来，务实创新，开拓奋进。有幸作为 20 年来我国现代物流发展的参与者、见证者，更寄望于后来人不忘初心、牢记使命，再创辉煌。

《中国物流发展报告》能够坚持 20 年连续出版，是陆江会长、丁俊发常务副会长等中国物流与采购联合会首任领导创立的基业，是以何黎明会长为首的中物联现任领导带头实践的结果，离不开戴定一等业界资深专家悉心指导，更有赖于政府有关部门、地方行业协会、广大会员单位和企业大力支持，特别是来自企业、院校和研究院所及中物联相关分支机构千余人次的作者，坚持每年按时提供稿件和相关资料，中国财富出版社领导和编辑认真细致的编校工作。在此一并致谢！

（《十年再回首》，中国财富出版社有限公司 2021 年 12 月）

《国家物流枢纽动态》（试刊）发刊词

（二〇二一年十二月）

在全国上下认真学习党的十九届六中全会精神的热潮中，《国家物流枢纽动态》（试刊）与大家见面了。这是继国家物流枢纽联盟（以下简称枢纽联盟）《青岛宣言》《宜昌共识》发布、联盟网站上线之后，枢纽联盟工作走深走实的又一重大成果。

《"十四五"规划和2035年远景目标纲要》确定了"建设现代物流体系"的目标任务，将"推进120个左右国家物流枢纽建设"列入交通强国建设工程。建设国家物流枢纽，形成"通道+枢纽+网络"运行体系，已经上升为国家战略。枢纽联盟肩负着推进国家物流枢纽互联成网高质量发展的重任，政府有关领导寄予厚望。

国家发展改革委经济贸易司副司长张江波指出，枢纽联盟的重要任务是搭建促进枢纽互利合作的高层次平台、完善强化枢纽交流沟通的高效率机制、打造支持枢纽建设发展的高水平智库。他要求，通过推动联盟运行常态化、促进成员交流日常化、加快联盟服务多元化，推动枢纽联盟走深走实。他希望各成员单位在枢纽联盟框架下心往一处想、劲往一处使，把枢纽联盟打造成施展才华、发展事业的"大舞台"，交流互鉴、取长补短的"大学校"，相互支持、友爱和谐的"大家庭"。"高层次平台、高效率机制和高水平智库"的"三高"，"常态化、日常化和多元化"的"三化"，"大舞台、大学校和大家庭"的"三大"，既是对枢纽联盟工作的基本要求，也应该作为本刊的办刊宗旨。

我们将以"联盟工作"及时通报联盟活动，以"枢纽一线"收集各地枢纽建设运营最新动态，以"封面故事"展示成员单位风采，以"运营分析"定期发布运行数据资料，对现状、问题及走势做出分析研判。通过这些栏目，努力搭好"大舞台"，为政府提供全方位决策参考，向社会展示国家物流枢纽立体化整体形象。

我们将以"权威声音"及时传递政府指导思想，以"专家视角"传播理论研究成果，以"市场风向"观察市场变动情况，以"政策法规"提供政策和法律指引。通过这些栏目，着力办好"大学校"，促进成员单位从业人员提高业务能力和政策法规水平。

我们将以"经验交流"促进成员之间对标达标、学习互鉴，以"供需对接"开通成员间要素流动和业务协同渠道，以"标准衔接"促成联盟内部及上下游供应链各环节形成标准规范，以"成员心声"建立反映诉求、提出建议的园地。通过这些栏目，推动成员单位互联成网，深度融合，携手共建"大家庭"。

本刊初创，人员和水平有限，能够持续办下去，并越办越好，需要"大家庭"成员的共同努力。恳请大家对《国家物流枢纽动态》（试刊）提出宝贵意见，力争在2022年形成常态化内部刊物。我们秘书处将努力做好"大舞台"的装台工，"大学校"的教导处和"大家庭"的"管家婆"。相信在国家发展改革委等政府部门指导下，通过"大家庭"成员共同努力，我们一定能够在国家物流枢纽这个"大舞台"上，演出一幕幕威武雄壮、精彩绝伦的"活剧"来。

现代综合交通枢纽体系建设的"施工图"

（二〇二一年十二月）

近日，交通运输部、国家铁路局、中国民用航空局、国家邮政局和中国国家铁路集团有限公司联合发布了《现代综合交通枢纽体系"十四五"发展规划》（以下简称《规划》）。本人从物流的角度来理解，可以将《规划》看作《交通强国建设纲要》和《国家综合立体交通网规划纲要》宏伟蓝图在"十四五"时期的详细"施工图"。

一、立足实际、依据充分的"施工图"

"十三五"时期，我国综合交通枢纽快速发展，布局逐步完善，功能不断拓展。但从现代物流发展的需求来看，还有许多短板和弱项。比如，在投资建设中"重线路、轻节点"，在服务供给中"重客运、轻货运"，在运输组织中"重单点、轻协同"等问题依然存在。总体来看，综合货运物流枢纽发展滞后，功能布局系统性有待增强，协同运作水平较低，枢纽与城市功能结构和产业发展结构、民生需求结构的协调性、动态适应性不足等不充分、不平衡、不协调矛盾较为突出。急需在"十四五"时期补短板、强弱项，以适应现代物流体系建设发展的需要。

党中央、国务院发布的《交通强国建设纲要》提出，到 2035 年基本形成"全球 123 快货物流圈"（国内 1 天送达、周边国家 2 天送达、全球主要城市 3 天送达）的发展目标。《国家综合立体交通网规划纲要》提出，建设多层级一体化国家综合交通枢纽系统。《"十四五"规划和 2035 年远景目标纲要》将"推进 120 个左右国家物流枢纽建设"列入交通强国建设工程。党中央、国务院的决策部署为"十四五"综合交通枢纽建设指明了方向，擘画了蓝图。

如果说党中央、国务院关于交通强国和立体交通网规划的战略部署是宏伟蓝图的话，那么《规划》就是立足于我国综合交通枢纽存在的短板和弱项，根据蓝图具体施划的"施工图"，具有充分的上位规划依据和现实需求的针对性。

二、综合统筹、聚合资源的"升级版"

《规划》指出，综合交通枢纽是综合交通网络的关键节点，是各种运输方式高效衔接和一体化组织的主要载体。全文分为八部分。第一部分"发展基础"分析了发展现状、存在问题和形势要求。第二部分提出了指导思想、工作原则和发展目标。到 2025 年，国际性综合交通枢纽集群协同开放水平持续增强，枢纽城市集聚辐射作用较快提升，枢纽港站及集疏运体系更加完善，一体化、集约化、人文化、复合化水平明显提高，枢纽经济发展活力进一步显现，现代综合交通枢纽体系建设迈出坚实步伐。第八部分提出了强化组织协调等五条保障措施。

《规划》的第三至第七部分，提出了"施工图"的操作要点。如，着力推进综合交通枢纽多层级一体化发展；加强综合交通枢纽服务网络化发展；强化综合交通枢纽智慧安全绿色发展；加快综合交通枢纽创新驱动发展；大力发展综合交通枢纽经济。一体化、网络化、智慧化、安全化、绿色化、创新驱动和枢纽经济，这些都是《规划》重点强调的关键环节和重点领域。

综合交通枢纽直接服务于客流和物流。2020 年，全国货物运输总量463 亿吨，货物运输周转量近 20 万亿吨公里。现代物流显然是综合交通枢纽最大的服务对象之一，《规划》也对物流需求给予较大篇幅表述。比如，继续推进 120 个左右国家物流枢纽布局建设。全国沿海、内河主要港口的集装箱、大宗干散货作业区应实现铁路连接，大宗货物年货运量 150 万吨以上的新建货运枢纽（物流园区）应实现铁路连接。特别提出打造全球供应链服务中心。鼓励企业加强境外合作，构建多点支撑的境外枢纽港站网络。构建以综合货运枢纽、国家物流枢纽等为核心节点的现代物流设施网络。依托综合货运枢纽拓展航空货运网络、加密班轮航线网络、增加铁路大宗货物直达列车和"五定班列"开行比例，推进铁路快运班列发展。推动枢纽开展陆空、铁水、公铁等联运业务，发展"卡车航班"、甩挂运输等。鼓励依托枢纽港站创新"多式联运＋区域分拨＋城市配送"组织模式，促进货物高效转运。鼓励农村物流服务模式创新，打造农村物流服务品牌。鼓励综合货运枢纽拓展供应链服务功能，开展多式联运、配送、仓储、转运、保税等一体组织的全程物流服务。《规划》特别对冷链物流、应急物流、电商快递物流和危险化学品运输等提出了具体要求。总之，《规划》坚持问题导向，具有较强的针对性和可操作性。

三、以融合发展思维，推动《规划》落地

综合交通枢纽是牵动各行各业方方面面的系统工程，离不开综合、整合、聚合、融合。推动《规划》落实，需要采取融合发展的思路和方法。

一是主管部门之间的政策融合。本次发文单位既有交通运输综合管理部门，又有公铁水航各种运输方式的专业管理部门。《规划》的出台，本身就体现了融合发展的思维。在此基础上，交通运输部门与其他相关部门和地方的统筹协调、融合联动，形成合力也非常重要。

二是与综合立体交通运输线路融合。我国交通运输基础设施网络基本形成，综合交通运输体系不断完善，运输服务能力和水平大幅提升。特别是各种运输方式的线路建设规模突飞猛进，但节点建设相对滞后。借助存量资源，补齐节点短板，畅通物流通道与枢纽节点之间的衔接，形成通道+枢纽+网络现代物流运行体系，是综合立体交通运输体系的关键环节和重点领域。

三是与多种运输方式融合。优化公路运输组织，扩大水路运输比例，发展高铁快运，增加航空运能，提高中欧班列运行质量，加快西部陆海新通道等贯通国内、连通国际的多式联运大通道建设。大力推进"公转铁""公转水"，发挥多种运输方式的各自优势，实现"一站式服务""一票到底"，从整体上降低综合物流成本。

四是与枢纽网络融合。国家物流枢纽建设，已被纳入"十四五"期间重点工程，目前已有三批70个枢纽布局定点，建设运营成效逐步显现，后续工作正在有序推进。综合交通枢纽应与国家物流枢纽，同心同向，共建共享，共同融入国家基础设施网络体系。

五是干支仓配融合。完善以枢纽为支撑的干线物流通道，推进公铁水航干线运输规模化、常态化开行。加强城市配送网络交通线网连接，构建农村特别是县域物流基础设施骨干网络和末端网络，提高干支衔接能力和转运分拨效率。

六是客货运输融合。将"重客轻货"转变为"客货并举"。做好既有铁路货运基地与高铁线路的衔接，加大高铁线路货运场站配套力度，选择主要交通干线城市集群重点建设高铁货运集散分拨中心，开发投入高铁货运动车组车厢，开行点对点高铁货运班列。统筹客货运营时间和路段，放宽城市货运车辆通行权限制，为配送车辆进城通行停靠和装卸作业提供方便。

七是与枢纽经济融合。促进物流设施集约化和物流运作共同化，推动综合货运枢纽向物流集聚区、供应链组织中心转型。引导电子商务、生产制造、商贸流通、供应链管理等企业集聚发展，推动"枢纽+"产业深度融合。开拓临空经济、临港经济、临站经济发展新空间，促进枢纽与相关产业深度融合。依托铁路货站、公路货运站等，促进物流、商贸、加工、制造等产业聚集，培育枢纽经济增长点、示范区。

八是与社会资本融合。推进铁路、民航、邮政等交通运输企业开展混合所有制改革，鼓励社会资本进入，参与交通物流枢纽建设改造和运营。加大中央预算内投资、车购税、专项建设基金等对重大交通物流基础设施的投资支持力度，鼓励金融机构或大型企业集团等发起成立物流产业投资基金，加快推广交通物流基础设施领域不动产投资信托基金等创新融资模式，多渠道扩大资金来源。

现代物流发展的新方式及其路径

——基于《“十四五”规划和 2035 年远景目标纲要》

（二○二二年一月）

2021 年是“十四五”规划的开局之年，也是全面建成小康社会之后踏上“第二个百年”新征程的起步之年。《“十四五”规划和 2035 年远景目标纲要》开始实施，新阶段的发展蓝图已经展开。现代物流如何把握新阶段，贯彻新理念，服务构建新发展格局，需要进行深入探讨。本文在回顾我国现代物流发展历程的基础上，基于《“十四五”规划和 2035 年远景目标纲要》提出的“建设现代物流体系”蓝图，提出新阶段现代物流“融合创新发展”多种路径选择，以期有助于物流业在“双循环”背景下，抓住新机遇，迎接新挑战，实现“大流通”“大融合”，使我国从“物流大国”迈向现代化“物流强国”。

一、我国现代物流的发展历程

我国现代物流发展历程与改革开放进程同步。40 多年来，经历了从理念传播、实践探索、产业地位确立到创新发展的阶段。

（一）1978—2001 年，国家标准《物流术语》发布，为现代物流在我国的实践探索奠定了基础

1978 年 11 月，"物流"概念首次引入国内。随后，我国派出代表团参加国际物流会议，考察世界物流发展，邀请国外专家学者来华举办讲座；成立物流专业研究团体，介绍物流知识的专业文章、著作相继发表、出版；国内大专院校、研究机构、专家学者积极投入现代物流理论研究和知识传播。2001 年，经中国物流与采购联合会组织专家研究起草，国家标准委批准发布国内物流领域第一个国家标准《物流术语》，首次对"物流"及相关概念做出明确定义。之后，逐步建立起物流标准、统计、企业评估、人才培养和理论研究等行业基础工作框架体系，为现代物流在我国的实践探索奠定了基础。

（二）1992—2011 年，明确了现代物流的产业地位，发展现代物流上升为国家层面的规划和政策

1992 年，邓小平同志发表"南巡讲话"，党的十四大确定建立社会主义市场经济体制。从 20 世纪 80 年代后期开始，大型跨国物流公司以多种方式先后进入中国；20 世纪 90 年代中后期以来，大批民营物流企业在市场经济大潮中登上历史舞台；在此期间，国有物资流通、交通运输等企业建立现代企业制度，向现代物流转型发展。我国物流市场上出现了国有、民营、外资物流企业"三足鼎立"，互相学习借鉴、竞争合作态势，物流领域的实践探索出现了繁荣发展的新局面。

新世纪伊始，我国加入世界贸易组织，现代物流开启了发展的"新纪元"。2001 年，全国物流行业第一家综合性社团组织——中国物流与采购联合会成立，国家经济贸易委员会等 6 部门为促进现代物流发展发出第一个专题文件；2003 年，全国政协经济委员会组织的《物流调查报告》获国务院高层领导肯定；2004 年，国家发展改革委等 9 部门发布《关于促进我国现

代物流业发展的意见》；2005 年，由 13 个部委和 2 家行业协会参加的全国现代物流工作部际联席会议组建运行。在物流理念传播和实践发展的推动下，2006 年，《中华人民共和国国民经济和社会发展第十一个五年规划纲要》单列一节"大力发展现代物流业"，明确了现代物流的产业地位。2009 年，国务院发布了第一个物流业发展专项规划《物流业调整和振兴规划》；2011 年，国务院办公厅发出《国务院办公厅关于促进物流业健康发展政策措施的意见》，这也是首次以国办名义出台的物流政策，业内称为"物流国九条"，发展现代物流上升为国家层面的规划、政策。

（三）十八大以来现代物流进入与制造业、流通业、农业、交通运输业、金融业及相关产业深度融合、创新发展的新阶段

十八大以来，以习近平同志为核心的党中央高度重视现代物流，深入物流企业考察调研，从国家战略高度和发展全局做出部署。2014 年，国务院发布《物流业发展中长期规划（2014—2020 年）》，把物流业提升到基础性、战略性高度。2017 年，党的十九大报告提出，加强物流等基础设施网络建设，在现代供应链等领域培育新增长点、形成新动能；2020 年，党的十九届五中全会明确了构建现代物流体系的目标任务；2021 年，全国人大审议通过的《"十四五"规划和 2035 年远景目标纲要》，全面描绘了现代物流发展蓝图。经过 40 多年的发展，我国现代物流实现了历史性变革，取得了举世瞩目的成就，为增强综合国力和增进民生福祉，全面建成小康社会做出了重要贡献。特别是在极不平凡的 2020 年，现代物流在统筹疫情防控和经济社会发展工作中发挥了不可替代的重要作用。

进入新的发展阶段，现代物流面临"以国内大循环为主体、国内国际双循环相互促进的新发展格局"。"大循环""双循环"离不开"大流通""大融合"，新的机遇和挑战摆在现代物流面前。经过 40 多年发展的现代物流也遇到了有效需求不足、供给能力适配性不强、供应链不稳定因素增加等不平

衡、不充分、不完善的问题，转型发展的任务艰巨复杂。推动物流与各相关产业融合发展，是进一步提高物流发展质量效率，深入推动现代物流提质降本增效，维护产业链供应链稳定的必然选择。智能制造、服务制造、智慧流通、智慧农业等业态创新及互联网、大数据、人工智能等新技术的发展，也为物流与产业融合发展、数字化转型提供了实验场景和技术条件。2020 年，国家发展改革委等 14 个部门制订《推动物流业制造业深度融合创新发展实施方案》，开启了"两业融合"的新阶段。从国家发展战略和政策导向，现代物流发展规律和趋势以及业态创新和技术演进路线来看，现代物流正在进入与制造业、流通业、农业、交通运输业、金融业及相关产业深度融合、创新发展的新阶段。

二、新阶段现代物流的发展方式和途径

《"十四五"规划和 2035 年远景目标纲要》提出了建设现代物流体系的目标任务，体现了"融合发展"的战略思想。《"十四五"规划和 2035 年远景目标纲要》通篇 20 多处直接提到"物流"，分布在制造强国战略、服务业繁荣发展、现代化基础设施体系、流通体系支撑作用、数字经济新优势、乡村经济业态、乡村建设行动、城镇化发展、发展方式绿色转型、基层社会治理新格局、促进国防实力和经济实力同步提升等多个章节。全方位、多角度系统全面勾画出现代物流体系建设蓝图，指明了"融合创新"发展的方式和途径。

（1）在物流基础设施建设方面。要求"加快发展冷链物流，统筹物流枢纽设施、骨干线路、区域分拨中心和末端配送节点建设，完善国家物流枢纽、骨干冷链物流基地设施条件，健全县乡村三级物流配送体系，发展高铁快运等铁路快捷货运产品"，并将"推进 120 个左右国家物流枢纽建设"列入交通强国建设工程。

（2）在产业物流方面。特别强调"融合发展"，指出要"聚焦增强全产业链优势，提高现代物流、采购分销、生产控制、运营管理、售后服务等发展水平。"

（3）在农业方面。要求"加强农产品仓储保鲜和冷链物流设施建设，健全农村产权交易、商贸流通、检验检测认证等平台和智能标准厂房等设施，引导农村二三产业集聚发展。"要求农村物流"完善乡村水、电、路、气、邮政通信、广播电视、物流等基础设施，提升农房建设质量。"

（4）在民生物流方面。提出"推动就业社保、养老托育、扶残助残、医疗卫生、家政服务、物流商超、治安执法、纠纷调处、心理援助等便民服务场景有机集成和精准对接。"

（5）在城市物流方面。提出"有序疏解中心城区一般性制造业、区域性物流基地、专业市场等功能和设施。""因地制宜建设先进制造业基地、商贸物流中心和区域专业服务中心。"

（6）在智慧物流方面。要求"构建基于5G的应用场景和产业生态，在智能交通、智慧物流、智慧能源、智慧医疗等重点领域开展试点示范。""深入推进服务业数字化转型，培育众包设计、智慧物流、新零售等新增长点。"

（7）在物流降本增效方面。要求"规范和降低港口航运、公路铁路运输等物流收费，全面清理规范涉企收费。"

（8）在国际物流方面。要求"加强国际航空货运能力建设，提升国际海运竞争力。优化国际物流通道，加快形成内外联通、安全高效的物流网络。"

（9）在军事物流方面。提出"加快建设现代军事物流体系和资产管理体系。"

（10）在绿色物流方面。提出"推动城市公交和物流配送车辆电动化。"

（11）在应急物流方面。要求"加快建立储备充足、反应迅速、抗冲击能力强的应急物流体系。"

同时,《"十四五"规划和 2035 年远景目标纲要》明确要求"提升产业链供应链现代化水平",指出:"坚持经济性和安全性相结合,补齐短板、锻造长板,分行业做好供应链战略设计和精准施策,形成具有更强创新力、更高附加值、更安全可靠的产业链供应链。推进制造业补链强链,强化资源、技术、装备支撑,加强国际产业安全合作,推动产业链供应链多元化。""聚焦支持稳定制造业、巩固产业链供应链。""聚焦提高要素配置效率,推动供应链金融、信息数据、人力资源等服务创新发展。""支持企业融入全球产业链供应链,提高跨国经营能力和水平。""完善产业链供应链保障机制,推动产业竞争力提升。""搭建国际合作平台,共同维护全球产业链供应链稳定畅通"。"拓展第三方市场合作,构筑互利共赢的产业链供应链合作体系,扩大双向贸易和投资。""建立重要资源和产品全球供应链风险预警系统,加强国际供应链保障合作。"《"十四五"规划和 2035 年远景目标纲要》对"供应链"的提法,同样体现了"融合创新发展"的指导思想。

当前,我国发展环境面临深刻复杂变化。从外部环境看,百年未有之大变局加速演进,不稳定性、不确定性明显增加;从内部看,我国经济要想实现高质量发展,必须应对许多新的风险和挑战。在新发展阶段,我国仍然处于重要战略机遇期,现代物流长期向好的基本面不会改变,但产业地位、发展目标和方式将会发生历史性变革。产业地位将从支撑性、保障性产业向战略性、引领性产业转变;发展目标将从"物流大国"向现代化"物流强国"转变;发展方式将从物流业自身发展向组织产业链供应链融合创新发展转变。

三、现代物流融合创新发展的路径选择

融合创新发展,是新阶段现代物流发展的基本趋势和主要方式,是全方位、全要素、全过程、全产业链的融合创新,可以有多种路径选择。

（一）与制造业融合创新发展

制造业是国民经济的主体，是全社会物流总需求的主要来源。国家发展改革委等 14 个部门印发的《推动物流业制造业深度融合创新发展实施方案》提出了物流业与制造业深度融合的五种方式。

（1）企业主体融合。支持物流企业与制造企业通过市场化方式创新供应链协同共建模式，建立互利共赢的长期战略合作关系。

（2）设施设备融合。支持大型工业园区新建或改扩建铁路专用线、仓储、配送等基础设施，吸引第三方物流企业进驻并提供专业化物流服务。

（3）业务流程融合。加快发展高品质、专业化定制物流，引导物流、快递企业为制造企业量身定做供应链管理库存、线边物流、供应链一体化服务等物流解决方案。

（4）标准规范融合。建立跨部门工作沟通机制，对涉及物流业制造业融合发展的国家标准、行业标准和地方标准，在立项、审核、发布等环节广泛听取相关部门意见，加强标准规范协调衔接。

（5）信息资源融合。促进工业互联网在物流领域融合应用，发挥制造、物流龙头企业示范引领作用，实现采购、生产、流通等上下游环节信息实时采集、互联共享，推动提高生产制造和物流一体化运作水平。根据以上五种方式，国家发展改革委委托中国物流与采购联合会组织专家首批评定了 50 个典型案例和 60 个入围案例，向社会宣传推广。

（二）与流通业融合创新发展

流通业是国民经济的血脉系统，现代物流是支撑流通业发展的核心基础。

（1）与强大的国内市场融合。针对国内市场需求变化的特征，提升现代物流服务质量和效率，适配供需两端，打通流通堵点，畅通国民经济循环。

（2）电商与快递融合。随着电子商务、网络零售的发展，产生了大量的电子商务物流需求，催生了快递物流爆发式增长。电商与快递融合发展，打开了现代物流发展的新空间。

（3）与公交邮政融合。利用城乡公交班线和遍布全国的邮政网点通达性，兼顾物流业务承载渠道，可以充分发挥既有资源作用，有效降低物流成本，使现代物流服务"无盲点"。

（4）与末端网点融合。城市居民小区、农村网点是物流服务的末端环节，也是检验服务成果的终端客户。解决"最后 100 米"的问题，离不开末端网点的顺畅衔接。

（5）与国际贸易融合。虽然受疫情影响，我国外贸仍保持逆势上扬，但国际物流"短板明显"。只有加强国际物流体系建设，推动现代物流与国际贸易深度融合，提高国际物流占比，才能保持全球供应链安全稳定、自主可控。

（三）与交通运输融合创新发展

交通运输是连接经济发展和民生需求的"生命线"，也是支撑现代物流运行的"先行官"，现代物流离不开与交通运输融合创新发展。

（1）与综合立体交通运输体系融合。我国交通运输基础设施网络基本形成，综合交通运输体系不断完善，运输服务能力和水平大幅提升，为现代物流融合创新发展创造了支撑条件。借助综合立体交通网，畅通物流通道与枢纽节点以至于末端网点的衔接，形成便捷高效、绿色安全的物流网络。

（2）与多种运输方式融合。优化公路运输组织，提高水路运输比例，发展高铁快运，增加航空运能，提高中欧班列运行质量，加快西部陆海新通道等贯通国内、连通国际的多式联运大通道建设。大力推进"公转铁""公转水"，发挥多种运输方式各自的优势，实现"一站式服务""一票到底"，从整体上降低综合物流成本。

（3）与枢纽网络融合。推进国家物流枢纽建设，已被纳入"十四五"期间重点工程，前两批45个枢纽建设取得初步成效。国家物流枢纽间信息连通、要素流动、业务协同、标准衔接和互联成网，将促进货物运输融入国家基础设施网络体系。

（4）干支仓配融合。完善以枢纽为支撑的干线物流通道，推进公铁水航干线运输规模化、常态化开行。加强城市配送网络交通线网连接，构建农村物流基础设施骨干网络和末端网络，提高干支衔接能力和转运分拨效率。

（5）与货主企业融合。深入到货主企业产业链供应链环节，建立长期稳定上下游合作关系，把货主企业物流需求释放出来，形成社会化物流供给；把分散的货源集聚起来，变为规模化的运输需求；实现运输服务的安全高效、服务优质、经济合理。

（四）与数字经济融合创新发展

新一轮产业革命和技术革命把世界带入"数字经济"时代。《"十四五"规划和2035年远景目标纲要》80多次提到"数字"，包括"数字经济""数字社会""数字政府"等。现代物流的发展必须拥抱"数字化"，融入"数字化"。

（1）促进数字化转型。实施"上云用数赋智"行动，利用云计算、大数据、物联网、移动互联和人工智能等重新构架业务流程、商业模式和用户体验，实现"一切业务数据化、一切数据在线化"，推动传统物流业务向"数字物流"转型。

（2）推动智能化升级。通过物联网、大数据等集成智能技术对物流信息进行自动感知和数据采集，优化资源配置和业务流程，促进智能化升级，提高效率、降低成本。数据化转型、智能化升级，已成为现代物流质量、效率和动能转换的有效途径。

（3）与金融保险融合。建立物流信息和金融保险信息共享整合机制，促进物流服务与金融服务深度融合。鼓励金融机构与物流企业加强信息共享，规范发展供应链存货、仓单、运单、订单融资。

（4）融入现代供应链。将物流服务深度嵌入供应链体系，提升市场需求响应能力和供应链协同效率。引导传统物流企业拓展供应链一体化服务功能，向供应链服务企业转型。以物流为牵引，推动供应链各主体各环节设施设备衔接、数据交互顺畅、资源协同共享，促进资源要素跨产业、跨区域流动和合理配置，提升产业链供应链自主可控水平。

（5）构建数字物流生态。整合各类物流信息平台资源，促进政府相关信息开放，构建数字规则体系，营造开放、健康、安全的物流数字生态。

（五）与区域经济融合创新发展

区域经济是现代物流的需求来源和服务对象，现代物流是区域经济的基础条件和战略支撑。现代物流主动融入区域经济，在区域经济协调发展中发挥更大作用。

（1）与产业集群融合。围绕重点产业集群，布局与产业集群入驻及关联企业共用的多式联运、转运、托运、公共外库、分拨配送、一站式物流服务平台等基础设施。推动物流企业深度参与制造企业资源计划、制造执行系统等关键管控软件开发，复制推广先进的信息融合模式，实现采购、生产、流通等上下游环节信息实时采集、互联共享。

（2）与商贸集聚区融合。依托重点商圈、商贸集聚区、跨境电商平台，推动物流企业与商贸流通企业共同打造一体化供应链服务体系。强化集中采购、统仓共配、邮政快递、保税通关、支付结汇等物流服务功能。推进现代物流与新型末端商业模式融合，加快完善直达社区、村镇的共同配送物流网络，提升末端物流服务效率。

（3）与城市群发展融合。围绕城市群、都市圈物流需求特点，协调推进物流基础设施网络建设，实现设施共建共享、网络互联互通、行业共管共治。统筹布局物流枢纽节点，优化配置物流资源，加快构建区域分拨、城市配送服务体系，提升城市群、都市圈物流一体化组织服务效能，促进大中小城市和小城镇协调联动、特色化发展。

（4）与乡村振兴融合。加快完善县乡村三级物流配送网络，建设一批县域物流园区、公共配送（分拨）中心、镇村级配送站和公共服务网点。健全县乡到村工业品、消费品下行"最后一公里"和农产品上行"最初一公里"的双向物流服务网络。建立"种植养殖基地+生产加工（仓储保鲜）+电商平台+快递物流"一体化的供应链体系，推动现代物流赋能乡村振兴。

（5）与国家区域发展战略融合。围绕国家重大区域发展战略，调整优化现代物流布局，适应京津冀协同发展、长江经济带发展、粤港澳大湾区建设、长三角一体化发展、黄河流域生态保护和高质量发展的物流需求。在深入推进西部大开发、东北全面振兴、中部地区崛起、东部率先发展，支持特殊类型地区加快发展，以及"一带一路"建设中锻长板、补短板，以现代物流手段推动解决区域协调发展中的不平衡问题。

（六）与国家战略融合创新发展

以上几方面融合创新发展的路径选择，都是为了践行国家重大发展战略。比如创新驱动、制造强国、交通强国、数字中国、乡村振兴、扩大内需、区域协调发展等。还有一些涉及各行各业全局性的重大发展战略，与现代物流密切相关，我们也应该主动融入。

（1）与生态文明融合。推动绿色发展，建设生态文明，是我国"十四五"以至于今后一个时期的重大发展战略，"碳达峰""碳中和"是我国向全世界做出的庄严承诺。发展绿色低碳物流，要全面提升物流设施、技术、模式绿色化发展水平。推动绿色运输、绿色仓储、绿色配送和绿色包装等环节协同运行。做好逆向物流、回收物流，实现物流全链条绿色化发展。

（2）与应急物流融合。建设布局合理、平战结合、响应快速、安全高效的应急物流保障体系。推动既有物流设施嵌入应急功能，推进各类物资储备设施和应急物流设施的匹配与衔接。提高应急物流技术装备水平，发展快速通达、转运装卸和"无接触"技术装备。发挥应急物流企业主力军作用，建立高效响应的运力调度机制和分级响应的应急物流保障协调机制。

（3）与国防建设融合。既是建设新型保障力量，扎实做好军事斗争准备，走中国特色强军之路的内在要求；也是深化供给侧结构性改革，有效整合物流资源，拓宽服务范围，提升物流服务能力，建设物流强国的必然选择。通过社会物流能力"民参军"和军队闲置物流实施"军转民"，构建"平战结合、寓军于民"的新型物流体系。

（4）与国家政策融合。近年来，促进现代物流持续健康发展的政策导向非常明确，营商环境持续改善。按照"十四五"总体部署，政府有关部门特别关注的政策要点主要有：国家物流枢纽布局建设和联网运行，国家综合立体交通网建设与运行，现代物流提质降本增效，物流业与制造业融合创新发展，商贸物流高质量发展专项行动，冷链物流体系建设，多式联运水平提升，供应链创新与应用示范，智慧物流升级，快递包装绿色转型等。认真贯彻国家规划与政策，沿着国家政策导向发展现代物流，才能够实现创新、协调、绿色、开放、共享发展，适应"大循环""双循环"发展新格局。

（5）与人民福祉融合。现代物流拥有 5000 多万从业人员，服务 14 亿全国人民。不管做哪一类物流，做什么物流，最终都是为了增进人民福祉，满足人民群众对美好生活的向往与追求。我们要尊重卡车司机、快递小哥等物流行业各类从业人员的劳动，维护他们的合法权益，激发全行业服务人民，做好"人民物流的积极性、主动性和创造性"。现代物流的发展方式和路径，要从大多数人民群众的根本需要出发，发展过程要重视客户体验，发展成果要由人民群众检验。

本文提出的六个方面、30 条"融合创新发展"路径，希望有助于新阶段我国现代物流的融合创新发展。随着实践的发展，现代物流创新发展的路子将会越走越宽。

（原载于《北京交通大学学报（社会科学版）》2022 年第 1 期）

重振"物流强国"雄风

——《"物流强国"建设思路与路径选择研究》序

（二〇二二年六月）

重振"物流强国"雄风，是中华民族几代人的梦想，更是当代物流人的历史使命。汉代横跨亚欧大陆的丝绸之路，明代郑和远洋船队七下西洋，曾经的"物流强国"载入史册。如今，实现中华民族伟大复兴的中国梦，同样离不开"物流强国"的有力支撑。

伴随着改革开放进程，"现代物流"概念被引入我国。经过40多年的发展，全国物流市场基本形成，市场主体蓬勃发展，基础设施建设突飞猛进，规划和政策环境日臻完善，现代物流服务体系迭代更新。物流业加速发展，为我国成长为世界第二大经济体和第一大贸易国提供了有力支撑，对于全面建成小康社会，满足人民群众对美好生活的向往，推动产业升级、促进流通业变革、助力脱贫攻坚，发挥了无可替代的重大作用。

到目前，我国铁路、公路、港口、邮政、快递等，无论设施设备规模还是业务总量均居世界第一，越来越多的物流发展指标排名世界前列。但从整体来看，发展不平衡、不充分、不协调的矛盾依然突出，"大而不强"的问题无法回避。物流业发展现状与社会主义现代化强国建设的目标还有许多方面不相适应。特别是我国某知名科技企业由国外寄往国内的重要包裹，被某超级大国无端扣押截留的事实，更使国人警醒。这一事件，再次生动表明，

"落后就要挨打"。越来越多的有识之士认识到，我国的物流竞争力还不强，打造世界"物流强国"不仅任重道远，而且迫在眉睫。

有鉴于此，中国物流学会、中国物流与采购联合会将《"物流强国"建设思路与路径选择研究》列入 2021 年度重大课题研究项目（2021CSLKT1-001）。经公开招选，现场答辩，择优确定由宁波工程学院朱占峰教授团队承担此重任。本书就是该团队研究成果的结晶，也是该课题研究项目的结题报告。

朱占峰老师现为二级教授、博士生导师，享受国务院政府特殊津贴，现任宁波临空经济研究院院长、南昌职业大学常务副校长；兼任中国物流学会副会长、教育部学校规划建设发展中心专家，以及浙江省、宁波市物流相关行业科研职务。朱老师长期致力于物流与供应链管理、区域规划等领域的教学研究工作，具有较深的理论功底和丰富的实践经验，先后主持完成了数十项国家、省、市级科研项目及横向课题，公开发表了上百篇学术论文，出版了 20 多部专著和教材，并屡次荣获省部级奖项。我与朱老师相识多年，有幸对本书先睹为快。他要我代为序，权当本人读后感，以一孔之见与作者和读者交流。

本书研究主题鲜明，脉络清晰，方法综合，研究成果具有较强的实用性、创新性和前瞻性。作者从我国物流业发展实际出发，以全球化视角、供应链思维，深刻剖析了新时代"物流强国"是什么、为什么、怎么建等一系列问题。其研究框架设计为九个章节，形成了一个包含建设思路和实施路径选择的总体架构；提出了"物流强国"建设的指导思想、基本原则和建设目标，探寻了相关的重点载体、重点维度和重大工程等关键问题；围绕确立的重点领域和建设目标，突出了"多业融合""多式联运""跨界融合"等重大实施路径。总体来看，本书研究思路清晰、结构严谨，方法得当、内容丰富，为我国"物流强国"研究做了开创性的工作。作为"物流强国"研究领域的最新研究成果，本书可供国家及地方物流产业规划、建设、运营、管理、研究、教学等相关部门参阅借鉴。

"物流强国"建设是一项系统工程，对其建设思路与路径选择的研究不可能一蹴而就。感谢朱占峰教授和他的团队贡献了"一家之言"，希望继续跟踪研究，不断推出新的成果；更期待引起更多同行关注，丰富"物流强国"研究的理论宝库。我们有理由相信，"物流强国"建设的理论之花，经过全体物流同人辛勤浇灌，一定会结出丰硕的实践之果，中国物流一定会在全世界重振雄风，中华民族伟大复兴的中国梦一定会实现。

（朱占峰，朱耿，朱一青著《"物流强国"建设思路与路径选择研究》，中国财富出版社有限公司 2023 年 11 月出版）

现代物流高质量发展的"新蓝图"

——《"十四五"现代物流发展规划》解读

（二〇二二年十二月三十日）

近日，《"十四五"现代物流发展规划》（以下简称《规划》）正式发布。这是继《物流业调整和振兴规划》和《物流业发展中长期规划（2014—2020年）》之后，国务院层面又一个推动现代物流发展的纲领性文件，是指引"十四五"时期建设现代物流体系，推动高质量发展的"新蓝图"。

《规划》全文约1.7万个字，分为四大板块、七大部分。第一部分"现状形势"，阐述了现代物流发展基础、突出问题和面临形势；第二部分"总体要求"，明确了指导思想、基本原则和主要目标；第三至第六部分对主要任务和重点工程作了全面部署，构成《规划》的核心板块；第七部分"实施保障"提出了具体保障措施。

本次《规划》的实施期限，第一次与国家五年规划同步。与前两个物流规划相比，《规划》的实施主体由"物流业"扩展为"现代物流"，体现了现代物流与相关产业融合创新发展的趋势和规律，强调了现代物流在现代化经济体系中的先导性、基础性、战略性地位和作用。《规划》按照立足新发展阶段，贯彻新发展理念，支撑构建新发展格局，推动高质量发展的总体思路，根据《"十四五"规划和2035年远景目标纲要》，对"十四五"现代物流发展作出了全面、深入、系统的安排部署。

一、充分认识新阶段新形势

我国自 1978 年引进物流概念以来，现代物流经历了理念传播、实践探索、产业地位确立和创新发展的阶段。2006 年，《"十一五"规划纲要》首次提出"大力发展现代物流业"。2009 年，为应对国际金融危机，国务院将《物流业调整和振兴规划》纳入当年的"十大规划"之一。2011 年，国务院办公厅印发《国务院办公厅关于促进物流业健康发展政策措施的意见》（业内称为"物流国九条"），促进现代物流发展的专题政策开始列入国务院政策层面。

党的十八大以来，现代物流发展进入新阶段。习近平总书记多次深入物流市场和企业考察调研，从国家战略高度和发展全局发表了一系列重要讲话，作出一系列重要指示批示。总书记创造性地运用马克思主义关于生产、流通、消费的关系理论，从市场经济体系全局来看待现代物流的地位和作用，从产业链、供应链、价值链层面指明了新阶段现代物流创新发展的方向。2014 年国务院发布《物流业发展中长期规划（2014—2020 年）》，把物流业提升到基础性、战略性产业高度，对"十三五"时期物流业健康发展发挥了重要指导作用。

《规划》首先总结分析了党的十八大以来，特别是"十三五"时期我国现代物流发展的现状与问题。特别指出，"十三五"以来，我国现代物流规模效益持续提高，物流资源整合提质增速，物流结构调整加快推进，科技赋能促进创新发展，国际物流网络不断延展，营商环境持续改善，对国民经济发展的支撑保障作用显著增强。讲到我国现代物流发展的突出问题时，《规划》列举了主要表现：一是物流降本增效仍需深化；二是结构性失衡问题亟待破局；三是大而不强问题有待解决，与世界物流强国相比仍存在差距，建设"物流强国"之梦呼之欲出；四是部分领域短板较为突出。以上现状和问题的深入剖析，准确描绘出"十四五"现代物流发展的现实基础。

对于新阶段面临的新形势、新要求，《规划》作了系统分析和完整表述：统筹国内国际两个大局要求强化现代物流战略支撑引领能力，建设现代产业体系要求提高现代物流价值创造能力，实施扩大内需战略要求发挥现代物流畅通经济循环作用，新一轮科技革命要求加快现代物流技术创新与业态升级。

二、准确把握总体要求

《规划》紧密结合现代物流发展基础和面临形势，明确提出了指导思想、基本原则和主要目标，共同构成全文的总纲，也是"十四五"现代物流发展的指导方针。

《规划》提出的指导思想是，以习近平新时代中国特色社会主义思想为指导，坚持稳中求进工作总基调，完整、准确、全面贯彻新发展理念，加快构建新发展格局，全面深化改革开放，坚持创新驱动发展，推动高质量发展，坚持以供给侧结构性改革为主线，统筹疫情防控和经济社会发展，统筹发展和安全，提升产业链供应链韧性和安全水平，推动构建现代物流体系，推进现代物流提质、增效、降本，为建设现代产业体系、形成强大国内市场、推动高水平对外开放提供有力支撑。根据以上指导思想，《规划》确定了市场主导、政府引导，系统观念、统筹推进，创新驱动、联动融合，绿色低碳、安全韧性的基本原则。

《规划》提出的主要目标是，到2025年，基本建成现代物流体系。具体目标有，一是物流创新发展能力和企业竞争力显著增强；二是物流服务质量效率明显提升，社会物流总费用与国内生产总值的比率较2020年下降2个百分点左右；三是"通道+枢纽+网络"运行体系基本形成；四是安全绿色发展水平大幅提高；五是现代物流发展制度环境更加完善。以上主要目标和具体目标，形成了宏观要求和微观实操相衔接、未来发展和既有基础相兼容、定量指标和定性表述相结合的主要目标体系。与前两个规划相比，既有守正传承，更体现了创新发展、高质量发展的目标导向。

《规划》展望 2035 年，现代物流体系更加完善，具有国际竞争力的一流物流企业成长壮大，通达全球的物流服务网络更加健全，对区域协调发展和实体经济高质量发展的支撑引领更加有力，为基本实现社会主义现代化提供坚实保障。

这一部分的主要创新点在于：一是首次将"提升产业链供应链韧性和安全水平"列入指导思想；二是将原来"降本增效"的提法改为"提质、增效、降本"；三是明确了现代物流体系的基本内涵，即"供需适配、内外联通、安全高效、智慧绿色"；四是在主要目标中明确了"形成一批具有较强国际竞争力的骨干物流企业和服务品牌"；五是明确提出"完成 120 个左右国家物流枢纽、100 个左右国家骨干冷链物流基地布局建设""建设 20 个左右国家物流枢纽经济示范区"的量化指标。

三、扎实推进主要任务和重点工程

《规划》第三至第六部分，部署了 4 个方面 22 项主要任务和 11 个专栏 14 项重点工程，是全文主体内容的集中体现。这些任务涉及资源整合、通道建设、服务体系、价值链条、民生保障、应急能力、提质增效、产业融合、数字赋能、绿色物流、供应链战略、国际网络、农村物流、商贸物流、冷链物流、高铁快运、专业物流、市场主体、科技与人才体系等诸多方面，体现了融合创新发展的战略意图。这些主要任务和重点工程，既是现代物流深度融入产业体系、支撑流通体系，促进形成强大国内市场，维护产业链供应链安全韧性，构建新发展格局的光荣使命，更是现代物流高质量发展的客观需要。

第三部分，精准聚焦现代物流发展重点方向，提出 6 项主要任务。一是加快物流枢纽资源整合建设，二是构建国际国内物流大通道，三是完善现代物流服务体系，四是延伸物流服务价值链条，五是强化现代物流对社会民生的服务保障，六是提升现代物流安全应急能力。

第四部分，加快培育现代物流转型升级新动能，包含 6 项主要任务。一是推动物流提质增效降本，二是促进物流业与制造业深度融合，三是强化数字化科技赋能，四是推动绿色物流发展，五是做好供应链战略设计，六是培育发展物流经济。

第五部分，深度挖掘现代物流重点领域潜力，包括 7 项主要任务。一是加快国际物流网络化发展，二是补齐农村物流发展短板，三是促进商贸物流提档升级，四是提升冷链物流服务水平，五是推进铁路（高铁）快运稳步发展，六是提高专业物流质量效率，七是提升应急物流发展水平。

第六部分，强化现代物流发展支撑体系，包括 3 项重点任务。一是培育充满活力的物流市场主体，二是强化基础标准和制度支撑，三是打造创新实用的科技与人才体系。

为配合主要任务落实，《规划》提出 11 个专栏 14 项重点工程：一是国家物流枢纽建设工程，二是铁路物流升级改造工程，三是物流业制造业融合创新工程，四是数字物流创新提质工程，五是绿色低碳物流创新工程，六是现代供应链体系建设工程（分为现代供应链创新发展工程、制造业供应链提升工程），七是国际物流网络畅通工程（分为国际物流设施提升工程、西部陆海新通道增量提质工程），八是冷链物流基础设施网络提升工程（分为国家骨干冷链物流基地建设工程、产地保鲜设施建设工程），九是应急物流保障工程，十是现代物流企业竞争力培育工程，十一是物流标准化推进工程。以上重点工程，都是现代物流体系建设的核心工程，也是"十四五"时期国家政策支持的重点方向。

与前两个规划相比，本次新增的重点工程应该引起特别关注。一是国家物流枢纽建设工程。提出优化国家物流枢纽布局；发挥国家物流枢纽联盟组织协调作用，形成稳定完善的国家物流枢纽合作机制；积极推进国家级示范物流园区数字化、智慧化、绿色化改造等。二是铁路物流升级改造工程。提出大力组织班列化货物列车开行，形成"核心节点+通道+班列"的高效物流组织体系；到2025年，沿海主要港口、大宗货物年运量150万吨以上的大型工矿企业、新建物流园区等的铁路物流专用线接入比例力争达到85%左右。三是国际物流网络畅通工程。提出国际物流设施提升工程、西部陆海新通道增量提质工程。四是现代供应链体系建设工程。提出现代供应链创新发展工程、制造业供应链提升工程。五是冷链物流基础设施网络提升工程。提出国家骨干冷链物流基地建设工程、产地保鲜设施建设工程。

四、切实加强实施保障

一分部署、九分落实。《规划》第七部分提出了优化营商环境、创新体制机制、强化政策支持、深化国际合作和加强组织实施等五条实施保障措施。有的是针对多年没有解决或解决不好的"老问题"提出"好政策"，也有一些是根据现实需求出台的"新举措"。这些"好政策""新举措"，坚持问题导向，直面行业诉求，针对性、可操作性强，值得期待。与前两个规划相比，具有突破性、创新性的政策措施，主要体现在以下10个方面。

一是关于物流立法。《规划》提出"完善物流发展相关立法，推动健全物流业法律法规体系和法治监督体系""开展现代物流促进法等综合性法律立法研究和准备工作"。这为确立市场化、法治化、国际化营商环境指明了方向。

二是关于物流用地。《规划》提出"完善物流设施专项规划，重点保障国家物流枢纽等重大物流基础设施和港航设施等的合理用地用海需求，确保物流用地规模、土地性质和空间位置长期稳定""鼓励地方政府盘活存量土地和闲置土地资源用于物流设施建设""支持物流企业利用自有土地进行物流基础设施升级改造""支持依法合规利用铁路划拨用地、集体建设用地建设物流基础设施"。这些具有重大突破性质的政策措施，必将有效缓解物流"用地难、用地贵"问题。

三是关于铁路货运市场化改革。《规划》提出"深化铁路货运市场化改革，推进投融资、运输组织、科技创新等体制机制改革，吸引社会资本进入，推动铁路货运市场主体多元化和服务创新发展，促进运输市场公平有序竞争。鼓励铁路企业与港口、社会物流企业等交叉持股，拓展战略合作联盟。"此项政策真正落地，将会有效推进铁路货运市场化改革，改变物流市场竞争格局。

四是税收征管政策。《规划》提出"落实深化税收征管制度改革有关部署，推进现代物流领域发票电子化。按规定落实物流企业大宗商品仓储设施用地城镇土地使用税减半征收、购置挂车车辆购置税减半征收等税收优惠政策"。这一规定，将现行物流税收优惠政策以国务院名义固定下来，给行业吃了"定心丸"。

五是简政降费政策。《规划》提出"严格落实已出台的物流简政降费政策，严格执行收费目录清单和公示制度，严禁违规收费，坚决治理乱收费、乱罚款、乱摊派，依法治理'只收费、不服务'的行为。清理规范铁路、港口、机场等收费，对主要海运口岸、机场地面服务收费开展专项调查，增强铁路货运收费透明度。对货运车辆定位信息及相关服务商开展典型成本调查，及时调整过高收费标准。"上述政策，可以作为行业企业抵制"三乱"的"尚方宝剑"。

六是金融保险政策。《规划》对"成立物流产业相关投资基金""加大对骨干物流企业和中小物流企业的信贷支持力度""拓宽企业兼并重组融资渠道""鼓励保险公司开发农产品仓储保鲜冷链物流保险"等都有明确规定。如能有效落实，有望缓解行业企业"融资难""融资贵"难题。

七是依法监管政策。《规划》围绕深化"放管服"改革的总体要求，提出"严格依法行政依法监管，统一物流监管执法标准和处罚清单"。对于放宽物流领域相关市场准入，消除各类地方保护和隐性壁垒；推动物流领域资质证照电子化，开展"一照多址""一网通办"改革；物流领域（不含快递）资质许可向资质备案和告知承诺转变等作出明确规定。这些政策措施的实施，对于减轻企业负担，优化营商环境将会起到重要作用。

八是规范市场政策。《规划》提出"推动跨部门、跨区域、跨层级政务信息开放共享""推动部门间物流安检互认、数据互通共享，减少不必要的重复安检""大力推动货车非法改装治理，研究制订非标准货运车辆治理工作方案"。这些规定对于避免多头管理和重复监管以及重复安检，深化治理超限超载，营造开放、公平市场竞争环境十分及时、很有必要。

九是便利通关政策。《规划》提出"依托国际贸易'单一窗口'创新'通关+物流'服务，提高口岸智慧管理和服务水平""推动建立国际物流通道沿线国家协作机制，加强便利化运输、智慧海关、智能边境、智享联通等方面合作。持续推动中欧班列'关铁通'项目在有合作意愿国家落地实施"。这些政策，有利于推进通关便利化，支持国际物流发展和更高水平对外开放。

十是完善社会治理结构。《规划》提出"建立现代物流发展专家咨询委员会，加强对重大问题的调查研究和政策咨询，指导规划任务科学推进。推动行业协会深度参与行业治理，发挥社会监督职能，加强行业自律和规范发展，助力规划落地实施"。这里强调发挥专家咨询作用，要求行业协会"深度参与行业治理"，对于形成和完善社会治理结构，提供了组织和制度保障。

（原载于国家发展和改革委员会网站）

数智新链接　产业新生态

——在 2023 产业链供应链数字经济大会的致辞

（二○二三年十月十九日）

在各国代表云集北京，第三届"一带一路"国际合作高峰论坛举行期间，我们大家汇聚一堂，召开"2023 产业链供应链数字经济大会"，更有其特别的意义。我谨代表中国物流与采购联合会（以下简称中物联），代表我们的何黎明会长、蔡进副会长，对各位来到北京参加本次大会表示热烈的欢迎，对大家多年来对中物联工作的支持表示衷心的感谢！

当前，百年未有之大变局加速演进，世纪疫情影响深远，地缘政治冲突激烈，对全球经济发展提出了空前挑战，产业链供应链进入到一个全新的重构阶段。本次会议的主题是"数智新链接 产业新生态"，将有国内知名专家学者、物流与供应链企业及其他各类实体企业、技术服务企业的高管和技术大拿与大家分享新思路、新实践与新体会。借此机会，我也谈点粗浅的认识和体会，供各位参考。

第一，深刻理解产业链供应链与数字经济深度融合的重要意义。

习近平总书记指出，数字经济发展速度之快、辐射范围之广、影响程度之深前所未有，正在成为重组全球要素资源、重塑全球经济结构、改变全球竞争格局的关键力量。2022 年，我国数字经济规模达到 50.2 万亿元，数字经济占 GDP 的比重达到 41.5%。今年 3 月，国家数据局成立，统筹推进数字中国、数字经济、数字社会的规划和建设。

产业链供应链是经济运行的重要基础，数字经济正在与产业链供应链深度融合，深刻地改变着我们的生产和生活方式。以 GPT^① 为代表的人工智能大模型横空出世，工业元宇宙场景日新月异，无人机、无人车加速商业化应用，这些场景一次次刷新着我们的认知。随着技术不断创新和应用，这种融合将进一步加速传统产业升级换代。

中国的产业链供应链优势，为数字经济创新应用提供了重要支撑和保障。大力发展数字经济，充分发挥我国海量数据和丰富应用场景优势，推动数字技术与产业链供应链深度融合，对于发挥数字经济优势，构建自主可控、安全高效的产业链供应链，加快建设现代化产业体系，促进我国产业迈向全球价值链中高端都具有重要意义。

第二，积极推动产业链供应链跨界合作与创新驱动。

产业链供应链与数字经济的深度融合将推动跨界合作和创新驱动。供应链参与者可以实现更高效的信息共享，促进资源整合、流程优化和组织协同，有助于形成产业生态的协同创新。通过共享数据资源，企业可以更好地满足市场需求，推动自身发展和产业升级。进而建立共享平台和数字化生态系统，为各方优势互补，共同应对风险和挑战，实现生态共赢创造条件，从而增强产业链供应链韧性和安全。

推动产业链供应链向着数字化方向发展，需要我们在大数据、云计算、人工智能、区块链、5G 等数字技术与产业链供应链各个环节的融合方面，不断迭代更新，创造新的价值增长点，为形成高效协同、敏捷智能的全球数字化产业链供应链贡献智慧。只有保持开放心态和创新思维，推动各界力量深度融合，才能为产业链供应链数字经济的高质量发展提供持续的动力源泉。

---

① 生成式预训练 Transformer 模型，一种基于互联网的、可用数据来训练的、文本生成的深度学习模型。

第三，充分发挥行业组织作用，为数实融合搭建平台、提供机会。

作为行业组织，中物联积极参与制定统一的数据交换标准、隐私保护规范、数字化供应链管理等标准和规范，引领行业发展方向。据了解，我会区块链应用分会今年组织了2023产业链供应链数字经济创新案例征集活动，从300余家单位中选出一批优秀案例，以推广创新做法，形成标杆示范效应。此外，组织行业会议、培训活动等，促进业内企业交流与合作，分享数字化转型的成功经验和最佳实践，推动协作融合创新。通过与业界专家、学者、企业家深入交流，协助大家开阔视野，开拓思路，开发新场景、新应用。

立足新发展阶段、贯彻新发展理念、构建新发展格局，推进高质量发展，"三新一高"是"十四五"时期的国家战略导向。《"十四五"现代物流发展规划》对现代物流发展做出了全面部署。当前，"十四五"已进入中期评估阶段，"十五五"现代物流与供应链科技创新开始谋划。我们正处于数字经济加速发展的前沿地带，推动产业链供应链数字化升级，是我们的历史责任。

本次大会作为产业链供应链数字经济领域的盛会，旨在落实党中央、国务院关于数字经济发展战略和"十四五"规划纲要战略部署，搭建一个深入交流、共同学习的平台，分享产业链供应链数字经济的前沿动态、发展趋势和最佳实践。我们期待通过思想交流碰撞、案例分享借鉴，促进数字技术与实体经济深度融合，助力产业链供应链数字经济高质量发展。希望各位同人紧跟时代步伐，抓住数字经济战略机遇，为建设数字中国、物流强国贡献我们的智慧和力量。

再次感谢各位嘉宾积极参与，祝愿大家满载而归，不虚此行。最后，献上一首小诗，预祝大会圆满成功！

香山红叶秋意浓，数字经济显神通。

转型升级融"双链"，物流领域当先锋。

《现代物流服务体系研究》 第 3 版序

（二○二三年十二月三十一日）

2009 年 3 月，国务院《物流业调整和振兴规划》（国发〔2009〕8 号），把"建立现代物流服务体系"作为"指导思想"。这是以国务院名义发布的第一个"物流规划"，也是"现代物流服务体系"一词首次出现在国务院文件中。本人有幸从 2002 年 5 月起，参与该文件的研究起草工作，萌生了对"现代物流服务体系"基本要素的探求欲望。

2011 年 1 月，我与天津大学教授刘伟华合著的《现代物流服务体系研究》一书问世。书中提出以需求基础、供给主体、设施设备、信息系统和政策环境为五大要素，试图对现代物流服务体系架构的解析发出"一家之言"。

2014 年 9 月，国务院《物流业发展中长期规划（2014—2020 年）》（国发〔2014〕42 号），再次把"建立和完善现代物流服务体系"列为"指导思想"。2018 年 3 月，我们对《现代物流服务体系研究》一书作了修订再版。在该版中，我们认为，五大要素的基本框架结构没有变，现代物流服务体系的构成要素与演化机理没有变，但实际运行的"时与空、质与量、内与外、点线网"都发生了巨大变化。为此，我们在原有体系框架的基础上补充了有关资料，更新了相关内容。

理论的探究，总是落后于实践的发展。2022 年 12 月，国务院正式发布《"十四五"现代物流发展规划》（国办发〔2022〕17 号）（以下简称《规划》）。这是国务院层面发布的第三个现代物流专项《规划》，也是第一次与国家五年规划同步实施。与前两个物流规划相比，《规划》的实施范围由"物流业"扩展为"现代物流"，体现了现代物流与相关产业融合创新发展的趋势和规律，强调了现代物流在现代化经济体系中的先导性、基础性、战略性地位和作用。《规划》把"推动构建现代物流体系"列入"指导思想"，并明确了"主要目标"任务，即到2025年，基本建成供需适配、内外联通、安全高效、智慧绿色的现代物流体系。

随着国家进入扎实推进中国式现代化的新阶段，开启向第二个百年奋斗目标进军的新征程，如何立足新发展阶段，贯彻新发展理念，构建新发展格局，推动现代物流高质量发展，是当前现代物流必须面对的重大课题。不仅要依靠实践强力推动，也要从理论方面深入探究。在上次再版强调五大要素"变与不变"的基础上，本次修订重点突出了"如何拥抱变化"的内容。我们把贯彻《规划》，建设物流强国作为本次修订的主线，更新和增加了新鲜案例，力图体现对现代物流服务体系的最新思考与实践。书中案例绝大多数为2020年以后的，基本数据多数截至2021年底，也有个别案例采用至本书截稿前。

世间一切事物，"变"是绝对的，唯一"不变"的就是"永远在变"。我们讲五大要素的不变，只是为了研究工作方便。其实，现代物流服务体系本身就是一个动态系统，每时每刻都在发展变化之中。建立和完善现代物流服务体系，促进现代物流高质量发展，建设物流强国，为中国式现代化提供支撑和保障，不仅是一项艰巨的任务，更是一个长期的过程。需要与时俱进，务实创新，需要几代人不懈努力。本次修订再版，意在为相关政府部门、行业企业、研究机构和院校物流教学提供参考资料，聊作业界同人的讨论提纲。

本书尽管历经12载，先后两次修订再版，还是留下诸多缺憾，其中遗漏和错讹在所难免。书中提出的观点，需要经受时间与实践的考验，更需要读者的评判和检验。恳请读到本书的同人批评指正，以期把这项研究逐步推向深入，为物流强国建设贡献微薄力量。

值此本书第三版成书之际，特别要感谢我所服务的团体——2001 年 2 月成立的中国物流与采购联合会。自该组织成立伊始，本人有幸参与其中工作，已近 23 个年头。在这样一个政产学研用各界精英汇聚的大平台，获得历任会领导和老前辈精心栽培和悉心指导，我才有机会结识业界同人，参与高层决策，接触到研究工作的"源头活水"。本人得以见证了中物联的成长壮大和我国现代物流的蓬勃发展，也才有了本书的面世与更新。

衷心感谢年轻有为的伟华教授以其扎实的理论功底和超凡的写作能力，将我的一些想法诉诸文字。还要感谢关心支持本人工作、本书出版的同事、同行、同人提供强大精神动力和业务能量。感谢中国财富出版社有限公司领导和编辑人员连续三次为本书的出版精益求精，辛苦劳作。希望业界同人，特别是青年才俊持续关注此类课题研究，为建设中国式现代物流体系，实现物流强国梦接续奋斗。

（贺登才、刘伟华著《现代物流服务体系研究》第 3 版由中国财富出版社有限公司 2024 年 7 月出版）

物流三部曲

行

贺登才 著

中国财富出版社有限公司

图书在版编目（CIP）数据

物流三部曲. 行 / 贺登才著. -- 北京：中国财富出版社有限公司，2024.8.
（2024.10 重印）. -- ISBN 978-7-5047-8210-6

Ⅰ. F252.1-53

中国国家版本馆 CIP 数据核字第 2024EY2279 号

策划编辑	朱亚宁	责任编辑	王　君	版权编辑	李　洋
责任印制	梁　凡	责任校对	庞冰心	责任发行	董　倩

出版发行	中国财富出版社有限公司			
社　　址	北京市丰台区南四环西路 188 号 5 区 20 楼		邮政编码	100070
电　　话	010-52227588 转 2098（发行部）		010-52227588 转 321（总编室）	
	010-52227566（24 小时读者服务）		010-52227588 转 305（质检部）	
网　　址	http://www.cfpress.com.cn		排　版	宝蕾元
经　　销	新华书店		印　刷	宝蕾元仁浩（天津）印刷有限公司
书　　号	ISBN 978-7-5047-8210-6/F·3707			
开　　本	787mm×1092mm　1/16		版　次	2024 年 9 月第 1 版
印　　张	46.5		印　次	2024 年 10 月第 2 次印刷
字　　数	687 千字		定　价	168.00 元（全 3 册）

前　言

本人于 1998 年 1 月由山西进京工作，当时的服务单位是中国物资流通协会。2000 年 2 月，原单位更名重组，成立中国物流与采购联合会（简称中物联），我先后任办公室副主任、研究室主任、副秘书长，2010 年 2 月起任副会长。2005—2023 年，全面负责中国物流学会日常工作，先后任副秘书长、副会长（执行）、秘书长。

过去的 20 多年，是我国现代物流大发展的重要阶段，也是中国物流与采购联合会奠定行业地位的关键时期。本人有幸参与其中，在本单位领导、同事及业界同人的支持帮助下做了一些工作，积累了部分资料。在即将卸任的时候，我对这些资料做了归纳整理，选择其中有代表性的 139 篇结集成书，始于 2001 年 11 月，止于 2024 年 8 月，分为"知""行""策"三篇。

第一篇"知"，收录 49 篇文章，包括在《求是》《半月谈》《人民日报》《经济日报》《瞭望》杂志和《中华人民共和国年鉴》等中央媒体发表过的文章，也有在《中国交通报》《宏观经济管理》《经贸导刊》《中国物流与采购》《物流技术与应用》等行业媒体发表过的，还有学习强国、国家发展改革委和交通运输部等网站登载过的作品；有本人为《现代物流服务体系研究》《中国物流学术前沿报告》《中国物流重点课题报告》《中国物流园区发展报告》《中国公路货运发展报告》等书所写的前言、序言（有改动），也有为业内知名专家和年轻人书稿所作的序，还有部分讲稿提纲；既呈现了我

国现代物流逐步成长壮大的历程，也能反映出本人对现代物流基本规律由浅入深的认识过程。

本书的第二篇"行"，收录 44 篇文章。因为工作的原因，这 20 多年来，本人走遍了全国包括港澳台在内的所有省级行政区，地市级行政区起码去过四分之一，还去美国、日本和欧洲一些国家学习考察。通过走访调研，深入一线了解第一手资料，为向政府部门提出精准的政策建议提供了活水源头。本篇收录了本人在一些地方的讲话要点和致辞大意，由于篇幅所限，还有大量长篇文稿无法收录进来。本人感觉，深入实地走访调研，是做好行业协会工作的"基本功"，也是服务政府、服务行业、服务企业的"重头戏"。

本书第三篇"策"，收录 46 篇文章。反映企业诉求，提出政策建议，是行业协会的基本职能，也是本人的重点工作。20 多年来，我有幸参与了国务院三大"物流发展规划"的研究起草工作，即 2009 年《物流业调整和振兴规划》，2014 年《物流业发展中长期规划（2014—2020 年）》和 2022 年《"十四五"现代物流发展规划》。作为"十四五"国家发展规划专家委员会中的一员，我还参与了《中华人民共和国国民经济和社会发展第十四个五年规划和 2035 年远景目标纲要》的前期研究和中期评估工作。

在参与国家规划研究起草工作的同时，向政府建言献策，我代表中物联为改善物流业发展的政策环境奔走呼号。特别是 2009 年 9 月，本人主持起草的"物流发展 60 条建议"，曾作为当年国务院办公厅现代物流调研组调研提纲，大部分建议被纳入《国务院办公厅关于促进物流业健康发展政策措施的意见》（国办发〔2011〕38 号）（业内俗称"国九条"），对改善物流政策环境起了积极的推动作用，也是为中华人民共和国成立 60 周年的献礼。

除此之外，我还多次参加全国人大、全国政协、中央军委后勤保障部、国家货币政策委员会，国务院办公厅、研究室、参事室、职转办，国家发展改革委、财政部、国家税务总局、商务部、工业和信息化部、交通运输部、市场监督管理总局、国家铁路集团等部门和单位关于物流议题的相关座谈

会，提出政策建议。也曾列席国务院常务会议，出席物流政策协调会，与副总理、国务委员、秘书长当面对话，解释提出政策建议的必要性和紧迫性。

多年来，我们提出的许多政策建议被采纳，在业内乃至全社会都取得了积极效果。如，取消高速公路省界收费站、物流企业大宗商品仓储设施用地城镇土地使用税减半征收、允许物流快递企业"一照多址"登记注册、疫情防控期间阶段性减免高速公路过路费等。当然，有些建议虽然多年多次提出，仍然有待落实。随着网络化、数字化、智能化不断深入，我们还将遇到新的政策问题。反映企业诉求，提出政策建议，参与政府决策，支持行业高质量发展，是行业协会工作永恒不变的主题。

"知"是"行"之始，"行"是"策"之源。物流知、行、策，是本人从事行业协会工作20多年的基本准则和切身感悟。一个来自小地方的"物流小白"，能够见证和参与行业基础工作，并有所积累和感悟，主要得益于"天时、地利、人和"。一是改革开放好时代给每一位拼搏奋斗的追梦人带来了无限机会；二是现代物流大平台的广泛性，使我能够接触到政产学研用方方面面的人和事；三是在我的人生道路上，每走一步都得到了领导、老师和同事的帮助和支持。借本书问世之际，我向所有关心支持帮助过我的贵人致以深深的敬意！

二〇二四年八月十四日

目　录

"无店铺销售业务及管理研修班"
赴日本培训考察报告

（二〇〇一年十二月）

为了履行我国在加入世界贸易组织议定书中的承诺，立法规范我国无固定地点的批发和零售行为（以下称"无店铺销售"），以国家经贸委贸易市场局助理巡视员门晓伟为团长的"无店铺销售业务及管理研修班"，于2001年11月13日至12月3日赴日本进行了学习考察。现将有关情况报告如下：

一、学习考察概况

这次研修班是在我国已被批准加入世界贸易组织，分销服务领域即将全面放开，急需制定无店铺销售业务相关法律法规的背景下组织进行的。负责接待的日本国际贸易促进协会为这次学习考察活动尽了很大的努力，做了周到安排，使学习考察取得了多方面的收获，达到了预期目的。

（一）题目选择恰当，目的性明确

无店铺销售业务是相对于有店铺销售而言的，包括访问销售、通信销售、自动销售机销售和网上销售等多种形式，它是市场经济发展到一定阶段的产物，是有店铺销售的必要补充。随着社会主义市场经济的逐步建立和发展，无店铺销售的多种业态都已在我国出现，但发展很不平衡，缺乏规范管理，特别是相关的法律体系尚未建立。加入世界贸易组织以后，无店铺销售业务将与有店铺销售业务一样对外开放。因此，规范发展无店铺销售业务，加强管理，制定相关法律，是分销服务领域应对加入世界贸易组织的重要措施之一。派出有关方面的专题研修班，是非常必要的。

日本作为我国的近邻，不仅与我国地理文化相近，而且经济管理模式有相似之处。日本的无店铺销售业已达到相当规模，国民人均无店铺销售额、人均自动销售机拥有量、移动通信上网购物人数等指标在发达国家中都处于领先地位；与无店铺销售业务相配套的通信网络系统和物流配送系统趋于成熟；国民信用程度和对无店铺销售业态的接受程度达到一定水平；规范无店铺销售业务的法律法规和行业自律性的社团组织较为完备。因此，学员们普遍认为，这次培训学习题目选择恰当，符合我国发展市场经济和加入世界贸易组织的迫切需要；把日本作为学习考察的目的地，针对性、借鉴性和实用性都很强。

（二）接触面较广，内容丰富翔实

本次研修班历时 21 天，学员们先后走访了日本经济产业省、日本国际贸易促进协会和日本贸易振兴会等 8 家社团组织，以及富士产经株式会社等 10 家企业，共 29 个单位，涉及政府部门、企业和社团组织各个层面。从业态看，有访问销售、通信销售、电话营销、网上销售、自动销售机销售企业，也有大型超市、批发市场和部分生产企业。听取了 60 多位专家和实际工作者的 10 多个专题讲座，得到 50 余份资料。这些讲座和资料，内容涉及无店铺销售的法律法规、行业和企业情况、具体案例分析等，可以帮助学员对日本无店铺销售业务及管理有比较全面深入的了解。

（三）学员学习认真，研修班收获较大

这次研修班的 18 位学员来自国家经贸委和地方经贸委等有关政府部门

以及相关的社团组织和企业，绝大部分在流通领域工作，有的正在从事与无店铺销售相关的业务和管理，迫切需要得到相关知识。在国内组织的预培训中，大家对日本经济概况和流通业状况以及无店铺销售业务有了初步的了解。赴日学习期间，学员克服了生活习惯不同、语言不通等困难，有的还坚持带病学习，认真听讲，无一人次缺课。学习中结合国内情况积极提问，使讲座多次延长。为了全面了解日本流通业情况，研修班还临时增加了伊藤洋华堂东京大木场分店和福冈中央鲜鱼拍卖市场等考察项目。学员的学习精神，受到了日方接待单位的赞扬。

学习考察期间，学员在听讲座、要资料、看现场的同时，对自动售货机和通信销售服务做了实际体验，团内企业的代表还同日方相关企业进行了面对面交流，探讨了进一步合作的可能性。通过这样的学习考察，学员们对日本无店铺销售的历史沿革、现实状况和发展走向有了深入了解，受到了一次比较系统深刻的无店铺销售业务及管理的教育。

二、日本无店铺销售业务及管理情况

无店铺销售业是经济社会发展到一定阶段的产物。20 世纪 60 年代以后，随着经济高速起飞，日本无店铺销售业的各种业态快速发展。进入 90 年代，网络经济为无店铺销售业提供了新的机遇。虽然日本经济连续多年停滞不前，但无店铺销售业仍然保持了平稳增长。到 2000 年，各类业态实现的年营业额如下：自动销售机（含券类和其他服务）7.2 兆日元，访问销售 3 兆日元，通信销售 2.39 兆日元，网上销售（B to C）0.82 兆日元，以上 4 项合计 13.41 兆日元（按现行汇率折算，约合人民币 8716 亿元），占当年社会商品零售总额 140 兆日元的 9.6%，国民人均消费额超过10 万日元。

（一）几种主要无店铺销售形式的发展情况

1. 自动销售机销售

日本的自动销售机兴起于 20 世纪 60 年代，经过 40 年的发展，技术和管理趋于成熟，销售机设置达到饱和状态。2000 年，日本全国在用自动销售机 560.8 万台，平均每 21 人拥有 1 台，居世界第一位；年销售总额 7.2 兆日元，已超过方便连锁店，相当于全国超市销售额的 57%；通过自动销售机的消费达到人均 5.9 万日元。

自动销售机被誉为"不说话的推销员"，成为国民离不开的重要消费渠道。其优点在于 24 小时连续营业，给消费者以极大便利，而且实现了无人销售，可以大量节约劳动力，降低流通成本。局限性在于只适合销售规格统一、质量保证、价格一定、即时性消费的商品和服务。据日本自动销售机工业协会统计，通过自动销售机销售的商品比例大致是：饮料 47%，香烟11%，食品 3%，券类 1%，自动服务（存包、换钱、停车等）22%，其他（报刊、邮票、卫生纸、明信片等）16%。自动销售机的运营和管理由商品制造商或零售商负责，销售机生产厂家将机器以转让、出租或转卖等形式，交付运营商，运营商再与机器设置地所有者签订协议，按照一定比例交纳场地占用费。运营商工作人员手持携带式电脑，与销售机终端和总部数据库连接，及时接收信息指令，并兼做配送员，负责补充商品、存取货币、清洁卫生和信息管理等日常工作。

在日本期间，我们所到之处，机场、车站、工厂、机关、商店、街头，各种各样的自动销售机随处可见，伸手可取。在北九州一家自动销售机公司，我们亲自体验了用自动销售机购买热咖啡的过程。顾客只要投币、按钮，就可得到温度、口味适合的饮料。工作人员打开机器，里边俨然一个"小型工厂"，洗杯、配料、加热、收款、找零，诸多工序有序完成。目前，使用移动电话实现自动销售的机器已出现在东京街头；识别购买者证件，限制未成年人购买香烟的机器开始研制；在国内市场饱和的情况下，日本自动销售机企业正在积极寻求海外市场。

2. 通信销售

日本的通信销售包括通过发放商品目录、在各类媒体中插加广告、电话、传真、电视、邮政及通过因特网宣传商品所进行的销售。在 20 世纪 80 年代，日本的通信销售平均以每年两位数的速度高速增长。90 年代以来，尽管日本经济处于低迷状态，但通信销售仍然保持了一定增长，2000 年，全行业销售总额达到 2.39 兆日元。日本通信销售协会成立于行业高速发展的 1983 年，现有会员企业 580 家。销售的主要商品有：食品、衣服和宝石等。通信销售的运作方式，一般是销售商以上述各种形式向客户发出商品信息；客户根据商品信息选择商品，向公司打电话订货；公司通过"宅急便"或邮局发出货物；客户采用邮汇、货到付款、银行转账或到就近的便利店交款等方式支付货款。这种销售方式，发送范围广，客户选择余地大，节省购物时间，但也存在着买卖双方不见面，客户担心个人信息暴露的问题。

大阪的千趣会是日本最早从事通信销售的企业。公司成立 46 年，已有 35 年的邮购历史，现有员工 2400 人，1999 年度销售额 1860 万日元，销售商品主要有服装、家庭用品和日用百货。千趣会下设"妇人会"，与家庭主妇建立经常性联系，相对固定的客户已发展到 700 万，约占日本总人口的 5.8%。每一客户都有一个专用号码，平均每次购物 4 件，每年购买 2~3 次。公司每年发行 350 万本商品目录杂志，客户选择的订货方式有电话、明信片、传真、因特网及其他；付款方式有邮局汇款、便利店支付、信用卡支付。千趣会有向海外投资的意向，在泰国开办的企业已运行 3 年。

3. 电话营销

日本的电话营销市场协会成立于 1991 年，1997 年取得社团法人资格，现有企业会员 266 家。其中接受委托专门从事电话服务的 125 家，通过电话销售自身产品和服务的 75 家，只提供服务平台的 66 家。

TMJ 公司是一个成功的例子。这家公司的母公司原来是一家服务书店，1977 年设立，现在是全国最大的通信补习班，在 30 个国家开设了 280 个语言学校，有 420 万会员，年销售额 2200 亿日元，利润 270 亿日元。1992 年，TMJ 公司独立，进入电话营销市场，从 1994 年起接受业务，代理店每年以 20% 的速度递增，营业额保持了 30% 的年增长率。目前已设立 800 个分支机构，有 2000 名员工，2000 年销售额 132 亿日元。TMJ 公司以母公司为依托，主要服务于通信教育，主动给客户打电话，按照年龄提供教材。全国 0～18 岁的人口中，每 10 人中就有 1 个是他们的会员，每 4 个学龄前儿童中就有 1 个得到了 TMJ 的"小老虎"吉祥物，成为公司的会员。公司总部的两层大楼都是电话服务中心，300 名员工为从婴儿到老人，从小学生到大学生等的客户提供多层次服务。公司开发的客户关系管理系统，培养了稳定的客户群，可以随着客户年龄的增长，提供终身跟踪服务，随时都可以了解什么人什么时候需要什么教育内容，成为最宝贵的客户资源信息。这家公司的发展方向是，利用因特网设立多媒体中心；与美国一家公司合作开设电话咨询公司；依托现有数据库，设立信息公司；向劳动力成本较低的国家或地区扩张。

4. 网上销售

日本的网上销售近年来发展很快，2000 年 B to C 销售额 8240 亿日元，比 1999 年增长 1.5 倍；B to B 销售额 21.6 兆日元，比 1998 年增长 1.5 倍。但在整个社会流通量中，网上销售所占的比重还很小，例如 1999 年 B to C 销售额 3360 亿日元，只相当于当年全国隐形眼镜的销售额。相比之下，B to B 发展更快，2000 年日本的企业利用互联网开展 B to B 业务的达到 46.8%，主要是一些大企业开展网上采购的带动效应。从交易各环节实际完成的业务来看，网上签合同的占 85%，结算占 8%，配送只占 5%。日本的家用电脑普及率不是很高，每百户拥有 29 台，占世界第 20 位，老百姓上网以浏览信息为主。但移动通信和移动互联网比较发达，每 10 个人中就有 7 部手机，其中14%的人通过手机上网。移动电子商务营业额，2000年为600亿日元，今年预计1800亿日元，2005年的预测值为2.5兆日元。为了培育网上市场，推动网上销售的发展，日本电子商务推进协议会从去年成立以来，一直致力于建立"企业和消费者之间的信赖机制"，其措施是对上网销售的企业在审查的基础上，准予使用"可信赖标志"，作为帮助消费者识别其可靠度的依据。目前该协会正在与国际上的有关机构共同研究制定国际通行的网络安全标识制度。

5. 访问销售

访问销售在日本是一个传统行业，根据日本《特定商业交易法》的定义，访问销售指"从营业所以外的场所，接受买卖合同申请或签订合同等，进行销售活动；或者从营业所以外的场所招引顾客至营业所，签订合同，进行销售活动"。访问销售以主动推销的方式，开发潜在需求，是无店铺销售的一种主要形式。但也存在销售人员不好管理、交易方式隐闭、易引发欺诈行为和纠纷、消费者没有心理准备、不容易被普遍接受等缺点。

为了克服访问销售的弊端，日本政府从行业自律和法律约束两个方面加强管理。按照日本《特定商业交易法》的规定，访问销售形式只允许在55类商品和17类服务活动的范围内进行。2000年访问销售的前5类商品是：化妆品、保健食品、抹布、内衣、辅导教材。

行业自律主要依靠日本访问销售协会。该协会目前有会员企业326个。1995年以来，会员企业访问销售额已经连续6年达到3兆日元。访问销售协会制定了会员的职业道德规范，明确了行业应遵循的职业道德；为加强对销售人员的管理，协会还制定了"销售员资格登录制度""伦理审查制度"和"客户标志监督制度"。日本访问销售协会每年都要提出培训计划，并帮助企业培训师资，企业组织对销售人员的培训和考试，考试合格者由协会颁发登记证，持有登记证的销售员才能够从事访问销售工作。目前日本有95万人取得了登记证。协会设有"伦理审查委员会"，邀请社会上的专家学者参加，对企业和销售员职业道德进行审查。经过审查，对于确属违反职业道德和行业自律条款的企业和销售员，采取停止销售权利或者除名的处罚。同时，协会把接受消费者投诉作为一项重要职责，每年大约受理7000件顾客的电话咨询和投诉。为了帮助家庭消费者辨认和监督访问销售员，协会正在向全国的每一个家庭赠送访问销售的标志，并讲明消费者的权利。在法律约束方面，主要规定：一是访问销售必须签订书面合同；二是销售员不许说假话，不许威胁劝诱顾客；三是规定了8天"冷静期"，即在销售人员与顾客签订书面合同后的8天内，消费者可以单方面无条件取消合同。

6. 联锁销售交易（"传销"）

根据日本《特定商业交易法》的定义，联锁销售交易是"以再销售、受理委托销售或中介为目的，收取特定利益，进行劝诱活动，以特定负担为条件与被劝诱人进行交易"。

鉴于联锁销售交易属高利润交易，易诱发不冷静行为，损害销售人员和消费者的利益，因此在法律约束方面，主要规定：一是销售必须签订书面合同；二是销售员不许说假话，不许威胁劝诱顾客；三是规定了20天"冷静期"，即在销售人员与顾客签订书面合同后的20天内，消费者可以单方面无条件取消合同；并严禁"老鼠会"式的无商品和服务的联锁销售。行业自律主要依靠日本访问销售协会。

在大阪，我们考察了三基商事株式会社（简称三基），其销售即采取"联锁"的方式。这是一家以生产销售保健食品为主的企业，1964年创立，2000年销售额970亿日元，其中的750亿日元来自以"美国西梅"为原料生产的各种保健食品。三基产品的销售靠特定的顾客群和销售组织体系来完成。凡使用三基商品，即成为"特别会员"，目前有120万人；在3个月内连续使用的，则被称为"连续受用者"，现有12万人；再往上一级称为"营业所"，赋予其销售职能，现有8000个；"营业所"实绩好并能提出客户需求预测分析报告，经考试合格，预备期满，就可与公司签订协议，成为

"代理店"。目前公司有"代理店"2600多个。三基产品在不同层次的销售执行统一价格,"营业所"和"代理店"依据销售业绩提取佣金。三基产品的销售人员以女性居多,有不少是家庭主妇。公司对业绩好的销售人员提供海外学习、旅行、开拓业务的机会,每年安排8000多人。

(二) 相关的社团组织

我们这次访问考察的专业性行业协会有:日本信用产业协会、电子商务推进协议会、通信销售协会、电话营销市场协会、访问销售协会和自动销售机工业协会。这些协会几乎覆盖了日本所有的无店铺销售行业及主要企业。在日本的法律中,这些社团组织都有明确的定位,其设立一般需经过政府部门批准,并由一个对口的业务部门进行管理。协会向政府提出工作计划,汇报行业情况,反映企业的要求,接受审查等。例如日本通信销售协会就是由经济产业省批准设立的,并且每两三年由经济产业省对协会的活动进行一次审查。社团组织由企业发起设立,一般由行业内的大企业负责人担任会长,由专职人员组成事务局负责日常工作。协会的主要职能有5个方面:一是通过行业自律,与消费者建立信赖关系。包括通过制定"伦理纲要"、设立"伦理审查委员会",加强对企业的约束;接受和处理顾客投诉,如通信销售协会设置了"通贩110"热线电话。二是维护企业利益,谋求自身发展。涉及外部环境的问题,以协会的名义向政府和有关部门集中反映。三是培训职工,制定统一的培训计划、选定内容、组织考试发证,提高业内职工的整体素质。四是了解掌握本行业的发展情况,进行行业统计、分析、预测。五是与外部联系。参加相关的国际组织,扩大同国际同行的交流与合作。

(三) 相关法律及政府的监管措施

日本的无店铺销售业务主要靠《特定商业交易法》来规制。这部法律1976年出台,2000年进行了修改,2001年6月开始实施修改后的法律。其立法宗旨有两条，一是立足于放开和促进无店铺销售业的发展；二是对交易主体的行为进行严格规范，以保护消费者利益。该法对访问销售、通信销售、电话营销、联锁销售交易（传销）、特定持续的劳务交易（如美容沙龙、民间外语学校、家教等）、业务提供劝诱销售交易（以提供就业机会为条件推销相关商品的行为）和消极选择销售（无事先约定的上门推销）等几种方式都根据不同特点做了有针对性的法律规定。但其中有许多共性的规定，如必须签订书面合同、禁止做夸大不实的广告、禁止告知失实和威迫恐吓顾客、为顾客设置"冷静期"（凡不是消费者主动要求签订的合同都有"冷静期"，"冷静期"内消费者可以无条件撤销合同）、损害赔偿等。这些规定都以保护消费者权益为目的，这一点贯穿于《特定商业交易法》的各个章节中，也是我们在整个学习考察过程中感受最深的。

除了法律规范外，日本政府还采取了一系列行政措施对无店铺销售业进行监管。经济产业省规定了行业的准入制度，对申请进入的企业进行前置性审批；哪种业态允许销售哪些商品和服务，均由经济产业省的有关部门制定目录；同时，在中央和地方设立了400多个"国民消费中心"，负责接受消费者咨询和受理投诉；对于违法企业的处理分为行政处分和刑事处分两种，行政处分包括责令停业、强制整改等，由经济产业省商务情报政策局消费经济部中新设立的"消费经济政策课"负责调查处理；刑事处分由警方依法进行。任何人在认为特定商业交易的公正性和消费者利益有可能受到侵害时，都可以向主要分管大臣提出见解，要求采取适当措施。

（四）主要特点和发展趋向

一是集多种方式为一体的综合性企业集中度提高。如富士产经株式会社30年前由电视营销起步，通过商品目录、电视、杂志、报纸、传真、电话和因特网等多种媒体进行销售活动，几乎覆盖了所有的无店铺销售形式，根据不同商品和服务的不同特点及不同顾客的需求和心理，选择不同的销售方式。现在销售商品已达 6000 余种，2000 年销售额约 600 亿日元。同时，公司还兼营旅游、保险代理、家教信函、搬家等业务，成为行业内很有影响的企业。

二是在一部分企业发展"大综合"的同时，大部分企业专业化分工越来越细。如北九州的食品加工企业"明太子富屋"，是明太鱼子的专业生产企业，通过通信目录向 100 万客户直接销售，其产销量已达全国的十分之一。还有的企业只承担某一销售环节的某一部分业务，比如电话订货、送货、代收款等，甚至只负责提供服务平台；还出现了专门追债的公司、专业提供客户信息的公司等。

三是依托传统业务的电子商务前景广阔。近两年来，日本的电子商务同样经历了迅猛发展、急剧回落的过程。但泡沫破灭之后，真正破产崩溃的只是那些脱离传统商务的网络公司。不少传统企业依托原有商务活动开展的电子商务得到了长足发展，以因特网为纽带连接的销售模式得到认同。客户手机同销售公司连接，销售公司同配送公司连接，配送公司同生产厂连接，付款时销售公司通过与信用卡公司的连接来划转，极大地方便了消费者，压缩了流通环节。

四是社会化的第三方物流服务网络成为无店铺销售业强有力的支撑。第三方物流服务网络在日本已经形成了比较完善的系统，一般货物 7 天之内，生鲜食品 2 天之内就可送达全国各地；同城 24 小时能够即时配送，冷冻食品和保持热度的食品可以做到按要求的温度配送。这种以客户需求为主导的专业化物流服务，在接受订单、运输、储存、加工、包装、配送和信息处理各个环节，都能提供高效便捷的服务。所以商店和无店铺企业一般都不自设仓库、车辆和配送人员，仓储、配送等业务外包给专业化的第三方物流企业去做。加上先进的信息网络系统，使合理消费、合理流通、合理生产成为可能，节约了大量的社会经济资源。

五是无店铺销售和有店铺销售的融合，卖商品和卖服务的融合。遍布全国的 8900 多家 7-11 便利店及 Law Son、Family Mart、am pm 等便利店，都可作为无店铺销售企业订货、送货、取货、交款和"宅急便"的代办点，顾客可以就地就近得到所需要的商品和服务。无店铺销售不局限于商品销售，包括提供满足顾客需求的各种个性化服务，满足顾客对购买时间、地点、方式和其他的特殊要求，一切以顾客需要为根本出发点，一些劳务、服务性消费，也可以通过无店铺的方式，很方便地进行。

六是消费者、企业、社团、政府间的良性互动。无店铺销售企业根据消费者的需求，不断开发多种服务方式；新的业态和交易方式一旦出现，政府就会修改或设立相关法律进行规范，同时产生新的社团组织负责行业自律；消费者遇到问题，可以通过社团和政府来解决。这种良性互动的运作方式，是无店铺销售业平稳发展的制度保证，也是市场经济成熟的标志之一。

三、几点启示与建议

（一）启示

（1）无店铺销售有可能成为我国今后具有发展潜力的新型营销方式，但必须从国情出发，规范发展。日本无店铺销售业发展的历史表明，无店铺销售是居民收入水平和交通、通信、信息化水平以及信用程度提高到一定阶段的产物。改革开放以来，我国经济一直保持了较高的发展速度，尤其在近年美、日、欧经济衰退的情况下，仍然保持了 7% 以上的高速度。2000 年，我国已实现了人均国民收入 800 美元的阶段性目标，进入小康社会。从消费水平结构上看，东部发达地区与中、西部欠发达地区之间存在着较大的梯度落差，一些沿海省份城乡居民人均年收入超过 5000 元，上海、北京等中心城市居民的人均消费水平已接近中等发达国家的水平。随着城镇化进程和城市生活节奏的加快，无店铺销售的市场需求会越来越大。按照我国政府的承诺，入世后三年内将对无固定地点的销售取消限制。国外无店铺销售企业进入我国市场，估计会首先带动东部发达地区无店铺销售市场的形成。从上述分析看，无店铺销售有可能成为我国今后具有发展潜力的新型营销方式，应将其纳入下一步流通业结构调整的范围予以关注。

但是，目前还有一些制约无店铺销售发展的因素。一是居民消费观念和习惯的转变尚需一个过程。从日本的情况看，通过无店铺销售的商品价格一般比通过店铺销售的商品高10%左右，且存在着不直观、不能挑选等特点，一部分消费者不容易接受。二是目前我国社会信用体系、物流配送体系和电子支付体系等相关的环境尚不完善，有关中介组织发育水平较低，无店铺销售发展缺乏有力的支撑。三是国民素质特别是道德水准还有待提高。因此，无店铺销售市场的规模化和规范化还需要一个较长的时期，且各种形式的发展也不会平衡。同时，无店铺销售的形式虽然很多，但其产生和发展除与经济和科技发展水平相关外，还受不同的社会文化（价值观、社会时尚、消费习惯等）影响。因此，在研究和指导我国无店铺销售业的发展时，必须从国情出发，决不可照搬国外的经验。

（2）进一步加深了对"传销"的认识。鉴于我国目前全面禁止各种类型的传销，使得对传销的立法和管理成为一个既敏感又迫切的问题。因此，在考察中我们把日本对传销业的管理作为一个重点。据日本经济产业省和日本访问销售协会介绍，20世纪70年代"传销"方式由美国传入日本，并且很快在日本流行。由于企业对"传销"人员很难有效管理，尤其是那些大量参与传销的无固定经济收入的家庭妇女，经常发生因高价买入的商品卖不出去给自己带来损失，或向朋友和亲属转嫁损失的问题，成为影响社会稳定的一个因素。

日本的学术界对"传销"方式曾有两种对立的观点：一种观点是根本否定，认为传销并不能降低流通成本、提高流通效率，并且容易使消费者利益受到损害，应该禁止。另一种观点是基本肯定，认为传销方式有利于降低流通成本、提高流通效率，只要管理得法，可以允许其存在。日本政府采纳了后一种意见，通过立法允许传销具体的商品和服务，严禁没有商品和服务的传销行为。1976 年出台的《特定商业交易法》只管制商品的传销，1988 年又将服务的传销纳入管制范围。开始只管制 2 万日元以上的高值商品交易，2001 年 6 月修改法律，取消了管理的下限，对不足 2 万日元的商品也进行管制。可以看出，日本对于传销的法制约束和行政监管都是逐步从紧的。在与经济产业省和日本访问销售协会座谈时也可以明显地感觉到，日本官方和行业组织对传销方式的评价不高，并不提倡。由此看来，传销作为一种主要依靠人际关系传售商品和服务的形式，其局限性和易引发的弊端是共性的问题。

"传销"在日本已有 30 年的发展历史，日本政府尚持如此谨慎的态度，在我国目前市场体系发育程度不高、法制不健全、监管不到位的情况下，全面禁止传销更是完全必要和正确的。下一步对传销业立法和管理也宜以严格市场准入、严格规范经营行为为原则，并可考虑辅以高征税等经济手段来限制其过快发展，以适应加入世界贸易组织的要求。

（二）几点建议

借鉴日本的经验和做法，结合我国的情况，我们认为应从以下几方面做好工作，为引导我国无店铺销售业健康发展创造体制和制度环境。

（1）抓紧制定规范无店铺销售的法律法规。目前我国无店铺销售业管理方面的法律尚属空白，只有个别地区制定了单项法规，缺乏统一的法律规范。鉴于立法需时较长，而且目前各种无店铺销售形式起步时间都不长，没有足够的实践经验作为立法的依据。建议先选择邮购、电视营销和网上销售等相对具备条件的形式，制定单项法规或规章，待条件成熟时再制定综合性法规或法律。同时，有关部门应抓紧研究制定保障网络安全、维护个人隐私等方面的配套法规；根据无店铺销售形式的特点补充完善《中华人民共和国消费者权益保障法》等相关法律法规。

（2）培育发展中介组织，加强无店铺销售业行业自律。我国无店铺销售的行业组织至今还是一个空白，这对无店铺销售业的健康发展是很不利的。日本的经验表明，市场经济条件下，中介组织越来越成为政府管理经济生活和指导行业健康发展的一支重要的补充力量，也是加强行业自律、制定行业发展规划、协调政府和企业间关系的主导力量。政府应将引导无店铺销售行业成立协会作为一项重要工作，可在条件成熟的行业中先行试点。

（3）对无店铺销售的不同业态进行分类指导。虽然目前无店铺销售的主要形式都已在我国出现，但发展程度很不平衡，也很不规范，缺乏规模化的企业。我国入世后，国外的许多企业都已做好了进入我国无店铺销售市场的准备，以上海麦考林国际邮购有限公司（美资）和上海贝塔斯曼文化实业有限公司（德资）为代表的外资企业已先期抢滩我国沿海大城市。我们在日本期间，日本电话营销市场协会也已来华考察。他们的先进技术和成熟的经营经验对我国的无店铺销售企业将是一个严峻的挑战。因此，应加快培育我国的无店铺销售业。对已经具备发展条件的业态，如邮购、电视商场、自动售货机等，应制定明确的产业政策予以引导，支持行业健康发展；对尚不能有效保护消费者权益、交易风险较大的业态，如推销员访问销售等，应建立严格的市场准入制度和交易制度以及行之有效的监督管理机制。

（4）大力发展信息技术，完善物流配送体系。无店铺销售的实现是以通信和网络信息技术为基础，依靠发达的专业化、社会化的物流体系来支撑的。这也正是目前我国无店铺销售业发育的一个瓶颈。因此，国家应从产业政策上支持交通、通信和电信业的发展；着力解决无店铺销售业务中的电子支付、安全认证等问题；通过制定实施有关电子商务的法律法规，解决网上合同、网上签名的有效性问题。要把物流业纳入社会经济发展的总体规划，制定相关的产业政策；打破地区和行业壁垒，用市场经济的办法整合现有物流资源；鼓励面向社会服务的第三方物流配送企业的发展，拓展物流市场；

大力推进物流业科技创新，提升物流服务水平，使现代物流业在降低流通成本、提高流通质量和效益方面发挥更大作用。

（5）加强部门间协调，建立适应无店铺销售业发展的监管机制。目前，我国对无店铺销售的监管还存在一些问题。一是政出多门，工商、邮政、广电、出版等部门都在不同程度上参与对无店铺销售业的管理，各部门管理标准不一，且对系统内外的企业实行双重标准。二是有关监管办法不适应无店铺销售形式发展的需要。如企业营业执照中，不能有效区分邮购、专卖、会员俱乐部等形式；对邮购企业的商品目录是否应视同广告管理，有关部门一直没有明确的界定，也困扰着邮购企业的发展。建议配合无店铺销售业的立法，由综合部门牵头，组织有关部门对相关的部门规章进行一次全面清理，并进行必要的修改、补充和完善。

北京物流：向社会化迈进

——北京市现代物流发展记事

（二〇〇三年六月三十日）

近日，在北京市商务委员会调研，听到一件十分感人的事情。4月23日前后，当非典肆虐，市民集中大量购买生活必需品的紧要关头，各地调运的面粉、食盐和食油等商品源源不断运抵北京。为以最快的速度完成接卸、换包装、贴标签、配送、上架、售卖等一系列工作，市商务委员会紧急启动连锁超市物流配送系统，确保了紧缺物资及时同市民见面，为平抑市场、稳定社会发挥了重大作用。现代物流系统和供电、供水、供气系统一样，是保证现代城市正常运转的"生命线"。北京市初步建立起来的社会化物流系统，在关键时刻显示了强大威力。

一、规划：开始起步

北京作为国际化大都市，随着我国加入 WTO 和奥运会申办成功，对社会化、现代化的物流网络系统建设提出了新的更高要求。北京市领导站在完善城市功能，提高城市综合竞争力，实现可持续发展的高度，责成市商务委员会和发展计划委员会牵头制定了《北京市商业物流发展规划（2002—2010年）》（以下简称《规划》）。

去年 2 月发布的这个《规划》，在分析现状的基础上，提出了总体发展目标：2005 年，初步建立以大型物流基地为核心、以综合性及专业性物流配送区为结点的物流体系框架；2010 年，形成结构合理、设施配套、技术先进、运转高效的物流体系，总体上达到国际先进水平，使北京成为亚太地区重要的物流枢纽城市。

根据发展目标，《规划》提出了到 2010 年建成 3 个大型物流基地和 17 个物流配送区的规划布局。闫村—王佐铁路、公路货运枢纽型物流园区，通州马驹桥公路、海运国际货运枢纽型物流园区，顺义天竺航空、公路货运枢纽型物流园区，以及十八里店物流配送区（北京物流港）建设项目已被纳入北京市 2003 年 60 项重点工程之列。

为保证规划顺利实施，北京市建立了多级协调机制：有市一级的联席会议制度，办公室设在市商务委员会，各有关部门负责人参加，协调重大事项；部门间协调机制，由部门负责人协调相关政策；跨部门处室间协调机制，可随时协调解决具体问题。目前，北京市正在积极筹备成立全市物流行业协会，增加新的协调渠道。他们提出，规划统领，利益调整，理顺关系，形成政策的协调促进原则，保证了《规划》按进度推进。目前，设在顺义天竺的空港物流园区基础设施建设按计划开工，已同十几家企业签订了入园协议。通州物流园区于 6 月 8 日举行了基础设施奠基暨项目签约仪式。为拓宽融资渠道，筹集基础设施建设资金，对金马驹物流产业园区开发建设有限公司进行改制，采取政府宏观管理与企业市场运作相结合的方式对园区开发建设，已有 4 家企业入园，另有 6 家达成合作意向。

二、企业：成长迅速

在市政府规划、政策的引导下，北京市物流企业在市场化、社会化、现代化的过程中快速成长。由北京市商务委员会和市统计局联合完成的《北京市物流业现状调查报告》显示，2002 年，全市货物配送量比 2001 年增长 51%，连锁配送企业物流量比 2001 年增长 25.8%，货物流通加工量比 2001 年增长 9.6%，货代行业物流处理量增长 21.4%，本次调查的 45 家第三方物流企业 2002 年物流处理量同比增长 58.6%。

北京物美商业集团（简称物美）运用现代流通技术接收改造国有商场 300 余家，安置原国有企业职工 7700 多人，2002 年销售总额突破 50 亿元，跨入中国企业 500 强行列。2001 年，物美与和黄天百集团合作，委托第三方管理物流配送业务，集中精力做自己最专业的事情。在抗击非典期间，物美响应政府号召，运用先进的物流配送系统，保证市场供应，4 月、5 月两月销售额与上年同期相比增长 40% 以上。物美便利超市大红门配送中心 4 月 23 日创造了货值 214 万元的配送纪录，比平时的工作量增加了 2 倍。国务院温家宝总理、吴仪副总理对物美所做的工作表示满意，对大型现代流通企业强大的组织能力给予充分肯定。

北京东方信捷物流有限责任公司的前身是市供销合作总社下属的 5 个仓库，1995 年以来在企业改制的基础上，转向现代物流业务。原有仓库经改造向社会开放，并在传统仓储业务的基础上开展加工、分拣、包装和配送等增值服务，还向生产企业输出物流管理和技术，承包物流服务。目前已发展固定客户 200 多家，2002 年物流服务收入达 4000 万元。

北京京客隆超市连锁集团有限公司的前身是北京京客隆商厦，创建于 1994 年。2002 年 4 月，由北京市朝阳副食品总公司作为国有资本出资人进行了股份制改造，现有连锁超市 75 家，专业连锁店 39 家，2002 年位列中国连锁百强第 19 名。下属京客隆配送中心占地 7.7 万平方米，日均吞吐商品能力 4 万箱，直配商品 18000 多种，2002 年实现配送额 6.76 亿元。在抗击非典时期，营业收入逆市而上，4 月增长 18%，5 月增长 21%，6 月增幅也在 15% 以上，最关键的 4 月 23 日，商品吞吐量达到创纪录的 13.4

万箱。

北京烟草专卖局系统正在运用现代物流理念建设营销网络，逐步形成了市级（销售公司、烟厂销售部、储运公司）、区县级（18个区县公司）和零售终端（40609个持证零售户）销售网络。构建了由286名访销员（电话订货员）、320名送货员和179辆配送车辆组成的网络运行保障体系。目前正在努力打造以"电话访销、网上配货、电子结算、现代物流"为特点的营销模式。丰台烟草专卖局将旧仓库和锅炉房改造成具有半自动化功能的配送仓库，建立了客户信息采集、客户关系分析、仓储管理和零售连锁四位一体的信息系统，大大节约了物流成本，提高了运营效率。下一步，市烟草专卖局准备对本系统分散在全市的物流和仓储资源进行整合，重点发挥丰台、海淀和朝阳3个配送中心的作用。

按照传统眼光来看，邮政企业经营的业务"应该"是报刊、信件和包裹一类，当我们踏进中邮物流北京公司仓库的时候，看到的却是化妆品、图书和药品等和传统邮政好像不沾边的东西，某护肤品牌正是其大客户。这也可以看作中国邮政进军现代物流的一个缩影。中邮物流北京公司从2001年开始涉足物流业务，服务收入连年攀升，2001年8000万元，2002年1.57亿元，今年虽然受非典影响，到5月底已达1.1亿元。邮政利用自身的网点优势，定位于高端客户、精益物流，逐步成长为物流市场的一支生力军。

拆除部门、系统的藩篱，突破地区、行业的限制，促进各种物流资源、各个物流环节和多种经营方式的整合，培育自己的核心竞争力，已成为北京市各类物流企业向社会化发展的趋势，也是他们快速成长的动力之一。

三、整合：仍需努力

整合是现代物流发展的基本手段和主要标志。这次在北京调研，整合的成果随处可见，整合的呼声时有耳闻。政府层面有整合的想法和举措，物流发展规划的制定和实施本身就体现了整合的思想。企业资源的整合、业务的整合、运作模式的整合已经见诸行动，有的已收到实效。特别是烟草、邮政这些传统上属于垄断型、封闭性经营的行业，也走上了社会化物流的路子。我们实地考察过的企业，大都打破了原有的经营模式，找到了新的服务对象，不仅拿出自己的资源为社会服务，而且整合社会资源为我所用。可以说，整合贯穿了北京现代物流发展的全过程。

但是，我们也深切地感到，物流整合是一个相当长的过程，还需要付出艰苦的努力。《北京市物流业现状调查报告》显示，制造业和批发贸易业自营物流的比重高达74.2%，专业物流企业物流量只有25.8%，也就是说北京市物流社会化的比例还比较低。造成这种状况的原因，既有企业多年来形成的"大而全""小而全"思想和现行管理体制的制约，也有专业物流企业规模小、实力弱、功能单一，不能满足企业需求的问题。这次调查反映出这样一组数据：主营物流企业货运车辆占货运总车辆的34%，拥有50辆以上货运车辆的企业仅占0.2%；传统方式的运输和仓储比例占物流量的97.5%，具有增值功能的配送和流通加工只占2.5%，达到较高物流管理和服务层次的专业化物流企业完成的物流量仅占0.7%；主营物流企业集装箱物流量只占5.3%，托盘利用率只有7.3%，在被调查的企业中使用物流管理系统的只有11.6%。

在这次调研中，企业反映强烈的问题还有：物流配送车辆在市区通行、停靠、卸货的问题；园区土地开发费用偏高的问题；烟草专营按行政区划管理与配送体系不协调的问题；第三方物流企业功能单一与科技含量低的问题；连锁超市跨区域配送关系没有理顺的问题等。这些其实也是整合不够导致的问题，同时也反映出北京社会化物流发展还有巨大空间。现代物流是跨部门、跨行业的复合性产业，以各产业为服务对象和需求基础。社会化物流体系建立和正常运转，受益的将是整个社会。因此，现代物流的发展，需要物流企业和职工的艰苦努力，需要政府营造适宜的发展环境，也需要社会方方面面的理解和支持。

（中国物流与采购联合会调研组

丁俊发　何黎明　贺登才　张明

北京市商务委员会物流办公室　黄遵东　林有来

执笔人：贺登才）

聚集物流需求　整合物流资源

——对浙江传化物流基地的调查

（二〇〇四年六月二十三日）

浙江传化集团位于杭州市萧山区，1986 年创建以来，已从一个家庭作坊发展成为拥有精细化工、日用化工、农业高科技、物流四大产业的企业集团。2003 年资产总额 17 亿元，营业收入 35 亿元。集团从 1997 年开始涉足储运业务，2002 年投资建设物流基地。2003 年 4 月物流基地正式开业，当年实现营业收入 7 亿元，上缴税收 2000 万元。今年上半年，主要经济指标已达到去年全年的水平。传化物流在聚集物流需求、整合物流资源、带动相关产业、促进经济发展中发挥着越来越大的作用。

一、传化物流基地的基本功能

传化物流的发展经历了从满足企业自身物流，到参与社会物流，再到搭建物流平台，推进物流产业化经营的过程。随着集团产业的发展，传化的自身物流需求逐步增加。由于沿用"统包管理、自我服务"的模式，"养人""养车"的费用居高不下。在此情况下，他们采取了承包经营的办法，相关费用随之下降，车队由"吃不了"变为"吃不饱"，开始走向社会"揽活儿"。在找"货代"的过程中，发现许多"小货代"都是分散经营，形不成

23

规模，迫切需要集中的交易平台。为此，传化集团投入较大精力和财力，在广泛调研的基础上，做出了建设物流基地、介入物流产业的决策。

新建成的传化物流基地位于沪杭甬高速公路萧山出口处，建设规模 560 亩，投资 3 亿元，已成为杭州湾和长江三角洲地区的一个重要的公共性物流运营基地，六大主要功能得到了较好发挥。

一是交易中心功能。来自生产企业、商贸企业以及第三方物流企业的货源、运输、仓储等信息经系统整合处理后在交易中心通过大屏幕发布，客户还可以通过互联网在物流基地网站上发布和查询交易信息，也可以通过电话委托交易。交易中心吸引了 4700 多家物流客户、300 多家第三方物流企业和通过身份查验的 12 万辆运输车，为他们提供了集中统一的交易场所和平台。

二是信息中心功能。传化物流基地的信息系统由货运交易系统、仓储管理系统、停车管理系统等子系统组成，为入驻的物流企业提供信息平台，引导他们利用现代技术进行业务运作，实现业务流程管理、数据安全管理和传输管理，直接促进物流企业的业务拓展和运营成本的降低。

三是专业运输中心功能。包括水路、铁路、公路和联运等多种运输方式和大件、散货、冷链等多种需求的运输服务。87000 平方米的停车场，可同时停放 1200 辆专业车辆，能够提供各种专业的运输服务。

四是专业仓储中心功能。物流基地内仓储总面积达 12 万平方米，包括一般仓库、零担仓库和根据用户需求定制的个性化仓库，可为企业提供优质、高效、便捷、周到的仓储保管服务。

五是流通配送中心功能。物流基地采用标准化作业体系，充分利用现有物流设施，为连锁超市等流通企业提供专业化的商品批发、配送、储存、运输、展示与交易等物流服务。

六是转运中心功能。利用物流基地的海、陆、空立体交通位置，以支持物流基地内物流企业、工商企业海、陆、空中转业务的有效执行。

此外，传化物流基地还提供工商、税务、运管等政府职能部门的现场监管服务；提供银行、保险、商务、通信、网络等各项技术支持服务；提供汽配、汽修、餐饮、购物、住宿、娱乐、通信、后勤、物业等生活服务，形成了物流为进驻单位服务，进驻单位为货主企业服务，货主企业为最终客户服务的服务链条和相互依托关系。

二、传化物流基地的积极效应

传化物流基地正式运营时间虽然不长，但由于紧紧围绕当地经济发展需要，按照市场经济规律整合各类物流资源，建立了符合货主企业、物流服务企业需要的经营管理模式，再加上当地政府与社会各界的支持，六大功能迅速发挥，积极效应逐步显示出来。

一是物流需求的积聚效应。萧山及其周边地区，是经济发达地区，仅杭州市一年的 GDP 就超过 2000 亿元，有较大的物流需求。传化物流基地紧紧依托并服务于当地物流需求，为 4700 多家制造和商贸企业提供物流服务，所承运的物流货物总额超过 400 亿元。这么大的物流量，是任何一家单个企业都无法完成的，只有通过"物流基地"这样一个载体，才能够实现。经过一年多的运营，物流基地吸引了各类专业物流企业，形成了一个综合性的物流信息交易市场，各类物流服务和信息，都可以在这里得到满足。物流需求方既可以进行"一对一"的谈判，也可以进行"一对多"的谈判，还可以采取"基地总包"的方式。物流需求的快速聚集，促进了企业分工分业，当地不少企业分离外包物流业务，集中培育核心竞争力，反过来加快了物流产业化、社会化的进程。

二是物流资源的整合效应。300 多家入驻企业在经营范围、线路、网点、方式各方面都有不同，在"物流基地"这个统一的平台上，每家每户的"小专业"变成了整个"物流基地"的"大综合"，使资源得到优化配置，服务功能趋于完善，物流效率得以提高。传化物流基地有 10 多家进驻企业主要从事铁路专线运输，与杭州的铁路部门进行战略联盟，充分整合利用周边铁路运输的网络资源。"物流基地"内有6家企业专业从事水运业务，开展水陆联运，每天可保证有2000吨货物从水路运出。"物流基地"的零担快运市场在打破垄断的基础上，整合了100多条专线资源，形成了通往全国各地的专线网络。这样，不同物流企业在同一线路上的货物可以整合，不同运输方式可以衔接，回程车辆空驶率大大降低。进驻企业通过"物流基地"这个"大舞台"，既竞争又联合，促使"物流基地"服务功能逐步完善，整体服务水平迅速提高。

三是物流基地的辐射效应。在入驻"物流基地"的物流与货代企业中，有56.5%来自浙江全省（除萧山区），26.3%来自全国各地（除浙江省），属于萧山区的仅占17.2%。这些入驻企业都有自己的经营网络，"物流基地"是其整个网络中的一个"结点"，其他"结点"资源同样可以为"物流基地"所用。正是通过入驻企业的网络联系，"物流基地"把"触角"延伸到全国各地。入驻企业在"物流基地"找到了生存发展的空间，企业的发展又增强了"物流基地"的凝聚力和辐射力。目前，传化物流基地正在积极探索连锁经营，编织更大的物流网络。

四是相关产业的带动效应。首先，日益方便快捷的物流服务，促进了企业专业化分工，有利于提高企业和产品的核心竞争力。其次，推动了物流产业化、社会化进程，有利于资源整合利用和物流产业发展。最后，物流产业的发展，促进了与之配套的设施设备、通信、生活服务等相关产业的发展。据不完全统计，围绕"物流基地"直接进行各种服务的从业人员，已达4000人以上。随着进一步探索与实践，传化物流基地将会发挥更大的作用。

三、传化物流的几点启示

启示一，发展物流产业要以产业需求为基础。说到底，物流是一个服务性产业，其他产业如制造业、商贸业是其服务对象。传化物流基地的实践再一次明确告诉我们，发展物流产业一定要以产业对物流的需求为基础，包括物流园区（基地）的规模、运营模式、服务方式都要从产业的需要出发。离开了产业需求，"就物流抓物流"是不行的。

启示二，完善服务功能要以资源整合为手段。物流是一个庞杂的系统，需要各种各样的物流资源，某一家企业没必要，也不可能把这些资源全部"备齐"。传化的实践表明，完善服务功能要以资源整合为手段，物流园区（基地）是资源整合的好形式。有了这样一个平台，就能够吸引和积聚各种物流资源，这些资源通过市场化运作，就可以提供综合性物流服务。如果各个物流园区（基地）之间实现物流信息互联、互通，将会实现更大的整合与积聚效应。通过整合，发展现代物流产业，以较少的投入，实现更大的效益，符合科学发展观的要求，也是现代物流发展的基本规律。

启示三，经营管理模式要与经济发展水平相适应。传化物流基地采取了有形市场与无形市场、自主交易与综合服务有机结合的模式，既提供场地和信息平台，又不是简单地提供物业管理和中介服务；"物流基地"与进驻企业之间既分工又合作，在一定程度上扮演了"集成商"的角色；进驻企业之间在现代物流理念和市场经济规律之上，形成了平等竞争与合作关系；"物流基地"的设施、设备、运作和管理模式可能都不是"最先进"的，但符合当地经济发展的需要，因而具有较强的生命力。因此，发展我国现代物流产业，一方面要以先进的物流理念来指导，以发达国家的经验为借鉴；另一方面一定要结合我国的国情，承认物流产业发展的差异性和阶段性，走出一条中国特色的物流发展路子。

启示四，政府应该重视和引导物流园区（基地）的健康发展。近年来，在国家有关部门及地方政府的大力推动和企业的积极参与下，我国现代物流出现了加快发展的好势头，特别是物流基础设施建设成为各方面关注的热点。许多省区市都在物流发展规划中提出了物流园区（基地、中心）的规划与建设问题，有些基础设施在资源整合和物流业发展中已开始发挥作用。但也不可否认，一些地方在物流园区（基地、中心、场站）的功能定位、规划建设、运营模式、发展方向等方面还存在一定的盲目性，在推进物流基础设施建设的手段和方法上也有偏差，还出现了假借"园区"名义"圈地"的问题。今年以来，国家出台宏观调控政策，对包括物流园区在内的固定资产投资项目进行清理整顿，坚决纠正和制止"圈地"行为，这是非常必要和及时的。物流园区建设出现的问题，需要认真总结和反思。同时，我们也要看到，物流园区是现代物流集约化经营不可缺少的基础设施，在整合资源，发展物流产业，推动经济发展中可以发挥重要的作用，要重视和引导物流园区健康规范发展。对于那些定位明确、运作规范、前景良好、企业欢迎的物流园区（基地、中心、场站）政府部门应该继续给予相应的扶持政策，使其在当地经济发展中发挥应有作用。当然，物流园区还应坚持企业化、市场化的运作方向，政府部门不必包办代替。

关于美国物流的考察报告

（二〇〇四年九月）

2004 年 9 月 12—28 日，中国物流与采购联合会考察组对美国进行了考察访问。考察组走访了美国政府有关部门、行业协会和物流企业，参观了高速公路、港口和仓库等基础设施。现将有关情况、思考与建议报告如下：

一、美国物流的有关情况

考察组在美期间，访问了联邦运输部，听取了高速公路管理局、高速公路安全局和项目局等 3 个部门 5 位官员及专家介绍的相关情况；在美国运输与物流协会，与协会主席和执行官进行了座谈；在纽约伊丽莎白港东岸仓储配送公司，有企业负责人陪同参观并介绍情况。由于时间关系，考察组对美国物流的整体情况，还缺乏深入的了解和全面的把握，现就所见所闻结合有关资料，做一些简要的介绍。

（一）美国交通运输管理体制

美国联邦运输部是全国交通运输行政管理机关，统筹各种运输方式的管理，下设 10 个部门。分别是：高速公路管理局、车辆安全管理局、高速公路安全局、公共交通局、铁路运输管理局、航空运输管理局、海洋运输局、水路运输公司（非营利组织）、研究与特殊项目局和统计局。联邦运输部在各州设有代表处，保证监督运输部政策的贯彻实施。

从20世纪80年代开始，美国政府逐步放宽对公路、铁路、航空、航海等运输市场的管制，取消了运输公司在市场准入、经营路线、联合承运、合同运输、运输费率、运输代理等多方面的审批与限制。1991年美国颁布《多式联运法》，大力提倡多式联运的发展。1996年出台《美国运输部1997—2002财政年度战略规划》，提出建设一个世界上最安全、方便和经济有效的物流运输系统。这些政策法规的推行，为确立美国物流在世界上的领先地位提供了适宜的政策环境。

美国政府对运输市场放松管制，并不是撒手不管，而是将重点从经济职能管理转向生产安全管理。20世纪70年代以来，通过了《运输安全法》《清洁空气法》《清洁水法》《资源保护和恢复法》《综合环境责任赔偿和义务法》《危险品材料运输法》等，以尽量减少物流发展对自然环境和生产、生活安全构成的威胁。

如，高速公路安全局在50个州设立了91个办公室，雇佣1050名工作人员，采取路检和抽检相结合的方式，对上百万辆汽车进行安全检查。从1996年以来，大型死亡事故减少41%，等于挽救了14000条性命。

（二）美国高速公路的建设与管理

1939年，美国议会通过了"州际国防公路网计划"，开始了高速公路建设。1944年，议会通过了修建65600公里州际公路网发展计划。1960年以后，以连通和改善州际交通干线为重点的州际高速公路建设取得重大进展。目前，全美公路总里程约650万公里，其中高速公路近9万公里，约占世界高速公路总里程的一半，连接了所有5万人以上的城镇。任何一个地区，甚至是相当偏僻的山区，都可以方便地利用高速公路实现出行目的。美国的高速公路网络在20世纪后半期完成后，其高速公路总里程并没有太大的变化。

但是，只要有需求，他们就会对原有高速公路加宽改造或新建。

美国的高速公路建设，有一套评估论证、规划立项、投融资以及维护管理的机制。每个项目的论证至少要两年时间，一般由行业组织牵头，邀请行政官员、专家学者和使用部门的代表，进行学习考察、协调商讨、归纳改进，提出并修改设计方案。高速公路建设资金投入的比例为州政府 19.6%，地方县市 77.4%，联邦政府 3%，平时维护费用主要由州政府负责。

我们看到，在美国经济发达地区，高速公路的宽度多达十几条车道；在一些偏僻的地区，也有只能两辆车相向通行的公路。但在狭窄处没有看到堵车的情况，在宽阔处也没有感觉闲置。不论什么样的道路，都能够匀速前进，川流不息，构成了美国通畅、高效、适用的公路网络。

美国高速公路 91.2% 是个人车辆使用，美国家庭用在车辆和交通方面的费用，约占其总收入的 18%~19%。美国的高速公路几乎看不到收费站，个别收费的桥涵，使用电子扫描系统，并不影响车辆正常行驶。公路养建资金的来源主要有三块：一是燃油税，这是美国公路养建资金的主要来源，一加仑约 18.4 美分；二是通行费，由民间资本投资兴建的独立桥梁、道路和隧道，一般通过收取通行费直接回收投资；三是针对货运卡车公司按照其完成的周转量收取的高速公路使用费。

据介绍，卡车公司必须定期向主管部门申报所完成的周转量，并按周转量及规定费率交纳高速公路使用费，造假瞒报者会受到重罚。高速公路出入口一般设有称重站，可起到两个方面的作用：一是抽查货运卡车的装载情况，以核实其周转量数据的真伪；二是用于高速公路的超限运输管理，以维护运输安全和高速公路的完好。

（三）美国第三方物流发展的特点

近 20 年来，美国的第三方物流发展很快。市场规模由 1996 年的 308 亿美元上升到 2002 年的 650 亿美元，但仍只占物流服务支出 6900 亿美元的

9.4%，增长潜力巨大。根据最近的抽样调查，在过去两年里，第三方物流企业的客户物流成本平均下降了11.8%，物流资产下降了24.6%，订货周期从7.1天下降到3.9天，库存总量下降了8.2%。表明美国第三方物流的作用已从单纯的降低客户物流成本转变为多方面提升客户价值。美国的第三方物流已从提供运输、仓储等功能性服务向提供咨询、信息和管理服务延伸，致力于为客户提供一体化解决方案，与客户结成双赢的战略合作伙伴关系。

在综合物流服务发展的同时，一些功能性物流服务提供商也在市场细分中培育自身的核心竞争力，逐步形成了综合的第三方物流服务商，专业的运输、仓储服务商和区域性配送服务商分工合作的产业形态。客户可以选择功能性物流服务商，也可以通过第三方物流服务商来整合功能性物流服务商、提供一体化物流解决方案。这样，专业性和综合性物流服务提供商，在竞争中发挥各自的优势，形成了各自的特色，可以满足各种用户的不同需求。如，纽约伊丽莎白港东岸仓储配送公司就是一家专业从事食品、饮料和药品分拨配送的物流企业，客户已发展到200家，主要集中在纽约地区。服务从报关、检验、入库、分装、多样化地包装，到按照客户的要求配送到各个销售点。我们参观了其中的两个冷藏库，具有冷藏功能的集装箱与仓库进货口无缝对接，特制的叉车直接开进集装箱完成装卸作业，仓库管理实现了自动化，保证货物全程处于"温度带"管理之中。

二、思考与建议

美国的现代物流从20世纪初期起源，历经第二次世界大战，特别是经过上个世纪80年代以来的发展，无论是基础设施、物流企业还是政策环境都趋于成熟。我国物流发展还处于起步阶段，尽管在经济体制、经济结构和运行机制等方面与美国有较大差异，但一些基本的思路，特别是"协调发展"的思路值得借鉴。

（一）构筑我国大交通、大物流网络

我国与美国相比，国土面积不相上下，但高速公路和铁路分别相当于美国的三分之一和五分之一，路网密度相距甚远。有资料显示，完成相同的货运量，铁路占地仅为公路的八分之一，运输能耗约为公路的七分之一，铁路在美国货物运输中仍然发挥着重要作用。美国拥有铁路全长约 40 万公里，占世界铁路总长的 35% 左右，其货运量约占美国社会总货运量的三分之一。我国铁路建设虽然发展很快，铁路设施常年超负荷运行，但铁路货物周转量占全社会的比重逐年下降，60% 左右的运输需求得不到满足。我国公路建设的速度不能说不快，但有的地方拥堵严重，有的地方利用不足，存在重复建设、低层次开发的现象。还有，线路与结点配套不好、各种运输方式衔接不够、区域布局不尽合理、交通运输基础设施和经济发展需要不一致等问题，导致宝贵的资源得不到充分有效的利用。如何按照物流发展的客观要求，构筑我国大交通、大物流网络，实现区域和区域之间、线路和结点之间、各种运输方式之间的协调、可持续发展，是我国交通、物流基础设施建设需要解决的重大战略问题。

（二）加快我国运输行政管理体制改革

构筑大交通、大物流网络，必须构建相应的管理体制。从我国现行管理体制来看，存在纵向部门分割、横向地区封锁的问题。近年来出现的运输紧张状况，同这种分散的管理体制不无关系。我国对铁路、公路、水运、航空和管道运输的行政管理分属不同部门，各自为政，难以统筹规划。要解决经济发展与资源短缺的矛盾，实现可持续发展，必须打破部门分割的管理体制。随着改革的深入，交通部和民航总局已经不再直接管理企业，铁道部改革也在加紧进行，设立统一的交通运输行政管理部门的条件日渐成熟。从横向来看，经济区划与行政区划不尽相同，地方政府在规划制定、设施建设、运输管理等方面更多地考虑本地经济利益，争相提出建立区域性甚至国际性物流中心的设想；在具体操作层面，不同程度推行"地方保护主义"。这些是当前我国物流发展的严重障碍。为此，要按照全国物流发展和经济区域的需要，强化大交通、大物流管理，特别是对干线运输要加强统筹协调，为消除部门分割、地方封锁创造体制政策环境。

（三）积极推进养路费到燃油税的转变

公路收费站点太多，再加上屡禁不绝的"乱收费"，是影响我国物流发展的突出问题。如何逐步减少直至取消收费站点，杜绝公路上的直接收费行为，推行燃油税改革是一个可行的办法。早在 1997 年 7 月 3 日，八届全国人大常委会通过的《中华人民共和国公路法》中就提出了"公路养路费采取征收燃油附加费的办法"。1999 年 10 月 31 日，九届全国人大十二次常委会通过的《中华人民共和国公路法》修正案，将第 36 条有关条款修改为："国家采用依法征税的办法筹集公路养护资金，具体实施办法和步骤由国务院规定。"但此后，这项改革一直没有正式实施。从表面看，燃油税迟迟不能出台的主要原因是油价问题，但其中的关键是各利益主体之间博弈所带来的平衡与再分配问题。既有负担主体，比如农民、渔民等其他消费者怎么补偿，更涉及中央和地方、交通系统和税务系统以及其他的投资主体的利益均衡，管理主体的问题是决定性因素。

从养路费到燃油税的转变，涉及众多利益主体，实行起来有相当的难度，但好处是显而易见的。第一，可以促进汽车节能降耗，提高汽车能效，缓解我国能源紧张问题。第二，可以撤销现有收费站点，提高公路通过能力，提高运输效率和公路使用率。第三，节省收费设施和人员的开支，减轻用车者的负担。第四，也是杜绝收费环节腐败，治理公路"三乱"的重要措施。只要各方统一认识，具体操作办法，可以借鉴一些发达国家的经验，结合我国实际情况来确定。

（四）发展多样化的第三方物流企业

第三方物流是现代物流的发展方向，但第三方物流怎样发展，我国的一些企业还存在一定片面性。无论什么样的物流企业，甚至生产企业和流通企业，都想通过原有业务功能的延伸来扩大自己的"地盘"，都想朝着综合物流服务商的方向发展。固然，我们需要能够提供一体化服务的第三方物流提供商，但现有的仓储、运输和其他物流相关企业不可能，也没有必要全部朝这个方向转化。其结果必然导致企业的商业模式类同、市场定位宽泛，在同一个市场上打价格战、搞恶性竞争。因此，一方面，生产和流通企业不愿意剥离、外包、释放物流需求，物流市场需求不足；另一方面，现有的物流企业也在向"小而全""大而全"的方向发展，并不能满足客户的专业化需要。

其实，客户的物流需求是多样化的，第三方物流企业也不能是一个模式。从美国的现状来看，第三方物流市场规模还不足10%，也就是说目前还有90%以上的物流需求没有采取第三方的模式。从我国物流发展的现状来看，既需要能够提供一体化服务的综合物流集成商，也需要专而精的功能性服务提供商。各类物流企业应该根据市场需要和自身特长，扬长避短、细分市场、明确定位，做专做精自己的核心业务。这样，每一个企业都是整个供应链不可缺少的一"环"，才能够从总体上形成分工合作的物流服务体系。

（五）给予行业协会更大的工作空间

行业协会是市场经济的产物，在发达国家经济生活中具有相当的地位。比如，美国的行业协会不仅进行自律性的协调、培训、认证，还要参与政府的决策、项目的评估，发挥着不可替代的作用。在我国，经过政府机构改革，职能转变，行业协会的工作环境已经有了很大改善，但协会的作用发挥还不够。个别政府部门还是习惯于用行政隶属和行政管理的思维来研究对待行业协会的问题。

在当前条件下，发挥行业协会的作用，关键在于政府给行业协会支持，提供活动空间。有些事情委托协会去完成，会比政府直接出面的效果更好。如果政府部门习惯性地包办一切，只想依靠行政的力量解决问题，协会就不可能有大的作为。政府有关部门应该进一步转变观念，为行业协会发挥应有作用营造宽松环境。

活跃在城里的"物流之乡"

——江西省广昌县发展物流业兴县富民的调查

（二〇〇五年十二月）

一、"物流之乡"的形成与发展

广昌县位于江西省东部边境，全县总面积 1612 平方公里，总人口 23 万人，有 129 个行政村，为国家扶贫开发工作重点县。该县尽管地处"长三角""珠三角"和"闽三角"公路运输网的中枢地带，但既不沿边，又不靠海，距离最近的铁路营业站也有 200 多公里。全县经济总量只有 5.4 亿元，自身物流量有限，需要中转分拨的货物也不多。就是这样一个不具备物流优势的贫困小县，经过十几年的打拼，发展成为享誉全国的"物流之乡"。

广昌物流业起步于 20 世纪 80 年代中期，基本的路数是离开本县，参与沿海地区的物流市场。当时，原属商、粮、物、供及汽运公司等的 5 大运输企业相继改制。下岗职工，再加上农村的贩运能人，采取师带徒、亲靠亲、友帮友的方式，到沿海地区承揽运输、货代业务。凭着诚实守信和吃苦耐劳的精神，广昌人创办的物流类企业像"滚雪球"一样发展壮大起来。目前，他们兴办的 4000 多家物流企业遍布全国 28 个省市区，主要集中在"长三角"和"珠三角"地区；从业人员 4 万多人，加上招聘的外地员工超过 10 万人；年营业额突破 300 亿元，上缴税收超过 20 亿元，广昌县成为名副其实的"物流之乡"。

广昌物流业的发展经历了一个从小到大、从弱到强，从单到多、从散到专的过程。他们大多从一户、一人、一车的初级货运或简单的货运中介服务起家，逐步完成原始积累，延伸服务，拓展市场。经过十几年的发展，广昌人创办的物流企业逐步升级，有些已发展成为集货物运输、仓储、加工、包装、配送、信息处理等功能于一体的现代物流企业集团。在国内物流界小有名气的上海利丰、上海成协、广州陆顺、广州骏力、广州鑫泽等都是广昌人创办的物流企业。例如，上海成协承担了沃尔玛、家乐福、麦德龙等国际商业巨头在我国的超市配送业务。广昌人在全国各大城市创办的大型物流企业已有 30 多家，年利润在 200 万元以上的有 150 家。广昌的物流企业已经创出了自己的服务品牌，正在向规模化、信息化、国际化的方向发展。

二、"物流之乡"的多重效应

通过调查，我们发现广昌人瞄准外地市场，发展"两头在外"的物流业，走出了一条"物流之乡"闯城市的"物流之路"，带来了多重效应。

一是带活了一方经济，带富了一方百姓。2004 年，广昌物流业除向所在地上缴大量税收外，为县财政创造税收 1380 万元；当年吸纳下岗职工和农民工 4000 多人。据不完全统计，广昌人在各大城市购买商品房 3000 多套，购买小轿车 2000 多辆，广昌物流企业拥有的总资产达 25 亿元。物流业已成为当地支柱产业，当地一半以上的人口从物流业中受益。

二是带动了相关产业，延伸了产业链条。随着物流业的发展，与物流相关的产业，如汽车修配、旅馆、餐饮等也相继发展起来。到 2004 年底，广昌人在"珠三角"地区开设的旅馆、饭店就达 1500 多家。在广昌人相对集中的广州、上海等地，形成了"广昌村""广昌街"。物流业发展促进了农产品销售，成为农业产业链的重要一环。白莲、烟叶、泽泻、茶树菇等名优特产外销率达 80%以上，农民年人均获利 200 多元。

三是净化了社会风气，求得了一县平安。在广昌，物流观念深入人心，全县上下争办物流。农民洗脚离乡，职工下岗转行，干部下海创业，大中专毕业生就业，纷纷投向物流业，每 3 个适龄劳力中就有 1 人从事物流及相关行业。人们安居乐业，促进了家庭和谐、社会安定。该县已连续 25 年没有发生群体性恶性案件，被评为"全国社会治安综合治理先进县"。

四是促进了观念转变，加快了农村城市化进程。许多人常年生活、工作在大城市，接受新鲜事物，思想观念发生了深刻变化。不少物流企业家当年目不识丁或学历不高，通过事业发展，开阔了眼界，投资家乡公益事业，捐资助学，改变基础设施条件，物流产业化推动了当地农村的城市化。

三、"物流之乡"带给我们的启示

"物流之乡"产生的"广昌模式"，或者叫"广昌现象"，引发人们思考，给我们带来有益的启示：

第一，物流的发展不会局限于某一种模式。物流活动是国民经济离不开的基础性、服务性产业，什么样的经济运行模式，就需要有什么样的物流模式来配套。我国处于社会主义的初级阶段，工业化发展的中期阶段，多种经济运行模式并存，自然需要多种物流模式。我们要努力学习借鉴国外先进的物流模式，但并不是越"高级"越好，越"先进"越好。只要符合客户要求，符合经济发展的需要，"土办法"照样换来"洋市场"，"物流之乡"也能够攻克"物流之城"。

第二，物流的发展需要过程。"广昌模式"生动地告诉我们，物流发展是一个由低级到高级的过程，这个过程是随着经济的发展而发展的。一些"泥腿子"办的物流，一开始可能比较"低级"，甚至还很"原始"，但有需要，有市场，你能说它不是物流吗？要承认经济发展的阶段性，也要允许物流发展的差异性。要允许多种模式并存，通过市场竞争优胜劣汰。我们应该积极引导，改造提升，但不可以强求一律，一步到位。

第三，诚实守信、吃苦耐劳是物流发展的精神支柱。物流业是服务业，吃的是"服务饭"，赚的是"辛苦钱"。为什么广昌人在异地做物流能够取得成功？从精神层面来看，最基本的就是这两种精神。物流业是最需要诚信的行业，没有基本的诚信，谁敢把成百上千的货物交给你？物流业又是最需要吃苦耐劳的行业，吃不得苦，怎么能够赚得到钱？广昌人正是凭这两条立住了脚，创出了自己的物流品牌。

第四，物流业发展离不开适宜的环境。广昌县委、县政府发展物流的指导思想明确，措施得力。他们成立了由县领导牵头、县直各有关部门参加的物流工作协调小组；连年出台鼓励和扶持物流业发展的政策文件，为物流业发展创造宽松环境；成立物流协会和物流协会党委，开展跨地区协调服务。用县领导的话说就是：广昌对物流高看一等，厚爱三分。

（此文为中央文献出版社2010年8月出版的《广昌物流志》的代序）

"大流通"带活"新农村"

——四川省成都市温江区农村流通体系建设纪实

(二〇〇六年六月)

在四川成都富饶的"天府之国"西部，有一片鸟语花香的冲积平原，这就是以"金温江"的美名享誉海内外的成都市温江区。这个只有 277 平方公里、30 多万人的小县，2005 年，实现国内生产总值 81.7 亿元，地方财政收入 10 亿元，进入全国百强县行列。近年来，温江依托优越的自然条件和较好的农业基础，狠抓农村流通体系建设，采用现代农业生产流通模式，走出了一条以"大流通"带活"新农村"的发展道路。

一、花木市场助推产业集聚

温江是全国有名的花木之乡，是西部最大的花木和川派树桩盆景生产交易中心。全区花木种植面积 12 万亩，年产值 5 亿余元。花木从业人员 5 万多人，占总人口的六分之一，许多农民世世代代都从事花木种植和经营。近年来，区政府制定了切实可行的花木产业发展规划，加大基础设施建设投入，配套产业发展优惠政策，引进花木流通企业，形成产业集聚效应。目前，花木生产户 2 万多户，其中 100 亩以上的有 33 户，全区有注册为法人的园林绿化企业 2000 多家，年产值超过 500 万元的大中型花木骨干企业 20

多家，花木生产成为全区经济的支柱产业，开始由分散生产向龙头企业和种植经营大户集中，走上了集约化经营之路。

产业的规模化、集约化得益于通畅的流通体系，与生产发展相适应的有形与无形市场发挥了先导性作用。从有形市场看，温江区从自发的沿路交易向有规划、成规模的综合零售与批发市场转变，形成了以温玉公路交易区、杨柳河公路交易区、温郫公路交易区等为基础的销售市场，建成了上万亩花木零售与批发交易集散市场。新建的天府花城展览交易中心规划占地约 1200亩，每年举办 4 次大型展会。从无形市场看，温江积极利用现代化网络工具，宣传、推广和交易温江花木。建立了西南地区较大的花木门户网站——花博网、温江花木网、中国花木交易网，30 余家企业还自建了主页，乡镇建网站 14 个，100 余家花木专业户在网上开设窗口，为广大花农及时了解政策、交流信息和技术、进行商务经营活动创造了有利条件。

2005 年 10 月，温江成功举办了第六届中国花卉博览会，吸引了全国 31个省（市）、自治区和境外 39 个国家和地区、700 多家企业及机构参展，143 万人次游客聚集。花博会的召开为温江区花木产业的纵深发展带来了新的契机，极大地增强了温江花木的品牌效应。"以会兴业、以会兴城、以会富民、以会促变"，温江区委副书记如此概括花博会对温江城乡经济发展的推动作用。以花博会为契机，温江花木产业焕发出新的活力，成为温江长期的经济增长点，同时带动生态旅游、会展经济和现代服务业等，形成产业链，促进相关产业聚集发展。

二、农村经纪人搞活生产流通

温江区农副业的快速发展，与活跃于全区各个流通领域的农村经纪人是分不开的。从全国来看，农村农副业生产总体上处于传统、封闭、分散、小规模的状态，这种状态造成了农业生产与现代、开放、规模化的市场相互分割，非常需要中间人将他们的产品与市场需求衔接起来。在这种强烈的需求下，农民中一批"能人"涌现出来。这些"能人"头脑灵活，有知识、有信誉，掌握信息，了解市场。他们根据市场需要，将农产品有效地组织起来，成为农业生产和市场之间的桥梁。这些"能人"，就是农村经纪人。鉴于农村经纪人在农业发展中的重要作用。当地工商行政管理机关在地方政府的支持下，通过树立和宣传典型、行使登记管理等职能，使农村经纪人的经纪活动合法化、规范化，促进了农村经纪人队伍的扩大。目前，温江区获得认证的农村经纪人有1000多人，其中营业额在100万元以上的有79户，农村经纪人成为温江农村经济发展的排头兵。

农村经纪人以一带十同致富是激活农民调整结构的源动力。温江区通过扶持农村经纪人，牵头组成专业协会，把广大农民的"着力点"和"兴奋点"引向农村经济合作组织，推动主导产业向专业化、规模化、集约化发展。成都市温江区花卉盆景协会是由温江区花木经纪人和花木生产大户发起成立的民间合作组织，目前已联系花农6000余户。协会自2002年成立以来，围绕优势花木产业，做好为政府、为企业（花农）的"双向服务"，为温江区花木产业健康持续发展作出了巨大贡献。目前，全区还有花木盆景协会、兰花协会、西蜀兰花学会等13个花木组织，发展会员3000余人，带动花农近万户。还有大蒜协会、生猪专业合作社等。在开展信息技术交流和培训、引导示范推广新品种新技术、推行"市场+合作经济组织+农户"的生产经营模式、加强对外合作交流等方面发挥了桥梁作用，推动了温江区农村产业化的发展进程。

三、放心商店拉动农村消费

2005年1月，成都市村村建放心商店试点工作全面展开，作为第一批试点区县，到2006年年初，温江区88个村已经村村建起了日用消费品和农资放心商店，有些较大规模的村，放心商店还不止一个，农民在家门口就能买到放心商品。

农村消费市场的启动是农村建设的重要目标和拉动消费的新的增长点。一直以来，我国农村日用消费品和农资的流通以小型农贸市场和小杂货店为主，经营者各自为政，进货渠道混乱，价格管理混乱，产品质量没保证，监督跟不上，成为制约农民消费和影响农民生产的重要原因。为了引导农村消费，温江区把放心商店试点工作作为重要突破口，优选了一批有一定规模、认同先进理念、诚信可靠的村级农家店，加入由区政府批准的大型商贸流通企业的连锁配送网络，建立起以大型商贸企业为纽带、乡镇店为骨干、村级店为基础的农村现代流通网络。

所有放心商店一律统一店招、店面、店堂和货柜货架，经营人员佩戴统一制发的服务证上岗。区政府组织相关部门负责审核与授权，对放心商店实行动态管理。根据农村实际情况，制定了《放心商店商品质量管理承诺书》《放心商店消费者投诉处理制度》《放心商店商品质量管理制度》《放心商店不合格商品下柜制度》《放心商店进货备查制度》等一系列规范，谁出了质量问题先给予警告，再出问题则取消加盟资格。同时建立相应的诚信便民服务机制，要求质量承诺、科技服务、商品配送"三到户"，使农民在产品质量、价格、购物环境、技术与信息服务等多方面获得了保证和实惠，切实方便了农民生活、生产。

四、农村发展局整合管理服务平台

大农业涉及农林牧副渔多个产业的生产、加工、流通、销售等多个环节，大农业的发展需要政府的协调管理。2005年10月，温江区撤销了农业局、畜牧局、农机局等机构，组建农村发展局，整合了农业行政管理资源，创新了"三农"工作机制，促进了"三农"工作协调联动，有利于做好对广大农民的统筹服务。

农村发展局成立以来，基本理顺了大农业发展的思路，以花卉苗木、精细蔬菜、畜禽养殖三大主导产业为重点，引导农民进一步优化农业产业结构，加快无公害农产品基地建设、延伸产业链条，大力推动生态示范、旅游观光农业的发展。同时，通过整合运作、统一管理，加强农村综合服务体系、农业综合管理和制度建设。

农村发展局在基层建立了畜牧兽医站，实行分片管理，每个片站都负责本地区农村动物防疫和良种繁殖推广。本着真正为农村服务的原则，农村发展局对每个片站都配备了车辆，并且要求工作人员下乡服务。通过把公益性与经营性分开，增强了服务能力，有力地推动了当地畜禽养殖的良性发展。

为了解决农民融资难的问题，农村发展局与信用社合作，为农民提供小额贷款支持。温江农民凭本人身份证、贷款证，不用抵押就可以由农村信用社提供 2 万元以内，一年时间的贷款，真正解决了农民的燃眉之急。

为了推广农村实用新技术，扩大农村就业途径，2006 年 3 月 30 日，温江区农村发展局在温江文庙广场举办献岗助民"百千工程"大型活动现场会。133 家企业，提供了近 1 万个就业岗位，20 多家单位设立了农村实用技术咨询，致富信息提供及实用技能展示服务区。农村发展局真正做到了把走城乡统筹发展、尽快使农民走向生活富裕的道路，作为自己的重要使命。

五、城乡一体化打破二元结构

农村产业的健康发展、生活方式的逐步转变、行政管理的科学调控有力地支持了温江区城乡一体化的进程。2004 年，成都市着眼于打破城乡二元结构，出台了《中共成都市委成都市人民政府关于统筹城乡经济社会发展推进城乡一体化的意见》，确定了推进城乡一体化的总体思路、目标任务和工作措施。之后，还制定了城乡一体的就业、社保、教育、卫生等 50 多个相关配套文件。温州区进行了乡镇综合配套改革，调整乡镇职能。在巩固乡镇综合改革成果的基础上，经过试点进行了村组管理体制改革，全区设立街道办事处，改村（居）委会为社区居委会。建立城乡一体的新型户籍管理制度，逐步对本市人口取消农业人口和非农业人口的划分，统一称为"居民户口"。通过推进城乡一体化，让农民在就业、教育、社会保障、医疗、基础设施等方面享受与城市居民同等的待遇，建立了城乡统一的培训就业制度、社会保障制度、教育制度和卫生体系，抓好小城镇、农民集中居住区和农村中心村建设，改善农村生产生活条件，切实加强农村精神文明和基层民主政治建设。如今，温江区农民生产生活条件得到了很大改善，住房与城市居民没什么区别，就业、社保得到了较好解决，可谓"发展有路子、就业有岗位、增收有来源、居住有环境、生活有保障"。

走中国特色的物流发展道路

——赴芬兰和挪威考察报告

（二〇〇七年七月二十五日）

以全国政协常委、中国民主建国会中央委员会副主席陈明德为团长的物流与信息技术北欧访问团一行 15 人，于 2007 年 7 月 15 日至 24 日访问了芬兰和挪威两国。访问团拜访了芬兰工业联合会，考察了芬兰科沃拉市、易代劳物流公司（Itella）和北欧中国城，深入到挪威邮政物流公司（Norway Post）和北欧快运有限公司现场调研，参观了两国的机场、港口、高速公路、物流中心等基础设施，我国驻两国大使馆提供了相关资料。现将两国物流和信息产业发展情况，以及我们的思考与建议报告如下。

一、芬兰和挪威两国物流与信息产业发展的特点

通过考察访问，我们对两国的物流和信息产业发展情况有了初步了解。归纳起来，有以下特点。

（一）以信息产业推动经济结构调整和增长方式转变

芬兰经济在过去 10 年实现了稳定快速增长。据芬兰统计中心最新数据，2006 年，芬兰国内生产总值 1670 亿欧元，增长 5%，增长率在欧盟国家居第

四位；人均国内生产总值 3.15 万欧元，全年平均就业人数同比增加 4.3 万人。据芬财政部预测，2007 年芬兰 GDP 增长率将超过 4%，失业率有望降至 7%以下。

芬兰经济发展得益于经济结构的调整和经济增长方式的转变。据芬兰工业联合会提供的情况，1980 年该国三次产业比例分别为 25.9%、32.9%和 41.2%；到 2006 年三次产业比例已调整到 5.0%、25.8%和 69.2%。2005年，服务业从业人口 79 万人，占总劳力的 30.1%。经济增长的推动力由传统的森林工业、钢铁工业，向高科技、信息产业延伸，电子信息产品已占出口总额的 25%以上。经济增长模式从劳动密集型、资金密集型转变为技术密集型、科技创新型。芬兰是因特网接入比例和人均手机持有量较高的国家之一，2005 年每 1000 人有 223 个接入终端，手机普及率为 102.5%，网络银行的客户达 150 万人，按人口比例计算为世界首位。芬兰的银行服务自动化程度和人均电子取款次数均高居欧洲国家前列。2003—2005 年，芬兰连续 3 年被世界经济论坛评为年度"世界最具竞争力的国家"，2006—2007 年度排名第二。我国科技部、中国科学院和国家自然科学基金委 2002 年 3 月联合完成的调查报告——《中国现代化报告 2002》认为，世界有 24 个国家进入第二次现代化（信息社会）轨道，芬兰仅次于美国被排在第二位。

举世闻名的诺基亚集团在信息产业领域不断创新，现已成为世界最大移动电话生产商，全球领先的数字移动和固定网络供应商。2005 年有雇员 5.89 万人，销售额 341.91 亿欧元，盈利 36.16 亿欧元。以诺基亚为代表的电子信息产业及其附属产业创造了接近全国 50%的工业增加值，已发展成为芬兰经济的"火车头"。诺基亚 1985 年进入中国市场，在华投资总额已超过 23 亿欧元，在中国本土采购额为 257 亿元。其在华最大项目为始建于 2000 年 5 月的北京星网（国际）工业园。

挪威经济活动的很大一部分是以利用自然资源为基础的，其赖以生存的工业部门都是立足于本身的自然条件和资源发展起来的。特别是从 20 世纪

70 年代初开始石油生产至今，石油业的崛起成为挪威经济发展的主要动力。2005 年挪威是世界第 8 大石油天然气生产国、第 3 大石油天然气出口国，其产值占 GDP 的四分之一，出口占出口总额的 52%。随着国民经济的发展和不断调整，挪威的经济结构也呈现出多样化，服务业在国民经济中所占比重不断上升，2004 年占 GDP 的 64%，从业人数约占总劳力的 81.6%。挪威的服务业主要包括金融和保险业、运输（含管道运输）、通信及其他公共服务业，生产性服务业占有较高比例。

近年来，挪威的信息产业得到了快速发展，运用现代信息技术改造传统产业，使挪威经济保持了竞争优势。围绕海上油气开发，挪威形成了由一系列设备制造、软件、近岸服务企业组成的产业链，为本国和海外的海洋石油产业提供高技术产品和服务。造船业是挪威的传统产业，目前有 300 家中小型及 5 家大型的船用设备生产商。挪威生产的船用设备 60% 用于出口，占世界市场份额的 8%~10%。挪威在环保技术研发方面走在世界前列，在海洋石油勘探开发过程中的环境控制、江河水质保护、海水养殖环境控制方面均有较为丰富的经验，已连续 5 年蝉联最适合人类居住的国家。挪威在其他一些领域如卫星通信、卫星导航、地球观测、空间研究等方面拥有某些高精尖技术，在参与全球新的系统和设备的开发及测试方面占有独特的位置。挪威的高科技硬件产品，如影像会议系统、多媒体投影仪、数字式无线电传输器等是国际上公认的高质量产品。

两国经济结构调整和经济增长方式的转变，不仅增强了经济实力和综合国力，而且减少了能源资源消耗，有效地保护了环境。访问团所到之处，都是碧水蓝天，草丰林茂，人与自然和谐相处。这也是两国经济结构调整和经济增长方式转变的重要成果。

（二）选择符合经济发展需要的物流运作模式

芬兰和挪威两国位于北欧斯堪的纳维亚半岛，经济发展的条件有许多共同之处。一是地域不大（芬兰 33.81 万平方公里、挪威 38.52 万平方公里）；二是人口较少（芬兰 527.7 万人、挪威 468 万人）；三是支柱性产业突出（芬兰的电子信息产业、挪威的石油天然气业）；四是外贸依存度高（2006 年芬兰对外贸易总额约为 1163 亿欧元、挪威 2001 年对外贸易额占 GDP 的比重已高达 76.21%）；五是高新技术特别是信息产业发达；六是高税收、高福利，人力成本高。

两国的现代物流业就是基于这样的环境和条件发展起来的，主要有以下特点。

一是围绕产业需求发展物流服务。制造业物流外包是两国物流业发展的需求基础。我们在芬兰工业联合会了解到，芬兰社会物流费用占 GDP 的比率已降为 8%左右。这同芬兰以信息产业为主的经济结构有关，相对完善的物流服务促进了制造业物流外包。芬兰 70%～80%的生产性物流业务已从制造企业分离出来，外包给专业化的物流企业，是提高物流效率、降低物流成本的重要因素。在易代劳物流公司（Itella）我们了解到，为制造企业提供一体化的供应链服务已占其业务总量的四分之一。现代、铃木、飞利浦和联合利华等都是该公司的大客户。

二是用高科技、信息化提升改造物流业。两国物流行业已经广泛采用了无线互联网技术、卫星定位技术（GPS）、地理信息系统（GIS）和射频标识技术（RF）等，物流信息化水平普遍较高。在挪威邮政物流公司（Norway Post）我们参观了一家已经运行 13 年的分拣中心，设计能力可达每小时自动分拣 1.8 万个邮件，全部采用电子识别、自动化操作，4 万多平方米的操作间看不到几名工人。该公司把生产、物流和冷藏业务 3 个外网整合成一个界面，一个入口管理所有的信息，客户可以通过互联网实时跟踪查询。易代劳物流公司（Itella）还提出了"智能物流"的概念，除传统的邮政和物流以外，涉足电子信息、网上报税、网上银行等业务，依据客户需要，提供可以随时调整的物流解决方案。

　　三是国有大型物流企业加速转轨变型。易代劳物流公司（Itella）原来是芬兰的国家邮政公司，一个多月前才更为现名，有雇员 2.5 万名，是排在诺基亚之后的全国第二大雇主。该公司经营从小包裹到集装箱的物流业务，2006 年发出包裹 2700 万件，主营业务收入 5.3 亿欧元。其市场主要在欧洲，尤其是在北欧、波罗的海各国及俄罗斯，主要业务是通过实物传递和电子服务的一体化加强客户供应链的管理，提供物流解决方案。可以为客户提供从咨询到合同物流的广泛服务，包括运输服务、仓储和终端服务、清关服务以及 IT 解决方案等。随着公司更名、业务转轨，传统的信件、报刊投递业务已降到总量的一半以下。挪威邮政物流公司（Norway Post）在北欧地区冷藏货运和快件运输领域处于领先地位，现有雇员 2.23 万名，是全国最大的雇主，2006 年主营业务收入 39 亿美元。其为客户量身定做工业物流解决方案，价格上实行最优控制，宜家是该公司的大客户。

　　四是中小物流企业依靠特色服务做精做细。北欧有许多中小物流企业，在我们看来好像"四平八稳"，其实各有特色。在挪威访问的北欧快运有限公司就是一个家庭式企业，有 120 名员工，老板还起了一个中国名字。这家 30 年前成立的公司，每年保持 10% 左右的增长，全年的物流量在 5000 吨左右，近 2 万平方米的货场分布在 5 个地方。主要为德国、英国和丹麦的客户服务，中国的业务近年来有所增长，2006 年有 1000 个集装箱来自中国。公司负责为客户提供海运、空运、清关等"一体化"服务，用自己的货车把货物送往周边国家，对在途货物也能够实行电子跟踪。

　　五是大力推进复合运输。芬兰交通运输业以铁路和公路为主。2004 年铁路总长 5741 公里，45.6% 为电气化，客运量 34 亿人公里，货运量 101 亿吨公里；公路总长 78168 公里，其中 653 公里为高速公路，各种机动车 273 万辆，客运量 71 亿人公里，货运量 282 亿吨公里。挪威海运业发达，其船队在世界排名第 4 位。据挪威船东协会的统计，截至 2001 年 10 月，挪威拥有百吨以上的各类船舶 1723 艘，总吨位达 4900 万吨。如何发挥各种运输工具的综合效能，是两国乃至欧盟在物流领域优先考虑的重点问题。芬兰在欧盟总部布鲁塞尔积极推广"运输"这个议题，提倡交通运输不单是区域性的，更应成为整个欧洲发展的重要支柱。芬兰在欧盟轮值主席国的任期内（2006年下半年度），积极推广物流专题。欧盟交通运输部在2005年6月公开发表的白皮书，强调物流以及复合运输经营将是提升欧洲未来经济竞争力的根本途径。欧盟交通运输部指出，运输和物流的费用往往占产品生产总成本的10%~15%，这说明了改善物流以及提升复合式运输经营以降低成本的必要性。

（三）实行开放的物流发展政策

芬兰物流业主管部门为交通通讯部，该部内设交通政策、通讯政策和行政3个司。从2007年7月起，交通政策司新设物流与对俄合作处，所有与物流相关的事务都由该处归口管理。据芬兰工业联合会介绍，芬兰1995年加入欧盟，1999年加入欧元区，是近年来经济持续稳定发展的重要因素。近年来，北欧国家实行开放的物流发展政策。现举以下两个例子说明。

一是泛北欧物流公司（PNL）的成功合作。1997年，瑞典、挪威、丹麦三国邮政合作成立了泛北欧物流公司。他们提出的战略目标是，形成综合物流网络，经营和发展北欧各国的过境物流业务，向用户提供高效率的物流解决方案，提高邮政公司同大型国际运输和物流公司竞争的能力。2002年9月，芬兰邮政同泛北欧物流公司签订了合作协议。2003年2月，爱沙尼亚、拉脱维亚和立陶宛等波罗的海国家的邮政与泛北欧物流公司也签订了合作协议。2003年6月，冰岛邮政也加入了泛北欧物流公司。泛北欧物流公司拥有北欧地区网点分布最广泛的配送网络。2004年，该公司包裹投递寄达国达到230个，年处理包裹和销售额以10亿件和10亿瑞典克朗计。该公司利用自己拥有的信息、技术和人力资源，挖掘邮政大网自身的潜力，成立独立运营的物流公司，在使用邮政网络时明确结算，邮政服务也增加了收入，实现了双赢。

二是科沃拉市的物流业发展与开放政策。芬兰科沃拉市位于北欧和俄罗斯西部地区交界地带，是西伯利亚大铁路从亚洲至欧洲的货运终点站，也是北欧地区重要的铁路货运枢纽和物流中心之一。虽然周边地区只有 10 万人口，但可以辐射 8000 万人的广阔市场。2006 年，物流业增加值已占该市GDP20%以上。我们听取了该市发展部官员的介绍，参观了当地的海关。海关设有 25 个保税仓，16 万平方米仓库，15.9 公顷堆场，每年进出卡车 2 万辆次，其中 2000 辆次来自中国。目前，科沃拉市正在进行物流基础设施建设，制定和实施优惠政策，吸引外商投资，加快物流业发展。我们参观的北欧中国城，就是科沃拉当局批准建造的一个项目。北欧中国城由来自中国浙江温州的客商投资兴建，总占地 13 万平方米，营业面积 4 万平方米，主体工程已经完工，正在进行内部装修。当局给予优惠地价、工作许可、允许居留、商务法律和会计服务、子女教育等方面的优惠政策。我们在访问中了解到，北欧与中国的贸易往来迅速扩大。据挪威邮政物流公司（Norway Post）物流主管介绍，过去 7 年间，来自中国（包括香港地区）的货物翻了一番。北欧快运有限公司总裁夏根伟表示，已经聘用了中国员工，准备扩大在中国的业务。随着中欧货物贸易的增加，中国与这些国家的物流业务迅速扩大，这些国家将更加关注中国市场。

二、走中国特色物流发展道路的思考与建议

物流业是社会经济技术发展到一定阶段的产物，是新兴的生产性服务业，其发展的程度和水平必然要与经济发展相适应。我国的现代物流业是在学习借鉴，消化吸收发达国家成功经验的基础上发展起来的，但也必须符合我国经济发展的实际。与北欧国家相比，我国物流业发展的条件和环境有很大不同。一是幅员辽阔、人口众多，东中西部发展水平差异较大；二是多种

生产方式并存，现代物流理念不够普及，物流的社会化、专业化程度偏低；三是地区之间、行业之间物流发展不平衡，既有先进的理念、方法和技术，也存在许多薄弱环节；四是总体上来说，我国处于工业化中期阶段，第二产业依然占有相当大的比例；五是劳动力资源相对充裕，信息化水平有待提高；六是体制、政策、市场环境需要进一步完善。

大家普遍认为，应该从我国实际出发，借鉴北欧物流发展的经验，走中国特色物流发展道路。为此，提出以下几点建议。

第一，大力发展以物流业为主的生产性服务业。

制造业物流是我国物流业的重要组成部分。据中国物流信息中心统计，2006 年，我国工业品物流总额占全国社会物流总额的比重高达 86.7%。调查发现，从原材料到产成品，用于加工制造的时间不超过 10%，而 90% 以上的时间处于仓储、运输、搬运、包装、配送等物流环节。制造业物流的程度和水平，是调整经济结构、转变经济增长方式、提高制造业核心竞争力的关键所在。

我国的服务业特别是生产性服务业相对落后。近年来，世界经济向服务经济转型，服务业正逐渐取代制造业，成为推动经济发展的主要动力，生产性服务业已经全面渗透到制造业流程中。我国服务业在国民经济中的地位明显偏低，2005 年，调整后的服务业增加值占 GDP 的比重只有 40.3%，不仅低于芬兰、挪威等发达国家，还达不到发展中国家 45% 左右的水平，特别是生产性服务业的发展严重滞后。我国还有许多生产制造企业采取"大而全、小而全"的运作模式，物流的社会化、专业化程度不高，物流运作成本高、效率低、周转慢。2006 年，我国社会物流总费用与 GDP 的比率虽已下降为 18.3%，但与芬兰相比还高出 10 个百分点，比一般发达国家高出一倍左右。

现代物流业发展潜力巨大。2007 年上半年，我国物流业占服务业全部增加值的比例上升到 17.9%。以此推算，物流业每增加 5.6 个百分点，就可以带动服务业增长 1 个百分点。社会物流总费用与 GDP 的比率每降低一个百分点，就等于创造直接经济效益 2000 亿元。因此，我们要大力发展现代物流业，促进现代制造业与物流业有机融合、互动发展。鼓励生产制造企业改造现有业务流程，推进物流业务外包。要提升物流的专业化、社会化服务水平，大力发展第三方物流。

第二，用信息化带动物流现代化。

信息技术是现代物流业发展的必要条件。物流信息化是提升我国物流现代化水平，实现跨越式发展的核心途径。从总体上看，我国物流信息化尚处于起步阶段，同发达国家相比差距较大。中国物流与采购联合会提供的《"十一五"物流信息化研究》报告指出，目前我国物流信息化存在四大制约因素：一是基础信息缺乏，数据采集困难，标准不统一；二是"信息孤岛"问题，信息与业务管理脱节，信息共享与交流机制欠缺；三是物流监管的信息化水平不高；四是物流信息服务业的法规、制度、标准建设滞后。

学习借鉴国外经验，结合我国物流信息化的实际，建议"十一五"期间，要在物流动态信息的采集与监控、物流信息资源的整合与开发利用、物流公共信息服务、重点商品物流监管、完善物流信息化保障体系与推进物流企业信息化等方面实现重点突破，初步完成我国物流信息化整体框架建设。这里需要特别指出的是，尽管国内大型先进物流企业的信息化水平比较高，但是完成 80% 以上物流量的中小物流企业投资少，信息化水平低。建议鼓励和支持软件商开发小型、适用的物流软件；鼓励专业的第三方物流企业为中小物流企业开展信息系统外包服务；在国家"十一五"科研计划中对中小企业信息化进行立项支持和应用示范，克服数字鸿沟，从而提升物流行业信息化的总体水平。

第三，优先发展物流业既有薄弱环节。

我们在这次访问中发现，我国现代物流业发展的水平与国外的差距是客观存在的，但差距正在缩小，某些企业在某些方面已经迎头赶上。我们的主要问题是发展不平衡，在地区、行业、品种、环节各方面，都有明显的"短板"。物流是最讲究集成整合的行业，正是由于这些"短板"的存在，影响到整体效能的发挥。

必须优先发展薄弱环节。从地区看，不仅要继续关注东部地区、经济中心城市的物流发展，更应该重视中西部地区，特别是农村物流需求，促进城乡、区域物流协调发展；从行业看，不仅要继续关注面向生活消费的物流服务，更应该重视大量生产资料流通行业的物流发展；从品种看，不仅要继续关注家电、电子、快速消费品等的物流服务，更应该重视冷链、危险化学品和特需品种的特种物流发展；从物流环节看，不仅要继续做好销售物流，更应该重视供应物流、生产物流和回收物流，构建面向企业生产、供应和销售全过程的物流运作体系；从基础设施看，不仅要继续加强铁路、公路、水运、航空、管道等线路建设，更应该重视物流园区、基地、中心等节点建设，构建综合物流体系；从"硬件"与"软件"建设看，不仅要结合我国人口多、底子薄、人力资源相对丰富的特点，采用先进适用的技术和设备，更应该重视管理、服务和人才等软件方面的能力建设，全面提升我国物流业发展的水平。

第四，鼓励我国的物流服务"走出去"。

国际贸易和国际直接投资带来的全球采购、全球供应和全球销售必须有全球物流系统来配套，经济全球化要求物流的全球化作支撑。新一轮的产业转移方兴未艾，但中国本土企业参与不够。近年来，我国货物贸易连续高速增长，服务贸易却增长乏力，"中国物流""走出去"的步伐落在"中国制造"之后。我国履行WTO承诺，从2005年12月起，道路运输、货代、仓储等物流领域对外资全面开放，外资物流企业加快进入中国的步伐。特别是最近两年，连续发生了几起外资企业并购国内大型民营物流企业的典型案例。在物流市场全球化的大背景下，中国物流企业不仅要面对已经开始占领本土的外国竞争者，还要走出国门，参与全球范围的竞争。

我们要高度重视全球产业转移的趋势，提高中国物流产业参与国际分工的力度。应当支持有条件的国内物流企业加强联合，做强做大，"走出去"直接参与国际竞争；鼓励国内企业与跨国公司多方位嫁接，加大承接全球产业转移中的物流业务；要积极创造条件，扶持国内有特色的中小物流企业与国外同类型企业"结对子"，发挥各自优势，共同承接国际物流业务；要利用经济全球化和国际产业转移的机会，随"中国制造"打造"中国物流"品牌。国家有关部门要认真研究物流企业"走出去"遇到的实际问题，修改现行制度和办法，制定鼓励我国物流企业"走出去"的相关政策措施。

第五，构建适应物流产业发展的体制和政策环境。

在我国，物流是一个新兴的复合性产业，涉及国民经济诸多部门和行业，需要一个统一、权威、精干、高效的政府主管部门。目前，虽然已经建立了由国家发展改革委牵头的"全国现代物流工作部际联席会议"，并开始发挥协调机制的作用，但部门和行业分割的问题远未解决。如铁路、公路、水运和民航几种主要的运输方式分属不同部门，都在分别制定各自的规划和政策。虽然就本部门和行业来看是必要和合理的，但缺乏整体上的衔接与配合，难以实现资源的有效利用和物流整体效率的提升。为此，建议中央政府设立统一的交通与物流工作主管部门，系统地考虑现代物流的发展问题。从国家层面明确物流发展战略与目标，制定中长期物流发展规划，统筹物流发展政策，完善物流市场体系，加强物流市场的监管和调控等。

国家要有一个完善的产业政策体系来支撑产业发展。2004年，国家发展改革委等九部门联合印发了《关于促进我国现代物流业发展的意见》，相继出台了符合物流产业发展要求的政策措施。但是，总体来看还缺乏系统性、连贯性和全局性，还没有形成相对完整的产业政策体系。因此，建议国家有关部门，从我国现代物流业发展的实际出发，学习借鉴国外成功经验，逐步建立推进物流业发展的产业政策体系。并在此基础上，开始物流立法的准备工作，建立符合中国特色的物流法律法规体系，构建适应物流产业发展的体制和政策环境。

山西现代物流业发展的思考与建议

（二〇〇八年五月二十八日）

山西具有发展物流业的许多优势。一是煤炭、焦炭、电力、冶金等产业规模大，物流需求基础雄厚；二是基础交通条件良好，全省货运总量居全国前列；三是已有一批像山西物产、盟佳物流、太铁物流、方略保税物流等规模较大、实力较强的物流企业；四是省委、省政府重视，把发展服务业列为"四大攻坚"之首，特别是把文化旅游业和现代物流业作为重点发展的产业。省政府提出了"力争全省服务业占 GDP 的比重未来三年每年提高 1 个百分点"的奋斗目标。要实现这样一个目标，既十分必要，又非常艰巨。而物流业是服务业中的骨干产业，物流业的发展对提高服务业比重关系重大。

第一，鼓励生产和流通企业分离外包物流业务，扩大社会化、专业化的物流需求。物流业是生产性服务业，服务的对象是产业，包括制造业、流通业和农业，物流的规模、结构和方式都要以需求为前提，以产业为基础。只有企业转变"大而全""小而全"的运作模式，实现主辅分离、流程再造，才有可能把分散的物流需求聚集起来，转变为社会化、专业化的物流需求。就山西省来看，四大传统产业比重占到工业增加值的85%以上，应该作为推广现代物流的重点产业。把物流需求从二产分离出来，进行专业化、社会化的运作，不仅有利于物流成本的降低，而且可以直接增加三产的比重。政府应该研究制定促进企业物流外包的政策措施，引导企业物流向物流企业转化。

第二，落实促进物流业发展的各项政策措施，支持专业化、社会化的物流企业做强做大。物流企业是物流市场的主体，是物流产业发展的基础，物流业的发展要以物流企业为支撑。当前，国务院及国家政府有关部门制定了不少支持企业发展的政策，特别是山西省的政策正在落实当中。现在物流企业比较关心的问题集中在税收、用地、用电、融资和交通等几个方面。一是税收问题。主要是营业税和土地使用税。国家税务总局已经开始物流税收试点，也就是允许总揽分包的物流业务实行差额抵扣，但现在落实的程度和范围还不够。土地使用税增长较多，对物流企业造成了很大影响。我们要认真贯彻国家已经出台的政策，也应该在税法允许的前提下，采取相应的措施。二是用地问题。主要是不容易取得土地，而且费用太高。三是用电问题。据说，山西省正在研究这样的问题。比如通过高耗能企业加倍、服务业企业减半的办法，体现政府的产业政策。四是融资问题。因为物流业一般投资大、周期长、回报慢，一般的投资主体不愿意投入，物流企业融资困难。五是交通问题。涉及配送车辆进城困难，收费高。这几个问题是国内物流企业遇到的普遍问题，希望山西省能够率先突破。

第三，统一规划物流布局，协调整合物流设施。山西省已经完成了现代物流业"十一五"发展规划，而且是一个比较不错的规划。特别是在通道建设方面有大的动作，有些项目已经开始实施，比如太原至广州的物流专列已经开通。在规划落实当中，应该特别重视现有物流资源的整合问题。山西的物流资源不仅有总量不足的问题，也有结构不协调、利用不合理的问题。比如，在太原北营一带就有大量的仓储设施，分散在各个部门，形不成规模。政府应该出面协调，促进资产重组，资源整合，使闲置或者利用不充分的资源向优势企业转移，实现集约化经营，发挥物流设施的整体效能。

第四，发挥行业协会的作用，做好推进物流业发展的基础工作。比如，物流标准化、信息化工作，物流统计工作，人才培养和理论研究工作。要发挥行业协会作用，反映企业诉求，协助政府落实相关的政策，搞好行业自律。我相信，山西有条件，也有能力实现物流业跨越式发展。我本人作为山西老乡，又在这个行业工作多年，愿意在物流业发展方面为家乡多做贡献！

（本文为作者在山西省省长主持的座谈会上的发言提纲）

关于建立北京商贸物流服务体系的建议

（二○○九年八月）

从北京市经济社会发展的实际需要考虑，结合全国物流业发展的总体布局，建议把建立商贸物流服务体系作为北京市推进物流业发展的主攻方向。

一、构建一个体系

"建立现代物流服务体系，以物流服务促进其他产业发展"是国务院《物流业调整和振兴规划》的指导思想。根据特大型流通和消费城市的特点，北京市物流业发展的主攻方向可否确定为：建立商贸物流服务体系，为人文北京、科技北京、绿色北京提供物流保障。

经过几年的努力，北京市应该建立起布局合理、技术先进、绿色环保、安全高效，适合本市及外来人口生活消费需要，并具有较强的区域吸引力和一定的国际竞争力的商贸物流服务体系，综合物流服务能力与现代化国际城市的要求相匹配。

这是保增长、保民生、保稳定的需要。商贸物流服务体系，如同城市供水、供电、供气和公共交通系统一样，是保障民生和社会稳定，维护城市正常运转的动脉系统。北京市社会商品零售总额连年高速增长，2008年达到4589亿元，今年上半年的增幅也在13%以上。强劲增长的商贸物流需求，必然要求完善的商贸物流服务体系来支撑。经济稳定增长、城市正常运转和民生逐步改善，都离不开便捷高效的商贸物流服务体系。

这是消费升级、流通改造的需要。从经济发展和城乡人均收入水平来看，北京市正在进入一个消费升级的重要阶段，商贸物流服务体系也必须相应升级。而总体上来说，北京市流通和物流体系建设相对滞后，还不能够满足消费升级的需要。提升改造商贸物流服务体系，既十分必要，又相当迫切。

这是全面提升城市综合竞争力的需要。物流服务体系是一个地区综合实力的重要体现，也是地区间竞争与合作的重要领域。物流业被纳入十大产业振兴规划以后，得到各地的普遍重视。北京市更应该保持特色，发挥优势，在物流业发展方面抢占先机。

二、实施六项工程

商贸物流服务体系，是一个比较新的概念，包含许多内容。结合北京市的实际，应该重点实施以下六项工程。

一是城市配送工程。要在全面摸清存量资源的基础上，统筹规划全市物流配送中心的整合与建设，完善覆盖城乡、连接社区、辐射周边的城市物流配送网络。重点发展面向社会的公共配送中心和第三方物流企业，优先发展食品冷链、药品、化学危险品配送系统，统筹考虑国家机关后勤和旅游会展的物流配送问题，协调发展沟通城乡的双向配送体系，妥善处理城市废旧物资和废弃物物流。要积极创造条件，为快递、配送车辆进城通行停靠和装卸作业提供方便。要支持专业快递和配送企业发展。要建立配送服务公共信息平台。

二是应急物流工程。要建立能够应对突发事件，与应急指挥系统相配套的应急物流体系。建立应急生产、流通、运输和物流企业信息系统，以便在突发事件发生时能够紧急调用。建立政府、企业、社区和居民多层次的应急物资储备体系，保证应急调控的需要。加强应急物流设施设备建设和管理，提高应急反应能力。选择一批大型流通和物流企业，采取平急结合的方式，纳入应急物流体系。建立应急物流补偿机制，保证应急物流有序高效运转。

三是物流总部经济工程。北京集聚了一批跨国物流企业和"中字头"物流企业，具有发展总部经济的独特条件。比如，北京空港物流基地已吸引了近70家中外知名物流企业，每年可实现税收近亿元。应该创造和维护良好的投资服务环境，让现有企业发挥更大作用，吸引更多的物流企业在北京建立总部。要把北京打造成为服务的宝地、政策的洼地、利润的高地。

四是物流金融工程。物流与金融的结合，是近年来物流业发展的趋势之一。代收货款、仓单质押、供应链融资等新的服务模式，产生了很好的社会和经济效益，如：中国物资储运总公司仓单质押融资一项业务就发展到400多亿元的规模，1亿元的收入。北京集聚了大批金融机构，又有大量的物流企业，具有发展物流金融的特殊条件，要积极研究推动。

五是电子商务物流工程。近年来，电子商务特别是大宗商品电子交易市场发展迅猛。2004年创办的上海大宗钢铁电子交易中心已有6000多家客户，交易量已达全国钢铁总产量的四分之一，为稳定我国钢铁市场发挥了重要作用。浙江余姚塑料城网上交易市场成交量已超过了英国伦敦著名交易所，成为业界塑料行情的风向标。有关资料显示，全国现有107个大宗商品电子交易中心。上海20个，广东和山东各11个，北京有10个。北京应该发展大宗商品电子交易市场，同时要建立与网上购物相配套的物流配送系统。

六是物流科研和教育工程。与物流相关的大专院校和科研单位的集聚，也是北京市的一大优势。但这些机构基本上各自为政，形不成合力。可由行业协会牵头，联络全市物流相关科研教学机构，整合各方面力量，组织开展技术研发、标准推广、学科建设、岗位培训和理论研究等。以国内外领先的物流科技成果和专业人才，为全国物流业发展提供智力支持。

三、抓好三项工作

建立商贸物流服务体系，要遵循市场经济规律，依靠企业运作，但离不开良好的发展环境。从政府层面来讲，当前应该抓紧做好以下三项工作。

一是制定一个专项规划。要紧密结合经济社会发展的实际和城市特色，借鉴国际大都市物流发展的经验，在充分调研的基础上，制定北京市物流业发展规划。规划要以商贸物流为重点，又要考虑到整体性；要以物流需求为基础，又要与城市总体规划相衔接；要立足现有条件，并要适当超前。物流业发展规划，应该纳入"十二五"重点专项规划。

二是出台一套综合政策。根据我们的调查，目前物流业发展最需要的政策包括：税收减免政策、便捷交通政策、财政支持政策、有利融资政策、土地使用政策、结构调整政策、需求引导政策和产业安全政策等。政府部门要按照物流业"网络化经营、一体化运作"的需要，深入调研，转变观念，出台符合物流业发展需要的政策措施。

三是建立一个协调机制。物流业是复合性产业，涉及诸多部门，必须有一个综合协调机制。建议由分管市领导牵头，吸收各有关部门和行业协会参加，建立领导协调机制，研究决定物流业发展中的重大问题。

（这是作者为"振兴北京物流业专题研讨座谈会"准备的发言提纲）

定襄县法兰节致辞

（二〇〇九年十月二十三日）

尊敬的贾玉文县长、全县父老乡亲：

欣闻第三届中国·定襄法兰节隆重开幕，作为一名定襄人十分高兴。感谢贾县长盛情邀请，本人也期盼着再会家乡亲人，再睹家乡风采。无奈公务在身，未能如愿。特写上几句话，表达一个游子的心愿。

前次应邀回乡，吃到了荞面河捞，听到了秧歌小调。不变的定襄风味，不变的家乡情谊。在新建的三环路上猛跑，在宽阔的金鼎广场散步，如今的定襄难寻旧时模样。家乡变了，她变得大气而精致，富庶而文明。这一切，离不开县委和政府的正确领导，离不开全县人民的努力奋斗，更是法兰产品、锻造产业的有力支撑。700 多户、2 万余人、全国出口量的 70%，小小的法兰盘养育了"锻造之乡"的 20 万人民。

法兰县、法兰人举办法兰节，占尽地利，正当其时。祝我们的锻造业向科技研发、市场开发和物流服务等方向延伸，进一步做强做大产业链；希望我们的锻造业注重节能环保、人才培养和品牌建设，进一步增强软实力；祝家乡"安民辟壤，好运定襄"，祝父老乡亲团结奋斗奔小康！

2010 年德国考察讲话系列

（二〇一〇年五月）

之一：在行前会上的讲话

（二〇一〇年五月十九日　于北京）

各位团友：

大家上午好！我们马上就要离开祖国，前往欧洲考察学习。临行前，我讲两个感谢，提四点要求。

首先，感谢在座各位多年来对中国物流与采购联合会工作的参与和支持，感谢大家参加本次考察团的活动。

同时，我们也要感谢联合会国际合作部，孙蕾主任带领的团队，克服了许多困难，为我们团做了大量艰苦细致的前期工作。

有关这次考察学习的目的、意义和纪律，任豪祥会长已经讲得很清楚了，孙蕾主任还会讲一些需要注意的细节。希望各位一定要按照他们所讲的来做。我这里向全体团友提出四点要求：

一是不出事。各位都是单位的台柱子，家里的顶梁柱，出去代表的是中国人的形象，容不得半点马虎和闪失。我们不仅不能违反外交方面、政治方面的纪律，也不能发生交通方面、安全方面的事故。希望大家要格外注意，并互相提醒。

二是不挑事。尽管我们的国际部与德方接待单位做了周到安排，但出门在外，难免会有不尽如人意的地方。如果出现纰漏和失误，我们应该抱着忍让和克制的态度，在团内协商解决。

三是用真心。我们要十分珍惜这次难得的学习机会，抛却私心杂念，集中精力参与考察和学习。要带着问题，虚心听讲，有交流机会要大胆提问，踊跃发言。

四是取真经。我们这次学习的目的只有一个，就是要借鉴德国在物流园区发展方面的经验。然后，把这些经验带回来，结合我国实际，运用到各自的实际工作当中去，推动我国物流业快速健康发展。

相信大家一定能够端正态度，认真学习，团结友爱，遵守纪律，圆满完成这次考察学习任务。争取在 22 位团友的共同努力下，我们这个团成为前九期考察团当中最优秀的团队。

拜托各位。谢谢大家！

之二：在德方欢迎仪式上的讲话

（二〇一〇年五月二十日　于柏林）

尊敬的芬可女士、老查先生、王珂翻译：

首先，感谢各位以及德国国际继续教育与发展协会（InWEnt）多年来与中国物流与采购联合会的良好合作，感谢你们为这次考察活动所做的周到安排。

我们 22 位团友从遥远的东方，来到了歌德与黑格尔的故乡，来到了奔驰和宝马的产地，来到了物流业发达的德国。我们带来了对贵国人民的友好情谊，带来了向贵国同行学习的强烈愿望。

近年来，中国政府十分重视物流业发展，把物流业列入十大调整和振兴产业。物流业在许多地方和领域得到了较快发展，为国民经济持续快速发展做出了重要贡献。但与发达国家相比，我国还有不小的差距。我们迫切需要学习借鉴国外的成功经验。特别是德国同行在物流园区建设方面的创造性工作，是我们这次学习的重点。

我们的团友来自中国的东南西北，他们分别在政府有关部门、行业协会、物流企业及园区，从事和物流相关的工作。我们的目的只有一个，就是要学习借鉴贵国在物流园区发展方面的经验。然后，把这些经验带回去，运用到各自的实际工作当中，推动中国物流业快速健康发展。

我们特别需要了解贵国物流园区或者说货运中心发展的历史、现状与趋势。学习贵国在园区规划建设、运营管理、评价体系、体制政策和绿色环保等方面的做法和经验。我们的每一位团友都有满脑子问题，期待着向贵国同行请教。我把下面的时间，留给各位团友，希望大家踊跃发言。

预祝本次考察活动取得圆满成功。谢谢！

之三：在总结会上的讲话

（二〇一〇年五月三十一日　于德国法兰克福）

各位团友：

大家晚上好！刚才，各位谈了各自的体会。总的感觉我们这次考察学习收获很大，是一次学习之旅，快乐之旅，和谐之旅，收获之旅。我们马上就要踏上归程，我也谈谈自己的感受。

我们这次考察活动从 5 月 19 日离开北京，到 6 月 2 日结束。历时 15 天，访问了德、荷、比、瑞 4 个国家，走访了德国 7 个城市的 10 个单位，进行了十几场公务活动，重点考察了德国物流园区的发展经验。在此期间，各位团友不辞劳苦，长途跋涉，集中精力，认真学习，团结友爱，和谐相处，按照我们行前确定的"不出事、不挑事，用真心、取真经"的基本要求，约束自己，帮助别人，保证了这次活动圆满顺利完成。

通过考察学习，我们开阔了思路，增长了见识，建立了联系，提升了品位。相信这次考察学习所产生的精神财富，对于我们每个人都留下了难以磨灭的印象，必将对各自今后的工作和学习，以至于我国物流园区的发展起到一定的推动和借鉴作用。

在此，特别感谢各位的参与、支持和配合。这是对中国物流与采购联合会的尊重与肯定，也是对我本人的理解和关心。由于我的粗疏，加之客观条件所限，这次考察活动还有一些不尽如人意的地方，留下了一些缺憾，需要我们在今后工作中进一步改进提高。

我在出发前就讲过，争取在 22 位团友的共同努力下，我们这个团成为前九期考察团当中最优秀的团队。大家也都认同这样一个目标。为了使之落到实处，回国以后我们要抓紧做好以下"五个一"工程。

一份考察报告。要运用这次考察学习的成果，介绍德国物流园区发展的基本做法和经验，结合我国实际进行分析思考，提出相关的对策建议。这项工作由颜滨同志执笔，大家要提供相关资料，共同出谋划策。

一本书。最好图文并茂，通过文字和图片全面反映我们这次考察活动的情况。这项工作由万莹同志负责。各位团友都要至少写一篇文章，体裁不限，字数不限，与本次活动相关的内容都可以入选。

一张光盘。希望每人精选 50 张左右的照片，交给张东民同志，进行编辑制作。

加入一个组织。希望还不是中国物流学会会员的团友，自愿加入学会，享受会员待遇，履行会员义务。这项工作由黄萍同志协助办理。

建立一个联系机制。包括平时的信息沟通，会员之间的联系。也希望各位通过参加每年一度的物流园区会议，进行面对面交流。

以上这些工作，我们都要在 7 月 21 日前完成，在 7 月 22 日沈阳召开的全国物流园区交流研讨会上，展示这次考察活动的成果。希望承担具体任务的同志要负起责任来，各位团友都要积极配合。

各位团友：这次德国考察活动即将结束，但我们之间的交往和交流才刚刚开始。在此依依惜别、满载而归之际，希望各位团友在这次活动中建立的友谊像美丽的莱茵河水一样源远流长。让我们发扬"不来梅乐队"的合作精神，为中国物流事业发展奏响更加和谐动听的乐章。

谢谢大家！

德国物流园区考察报告

（二〇一〇年六月）

应德国国际继续教育与发展协会（InWEnt）的邀请，以中国物流与采购联合会副会长贺登才为团长的绿色物流园区（货运中心）研修班一行22人，于2010年5月19日至6月2日赴德国进行了考察学习。

研修班在德期间，先后走访了柏林等7个城市，听取了德国国际继续教育与发展协会对德国物流业及物流园区发展情况的介绍，参观访问了汉堡港和科隆港，实地考察了不来梅、科隆、勒沃库森、奥格斯堡、科布伦茨等物流园区，深入剖析了物流企业和企业物流个案，听取了德国海运经济与物流研究院物流专家的专题讲座，与巴伐利亚州物流企业和货运代理协会就城市规划、物流配送及行业协会工作进行了交流。

通过实地考察、交流探讨，查阅国内外有关资料，研修班学员对德国物流园区的发展情况有了一定的了解和认识。

一、德国物流园区发展概况

德方专家把物流园区（Logistik Park，简称 LP）和货运中心（Güterverkehrszentren，简称 GVZ）看作两个不同的概念。两者的主要区别在于，物流园区的服务对象是某一行业或企业，具有专业性和特定性；而货运中心服务的客户是所有的企业，具有通用性和社会性。按照我们的思维习惯，也为了表述的方便，本文把这两个概念统称为物流园区。

（一）德国物流园区的发展历程

德国是欧洲物流发展最好的国家，在物流园区建设方面也处于领先地位。德国的物流园区（货运中心）从 20 世纪 80 年代中期开始建立，到现在全德已有 33 个物流园区（货运中心），形成了覆盖全德、辐射欧洲、连接世界的物流园区网络。

1984 年，德国第一个物流园区——不来梅物流园区建立。1992 年，当时的联邦铁道部和东德铁路局合作，提出了物流园区建设的总体规划。1993 年，德国货运中心股份有限公司（DGG）（德国物流园区协会）在不来梅成立。1994 年，德国邮政在园区内建立了邮件处理中心，随后铁路公司也在园区内设立了货运中心。2001 年，德国物流园区协会参与制定了联邦政府交通部对物流园区建设的一些相应法规。2002 年，物流园区的规划并入德国交通网络规划。

随着两德统一和欧盟东扩，不仅有更多的产品经过德国中转运送，而且德国还向其他欧洲国家输出物流园区的管理和技术，推动在欧盟的新成员国中建立物流园区。目前，德国定位为东欧区域配送中心最具吸引力的国家，德国的物流业正在进入一个前所未有的发展阶段。

（二）德国物流园区的发展模式

在物流园区的建设和经营上，德国一般采取联邦政府统筹规划，州、市政府扶持建设，组建发展公司企业化管理，入驻企业自主经营的发展模式。

联邦政府在统筹考虑交通干线、运输枢纽规划的基础上，对经济布局、物流现状进行调查，根据各种运输方式衔接的可能性，在全国范围内对物流园区的布局、用地规模与未来发展进行总体规划。同时，联邦政府也参与重要节点设施的投资。德国现有的 33 个物流园区中，有 11 个物流园区的公铁联运中转站是德国联邦铁路投资修建的，政府投资最高可达 80%。

州及地方市政府主导前期规划、论证及基础设施建设。由当地政府出面，组织企业、协会与开发商等，共同开展需求调研及可行性分析。政府与土地拥有者进行谈判，先期投资购买土地，完成"熟地"建设。每平方米前期费用约为 120 欧元（含 30~40 欧元的地价）；然后，按照每平方米 80 欧元的价格卖给物流企业；垫付的价差，政府通过以后的税收收回。

为了打破垄断，政府不允许一家公司独家经营一个物流园区，一般采取由入驻园区的各大公司共同出资建立发展公司的方法来共同经营。入驻园区的企业须提交商业计划书，特别要说明在就业、税收等方面的贡献，节能环保的措施等，经批准后才能入驻。入驻企业依据自身经营需要，建设相应的仓储设施，配备相关的机械设备和辅助设施。政府按照 10% 到 13% 的比例，资助企业建设仓储设施。

在德国，谈判和协调是一个艰巨、漫长的过程。涉及主体包括地方政府，也包括居民、企业，土地拥有者及相关的社会组织。如有一方不同意，就会影响到园区的规划和建设。我们访问过的一个物流园区，仅协调和审批的时间就超过 10 年。

（三）德国物流园区的功能定位

德国物流园区的建设规模是根据物流需求来确定的。物流需求主要来自当地居民消费需求、生产需求和中转需求三个方面。在德国，我发现这样的规律，为满足居民消费的物流需求，一般 50 万人口应该有 1 个物流园区；生产需求和中转需求数据，可分别从当地生产企业和港口等处取得。如不来梅 50 万人口设 1 个物流园区，占地 170 公顷；柏林 350 万人口，设 3 个物流园区。德国许多物流园区的面积都超过 200 公顷。

德国物流园区选址，主要考虑以下四个方面的因素：一是转运方便。至少有两种运输方式的连接，特别是公路和铁路两种方式非常重要。二是交通便利。选择交通枢纽中心地带，使物流园区布局与运输网络相适应。三是经济合理。包括较低的地价、数量充足且素质较高的劳动力、周边有众多产生巨大物流需求的生产制造企业和流通企业，具有园区企业经营获利的基本条件。四是生态环保。一般选取城市边缘区域、城郊接合部，符合环境保护与生态平衡的要求。

德国物流园区具有多种服务功能。主要有水路、铁路、公路、航空和管道多种运输方式的联运转运功能，直接换装（越库作业）功能，城市消费品仓储配送功能，拣选、分拨和加工功能，出口贸易功能，还有卡车加油、清洗、维修，集装箱维修，饭店、旅馆等综合服务功能，基础研究和业务培训功能等。相对齐备的服务功能，吸引了越来越多的物流企业、贸易企业、制造企业和其他相关服务企业进驻物流园区。如不来梅物流园区由成立初期的6家企业，发展到现在的190多家。

（四）德国物流园区的管理体制

由入驻企业共同组建非营利的发展公司（类似于协会组织），负责物流园区的日常管理工作。1986年，6个入园企业组建了不来梅物流园区发展公司。发展公司代表进驻企业的利益，协调园区与政府、当地社区、居民及社会组织的关系，解决单个企业难以解决的问题。发展公司为园区内企业提供多种服务，如业务联系与合作、远程信息技术平台、能源的集体采购、代理危险品检验、设备维修保养、业务培训等。

发展公司运转所需费用，政府负担25%，其余部分由入驻企业分担。目前，每家企业每月只需交纳100欧元。不来梅物流园区发展公司只有2名工作人员，一人负责设计创意，一人负责秘书工作。发展公司还有一个圆桌会议机制，主要由政府有关部门、独立的专家、大学和研究机构及一些私人公司组成，就园区发展的重大问题组织研讨。

1993 年成立的德国货运中心股份有限公司（DGG）对德国货运中心（GVZ）提供服务。其目标是将货运中心在地方和区域等级产生的积极影响转变至国家及欧洲等级。主要服务范围有：促进货运中心之间的多式联运，组织货运中心的业务合作；制定货运中心的服务标准，主持货运中心的考核评价；承接全国与国际研究和咨询项目，推动货运中心可持续发展；参与欧洲货运中心协会的工作，扩展欧洲及全世界物流平台。

（五）德国物流园区的绿色环保措施

运输方面的节能环保措施。运营车辆必须符合环保要求，使用节能环保设备，政府给予补贴；对驾驶员进行节能驾驶培训，经过培训可以节油 10%～20%，节约成本的一半奖励司机；运用信息化手段，优化运输组织，对不同物流企业的货物重新组合，增加满载，减少空驶；对多种运输方式合理分工，超过 300 公里运距，就要考虑铁路或水运；采用甩挂运输，用 4 个拖车就可以完成 100 多个集装箱的移动工作；大量使用带支架的桥式集装箱，移动时收起支架拖走，到位后放下支架可当临时仓库，减少了多次搬倒；在公路集装箱运输中，大量使用中置轴挂车列车，一台拖车可同时牵引两个集装箱或两个汽车商品车挂车，运输效率成倍提高，碳排放量显著减少。

物流园区的节能环保措施。建设物流园区必须按照 1∶1 的比例，在园区外购买绿地，园区内还要留出 25%～30% 的绿地。绿地不仅是景观，而且有吸纳雨水的作用，使雨水能够渗入地下。利用仓库屋顶安装太阳能发电设备，所发电力进入统一电网。我们在奥格斯堡的一家物流企业了解到，企业入网电价高于用电价格。这家企业 100 万欧元的发电设备，利用发电和用电价差，大约 10 年可收回投资。

德国的环保要求越来越严格。到 2020 年，在保证物流量直线上升的同时，温室气体排放要比 1990 年降低 40%，高于欧盟设定的指标。目前，德国的大货车普遍适用欧 4 排放标准，开始研究是否采用欧 5、欧 6 标准。有

8 个实验区正在研究利用太阳能、风能等清洁能源，为汽车充电。园区的规划建设，执行噪声控制标准，并注重风景视觉效果。

（六）德国物流园区对经济、社会和生态环境的贡献

物流园区对经济发展的贡献。近年来，物流业是德国增长较快的产业，增速超过了 GDP 的增长，排在汽车、医药健康产业之后，超过机械制造业位列第三。发达的交通运输条件和高效运行的物流园区，带动了海运业特别是集装箱运量的增长。物流业不仅增加了当地税收，减轻了政府负担，而且能帮助生产企业和贸易企业优化物流系统，降低物流成本，提高整个供应链的协同效应。优越的物流条件，也成为德国投资环境的一部分，促进了国民经济综合竞争力的提升。

物流园区对社会的贡献。有资料显示，不少于 1200 家企业在物流园区设立了办事机构，提供了 40000 多个就业岗位。物流园区设在城市边缘，分散的企业迁入园区，园区内的企业统一组织城市配送。大货车不再进入城区，减少了物流运作对当地居民的影响，物流运作与居民生活和谐共处。

物流园区对生态环境的贡献。物流园区为多样化、联运化交通运输提供了条件，可以把公路运输转移到铁路或者水运，减少了二氧化碳排放。物流园区具有长途网络和本地投送点转换的功能，起到了区域节点的作用，通过交通转移缓解了交通运输的拥挤状况，也在环保方面作出了贡献。

二、德国物流园区发展对我们的启示

虽然中德两国处于不同的经济发展阶段，自然环境、资源禀赋、经济体制不尽相同，物流发展模式也有很大区别，但德国物流园区的发展经验，仍给我们以多方面的启示。

（一）物流园区的设立要以需求为基础

物流是生产性服务业。物流园区一定要以需求为基础，以产业为依托。我们参观的勒沃库森化工物流园区占地 11 平方公里，70 多家公司的 100 个生产车间及研发机构分布在 3 个厂区，来自 50 多个国家的 45000 名员工在这里工作。正是由于旺盛的医药化工物流需求，由拜尔集团分离出专业物流企业。凯明物流公司负责园区的物流业务，经营着 100 多公里的铁路专用线和 70 多公里的管道，2008 年的产值超过了 1 亿欧元。

反之，离开了需求，物流园区将成为无源之水，无本之木。我们在另外一个城市，还参观了一家与工业园区配套的物流园区。20 世纪 90 年代初期规划的 80 公顷土地，到现在只开发出 24 公顷，主人指给我们看的还是白纸上的蓝图和绿色的田野。这家园区进展缓慢的根本原因，是缺乏足够的有效物流需求量。通过对比分析，我们更加深刻地认识到，物流需求规模、结构、特点适配，是物流园区设立的重要基础和首要条件。离开了对物流需求的分析和把握，就失去了物流园区建设的基础和条件。中国是这样，德国是这样，其他国家也是这样。

（二）物流园区的运作应贯彻供应链管理理念

德国专家把物流园区看作供应链的中心环节。通过园区，实现海港与内陆的连接，远程运输与城市配送的连接，生产企业上下游之间的连接，生产企业与流通企业的连接，直至生产者与最终消费者的连接。例如，法国生产的纯净水整列运送到德国的物流园区，进行罐装后再配送；高档红酒由国外整箱运到物流园区，分瓶灌装个性化包装后，再配送到消费者手中。大企业为增强企业核心竞争力，把物流业务外包给专业的物流公司，物流园区因此成为物流外包的良好载体。

无缝连接的硬件设施和高效可控的信息系统，使精益化物流成为可能，大大提高了供应链运行的效率。我们发现，德国物流园区的仓库占地面积相对较小。许多货物早上运到，中午分拣、组配，晚上就可以转运。越来越多的企业把装配、分拣、包装、分销、进出口等环节放在物流园区。物流园区不仅是各种物流企业及运输企业的集聚地，正在成为一些工业和贸易企业的集中地，也是原材料和零配件、成品和半成品以至于消费品的集散地，在整个供应链中的地位和作用越来越重要。

（三）物流园区应是多式联运的枢纽

多式联运是德国物流园区的显著特点，每个园区至少有两种运输方式连接。我们参观的科隆物流园区，内河、铁路和公路三种运输方式构成了多式联运体系。一部大型吊车，横跨三条线路，可以很方便地直接换装。通过与各大海港及内陆港的直接连接，科隆物流园区已成为国际大宗货物转运及多式联运网络中的一个重要枢纽。

近年来，我国的物流基础设施建设得到超常规发展，特别是线路建设突飞猛进。但相应的节点设施建设相对滞后，节点与线路不配套，各类节点不连接，多种运输方式无法实现有效衔接。有资料显示，发达国家海铁联运比例为20%，我国还不到2%。我们的港口码头缺乏与铁路的连接设施，管理体制和信息系统不能有效对接；我们的铁路运力长期处于紧张状态，还不能满足社会需要；我们的公路运输主体高度分散，运能严重过剩。如何统筹规划多种运输方式均衡发展、有序衔接，建立符合多式联运要求的物流基础设施网络体系，是我国物流业发展中一个重大而又紧迫的问题。

（四）物流园区在绿色环保方面大有作为

物流业是能源消耗和二氧化碳排放的重点行业，物流园区在绿色环保方面的作用是显而易见的。物流园区的多式联运功能，优化了交通布局，可以把公路运输转移到铁路或者航运，有效降低能源消耗。公路干线运输企业进入物流园区，经过配载，以配送车辆进入市区，避免和减少了交通拥堵和尾气排放。物流园区优化流程和线路后，实现满载，对环境的保护也做出一定贡献。利用仓库屋顶发电，物流园区不仅无须使用传统能源，而且使自己变成了一个清洁能源的发电厂。在德国，我们所到之处皆是蓝天白云、清水绿树，没有看到一寸裸露的土地。这是多年来德国民众注重环保的结果，其中绿色物流起了重要作用，物流园区就是一个典范。我们应该学习借鉴德国经验，从物流园区的规划建设入手，推动我国绿色物流体系建设。

（五）物流园区的管理须体现合作协同精神

物流园区的管理是一项系统工程，必须坚持合作协同的精神。在著名的《格林童话》中，有一个"不来梅乐队"的故事。驴、狗、猫、鸡，四种动物组成一个乐队，发挥各自的优势，演奏美妙的乐曲。在德国非常强调这种合作精神，物流园区也不例外。他们创造了物流园区发展公司这样的体制，采用圆桌会议的协同方式，各有关方面通过这样的平台机制，对重大问题进行沟通和协调。奥格斯堡物流园区的占地，分属三个行政区域管辖，由三家政府出面组成一个委员会，统筹协调规划和建设问题。这在我们看来，是无法想象的事情。在德国物流园区，能够共用的设备，就由几家使用单位共同购买，分别使用。土地拥有者如果不愿意出售土地，政府就去反复协商。协商不通，就会从另一个地方划一块土地与其置换。这种合作协同的精神，既是德国物流园区成功的重要因素，也是我们应该学习的基本方面。

德国的行业协会在与各有关方面的协调、协作中发挥着重要作用。例如，巴伐利亚州物流企业和货运代理协会 1946 年创立，现有 420 家企业会员，6 名专职工作人员。他们组织行业培训、会议研讨、代表企业与联邦铁路部门沟通，参加联邦以至于欧洲协会的活动。当政府出台大货车新的收费项目后，协会向政府反映企业诉求，申请到了一定数额的补助资金。

（六）政府应明确在物流园区发展中的角色定位

德国政府在物流园区发展中的作用，主要体现在以下几个方面。

一是统筹布局。1992年，德国出台第一个物流园区规划，提出在全德国境内建造28个物流园区。1995年，第二个物流园区总体规划出炉，把原来的28个物流园区扩建到39个。2003年5月，联邦政府交通部再次发文，强调大力扶植和继续发展建设物流园区。

二是规划设计。具体的物流园区选点设计，主导权掌握在当地政府手中，规划设计方案最终要经过当地政府审批。政府会综合考虑城市总体规划、节能环保、对当地居民生活的影响等因素。

三是投资赞助。在德国还没有物流园区不是通过政府赞助而建成的。政府投资主要用于园区内供水、供电、排水等基础性设施和联运站等公用性设施建设。只有通过政府的赞助，才能使物流园区的"熟地"以较低的价格卖给物流企业。政府通过园区正常运营后的税收收回投资，没有预期的土地升值，也不是通过卖地赚钱。

四是营造环境。比如，由政府出面，协调方方面面的关系，政府参与和指导物流园区发展公司的工作等。政府不干预入驻园区企业的经营活动，入驻园区的企业按照市场的需要，依法经营，照章纳税。

三、对我国物流园区发展的建议

12年前，在深圳出现了第一家叫物流基地的基础设施。进入21世纪以来，我国物流园区（基地）得到较快发展。特别是2009年国务院发布《物流业调整和振兴规划》，把物流园区列入九大工程之一，各地掀起了新一轮规划建设物流园区的热潮。但总体来看，我国物流园区还处于起步阶段，在规划建设、运营管理等方面还存在一些亟待解决的问题。

为促进我国物流园区健康发展，参照德国物流园区发展的做法与经验，我们提出以下关于我国物流园区发展的建议。

（一）从转变发展方式的角度支持物流园区发展

我们要充分认识物流园区的基础性和公益性。物流园区和供电、供水、供气及公交系统一样，是城市基础设施的重要组成部分。物流业创造的价值，主要体现在产业链的整体优化，对其他产业的支撑和带动作用上。物流条件也是投资环境的有机构成，是城市综合竞争力的重要体现。物流业高效有序运作，同时也会产生良好的生态效益。

物流业的发展，有利于促进发展方式转变。我们要按照《物流业调整和振兴规划》的要求，构建布局合理、技术先进、节能环保、便捷高效、安全有序并具有一定国际竞争力的现代物流服务体系。物流园区通过产业的空间集聚，资源的有效整合，业务的流程优化，能够提高物流运作效率，降低物流成本，减轻能源和环境的压力，是现代物流服务体系的枢纽性设施。

建议采取多种措施，支持物流园区发展。中央政府层面，应抓紧制定物流园区发展专项规划，尽快确定全国物流园区的基本布局。地方政府要根据当地经济发展的需要，把物流园区纳入经济发展战略规划和城市建设规划。政府应该像投资其他基础设施那样，支持物流园区建设。物流园区产生的自身效益比较低，不宜笼统地按照亩均投资、亩均税收等标准设置准入门槛。由于这些项目投资大、回报慢，不宜收取过高的土地费用，并要拓宽物流园区建设的投融资渠道。

（二）研究制定我国物流园区设立的标准和条件

当前，各地建设物流园区的积极性空前高涨。再加上我国土地资源紧缺，增值预期强烈，各类企业积极要求参与建设，物流园区规划占地规模迅速膨胀。如控制不好，有可能出现盲目投资和圈占土地的问题。

我们建议，应在做好现有仓储类物流设施（物流园区、配送中心、货运场站、各种仓库等）情况调查的基础上，抓紧建立符合我国国情的物流园区设立标准和条件。要明确多大的需求量，设立多大的物流园区；要设置居民消费、生产配套和中转物流量的核算标准；要有多种运输方式衔接配套的硬性规定；要有节能环保的具体要求：把这些标准和条件，作为规划布局、批准立项的依据。

（三）务实构建我国物流园区的考核评价体系

德国货运中心股份有限公司（DGG）对德国货运中心（GVZ）制定了物流园区的服务标准，主持考核评价工作，对德国物流园区发展起到了很好的推动和促进作用。我国一些地方在物流园区快速发展的同时，也存在定位不准、规划不明、经营不善、管理不力，甚至盲目发展、重复建设的问题。缺乏相应的考核与评价体系和方法，是主要原因之一。

我们建议，借鉴德国的做法，结合我国物流园区的发展特征，综合考虑区域经济发展、减轻城市交通压力、优化城市布局、促进资源整合、减少环境污染等各项指标，建立社会化的物流园区评价体系和方法。充分发挥行业协会的作用，深入开展物流园区综合评价工作，从行业自律层面强化对物流园区的管理，引导物流园区健康发展。

（四）积极推进我国绿色物流园区建设

在绿色物流方面，我们与德国相比差距较大。全面推进，困难较大，但有几项工作可以先做起来。如：选用节能环保车辆，加大对企业更换车辆的补贴力度，限期淘汰老旧汽车；开展驾驶员节油培训，拿出节约部分奖励驾驶员；加强公共物流信息平台建设，优化运输组织，减少空驶浪费；制定桥式集装箱行业标准，积极推广甩挂运输；允许中置轴挂车列车在高速公路行驶，提高货车运行效率；研究提出仓库屋顶太阳能发电进入统一电网的可行性，制定优惠政策，促使企业自发地生产和使用清洁能源；探讨入驻物流园区的企业通过在国际市场交易碳减排量，而获得节能减排收入及政府补贴；加强物流园区和企业的绿色物流检查与评价，运用政策杠杆，调动企业节能环保的积极性；随着铁路建设进度加快，客货分线快速推进，铁路运能紧张问题得以缓解，要抓紧研究多种运输方式协调分流的问题；扩大铁路和水路运量，发挥公路集疏运与城市配送的功能；加强联运转运设施的规划建设、信息系统的对接和管理体制的协调，促进多式联运发展。

（五）加强地区和部门间物流园区的合作与协调

近年来，各地区、各部门、各行业和大型企业都在制定物流规划，发展各类物流园区。这些规划，在地区、部门和行业、企业看来，也许是必要的，但从全局来看，很容易形成同类物流园区在同一地区有效辐射范围内的重复建设，导致土地、人力、财力和相关资源的严重浪费。

我们建议，中央政府层面，应由国家发展和改革委牵头，吸收相关部门参加，制定有关的规划与政策，加强对物流园区发展的指导、协调和宏观管理。各级各类物流园区应实行分级、分类管理，重要节点城市的物流园区应该纳入全国统一规划。地方政府要服从于全国统一规划，指定专业职能部门分管物流业及物流园区相关工作。要加强物流园区规划、立项及专项资金投入的后评价工作，对于改变土地用途、挪用专项资金的，应采取针对性的措施。

（六）与德国有关方面建立物流园区联系机制

德国物流园区建设先行一步，有许多值得我们学习借鉴的地方。同时，中国经济快速发展，德国同行也迫切需要与中方合作。中德之间已有许多联系渠道，就物流园区的规划、建设和经营方面，也应该建立经常性的联系机制。比如，可以增加像我们这次的考察研修团组；邀请德方专家来华讲学交流；双方互相参加对方活动；派遣中方学员到德国物流园区顶岗实习；请德方专家参与中方项目咨询；建立信息交流共享机制等。中国物流与采购联合会和德国国际继续教育与发展协会（InWEnt），作为双方联系的"窗口"单位，应积极推进此项工作。

（执笔人：贺登才、颜滨、袁有丰）

同圆西部"物流梦"

（二〇一三年三月二十九日）

"蜀道之难，难于上青天。"千百年来，西部关山阻隔，物流不畅，多少代人难圆"物流梦"。

戊子年春（公元 2008 年 4 月），中国西部现代物流港破土动工。历时五载，披荆斩棘，一片蛮荒的红土地——金家沟，一个现代物流产业聚集区初具规模。西部"物流梦"，新添了重要节点。本人怀着振兴西部物流的期冀，有幸与这里的建设者相识、相知。

中国西部现代物流港以现代物流业为支撑，服务于相关产业，彰显绿色经济、循环经济和支柱经济核心价值。其立足成渝中心节点的区位交通优势，延伸现代物流业服务链条，承东启西、联南接北，辐射成都、重庆等西部城市，谱写着物流业与区域产业联动发展的新篇章。

中国西部现代物流港建设五年来，每年都取得多项成果。以物流业的集聚，带来产业集聚、结构调整、发展方式转变和投资环境改善。其影响力和吸引力与日俱增，发展理念与时俱进，为西部以至于全国物流业发展注入新的活力。然而，五年的光阴，对于一个物流产业园区而言，毕竟是短暂的。期待中国西部现代物流港以更宽的视野、更高的境界、更大的成就，勇担西部物流发展重任，进而助力西部大开发，促进区域经济协调、健康、可持续发展。

  "雄关漫道真如铁，而今迈步从头越。"值此中国西部现代物流港五周年华诞之际，编印了这本精美画册，既是五年来建设成就的总结与回顾，更是迈向未来的新起点。相信西部现代物流港一定能够在新起点上实现新跨越。希望业界有识之士，为他们今天的成功鼓掌喝彩，为他们明天的建设添砖加瓦。我们大家携手并肩，同圆西部"物流梦"。

（为《中国西部现代物流港》画册而作）

行业协会的春天

（二○一七年十一月）

从全国 4000 多家 A 级、200 多家 5A 级物流企业中筛选 5 家，不是一件容易事。越是不容易，做起来才越有价值，选准了、做对了才越有意义。

军民融合深度发展，行业协会大有可为。这个大有可为，既体现在对国家主导的鼎力支持，又体现在对市场规律的自觉遵循。两者相统一的结果便是企业有意愿、运营有实力、战时能履约。

中国特色社会主义进入新时代，军民融合深度发展前景广阔，行业协会的春天来了！我们一定要发挥行业优势，在统筹资源、畅通渠道上为军方提供决策参考。我们坚信，5 家优势企业先行一步的深度介入，将走出一套可推广、可复制、可持续的运行机制、相应程序和科学模式。

春生夏长，秋收冬藏。如果说试点就是播种的话，我们一定精心呵护好这粒种子，把破除体制性障碍当成松土平地，把官兵企盼当成灌溉施肥，以满腔热情拥抱新时代军民融合这个生机盎然的春天。

首先，感谢空军后勤部以及军方领导对我们中国物流与采购联合会的重视和信任，感谢今天参加签约仪式的会员单位和物流企业。

第一，军民深度融合是习近平新时代中国特色社会主义富国强军的伟大战略部署。

习近平总书记在党的十九大报告中指出：坚持富国和强军相统一，强化统一领导、顶层设计、改革创新和重大项目落实，深化国防科技工业改革，形成军民融合深度发展格局，构建一体化的国家战略体系和能力。

"兵马未动，粮草先行。"整合社会优势物流资源，构建"平战结合、寓军于民"的新型物流体系，既是建设新型保障力量，扎实做好军事斗争准备，走中国特色强军之路的需要；也是深化供给侧结构性改革，有效整合物流资源，拓宽服务范围，提升物流服务能力，建设物流强国的必然选择。

第二，我们愿意参与军民融合军事物流体系建设，为提升空军后勤综合保障能力做好服务工作。

中国物流与采购联合会是经国务院批准设立的中国物流与采购行业综合性社团组织，是全国现代物流工作部际联席会议成员单位，也是亚太物流联盟中国代表和国际采购与供应管理联盟主席单位，现有会员单位近万家，覆盖生产、流通、运输、仓储、电商、快递和供应链管理等专业细分领域及相关科研、教学、金融机构。

我们有责任、有义务，也有能力参与军民融合军事物流体系建设。按照战略对接、资源共享、平战结合、寓军于民的原则，从咨询服务、储运资源、标准衔接、人才培养、科技创新、理论研讨等方面，衔接军地资源，健全融合机制，共商、共建、共享军民融合后勤保障服务体系。

第三，把本次合作协议的签署，作为物流领域推进军民深度融合的新起点，开启军民融合的新征程。

其次，按照空军后勤部领导要求，我们这次推荐顺丰控股、中铁快运、中邮速递、德邦物流和京邦达等 5 家企业作为与空军后勤部的首批签约单位。我们将把合作协议的签署作为新的起点，责成专人，逐条落实，初步形成军民融合发展的新机制。今后，我们将根据军方的需求，陆续推荐更多的会员单位参与到军民融合战略合作的行列中来，开启军民融合的新征程。

（原载于《解放军报》2017 年 11 月 18 日 05—07 版）

（2017 年 11 月，中国物流与采购联合会推荐顺丰控股、中铁快运、中邮速递、德邦物流和京邦达等 5 家企业作为与空军后勤部的首批签约单位。此文是本人在签约仪式上的发言要点）

开放航空物流大市场
绘就"空中丝路"新蓝图

——在"第三届中国国际航空物流发展大会"上的致辞

（二〇一八年三月二十八日）

首先，请允许我代表中国物流与采购联合会，对"第三届中国国际航空物流发展大会"的召开表示热烈的祝贺，对远道而来的各位嘉宾表示诚挚的欢迎，对长期致力于物流事业发展的各界人士致以崇高的敬意！

今年是中国改革开放 40 周年，也是决胜全面建成小康社会、实施"十三五"规划承上启下的关键一年。我们在"空中丝绸之路"重要枢纽城市郑州召开这次大会，深得地利，恰逢其时。

2017 年，中国经济实现了 6.9% 的增长，全年国内生产总值达 82.7 万亿元，我国已成为世界第二大经济体。与此同时，我国社会物流总额为 253 万亿元，从总量上看已成为第一物流大国。随着经济持续平稳较快增长，我国航空物流市场面临许多良好的发展机遇。

一是经济增长方式转变为我国航空物流业开辟了新的发展领域。随着供给侧结构性改革深入推进，内需逐渐成为促进我国经济增长的主要动力。最近 4 年，我国社会消费品零售总额年均增长 11.3%，2017 年已达 36.63 万亿元；实物商品网上零售额年均增长 30% 以上，2017 年达 5.48 万亿元，占社会消费品零售总额的比重为 15%。我国年度快递业务量超过 400 亿件，连续

4 年位居世界第一，快递邮件已成为促进航空货邮吞吐量增长的重要力量。

二是电子商务，尤其是跨境电商的快速发展为我国航空物流业开发了广阔的市场空间。2017 年我国 B2B 电商市场交易规模为 17.5 万亿元，环比增长 22.1%。其中，企业对消费型通用产品和服务的电商化采购成为我国 B2B 电子商务市场的一大亮点。有关机构预测，到 2020 年，电子商务对 GDP 的贡献率将达到 10%，电商物流必将成为拉动航空物流业增长的新动力。

三是"一带一路""空中丝绸之路"战略的实施，为我国航空物流业发展带来了新的机遇。我国国家主席习近平相继提出"一带一路"和"空中丝绸之路"的倡议，中方将大力支持建设连接中国与中欧及西亚的丝绸之路经济带、郑州—卢森堡"空中丝绸之路"。在浩瀚的天空架起合作桥梁，大规模、通道化和多向辐射的国际物流需求将大幅增加，无疑是我国航空物流业发展的重大机遇。

四是互联网、大数据、人工智能等新技术的发展运用为航空物流业创新升级提供了新的驱动力。近年来，物联网、云计算、大数据、移动互联网等信息技术以及智能物流机器人、智能物流建筑、无人机运输等智能物流技术正在飞速发展。这些新技术正在与物流业实现深度融合，必将加速航空物流经营服务模式创新和产业转型升级。

五是中国政府继续奉行改革开放政策，为航空物流业持续健康发展提供了稳定的政策环境。刚刚结束的全国人民代表大会做出了"进一步拓展开放范围和层次，完善开放结构布局和体制机制，以高水平开放推动高质量发展"的重大决策。我们的国家主席习近平庄严承诺：要以更大的力度、更实的措施全面深化改革、扩大对外开放。国务院总理李克强再一次重申：中国经济已经深度地融入了世界经济，开放的门会越来越大。这就为航空物流的发展指明了光明前景，奠定了坚实基础。

女士们、先生们、朋友们：航空物流业面临的机遇，远不止这些，还需要大家深入分析研判。在这样一个伟大变革的时代，我们的航空物流企业一定会敞开胸怀，拥抱新业态、新技术，跨界融合、携手共赢，共同打造物流生态圈，构建命运共同体。

本次会议将邀请代表分析新趋势、新变化，交流航空物流业与新业态、新技术融合发展的新思路、新对策。中国物流与采购联合会作为行业中介组织，将更好地服务企业、服务政府，搭建平台，提供机会，为引领行业发展发挥更大作用。

中国有句老话："得中原者得天下。"在航空物流业大发展的今天，我们热切期盼中外嘉宾与中原城市郑州携手合作，大显身手，共展宏图。

江苏：经济大省　物流强省

——《江苏物流创新典型案例》序

（二〇一八年九月）

2018 年，是我国改革开放 40 周年，也是物流领域理念传播、实践探索，波澜壮阔的 40 周年。40 年的辉煌成就，得益于改革开放的伟大历史进程，也离不开典型企业的实践创造。东南大学毛海军教授编著的《江苏物流创新典型案例》，既是我国物流业创新发展的生动缩影，也向我们展现了新时代新物流新发展的"活水源头"。

江苏是经济大省，也是物流大省。笔者有幸多次近距离接触江苏物流业发展风貌，与各级物流管理部门、物流企业和园区、业内专家有过深入交流。江苏物流业的创新能力、开放水平、企业家的务实精神，在物流园区、物流平台、无车承运、多式联运等领域的突出表现，引起全国同行关注的物流业"降本增效"江苏经验都给我留下了深刻的印象。江苏物流业的发展思路、经验和路径，以及典型企业的典型案例，对全国同行业具有极大的研究意义和借鉴价值。

我与海军教授相识相知，曾共同参与江苏物流考察推进工作。他长期从事物流领域的研究与教学，曾负责编制多个省、市，特别是江苏省及地市的区域物流规划和物流园区发展规划，为各类物流企业提供咨询服务。作为高等院校的资深教授，他的工作岗位不是局限于"书斋"；作为成果颇丰的物流规划专家，他的深厚功底不在于"纸面"；作为中国物流学会常务理事，他的眼光也没有局限于当地。他是江苏物流业发展壮大的见证者、记录者和推动者，由他编著的《江苏物流创新典型案例》，既反映了作者对江苏物流业的深厚感情，也是该省物流业创新发展的真实写照。

通过浏览《江苏物流创新典型案例》一书，感觉以下几点值得称道：一是案例收集的广度。全书收录了智慧物流平台、第三方物流、供应链管理、多式联运、共同配送、物流园区等6大类、48个物流业创新发展的典型案例。所选案例类型全、数量多，全面展现了江苏物流业的发展成就，也是当今中国物流业备受关注的热点领域。

二是案例分析的深度。全书摒弃了简单的案例汇总形式，起点高、要求严，体例结构相对统一。每一案例从企业概况切入，重点介绍创新举措，展示运作成效，然后从行业发展角度进行点评分析，总结出案例的经验启示。全文抽丝剥茧、层层递进，令人耳目一新，引人入胜。

三是专业水准的高度。入选案例体现了行业最前沿的新模式、新业态，既有传统物流的转型升级，也有"互联网+"的跨界融合、智慧技术的应用实践。编者从理论的角度进行归纳分析，同时结合自身在物流领域多年的研究和实践，从学术高度观照实践经验，体现了编者较高的专业水准和丰富的经验积淀。

四是案例推广的温度。书中收集案例从全省上百家优秀物流案例中精选而出，经过地市推荐、初级筛选、实地走访、材料组织、多轮讨论、反复修改等多层环节。全书信息量大，有温度、"接地气"。无论是对于物流行业的管理者、从业者，还是研究者、投资者，这本书都能提供读者所感兴趣的知识和有价值的信息。

很高兴《江苏物流创新典型案例》一书能够结集出版，希望书中的案例分析和研究能够为业内人士提供创新的灵感、变革的思路、合作的机遇。也希望更多不同层面的读者可以利用这本书更全面深入地了解我国物流业的发展进程，为推进物流业高质量发展，建设"物流强国"做出更大贡献。

（本文为东南大学毛海军教授《江苏物流创新典型案例》一书的序，东南大学出版社 2018 年 10 月）

强化硬连通　深化软联通　实现大流通

——对推进长三角智慧物流一体化发展的建议

（二〇二二年五月二日）

自 2019 年 12 月，党中央、国务院《长江三角洲区域一体化发展规划纲要》印发实施以来，长三角一体化发展扎实推进，效果明显。但距离更高起点上推动更高质量一体化发展的目标，还面临风险和挑战。特别是抗击本轮疫情中显现的短板，更体现出一体化发展的重要性和紧迫性。

现结合当前保通保畅和稳产稳链工作情况，从智慧物流一体化发展的角度提出以下几点建议。

一、强化物流实体要素硬连通

（1）逐步取消过桥过路过闸费。经过多年建设，长三角区域公铁水航通道基本贯通，综合立体交通网基本形成，但连通度依然不够，其中通行收费是一个"堵点"。建议长三角区域运用政府财力，逐步回购收费权，分阶段、分区域对过桥过路过闸费实行优惠，直至取消，实现区域内各类运输通道无障碍免费通行。

（2）推动域内国家物流枢纽互联互通。根据国务院批准，国家发展改革委发布的规划，"十四五"期间，长三角区域布局建设陆港型、港口型、空港型、生产服务型和商贸服务型等 5 种类型 36 个国家物流枢纽。目前，在各地政府的支持下，正在加紧建设。在此基础上，应着力推进枢纽间要素流动、业务协同和资本合作，进一步完善域内"通道+枢纽+网络+平台"物流运行体系。通过物流枢纽互联互通、一体化运作，助力长三角一体化发展，进而融入带动全国物流枢纽网络体系的大循环。

（3）支持域内企业深度融合。长三角区域聚集了一大批全国领先的现代物流企业。世界集装箱吞吐量最大的港口和位于世界前列的远洋运输集团，最大的电商快递业集聚区、国内最大的消费互联网和网络货运平台都在本区域。政府应出台政策，创造条件，支持各类物流企业加强资本合作，结为利益共同体，培育具有国际竞争力的现代物流企业。鼓励大型国企、央企、民企资本合作，组建集贸易、生产、物流、金融等功能于一体的"综合商社式"市场主体，增强国际供应链自主可控能力。

二、深化物流发展环境软联通

（1）信息联通。一是推动发改、交通、公安、商务、市场监管、工信、卫建、司法、海关等各部门政务信息面向市场开放；二是业务类信息公平竞争、规范运行、有序流动，消除信息垄断和安全监管隐患；三是提高服务生产制造的供应链物流智慧化程度，打通生产制造、商品流通到终端消费的信息联系；四是建立区域统一的综合信息服务平台，实现线上线下物流网络高效互联，促进制造业、流通业、农业、金融业等各产业深度融合。

（2）标准衔接。一是围绕区域物流信息平台，加强信息互联互通标准统一规范、接口对接和系统兼容；二是建立物流信息目录和运转单据标准，推广联运提单、电子面单，提高物流数据采集和应用效率；三是推广产品与服务分类代码、物流单元编码、托盘编码等物流信息分类编码标准；四是发挥行业协会、科研院所、骨干物流企业等的作用，建立统一的标准研发宣贯机构。

（3）规则统一。一是强化市场基础制度规则统一，打破地方保护和市场分割；二是推进各类市场设施设备高标准联通，打通制约经济循环的关键堵点；三是推进市场监管公平统一，促进商品要素资源在更大范围内畅通流动；四是推进商品和服务市场高水平统一，为建设高效规范、公平竞争、充分开放的全国统一大市场，率先起步，做出贡献。

三、实现区域物流市场大流通

（1）域内各类证照互认通用。在规则统一、标准衔接、信息互联的基础上，长三角区域内所属县级以上政府部门签发的物流领域相关各类证照，在区域内互认通用。消除各类限制统一大市场的"旋转门""玻璃门"，促进企业、人员、车辆等各类物流资源要素按照市场经济规律自由流动。

（2）共建共享科创教育人才资源。一是建立长三角地区物流与供应链管理科创中心，凝聚域内专业人才，组织联合攻关，提升现代物流和供应链体系建设运营水平；二是建立面向全球常态化的物流装备研发、展示、交易中心，推进行业技术改造，智慧物流升级；三是组建长三角地区物流院校联盟，推进产学研结合，培养高素质物流与供应链管理人才；四是制定实施统一的人才政策，消除壁垒，促进物流和供应链管理人才自由流动。

（3）完善一体化发展体制机制。在坚持长三角高层联系机制常态化的基础上，增强长三角区域合作办公室的权威性。除制定规划、行动计划外，要能够协调解决突出矛盾和问题。建立统一的区域应急物流响应机制和统一的指挥调度平台，统筹解决应对突发事件中出现的物流和供应链运行问题。要从制度建设着眼，明确阶段性目标要求，压茬推进统一市场建设。要吸收有关政府、行业协会、企业、院校和科研机构等各方面专家，建设高水平智库，提高一体化发展的决策水平和协调能力。要坚持市场化、法治化原则，充分发挥市场在资源配置中的决定性作用，更好地发挥政府作用，在全国率先建成统一大市场。

"连京津之廊、环渤海之坊"

——廊坊市现代商贸物流产业发展专家咨询委员会成立大会致辞

（二〇二二年九月二十五日）

在全国人民喜迎二十大的喜庆氛围中，很高兴应邀来到廊坊，参加这样一个隆重的仪式。今天的大会，不仅将在廊坊物流发展史上留下浓重的一笔，对于我们每一位受聘专家来说也是莫大的荣幸。首先，请允许我代表各位受聘专家，对廊坊市委、市政府对我们的充分信任和热情邀请表示衷心的感谢！借此机会，我也代表何黎明会长对在座各位一直以来对中物联工作的支持鼓励表示诚挚的敬意！

廊坊地处京津都市圈核心地带和京津冀城市群枢纽位置，享有"连京津之廊、环渤海之坊"的美誉。在 500 公里范围内，廊坊辐射 11 个百万人口的大城市，总人口约为 2 亿左右，产业基础雄厚、物流需求旺盛；廊坊与京津两个特大城市紧密相连，一小时车程可直达三个国际机场，一个特大型港口，公铁水空立体交通网络十分发达。毫无疑问，廊坊是发展商贸物流的天然宝地，理应成为"大循环""双循环"新发展格局的新高地。特别是在京津冀协同发展重大国家战略指引下，在省委、省政府，市委、市政府高度重视和大力推动下，廊坊发展商贸物流产业具备"天时、地利、人和"的独特条件。

我们有理由相信，廊坊必将充分发挥有利条件，抓住难得机遇，进一步明确发展定位。经过不懈努力，把廊坊打造成为京津都市圈消费品分拨集散、加工配送和应急储备的物流中心；京津冀城市群特色产业物流与供应链组织协调中心；全国物流行业重点企业运营结算中心、电商快递中心、教育培训中心、大数据中心、科创中心和物流设备器具研制展销中心。后来居上，成为国内领先的临空经济起飞发展区。通过招才引智，招商引资，全市联动，营造环境，锻长板、补弱项，以上"一区、多中心"的目标一定能够实现，廊坊必将在全国现代物流版图中精准定位，综合施策，树标杆、做典范。

各位领导、同志们：国家《"十四五"规划和2035年远景目标纲要》立足新发展阶段、贯彻新发展理念、构建新发展格局，推动高质量发展，对现代物流发展提出了新的要求；《"十四五"现代物流发展规划》描绘了新的发展蓝图。我个人理解，当前和今后一个时期，现代物流发展应重点把握"三个三"。三三见九，久久为功。先导性、基础性、战略性的产业定位；数字化转型、智慧化升级和网络化发展的实现途径；提质、增效、降本的发展目标。这是"十四五"现代物流发展的基本思路，也是构建现代物流体系，推动高质量发展，向"物流强国"迈进的必由之路。

各位领导、同志们：廊坊现代商贸物流产业发展专家咨询委员会的成立，展现了廊坊发展现代物流的决心和重才惜才的诚心。我谨代表各位专家说句心里话，我们一定不负廊坊市委、市政府的高度信任，全力发挥自身专业特长，全心全意为廊坊市现代商贸物流产业发展献计出力！

"坐而论，不如起而行。"专家个人的力量是有限的，人民群众的智慧和创造力是无穷的；廊坊发展现代商贸物流产业的前景是美好的，但道路将是复杂曲折的。我们愿与廊坊市各级领导和业界同人一起，积极投身于廊坊现代商贸物流产业建设发展的热潮中去，一起交流探讨，一起碰撞火花，一起享受成功的喜悦！

长风破浪会有时，直挂云帆济沧海。让我们共同祝愿廊坊的明天更美好！

生逢其时　职逢其业　学逢其师

——在2022第七届日日顺创客训练营"B轮创"启动会上的致辞

（二〇二二年十月二十二日）

很高兴在党的二十大胜利闭幕的喜庆日子里，再次和大家相聚云端，共同参加2022第七届日日顺创客训练营"B轮创"环节的启动会。我谨代表主办方之一中国物流学会，向本次成功入选的所有团队表示热烈的祝贺！向所有参加本次活动的院校、老师和同学们表示诚挚的欢迎！向各位专家、企业导师以及海尔集团、日日顺供应链的领导和同志们表示衷心的感谢！

借此机会，我想向各位青年精英讲三句话。

第一句话，借用习近平总书记所说。当代中国青年生逢其时，施展才干的舞台无比广阔，实现梦想的前景无比光明。

当前的中国，正处于全面建成社会主义现代化强国、实现第二个百年奋斗目标，以中国式现代化全面推进中华民族伟大复兴的新时代。新时代需要一大批怀抱梦想又脚踏实地，敢想敢为又善作善成，有理想、敢担当、能吃苦、肯奋斗的好青年，让无悔的青春在火热的实践中绽放绚丽之花。

这是一个千载难逢、百年交替的大时代，新时代。时代呼唤着我们，人民期待着我们。青年一代唯有矢志不渝、笃行不怠，方能不负时代、不负人民。

第二句话，同学们职逢其业。大家正在学习、即将进入的现代物流业，是现代化经济体系中的先导性、基础性、战略性产业。2021 年，我国社会物流总额超过 300 万亿元，支撑国内生产总值迈上 100 万亿元大台阶；社会物流总费用与 GDP 的比率比十年前下降 3.4 个百分点，等于一年节约成本近 4 万亿元；物流业法人单位近 60 万家，个体业户 580 多万个，物流相关市场主体超过 600 万个；就业人数在 5000 万人以上。现代物流业与国家战略、经济运行、市场流通、民生福祉密切相关，为第一制造大国、第一贸易大国和世界第二大经济体发挥着"生命线""后勤兵"作用。

这次活动的主办方之一，日日顺供应链科技有限公司是（简称日日顺）我们这个行业的突出代表。作为中国领先的供应链管理解决方案及场景物流服务提供商，日日顺基于强大的物流实力，将数字化贯穿于供应链管理服务的核心环节，积极探索质量、效率和动能创新转换，不断延伸产业链、优化供应链、提升价值链。

从牵头承担科技部"智慧物流管理与智能服务关键技术"研发项目、建成全国首个 5G 大件智慧物流园区，到主导国际标准发布、探索绿色物流发展，持续为不同领域、不同行业输出先进的供应链管理解决方案。他们不仅为行业发展提供了新思路，也为大学生创业创新课题研究指出了新方向。

当下，物流业正处于立足新发展阶段、贯彻新发展理念、构建新发展格局，推动高质量发展的新阶段，对创新型、复合型人才的需求与日俱增。参加日日顺创客训练营，必将为同学们打开认识行业、熟悉企业的"新窗口"，为服务行业、奉献社会、提升自身价值找到"新路径"。

第三句话，训练营的营员学逢其师。日日顺创客训练营是培养创业创新人才的大舞台、大学校，汇聚了一批创新创业的好老师。自 2016 年中国物流学会与日日顺联合发起首届日日顺创客训练营七年来，不断创新迭代，硕果累累。截至目前，已累计输出创业课题 355 项，孵化创业项目 135 个，申请国家专利几十项，落地应用 35 个。在助力大学生创业创新梦想实现的同时，不断赋能物流与供应链行业跑出"新速度"。

与往届相比，本届创客训练营在内容设计、项目设定、营员选拔等方面守正创新，升级改进。特别是在指导老师和评审专家的选择上，注重产学研结合。一批行业知名专家和富有实战经验的企业导师，参与到项目指导、评审和孵化工作中来。吸引了越来越多的院校和大学生积极参与。据项目负责人反映，今年"A轮研"环节报名参与的创客数量达到历年之最。入围此次"B轮创"环节的42个方案是各个院校从数百个项目中，层层选拔最终脱颖而出的。不仅体现了各高校、老师对于日日顺创客训练营的高度重视，也能看到同学们对于创业创新的极大热情。我相信，在日日顺创客训练营这个平台上，在行业专家、企业导师、高校老师的悉心指导下，同学们一定能够突破自我，追求卓越，收获满满。

习近平总书记在党的二十大报告中强调，"必须坚持科技是第一生产力、人才是第一资源、创新是第一动力"。希望生逢其时、职逢其业、学逢其师的同学们牢记"三个第一"，在创新、创业、创造的道路上敢争一流，勇夺第一。

最后，我以一首小诗结束今天的发言。

精英新秀聚云端，校企结合落地篇。

青年创客展风采，天时地利奔向前！

（日日顺创客训练营由中国物流学会与日日顺供应链科技有限公司于2016年联合发起，每年一届连续坚持8年，取得累累硕果。本人参与了前期策划以及后期历次重要活动。本文为本人历次讲话中的一篇）

打造商贸物流高质量协同发展先行区

——在 2022 京津冀商贸物流高质量协同发展论坛上的致辞

（二〇二二年十二月二十九日）

值此辞旧迎新的日子里，很高兴与物流界同人相聚在云端，共同探讨京津冀商贸物流高质量协同发展的话题。首先，我代表中国物流与采购联合会对本次论坛胜利召开表示热烈祝贺；向京津冀三地政府、行业协会、物流企业和员工以及各有关方面对中国物流与采购联合会工作的支持表示衷心的感谢！

深入实施区域协调发展战略，推进京津冀协同发展是党的二十大提出的重要战略任务。作为国民经济发展的先导性、基础性、战略性产业，物流业高质量协同发展应该走在前列。党的十八大以来，京津冀三地在强化大局观念，建立对接机制，承接北京非首都功能疏解，建设"轨道上的京津冀"，发挥国家级和区域性物流枢纽作用等方面取得了重大进展，三地产业链、物流链、供应链融合度和稳固度不断提升。

即将到来的 2023 年，是全面贯彻落实党的二十大精神的开局之年，是"十四五"规划承上启下的关键一年，也是优化调整疫情防控政策的第一年。全国物流行业将全面贯彻落实党的二十大和中央经济工作会议精神，按照《"十四五"现代物流发展规划》的部署，完整、准确、全面贯彻新发展理念，加快构建新发展格局，着力推动高质量发展，更好统筹疫情防控和经济社会发展，更好统筹发展和安全，更好统筹区域物流协调发展，努力建设和完善中国式现代物流体系。

京津冀地区区位优势得天独厚。区域内现有总人口超过 1 亿人，年国内生产总值近 10 万亿元。区域公、铁、水、航、管五种运输方式齐全，物流节点密布，许多国内国际大型物流企业总部设在环京津地区。区域内集聚了一大批与物流与供应链相关的科研教学机构，全国主要的金融、科技、信息服务企业集中于此，京津冀地区具有商贸物流高质量协同发展的便利条件。

得此天时、地利、人和之便，京津冀具有打造全国商贸物流高质量协同发展先行区的天然优势。借此机会，我提出五点建议，供大家讨论。一是战略贯通。按照京津冀协同发展要求，共同制定三地物流发展战略，构建分工合理、特色鲜明、优势互补的区域现代物流服务体系。二是设施联通。推进国家物流枢纽、示范物流园区、国家骨干冷链物流基地等各类物流设施无缝衔接，促进区域内港口码头、机场车站、物流园区、配送中心等物流节点设施互联互通。三是证照互通。完善执法联动机制，统一执法标准，通行证照和执法结果互认，营造统一规范的市场环境。四是产业融通。依托区域内全国供应链创新与应用示范城市和示范企业，整合供应链上下游资源，构建供应链协同平台，推动各类企业生产协同、物流协同、销售协同，提升全产业价值链。五是协会相通。建立和发展三地协会经常性联系机制，在基础工作层面共商、共建、共享，支持行业协会深度参与行业治理。

战略贯通、设施联通、证照互通、产业融通和协会相通，是京津冀物流高质量协同发展的必备条件。其目的在于培育符合国家战略、时代潮流和人民期待的中国式现代物流体系、世界级物流集群。中国物流与采购联合会作为行业社团组织，将与大家一起奋斗，做出应有贡献。

在宁夏物流节总结会上的致辞

（二〇二三年二月十七日）

很高兴再次来到银川，与各位相聚在首届宁夏物流节总结会现场。我谨代表中国物流与采购联合会对物流节成功举办表示热烈祝贺，对自治区政府有关部门、行业协会和物流企业对中物联工作的支持表示衷心感谢！

"天下黄河富宁夏"。这里既有沙坡头"大漠孤烟直"的壮阔景象，也有贺兰山下"塞上江南"的旖旎风光，更有720多万名勤劳智慧的各族人民。我曾多次来到宁夏参加会议，考察调研，结识了许多物流界朋友。从专业的角度看，宁夏不仅是旅游观光的圣地，宜居宜业的福地，更是发展现代物流的宝地。这里曾是古"丝绸之路"的咽喉要道，是中华文明与世界文明融会贯通的重要枢纽，如今又面临"一带一路"和西部大开发等重大战略机遇。宁夏资源富集，物产丰饶，物流需求基础雄厚；基础设施初具规模，物流企业快速成长，物流供给能力蓄势待发；物流行业协会生机勃发，现代物流发展潜力巨大，前景广阔。特别是自治区第十三次党代会做出了将现代物流业作为"六优"产业之一重点发展、高水平建设区域物流枢纽的决策部署。我们有理由相信，在自治区党委、政府的坚强领导下，借助区位、交通、产业、政策等叠加优势，经过行业企业共同努力，宁夏现代物流产业必将实现追赶超越，后来居上。

当前，全国物流行业正在以习近平新时代中国特色社会主义思想为指导，全面贯彻落实党的二十大精神，按照《"十四五"现代物流发展规划》的部署，积极探索高质量发展道路，扎实推进中国式现代物流体系建设，努力为中国式现代化提供有力支撑。借此机会，我对宁夏现代物流发展提出以下三点建议。

一是融合有效需求。我们要紧密围绕自治区以新型材料、清洁能源、装备制造、数字信息、现代化工、轻工纺织为主的"六新"产业，以葡萄酒、枸杞、牛奶、肉牛、滩羊、冷凉蔬菜为主的"六特"产业，以文化旅游、现代物流、现代金融、健康养老、电子商务、会展博览为主的"六优"产业，着力统筹现代物流与相关产业融合发展，提供全程一体化、集约化的供应链物流服务，深度融入现代化产业体系，厚植物流需求基础。

二是聚合物流资源。我们要着力推进存量基础设施数字化改造、智慧化转型、网络化升级。围绕物流需求补短板，发展国家物流枢纽、多式联运场站、城市配送中心和末端物流网点。适应乡村振兴需求，健全工业品下行、农产品上行，贯通城乡的农村物流网络。结合区域协调发展战略，调整优化物流布局，加快形成"通道+枢纽+网络"物流基础设施格局。努力营造市场化、法治化、国际化营商环境，培育物流市场主体，推进提质、增效、降本，构建供需适配、内外联通、安全高效、智慧绿色的现代物流体系。

三是联合全国同行。我们要对标对表全国先进地区和头部物流企业，提升宁夏物流水平，打造具有宁夏特色、全国影响的现代物流产品和服务品牌。瞄准国家物流枢纽、国家骨干冷链物流基地、示范物流园区、多式联运示范等全国品牌项目，开展交流互访、信息连通，逐步推进要素流动、业务协同等深度合作。"引进来"的同时"走出去"，主动融入国家级行业协会、国家物流枢纽联盟等行业联系机制，为促进互联互通、合作共赢，推动高质量发展做出宁夏贡献。

各位领导，朋友们：融合有效需求，聚合物流资源，联合全国同行，需要政府给力、企业用力、协会聚力，也离不开全国物流生态圈凝聚合力。宁夏举办首届物流节，彰显了推进现代物流发展的信心和底气，吸引了全国物流从业者的关心和关注。中国物流与采购联合会作为行业社团组织，以服务政府、服务行业、服务企业为宗旨，以推动现代物流与供应链高质量发展为己任，我们将一如既往支持宁夏物流产业相关工作，为宁夏物流走出宁夏、连通全国搭建平台，提供机会。

最后，预祝 2023 年"物通四海 流润万家"宁夏物流节系列活动圆满成功；祝愿各地物流同人来宁夏投资兴业，抢占先机；让我们共同见证宁夏现代物流产业发展的"高光时刻"。

在湖南省物流行业年会上的致辞

（二○二三年三月八日）

很高兴在这春暖花开、万物复苏的美好季节，与大家相聚在"鹤城"怀化，共同参加湖南省物流与采购联合会、湖南省冷链物流行业协会2022年度行业年会暨怀化国际陆港推介会。

首先，我谨代表中国物流与采购联合会对湖南省现代物流工作取得的成绩和获奖企业及签约的战略合作伙伴，向怀化市被列入国家骨干冷链物流基地和国家物流枢纽建设名单，表示热烈的祝贺！

向湖南省物流领域政产学研各界同人、西部陆海新通道沿线省区市物流行业协会领导同志，以及在座的各位朋友对中物联工作的支持表示由衷的感谢！

今年开年以来，我国经济回暖复苏势头明显。2月，中国制造业采购经理指数（PMI）为52.6%，连续2个月明显上升，恢复至疫情三年来最好水平。2月，中国物流业景气指数50.1%，较上月回升5.4个百分点；中国仓储业指数为56.3%，较上月回升13.1个百分点。我会前不久发布的三十五批A级物流企业名单，全国A级企业总数超过9000家。最新数据显示，中国物流50强企业年收入合计近2万亿元，多家企业收入规模超千亿元；国家物流枢纽建设名单扩围至95个；国家骨干冷链物流基地名单已达41个。国家综合货运枢纽、多式联运示范工程、跨境电商海外仓、城郊大仓、农村县域物流网点等获得政策支持。以上事实充分说明，我国现代物流韧性强、潜力大、活力足的基本面没有改变，创新发展的动力依然十分强劲。

当前，北京正在召开新一届全国两会。政府工作报告提出了"扎实推进中国式现代化"的指导思想、战略任务和主要目标，在惜字如金的报告中先后五次直接提到"物流"。两会代表、委员提出的关于发展现代物流和供应链的提案超过以往任何一年。现代物流受到党和政府以及社会各界的空前重视，面临前所未有的发展机遇，业界同人深感使命光荣、责任重大。

面对新的形势和任务，我们要以习近平新时代中国特色社会主义思想为指导，全面贯彻落实党的二十大和全国两会精神，扎实推进中国式现代物流体系建设。我们要明确先导性、基础性、战略性产业定位，着力抓好提质、增效、降本，提升现代物流供给能力和服务水平；要把恢复和扩大消费摆在优先位置，主动融入现代化产业体系和民生服务领域，为稳定大宗消费，恢复生活服务消费创造物流环境；要切实落实"两个毫不动摇"，培育具有国际竞争力的现代物流企业，鼓励民营物流企业发展壮大，支持中小微企业和个体工商户发展；要推进基础设施提档升级、互联互通，着力提升高端化、智能化、绿色化水平；要坚持创新驱动战略，大力发展数字物流，打造"新技术、新模式、新生态"；要推进更高水平对外开放，提升产业链供应链韧性与安全水平。

近年来，湖南在省委、省政府的正确领导下，不断刷新主要经济指标。2022 年，全省 GDP 超 4.8 万亿元，全国排名第九；增速 4.5%，全国排名第三。在经济发展的带动下，湖南物流运行较快恢复。2022 年全省社会物流总额增速达 5.2%，高于全国 1.8 个百分点；社会物流总费用与 GDP 的比率为 14.4%，比全国水平低 0.3 个百分点。以上成绩的取得，是各类市场主体拼搏奋斗的结果，同样离不开行业协会的辛苦付出。近年来，湘物联（湖南省物流与采购联合会）为引领和推动全省物流事业发展做了大量卓有成效的工作。特别是在抗疫保供、企业评估、调查研究、建言献策、银企合作、统计数据、交流经验、树立标杆、品牌建设、维护会员权益等方面，走在了全国同类协会的前列，展现了"物流湘军"的整体形象。

我们希望，湖南省物流与采购联合会、湖南省冷链物流行业协会不忘初心、牢记使命，坚持党建引领，加强自身建设，进一步提高服务能力和水平。把行业协会建设成为政府信得过、企业真需要、行业离不开的社团组织，为推进全省现代物流高质量发展做出新的更大贡献，不断为全国同行创造新鲜经验。

各位来宾、同志们：怀化素有"滇黔门户""全楚咽喉"之称，是湘鄂渝黔桂五省边区中心城市，是国家西部陆海新通道重要节点城市，也是全国性综合交通枢纽、商贸服务型国家物流枢纽和国家骨干冷链物流基地承载城市。怀化历史悠久，但得名在后。60 多年前因沪昆铁路修建才名扬天下，俗称"火车拖来的城市"。目前，沪昆、焦柳、渝怀等 6 大铁路干线在怀化市区呈"雪花状"交汇，公铁水空通道四通八达。湖南省委、省政府赋予怀化"建设对接西部陆海新通道战略门户城市，加快物流枢纽城市建设"战略定位，市委、市政府出台一系列优惠政策，大力支持现代物流发展。从专业角度看，怀化具有发展现代物流的天时、地利与人和条件，是发展现代物流的天然宝地。希望有眼光的企业家前来投资兴业，共谋发展。希望怀化国际陆港服从国家战略，扩大国际视野，明确发展定位，广交四海朋友，全面服务地方经济，主动融入全国国家物流枢纽网络。

奋斗铸就辉煌，实干赢得未来。希望湘物联团结更多的会员单位、搭建更广阔的平台，不断探索办会新理念、新模式，深度参与行业治理，不断开拓引领湖南物流高质量发展的新路子。中国物流与采购联合会作为全国性物流行业社团组织，将全力支持和协助推进湘物联各项工作的开展。"众人拾柴火焰高。"希望更多的物流企业和相关单位积极参与、大力支持协会工作，形成生机勃发的"生态圈"，汇聚推动现代物流高质量发展的磅礴力量。

衷心祝愿湖南省物流协会守正创新，行稳致远；希望湖南省现代物流事业加速前进，领跑全国！祝各位与会代表身体健康，工作顺利，事业兴旺。

最后，我把一首小诗献给大家。

鹤城朝雨浥轻尘，湖南物流气象新。

西部陆海新通道，沿线都有物流人。

预祝本次活动圆满成功！

打造供应链生态圈　推动供应链高质量发展

——在第二届天翼供应链生态发展论坛上的致辞

（二〇二三年三月二十八日）

在这春和景明、生机盎然的美好季节，很高兴与大家欢聚一堂，共同探讨"供应链生态发展"的话题。首先，我代表中国物流与采购联合会，对本次论坛成功举办及论坛成立以来所取得的成绩表示热烈的祝贺；对中国电信上下游合作伙伴、在座各位对中物联工作的支持表示衷心的感谢！

当前，现代供应链已上升为国家战略。习近平主席在不同场合对供应链发展做出明确指示，党的二十大报告提出"着力提升产业链供应链韧性和安全水平"。在前不久中俄两国元首共同签署的《中华人民共和国和俄罗斯联邦联合声明》中，突出强调"确保产业链供应链的稳固和安全"。国务院发布的《"十四五"现代物流发展规划》，特别要求"做好供应链战略设计"，把"现代供应链体系建设工程"列为重点工程之一。去年，商务部、工业和信息化部、中国物流与采购联合会等8家单位公布了供应链创新与应用示范城市和示范企业名单，包括中国电信在内的在座单位有不少榜上有名。

今天的论坛是在中国电信的倡议下由中国电信的30多家上下游合作伙伴共同发起创建的供应链生态交流平台。对于立足新发展阶段、贯彻新发展理念、构建新发展格局，推动高质量发展，支撑中国式现代化建设具有十分重要的意义。按照会议的安排，本次论坛将有重要领导、知名专家和头部企业高管做精彩报告。借此机会，我就"供应链生态"一词谈点个人的看法，请各位批评指正。

现行国家标准《物流术语》对"供应链"词条做出以下定义：生产及流通过程中，围绕核心企业的核心产品或服务，由所涉及的原材料供应商、制造商、分销商、零售商直到最终用户等形成的网链结构。现代汉语词语"生态"是指生物在一定的自然环境下生存和发展的状态，也指生物的生理特性和生活习性。我认为"供应链生态"是围绕核心企业的核心产品或服务，将供应商的供应商，客户的客户结成互相依存、共生共荣的生态系统，为了一个共同的目标而协同动作。这种运作模式符合市场规律和时代要求，集中体现了创新、协调、绿色、开放、共享的新发展理念，是生态圈企业提质、增效、降本的重要途径，也是建设"数字中国"的必然选择。

建设和维护"供应链生态"，是贯彻新发展理念，推动高质量发展的生动实践。我个人认为，把握好以下几个环节至关重要。一是资源整合。突破企业边界，在更大范围推动要素流动，实现生态圈资源的高效利用。二是流程优化。通过对现有运作流程的梳理、完善和改进，实现全生态、全流程数字化转型和智慧化升级，在更深层次实现集约化运作。三是组织协同。遵循共同的价值观和统一运作标准，在专业细分、职责明确的基础上，促进参与方各级组织无缝衔接，协同动作，更好地实现网络整体效应。四是利益共享。基于业务分工和贡献程度，建立各利益相关方普遍认同的利益清分机制，使加入企业各得其所，发挥所长，成为生态参与者、获益者和维护者。

经过改革开放 40 多年的发展，我国建成了全球最大的光纤和移动宽带网络，为中国式现代化装上了"千里眼""顺风耳"，为经济高质量发展、满足人民美好生活愿望和综合国力显著增强做出了巨大贡献。电信事业跨越式发展，得益于党和国家战略谋划和政策指引，凝聚了万千建设者的心血与汗水，同样离不开现代物流与供应链生态圈的强有力支撑和保障。

中国电信牵头组织天翼供应链生态发展论坛，旨在推动研发、生产、制造、物流、流通等相关企业间高效协同，共同打造安全、高效、敏捷、柔性、智慧、绿色的供应链发展新生态。论坛常态化运行，必将加深论坛成员之间的交流合作，共同创造适应时代发展的供应链管理模式，共同享受平台数字化转型成果，共同收获供应链创造的价值，为提升我国产业链供应链韧性和安全水平做出新的更大贡献。

非常感谢中国电信对我国供应链生态发展所做的工作，同时更加期待中国电信及其合作伙伴在未来供应链生态构建和维护中行稳致远，勇毅前行。基于这些想法，我把一段"顺口溜"献给大家：

中国电信做先锋，现代物流后勤兵。

打造智慧供应链，天翼生态建奇功！

最后，预祝论坛圆满成功！

迎接绿色供应链创新发展的春天

——在 2023 绿色供应链创新发展论坛上的致辞

（二〇二三年四月十一日）

很高兴在这春和景明、满眼绿色的美好季节与大家相聚在北京京东总部，共同出席 2023 绿色供应链创新发展论坛，探讨全球气候变化形势下绿色供应链创新发展的未来。

首先，我谨代表论坛主办方之一——中国物流与采购联合会，对参加本次论坛的各位专家、来宾表示热烈的欢迎；对京东物流在绿色供应链领域的大胆探索和创新实践给予充分肯定；对京东物流及其上下游合作伙伴、在座各位对中物联工作的支持表示衷心的感谢！

积极应对气候变化，持续践行绿色发展理念，是我国实现可持续发展的必然选择，也是推动构建人类命运共同体的责任担当。前不久，习近平总书记在参加首都义务植树活动时强调，当前和今后一个时期，绿色发展是我国发展的重大战略。国务院《"十四五"现代物流发展规划》要求，推动绿色物流发展，将"绿色低碳物流创新工程"列为重点工程之一。早在两年前，《国务院关于加快建立健全绿色低碳循环发展经济体系的指导意见》中就提出：构建绿色供应链，健全绿色低碳循环发展的生产体系；打造绿色物流，健全绿色低碳循环发展的流通体系。

综上所述，推动绿色供应链创新发展，已上升为国家战略，是人与自然和谐共生的中国式现代化的重要特征，是功在当代、利在千秋的伟大事业，也是物流与供应链企业应该承担的社会责任。京东物流作为业内头部企业，积极践行国家战略，认真履行社会责任，充分发挥新型实体企业在绿色基础设施和减碳技术创新等方面的优势，通过建设"零碳"物流园区，推进绿色低碳运输，实行包装标准化、减量化等措施，逐步探索企业内部减碳自循环。在此基础上，他们携手上下游合作伙伴，持续打造绿色低碳供应链生态体系，搭建更加便捷高效和绿色低碳的数字化、智慧化、社会化的绿色供应链。在践行产业绿色可持续发展的同时，也促进了企业服务质量、效率的持续提升和市场规模的稳步扩大。京东物流在供应链战略设计、绿色低碳战略布局和现代物流提质、增效、降本方面走在了全行业前列，发挥着引领作用。

刚才，我们听取了中国国际经济交流中心领导、联合国环境规划署驻中国代表和中华环保联合会专家的精彩致辞，中国工程院院士等知名专家和京东集团高管等企业家还将就前沿理论和实践经验进行交流分享。下面，我就会议主题，谈一点个人的看法，请各位批评指正。

本人理解，"供应链"是围绕核心企业的核心产品或服务，将供应商的供应商，客户的客户串接起来形成的网链结构，是互相依存、共生共荣的生态系统。"绿色供应链"就是将"绿色、低碳"理念贯穿于整个生态系统，通过全网络资源整合、全流程绿色优化和全生态组织协同，达到提质、增效、降本以及绿色、低碳、可持续发展的有机结合和高度统一。为此，我认为做好以下几方面工作至关重要。

一是牢固树立绿色理念。绿色发展是新发展理念不可分割的重要组成部分，也是人民的期待，时代的要求。"绿水青山就是金山银山。"京东的实践充分说明，绿色低碳物流在减轻资源环境负担的同时，同样能够带来企业的市场规模和经济效益。我们要深入贯彻习近平生态文明思想，牢固树立生态优先、绿色发展理念，把推进绿色供应链创新发展列入实现绿色转型的重要任务，转化为企业的自觉行动。

二是统一规范绿色标准。从绿色供应链全程一体化需要出发，建立健全绿色物流标准化体系，按照统一标准做好供应链战略设计。依托行业协会等第三方机构，开展绿色物流企业对标贯标达标活动，提高行业绿色发展效能。大力发展绿色数字融合技术，培育绿色数字产业新生态，建立各利益相关方的协调机制，推动产业链供应链上下游共同推进供应链协同创新，提高供应链韧性和安全水平。

三是精准做好市场分析。利用大数据、云计算等信息技术，推进数字化、绿色化转型。对物流需求地、生产地和转运地，市场容量、物品流量、流向、时效和特点进行深入调研和需求预测。根据市场需求，布局物流网点、优化路径和选择时段，做到供需精准匹配，物流准时到位，尽量减少物流活动对环境的影响。

四是努力破除信息壁垒。建立绿色供应链信息平台，采集绿色设计、绿色采购、绿色生产、绿色回收等全过程数据，建立供应链上下游企业之间的信息交流机制，实现生产企业、供应商、回收商以及政府部门、消费者之间信息共享。推动物流领域基础公共信息数据有序开放，消除物流信息壁垒和"孤岛"。

五是升级改造基础设施。倡导节能、节地、节水、节材，推进新能源在仓储设施中的开发与利用，创建一批绿色物流枢纽、绿色物流园区。在运输、仓储、配送等环节积极扩大电力、氢能、天然气、先进生物液体燃料等新能源、清洁能源的应用。加快建立油、电、气、氢能等清洁能源综合加注体系。

六是创新发展低碳运输。充分发挥数字货运在车货匹配、供需衔接，减少车辆空驶和迂回运输等方面的积极作用。在现有网络货运平台基础上，延伸服务链条，增加服务功能，逐步扩展到供应链一体化服务。持续推进运输结构调整，提高铁路、水路运输比重，普及深化"公转铁""公转水""散改集""甩挂运输"等运输模式。

七是大力推广绿色包装。执行绿色包装标准，优化绿色包装设计，选用多功能、轻量化、环保、可降解包装材料。推广使用循环包装、循环周转箱，减少过度包装和二次包装，实现包装智能化、减量化、再利用、循环共用。从原料选择、产品制造到使用和废弃的整个生命周期，包装产品均应符合环保要求。大力推广对生态环境和人类健康无害，能重复使用和再生，符合可持续发展理念的包装。

八是提倡资源循环利用。加强绿色物流新技术和设备研发应用，开展逆向物流体系建设，培育专业化逆向物流服务企业。针对产品包装、物流器具、汽车以及电商退换货等，建立线上线下融合的逆向物流服务平台和网络，创新服务模式和场景，促进产品回收和资源循环利用。加快标准化物流周转箱推广应用，推动托盘循环共用系统建设。鼓励集装器具、装卸机具等共有共用。

九是鼓励设备绿色更新。推广节能低碳技术装备，加强绿色物流新技术和设备研发应用。加大柴油货车污染治理力度，加快新能源货运车辆在城市配送领域的推广。促进新能源叉车在仓储领域的应用。加强货运车辆适用的充电桩、加氢站及内河船舶适用的岸电设施、液化天然气（LNG）加注站等配套布局建设。

十是全面提升要素支撑。加快物联网、大数据、人工智能在传统物流设备中的应用，支撑物流操作流程中的数据采集和过程智能化。加强"数字化+绿色化+行业知识"复合型人才培养，为绿色化转型提供人才支撑。推动物流企业强化绿色节能和低碳管理，推广合同能源管理模式，积极开展节能诊断。制定实施支持绿色供应链创新发展的政策措施，支持企业数字化、智慧化、绿色化升级改造，鼓励新业态、新模式、新技术创新发展。

各位同人："全球气候变化形势下绿色供应链创新发展"是一项十分艰巨复杂的系统工程，重点工作肯定不止以上十条，难免挂一漏万。而且，这些措施也不一定准确管用。算作抛砖引玉，引起大家讨论。只要我们深刻领会、认真贯彻习近平生态文明思想，团结奋斗、形成合力，锲而不舍、久久为功，就一定会迎来绿色供应链创新发展的春天。

最后，我用一首小诗来结束演讲。

春雨惊春清谷天，美丽中国展新颜。

打造智慧供应链，京东物流走在前。

创新驱动，加快物流数字化转型发展

——在数字物流（长治）高峰论坛上的致辞

（二○二三年五月九日）

很高兴在这生机勃发的初夏时节与大家相聚在上党老区。昨天，我们参加了长治市推进现代物流业发展工作会议，今天在这里探讨数字物流的话题，充分显示了长治市推进现代物流融合创新发展的决心和举措。首先，我代表中国物流与采购联合会对数字物流（长治）高峰论坛胜利召开表示热烈祝贺！对在座各位各有关方面领导对中物联工作的支持表示衷心的感谢！

习近平总书记指出，要加快建设数字中国，构建以数据为关键要素的数字经济，推动实体经济和数字经济融合发展。数字物流是数字经济发展的"先行区"，也是现代物流与现代化产业融合发展的"主战场"。仅从网络货运市场来看，2022年全国共有2537家网络货运企业，整合社会零散运力594.3万辆、驾驶员522.4万人，全年上传运单达9401.2万单，整体市场规模约为7000亿元。在更大范围和更宽领域，比如多式联运、数字仓库、智慧园区、共同配送等物流业各环节，广泛采用数字物流技术，有效促进了全行业提质、增效、降本。数字物流已成为物流业数字化转型、智慧化升级、网络化发展的重要抓手，推动物流运作模式发生了翻天覆地的变化。

发展数字物流是世界潮流、国家战略、行业趋势，也是新生事物、重大课题。借此机会，我提出本人十分困惑的十个方面的突出问题，请教大家。

第一，什么是数字物流？数字物流与物流信息化、智能化是什么关系，三者之间的联系与区别有哪些，各自发挥什么作用？

第二，数字物流也可以说是数据物流。在数字经济时代，为什么说数据将成为继土地、能源之后最重要的生产资料？

第三，什么是物流产业数字化？标准是什么？实现途径有哪些？

第四，数字物流与网络经济、供应链是什么关系？如何通过数字物流推动网络经济发展，供应链创新应用？

第五，怎样通过数字物流赋能制造强国、交通强国、美丽中国、乡村振兴、区域协调发展和高水平对外开放等国家重大战略，助力中国式现代化建设？

第六，数字物流在打造"供需适配、内外联通、安全高效、智慧绿色的现代物流体系"，推动现代物流高质量发展中能够发挥怎样的作用？怎样发挥作用？

第七，发展数字物流推动国家物流枢纽建设，能否通过数字物流、建设物流枢纽，使内陆地区资源型城市融入全国统一大市场，进而走出国门、连通世界？

第八，如何全面、准确、完整贯彻新发展理念，促进物流信息互联互通，推动物流资源协同共享利用，打造"数字驱动、协同共享"的智慧物流新生态？

第九，怎样界定政府与市场的职能边界？需要怎样的制度政策环境？如何保障有效市场和有为政府顺畅运行？

第十，发展数字物流需要什么样的人才？如何培养、使用、吸引、留住数字物流人才？

以上是本人十分困惑的十个方面的问题，难免以偏概全。相信大家也都有许许多多的问题，一次论坛也不可能找到所有问题的全部答案。但这次专题论坛有可能是山西省内的首次创举，也是我今年以来参加的第一个数字物流专题论坛。相信本次论坛产生的成果必将对长治市、山西省以至于全国物流行业产生重大影响。中物联作为行业社团组织，将一如既往地参与支持推动数字物流发展。

最后，献上一首小诗，预祝数字物流（长治）高峰论坛圆满成功！

初夏时节满生机，山西长治开新局。

太行精神做底色，数字物流显神威！

中流砥柱中的先进力量

——在 2023 先进货运经营者大会上的致辞

（二○二三年五月十八日）

很高兴在这五彩缤纷的五月来到上海，同大家一起参加 2023 先进货运经营者大会。首先，我代表中国物流与采购联合会公路货运分会，向本次大会胜利召开以及进入先进货运经营者行列的 100 家企业表示热烈的祝贺；向 G7 易流推动行业数字化转型所做的贡献给予由衷的点赞；向千万货运经营者和你们的家人表示亲切的慰问。大家辛苦了！

疫情三年，道路货运物流行业受到严重冲击，我们大家经受了严峻考验。公路通行受阻，服务区封闭，许多司机长期吃住在车上，忍受着痛苦的煎熬。全行业货运量急剧下滑，亏损面持续扩大，货运物流企业经营风险成倍增加。面对前所未有的困难和挑战，货运经营者和广大司机朋友迎难而上，冲锋在前，奋战在抗疫保供第一线，为医疗和民生保障，复工复产和稳产稳链做出了无可替代的重大贡献。

经过三年疫情的历练，道路货运物流行业的社会地位和作用得到政府肯定与重视，社会广泛认同与支持。我想用 123456 几个数字，做一个简单概括和描述。"1"是我们这个行业供养人口接近 1 亿，每个货运经营者和货车司机的背后都有一个家庭在默默支持，嗷嗷待哺。"2"是道路货运从业人员接近 2000 万人，在现代物流乃至现代服务业中都是稳就业的重要渠道。"3"

是道路货运全年完成货运量超过 370 亿吨，占全社会货运总量的近四分之三，是公铁水航多种运输方式都离不开的必要连接。"4"是道路货运市场规模超过 4 万亿元，市场空间巨大，细分领域众多，是全国统一大市场的重要组成部分。"5"是道路货运市场主体中超过 50 万家为企业，还有八成以上个体运输业户，各类市场主体充分竞争，市场经济规律发挥着决定性作用。"6"是我们这个行业做出的贡献是党和政府"六稳六保"政策的"生力军"和不可或缺的重要支撑。特别需要指出的是，货运物流市场以中小经营者为主体，他们的生存和发展状况决定了行业发展的水平，也孕育和承载着行业高质量发展的期望。

疫情三年，大浪淘沙。中流击水，更显出英雄本色。在如此困难的环境下，一批中小货运企业经营者脱颖而出，他们是中流砥柱中的先进力量。为了让更多的人看到这个群体的价值，激发行业向上生长的动力与活力，帮助企业寻找前行的方向，我们会同 G7 易流和行业专家从规模、效率、安全、诚信等多个维度综合考量，找出了 100 家走在行业前列的先进货运经营者。

这些企业分属不同地区，专注于不同细分领域，其做法各有特色，异彩纷呈，但成功的经验有许多共同的特点。我把这些特点归纳为"数、链、长、变"四个字，也就是数字赋能、链式服务、长期坚守和拥抱变化。

一是数字赋能。大部分先进货运经营者都自建了信息管理系统，部分经营者正在加快向 SAAS 服务平台和互联网经营平台跃迁。越来越多的经营者利用数字化工具和服务，实现了与供应链上下游的互联互通，促进了经营模式创新和业务模式转变。

二是链式服务。大部分先进货运经营者与货主企业建立了较为稳定的合作关系。他们适应客户需求变化，延伸服务链条，创新经营模式，从单一的运输服务向仓干配、物贸融一体化转变，在细分领域扩大规模优势，增强了抗风险能力。

三是长期坚守。先进货运经营者的经营年限普遍在 10 年以上，并且在各自聚焦领域持续发力，数十年如一日深耕市场，积累专有技术和培养专业能力，持续不断付出，与客户一起成长。他们的车辆运行里程、车辆利用率等业务指标领先于行业平均水平，显示了企业在成本控制、效率提升方面的独特优势。

四是拥抱变化。先进经营者危中寻机，主动应变，变中取胜。面对疫情冲击，他们发挥船小好调头优势，调度紧缺运力，调整线路通道，优化运输组织，千方百计维护供应链安全和韧性。

当然，他们的成功经验不止以上四个方面，在本次会议上还要交流分享。这些先进货运经营者是行业学习的榜样，也是我们货运物流领域的"专精特新"企业，值得推广借鉴。

当前，世界处于百年未有之大变局，国内外形势都在发生深刻变革。道路货运物流行业不稳定不确定因素增多，结构性调整速度加快。但我国经济基本盘稳固、物流需求企稳向好的趋势没有变；货运物流行业基础地位和先导作用没有变；国家重视现代物流体系建设，毫不动摇支持民营经济发展，鼓励行业创新创业，推动高质量发展的政策导向没有变；"车多货少"、成本上升、市场激烈竞争的基本格局没有变；提质增效降本的目标和数字化转型、智慧化升级、生态化发展的方向也没有变。需要我们认清形势，充满信心，抓住机遇，迎接挑战，拥抱变化，转型发展。

本次会议由 G7 易流主办。G7 易流作为货运物流领域领先的技术赋能平台、服务赋能平台、生态赋能平台，多年来持续推动行业数字化连接、智能化升级和生态化建设，致力于广大中小货运经营者数字化转型，支撑培育了一批先进货运经营者代表。他们这种扎根物流、舍我其谁的行业情怀，勇于探索、敢为人先的创新精神，坚韧不拔、永不言败的工作作风值得肯定，也是我们学习的榜样。

中国物流与采购联合会作为行业企业的会员之家，公路货运分会是中物联直属分支机构，致力于反映企业诉求、协助政府决策、关爱货车司机、赋能行业发展。我们也希望更多的赋能平台参与进来，成为货运物流数字化转型的合作伙伴，形成联合推动的放大效应，更好地服务广大中小货运经营者，建设数字共享、协同共生的智慧物流新生态，共同培育更多的"专精特新"先进货运经营者和物流"小巨人"。

最后，我献上一首小诗，预祝大会圆满成功，祝广大货运经营者连接美好，再创新高！

道路货运好热闹，数字物流架金桥。

风吹雨打咱不怕，专精特新路一条！

关于建立黄河流域现代物流工作
协调推进机制的倡议

（二〇二三年五月二十五日）

为深入贯彻落实中共中央、国务院《黄河流域生态保护和高质量发展规划纲要》《交通强国建设纲要》《国家综合立体交通网规划纲要》和国务院《"十四五"现代物流发展规划》，推动黄河流域现代物流服务区域经济高质量发展，助力中国式现代化建设，中国物流与采购联合会联合沿黄九省区物流工作相关政府部门、行业协会、海关和铁路系统及重点物流企业，发出如下《关于建立黄河流域现代物流工作协调推进机制的倡议》。

一、性质与宗旨

"黄河流域现代物流工作协调推进机制"（以下简称"物流协调机制"），是沿黄九省区地方政府物流工作相关部门、行业协会、海关和铁路系统及重点物流企业（枢纽、园区）自愿参加，开放式、常态化联合合作协调推进机制。

"物流协调机制"以"共商、共建、共享"为原则，以"互联、互通、互惠"为手段，建立沟通顺畅、运行高效的现代物流工作协调推进联系机制，为参加单位开展横向联合，构建物流服务生态圈，推进黄河流域道路畅通、枢纽连通、信息沟通、业务融通、绿色交通和政策相通提供有力保障。

二、参加单位与组织机构

沿黄九省区政府（含省级、省会城市和重点城市）物流工作相关部门、行业协会、海关和铁路系统及重点物流企业（枢纽、园区）为"物流协调机制"参加单位主体。由中国物流与采购联合会、山东省港口集团有限公司、济南市口岸和物流办公室联合设立秘书处，秘书处办公室设在山东港口陆海国际物流集团有限公司。参加单位提交联系人名单和联系方式，在秘书处备案即可。

三、主要工作任务

（1）道路畅通。完善交通综合基础设施，加快形成黄河流域现代化综合交通运输网络，实现城乡区域高效连通。研究推动九省区路面通行执法"统一标准、网上申办，证照互认、跨省通办"。

（2）枢纽连通。推动国家物流枢纽、示范物流园区、铁路货运场站等基础设施业务合作、联网运行，发挥整体效能。同时积极融入国家物流枢纽联盟，进入全国物流枢纽网络体系。

（3）信息沟通。鼓励参加单位信息互联互通，逐步搭建服务黄河流域物流发展的数据共享平台。推动物流领域基础公共信息数据有序开放，面向物流企业特别是中小微物流企业提供普惠性服务。

（4）业务融通。服务国家区域经济协调发展战略，带动区域农业、制造、商贸、金融等产业集聚融合发展。探索建立参加单位业务共享模式，促进信息集成、要素流动、通揽分包、高效协同。发挥公铁水航管各自的优势，大力发展铁水联运、多式联运。

（5）绿色交通。践行黄河流域生态保护国家战略，通过交流互访，学习互鉴，推进参加单位绿色化转型。深入推进物流领域节能减排、运输结构及运输方式调整，全面推动绿色物流发展。

（6）政策相通。通报和解读国家物流发展政策，共享地方政府出台的优惠政策，帮助参加单位解决异地落实政策时遇到的问题。收集物流行业政策瓶颈问题，向国家有关部门汇总整理、反映企业诉求，提出政策建议。

四、联系机制

（1）年度联席会议。每年至少召开一次全体参加单位出席的联席会议。通报交流工作开展情况、研究推动重点项目、协调解决重大问题。以参加城市为单位，按年度轮值会议地点。轮值会议主办方提出议题，经秘书处讨论决定。

（2）日常专题会议。参加单位任何一方均可提出召开日常专题会议的动议，包括但不限于铁路、海关、枢纽、交通、业务、信息、政策等。有五家以上附议，经秘书处协调，即可围绕某一专题召开会议，召开次数和时间不限。

（3）平时联络服务。由"物流协调机制"秘书处安排专人负责此项工作。

黄河流域生态保护和高质量发展是事关中华民族伟大复兴的千秋大计，也是促进黄河流域现代物流高质量发展的历史机遇。让我们勠力同心、携手共进，共同谱写黄河流域现代物流高质量发展新篇章，为服务国家区域重大发展战略，支撑中国式现代化贡献力量。

五、倡议发起单位

中国物流与采购联合会、山东省发展和改革委员会、山东省交通运输厅、山东省商务厅、青岛海关、济南海关、中国铁路济南局集团有限公司、山东省港口集团有限公司、山东省物流与采购协会、济南市口岸和物流办公室。

（执笔人：贺登才）

奏响现代物流新的"黄河大合唱"

——在 2023 服务黄河流域高质量发展研讨会上的致辞

（二〇二三年五月二十五日）

黄河之水天上来，黄河儿女满情怀。在这金色麦田丰收在望的美好季节，我们沿黄九省区物流界朋友相聚在泉城济南，共同参加 2023 服务黄河流域高质量发展研讨会。

首先，我代表中国物流与采购联合会对本次研讨会胜利召开表示热烈的祝贺；向来自万里黄河沿线政产协研的各位代表表示诚挚的欢迎和衷心的感谢；向山东省人民政府及省发展改革委、交通运输厅、商务厅、物流与采购协会，济南市人民政府、济南市口岸和物流办公室，特别是山东省港口集团有限公司（简称山东港口集团）等单位对中物联工作的支持和为本次会议所做的贡献，表示衷心的感谢！

黄河是中华民族的母亲河，孕育了古老而伟大的中华文明。沿黄九省区国土面积占全国三分之一强，人口数量占比接近三分之一，地区生产总值占比四分之一，粮食和肉类产量占全国三分之一左右。这里是中国北方的"水塔"，是全国重要的能源、化工、原材料和基础工业基地。黄河流域在中华民族复兴大业和中国式现代化建设全局中具有举足轻重的战略地位。

党的十八大以来，习近平总书记多次实地考察黄河流域生态保护和经济社会发展情况，确定黄河流域生态保护和高质量发展为重大国家战略。2021

年 10 月，中共中央、国务院印发《黄河流域生态保护和高质量发展规划纲要》（以下简称《纲要》），明确提出，大力推进数字信息等新型基础设施建设，完善交通、能源等跨区域重大基础设施体系，提高上中下游、各城市群、不同区域之间互联互通水平，促进人流、物流、信息流自由便捷流动。

在《纲要》蓝图的指引下，在沿线各级党委、政府的领导下，经过沿线物流人的辛勤努力，黄河流域现代物流发展取得很大进展。以国家物流枢纽为核心的基础设施建设全面推进，以山东港口集团等为代表的综合物流服务企业发展壮大，智慧物流、数字物流、绿色物流等新模式、新业态、新技术广泛采用，为区域经济高质量发展，服务国家重大战略、民生需求和抗疫保供等做出了重大贡献。但是，我们也要清醒地认识到，黄河流域现代物流发展水平与《纲要》的要求相比，与京津冀、长三角、珠三角和成渝双城圈等经济区域相比，还有较大差距。物流成本高、效率低、连通度不够、协调性不强问题突出，迫切需要加强协商、协调、协作，奏响现代物流新的"黄河大合唱"。借此机会，我只讲一个字，那就是"合"。

一是促进大通道合流。填补缺失线路、畅通瓶颈路段，加快形成黄河流域现代化综合交通运输网络，实现城乡区域高效连通。完善集疏运体系，畅通西煤东运、北煤南运通道。加强黄河流域与长江经济带、成渝地区双城经济圈、长江中游城市群互联互通。研究推动九省区路面通行执法"统一标准、网上申办，证照互认、跨省通用"。强化与"一带一路"沿线国家合作，共建东接日韩、西连亚欧、南通东盟、北达蒙俄的国际开放大通道。

二是推动大枢纽合网。据统计，沿黄九省区共有规上物流园区 798 个，占全国的 31.3%；到目前，已有 29 家被纳入国家物流枢纽建设名单，占全国的 30.5%。要加快推动这些枢纽和园区业务合作、联网运行，发挥整体效能。同时积极融入国家物流枢纽联盟，进入全国物流枢纽网络体系。高水平高标准推进沿黄相关省区自由贸易试验区建设，适应"大循环、双循环"新发展格局。

三是鼓励大平台合作。全面推进关、港、铁、区数据互联互通，构筑服务黄河流域物流发展的"一键式、一站式、全程式"数据共享平台。推进铁水联运业务单证电子化，促进铁路、港口信息互联。鼓励在有条件的城市搭建智慧物流"大脑"，全面链接并促进城市物流资源共享。推动物流领域基础公共信息数据有序开放，面向物流企业特别是中小微物流企业提供普惠性服务。

四是形成大保护合力。把生态保护放在优先位置，深入推进物流领域节能减排，全面推动绿色物流发展。加大"公转铁""公转水""散改集"力度，推广"陆海联动、海铁直运"新模式。加快新能源、符合国六排放标准等的货运车辆在现代物流特别是城市配送领域的应用。加强绿色物流新技术和设备研发，推广使用循环包装，减少过度包装和二次包装，推动托盘循环共用系统建设。

五是建立大机制合成。邀请沿线九省区相关政府部门、行业协会、铁路和海关系统、物流园区和企业参加，建立开放型、常态化黄河流域现代物流协调推进联系机制。通过轮值会议制度，开展政策通报、经验交流和问题研讨，持续推动九省区业务联动、产业协同，促进产业链延伸、供应链集成、价值链创造，打造枢纽经济示范区，构筑共享经济生态圈，逐步形成利益共同体、命运共同体。

九曲黄河十八弯。以上目标的实现，不可能一蹴而就。只要九省区政产协研各方心往一处想，劲往一处使，拧成一股绳，就一定能够开创团结协作的新局面。中国物流与采购联合会作为行业社会组织，有责任、有义务，也有能力为此做出应有贡献。

本次会议在经济大省也是物流大省的山东省召开，在"四面荷花三面柳，一城山色半城湖"的济南召开，以"大交通、大枢纽、大平台"为主题，得到位列中国企业500强和世界港口前列的山东港口集团的大力支持。希望大家借此机会与山东港口集团以及山东省、济南市物流企业交流互访、签约合作，深度对接，争取协调推进联系机制取得早期收获。

最后，我献上一首小诗，预祝研讨会圆满成功；祝沿黄物流奔流向海，永立潮头！

五月济南格外红，九省物流来会盟。

奏响黄河大合唱，发出协作最强音。

主动融入黄金通道　携手共建经济走廊

——在中老铁路沿线现代物流业招商推介会上的讲话

（二〇二三年五月二十九日）

火车一响，黄金万两。中老铁路，经济走廊。很高兴陪同全国头部物流企业高管来到七彩云南，共同出席中老铁路沿线现代物流业招商推介会。

首先，我代表中国物流与采购联合会对本次会议胜利召开和中老铁路开通运营一年多来取得的成绩表示热烈的祝贺；向云南省人民政府，省发展改革委、商务厅领导，以及参加本次会议的头部物流企业在座各位对中物联工作的支持表示衷心的感谢！

刚才，我们听取了予波省长的精彩致辞，省发展改革委、商务厅领导的推介和物流企业代表的发言，深受启发。借此机会，我就合作共建中老铁路沿线经济走廊谈一点个人的看法。

中老铁路沿线物产丰富，民风淳朴，是一块尚未开发的"处女地"。两国产品差异化明显，互补性强，互为供需伙伴。中老铁路开通运营，给中老两国及邻近的东盟国家带来实实在在的红利。中老铁路不仅是一条充满希望的黄金通道，更是商机无限的经济走廊。个人认为，经济走廊的价值创造，集中体现在一个"融"字上，也就是产业融合、物流融通、价值融链。

一是产业融合。云南素有"植物王国""天然花园"和"有色金属王国"的美誉，"云花""云果"和"云药"等"云系"农产品享誉海内外。

老挝及中南半岛国家农业、林业、矿产资源富集，有待开发。中老铁路开通运营，云南谋划重大产业项目，"黄金沿线"作用凸显。强劲的产业需求，离不开有力的物流支撑；物流要素资源改善，必将有效带动产业发展。中老铁路沿线经济走廊，可以说潜力巨大，前景光明。

二是物流融通。云南交通基础设施相对完善，口岸经济初步成型，昆明—磨憨陆上边境口岸型国家物流枢纽已被列入建设名单。中老铁路开通运营，为现代物流集聚发展、集约发展、跨国发展、跨境发展带来难得的机遇。大型物流企业集团有必要把中老铁路沿线、云南全境纳入企业网络化布局、国际化发展的战略支点，融入国家重大发展战略。今天谁能抓住机遇，占得先机，谁就能在市场竞争中争取主动，决胜未来。

三是价值融链。沿线经济走廊需要市场化、法治化、国际化营商环境，需要持续推动各类市场主体业务联动、产业协同，促进产业链延伸、供应链集成、价值链融合创新，需要构筑协同共享的物流经济生态圈，逐步形成利益共同体、命运共同体。

最后，献上一首小诗，祝中老铁路沿线经济走廊厚积薄发，大放异彩；祝云南省和各地企业家朋友精诚合作，成就大业！

春城夏日花盛开，七彩云南聚英才。

携手共建幸福路，昂首阔步向未来。

一流企业需要建设一流智库

——在中国物流集团科技研究院有限公司成立大会上的致辞

（二〇二三年五月三十一日）

在"六一"国际儿童节即将来临之际，我们迎来了中国物流集团科技研究院有限公司（简称研究院）成立的大喜日子。我代表中国物流与采购联合会对研究院的成立表示热烈的祝贺；对国资委研究中心、中国物流集团、北京交通大学、北京物资学院等政产学研有关单位对中物联工作的支持表示衷心的感谢！

当前，世界百年未有之大变局加速演进，新一轮科技革命和产业变革深入发展，中国式现代物流体系建设面临新的机遇和挑战。中国物流集团作为中央企业中唯一的综合性物流企业，战略目标定位于"具有全球竞争力的世界一流综合性现代物流企业集团"。研究院的成立，是开业一年多的物流集团快速成长、走向成熟的重要标志，是集团领导家国情怀、国企担当的重要体现，也是全国物流行业研究领域可喜可贺的一件大事。建设一流企业需要一流智库。借此机会，我提出以下四点建议，供参考。

第一，要提高站位，明确方向。作为央企智库，要以习近平新时代中国特色社会主义思想为指导，完整、准确、全面贯彻新发展理念，服务构建新发展格局，以高质量发展为主题，服务党和国家重大战略，在以中国式现代化全面推进中华民族伟大复兴的历史进程中发挥好推动、引领作用。经过三到五年的努力，争取进入具有重要决策影响力、社会影响力和国际影响力的中央企业新型智库行列。

第二，要扎根企业，参与决策。坚持专业化、特色化发展思路，围绕集团改革发展中遇到的突出问题，深入基层，联系实际，精准对接需求，深度参与决策。要善于总结国企改革、行业转型、企业发展等方面的好经验、好做法、好成果，创新凝练为理论创新成果，更好地服务于建设世界一流企业的战略目标。

第三，要聚焦重点，服务行业。中国物流集团作为行业领军企业，要主动承担行业责任。针对现代物流体系建设、智慧物流、绿色物流、应急物流、供应链安全和韧性、提质增效降本、市场化法治化国际化营商环境等行业普遍关心的重点问题，积极参加协会调研，为行业发展咨政建言，提供准确、前瞻、及时的建议。

第四，要开门办院，借助"外脑"。构建完善与党政机关、协会组织、高校和科研院所等多元化、多层次、多渠道合作机制。注重专职研究人员、杰出人才和领军人物培养，借助社会各界跨学科、跨行业、跨地区兼职人才的智慧，开展专题专项研究。中物联将与研究院及行业同人一道，积极参与、大力支持新型智库建设，为全面提升现代物流的软实力做出应有贡献。

最后，献上一首古诗，祝新生的研究院茁壮成长，果实芬芳；祝年轻的中国物流集团身强体壮，扬帆远航！

泉眼无声惜细流，树阴照水爱晴柔。

小荷才露尖尖角，早有蜻蜓立上头。

祝贺昨天　祝福今天　祝愿明天

——在顺和集团成立 20 周年庆典大会上的致辞

（二〇二三年七月三日）

映日荷花别样红，二十顺和正青春。在这热情似火的盛夏时节，很高兴再次踏上沂蒙这片红色热土，参加中国物流与采购联合会副会长单位——顺和集团成立 20 周年庆典活动。刚才，听了赵书记激动人心的演讲，深受鼓舞和启发。在此我讲三句话：祝贺昨天，祝福今天，祝愿明天。

首先，我代表中物联对顺和集团 20 年来艰苦创业取得的辉煌业绩表示热烈的祝贺。20 年前，李庄村村民放下锄头握起方向盘，祖祖辈辈的农民转身成为物流人。20 年过去，弹指一挥间。顺和集团从小到大、由弱变强，已成为集物流仓储、直播电商、金融投资、供应链服务等于一体，享誉全国的现代化企业集团，并孵化出了庞大的物流企业集群；创造了党建引领、商贸带动，诚实守信、服务为本的"临沂物流"品牌；培育了坚韧不拔、艰苦创业，服务奉献、敢为人先的商贸物流人群体。你们为临沂以至于全国商贸物流发展发挥了创新型、标杆型、领军型作用。20 年的辉煌与荣光，归功于党中央路线、方针、政策的指引，归功于省市各级特别是顺和集团、李庄社区历届领导班子的使命担当，更要归功于勤劳智慧的李庄人、不断壮大的顺和人辛勤耕耘、与时俱进的磅礴力量。农家出身也曾躬耕于土地的我深深感受到，农民力量大，高手在民间。

20 年砥砺奋进，20 年载誉前行。今天的顺和集团已跻身全国最高级别 5A 级物流企业行列，进入"国家物流枢纽建设运营标杆企业"名单，先后荣获国家、省、市、区、商城、街道荣誉称号 600 多项，正在转型升级、创新发展的道路上阔步前进。对原有货运配载市场不断搬迁改造提升的同时，进军直播科技产业园、电商文创园、智慧电商物流云仓和母幼商业综合体等新的领域。成立创新研发团队，投入研发资金，不断取得著作权和实用新型专利；与中国科学院空天信息创新研究院、北京交通大学合作，推动北斗科研项目落地。通过不断迭代更新、拓展商业版图，科技赋能、创新驱动，发展动能和活力持续增强，保证集团始终处于商贸物流创新发展的前列。顺和集团的今天，得益于敞开大门、广纳英才的胸襟和胆略。近年来，李庄社区吸引近 2 万外地人安家落户，集团工作人员增加到 1200 余人，组织 2 万余人次电商专业人才培训。顺和集团的实践，生动诠释了科技第一生产力、创新第一动力、人才第一资源的至理名言。本人作为多年从事行业研究的"物流老人"，深深体会到，物流行业创新无止境、人才为根本。

今年，是贯彻党的二十大精神的开局之年，适逢习近平总书记视察临沂物流 10 周年。临沂商贸物流底蕴深厚，红色基因历久弥新，营商环境声名远播。我们祝愿顺和集团在市委、市政府的领导下，以习近平新时代中国特色社会主义思想为指导，完整准确全面贯彻新发展理念，按照《"十四五"现代物流发展规划》的部署，聚焦商贸物流创新发展，在推动现代物流数字化转型智慧化升级方面走在前，在促进物流枢纽互联成网高质量发展中当标杆，在建设现代物流体系发展枢纽经济中做示范。为全国同行不断创造新鲜经验，为建设中国式现代物流体系，助力中国式现代化和中华民族伟大复兴做出新的更大贡献。祝愿李庄社区父老乡亲干物流、爱物流，更多分享现代物流发展的红利，日子越过越红火。借此机会，我代表中物联对临沂市各级党委政府、广大物流企业和社会各界及各位来宾多年来对我会的关心支持表示衷心的感谢！我们将一如既往地对顺和集团、临沂物流以及全国同行给予关注和支持。

"雄关漫道真如铁，而今迈步从头越。"顺和集团 20 年风雨历程，20 年创业路程，已经载入中国现代物流发展的史册。我们回顾昨天、把握今天，是为了开创更加美好的明天。有理由相信，在各级党委政府的领导下，在社会各界的关心帮助下，在全体干部职工的共同努力下，顺和集团一定会以 20 年庆典为新的起点，踔厉奋发、勇毅前行，继续谱写创新发展的光辉篇章！

最后，以一首小诗，再次送上我的祝贺、祝福和祝愿。

红色基因贯于今，绿色物流靠创新。

青春活力有干劲，百年顺和新征程。

进入"主阵地"　争当"排头兵"

——在 2023 第八届日日顺创客训练营开营启动仪式上的致辞

（二○二三年八月一日）

很高兴在这热情似火的盛夏时节，在中国人民解放军建军节当天与大家相聚在青岛这座美丽的海滨城市，共同参加 2023 第八届日日顺创客训练营开营启动仪式。首先，我谨代表主办方之一中国物流学会，向各位的到来表示热烈的欢迎，对日日顺供应链各位领导和服务团队八年来特别是三年疫情防控期间从未间断的辛苦付出表示衷心的感谢！

同学们：现代物流是中国式现代化的"主阵地"。我用"3456"4 个数字来做个简要概括。2022 年全国实现 GDP121 万亿元，社会物流总额 347.6 万亿元，经济总量对物流的需求系数为 2.87。换句话说，产出 1 个 GDP 需要近 3 个物流总额来支撑；社会物流总费用占 GDP 的比率为 14.7%，达 17.8 万亿元；全行业从业人员约为 5000 多万人；现有市场主体 600 多万家。国务院发布的《"十四五"现代物流发展规划》把现代物流定位于先导性、基础性、战略性产业。特别是经过三年疫情"大考"，现代物流的基础性作用得到全社会的广泛认同，它和供电、供水、供暖、供气一样，在社会经济生活中发挥着不可替代的重要作用。

当前，智慧物流风起云涌，引领着行业创新发展的方向。5G、云计算、人工智能、区块链等信息技术在物流领域深度应用，催生了丰富的应用场景。无人机、无人车、智慧物流园区等智慧物流新模式、新业态不断涌现，"智能革命"正在改变物流市场格局以至于生产生活模式和人们的思维方式。新的发展机遇，蕴含着新的挑战。企业更需要充分发扬创新精神，不断提升自身竞争力，从而推动中国式现代物流体系高质量发展。科技是第一生产力，创新是第一动力，人才是第一资源。物流业正处于转型升级高质量发展的关键时期，需要一大批专业化、创新型、复合型的技术、技能型人才。

日日顺创客训练营就是培养创业创新人才的"练兵场"。2016 年，中国物流学会联合日日顺供应链举办了首届日日顺创客训练营。八年来，在陪伴、见证大学生创客实现创业梦想、体现个人价值的同时，训练营本身也在不断成长。我想用"多、快、广、深"这四个字和大家一起分享。

一是创新成果之"多"。日日顺创客训练营自创办以来，始终坚持激发创新思维、激励创业行动、激活创客梦想的宗旨，吸引了 2 万余名大学生参与，累计输出 422 个创新创业课题，申请国家专利 103 项，孵化落地应用项目 42 个。已有近 400 名参加过训练营的学生入职海尔集团系统，有的已经成长为一些小团体的"带头人"；200 余名学生成为中国物流学会学生会员，获得训练营金奖的 20 人被聘为助理特约研究员。

二是更新迭代之"快"。从早先单一的仓干配等基础物流，到智慧物流，再到针对供应链全流程不同场景的痛点研究，日日顺创客训练营始终围绕行业最新趋势，对课题研究方向进行迭代，帮助大学生创客紧跟时代变化和行业发展，找准创业创新方向。

三是覆盖范围之"广。"八年来，日日顺创客训练营覆盖了北京大学、中国科学技术大学、华中科技大学等全国众多知名高校。目前，日日顺创客训练营正在向国际化迈进。今年，吸引了来自泰国、白俄罗斯和越南的留学生参与进来。

四是行业影响之"深"。日日顺创客训练营从创业角度设置六大参营环节，模拟真实的创业投资流程，从专家指导到创业实践全方位赋能大学生创客。在今年参营的 24 所院校中，有 14 所院校已将日日顺创客训练营列入"国家级项目"。在今年 4 月召开的中国高等教育博览会上，日日顺创客训练营也作为全国普通高校创业创新类竞赛，被纳入《全国普通高校创新创业类竞赛研究报告》，成为入围的 22 项赛事之一，表明日日顺创客训练营在学界、在行业的影响力不断增强。

日日顺供应链是物流与供应链细分行业当之无愧的"排头兵"。作为国内领先的供应链管理解决方案及场景物流服务提供商，日日顺供应链依托先进的管理理念和技术，实现了从企业物流到物流企业到供应链服务企业，再到生态平台的不断升级迭代创新。去年，日日顺供应链建成了全国首个 5G 大件智慧物流园区。在其中的 5G 无人仓内，借助多种类型的智能化设备和信息系统，可实现 24 小时全自动无人"黑灯"作业。日日顺供应链是商务部、工业和信息化部等八部门认定的"全国供应链创新与应用示范企业"；入选商务部、国家市场监管总局联合发布的全国首批"国家级服务业标准化试点"企业名单；连续两年上榜世界品牌实验室（WBL）"亚洲品牌 500 强"榜单。日日顺供应链还牵头制定了多项国际、国家及行业标准，始终走在行业创新发展的前列。

日日顺供应链拥有行业领先的智慧物流基地、开放的创新生态体系和国家级项目建设经验，能够为大学生创客的创业梦想提供坚实保障。从校企合作，助力大学生创新创业，到围绕人才培养、科技创新、模式探索、成果转化等，日日顺供应链与高校实现了多层次、宽领域的深度融合。今年日日顺供应链还与天津大学、华中科技大学、安徽大学三所高校达成了深度合作，共建供应链管理创新实验室。教育链、人才链、创新链、产业链的"四链融合"正在有序推进。

同学们：你们经过严格训练、层层筛选，拿到了创客训练营的"入场券"。千里迢迢来到青岛，为什么，干什么？我以为应该学习物流与供应链知识，了解海尔集团、日日顺供应链的创新、创业文化；围绕客户需求，发现企业痛点，用我们的所学知识拟定课题研究方向；广交各路朋友，取人之长、博采众长，为进入职场做好准备。日日顺供应链的大门为同学们敞开，中国物流学会欢迎同学们加入。新时代的"张瑞敏""周云杰"一定会在在座的同学中产生。祝贺大家选好研究方向，在接下来的日子里拿出金奖课题成果。期待着几个月之后带着你们的研究成果，在中国物流学术年会胜利会师。

最后，我以一首小诗结束今天的发言。

有缘相聚日日顺，智慧物流时时新。

青春活力有闯劲，争当创客排头兵。

推动园区互联互通　加快建设物流强省

——在河北省现代物流协会物流园区（联盟）专业委员会成立大会上的致辞

（二○二三年九月十二日）

首先，我代表中国物流与采购联合会，代表中物联物流园区专业委员会，对河北省现代物流协会物流园区（联盟）专业委员会（简称物流园区专委会或专委会）成立表示热烈祝贺；对河北省政府有关部门、物流行业协会、广大物流企业和各有关方面，对中物联工作的大力支持表示衷心的感谢！

近年来，在省委、省政府的正确领导下，河北省现代物流工作得到了较快较好的发展。物流园区专委会的成立生逢其时，深得地利，兼具人和，是河北省物流界的一件大事、喜事，对其他省市也有借鉴意义。

国务院《"十四五"现代物流发展规划》提出，到 2025 年，基本建成供需适配、内外联通、安全高效、智慧绿色的现代物流体系。对推进国家物流枢纽、物流园区高质量发展都有明确要求。今年 3 月，省政府办公厅印发《河北省加快建设物流强省行动方案（2023—2027 年）》提出："鼓励园区业主单位组建物流园区联盟，实现物流园区互联互通。"推进物流园区高质量发展和互联互通面临新的重大机遇，河北省现代物流协会成立物流园区专委会正当其时。

2022 年，河北全省 GDP 超 4.2 万亿元，增速 4.2%。河北是我国北方经济大省，也是物流大省。中物联去年发布的《第六次全国物流园区（基地）调查报告》显示，河北省共有规模以上物流园区 98 家，排名第 11 位。到目前，唐山港口型（生产服务型）、石家庄陆港型、沧州港口型和保定商贸服务型 4 家进入国家物流枢纽建设名单；另有迁安北方钢铁、邢台好望角、河北新发地、唐山海港、河北天环冷链、石家庄东部现代物流基地等 6 家进入 100 家国家级示范物流园区行列。

京津冀协同发展是习近平总书记亲自谋划、亲自部署、亲自推动的重大国家战略，赋予河北全国现代商贸物流重要基地的功能定位。河北拥有发展现代商贸物流产业得天独厚的优势。京津冀周边集聚了大量的物流头部企业、央企总部和物流与供应链科研院所、高等院校，各类人才集聚，智力资源富集，人和条件居全国前列。得此天时、地利、人和条件，相信专委会一定会旗开得胜，大展拳脚，助推物流强省建设。

当前，我国物流业正处于恢复性增长和结构性调整的关键时期，面临新的战略机遇和风险挑战。有这样一些趋势，应该引起大家注意。一是增速趋缓，调整加快。8 月，我国制造业采购经理指数（PMI）已经连续三个月处于荣枯线以下，随着结构调整，GDP 与社会物流总额需求系数逐年下降；与此同时，产业结构、需求结构、供给结构、运输结构、储运结构调整步伐不断加快。二是产业融合，物流短链。物流市场正在经历由运力驱动转向货主驱动、终端驱动。物流企业和制造企业、流通企业深度融合，大力发展物流枢纽、城郊大仓和商品前置仓等转运分拨暂存基地，使货物尽快贴近终端消费。三是结盟联网，价值共创。各类企业抱团结网、互联互通，发挥各自优势，连接产业链、优化供应链、提升价值链，推进现代物流提质、增效、降本。总之，我国经济平稳发展、稳中求进的基本面没有变，中国现代物流恢复性增长、创新发展的基本趋势没有变，国家支持现代物流与供应链发展、支持民营经济发展的政策不仅没有变，而且持续加强。我们要对发展前景充满信心，以变应变，创新求变。

河北省现代物流协会（简称河北协会）具有良好的会员基础，秉持"服务政府、服务行业、服务会员"的办会宗旨，积极发挥桥梁纽带作用，为推动河北省现代物流发展做了大量卓有成效的工作。特别是在企业评估、调查研究、建言献策、物流统计、行业交流、促企合作、树立标杆、品牌建设等方面，走在了全国同类协会前列。近年来，河北协会积极配合中物联物流园区专委会"全国物流园区综合评价"工作，为跟踪监测物流园区运行情况提供了一手资料，为政府制定相关政策提供了参考依据。今年，河北有61家物流园区提交了调查表。调查资料显示，河北物流园区发展水平不断提升，对当地经济社会发展的支撑带动作用越来越明显，但支持政策不足、用地供应紧缺、配套设施不完善、产业优势不突出、发展布局不平衡等问题依然存在。这也充分说明成立专委会的必要性和紧迫性，也指明了专委会工作的主攻方向。推动物流园区高质量发展，不仅需要省内园区互联互通，更需要跳出河北，融入国家物流枢纽网络体系。

希望新成立的物流园区专委会，进一步提高服务水平，提供更多、更好、更贴心的服务。我们的老部长陆江同志曾经教导我们，联合会要联合，协会要协作。专委会要聚合会员、融合产业、联合生态；注重民主协商、政策协调、企业协作；练好调查研究、解决问题、互联互通三项基本功。以上"三合、三协、三功"，三三见九，久久为功。祝愿新成立的物流园区专委会为全省物流园区持续、健康、高质量发展做出积极贡献，为建设全国现代商贸物流基地和物流强省贡献更大力量。希望所有会员单位都要积极参与专委会活动，政府有关部门也要支持河北协会工作，争取把河北协会办成政府信得过、行业离不开、企业真需要的社团组织，办成所有会员单位的"会员之家"。

最后，我以一首小诗结束演讲。

燕赵大地秋风爽，物流园区聚一堂。

互联互通谋大计，协会工作新篇章。

构建更为紧密的中国—东盟命运共同体

——在第七届中国—东盟物流合作论坛上的致辞

（二○二三年九月十八日）

很高兴跟大家在"中国绿城"南宁相聚，共同参加第七届中国—东盟物流合作论坛。首先，我代表中国物流与采购联合会对本次论坛成功召开表示热烈的祝贺，对长期以来支持中物联工作的各有关方面表示衷心的感谢！

中国—东盟物流合作论坛是中国东盟博览会的高端论坛，是中国—东盟物流合作的一大盛事。大会不断取得丰硕成果，影响范围不断扩大，为中国及东盟各国物流界搭建了沟通交流和务实合作的平台。

在中国—东盟物流合作方面，广西扮演着重要角色。广西是中国与东盟陆海相连的省区，是中国面向东盟开放合作的窗口与前沿。同时，广西还是西部陆海新通道海陆交汇的重要节点和国际门户。当前，世纪工程平陆运河正在加紧建设。广西已然成为面向东盟的大通道、大口岸和大枢纽。随着RCEP（区域全面经济伙伴关系协定）全面生效实施、中国—东盟自贸区3.0 版持续升级，广西与东盟各国物流产业合作发展面临新的重大机遇。

中共二十大报告提出，必须完整、准确、全面贯彻新发展理念，坚持社会主义市场经济改革方向，坚持高水平对外开放，加快构建以国内大循环为主体、国内国际双循环相互促进的新发展格局。广西可以发挥独特区位优势，深度融入共建"一带一路"和西部陆海新通道，打造中国—东盟物流合作的桥头堡，充分利用国内外两个市场，构建稳定安全、开放发展的现代物流体系。

一是打造综合性跨境物流枢纽。将国家物流枢纽和骨干冷链物流基地作为现代物流体系的重要支撑，发挥北部湾国际生鲜冷链物流基地等大型物流枢纽、骨干冷链基地的基础性作用和集聚效应。依托广西连接中国西部地区与东盟的双向物流枢纽门户优势，加强基础设施互联互通，加快形成国内外两种资源、两个市场，双向流通、互为补充的物流运行体系。

二是培育一流物流龙头企业。物流龙头企业作为物流产业的"排头兵"，是现代物流市场的主体。要大力培育面向东盟的物流龙头企业，发挥广西现代物流集团等中国50强物流龙头企业的示范引领作用，增强物流资源配置和整合能力，强化资源整合和协同联动。深化西部陆海新通道沿线，以及境内外物流企业合作，提升一体化跨境供应链物流服务能力。

三是推进供应链服务创新发展。产业链供应链韧性和安全稳定是构建新发展格局的基础，也是中国—东盟人民的福祉所在。国内物流企业要深度参与"一带一路"建设，跟随"中国制造"和"中国基建"走出去。要同东盟各国建立紧密联系，并与当地企业分工协同、紧密合作，实现产业链供应链融合发展，造福中国—东盟各国人民。

各位来宾，广西作为"一带一路"倡议的重要节点、中国连接东盟的重要门户，发展潜力巨大。随着西部陆海新通道战略布局不断落实推进，广西物流业的发展必将更上一层楼，与东盟的合作交流也将更加深入、取得更多成效。中国物流与采购联合会作为全国物流领域的行业社团组织，一直致力于推动中国—东盟物流合作发展，希望有更多的单位和企业参与到广西乃至中国—东盟物流建设发展事业中来。大家精诚合作，携手共赢，助力构建更为紧密的中国—东盟命运共同体。

预祝中国—东盟物流合作论坛圆满成功！

数智新链接　产业新生态

——在 2023 产业链供应链数字经济大会上的致辞

（二〇二三年十月十九日）

尊敬的各位来宾、各位代表，女士们、先生们：

大家上午好！在各国代表云集北京，第三届"一带一路"国际合作高峰论坛举行期间，我们大家汇聚一堂，召开 2023 产业链供应链数字经济大会，更有其特别的意义。我谨代表中国物流与采购联合会对各位来到北京参加本次大会表示热烈的欢迎，对大家多年来对中物联工作的支持表示衷心的感谢！

当前，百年未有之大变局加速演进，地缘政治冲突激烈，对全球经济发展提出了空前挑战，产业链供应链进入到一个全新的重构阶段。本次会议的主题是"数智新链接 产业新生态"。将有国内知名专家学者，物流与供应链企业及其他各类实体企业、技术服务企业高管和技术大拿与大家分享新思路、新实践与新体会。借此机会，我也谈点粗浅的认识和体会，供各位参考。

第一，深刻理解产业链供应链与数字经济深度融合的重要意义。

习近平总书记指出，数字经济发展速度之快、辐射范围之广、影响程度之深前所未有，正在成为重组全球要素资源、重塑全球经济结构、改变全球竞争格局的关键力量。2022 年，我国数字经济规模达到 50.2 万亿元，数字经济占 GDP 的比重达到 41.5%。今年 3 月，国家数据局成立，统筹推进数字中国、数字经济、数字社会的规划和建设。

产业链供应链是经济运行的重要基础，数字经济正在与产业链供应链深度融合，深刻地改变着我们的生产和生活方式。以 GPT 为代表的人工智能大模型横空出世，工业元宇宙场景日新月异，无人机、无人车加速商业化应用，这些场景一次次刷新着我们的认知。随着技术不断创新和应用，这种融合将进一步加速传统产业升级换代。

中国的产业链供应链优势，为数字经济创新应用提供了重要支撑和保障。大力发展数字经济，充分发挥我国海量数据和丰富应用场景的优势，推动数字技术与产业链供应链深度融合，对于发挥数字经济优势，构建自主可控、安全高效的产业链供应链，加快建设现代化产业体系，促进我国产业迈向全球价值链中高端都具有重要意义。

第二，积极推动产业链供应链跨界合作与创新驱动。

产业链供应链与数字经济的深度融合将推动跨界合作和创新驱动。供应链参与者可以实现更高效的信息共享，促进资源整合、流程优化和组织协同，有助于形成产业生态的协同创新。通过共享数据资源，企业可以更好地满足市场需求，推动自身发展和产业升级，进而建立共享平台和数字化生态系统，为各方优势互补，共同应对风险和挑战，实现生态共赢创造条件，从而提升产业链供应链韧性和安全水平。

推动产业链供应链向着数字化方向发展，需要我们在大数据、云计算、人工智能、区块链、5G 等数字技术与产业链供应链各个环节的融合方面，不断迭代更新，创造新的价值增长点，为形成高效协同、敏捷智能的全球数字化产业链供应链贡献智慧。只有保持开放心态和创新思维，推动各界力量深度融合，才能为产业链供应链数字经济的高质量发展提供持续的动力源泉。

第三，充分发挥行业组织作用，为数实融合搭建平台、提供机会。

作为行业组织，中物联积极参与制定统一的数据交换标准、隐私保护规范、数字化供应链管理等标准和规范，引领行业发展方向。据了解，我会区块链应用分会今年组织了 2023 产业链供应链数字经济创新案例征集活动，从 300 余家单位中选出一批优秀案例，以推广创新做法，形成标杆示范效应。此外，组织行业会议、培训活动等，促进业内企业交流与合作，分享数字化转型的成功经验和最佳实践，推动协作融合创新。通过与业界专家、学者、企业家深入交流，协助大家开阔视野，开拓思路，开发新场景、新应用。

女士们，先生们：立足新发展阶段、贯彻新发展理念、构建新发展格局，推进高质量发展，"三新一高"是"十四五"时期国家的战略导向。《"十四五"现代物流发展规划》对现代物流发展做出了全面部署。当前，"十四五"已进入中期评估阶段，"十五五"现代物流与供应链科技创新开始谋划。我们正处于数字经济加速发展的前沿地带，推动产业链供应链数字化升级，是我们的历史责任。

本次大会作为产业链供应链数字经济领域的盛会，旨在落实党中央、国务院关于数字经济发展战略和"十四五"规划纲要的部署，搭建一个深入交流、共同学习的平台，分享产业链供应链数字经济的前沿动态、发展趋势和最佳实践。我们期待通过思想交流碰撞、案例分享借鉴，促进数字技术与实体经济深度融合，助力产业链供应链数字经济高质量发展。希望各位同人紧跟时代步伐，抓住数字经济战略机遇，为建设数字中国、物流强国贡献我们的智慧和力量。

再次感谢各位嘉宾积极参与，祝愿大家满载而归，不虚此行。最后，献上一首小诗，预祝大会圆满成功！

香山红叶秋意浓，数字经济显神通。

转型升级融"双链"，物流领域当先锋。

谢谢大家！

2023 第八届日日顺创客训练营 "B 轮创" 环节致辞

（二〇二三年十月二十一日）

两个多月前，我们在盛夏走进避暑胜地青岛，深度体验了日日顺供应链模式，初步领略了海尔文化，播下了解决方案的"种子"。金秋时节，与大家再次相聚在六朝古都南京，共同参加 2023 第八届日日顺创客训练营"B 轮创"创客亮剑环节。带着我们创业创新的"果实"，接受行业专家和企业导师的检阅。在此，我谨代表主办方之一中国物流学会，向各位的到来表示诚挚的欢迎和衷心的感谢！

我们这次活动选择在国家首批世界一流大学建设高校——东南大学举办。走过 120 多年的东南大学人才辈出，世界著名桥梁专家茅以升教授曾在这里执教，出现了享誉全球的吴健雄教授等杰出校友。东南大学经济管理学院主动申请承接本项活动，做了大量艰苦细致的工作，为我们创造了良好环境。让我们以热烈的掌声，对中国物流学会兼职副会长赵林度老师领导的东南大学经济管理学院表示衷心的感谢！

我们还要感谢日日顺供应链科技股份有限公司（简称日日顺供应链）。日日顺供应链是我国领先的供应链管理解决方案及场景物流服务提供商。近年来，他们凭借在服务模式、技术应用等方面的创新应用，走在了全国同行的前列。包括建成国内首个 5G 大件智慧物流园区；利用数字化系统实现可视化配送；以及为家电、家居、汽车、冷链等众多行业客户设计并提供全流程供应链管理解决方案；等等；在全国现代流通体系建设中发挥着重要作用。特别是他们身处企业，扎根市场，心系行业，以家国情怀，使命担当，连续八年投入大量人力、物力、财力、精力，举办日日顺创客训练营，为学生、学校、企业和中国物流学会各参与方带来多方面的收获，在行业内和社会上的影响力与日俱增。我们向日日顺供应链于贞超总经理、陶菊中品牌运营总经理带领的小伙们的辛苦付出表示衷心的感谢。日日顺创客训练营收获满满、前途无量！

在这里，我们还要感谢行业专家及企业导师，他们自始至终参与此项活动，对课题解决方案认真点评和创业辅导，是日日顺创客训练营得以连续成功举办并且越办越好的重要支撑。没有他们的努力付出，就没有创客训练营今天的成就。

当然，我们更要感谢 24 所院校、43 个创客团队的指导老师们。连续几个月来，你们不辞劳苦，挑灯夜战，帮助同学们不断优化提升解决方案，像对待自己孩子那样悉心辅导，一路跟随，把同学们带到南京"B 轮创"的现场。你们辛苦了！

在这里，我们还要向通过"天使学""A 轮研"前两轮考验的所有同学表示热烈的祝贺，祝贺大家过五关斩六将，在多次比拼中脱颖而出，成功晋级"B 轮创"。你们是最棒的！

几个月来，同学们顽强拼搏，上下求索，经历了类似"治学三境界"的历练。第一层"昨夜西风凋碧树，独上高楼，望尽天涯路"。同学们在老师的指导下，深入企业一线，寻找选题方向。第二层"衣带渐宽终不悔，为伊消得人憔悴"。你们回到学校苦思冥想，反复研讨，不断优化方案。第三层"众里寻他千百度，蓦然回首，那人却在，灯火阑珊处"。终于完成了案头工作，带着精心研制的成果来到南京，迎接更大范围的挑战和检验。

同学们："治学三境界"，也可比作"人生三境界"。第一境界是"立"，确定方向和目标；第二境界是"守"，坚韧、坚持、坚守；第三境界才是"得"，实现预定目标，成为人生赢家。同学们目前处于人生的第一境界，正是确定职业方向，明确发展目标的关键时期。参加创客训练营活动，对大家立志、立德、立言、立业一定会有所帮助。

日日顺创客训练营创办八年来，始终坚持激发创新思维、激励创业行动、激活创客梦想的宗旨，吸引了2万余名大学生参与，产生了422项创业课题和103项国家专利申请，近400人进入海尔系统，找到了自己的职业方向。200余名学生成为中国物流学会学生会员，获得训练营金奖的20人被聘为助理特约研究员。迈开走向职场的第一步，才能有条件进入第二、第三境界，实现圆满的"人生三境界"。

同学们：现代物流与供应链领域，是充满生机和活力的"朝阳产业"。当前正处于数字化、智慧化、网络化、国际化转型发展的关键时期，需要一大批知识化、专业化、创新型、复合型人才。前七批大学生创客中有许多人投身其中，不少人已经小有成就。新时代的行业领袖和技术、技能型"大国工匠"一定会在同学们中间产生。

当然，我们也要清醒地看到，我国虽然已进入"物流大国"行列，许多指标处于世界前列，但与"物流强国"相比在许多方面还有相当距离。建设"物流强国"，是以中国式现代化全面推进强国建设、民族复兴必不可少的必要条件，是提升我国综合国力、妥善应对百年未有之大变局的核心要素。"物流强国"建设任重道远，需要几代人不懈努力。

习近平总书记指出，中国梦是历史的、现实的，也是未来的；是我们这一代的，更是青年一代的。中华民族伟大复兴的中国梦终将在一代代青年的接力奋斗中变为现实。科技是第一生产力，创新是第一动力，人才是第一资源。只要"人才兴"，必定"产业兴""国家强"。

最后，献上一首小诗，祝愿同学们在本次方案路演中取得佳绩，期待下月 18 日在无锡第 22 次中国物流学术年会上看到各位精彩亮相！

金秋金陵夺金牌，创业创新创未来。

追梦奋斗日日顺，强国建设育人才。

布局综合货运枢纽　建设现代物流体系

——在综合交通枢纽建设座谈会上的发言

（二○二三年十一月一日）

首先，感谢会议主办方的邀请，给我提供学习机会。今天上午，我们听取了广州、郑州等部分省市交通运输主管部门的经验交流和徐成光副部长的讲话，深受启发。下面，我就布局综合货运枢纽，建设现代物流体系谈点个人的感想。不妥之处，请批评指正。

一、布局建设综合货运枢纽意义重大、影响深远

财政部、交通运输部开展的支持国家综合货运枢纽补链强链工作力度之大，强度之高，影响之深前所未有。在整个物流行业以至于全社会引起很大反响，获得普遍好评。个人认为，其重大意义至少可以从以下几方面理解。

一是加快构建现代化高质量国家综合立体交通网的内在需要。国家综合货运枢纽是国家综合立体交通网的关键节点和重要支撑，是多种运输方式一体化衔接的重要载体。《交通强国建设纲要》和《国家综合立体交通网规划纲要》都对建设多层级一体化国家综合交通枢纽体系做出了部署。中央财经委员会第十一次会议强调，加强综合交通枢纽及集疏运体系建设。改革开放以来，我国综合立体交通网建设突飞猛进，实现了跨越式发展，但仍存在功

能布局系统性不强，一体化运营不够，网络化连通不足等问题。构建现代化高质量国家综合立体交通网，必须尽快补齐"节点"建设"短板"，充分发挥"通道+枢纽+网络"现代物流体系整体功能。

二是不断提升产业链供应链韧性和安全水平，服务构建新发展格局的客观要求。历经三年疫情考验，交通运输部门全力维护保通保畅，投入很大精力，取得积极成效，但也暴露了"节点"建设滞后，存在"堵点""卡点"的短板和弱项。特别是在全球产业链重构、供应链重组的形势下，面临"断链"风险。加快建设供需适配、内外联通、安全高效、智慧绿色的现代物流体系，对于提升产业链供应链韧性和安全水平，促进经济高质量发展，支撑构建新发展格局，维护国家产业安全、经济安全都具有十分重要的意义。

三是功在当代、利在千秋，事关中国式现代化、民族复兴的"国之大者"。综合货运枢纽是现代物流体系中无可替代的重要支撑，是以中国式现代化全面推进强国建设、民族复兴必不可少的必要条件，是提升我国综合国力、妥善应对百年未有之大变局的核心要素资源。综合货运枢纽前期投入大，使用周期长，可以在相当长的历史时期发挥重要作用。根据"两个一百年"奋斗目标，到本世纪中叶，我国将全面建成社会主义现代化强国。加快构建现代化高质量综合货运枢纽网络，事关中国式现代化、民族复兴伟大事业。我们要增强历史的责任感、使命感、紧迫感。

二、综合货运枢纽示范带动作用开始显现，初见成效

两部门公布的两批国家综合货运枢纽补链强链 25 个支持城市（含组合型枢纽城市），突出国家重大战略区域、重要经济走廊和重点城市群三个优先的布局原则。在支持重点上坚持软硬结合，协同推进枢纽基础设施及装备硬联通和规则标准及服务软联通。在运行机制上强化多方协同，形成枢纽体系建设合力，综合货运枢纽建设初见成效，初步归纳，至少有以下特点。

一是地方政府，高度重视。省级有关部门和申报城市建立了工作领导机制，充分调动各方资源、政策予以支持。城市或城市群按要求组织编制综合货运枢纽补链强链 3 年实施方案，政府与企业加强合作，促进有效市场和有为政府相结合，形成发展合力。例如，天津市陆续发布《天津市推进北方国际航运枢纽建设条例》《天津市推进多式联运发展优化调整运输结构实施方案》和《天津市促进港产城高质量融合发展的政策措施》等政策文件。天津港依托国家和省市政策的支持，大力推进清洁能源集疏港车辆更新项目、智能协同调度平台项目、智能化港口大型机械项目建设，港口物流智能化、绿色化水平持续提升。

二是产业集群，物流集聚。各地促进物流业与制造、商贸等产业深度融合，以物流集聚，服务产业集群。例如，太原中鼎物流园吸引顺丰、德邦等头部物流企业进驻，服务太重①、太钢②等省内生产制造企业，为合成生物等转型发展重大项目招商、落地并提供全程物流服务。长春围绕汽车产业集群需要，2020 年，兴隆铁路口岸取得国际港口代码（CNCCD）资质。2021年，长春至天津实现全程海铁联运"一单制"；2023 年，实现大连方向海铁联运"一单制"。有效提高了东北区域腹地进出口企业资金周转效率，降低了供应链成本，为航运保险、金融供应链等服务业在吉林聚集创造了发展空间。

三是多式联运，能级提升。各地借助政策支持，大力发展铁水联运、空铁联运、陆空联运和公铁联运，极大提升了多式联运能级。郑州高铁物流中心与郑州航空港站统一规划、同步建设，通过地下综合物流通道与高铁站台实现无缝衔接，货运接驳车可在高铁物流中心与所有 16 个站台间快速转运。依托郑州航空港空铁双枢纽优势，开发空铁联运特色产品。河南省政府、郑州航空港与国铁集团通力合作的航空集装货物整板转运模式已在郑州机场常

---

① 全称为太原重型机械集团有限公司。
② 全称为太原钢铁（集团）有限公司。

态化运行。成都（青白江）国际铁路港通过与省内、国内企业签署合作协议，与国外政府部门、企业共建共营枢纽设施，集中协议成员单位国内国际运输需求，依托搭建的一体化服务平台及各方合作平台，推动各方协作共赢、协同发展。

四是创新驱动，智慧赋能。例如天津、青岛、宁波—舟山等港口积极推进无人码头、无人驾驶和无纸化作业，数字赋能成效显著。综合货运枢纽普遍建立了物流信息服务平台，通过平台整合资源，实行一体化运作。武汉阳逻国际港集装箱铁水联运二期项目实施"港站同场、运输同场、关检同场、信息同场"一体化运作。二期项目由武汉中远海运港通过全港区覆盖的 5G 网络，实现无人驾驶集装箱卡车（DCV）、铁路和堆场轨道吊自动化远程操控、火车车皮和集装箱自动识别、火车自动定位、岸桥智能理货、智能闸口等技术应用。深圳平湖南综合物流枢纽项目应用 5G、人工智能等先进技术，对园区进行数字化管理，形成了物流园区建设运营信息化、数字智能化、服务平台化、园区移动化的发展新模式。

五是区域经济，重要支撑。综合货运枢纽围绕当地经济发展战略和市场需求，组织开展物流与供应链服务，成为区域经济发展的重要支撑。义乌市铁路口岸着力提升班列集货能力，集聚浙江、上海、广东等 15 省市的货源，发展"运贸一体化"。在杭州、金华、衢州等地布局"义新欧贸易窗口"，设立 7 家"义新欧"进口商品馆直营店，形成了"以运带贸、以贸促运"的良性发展格局。义新欧集团与中铁欧洲公司、德铁欧亚国际货运有限公司签订战略合作协议，为义乌"买全球、卖全球"，成为"世界超市"提供了有力支撑。临沂围绕专业市场，推进物流园区"链式化、智慧化、绿色化、国际化"转型发展，市场主体超过 130 万户，近年商品销售收入每年在 5000 亿元以上，获得"南有义乌、北有临沂"的美誉。福州现代物流城坚持"先产后城、产城融合"，促进运输链、产业链、供应链、价值链"四链融合"，建设海铁空公多种方式于一体的综合货运枢纽。目前，已落地 17 个重大产业项目，总投资 180 亿元，包含民天、正祥、永辉等三大专业市场和京东、新希望、中国邮政等世界 500 强企业。

六是双向互济，内外联动。沿海沿江沿边综合货运枢纽，创新对外开放模式，积极参与"一带一路"建设。中哈（连云港）物流合作基地由连云港港口控股集团和哈铁快运公司合资建立，目前，具有海关多式联运监管中心、哈萨克斯坦出口粮食过境中国指定离境口岸等功能资质，享有跨境人民币资金集中运营、仓单质押、融资租赁等金融政策。基地联合中远海运集团收购哈萨克斯坦霍尔果斯东门无水港 49% 的股权，加快场站间对接业务布局，促进东西双向运输对流均衡化。目前连云港中哈物流合作基地和哈萨克斯坦"霍尔果斯—东门"无水港形成的"双枢纽"已实现人员互派、信息互联，班列线路覆盖中西亚与欧洲，形成了深水大港、中欧班列、班轮航线、物流园区一体化联动发展格局。广州依托增城西站打造现代化公铁联运物流枢纽，有力支撑中国外贸"新三样"（电动载人汽车、锂电池和太阳能电池）出口，服务和保障产业链供应链稳定。

还有许多综合货运枢纽创造的经典案例，在这里就不一一赘述了。当然，综合货运枢纽建设也存在对国家重大战略支撑不够，与产业融合发展不够，重硬轻软、一体化整合不够，数字赋能、流程再造不够，管理体制、机制顺畅运行不够等方面的问题。所有这些，都是我们今后工作的努力方向。

三、提升综合货运枢纽能级，构建现代物流体系

个人理解，综合货运枢纽是综合运输离不开的节点设施，在物流各环节中发挥着基础性作用。而运输、仓储等八大功能有机结合，构成的现代物流全部功能，也只是供应链的一部分。供应链、产业链、价值链，共同支撑服务于现代化经济体系。由此看来，综合货运枢纽，在整个现代化经济体系中属于基础的基础。提升发展能级，推动互联互通，对于现代化经济体系高质

量发展，发挥着先导性、基础性、战略性作用。基于以上认识，我提出以下"三合、四化"发展建议。

"三合"即产业融合、物流聚合、多方联合。说到底，物流是服务业，应以需求为基础，产业为依托。离开了产业支撑，物流业将成为无源之水，无本之木。因此，现代物流必须与制造、商贸、农业和金融等各类产业深度融合，形成需求牵引供给、供给创造需求的良性循环。分析需求、集聚需求、整合需求、吸引需求、创造需求，是综合货运枢纽高质量发展的"必修课"。

现代物流提质增效降本，离不开资源的整合、聚合。快递业为什么能够快速发展，降低成本，关键在于物流聚合。规模化的需求，集约化的运作，是效率和速度提升、成本和费用下降的根本原因。什么是高质量发展，对于现代物流来说就是尽量装满车、填满库、快周转。物流聚合，是综合货运枢纽高质量发展的"基本功"。

现代物流是复合型服务业。一体化运作、网络化运营的基本模式，决定了必须多方联合。再大的企业也不可能"单打独斗""一统天下"。综合货运枢纽要联合上下游企业、多种运输方式和国际物流网络，联合政府部门、行业协会及各利益相关方，更要联合国家物流枢纽。目前，国家物流枢纽已确定125个建设单位，但也存在连通度不够、合作性不强等问题。促进综合货运枢纽与国家物流枢纽合理分工、互联互通，也是综合货运枢纽高质量发展的"加分项"。

"四化"即链式化、智慧化、国际化、绿色化。依托综合货运枢纽，整合需求链、运输链、物流链、供应链、产业链，提升价值链，推动我国企业迈向全球价值链中高端。坚持创新驱动，数字赋能，运用先进技术手段，对传统园区、场站进行智慧化改造，助力现代物流提质增效降本。加快补齐国际综合物流体系网络短板，培育壮大具有国际竞争力的现代物流企业，积极参与国际物流规则标准制定，努力构建空天地海安全高效的国际综合物流体系。践行绿色低碳发展战略，大力发展"公转铁""公转水""散改集"，推广应用专业化多式联运设备和跨方式快速换装转运的装卸、分拣设施及标准化载运单元，鼓励配备符合低碳目标的作业设施、新能源货车和全货运机型等，为环境友好型物流做出贡献。

以上"三合、四化"，只是个人一孔之见，难免挂一漏万，欢迎交流探讨，批评指正。最后，献上一首小诗，预祝本次会议圆满成功，祝综合货运枢纽如虎添翼，加快发展。

两大部门真给力，三十城市都受益。

货运枢纽加油干，建设物流新体系。

适应经济发展新格局　迈向大件物流新征程

——在 2023 首届大件物流与供应链发展大会上的致辞

（二〇二三年十一月九日）

告别香山红叶的深秋，迎来盘点收成的初冬。我们大家相聚在首都北京，共同参加 2023 首届大件物流与供应链发展大会。首先，我代表中国物流与采购联合会向出席今天大会的各位来宾、各位代表表示热烈的欢迎，向常年奋战在大件物流与供应链一线的企业和全体从业人员表示深切的问候，向关心支持大件物流发展的各有关部门表示衷心的感谢！

近年来，我国现代物流快速发展，大件物流市场规模逐步扩大。目前注册大件运输企业已经超过 3 万家，2022 年全国大件运输许可办结量 164 万件，较上年增长 6.7%。大件物流承载的货物涉及电力、能源、工程机械、冶金、炼油化工等多个行业的重点建设项目。你们风餐露宿、长途跋涉，不畏艰险、日夜兼程，为"大国重器"提供基础服务。在保障国家重点工程，维护产业链供应链安全稳定，抗疫保供、复工复产，推进绿色低碳等方面做出了重要贡献。你们创造的业绩已经载入我国现代物流发展史册，留在祖国的大地上。

大件物流行业作为支撑经济发展的重要力量，面临着新的机遇和挑战。一是市场需求的变化。新兴产业的发展、基础设施建设的加速、能源领域的拓展等都为大件物流行业提供了新的市场机会。同时，工程机械、石油化工等非电力设施在大件物流中的占比显著提升，需求结构变化明显。客户对物流服务的要求越来越高，需要大件物流行业提供更高效、更安全、更环保的服务。二是行业竞争的加剧。大件物流行业需求不振，注册企业数量猛增，中介申请大幅增加，导致运输服务价格持续下降。2022年，大件会员企业主营业务收入同比下降29.7%，毛利润出现了"断崖式"下滑。三是科技创新的影响。物联网、大数据、人工智能等科技的快速发展对大件物流行业产生了深远影响。通过引入先进的科技手段，大件物流行业智能化、自动化操作水平显著提升。四是可持续发展的要求。节能减排是全人类的紧迫课题，也是国家重大战略，大件物流行业承担着可持续发展、美丽中国建设的历史责任。如何在保证物流服务的同时，实现节能、环保、减排目标，是大件物流行业需要认真面对的现实问题。五是"一带一路"的机遇。随着"一带一路"倡议的深入推进，我国企业在海外的重点建设项目增加，大件物流行业也将迎来更多发展机遇。

各位代表、各位来宾，立足新发展阶段、贯彻新发展理念、构建新发展格局，推进高质量发展，"三新一高"是党中央洞察世情国情，着眼实现中华民族伟大复兴作出的重大战略部署。物流行业要深刻领会精神实质，准确把握精髓要义，结合发展实际，狠抓贯彻落实。借此机会，我提出以下一些想法，供大家讨论。

一是紧盯市场变化，有针对性地调整企业经营策略。任何行业的发展有高峰也有低谷。那些稳健经营的企业，多数具备对市场发展趋势的预判能力。行业处于波峰时，他们抓住机遇，主动作为，抢占市场制高点，同时保持清醒的头脑，绝不盲目投资；处于波谷时，主动调整方向，凝神聚气，沉淀基础，千方百计稳定营收，压减开支，勇敢直面挑战。综合市场、企业、政策等各方面因素预判，2022年可能是大件物流行业最为艰难的一年，2023年略有恢复、稍显起色，2024年市场情况至少将好于今年。我们要增强信心，做好准备，迎接大件物流发展的高光时刻。

二是加强科技创新，提升大件物流行业智能化水平。引入先进的信息技术、物联网技术和人工智能技术，实现大件物流行业的智能化、自动化操作。例如，通过智能调度、智能路径规划、自动化装卸等手段，提高运输效率、降低成本、保障安全。风电、特高压、核电、化工等大件货物升级，超重、超长、超宽、超高等货物规格不断刷新纪录，催生新的运输技术和解决方案，研发机构探索新的运输方法和技术，如模块化运输、多轴拖车运输技术等。

三是推动数据赋能，实现大件物流行业数字化转型。大件物流企业在日常运营管理、作业审批、运输路径勘查、运输装载加固与运输过程模拟、现场跟踪监控等多个环节与场景，广泛应用信息数据采集与识别技术、空间信息技术、大数据与商务智能技术、云计算技术、车联网技术等各种信息技术，依靠信息技术提升企业科技创新能力和核心竞争力。通过对数据的收集、分析和利用，更深更细了解市场需求、掌握资源状况、优化运输路径、预测运输需求等，从而有效提高运营效率和服务质量，助推高质量发展。

四是创新商业模式，拓展大件物流行业服务领域。一些由生产制造企业或工程建设单位内部运输部门转型的第三方大件物流企业，已与原单位形成了共生关系，更具长期稳定的竞争优势，但也形成了相对固定的思维方式和商业模式。所有大件物流企业，特别是这类企业更应该转变观念，转换动能。通过创新商业模式，拓展大件物流行业服务领域，提供更加多元化、个性化的服务。例如，开展供应链金融、设备租赁、物流信息平台运营等增值服务，提高大件物流行业的综合服务能力和企业竞争力。

五是强化人才培养，打造高素质的大件物流专业人才队伍。科技是第一生产力，创新是第一动力，人才是第一资源。要稳定客户，首先要稳定队伍、稳定人才。大件物流行业高风险、高技术、高难度的特点，需要一大批懂技术、善经营、会管理的专业人才。加强人才队伍建设并保持相对稳定，是实现企业可持续发展的关键所在。通过培养、引进、留住优秀人才，提高大件物流行业的人才素质和创新能力，为高质量发展提供强有力的人才保障。

六是坚持开放共享，构建大件物流行业生态圈。大件物流行业需要加强同行间的合作，避免"内卷"和恶意竞争，要结成抱团取暖联盟；与制造企业、安装单位、终端客户、金融部门等各类企业融合，结成利益共同体；需要与政府部门、行业协会和科研机构、大专院校沟通协调，构建大件物流行业生态圈。我们还要更好地融入国际物流体系，加强与国际物流企业的合作，提高在国际市场的竞争力。同时，也要加强对海外建设项目的风险管理，提升国际化运营水平和抗风险能力，进一步提高供应链韧性和安全水平。

各位代表、各位来宾，中国水利电力物资流通协会经过多年发展，与社会各界建立了广泛的沟通、协作、交流机制，对内凝聚力和对外影响力不断提升。协会积极发挥平台作用，组织涉及电力大件物流与供应链的各类交流活动，推广岗位技能培训，服务大件物流企业用人需求，扎实推进标准制定和宣贯，编辑出版大件物流年度发展报告。为进一步扩大服务范围，提升服务水平，经中物联批准，成立了中物联大件物流与供应链分会，与协会合署办公。分会自2020年成立以来做了大量卓有成效的工作，受到了会员企业的普遍好评。

中国物流与采购联合会将一如既往地支持中国水利电力物资流通协会和大件物流与供应链分会的工作。希望会员单位积极参与协会和分会工作，政府有关部门继续关心支持行业，协调解决政策问题。希望协会和分会团结带领全行业企业全面准确完整贯彻新发展理念，在以中国式现代化全面推进民族复兴的伟大事业中贡献大件物流的力量！

最后，献上一首小诗，预祝本次大会圆满成功，祝大件物流与供应链的明天更加美好！

兵马未动你先行，重点项目建奇功。

转型升级再出发，大件物流新征程。

认清形势　坚定信心
为建设物流强国贡献装备力量

——在"数智物装·链达未来"产业发展交流会上的致辞

（二〇二三年十一月十六日）

大家上午好！很高兴与大家相聚在"两山理论"的诞生地，共同感知技术的魅力，预见物流发展的未来。首先，我代表中国物流与采购联合会，对参加本次活动的各位代表、各位来宾、企业家朋友表示热烈的欢迎，对湖州市委、市政府及有关部门为本次大会所作的贡献表示衷心的感谢！

借此机会，就我国物流发展的新趋势谈点个人的看法。

一是增速趋缓，调整加速。当前，我国物流业处于恢复性增长和结构性调整的关键时期，总体上呈现车多货少、需求不振的态势。社会物流总额增速慢于GDP，物流需求系数持续下滑。与此同时，需求结构、供给结构、货物结构、运输结构等都在发生深刻变化。拉动经济增长的"三驾马车"越来越依赖于扩大居民消费需求；物流需求加速向原料生产地、商品消费地和货物转运地转移；"提质、增效、降本"成为物流企业追求的首要目标，物流运作模式向"供应链全程一体化"转换。这些变化，对物流设备装备提供商提出了新的要求。

二是产业集群，物流集聚。产业集群是指在特定区域内，具有竞争与合作关系，产业链上下游交互关联的厂商及其他相关机构等组成的集结地。近年来，在国家产业政策的引导下，产业集群在各地蓬勃兴起。比如北京的中关村创新产业集群，广东中山古镇的灯饰产业集群和青岛的家电产业集群等。湖州吴兴智能物流装备"万亩千亿"产业，围绕仓储、装卸装备，智能化系统集成，关键部件及配套四大重点产业方向，智能物流装备全产业链式集群显露雏形。产业集群发展促进了物流集聚。目前，125个国家物流枢纽正在布局建设，其中24个生产服务型枢纽成为钢铁、汽车、装备、家电等产业的重要支撑。

三是数字赋能，机器换人。顺应我国人口老龄化和物流现代化的历史潮流，智慧物流风起云涌，数字经济发展迅猛。人工智能、物联网等技术的普及应用，极大地改变了现有仓储、运输、配送等作业模式。以机器视觉、大数据、深度学习等为核心的仓储管理系统、运输管理系统和订单管理系统等软件平台，为物流行业的信息识别、存储、管理、应用开辟了更加高效的路径。在此基础上，数字孪生、区块链等技术开始集成应用，不断推动物流装备从作业执行的"功能机器"向可感知、可控制、可自主决策的"智能机器"演变。

当前，物流行业面临严峻困难和复杂局面，但先导性、基础性、战略性地位没有变，长期向好的基本面没有变，数字赋能、机器换人的大趋势没有变，国家大力支持现代物流体系建设的政策导向没有变。我们要认清形势、坚定信心，整合科技创新资源，引领发展战略性新兴产业和未来产业，加快形成新质生产力，为建设物流强国贡献装备力量。

最后，献上一首小诗，预祝本次活动取得圆满成功！

装备精英聚湖州，智慧绿色为主流。

"两山理论"指方向，"物流强国"起宏图。

以新质生产力助力数字物流创新发展

——在 2023 数字物流大会上的致辞

（二○二三年十一月二十四日）

很高兴和大家相聚在数字经济产业高地天津，共同参加 2023 数字物流大会。首先，我代表中国物流与采购联合会，向本次大会的召开表示衷心的祝贺！向各位嘉宾和物流圈朋友的到来表示热烈的欢迎！

本次大会聚焦"产业变革·技术突围"的主题，针对当前行业"痛点"，寻求解决方案。这也是 G7 物联与易流科技合并以来规模最大的一次活动，感觉意义非凡。

今年 9 月，习近平总书记在黑龙江考察调研期间首次提出："整合科技创新资源，引领发展战略性新兴产业和未来产业，加快形成新质生产力。"个人理解，新质生产力就是科技创新驱动的生产力，关键是实现技术突围，抢占产业竞争制高点，为我国经济发展提供持久动能。当前，我国物流业正处于恢复性增长和结构性调整的关键时期。如何通过发展新质生产力，真正实现技术突围，产业变革，需要行业专家、企业家给我们带来新思路、新观点。借此机会，围绕会议主题，我提出以下几个问题供大家思考。

一是在增速放缓背景下，如何通过数字物流，优化连接存量资源，创造新的价值？

二是在降本压力和不确定因素叠加下，如何调整货主企业和品质运力间的竞合关系？

三是大模型和通用人工智能对数字物流变革的机遇和挑战在哪里，如何抓住机遇，怎样迎接挑战？

四是随着我国重启自愿减排交易市场，在新能源大爆发前夜，如何选择新能源重卡技术路线？

五是如何通过风险地图和大模型减少货运车辆事故，守住安全运行底线？

六是数字物流如何贯彻数实融合，持续赋能中小企业经营改善和个体司机能力提升？

七是绿色低碳与数字物流叠加的商业机会、格局调整和现实场景有哪些？

八是数字物流需要怎样的政策支持、规则优化，如何实现政府、协会、平台三方协同共治？

九是数字物流企业如何更好地承担社会责任，减少和避免"行业内卷"、恶性竞争？

十是如何深化运力变革，打造数字物流生态圈，构建可持续发展新优势？

物流业需要探讨的问题，远不止这些，而且也不可能通过一次会议找到全部答案。我相信，在以好学的老翟和善做的景涛为代表的数字物流人的不懈追寻下，一定会与供应链上下游合作伙伴找到最佳物流解决方案。中国物流与采购联合会作为行业社团组织，将充分发挥桥梁和纽带作用，与大家并肩携手，引领数字物流发展，加快形成新质生产力，为现代物流高质量发展贡献一份力量。最后，献上一首小诗，预祝本次大会圆满成功！

产业变革快如风，技术突围紧追踪。

形成新质生产力，长夜过后见光明。

在 2024 中国郑州物流博览会上的致辞

（二〇二四年七月三日）

很高兴在这激情如火的盛夏时节，与物流和供应链领域的新老朋友相聚郑州，共同参加 2024 中国郑州物流博览会。我谨代表中国物流与采购联合会（简称中物联）向博览会成功举办表示热烈祝贺！向一直以来关心支持中物联工作的河南省物流主管部门、行业协会、广大企业界朋友们表示衷心的感谢！

党的十八大以来，现代物流的先导性、基础性和战略性地位得到全社会广泛认同，出现了一些新的发展趋势。一是中央重视，地位提升。今年 2 月，有关物流的议题首次被列入中央财经委员会会议。习近平总书记强调，物流是实体经济的"筋络"，联接生产和消费、内贸和外贸，必须有效降低全社会物流成本，增强产业核心竞争力，提高经济运行效率。二是结构调整，增效降本。无论是供需结构、运输结构，还是产业结构都在加快调整，降本增效已经扩展到全社会、全链条、全要素发力阶段。三是机器换人，能源换新。物流装备和运作模式数字化、智慧化、绿色化加快推进，我国正加速由物流大国向物流强国迈进。

本次博览会紧紧围绕党中央战略部署和国家政策导向，顺应行业发展趋势和企业转型升级需要，吸引了 300 多家企业参展，数万名专业观众，有望成为各参展和参观单位研判发展趋势、掌握政策导向、增进交流合作、寻求市场机会的重要平台，进一步促进河南以至于中部地区物流高质量发展，为物流强国建设做出新的贡献。

河南交通区位优越、人力资源丰富、历史文化璀璨、产业基础雄厚，在当前全球产业链供应链重塑、国内统一大市场重构中具有独特优势。得中原者得天下。河南省委、省政府把现代物流作为增强产业核心竞争力、提高经济运行效率的重要抓手，出台了相关规划和一系列政策措施。河南省物流与采购联合会团结带领会员企业，在物流政策研究制定、物流行业调查统计、物流标准研制与宣贯、物流主体培育等方面贡献突出。本次博览会以及2024首届河南物流行业春晚成功举办，更是全国省级物流行业协会的创举。

当前，党的二十届三中全会即将召开，进一步全面深化改革、推进中国式现代化的宏伟蓝图将要出台。"十四五"规划进入尾声，"十五五"国家发展规划开始谋划。站在新的历史起点上，让我们高举中国特色社会主义伟大旗帜，以习近平新时代中国特色社会主义思想为指导，坚定信心、开拓进取，为建立健全中国式现代物流体系、推进物流强国建设、民族复兴伟业而努力奋斗！

最后，献上一首小诗，预祝本次博览会取得圆满成功！

中原大地起风雷，物流精英来聚会。

设备换新好政策，快马加鞭虎添翼。

2024 汽车整车物流发展大会致辞

（二〇二四年七月十六日）

黄海之滨话物流，蓬莱阁下交朋友。

很高兴在举国上下热烈庆祝中国共产党第二十届三中全会胜利召开的喜庆日子里，同各位朋友相聚在烟台，参加 2024 汽车整车物流发展大会。首先，我代表中国物流与采购联合会（简称中物联）向全国汽车物流行业的精英表示热烈的欢迎；对山东港口集团（简称山港集团），烟台市委、市政府和烟台港以及在座各位多年来对中物联工作的支持表示衷心的感谢！

党的十八大以来，现代物流的先导性、基础性和战略性地位得到全社会的广泛认同，出现了一些新的发展趋势。我从以下三个方面简单归纳一下。

第一，中央重视，地位提升。今年 2 月，物流议题首次被列入中央财经委员会会议。习近平总书记强调，物流是实体经济的"筋络"，联接生产和消费、内贸和外贸，必须有效降低全社会物流成本，增强产业核心竞争力，提高经济运行效率。5 月 22 日，习近平总书记来到山港集团日照港考察，霍高原董事长向总书记当面做了汇报。5 月 25 日，在中物联和山港集团于济南召开的"2024·服务黄河流域高质量发展研讨会"上，大家观看了央视新闻联播的有关报道。这不仅是总书记对山港集团的关心、重视与肯定，也是对全国物流行业的鼓舞与鞭策。

第二，增速趋稳，结构调整。今年 1—5 月，我国社会物流总额达

135.3 万亿元，同比增长 5.9%，物流业总收入达 5.4 万亿元，同比增长 4.3%，社会物流总额增速放缓趋稳，但总体上物流运行回升向好的势头没有变。不过，结构变化加快，例如新旧动能转换，运输结构"公转铁""公转水"，出口货物品类由服装、家具、家电"老三样"变成了新能源汽车、锂电池和太阳能电池"新三样"。

第三，机器换人，能源换新。无人车、无人机、无人码头等快速发展，如山港集团的青岛、日照、烟台等港口建设的智慧码头，实现了码头无人化、智能化作业。在汽车领域，1—6 月，新能源汽车生产量达 492.9 万辆，销售量达 494.4 万辆，同比分别增长约 30% 和 32%，汽车产业能源换新速度突飞猛进。截至 6 月底，我国国产新能源汽车累计产销量均突破 3000 万辆。

汽车作为我国国民经济的重要支柱产业，对经济发展有着不可估量的拉动作用。1—6 月，我国汽车产销量分别达到 1389.1 万辆和 1404.7 万辆，同比分别增长 4.9%、6.1%。汽车整车物流在国际国内的需求当中不断提档升级，特别是汽车出口爆发式增长，成为物流市场众多细分领域中高速发展的行业之一。在座各位行业精英付出了大量心血和汗水，同志们辛苦了！

当前，百年未有之大变局加速演进。外部环境的复杂性、严峻性、不确定性不断上升，我国经济持续回升向好的基础还不稳固，部分中小微企业出现经营困难。我们要认清形势，守正创新，迎接挑战。借此机会，我给大家提几点建议。

第一，要做降低全社会物流成本的生力军。党中央、国务院将于近期出台降低全社会物流成本的实施方案，预计三中全会以后就能够看到这个具有里程碑意义的政策文件。我的理解，降低物流成本不等于降低服务价格，不能通过降价方式来实现降本。汽车物流供应链上下游企业要深化物流业和制造业"两业联动"、产业链和供应链"双链融合"，推动物流和产业协同发展；大力发展枢纽经济、临空经济、临港经济，以物流集聚支撑产业集群；根据物流条件，调整优化产业布局；调结构、促改革、优环境，提高全流程治理能力。总之，我们要从全链条、全社会、全要素共同发力，推进降低全社会物流成本。

第二，要做培育新质生产力的排头兵。汽车物流是物流行业数字化、智能化发展成效显著的细分领域之一。通过科技创新、技术进步催生汽车物流新业态、新模式、新动能，促进高技术、高标准、高质量发展。在汽车物流行业率先推动数智化转型、绿色化升级、网络化发展，为全国现代物流行业不断创造培育发展新质生产力的新鲜经验。

第三，要做枢纽经济区创建的先行者。青岛港、日照港和烟台港已被列入国家物流枢纽建设名单。下一步，在提升发展能级、促进互联成网的基础上，要争创枢纽经济区。有条件的地方可以提前布局，抢占先机。

山港集团是我国港口重组整合的成功案例。他们坚持东西双向互济、陆海内外联动，聚焦世界级港口群建设，锁定打造"依托港口的一流供应链综合服务体系"，着力构建核心竞争优势，持续推进高质量发展，今年预计要完成 18 亿吨吞吐量，在这里我提前向他们表示祝贺。同时，感谢山港集团为本次和历次会议所做的突出贡献。

本次大会在万亿级城市烟台召开。烟台作为我国北方宜居宜游的城市，也是发展现代物流的宝地，投资兴业的旺地。烟台市委、市政府十分重视物流业发展，出台了一系列支持发展的政策措施。希望大家利用本次会议的机会，多走一走、看一看，洽谈合作，共谋发展。

党的二十届三中全会昨天在北京胜利召开，进一步全面深化改革、推进中国式现代化的号角已经吹响。当前，"十四五"发展规划接近尾声，"十五五"发展规划开始谋划。站在新的历史起点上，让我们高举中国特色社会主义伟大旗帜，以习近平新时代中国特色社会主义思想为指导，坚定信心、开拓进取，为建立健全中国式现代物流体系，推进物流强国建设，实现民族复兴伟业而团结奋斗！

最后，献上一首小诗，预祝会议圆满成功！

七月流火数伏天，八仙过海烟台山。

精英汇聚谋大计，整车物流写新篇。

东方物流二十年　扬帆出海写新篇

——在自贡"物流企业'扬帆出海'发展座谈会议"暨四川东方物流集团有限公司成立 20 周年活动上的致辞

（二〇二四年八月三日）

今天，我们有幸齐聚自贡这座魅力城市，共同参加自贡"物流企业'扬帆出海'发展座谈会议"暨四川东方物流集团有限公司成立 20 周年活动。借此机会，我谨代表中国物流与采购联合会（简称中物联）向在座各位一直以来对中物联工作的支持表示衷心的感谢，对四川东方物流集团有限公司（简称东方物流）20 年来取得的辉煌成就表示热烈的祝贺！

20 年，在历史的长河中不过短短一瞬间。2004 年到 2024 年，改制后的东方物流实现了跨越式发展。东方物流自有物流基地从 3 亩发展到 410 亩，仓库面积从零扩展到 20 万平方米，经营规模增长了 20 倍。不仅成长为自贡市物流行业龙头企业，也是四川省名列前茅的服务名牌企业，更成为全国大件物流运输行业的领军企业之一。东方物流拥有各种先进重型半挂牵引车、氢燃料电池牵引车和 2000 吨液压全挂车等超重超低半挂车系列，运营管理着 17 条铁路专用线，一次性运力达 3500 吨，具有 1000 吨起吊能力。在世界级的港珠澳大桥建设工程、三峡白鹤滩工程以及华龙一号核电工程等上千个国家重大工程建设项目中，都留下了东方物流人的身影。他们经年累月、通宵达旦，肩负着"国之大者"，努力地"负重前行"，不断创造着新的业绩。在此，我们要为东方物流的创始人、主要投资人傅存柱先生点赞，为全体东方物流人点赞，也为关心、支持、帮助东方物流发展的各级政府部门、行业协会以及各界朋友点赞！

回望 20 年，东方物流成功的根本原因在于天时、地利、人和。2002 年党的十六大提出全面建设小康社会，最根本的是坚持以经济建设为中心，不断解放和发展社会生产力。2012 年党的十八大开启了改革开放的新时代，提出了全面建成小康社会的新要求。正是在这样的时代背景下，东方物流在 20 年前由东方锅炉（自贡）东方储运有限公司改制成立。20 年来，公司坚持党建引领，锐意改革，与时俱进，创新进取，一步步发展壮大，公司今天的成就首先应该归功于党的改革开放好政策。

东方物流总部所在地自贡为川南区域中心城市，也是成渝经济圈南部中心城市，拥有东方锅炉、华西能源和运机集团等装备制造企业，大件物流需求强劲。自贡市委、市政府重视物流业发展，努力营造适宜的营商环境，东方物流就是这片土地养育出来的优秀企业代表。

东方物流的带头人傅存柱先生以其诚信、专业的服务能力和品格得到股东、员工和众多客户、合作伙伴的好评，在行业内拥有良好的商誉和口碑。经过多年培养，东方物流已形成营销、特种运输方案设计咨询、项目管理、运输、仓储、国际货代、设备安装、信息技术等多工种、多专业的人才队伍。借助天时、地利、人和条件成长起来的东方物流，正在新的征程上不断创新，向着"百年老店"进发。

党的二十届三中全会擘画了进一步全面深化改革、推进中国式现代化的宏伟蓝图。中央财经委员会第四次会议做出了"有效降低全社会物流成本"的战略部署。物流行业先导性、基础性和战略性的行业地位更加突出，我们要认清形势，抓住机遇，守正创新，迎接挑战。借此机会，我向东方物流及在座的其他物流企业提出以下几点建议。

第一，向新发展。结合行业实际，加大科技投入，加强人才培养，通过科技创新、技术进步催生物流新业态、新模式、新动能，促进高技术、高标准、高质量发展，为全国现代物流行业不断创造培育发展新质生产力的新鲜经验。

第二，向外发展。跟随"中国制造""中国建设"扬帆出海，更好地融入国际物流体系，加强与国际物流企业的合作，提高在国际市场上的竞争力。同时，加强对海外建设项目的风险管理，提升国际化运营水平和抗风险能力，进一步提高供应链韧性和安全水平，推动我国产业迈向全球价值链中高端。

第三，向融发展。大件物流行业需要加强同行和上下游企业之间的合作，与研发机构、制造企业、安装单位、终端客户、金融部门等各类企业融合，结成利益共同体，共同构建开放、共享、共赢的产业生态圈，为有效降低全社会物流成本做出应有贡献。

此次座谈会议在自贡召开，期待大家能够深入探讨物流企业扬帆出海的发展策略和路径选择，为物流企业提供更多思路与对策。同时，更希望东方物流不忘创业初心、牢记发展使命，争做具有国际竞争力的世界一流物流企业，向着"百年老店"的目标奋勇前进！

中物联作为行业服务组织，将更加深入地了解行业情况，反映企业诉求，参与政府决策，促进现代物流与供应链高质量发展，进一步做好为行业、为企业、为政府服务的工作。

当前，"十四五"发展规划接近尾声，"十五五"发展规划开始谋划。站在新的历史起点上，让我们高举中国特色社会主义伟大旗帜，以习近平新时代中国特色社会主义思想为指导，凝心聚力、奋发进取，为建立健全中国式现代物流体系、推进物流强国建设、实现民族复兴伟业而团结奋斗！

最后，献上一首小诗，预祝本次会议圆满成功！

　　　　东方物流二十年，负重前行不简单。

　　　　新的征程再奋起，扬帆出海写新篇。

立秋时节硕果香　长久物流要远航

——在长久物流"6200 车滚装船"命名暨首航仪式上的致辞

（二○二四年八月九日）

在全国上下学习贯彻党的二十届三中全会精神的热潮中，我们大家齐聚港城烟台，共同见证长久物流"6200 车滚装船"命名暨首航仪式。在此，我代表中国物流与采购联合会向长久物流及其合作伙伴表示热烈的祝贺！

今年，物流议题首次被列入中央财经委员会会议。习近平总书记强调，物流是实体经济的"筋络"，联接生产和消费、内贸和外贸。"有效降低全社会物流成本"写进了党的二十届三中全会《决定》。在日前举办的国务院新闻办公室"推动高质量发展"系列主题新闻发布会上，特别提到要加快推动国际物流供应链体系建设，保障出口货物出得去、进口货物进得来。"6200 车滚装船"首航，是贯彻三中全会精神，推动中国式现代化的具体行动。我们在这里见证的，不仅是一艘航船的命名和首航，更是中国物流企业高质量发展、高水平开放的一个缩影。

长久物流是我国物流企业的杰出代表。30 多年来，秉持"至诚、志专、致远"的企业精神，自主研发核心系统和主动安全产品，加快建设国际陆海运力，不断拓展跨境物流服务，通过开行中欧班列和远洋运输，全年整车发运能力超 300 万辆，连续多年位列中国民营物流企业 50 强榜单，成为全国汽车物流细分领域的领军企业。这次"6200 车滚装船"入列，长久物流及合资公司已经拥有 10 艘专业滚装船，为助力"中国制造"走向世界市场、我国企业迈向全球价值链中高端做出新的更大贡献。在此，我们要感谢长久物流对推动"中国制造""走出去"，促进高水平对外开放，维护国际供应链安全和韧性所起的引领和推动作用；感谢薄世久董事长及在场各位同人为今天的成就而辛苦付出和不懈努力。今天这一日子，必将在中国物流发展史上留下浓墨重彩的一笔。

衷心祝愿长久物流不忘初心、守正创新，积极参与"物流强国"建设，向着"世界长久""百年长久"的目标进发；祝愿更多的滚装船从我国港口出发，将中国汽车运往世界各个角落；祝愿"中国物流"与"中国制造"深度融合，为世界带去美好生活和人类命运共同体理念。中国物流与采购联合会作为行业协会组织，将一如既往发挥桥梁和纽带作用，为企业出海做好服务工作，与长久物流及广大物流界同人携手并肩、砥砺前行，高举中国特色社会主义伟大旗帜，进一步深化改革，推进中国式现代化，为强国建设、民族复兴伟业做出更大贡献！

长风破浪会有时，直挂云帆济沧海。最后，献上一首小诗，祝愿"6200车滚装船"首航成功；祝愿在场各位身体健康，心情愉快，万事如意！

立秋时节硕果香，长久物流要远航。

劈波斩浪通全球，"中国制造"送八方。

物流三部曲

贺登才 著

策

中国财富出版社有限公司

图书在版编目（CIP）数据

物流三部曲．策／贺登才著．-- 北京：中国财富出版社有限公司，2024．8
（2024．10 重印）．-- ISBN 978-7-5047-8210-6

Ⅰ．F252．1-53

中国国家版本馆 CIP 数据核字第 2024BZ8719 号

策划编辑 朱亚宁	责任编辑 王　君	版权编辑 李　洋	
责任印制 梁　凡	责任校对 庞冰心	责任发行 董　倩	

出版发行	中国财富出版社有限公司		
社　　址	北京市丰台区南四环西路 188 号 5 区 20 楼	**邮政编码**	100070
电　　话	010－52227588 转 2098（发行部）	010－52227588 转 321（总编室）	
	010－52227566（24 小时读者服务）	010－52227588 转 305（质检部）	
网　　址	http://www.cfpress.com.cn	**排　　版**	宝蕾元
经　　销	新华书店	**印　　刷**	宝蕾元仁浩（天津）印刷有限公司
书　　号	ISBN 978-7-5047-8210-6/F·3707		
开　　本	787mm×1092mm　1/16	**版　　次**	2024 年 9 月第 1 版
印　　张	46.5	**印　　次**	2024 年 10 月第 2 次印刷
字　　数	687 千字	**定　　价**	168.00 元（全 3 册）

前　言

　　本人于 1998 年 1 月由山西进京工作，当时的服务单位是中国物资流通协会。2000 年 2 月，原单位更名重组，成立中国物流与采购联合会（简称中物联），我先后任办公室副主任、研究室主任、副秘书长，2010 年 2 月起任副会长。2005—2023 年，全面负责中国物流学会日常工作，先后任副秘书长、副会长（执行）、秘书长。

　　过去的 20 多年，是我国现代物流大发展的重要阶段，也是中国物流与采购联合会奠定行业地位的关键时期。本人有幸参与其中，在本单位领导、同事及业界同人的支持帮助下做了一些工作，积累了部分资料。在即将卸任的时候，我对这些资料做了归纳整理，选择其中有代表性的 139 篇结集成书，始于 2001 年 11 月，止于 2024 年 8 月，分为"知""行""策"三篇。

　　第一篇"知"，收录 49 篇文章，包括在《求是》《半月谈》《人民日报》《经济日报》《瞭望》杂志和《中华人民共和国年鉴》等中央媒体发表过的文章，也有在《中国交通报》《宏观经济管理》《经贸导刊》《中国物流与采购》《物流技术与应用》等行业媒体发表过的，还有学习强国、国家发展改革委和交通运输部等网站登载过的作品；有本人为《现代物流服务体系研究》《中国物流学术前沿报告》《中国物流重点课题报告》《中国物流园区发展报告》《中国公路货运发展报告》等书所写的前言、序言（有改动），也有为业内知名专家和年轻人书稿所作的序，还有部分讲稿提纲；既呈现了我

国现代物流逐步成长壮大的历程，也能反映出本人对现代物流基本规律由浅入深的认识过程。

本书的第二篇"行"，收录 44 篇文章。因为工作的原因，这 20 多年来，本人走遍了全国包括港澳台在内的所有省级行政区，地市级行政区起码去过四分之一，还去美国、日本和欧洲一些国家学习考察。通过走访调研，深入一线了解第一手资料，为向政府部门提出精准的政策建议提供了活水源头。本篇收录了本人在一些地方的讲话要点和致辞大意，由于篇幅所限，还有大量长篇文稿无法收录进来。本人感觉，深入实地走访调研，是做好行业协会工作的"基本功"，也是服务政府、服务行业、服务企业的"重头戏"。

本书第三篇"策"，收录 46 篇文章。反映企业诉求，提出政策建议，是行业协会的基本职能，也是本人的重点工作。20 多年来，我有幸参与了国务院三大"物流发展规划"的研究起草工作，即 2009 年《物流业调整和振兴规划》，2014 年《物流业发展中长期规划（2014—2020 年）》和 2022 年《"十四五"现代物流发展规划》。作为"十四五"国家发展规划专家委员会中的一员，我还参与了《中华人民共和国国民经济和社会发展第十四个五年规划和 2035 年远景目标纲要》的前期研究和中期评估工作。

在参与国家规划研究起草工作的同时，向政府建言献策，我代表中物联为改善物流业发展的政策环境奔走呼号。特别是 2009 年 9 月，本人主持起草的"物流发展 60 条建议"，曾作为当年国务院办公厅现代物流调研组调研提纲，大部分建议被纳入《国务院办公厅关于促进物流业健康发展政策措施的意见》（国办发〔2011〕38 号）（业内俗称"国九条"），对改善物流政策环境起了积极的推动作用，也是为中华人民共和国成立 60 周年的献礼。

除此之外，我还多次参加全国人大、全国政协、中央军委后勤保障部、国家货币政策委员会，国务院办公厅、研究室、参事室、职转办，国家发展改革委、财政部、国家税务总局、商务部、工业和信息化部、交通运输部、市场监督管理总局、国家铁路集团等部门和单位关于物流议题的相关座谈

会，提出政策建议。也曾列席国务院常务会议，出席物流政策协调会，与副总理、国务委员、秘书长当面对话，解释提出政策建议的必要性和紧迫性。

多年来，我们提出的许多政策建议被采纳，在业内乃至全社会都取得了积极效果。如，取消高速公路省界收费站、物流企业大宗商品仓储设施用地城镇土地使用税减半征收、允许物流快递企业"一照多址"登记注册、疫情防控期间阶段性减免高速公路过路费等。当然，有些建议虽然多年多次提出，仍然有待落实。随着网络化、数字化、智能化不断深入，我们还将遇到新的政策问题。反映企业诉求，提出政策建议，参与政府决策，支持行业高质量发展，是行业协会工作永恒不变的主题。

"知"是"行"之始，"行"是"策"之源。物流知、行、策，是本人从事行业协会工作20多年的基本准则和切身感悟。一个来自小地方的"物流小白"，能够见证和参与行业基础工作，并有所积累和感悟，主要得益于"天时、地利、人和"。一是改革开放好时代给每一位拼搏奋斗的追梦人带来了无限机会；二是现代物流大平台的广泛性，使我能够接触到政产学研用方方面面的人和事；三是在我的人生道路上，每走一步都得到了领导、老师和同事的帮助和支持。借本书问世之际，我向所有关心支持帮助过我的贵人致以深深的敬意！

二〇二四年八月十四日

目　录

关于加快我国现代物流发展的几点建议

（二○○四年一月六日）

一、我国现代物流发展的趋势

近年来，随着经济持续高速增长、经济体制转轨和增长方式转变，我国出现了现代物流加速发展的好势头。主要表现在以下几方面。

一是各级政府重视。到目前，已有 20 多个省区市建立了物流发展的组织机构或协调机制，制定了物流发展规划，以及配套政策，有利于现代物流发展的体制和政策环境正在逐步形成。特别是珠三角、长三角和环渤海地区等经济发达地区的物流发展更是走在其他地区的前列，物流对经济发展的支撑和带动作用逐步显示出来。

二是一些制造企业积极引进现代物流理念和管理技术，对企业物流资源进行整合，对企业内部物流流程进行改造。现代物流管理和技术首先在家电、通信、电子、烟草、医药、汽车等行业推广应用并取得明显成效。如青岛海尔集团、江苏小天鹅集团等通过物流改造大大降低了物流成本，提高了产品的竞争力。

三是商贸企业以连锁经营和物流配送为核心，以整合商业物流为重点，努力与上下游企业建立供应链战略合作关系。如山东三联商社、天津物资集团、武汉中百仓储、上海百联、北京物美等改变了传统营销模式，不仅使企业增强了核心竞争力，也让广大消费者得到了更新更好的物流服务。

四是交通、邮政企业逐渐摆脱传统业务模式，整合服务功能，积极发展现代物流。如中邮物流、中铁快运、广东交通集团、河南豫鑫交通发展有限公司、青岛交运集团等，现在都能提供"门到门""点对点"的物流服务。

五是各种所有制的专业物流企业都得到了较快发展。国有物流企业经过转型，形成了一批有实力的现代物流企业，如中远物流、中外运物流、诚通中储、招商局物流集团、中海物流等。一些民营第三方物流企业如广州宝供、天津大田、上海炎黄在线物流等逐渐崭露头角，逐步成为我国物流市场的生力军。

六是区域物流一体化的趋势逐渐加强。长三角经济区在物流规划和战略方面，各城市强调地区之间协调发展，形成了以上海为龙头、苏浙为两翼，积极推进区域物流一体化的发展格局。广东与香港、澳门三地按照优势互补、协调发展的原则，在物流服务方面加强协调与合作，共同打造珠江三角洲三位一体的国际化物流中心。特别是中央政府分别与港澳地区"关于建立更紧密经贸关系的安排"实施以后，为三地物流合作创造了更为有利的条件。

七是国际物流合作深入发展。外资物流企业如马士基、联邦快递、香港嘉里物流等早已进入我国。各地开发区、保税区学习借鉴国外物流经验，为我国拓展外贸业务提供了支撑和保障。青岛港与铁行、马士基和中远集团签约，共同建造大陆沿海港口最大的码头合资项目。您在中日韩领导人第五次会晤和上海合作组织成员国总理会晤时，分别提出减少物流环节非关税壁垒，建立物流合作机制。这对我国现代物流的发展既是挑战，也是机遇。

二、我国现代物流发展中存在的主要问题

尽管我国现代物流近年来发展较快，但仍处于起步阶段，整体水平较

低。国际上通常用物流成本占 GDP 的比重来考察一个国家物流业发展和经济运行的水平，物流业越发展，物流成本所占比重就越低。有关资料显示，发达国家物流成本占 GDP 的比重一般为 10% 左右，而我国约为 20%。其主要制约因素如下。

一是企业现代物流观念还不强。一些工商企业还没有完全摆脱计划经济的影响，习惯于"大而全""小而全"的运作模式，缺乏按照现代物流理念，对企业内部物流进行整合和重组，或者实行业务外包的积极性。

二是物流企业普遍存在"小、散、乱、差"现象，大多只能提供简单的运输和仓储服务，很难提供一体化的物流服务。

三是物流管理体制分散，各部门都在抓物流工作，各行其是，政出多门，缺乏统筹规划和整体协调。

四是物流信息化、标准化程度不高，很难实现物流多功能、一体化运作，也难以与国际物流活动接轨。

五是缺乏配套的支持物流发展的政策环境。

六是人才短缺，尤其是物流工程和物流管理等实用型人才严重不足。

七是国际交流与合作有待深化。

三、关于加快发展我国现代物流的几点建议

现代物流被誉为"第三利润源泉"，现代经济的"加速器"。具有降低物流成本，提高经济运行速度，增加就业机会，优化投资环境和带动相关产业等重要作用。从当前实际情况看，要加快发展我国现代物流，需要做的工作很多。我们提出如下几点建议。

（1）提高对现代物流的认识，明确现代物流的产业定位。现代物流作为先进的管理技术和运作模式，纵贯物品流通的全过程，横跨国民经济各产业，对各个行业实用性强，推动作用大。在所有物质生产、流通部门，推广

使用现代物流,将对我国国民经济的运作模式产生全局性影响,带来根本性变化。在各级经济管理部门、各个行业企业,普及现代物流知识,使其提高对现代物流的认识,学习和掌握先进的管理技术和运作模式尤其重要。

现代物流在我国已经具备了相对独立的产业特征,要加快发展必须明确其产业定位。包括尽快制定各类物流企业的分类划型标准和市场准入制度,在工商管理部门设立工商登记代码;尽快建立物流企业的统计信息体系和财务核算体系,使物流产业有一个口径统一的数量描述和指标参照系统;在财政和税务管理中把物流作为一个统一的行业看待,制定和实施有利于物流产业发展的财税政策;还应积极创造条件,推动物流立法,在经济管理的各个层面落实现代物流的产业定位。

(2)建立必要的政府部门间协调机制。现代物流的运作横跨不同的行业和地区,现代物流的管理,涉及多个部门,必须协调动作,形成合力。从长远来看,国务院应该明确一个部门作为牵头单位,加强对发展现代物流的统一领导与协调。当前,应尽快建立必要的政府部门间综合协调机制,负责研究、制定发展现代物流的规划,并负责协调现代物流发展中的相关政策措施,为构建全国统一、高效的现代物流体系创造体制环境。

(3)要尽快制定全国物流发展规划。发达国家都很重视制定物流发展战略规划。如日本分别在1997年和2001年制定了《综合物流施策大纲》和《新综合物流施策大纲》,对物流发展方向和发展对策提出了具体要求。我国物流发展中出现的各自为战、重复建设和资源浪费等现象,同缺乏总体发展战略规划有很大关系。要从我国国情出发,借鉴国外经验,尽快制定出符合我国经济发展需要的现代物流发展规划。要认真分析我国物流发展的基础和条件,提出我国物流发展的指导思想、发展目标和重点。对于重大物流基础设施项目,必须加强统筹规划,协调发展,防止一哄而起,避免资源浪费。

(4)大力发展专业化的物流服务,培育社会化的物流市场。目前,我国大量的物流活动是由生产或商贸企业(第一方或第二方)完成的,也就是说非专业化的企业内部物流构成了物流活动的主体，第三方物流（外包物流）的比重还不是很大。这是造成我国物流水平不高的主要原因。为此，一方面要引导制造业、商贸业的物流改造和外包；另一方面要采取积极措施，促进第三方物流企业的发展。例如：通过鼓励合资、合作、兼并等整合措施，扩大现有第三方物流企业的经营规模；通过建立现代物流行业规范，促使小于规模经济的物流企业转型；通过修订和完善各种法规与政府行为，打破现有各种市场条块分割的制约，促进第三方物流企业跨地区、跨行业发展；以提高服务质量、降低物流成本为核心，推动物流企业的管理和技术创新。要使第三方物流企业能够提供优于第一方和第二方的物流服务，鼓励生产企业和流通企业更多地使用第三方物流。要在规范市场准入标准的基础上，鼓励多元化投资主体进入物流服务市场。调整和清理妨碍公平竞争、限制市场准入的政策和规章制度，建立有利于促进现代物流发展的管理制度。建立现代物流企业发展示范制度，尽快形成一批具有现代物流经营理念、主营业务突出、核心竞争力强的物流企业。

（5）实施有利于物流企业发展的相关政策。一是要适时调整运输价格和收费，均衡网络负载；二是为大型物流企业在地方设立分支机构提供方便；三是适当放松对大型物流企业的外汇管制，允许企业内部调剂使用外汇，一定额度范围内变审批制为登记制；四是经过批准，为国内物流企业进口必需的设备减免关税，减少相关配套费用，支持物流企业的技术改造；五是根据各地情况，对物流企业在工商登记、建设用地、车辆运行、消防规范等方面给予便利；六是加强"大通关"建设，提高通关速度。充分利用电子信息技术，建立"快捷验放系统"，提高通关效率。

（6）支持物流基础设施建设和管理技术创新。发展现代物流所必需的基础设施和公共信息平台，对整个国民经济具有很强的带动作用，应该积极支持。重点是符合国家统一规划的大型物流园区、大型物流中心和公共物流信息网络平台建设，以及处于地方或部门边缘区的"节点"建设。政府应该通过适当方式参与前期投资，然后，采取租赁、承包、入股、分期付款等形式，通过市场招标的办法交给企业经营管理。应该大力支持现代物流企业采取多种途径筹集资金，鼓励、引导多元化市场主体投资物流基础设施，以增加发展现代物流的资金来源。

政府管理部门应为既有物流资源的整合挖潜创造条件。对于物流基础设施整合与综合利用的建设项目，应该给予较为优惠的土地、贷款、税收及相关扶持政策。要打破部门分割和行业界限，为跨行业、跨部门、跨地区物流企业参与物流基础设施整合和综合利用创造体制环境与条件。在资源整合和合理利用中，要充分考虑物流的合理化，积极制定既利于城市道路交通的通畅，又便于高效率组织物流的城市交通管理机制，缓和城市交通阻塞、提高货运汽车装载效率、减轻环境负荷。

在物流管理和技术创新方面，一是走产学研一体化的路子，充分发挥研究咨询机构在理论研究及应用技术研究方面的优势，使其与物流企业紧密结合，以提高物流企业的技术开发与经营管理能力；二是积极开发、研制能有效提高物流效率的运输、搬运装卸、仓储、包装、条码及标志印刷、信息管理等的技术装备，并使其具有产业化发展能力；三是加强对适合我国企业生产、经营、管理、组织等特点的各种物流组织技术及理论的研究，为我国物流企业的发展准备组织技术条件。

（7）抓好物流标准化体系建设。针对当前物流标准化中存在的问题和国际物流标准化的发展方向，应该加快标准化建设步伐。我国已经成立了物流标准化技术委员会和物流信息标准化技术委员会，正在积极开展工作。要借鉴国外经验，采取引进消化、先易后难、分步实施的办法，加快推进托盘、集装箱、各种物流装卸设施、条形码等通用标准的建设，形成一整套既适合我国物流发展需要，又与国际惯例接轨的全国物流标准化体系。

（8）充分发挥行业社团组织的作用。根据发达国家经验和我国市场经济发展、政府职能转变的实际，特别是物流产业复合性强、关联性大的特点，应该充分发挥行业社团组织的作用。比如：物流的标准化体系建设，现代物流基础研究和技术推广，物流人才的教育培训与知识普及，行业企业的自律和协调等，政府部门都可以委托行业社团组织去做。行业社团组织也要积极转变观念，改进工作作风和方法，牢固树立为企业服务、为行业服务、为政府服务的观念，以自己的出色工作，增强凝聚力和权威性，发挥好政府与企业之间的桥梁和纽带作用。

（9）重视物流人才的教育与培训。应鼓励和允许高等院校按照市场需求开办和设置现代物流专业及课程，为现代物流培养高级管理人才和专业人才；鼓励和引导企业、行业组织及民办教育机构参与现代物流人才的培训和教育工作；借鉴国际经验，由行业社团组织来执行现代物流产业从业人员执业资格制度，逐步建立我国物流行业从业人员职业教育、培训和从业资格认证制度及相应的认证体系，特别要抓好物流师国家职业资格培训认证工作。

（10）加强国际交流与合作。随着经济一体化进程加快和我国经济的外向度提高，迫切需要面向全球的一体化物流。我们应该学习借鉴国外先进的物流理念、管理和技术，引进国外资金和人才，我国的物流企业也要同生产和流通企业一起实施"走出去"战略。当前，特别要加强同中日韩、东盟和上海合作组织等周边国家和地区的物流合作。例如，日本与韩国的托盘共用系统已运作多年，积累了一定经验，我国与日韩托盘业界已有过多次接触和协商。在此基础上，首先建立中日韩托盘共用系统，应该说是可行的。

（此文向时任国务院负责同志呈送）

促进我国农村流通体系建设的财税政策建议

（二○○六年十二月）

《中共中央 国务院关于推进社会主义新农村建设的若干意见》（2006年中央1号文件），明确提出了"加强农村现代流通体系建设"的战略任务。十届全国人大四次会议通过的《中华人民共和国国民经济和社会发展第十一个五年规划纲要》，在第二篇"建设社会主义新农村"第四章"发展现代农业"中，单列一节"完善农村流通体系"的内容。上述纲领性文件，都将大力加强农村流通体系建设作为当前和今后一个时期实现建设现代农业和社会主义新农村这一宏伟目标与任务的重要战略举措。根据党中央、国务院的战略部署，国家财政部门如何与时俱进，适当调整财税政策，对建设现代农业和社会主义新农村的宏伟事业给予有力支持，是一个值得认真研究的重大课题。

一、从经济社会发展全局看待农村流通体系建设

农村流通体系是维系农业生产、农民生活和农村发展的血脉系统。建立安全方便、畅通高效的农村流通体系，是发展现代农业、推进社会主义新农村建设的重要基础。这是继取消农业税、粮食直补等政策在农村落实之后，又一项农民企盼的"德政工程"。

（1）完善的农村流通体系是建设社会主义新农村的重要基础。经过改革开放 20 多年的努力，我国"三农"问题，已经从解决农产品供给短缺和农民温饱问题转变到切实保证农业增产增效、农民增收上来。农村流通业的发展，对于农村"生产发展"、农民"生活富裕"，食品"供应充足"，做到"乡风文明""村容整洁"，以至于"管理民主"，都具有重大的促进作用。因此，应把加强和完善我国农村流通体系，作为下一步运用财税政策支持"三农"、服务"三农"的重点，使流通体系在社会主义新农村建设中真正发挥先导性、基础性作用。

（2）加强农村流通体系建设，是建设现代农业、推进农业产业化的必然要求。农村流通体系作为连接农业生产经营主体和其他相关产业部门、连接生产与消费的桥梁和纽带，其发达程度决定了农产品进入市场的能力、规模和效率。建设现代农业、推进农业产业化，必须有相匹配的农村流通体系做重要支持，农村流通体系是为农业提供产前产后服务、实现农业产业价值的必备条件。

（3）加强农村流通体系建设，是促进农民增产增收的重要手段。目前，我国农业生产资料和农产品的流通数量巨大，而农户的生产经营规模偏小，地域分散，流通成本相对较高。健全、高效的农村流通体系有利于建立起产供销的整体产业链条，有效地解决农业生产资料"买难"和农产品"卖难"的问题，降低农业生产和农产品流通的成本。另外，通过推进农村流通产业的信息化，解决农民获取信息难和信息不对称问题，创造公平的市场环境，也是确保农民增产增收的重要手段。

（4）加强农村流通体系建设，是统筹城乡发展、构建和谐社会的重要途径。农村流通体系的发展和城乡流通体系的对接，可以保证工业得到所需的农产品原料，城市居民得到所需的食品。同时，工业领域提供的先进技术和装备给农业产业带来了更高的效率，日用工业品下乡改善了农民生活。流通体系的相互影响，有利于城市带动农村、工业带动农业，发展好农村经济，促进农村生产方式、生活方式和居住方式的转变，促进城乡劳动力、技术、资本等要素合理流动和优化配置，有利于统筹城乡发展，构建和谐社会。

（5）加强农村流通体系建设，是一项关系到国计民生的重大工程。农产品流通和农村生活资料流通关系到城乡千家万户的吃穿用，是满足城乡居民消费需求，保障社会安定的重要基础。特别是食品安全，必须切实加强"从农田到餐桌"的全过程监管，强化对采购、加工包装、装卸搬运、仓储、运输、销售等环节的质量安全控制。通过发展现代流通体系，建立"绿色农产品"物流供应链，以保障进入市场的农产品安全、可靠。同时，我国农业生产资料市场在供应来源、质量检测、销售渠道、技术指导、价格监督、售后服务和损害赔偿等环节，都有待于进一步规范、调整和创新。

二、我国农村流通体系建设的现状与问题

改革开放以来，我国农村流通体系发生了深刻变革。农村原有流通主体分化重组，个体工商户、私营企业、农村经纪人、各类农民合作组织应运而生。初步形成了以产地批发市场、销地批发市场和零售农贸市场三级市场流通为主，连锁经营、自销、直销等流通方式为辅的农产品流通格局，农产品批发交易规模不断扩大。多种所有制、不同类型的流通主体介入农业生产资料和农村日用消费品流通领域。订单农业、合同交易、物流配送和连锁经营等新的流通方式开始进入农村。但从总体上来看，我国农村流通体系建设仍比较落后，不能适应发展现代农业和建设社会主义新农村的需要，主要问题如下。

（1）农村流通基础设施薄弱，购销网点总量不足，分布也不尽合理。据统计估算，截至 2004 年，平均每个乡镇的交易市场数仅为 1.7 个；农产品批发市场的数量，大体平均每个城市有 3 个，平均每个县还不到 1 个。农村产地市场发育不足，直接影响产地农产品货源的汇集，从而制约城市销地市

场的供货。符合现代物流发展需要的分拨中心、配送中心的建设更加滞后。

（2）农产品流通的中间环节多、成本高、效率低下。我国农业现阶段仍以农户小规模分散经营为主，农产品交易以简单的商品交换方式为主。农村流通体系不健全，导致农产品流通成本高。蔬菜、水果等鲜活农产品进入城市消费者手中往往需要经过收购、运销、批发、零售等诸多环节，层层加价盘剥，终端消费者购买蔬菜、水果的价格相当于农民出售价格的三四倍。消费者花了高价钱，而农民没有得到实惠。

（3）农村流通体系的组织化程度低，缺乏规模化的农村流通企业。农村流通体系的长期落后状态、农民居住相对分散、农村购买力不足，以及农村基础设施条件差等原因，造成我国农村流通体系的组织化程度与集约化程度低。农村现代化流通产业尚处在起步期，缺乏规模化、有实力的流通企业，个体运销商、农民经纪人和小规模企业仍占主导地位。缺乏龙头企业带动产供销链条，农村流通物流的整体效率难以提高。

（4）农产品流通与加工技术水平不高。一是相对于工业品流通与加工技术，农村流通与加工技术明显落后。包括商流技术、常温物流技术、冷链物流技术、存储技术、加工技术、保鲜技术等一系列实用技术，都远不能适应农产品商品化、市场化的要求和居民消费水平提高的需要。二是农村流通信息的不对称性与单向性，造成农产品流通不畅或卖不上好价钱。

（5）农村流通管理缺乏统筹协调的机制与体制。农村流通管理涉及多个部门，这些部门分别从各自的职能出发对农村流通进行监管与服务，但由于缺乏部门间的统筹协调，难免出现有的事"没人干"，有些事"都来干"的局面，降低了监管和服务质量，也不利于资源优化配置和农村流通效率的提高。

（6）农村流通相关法律法规建设滞后，交易行为不规范，监管成本高。尽管我国农村商品交易市场体系已初步建成，但是由于相关法律法规建设严重滞后，导致市场准入管理不到位、交易行为不规范、市场秩序混乱等问题尚没有得到根本解决。农村流通环境亟待改善。

（7）农村流通人才缺乏。不仅人才总量不足，尤其缺乏高素质的农村流通管理人才、专业技术人才和市场营销人才。同时，由于农村的工作、生活条件与城里相比差距大，难以引进和留住优秀人才。

（8）农村流通企业融资难、保险难。由于农村流通企业的规模小、地域偏远、抗风险能力低、信用评估困难，各金融机构根据工业与商业领域需求设计的金融服务模式难以为农村流通企业发展提供必要的金融支持，农村信用社也由于流通企业规模小、管理成本高等各种问题，难以加大支持力度。农业保险，特别是农村流通中的保险问题，也是农村流通体系建设的一个难题。

（9）财税政策对农村流通业的支持比较少，使用效果有待整合提升。总体上看，多年来财政对农村流通体系建设的支持力度相对较小。同时，由于支农资金来自不同部门，各自有不同的管理方式，也在一定程度上出现了支农资金使用管理分散的现象，影响了支农资金的使用效益和政策效应的发挥。近几年国家有关部门开始重视和支持农村流通体系建设是好事，但不同的部门就同一个支持对象发出不同的声音，会带来一些负面效应。一是部门的支持政策与管理政策往往受制于本部门的管理权限，出现了"政策孤岛"，形不成合力；二是政出多门，财流多口，造成资金的分散与重复投入，削弱了支持效果与降低了资金利用效率。

（10）一些不合理的税、费制约着农村流通的发展。如，在营业税环节，农村物流、加工企业外包服务中存在着重复纳税的问题。国家税务总局曾于2005年12月29日发出国税发〔2005〕208号《国家税务总局关于试点物流企业有关税收政策问题的通知》，所列37家试点企业还没有涉及农村物流企业。在所得税方面，农产品批发市场和大型农资（含农机）批发市场特别是产地批发市场缺乏优惠政策；多数区域性农村流通连锁企业，还享受不到统一缴纳所得税的政策。农村个体工商户，个人所得税扣除额以商品销售收入计算，并不是真正的个人所得，扣除基数不实，负担较重。在增值税方面，农业机械配套农机具与维修配件的销售享受不到农业机械主机免征增值税的优惠政策。此外，不合理的行政性收费问题仍然比较突出。如，城乡集贸市场管理费和个体工商户管理费问题。20 世纪末，国家明令各级工商行政部门对城乡集贸市场实行"管办脱钩"后，工商部门已不再承担市场内部的运行管理职能，而早在 1983 年规定的"取之于市场，用之于市场"的市场管理费并未随之取消；个体工商户除了向工商部门缴纳"个体劳动者协会会费之外，仍需另行缴纳个体工商户管理费"。上述两项均为针对市场主体依法纳税后的不合理收费项目。目前除北京、天津两个城市的政府已发文明令停止这两项不合理收费之外，其他省、自治区、直辖市尚未有所动作。

三、促进我国农村流通体系建设的财税政策建议

财政部门作为国家财税支持政策的执行主体和国民经济宏观调控部门，要按照党中央、国务院关于发展现代农业、建设社会主义新农村的战略部署，落实"五个统筹"的科学发展观，把支持农村流通体系建设作为加强"三农"、服务"三农"的一项重要工作，充分发挥财税政策的引导和支持作用，加大公共财政扶持力度。同时，整合现有资源和各方面力量，改造和完善农村流通基础设施，逐步推广现代流通方式，推动建立适应农业产业化和城乡一体化需要的农村流通体系，为建设现代农业和社会主义新农村服务，为实现农业增效、农民持续增收、农产品市场竞争力增强的目标服务。

根据上述思路，现提出促进我国农村流通体系建设的相关财税政策建议。

（一）建立支持农村流通体系建设的专项资金

鉴于我国农村流通体系建设起点低、底子薄，需要持续投入巨额资金，

是一项长期的基础性工程，单纯依靠农业、农村、农民的自身积累难以办到。政府财政应将其纳入为"三农"提供公共产品与服务，改善农民生产生活基本条件的重要内容。因此，确有必要建立财政支持农村流通体系建设的专项资金。

（1）财政专项资金重点支持的对象：①农副产品批发市场；②农产品、农业生产资料和日用工业品配送中心；③农业产业化龙头企业；④农资连锁经营骨干企业；⑤农民合作运销组织；⑥老少边穷地区农村流通网点。

（2）财政专项资金支持的重点环节和领域：①农村流通体系基础设施建设；②农村流通体系信息化建设；③农村流通环节的质量安全检测检验系统建设；④垃圾污水处理等环保设施建设；⑤农村流通技术进步和标准化；⑥农村流通人才培养工作。

（二）促进我国农村流通体系建设的税费支持政策

（1）适当调整与农村流通体系相关的一些税收政策，进一步减轻农村流通企业与个人的税负。把农村流通、物流企业尽快纳入试点范围，重点解决物流服务外包中重复缴纳营业税的问题。所得税方面，应该研究农产品批发市场和大型农资（含农机）批发市场，特别是产地批发市场的优惠政策；落实区域性农村流通连锁企业统一缴纳所得税政策；对农村个体工商户，个人所得税扣除额改按个人实际收入计算。增值税方面，建议农业机械配套农机具与维修配件的销售享受农业机械主机免征增值税的优惠政策。在对涉及农村流通过程的相关税种与税率进一步调研的基础上，从实际出发，逐步调整和完善农村流通税收设置和征收体系。

（2）清理不合理行政性收费。尽快取消工商部门收取的"城乡集贸市场管理费和个体工商户管理费"两项不合理收费。同时，进一步清理对农村流通企业的其他行政收费项目，切实减轻农村流通主体的负担。

（三）促进我国农村流通体系建设的配套保障措施

（1）建立部门协调机制，统筹规划农村流通体系建设。建议在中央政府层面设立"全国农村流通体系建设部际联席会议"，由综合管理部门牵头，各有关部委和相关的行业协会参与，负责协调对农村流通体系建设的各项支持政策，统筹规划，整合资源，充分发挥资金的使用效益，避免重复支持、重复建设。积极创造条件，开展以县级为主的支农资金整合工作，形成合力，提高支农资金的整体使用效益。

（2）加强对农村流通的金融支持，解决农村流通企业融资难问题。破除农村流通产业发展的金融瓶颈，解决农村中小流通企业融资难问题，是加快农村流通体系建设的重要措施。要采取适当的财政支持政策，建立农村流通企业的融资担保体系，形成融资技术咨询、风险评估、资金管理、联合监控的一整套有效运作机制。

（3）扩大生鲜农产品运输的"绿色通道"覆盖范围。要根据生鲜农产品流通的特点，继续支持农产品运销"绿色通道"建设，特别要开通省际"绿色通道"，扩大覆盖范围，保证生鲜农产品在全国范围的顺畅流通，以减少农产品在流通中的损失，降低流通成本。

（4）严格项目资金的使用管理，确保专款专用。要强化对农村流通体系建设专项资金的管理与监控。建立项目招投标、专家评审和公示制度，资金分配的转移支付制度，工程建设的国库集中支付、政府统一采购等制度，确保政府专项资金及时足额到位、专款专用，确保资金使用效益。

（原载于中国经济出版社 2007 年 10 月出版的《农村流通体系财税政策研究》一书）

（受财政部经济建设司委托，由本人牵头组织了实地调研、课题研究，此项政策建议被采纳）

物流税收试点企业调查报告

（二〇〇七年八月）

2004 年，经国务院批准，国家发展改革委等九部门联合印发了《关于促进我国现代物流业发展的意见》。根据文件要求，2005 年 12 月，国家税务总局发布《国家税务总局关于试点物流企业有关税收政策问题的通知》（国税发〔2005〕208 号）；2007 年 2 月发布《国家税务总局关于下发试点物流企业名单（第二批）的通知》（国税函〔2007〕146 号），先后对国家发展改革委和国家税务总局联合确认的 197 家物流企业开展了营业税差额纳税试点工作。

为了解掌握物流企业税收试点效果和存在的问题，进一步完善有利于物流企业经营发展的税收政策，中国物流与采购联合会受全国现代物流工作部际联席会议的委托，承担了"我国现代物流业税收管理研究"课题。为此，中国物流与采购联合会和国家发展改革委经济运行局开展了物流税收试点企业问卷调查，共收回有效调查问卷 33 份；并于 2007 年 6 月 22 日在北京召开了"部分物流税收试点企业座谈会"，44 家物流税收试点企业的负责人和财务主管参加了会议。

一、物流税收试点企业基本情况及试点效果

物流业是一个新兴业态。在现行税收征管制度下，物流企业总揽分包运输和仓储等业务，存在着事实上的营业税重复纳税问题。国家税务总局在物流企业法律地位尚未明确，企业身份难以界定的情况下，积极寻求目录管理的试点方式。通过与国家发展改革委经济运行局、中国物流与采购联合会等单位积极沟通，依靠行业协会和有关单位摸底推荐，组织专家认定，实行网上公示，选择试点企业，开展物流企业营业税差额纳税试点。试点一年多来，取得了阶段性成果。

（一）物流税收试点企业实力较强，成长性较好

从收回有效调查问卷的企业性质来看，国有及国有控股企业占 48.15%，股份制企业占 18.52%，中外合资企业占 14.81%，个体、私营企业占 18.52%。其中 59% 的被调查企业成立于 2000 年以后。2006 年，这些企业平均拥有净资产 4.5 亿元，主营业务收入平均为 11.67 亿元，纳税总额平均为 5029 万元。55.2% 的被调查试点企业员工总数在 500 人以上，26.9% 的企业网点总数在 100 个以上，78.6% 的企业在全国范围开展物流经营业务，72.4% 的企业从事运输、仓储、包装、流通加工、配送、信息服务等多项物流综合性业务。它们的企业实力、经营方式和发展历程在全行业具有一定代表性。

（二）物流税收试点取得明显效果

一是直接减轻了试点企业由于重复纳税造成的税务负担。调查中有 17 家试点企业提供了按同口径同比计算当年减少重复纳税的统计数据，总计为 1487.7 万元，每家企业平均减少重复纳税额 87.5 万元。其中 47% 的企业减

少重复纳税额超过 50 万元，29% 的企业超过 100 万元，17.6% 的企业超过 200 万元。其中，广东欧浦钢铁物流股份有限公司预计年减少重复纳税额 300 万元，广东鱼珠物流基地有限公司减少 250 万元，上海佳吉快运有限公司减少 200 万元。

二是支持了试点企业经营发展。被调查试点企业主营业务收入 2005 年比 2004 年平均增长 23.8%，2006 年比 2005 年平均增长 28%。2006 年，被调查试点企业主营业务收入在 5 亿元以上的占 33%，10 亿元以上的占 24%，20 亿元以上的占 14%，有 28 家入选当年全国最具竞争力的 50 强企业。许多企业反映，实施试点以后，依托政府的支持，促进了企业购建经营基础设施和设备，提高了扩大经营规模的积极性，增强了企业实力。当然，企业经营发展较快具有多方面的因素，但减少重复纳税，减轻税负是重要原因之一。

三是增加了税收总额。税收试点企业通过减少重复纳税，进一步促进了良性发展。以被调查企业的纳税总额统计，由于减少重复纳税而少纳的营业税只占企业营业税总额的 4.45%，占纳税总额的 2.56%。被调查企业实际缴纳的营业税总量不仅没有下降，还有较大幅度的增长，2005 年和 2006 年同比增幅分别为 14.9% 和 32%。实行差额纳税扩大了税源，增加了税基，总的纳税额同样增长较快。根据 23 家试点企业提供的数据，2004 年汇总为 8.3 亿元，2005 年达到 9.3 亿元，增长 12.1%；2006 年汇总数达到 12.1 亿元，增长 30.1%。

四是体现了政府对物流业发展的政策支持。重复纳税，是多年困扰物流行业发展的问题，企业反映强烈。试点政策实施以来，促进了物流外包和物流专业化发展，受到业内高度评价和普遍欢迎。许多企业认为，这是政府支持物流业发展的实际行动，从中可以看出物流业地位的提升和政府与时俱进的工作作风。随着工作的深入，不仅使试点企业得到实惠，也给非试点企业带来很大影响，许多非试点企业按照试点要求，积极转变经营方式，努力创造条件，争取加入试点企业的行列。

二、物流税收试点工作中需要进一步明确的主要问题

在充分肯定试点成效的同时，物流税收试点企业也提出了试点工作中需要进一步明确的主要问题。

（1）关于"所属企业"的认定问题。国税发〔2005〕208号文提出了"纳入试点名单的物流企业及所属企业"的概念，但对"所属企业"没有明确界定，许多试点企业的分支机构和控股机构因此不能全面享受试点政策。如，上海佳吉快运有限公司在全国设立了1100多个经营网点，拥有自备车辆1000多台，并利用2000多台合同车辆和外雇车辆，年营业额达18.6亿元，但仍有22%的独立核算分公司享受不到国家赋予总公司的试点政策。

（2）关于"仓储费"的界定问题。国税发〔2005〕208号文规定："试点企业将承揽的仓储业务分给其他单位并由其统一收取价款的，应以该企业取得的全部收入减去付给其他仓储合作方的仓储费后的余额为营业额计算征收营业税。"但没有对什么是"仓储业务"和"仓储费"明确界定，例如，仓库的租赁费用和营运、管理、维护费用，在仓储环节完成的装卸、搬倒、分拆、加工、包装、信息服务等。由于对此缺乏明确界定，各地在执行中不易掌握。

（3）关于营业额减除项目凭证管理问题。国税发〔2005〕208号文规定："营业额减除项目支付款项发生在境内的，该减除项目支付款项凭证必须是发票或经税务机关认可的合法有效凭证。"现在的问题是，我国公路运输总量中大部分为个体运输车辆，组织化程度低，流动性大，不能够方便地取得合法有效凭证，而又确实是公路货运市场的"主力军"。试点企业因凭证缺乏，无法实现营业额减除项目的确定，使试点的效果大打折扣。个体司机开展运输业务开票难的问题是目前全国比较普遍的问题，由于缺乏监管体系与便捷方便的代开票服务，导致"卖发票、假发票"现象突出。一方面国

家税款流失严重，另一方面诚信守法的企业享受不到相关政策。

（4）货代业务减除的问题。有企业反映，货代代开票纳税人从事联运业务的，支付给其他联运合作方的各种费用，目前还不能列入营业额减除项目。还有部分物流企业提出了自有铁路专用线的运营收入不能开具运输业发票的问题。

（5）伴随营业税发生的附带税种的减除问题。部分企业提出当运输业发票采用差额纳税后，附加的印花税、防洪基金、副食品价格调节基金等仍然按全额纳税。

三、目前，我国物流税政及税收监管中的突出问题

（1）自开票纳税人的管理思路已经不适应我国现代物流业发展的实际情况。按照现行政策规定，自开票纳税资格的认定，必须具有自备车辆，只有自备车辆运输的货物量才能开具普通运输发票，有的地方还规定了每辆车的额度限制和属地限制。而整合社会资源，提供一体化的物流服务，不仅是物流企业的核心竞争力所在和现代物流业创造社会价值的基本模式，也是解决我国大部分公路运输车辆个体化现象税收监管困难的有效途径。如果再延续这种硬性要求企业自备车辆的传统思维，将会削弱我国物流企业的核心竞争力，将会阻碍现代物流业在我国的发展。

（2）物流服务业务税负较重，税率不统一，增值税抵扣政策不一致。物流属于充分竞争的劳动密集型微利行业，全行业平均利润率在3%～5%，目前的税负显然偏高。而且各个业务环节税率不统一，增值税抵扣政策不一致。在开展运输业务时开具货物运输业发票，缴纳3%的营业税，并允许抵扣工商企业增值税进项，而仓储、装卸、配送等业务只能开具服务业发票，缴纳5%的营业税，还没有纳入工商企业增值税进项抵扣范围。调查数据显示，仓储业务利润率仅为2.6%，不仅低于全行业平均水平，更低于道路运

输业的盈利水平。仓储业是更加需要政策扶持和引导的行业，而仓储业营业税税率为 5%，反而高于运输业。同时，现代物流一体化的要求逐步提高，一些综合性物流业务和供应链服务已经很难简单地区分运输部分和仓储部分，在物流收入核算上也逐步向物流费用总包、销售比例核算的模式发展。这样人为划分，不仅给物流企业财务管理与核算带来了一定困难，也不利于税务部门征收管理。

（3）物流业务发票种类繁多，不易监管。据不完全统计，目前，我国物流业使用的发票有普通运输业发票、服务业发票和行政事业性收费发票 3 大类，共 20 余种。这些发票都有不同的使用范围、标准和要求，繁杂的发票种类带来了多方面的负面影响。一是物流企业财务管理复杂，管理成本高，限制了业务集成和网络扩展；二是税务部门拉长了管控链条，加大了监管的难度，削弱了征收执法的效果；三是物流企业所服务的生产型企业无法精确估算综合物流成本，影响企业产品成本分析和市场决策；四是束缚了守法企业的手脚，给不法企业留下可乘之机，不利于形成诚信守法的社会环境。

四、关于深化物流业税收改革的政策建议

现代物流作为基础性的服务产业，在调整经济结构、转变经济增长方式，促进经济较好较快发展方面发挥着越来越重要的作用，已成为现代制造业的"第三利润源泉"和国民经济新的增长点。2006 年，我国物流业增加值占服务业全部增加值的比重达到 17.1%，比 2005 年增加了 0.5 个百分点；社会物流总费用与 GDP 的比率为 18.3%，比上年下降了 0.2 个百分点；社会物流总额按现价计算同比增长 24%。

2006 年，《中华人民共和国国民经济和社会发展第十一个五年规划纲要》单列一节，大力发展现代物流业，现代物流的产业地位在国家规划层面得以确立。2007 年，《国务院关于加快发展服务业的若干意见》提出"大力

发展面向生产的服务业"，要求"提升物流的专业化、社会化服务水平，大力发展第三方物流"，并要求，"依据国家产业政策完善和细化服务业发展指导目录，从财税、信贷、土地和价格等方面进一步完善促进服务业发展政策体系"。

税收政策是关系物流业发展的重要制度因素。结合我国现代物流业发展的需要和物流税收试点中出现的普遍问题，提出以下关于深化物流业税收改革的政策建议。

（一）进一步明确现有试点政策，研究解决执行中遇到的具体问题

（1）明确试点企业"所属企业"的范围。建议把"试点企业所属企业"界定为试点企业的分公司、全资子公司、控股子公司和相对控股的参股公司。这些"所属企业"不论是否具有自开票纳税人的资格，均可以享受试点企业总部的相关政策。

（2）界定试点企业"仓储业务"差额纳税的内涵。建议用"库存分拨管理"的现代物流管理范畴进行解释，将现代物流企业在"库存分拨管理"业务中的仓库租赁费用，营运、管理、维护费用，在库存分拨管理环节完成的装卸、盘点、搬倒、分拣、加工、包装、信息服务等费用解释为试点政策"仓储业务"的内涵。并以此来解释国税发〔2005〕208号文关于"仓储业务"及"仓储费"的含义。

（3）放宽"自开票纳税人"资格的限制。现阶段首先放开自开票纳税人拥有车辆车籍登记的地域限制，不论车辆在何地注册，都可以认定为自有车辆；放开集团型企业各分支机构的限制，对一家集团型企业可以考核其总的车辆数量，但不要求每一个分支机构必备车辆；放宽单车货物量的限制，对其实际从事的物流配送服务与运输服务部分在一定范围内允许开具运输业发票。

（4）承认货代代开票纳税人及"联运业务"的营业额减除项目。货代

代开票纳税人从事联运业务的，支付给其他联运合作方的各种费用，允许列入营业额减除项目。如纳税人从事联运、分运、物流业务，以其向货主收取的全部运费及其他价外收费减去付给其他运输合作方运费（物流劳务费用）后的余额为营业额计征营业税。

（5）解决伴随营业税发生的附带税种的减除问题。当运输业发票采用差额纳税时，允许附加的印花税、防洪基金、副食品价格调节基金等实行同等的差额纳税。

（二）通过多种方式，扩大试点范围，减少行政审批和自由裁量权

（1）从行业入手，扩大试点。建议在目前已有明确界定的仓储行业全面实行营业税差额纳税政策，顺应制造、交通、仓储等行业供应链一体化协调发展的需要。进一步研究快递业务适用税收政策，重新明确快递业务适用的营业税税目，合理确定其适用营业税政策及征收管理办法。在此基础上，对已经相对成熟的汽车物流、医药物流、家电物流等推开全行业试点。

（2）从区域入手，扩大试点。建议选择物流业发展相对成熟，监管制度比较健全的深圳特区、上海浦东新区、天津滨海新区和大连大窑湾保税港区等地，进行区域性试点。利用成都、重庆城乡一体化综合改革试验区的机会，研究中西部和农村物流业的税收扶持政策。

（3）从规范发展的企业入手，扩大试点。建议从经过行业协会评审认定的优质物流企业中选择新的试点企业。如将按照国家标准评审认定的 A 级物流企业，经国务院整规办（全国整顿和规范市场经济秩序领导小组办公室）批准的物流企业信用体系评级认定的企业，纳入试点范围。

（三）统筹考虑现代物流业发展的需要，从制度上改革物流业的税政和税收管理

集成整合社会资源，实行供应链一体化服务，根据客户供应链需要，进

行地域网络化经营，是现代物流企业基本的运作方式，也是现代物流业获取综合社会效益的主要途径，而我国现行的物流税收政策延续了计划经济时期分业务环节、分区域计征、条块分割的管理思路，不利于现代物流业这一新兴业态的发展。因此，我们要统筹考虑现代物流业发展的需要，从制度上改革物流业税收管理。

（1）减轻税负，调整税率。建议对仓储、包装、装卸、加工、配送和信息处理等物流业务各环节，参照现行运输业税率3%征收，并允许实行流转税抵扣机制，增值税的进项抵扣按现行公路、内河运输业发票7%进行抵扣。

（2）取消或放宽自备运输工具的限制。建议提升物流税收监管能力与水平，对达到一定规模，具备一定条件，没有自备运输工具的物流企业给予自开票纳税人的资格，鼓励整合利用社会资源。如暂时不能够全面取消自备运输工具的规定，可逐步放宽自备运输工具的限制。对自有、承租的交通工具以及总机构或母公司拨入的交通工具，可以视同"自备交通工具"；对个人独资企业以业主个人名义注册，确属参与货物运输的营运车船，视同自备车辆。

（3）推行个体车辆税收代扣代缴制度。借鉴个人所得税代扣代缴的办法，建议推行个体车辆营业税代扣代缴政策。由税务部门认定的物流企业法人单位在实际支付给个体运输户运费时，按照税务部门确定的征收比例扣除应纳税额，然后由物流企业将代扣税款一并代缴，并接受税务部门监管。为防止物流企业为外雇车辆代开发票时，虚开给一般纳税人能抵扣进项税的运输发票，建议一律开具普通运输发票（或加上一般纳税人不能抵扣字样）。这种发票只能用于物流企业本身支付运费和营业额的抵扣凭据，而不能用于一般纳税人的抵扣进项税凭据，从源头上堵住个体运输经营户营业税款流失的"黑洞"（详见上海佳吉快运有限公司《关于对物流企业雇用个体车辆支付运费索取发票难的解决建议》）。

（4）将物流业务营业税改变为增值税。从长远看，应逐步创造条件，将物流业务营业税改变为增值税，以利于支持产业发展，同时简化征管手续，扩大税源。

（5）研究设立符合物流业务需要的专用发票。整合与物流业务相关的各类现有发票，推出统一的物流服务业专用发票，以适应"一票到底"的一体化物流运作需要，简化现有物流企业发票管理政策和税务监管机制。

（6）真正落实集团化物流企业所得税统一缴纳政策。

（此文报送国家发展改革委、全国现代物流工作部际联席会议、财政部税政司、国家税务总局）

城市配送体系及公共物流
信息平台财税支持政策

（二〇〇八年十二月）

城市配送体系是保障城市商品流通和人民生活消费需要的物流运作体系，公共物流信息平台是促进现代物流业有序高效运作的信息支持系统。发展和完善城市配送体系，建立公共物流信息平台具有重要意义：有利于提高城市配送的效率和效益，完善城市服务体系，增强城市服务功能；有利于调整经济结构，增加服务业比重，加大对第一和第二产业的支持力度；有利于扩大就业，便于对食品、药品等消费安全的监管，促进社会和谐；有利于提高物流资源使用效率，促进节能降耗；有利于扩大城乡商品流通，支持现代农业和社会主义新农村建设；有利于增强中心城市物流辐射能力，促进区域经济协调发展。

《国务院关于加快发展服务业的若干意见》（简称《若干意见》）指出，要大力提升物流的专业化、社会化服务水平，大力发展第三方物流；提升改造商贸流通业，积极推广连锁经营、特许经营等现代经营方式和新型业态。发展和完善城市配送体系，建立公共物流信息平台，是贯彻科学发展观，构建和谐社会，落实《若干意见》的重要举措。财政部门作为国家财税政策的执行主体和国民经济的宏观调控部门，应在城市配送体系和公共物流信息平台建设中发挥更大作用。

一、我国城市配送体系和公共物流信息平台建设现状和主要问题

随着经济快速发展和经济结构调整、运行方式转变，我国城市配送体系和公共物流信息平台建设出现了新的局面，成为现代物流业发展中比较快的领域之一。国家"十一五"规划纲要，明确了现代物流的产业地位，提出了"大力发展现代物流业"的战略任务，各省区市都在各自的"十一五"规划中，把扶持和发展物流业列为重点，许多经济中心城市还对配送体系及物流信息化建设制定了具体的规划。进入新世纪以来，连锁经营、物流配送和电子商务等发展很快，我国城市配送体系和公共物流信息平台建设，无论是规划政策方面，还是实际操作层面，都进入一个改造提升的关键时期。但从总体上来看，我国城市配送体系和公共物流信息平台建设相对滞后，还不能够适应经济快速发展、城市功能提升、居民消费升级的需要，仍然是全面建设小康社会的薄弱环节。主要表现在以下三方面。

一是在配送基础设施方面，不仅总量不足，而且结构、布局不尽合理。企业自我服务的仓储设施较多，公共性、社会化的配送中心不足；一般干散货储存配送设施较多，能够提供专业化特殊服务，如生鲜、危险化学品等的配送设施不足；传统仓库数量虽然不少，但相应的托盘、货架、叉车等配套设施和检验检疫手段，消防、垃圾处理、污水处理及安全监控设备不足；在城郊的"农民库"较多，符合城市总体发展规划的公共配送中心不足；传统批发企业、商业企业、物资企业、供销社企业及储运企业虽然占有不少土地资源，但缺乏有效利用，需要创造条件，向现代物流配送中心转型。

二是在城市配送车辆方面，配送车辆没有统一标准，缺乏适合城市配送的专用车辆。许多地方特别是大中型城市对货车进城实行交通管制，配送车辆缺乏通行、停靠和卸货的便利。在不允许送货车辆白天进城的情况下，许

多企业利用客车"违规"装货，一旦被发现，就要承担巨额罚款。城市配送的规费政策导向不明确，适宜进城的厢式货车，国家有关部门没有指定车型，购买价和运行成本都高于敞车，但在交通规费方面，没有相应的鼓励政策，影响了城市配送车辆结构性调整。

三是城市公共物流信息平台方面，"信息孤岛"现象比较严重。公共物流信息平台建设滞后，缺乏统一的标准和运行规则，企业和企业之间，企业、政府公共信息服务平台和监管部门之间，缺乏信息沟通，不能共享和兼容，对公共物流信息平台的信息缺乏规范性监管。

二、国家财税政策应该重点支持的关键领域和薄弱环节

以上配送基础设施、配送车辆和公共物流信息平台三个方面存在的主要问题，是制约我国城市配送体系完善和发展的瓶颈，也是国家财税政策应该重点支持的关键领域和薄弱环节。要按照公益性、示范性和可行性的原则，制定出台相应的财税支持政策，明确公共配送中心和公共物流信息平台为财税支持的重点。

（一）城市公共配送中心财税支持政策

1. 财政政策支持重点

可以通过专项资金、贴息贷款和税收优惠返还等方式，直接支持以下运行主体。

（1）符合城市总体布局规划和现代物流发展方向，能够提供专业化、社会化的配送服务，产权清晰、运营规范的公共配送基础设施经营企业。

（2）符合规划的生鲜、危险化学品等专业配送设施建设及其运营企业。

（3）传统批发企业、商业企业、物资企业、供销社企业及储运企业，利用现有仓储资源发展公共配送的升级改造项目。

（4）城市配送商品检验检测设施、技术条件及专业人员培训，重点是食品企业、药品企业、农产品企业等关系居民消费安全的保障措施。

（5）城市配送企业的节能减排、垃圾污水处理和消防、安全监控设施配备。

（6）城市配送的托盘共用系统投资、建设和运营企业。

2. 税收政策支持重点

（1）免征或减征公共物流园区、配送中心的土地增值税和房产税，引导企业向公共物流园区、配送中心集聚。

（2）对于国有企业利用原使用土地和厂房改造为城市公共配送中心、国有企业重组改制为城市公共配送中心以及由于政府规划，国有仓储企业搬迁重置为公共配送中心的，应在土地增值税、所得税和契税等方面给予税费优惠。

（3）在公共物流园区和配送中心的经营初期，给予其税收优惠或减免政策，营造吸引国内外专业物流企业进驻的政策环境，鼓励国内外大型物流企业参与物流园区和配送中心的建设。

（4）将公共物流园区、配送中心的仓储、加工、包装、分拨、信息服务等物流服务项目参照运输费税率由5%减为3%征收，并允许客户作为增值税进项抵扣。

（二）城市配送车辆财税支持政策

（1）选定节能环保型城市配送车辆车型，组建城市"货的"，采取公开、公平、公正的"通行证"发放管理办法。

（2）通过技改资金补助，引导货运经营者购买国家有关部门选定的厢式配送车辆。

（3）制定有利于厢式车辆和专用配送车辆发展的规费政策，配送专用车辆养路费、附加费、运管费等的征收标准，要明显低于其他车辆。

（4）清理不利于城市配送车辆作业的行政性收费，为符合条件的配送车辆进城通行、停靠和卸货提供方便。

（三）城市公共物流信息平台财税支持政策

1. 支持重点

（1）符合条件的城市公共物流信息平台的基础设施新建及改造。

（2）城市公共物流信息平台的各种物流技术、协议标准的规范化设计。

（3）城市物流配送电子化政务公开与监管平台的建设。

（4）城市物流配送的公共 GIS（地理信息系统）平台的建设。

（5）城市公共物流信息平台与城市配送企业的平台接口件建设。

2. 支持条件

城市公共物流信息平台应符合该城市的现代物流业发展规划，可面向全社会提供服务，公共信息平台产权归国家或集体所有，平台建设运营主体实行股份制、企业化运作，规章制度健全，运营规范。

中西部地区城市配送体系及公共物流信息平台建设应适当给予政策倾斜。以成都、重庆国家综合配套改革试验区为依托，重点支持成都、重庆物流配送体系及其公共物流信息平台建设，建成示范性工程；重点支持中西部地区具有示范和推广效应的若干基础性和政务性的公共物流信息平台建设。

三、财税支持政策效果分析及配套保障措施

如实施本文提出的财税支持政策，可取得以下效果：能够在较短时间内形成新的城市配送体系，取得示范带动效应，完善城市综合功能；能够引导公共配送中心等基础设施向集约化发展，节约土地资源，提高运作效率，减少车辆拥堵和尾气排放；将会有效减轻物流企业税费负担，为现代物流企业创造宽松环境，推动我国现代物流产业良性发展。

为保障支持政策落在实处，本文提出如下配套保障措施：一是把城市配送体系和公共物流信息平台建设纳入城市总体功能布局规划，建立支持城市配送体系和公共物流信息平台发展的综合协调机制。二是建立和完善城市配送体系及公共物流信息平台的多元化投入机制，多渠道筹集资金。三是建立项目资金的专项管理和监控体系，强化资金运行监管，确保资金使用效益。四是统筹协调，发挥部门、地方、行业的积极性，努力营造有利于现代物流业发展的政策环境。

（原载于中国经济出版社 2008 年 8 月出版的《支持服务业发展的财政政策研究》）

物流业"越冬"需政企合力

（二〇〇九年一月）

在过去的 2008 年，我国物流业经历了从火爆到萧条的"冰火两重天"。而这种颓势，在 2009 年表现得更加明显。2008 年前三季度，全国社会物流总额增长 26.7%，物流业增加值增长 16.8%，社会物流费用与 GDP 的比率为 18.3%，与 2007 年变化不大。特别是上半年物流业异常"火爆"，许多物流企业迎来创纪录的增长阶段。但从 9 月开始，出现了需求、效益和投资趋缓的迹象，重点联系物流企业四季度环比降幅在 20% 左右。尤其是 10 月以后，往年物流业的"旺季"变成了多年罕见的"淡季"。

全球金融危机的冲击波，正在从进出口相关行业迅速向物流业传导。一是实物量增速回落。2008 年 11 月，我国外贸进、出口总额分别自 2005 年 2 月和 2001 年 6 月以来，首次出现负增长。港口集装箱吞吐量仅增长了 4%，与上年的 22% 相差甚远。发往长三角、珠三角的货物，自 2008 年 7 月以来较往年减少了四成左右。二是市场价格波动明显。虽然运输成本还在上升，但由于货量减少，运力相对过剩，公路运价只能维持在较低的水平上。12 月 3 日，上海航运交易所发布的沿海散货运价指数同比下降了 50%。三是投资增长趋缓。今年前三季度，国内物流相关行业固定资产投资增幅比全社会固定资产投资增幅低近 14 个百分点，同比回落 5.3 个百分点。四是物流企业经营遇到严重困难。大型物流企业利润普遍下降，有的已出现亏损；有的地区中小物流企业开始退出市场。由于上游企业的经营压力，客户企业压低价格、延长账期现象比较普遍，物流企业资金链条趋紧。最近还出现了强行提货、弃厂逃跑、路途盗货等违法违规事件，增加了物流企业的监管风险。五是后续影响还在发展。反映后续需求的制造业采购经理指数（PMI）11月已跌至38.8%（该指数50%以上表示增长，以下表示收缩），尤其是出口订单指数已降到30%以下，为2005年我国PMI指数建立以来的最低水平。

2009年，真正的"严冬"考验物流业。目前还不是物流行业最困难的时期，2009年经营困难还会增加。一是市场需求将进一步下降。制造业和流通业由于订单减少带来的物流量下滑，在2008年第四季度虽有反映，但到2009年才会全面传导至物流业各个环节。二是资金短缺状况进一步加剧。2008年第四季度虽然当期业务下滑，但仍然可以回收部分以前的欠账，到2009年新业务锐减，旧欠差不多收完，将面临资金链断裂的危险。三是设施设备将出现利用不足。目前，因周转不畅，各地压港、压库严重。2009年将有一段时期"出"大于"进"，原定仓储设施将出现闲置。四是运作成本上升而价格下跌。因市场竞争加剧，服务价格还会进一步下跌，而预定的设施设备需要照常支付租金和维护费用，两头挤压会使部分物流企业无法承受。五是正常的业务链难以为继，物流企业与客户的合作关系面临新的考验。

"严冬"来临之际，许多物流企业都在制定和采取"御寒"措施。一是普遍调低增长预期。许多企业把目标定位在2008年的水平上，部分企业认为可能出现较严重的负增长。二是调整企业经营思路。加强对现有客户资源和业务模式的梳理调整，优化有限资源的有效配置，开发增值型服务和创新型业务。调整企业战略和产品结构，努力寻找新的利润增长点，提高企业在下一轮高速发展时期的竞争力。三是抓好内部资源整合。全面分析市场趋势和自身优势，集中整合优势资源，形成符合市场需要的经营特色，进一步发挥自身优势。组织好员工培训，留住业务骨干，提升业务能力。调整完善考核激励机制，鼓励开拓市场，创收增效。四是加强风险防范。重视企业制度建设，谨慎投资，节约开支，堵塞漏洞。重点做好自身成本控制，稳住战略客户。全面加强信用风险、投资风险、行业风险、业务风险的监控。

物流业面临的问题相当严峻，仅靠企业自身努力无法解决，需要政府出面帮助。一是减轻物流企业的税务负担。有关部门应尽快全面推开物流企业税收试点，并认真研究解决试点中出现的相关问题。综合考虑物流各环节均衡税负，将仓储、配送等各个物流环节的营业税税率与运输业相统一，调低为3%。按照工业用地征收物流企业的土地使用税，减少地方自由裁量权，鼓励新型仓储设施的建设和原有设施的升级改造。二是解决物流企业遇到的交通问题。尽快确定城市配送车辆专用车型，为物流车辆进城通行、停靠和卸货提供方便。结合实际，重新制定轿车运输车国家标准，降低企业技改成本，提高装载效率。三是中央和地方财政应以专项资金、贴息贷款等方式对纳入规划的重点物流园区和配送中心建设予以支持。四是在燃油税改革中，充分考虑物流园区（基地）机械燃油消耗的实际情况，采取相应对策。五是对国二升为国三标准的物流车辆更新中出现的新增费用，政府给予适当补贴。六是就物流企业融资问题进行专项调研，提出综合解决方案。七是建立开放式的公共物流信息平台，实现信息共享、一体化服务，消除"信息孤岛"。八是认真研究物流企业报关方式和海关通关模式的有效统一，研究建立海关、国检、税务等部门横向协调机制，建立统一的快速反应物流管理信息平台，真正实现"一次申报、一次查验、一次放行"的快速通关模式。九是从国家层面出台相关政策，组织实施示范工程，积极引导制造企业分离外包物流业务，推动制造业与物流业"两业"联动，促进运行效率提高和发展方式转变。

（原载于新华社《瞭望》周刊 2009 年第 3 期《专家视点》栏目）

关于支持现代物流业发展的建议

（二〇〇九年三月）

现代物流是保障国民经济平稳较快运行的基础性产业，也是应对国际金融危机的重要举措。保增长、扩内需、调结构的宏观经济政策，都要通过物流手段落到实处。建议党和政府把"大力发展现代物流业"纳入扩大内需，促进经济平稳较快发展的宏观政策体系，采取切实有效措施，促进物流业加快发展。

一、推进物流需求社会化

一是鼓励制造业与物流业联动发展。由于历史的原因，我国大部分制造企业拥有自己的仓库、车队及装卸设备等物流资源，大量的物流需求分散在不同的企业，自营物流占有相当比例，运作成本高、运行效率低。国家应出台相关的政策措施，鼓励制造企业改组改造业务流程，分离外包物流业务，推进物流需求社会化。要培育一批适应先进制造业需要的现代物流企业，在更大范围内集聚物流需求，整合物流资源，提升物流业为制造业服务的能力与水平，促进现代制造业与物流业有机融合，联动发展，共渡难关。

二是提升改造流通业物流。要积极引导流通企业引入供应链管理思想，鼓励批发企业与中小零售商合作，建立联购分销的自愿连锁组织；鼓励大宗生产资料流通企业根据自身特点发展直达供货、加工配送等多样化分销形式；鼓励流通企业物流需求向专业化物流企业集聚，通过由供应商直接配送、委托第三方物流或共同配送等多种形式，提升流通业物流服务水平；支持电子商务物流系统建设，建立物流交易市场信息平台。

三是重视农村物流服务体系建设。健全新型农业生产资料流通服务体系，开展配送、加工、采购、农机具租赁等多样化的物流服务。加强食品安全法规和标准体系建设，实行农产品加工、包装、储藏、运输、销售等环节的标准化管理，对农产品从农田到餐桌实行全程监控，构筑能够保障食品安全的物流体系。支持农产品物流配送中心建设，提高农村商业网点配送率，促进农产品物流健康发展。

二、培育专业物流服务企业

一是采取有利于专业物流企业发展的税收政策。（1）扩大营业税差额纳税试点范围。2005 年 12 月以来，国家税务总局先后批准了近 400 家物流税收改革试点企业，收到了很好的效果。但总体来看进度不快，覆盖面偏小，建议加快进度，迅速推开。（2）建议对仓储、包装、装卸、加工、配送和信息处理等物流业务各环节，参照现行运输业税率 3%征收。（3）取消或放宽自备运输工具的限制。建议对达到一定规模，具备一定条件的物流企业给予自开票纳税人的资格，鼓励整合利用社会资源。（4）推行个体车辆税收代扣代缴制度。借鉴个人所得税代扣代缴办法，建议推行个体车辆营业税代扣代缴政策，解决物流企业"无票抵扣"的问题。（5）应逐步创造条件，将物流业务营业税改变为增值税，彻底解决物流业务重复纳税的问题。（6）整合与物流业务相关的各类现有发票，推出统一的物流服务业专用发票，以适应"一票到底"的一体化物流运作需要，简化现有物流企业发票管理政策和税务监管机制。（7）建议不要对仓储企业增加土地使用税。仓储企业是带有一定公共服务性质的微利企业，但从 2007 年起土地使用税成倍增长，与其经营业务的增长不成比例。提请政府考虑这类企业的实际情况，采取相应的扶持政策。

二是为专业物流企业创造适宜的交通条件。（1）减轻物流企业路桥费用负担。据调查，过桥过路费已占运输型物流企业直接成本的 28%。建议国家全面清理过路过桥费收费线路、标准及收费期限，逐步减少收费。（2）研究解决配送车辆进城通行停靠卸货的问题。由于各地限制货车进城，正规物流企业很难取得通行证。不少物流企业采用小型客车送货，既不安全，又增加了成本，还影响到及时配送。建议大中城市交通行政管理部门，认真研究解决。（3）对国二升为国三标准的物流车辆更新中出现的新增费用，政府应该给予适当补贴。

三是帮助专业物流企业解决融资问题。资金投入不足，融资渠道不畅、资金来源匮乏是物流企业发展的瓶颈。建议国家重视物流企业的融资问题，大力发展资本市场，鼓励进行资本融资；开拓实物型、技术型融资业务；积极探索适合物流行业、企业特点的信贷管理模式；建立面向物流企业的发展基金和物流产业的担保体系，拓宽多种融资渠道，协助解决物流企业的"融资难"问题。

三、支持物流基础设施建设

物流基础设施带有公共性、公益性，应该纳入国家支持的基础设施建设项目。最近国家出台政策，支持铁路、公路等干线建设，这就需要相应的"节点"来配套，才能形成完善的物流网络。建议国务院尽快批准"全国物流业发展规划纲要"。对于全国性、区域性重大物流基础设施项目，中央和地方政府应以投资补助、资本金注入或贷款贴息等方式给予支持。应该重点支持的薄弱环节和关键领域有：多种运输方式联运、转运设施工程，重点交通物流枢纽建设；以布局集中、产业集聚、功能集成、经营集约、用地节约为特征的物流园区建设工程；适应电子商务和连锁经营需要，面向流通企业和消费者的社会化共同配送工程；满足城乡双向物流需要，城乡一体化的物流网络建设工程；符合规划的生鲜、危险化学品、应急物流等专业配送设施建设工程；全国性、区域性公共物流信息平台、交易市场建设工程等。

以上建议都是当前物流业发展最紧迫的突出问题，仅靠企业自身努力无法解决，需要从国家层面出台相关政策。

（此文为代民建中央企业委员会物流工作组起草的 2009 年全国两会提案）

"物流发展 60 条" 政策建议

（二〇〇九年九月）

2009 年 3 月，我国第一个物流业发展规划——国务院《物流业调整和振兴规划》（简称《规划》）提出，"抓紧解决影响当前物流业发展的土地、税收、收费、融资和交通管理等方面的问题"。同年 6 月，国家发展改革委委托我会进行"物流业发展政策措施研究"。

从 3 月起，中国物流与采购联合会由主要领导带队组成调研组，分赴珠三角、长三角和中西部地区进行了调研。在深入调研的基础上，由本人执笔起草了六个方面的"60 条"政策建议。建议初稿形成后，一方面通过"中国物流与采购网"等媒体，在业内外广泛征求意见；另一方面组织会员单位、业内专家、企业家及相关人士，反复讨论修改。最终形成了"物流发展 60 条"政策建议，分别是：

（1）关于物流业税收问题的政策建议 10 条。

（2）关于物流业发展中有关交通管理问题的政策建议 10 条。

（3）关于物流业投融资问题的政策建议 10 条。

（4）关于推进制造业与物流业联动发展的政策建议 10 条。

（5）关于支持物流企业做强做大的政策建议 10 条。

（6）关于促进物流园区健康发展的政策建议 10 条。

一、关于物流业税收问题的政策建议

税收政策是调整和振兴物流业最重要的政策杠杆，也是企业最为关心的政策问题。为全面落实《规划》，促进物流业平稳较快发展，必须理顺税收政策思路。为应对国际金融危机的挑战，国家应该加大对物流业税收政策的支持力度。

（一）在三年《规划》期内对物流企业采取特殊支持政策

2008年下半年以来，由于国际金融危机的冲击，物流市场需求萎缩，服务价格下跌，物流企业经营出现严重困难。为落实《规划》，应在三年规划期内对物流企业采取特殊的税收支持政策。

我们建议：一是给予物流企业营业税减半征收的优惠政策，帮助物流企业渡过难关。二是对物流企业所得税实行按照一定比例先征后返的政策，返还税金作为企业发展的专项基金。三是对购置物流设施设备的进项增值税予以返还，对国内急需的进口大型物流设备给予关税减免。四是允许物流设施设备加速折旧并予以税前列支。五是简化国有大型物流企业（企业集团）内部资产调拨、股权转让、重组并购等行为的审批程序，免除相关环节税金。

以上政策如普遍实行不便界定，建议首先在按照《物流企业分类与评估指标》国家标准，经评审认定的A级物流企业范围内试行。

（二）将物流业各环节营业税税率统一调整为3%

现行的营业税税目将物流业务划分为运输与服务（包括仓储、代理等）两大类。运输、装卸、搬运的营业税税率为3%，仓储、配送、代理等的营业税税率为5%。在实际经营中，综合型物流企业各项业务上下关联，很难区分运输与服务收入。各类业务税率不同，不仅有碍于物流业"一体化"运作，也不利于税收征管。此外，仓储业属于微利行业。2004 年全国经济普查数据显示，仓储业平均业务利润率只有 2.6%，资产利润率只有 0.92%，而营业税税率却高于运输业。

我们建议：统一物流业各环节业务营业税适用税率，仓储等业务参照现行运输业 3% 的税率征收。

（三）抓紧解决物流税收试点工作中存在的主要问题

2005 年，国家税务总局发出《国家税务总局关于试点物流企业有关税收政策问题的通知》（国税发〔2005〕208 号）。到目前，已有 4 批、394 家物流企业进入试点范围。此举体现了国家支持物流业发展的产业政策，有效解决了试点企业营业税重复纳税问题，有力地支持了物流业发展。同时，对试点中遇到的问题也需要抓紧解决，我们建议：

（1）把"纳入试点名单的物流企业及所属企业"，界定为：试点企业及其分公司、全资子公司、控股子公司和相对控股的参股公司。这些"所属企业"不论是否具有"自开票纳税人"资格，均可享受试点企业总部的相关政策。"所属企业"名单由试点企业总部提供，经中国物流与采购联合会汇总后，报国家税务总局发文确认。

（2）将物流企业在"库存分拨管理"环节完成的装卸、盘点、搬倒、分拣、加工、包装、信息服务等解释为试点政策中"仓储业务"的内涵；在"库存分拨管理"环节所发生的费用，比如仓库租赁费用、营运、管理、维护费用等，视同"仓储费"，允许执行相应的抵扣政策。

（3）推行试点企业对个体车辆营业税代扣代缴并代开发票的政策。由税务部门认定的物流税收试点单位在实际支付给个体运输户运费时代开发票，并按照税务部门确定的征收比例扣缴应纳税额，同时接受税务部门监管。为防止物流企业为外雇车辆代开发票时，虚开给一般纳税人能抵扣增值税进项税额的运输发票，建议在代开的普通运输发票上加注"一般纳税人不能抵扣"字样。从根本上解决试点企业有效扣除凭证"取得难"问题，又从源头上堵住个体运输经营户营业税款流失的"黑洞"。

（4）应该研究改进"自开票纳税人"的相关政策规定。对于按照国家标准，经过评审认定的 A 级物流企业放宽限制，只要规范运作，加强管理，即使没有自备运输工具，也可以视同"自开票纳税人"。

（5）铁路、航空货运发票自成体系，种类繁多，部分铁路、航空业务发票，不能作为允许扣除的凭证。对于试点企业使用铁路、民航专业公司运力，所产生的重复纳税，应该允许抵扣。

（6）积极扩大物流税收试点。建议将按照《物流企业分类与评估指标》国家标准，经评审认定的 A 级物流企业，自动纳入物流税收试点企业范围。

（7）从长远来看，建议将物流业营业税纳入增值税征收范围，从根本上解决重复纳税问题。

（四）仓储设施占地仍执行 2006 年年底的土地使用税税率

物流园区、配送中心及仓储与分拨、配送基地，是保证城市正常运转、居民消费需求以及社会安定和国家安全的基础设施。2006 年年底，国务院对《中华人民共和国城镇土地使用税暂行条例》进行了修改，修改后的土地使用税税率比原来提高了 1~3 倍。物流企业一般占地面积大，盈利能力低，过高的土地使用税使企业不堪重负。

我们建议：凡物流企业为公共服务的仓储设施占地仍执行 2006 年年底的土地使用税税率，以维持物流企业的正常经营，使其能够继续为社会提供相关服务。

（五）取消物流企业库房租金收入适用税率

物流基础设施以长期持有、专业经营为目的，具有基础性和公益性，应该获得国家产业政策的支持和鼓励。依照现行的《中华人民共和国房产税暂行条例》，房产出租部分，以房产租金收入为房产税的计税依据，适用税率12%；自用部分，以房产余值计算缴纳，适用税率 1.2%。此外，物流企业出租仓库的租金收入，还要缴纳 5%的营业税，总体税负高达 17%，并存在重复纳税问题。

我们建议：取消物流企业库房租金收入 12%的适用税率。物流企业所属仓库，不论是否出租，均以房产余值计算缴纳。

（六）允许物流企业统一计算与缴纳所得税

2008 年《中华人民共和国企业所得税法》实施后，取消了对物流企业所得税统一缴纳的规定。在全国范围内经营、设置分支机构的物流企业执行《跨省市总分机构企业所得税分配及预算管理暂行办法》。该办法规定，属于中央与地方共享收入范围的跨省市总分机构企业缴纳的企业所得税实行"统一计算、分级管理、就地预缴、汇总清算、财政调库"的处理办法。"就地预缴"，是指居民企业总机构、分支机构，应按本办法规定的比例分别就地按月或者按季向所在地主管税务机关申报、预缴企业所得税。网络化经营、一体化运作是物流企业基本的运行模式，预缴企业所得税的方式，割裂了物流企业的网络关系，严重制约着物流企业做强做大。

我们建议：针对物流企业网络化经营的特点，应实行企业所得税总分机构统一申报缴纳，取消对跨省市总分机构物流企业实行"就地预缴"的政策。

（七）物流企业应享受增值税转型政策

自 2009 年 1 月 1 日起实施的《中华人民共和国增值税暂行条例》（国务院令第 538 号）规定，允许增值税一般纳税人抵扣其新购进固定资产所含的进项税额，而增值税小规模纳税人的征收率统一降低至 3%。物流业虽然需要大量的设施设备，但其主要业务均属于营业税纳税范畴，享受不到增值税转型的优惠政策。

我们建议：物流企业在新购固定资产时，享受与增值税一般纳税人相同的税收政策。即允许用新购进固定资产（运输工具以及其他与生产经营有关的设备、工具、器具等）所含增值税，扣抵当期应纳营业税，当期未抵扣完的可结转到下期继续抵扣。

（八）国际物流业务的境内劳务判定标准应做调整

2009年1月1日前，发生在境外的劳务收入，无须缴纳营业税。修订后的《中华人民共和国营业税暂行条例实施细则》将境内劳务的认定标准由"劳务发生在境内"调整为"提供或者接受条例规定劳务的单位或者个人在境内"。这就意味着，将未发生在中国境内的劳务纳入营业税征税范围，对国际物流业务如国际租船、国际海运、国际快递等造成巨大冲击。

我们建议：对营业税应税劳务认定标准再进行调整，仍然以"提供的劳务发生在境内"为应税劳务认定标准，凡发生在境外的劳务收入免缴营业税。

（九）加快推进物流税收综合试点改革

已经纳入税收改革试点的物流企业都是物流业的龙头企业，应把物流税收改革试点作为培育企业做强做大的"孵化器"。建议把现有试点物流企业扩展为物流税收综合改革的试点单位，提供全方位的财税支持政策。对试点物流企业实施从经营（营业税、城市维护建设税、教育费附加、印花税）、利润分配（企业所得税）到资源（土地使用税、房产税）等的一揽子税收综合改革政策，并对这些企业的经营及纳税情况进行跟踪，实行动态管理。

（十）研究使用全国统一的物流业专用发票

目前，我国物流业使用的发票种类繁多，都有不同的使用范围、标准和要求，使不同物流业务的税收负担不均衡，也加大了税收征管难度。

我们建议：把物流业作为独立的行业对待，整合与物流业务相关的各类发票，推出统一的物流业专用发票。

二、关于物流业发展中有关交通管理问题的政策建议

（一）从根本上解决"大吨小标"商用车的管理问题

"大吨小标"问题，是当前物流企业正常运营的严重障碍。由于我国长期以来实行按车辆行驶证核定载质量，来计征养路费的政策，相当部分商用车制造厂为了迎合客户少缴养路费的心理，对同样的车辆申报不同的载质量目录，形成了"大吨小标"问题。如：某汽车厂生产的一款厢式货车，箱长都是 6.1 米，容积也都是 32 立方米，采用完全相同的底盘、发动机和变速箱，却登记为两个目录。目录为"LZ5061XXYLAL"的，载质量标为 1.80 吨，每立方米容积只能运输 56 公斤货物；目录为"LZ5101XXYLAL"的，载质量标为 4.99 吨，每立方米就可以运输 156 公斤货物。

2009 年 1 月 1 日起实施燃油税改革方案，公路养路费等依据载质量的收费取消后，"大吨小标"车辆"假超载、真罚款"现象十分突出。这些车辆按照"大吨"装货，"小标"罚款，形成了事实上的"假超载"。"假超载"10% 以内罚款数百元，30% 以内罚款两三千元。由于"假超载"问题，出现交通事故时也成为保险公司免责的理由。

我们建议：由工业和信息化部（简称工信部）牵头，组织商用车辆生产厂商，对全国各类"大吨小标"商用车辆在用目录进行一次全面清理，对同一车型统一按已批准的最高载质量重新核定和修改目录；请公安部车辆管理部门统一办理更换行驶证，把重新核定的载质量作为检查的依据。考虑到这项工作的复杂性，建议在过渡期内，由生产厂商提出，工信部审核，在行驶

证未变更前据实发放临时变更证书，尽快解决物流企业正常运营中的突出问题。

（二）在燃油价格大幅度提高时对物流企业给予阶段性补贴

燃油税改革大大减轻了停驶或出勤率不高车辆的税费负担，但满勤满载的物流企业车辆成本增加较多。按目前价格计算，燃油成本约占物流企业运输成本的40%左右。在运输型物流企业平均利润率只有3%～5%的情况下，对其正常经营的影响是很大的。特别是国际原油价格已进入上升通道，我国已连续多次提高成品油价格，而受国际金融危机的影响，运输业务量持续下降，市场运价很难提升。在成本和价格的双重挤压下，物流企业的经营困难将进一步加剧。

我们建议：对物流企业运输车辆实行燃油价格补贴。在国内燃油价格提高超过5%时，对规模型物流企业进行为期3～6个月的阶段性补贴。补贴资金渠道可与营业税缴纳渠道相同，允许企业用燃油购进发票按比例抵扣营业税。为促进环保车辆加速更新，同步拉动商用车辆制造业，补贴应限于符合国家最新环保标准的绿色物流车辆。

（三）全面清理撤并逐步取消高速公路收费站点

我国高速公路收费站点多，收费标准高。据物流企业反映，过路过桥费一般占运输成本的三分之一左右。不仅增加了企业运营成本，也影响到车辆正常通行，降低了物流效率。

我们建议：对高速公路在用收费站点进行一次全面清理，进一步控制收费公路规模，撤并收费站点；根据政府财力情况，陆续回购繁忙路段经营权，减少收费站点；对一时难以撤并的站点，在三年规划期内降低收费标准；大力推行不停车收费系统，加快车辆通行速度。

（四） 为城市配送车辆进城通行停靠和装卸作业提供便利

城市物流配送系统，与供电、供水、供气和公交系统一样，是保证城市正常运转的动脉系统。如果物流系统运行受阻，将会影响城市人民生活和社会安定。我国大部分城市在这方面存在的主要问题有：通行证发放不透明，配送车型不统一，小型客车运货的现象比较普遍，通行的时间和路段限制太多等。不仅抬高了物流企业运营成本，降低了城市物流效率，也增加了交通管理的难度。由于货运车辆受进城通行证的限制，中小型客车载货的问题愈演愈烈。客车载货运量少，占用道路面积大，人为加剧了道路拥堵和增加了尾气排放。

我们建议：确定城市配送车辆的标准环保车型和规模物流企业，采用公开拍卖方式，建立统一标识的"绿色车队"。在此基础上，最大限度地减少"绿色车队"的限行时间和路段，使其能够合法、高效、放心地进行城市配送服务。

（五） 建立集装箱多式联运管理服务体系

集装箱多式联运是先进的运输组织方式，对降低交易费用，提高物流效率具有重要意义，已成为现代交通运输发展的趋势。而我国多式联运体系尚不完善，相关法规及服务不能够适应发展的需要。各种运输方式自成体系，基础设施配套性差；多式联运单证不统一，不能进行"一票到底"的业务；多式联运组织性差，指挥调度、信息系统和结算方式不支持一体化运作；集装箱运输的优惠政策落实不够。

我们建议：一是对各种运输方式进行统一规划，加强基础设施之间的衔接和配套；二是建立多式联运协调机制，制定支持多式联运发展的交通管理政策；三是建立统一的信息平台和结算系统，恢复实行多式联运发票，统一各运输方式的票据；四是落实集装箱运输通行费优惠政策，建立集装箱卡车"绿色快速通道"。

（六）支持甩挂运输发展

甩挂运输是指牵引车（或载货汽车）按照预定的计划，在某个装卸作业点甩下挂车，挂上其他挂车继续运行的运输组织形式。甩挂运输与传统运输相比，成本更低，效率更高，车辆周转更快，节能减排效果更好，在欧美地区和日本等发达国家已成为主流运输方式。由于在保险、牌证管理、车辆检测和海关监管等方面的制度约束，我国甩挂车辆仅用于港口集装箱集疏运，在其他领域基本没有采用。

我们建议：一是放开半挂车牌证管理，允许牵引车与挂车单独上牌，随机搭配；二是针对一个牵引头配多个挂车的情况，建立以牵引头为单位的车辆保险产品，避免牵引车、挂车单独保险，一车多挂情况下出现的重复保险现象；三是允许挂车和牵引车分开检测，不要因为挂车检测影响牵引车运营；四是在海关监管方面，对牵引车和挂车实行分别监管。

（七）切实解决大件运输的相关问题

不可解体大件货物通常是国家重点工程项目所需的核心设备，必须采用特种车辆承载运输。能否保障大件运输安全可靠、通畅便捷，直接关系到重点项目的成败。随着电力、石油、石化等行业快速发展和西部大开发的推进，我国重点工程涉及的大件运输需求快速增长，特别是公路承运的大件货物比重不断上升。而在实际运作中，大件运输"行路难、收费高"的问题十分突出。一是缺乏针对大件运输的专用管理办法及特定的通行标准，将国家重点工程急需的大件运输与非法的超限、超载相混淆。二是缺乏对跨省区大件运输的统一管理和协调，"超限运输许可证"不能够跨省区使用，导致大件运输车辆长期在省界滞留。三是通行费和道桥损坏补偿费奇高且各地标准不一。有的地方补偿费相当于运费的 5~8 倍，甚至超过了大件设备的总造价。四是特种运输车辆无法取得合法的营运牌照，"违规上路"现象严重。

五是现有道路桥梁及收费站设计未充分考虑大件运输的特殊需求，临时拆除、重建的情况屡有发生。

我们建议：要正确处理好整顿非法超限运输与保障正常大件运输之间的关系，确保国家重大项目建设的顺利实施。一是针对大件运输的特点和作用，按照轴载荷及分布设定全国统一的大件运输通行标准，制定大件货物运输管理办法，规范申报和审批程序，使符合条件的大件运输合法化。二是各省区相关管理部门按照统一的标准和管理办法受理、核发全程有效的"超限运输许可证"，允许跨省区使用，国家层面要有专门机构负责管理和协调相关问题。三是在科学计算和实事求是的基础上，合理降低现有道桥损坏补偿费，并制定全国统一的标准，从严控制自由裁量权。四是区别对待大件运输液压轴线车辆、大型汽车吊与普通车辆，重新制定牌照标准。对大件运输所需的临时性特种专用车辆发放临时性牌照。五是在道路、桥梁规划、设计、改造和施工中，充分考虑大件运输的特殊需要，逐步形成覆盖全国的大件运输主要通道。

（八）允许中置轴挂车列车在高速公路行驶

2008年，我国乘用车（含轿车）销售量为676万辆，公路车辆运输车承担着全国乘用车83%的运输总量。由于受专业运输车辆发展滞后等因素的影响，我国的车辆运输车多属半挂车或铰接列车。国标 GB 1589—2004 规定这类车辆总长控制在16.5米及以内，只能装载4辆中型轿车和6辆微型轿车，造成能源和运力资源严重浪费。目前，欧美国家已经普遍采用中置轴挂车列车，来提高公路运输能力。我们应该借鉴国外做法，推动中置轴挂车列车在国内的开发和应用。

从技术条件来讲，中置轴挂车列车转弯半径小，装载量大，安全性能稳定，比现有符合规定的半挂列车至少可以多装2辆轿车。以此计算，2008年可少用运输车辆28.1万次，全年可节约成品油8360万升。这对于提高物流效率，促进节能减排，维护道路交通安全以及支持汽车产业发展具有积极意义。但由于现行政策的限制，所有的中置轴挂车列车目前只能按全挂拖斗车上牌，一律不能上高速公路行驶。

我们建议：根据我国新型运输方式和车辆发展的实际，区别对待中置轴挂车列车与一般的拖斗车，为中置轴挂车列车上牌及上高速公路行驶提供政策支持。

（九）加大对物流企业购置新型环保物流装备的支持力度

从总体上来讲，我国物流企业技术装备落后，自我更新能力较弱，特别是环保型装备使用率不高。为应对国际金融危机的挑战，物流企业必须尽快更新使用新型环保车辆等设备，提高技术装备水平和服务能力，减轻物流活动对资源和环境的压力。

我们建议：国家对物流企业更新新型环保装备给予支持。一是允许物流企业用营业税享受增值税转型政策，环保型车辆购置费用可以全额抵扣营业税；二是对物流企业购置新型物流运输装备，给予购置税减半的支持政策；三是支持物流企业引进国内急需的关键物流技术和设备；四是对物流企业购置环保型设备所需资金利息，纳入财政贴息支持政策；五是支持适应我国需求的物流装备研制与开发，新技术推广和相关标准的制修订。

（十）维护全国交通运输管理的统一性和权威性

近年来，我国交通运输管理法规逐步健全，执法管理得到加强，公路"三乱"现象有所遏制。但仍有不少地方还存在许多问题：公路运输超限超载执法检查，除了执行国家的统一标准外，部分地区还存在自行制定的检查与处罚标准；因此出现了此罚彼不罚、你罚我再罚的现象，物流企业因同一问题被重复罚款；有的以罚款代替执法，不纠正违法行为，陷入愈罚愈超的怪圈；缺乏统一的投诉平台和纠错机制，物流企业即使被错罚，也宁可忍气吞声；不少企业被迫把罚款列入成本支出计划。

我们建议：清理各地的不同执法标准，设立全国性的统一执法与处罚标准。同时，全国统一执法程序、统一执法规范、统一执法用语。交通执法应纠正违法现象，不能罚款后再放行，更不能把"治超"变为某些人敛财的渠道。建立全国公路执法申诉、投诉平台，对处罚有异议的，可以申诉、投诉。建立执法复核程序，对申诉、投诉限时回复。同时，建立对全国公路运输执法队伍的考核程序，严厉处罚违规执法及执法舞弊现象。

三、关于物流业投融资问题的政策建议

投融资政策是调整和振兴物流业的重要政策杠杆，也是企业最为关心的政策问题之一。有关部门和金融机构应该采取相应措施，使适度宽松的货币政策能够惠及物流企业。通过物流业正常运作，促进其他产业发展。

（一）把物流业作为投融资政策支持的重点产业

当前，我国物流企业普遍面临融资瓶颈。首先，物流企业在提供物流服务过程中要给客户垫付大量的资金，且账款回收周期较长，一般为1~3个月，有的达6个月，由此带来了较大的流动资金压力和风险；其次，在基础设施建设、生产设备更新改造、信息系统建设和运营网络构建等方面，物流企业的自有资金不能满足需要，银行贷款又缺乏相应的抵押物，所面临的资金短缺问题十分突出。物流业的价值，更多地体现在其他相关产业，应把物流业作为投融资政策支持的重点产业。

我们建议：要积极引导商业银行在防范资金风险的前提下，放宽物流企业贷款融资条件，降低其融资成本，缓解当前金融危机对物流企业的影响。鼓励金融机构对信用记录好、有竞争力、有市场、有订单，只是暂时出现经营或财务困难的物流企业给予信贷支持。针对资金实力比较薄弱、信用记录

良好的民营物流企业，要加大在融资方面的支持力度，帮助其渡过难关。要鼓励民间资本参与物流业融资，发挥民间金融在支持中小企业发展、满足民间多样化需求中的独特优势。同时，允许物流企业将融资费用全部列入财务费用在税前扣除，以减轻其税收负担。以上政策如不便普遍实行，建议首先在按照《物流企业分类与评估指标》国家标准，经评审认定的 A 级物流企业中试行。

（二）减轻物流基础设施建设与经营的投融资压力

物流园区（中心）等物流基础设施是基础性、公益性的重要节点，具有前期投资规模大、资金占用周期长、投资回收慢的特点。目前，许多物流园区（中心）存在建设资金不足的巨大压力。部分物流园区（中心）反映，物流园区（中心）作为平台公司，承担了大量的基础设施建设任务。但是，许多地方物流园区（中心）建设无法享受工业用地政策，土地价格奇高，导致园区高负债运营。

我们建议：考虑到物流园区等基础设施建设投资较大且具有公益性质，应对其予以必要的融资政策支持，通过财政补贴、贷款援助、风险投资和直接融资等方式加以解决。可以考虑设立物流园区发展专项资金，对于纳入省级总体布局规划、具有发展潜力的物流园区（基地、中心）给予优先贷款和贴息。鼓励各级地方政府投资参与符合发展规划的物流基础设施建设，租赁给物流企业经营，减轻企业一次性投资的压力。

（三）支持物流企业生产设备更新改造和信息系统建设投入

物流业是资金密集、劳动密集、技术密集的行业。只有加大技术创新力度，加快设备升级改造和信息系统建设，才能提升服务能力，形成差异化竞争优势。随着经营规模不断扩大，业务范围持续扩张，物流企业在技术装备及信息化建设等方面的资金压力越来越大，单靠企业自身的能力无法解决。

我们建议：针对物流企业车辆设施与装卸设备更新改造、大型专业物流设备引进和 IT 系统平台建设等方面的资金需求，各级地方政府要予以重点项目投资补助、贷款贴息等方面的支持。支持装备生产企业采取融资租赁方式销售运输车辆及装卸、储存等设备。加大对物流企业根据节能减排要求更新车辆和设备的支持力度。对于社会化的托盘或周转箱等共用系统项目的建设与运营，中央及地方政府应安排专门的资金予以支持，以进一步提升我国社会化物流系统的运行效率。

（四）拓宽物流企业网络建设的投融资渠道

物流业是典型的具有网络经济特性的产业。根据客户供应链需要，集成社会资源，进行网络化经营，是现代物流企业基本的运作方式。许多大型物流企业反映，银行贷款对物流企业的网络建设支持力度不够，企业重组兼并缺乏融资渠道。

我们建议：依据银监会于 2008 年 12 月发布的《商业银行并购贷款风险管理指引》的有关规定，借鉴国际经验，科学制定物流网络价值的评估标准，鼓励符合条件的商业银行积极开展面向本土物流企业的网络并购贷款业务，对物流企业拓展经营网络的战略性并购给予信贷支持。要通过安排政府贴息资金和补助资金的方式，积极支持物流企业进行网络建设，尤其是面向农村的物流网络建设。应适当增加金融机构面向中小物流企业网络建设的贷款比重。以上政策如不便普遍实行，建议首先在按照《物流企业分类与评估指标》国家标准，经评审认定的 A 级物流企业中试行。

（五）建立支持物流企业贷款的专业担保机构

银行贷款是物流企业最希望的获得资金的渠道，但大多数民营物流企业获取银行贷款的难度较大。其中，缺乏完善的、社会化的担保体系是造成物流企业融资难的重要原因之一。

我们建议：政府部门和行业协会可凭借其公信力和中立性，联合有实力的企业，建立面向物流企业的专业担保机构。采用"贷款平台+担保平台+群众组织"的模式，形成行业"互保""联保"机制。在《中华人民共和国物权法》规定的担保抵押物范围内，扩大物流企业动产抵押担保范围；对负债率较低、内部管理严格的民营物流企业，可适当放宽抵押担保的条件。

（六）开展物流产业投资基金试点

国家"十一五"规划纲要提出："发展创业投资，做好产业投资基金试点工作。"物流业涉及领域广，吸纳就业人数多，促进生产、拉动消费作用大，已被列入调整和振兴的十大产业。根据物流业在国民经济中的重要地位和作用，以及产业发展的需要，可积极推进产业投资基金试点工作。

我们建议：物流产业投资基金的资金来源由一定的财政补贴、金融机构及大中型国有企业、民营企业及私人的多元化投资组成，在相关法规的基础上，按照"专家管理、组合投资、利益共享、风险共担"的原则进行运营，以增加物流企业融资渠道，降低物流项目融资成本。物流产业投资基金主要配合国家物流业调整和振兴规划，投资于符合规划的物流基础设施建设和运营项目，已经发育成熟但暂时还不能上市的物流企业，以及物流企业的重组、并购。

（七）为物流企业上市、发行债券和其他融资创造方便条件

就物流业总体情况看，不仅直接融资困难较多，而且其他融资比例也远低于社会一般水平。

我们建议：为了帮助物流企业建立正常的融资渠道，证监会可在股票上市、企业债券发行方面给予物流企业支持。允许有发展潜力的物流企业发行不同期限的长期债券和鼓励其推进股票上市，鼓励中小型物流企业在创业板市场发行股票融资。以上政策也可先在经评审认定的 A 级物流企业中试行。

（八）加强物流行业信用评级工作

社会信用程度低，信用评级工作不健全，也是我国物流企业贷款难的原因之一。金融机构为了防范金融风险被迫采取严格的审查程序，并制定一系列贷款条件和担保措施，但也会将一些有强烈融资需求且信用较好的企业拒之门外。同时，多数商业银行仍然未能建立起全面、完善的物流企业信息库，而一般的物流企业信息管理系统比较落后，难以满足银行对其实时监管、快速反应的严格要求。

我们建议：政府要加快物流企业社会信用评级的推进工作，在金融机构内统一和共享物流企业信用信息，增设物流类别，增强优质物流企业获得信用贷款的能力。作为社会信用建设的重要组成部分，中国物流与采购联合会经商务部和国务院国资委批准实施的物流企业信用评级工作，实行规范化管理，已有一定规模，经银监会指导认可后可作为全国物流信用体系建设的基础之一。

（九）完善有利于物流金融业务开展的政策环境

物流金融或供应链金融是一种创新业务，其通过供应链管理推动了中小生产与流通企业融资难问题的解决，我国已有相当一部分物流企业参与了物流金融服务并取得了良好的经济效益和社会效益。由于我国物流金融服务是自下而上地推动发展，政府部门缺乏配套的政策支持，相应的政策制度环境亟待完善。

我们建议：依据《中华人民共和国物权法》和《中华人民共和国担保法》等相关法律法规，制修订并补充完善与物流金融业相关的各项法律规章制度。鼓励银行等金融机构、物流企业在物流金融业务模式上创新和探索，支持金融机构与物流企业特别是 A 级物流企业联合打造物流金融服务平台。可在全国范围内构建统一的担保品登记系统，降低物流金融业务交易成本和风险；针对物流企业代收货款业务现金流量大的特点，探索开展"物流一卡通""物流支付宝"等联网结算业务；大力发展银行商业贷款以外的金融授信业务，以及银行承兑汇票、支票、信用证、保函以及物流保理等适合现代物流业发展的融资业务；同时加强市场监管，谨防物流金融风险。

（十）探讨建立"中国物流银行"

物流业是资金需求量大，且流动性较强的行业，有不同于其他行业的资金运作方式，有必要建立专业金融机构。许多有实力的物流企业也有出资建立物流银行的意愿。

我们建议：可着手探索建立以物流企业为主要服务对象，适应物流业务发展需要的"中国物流银行"。相关政府部门、金融机构、企业共同参股，多方面筹集资金，实行市场化运作，调剂企业资金余缺，开拓物流企业融资新渠道。中国物流与采购联合会作为行业组织，将努力做好相关的联络、组织和协调工作。

四、关于推进制造业与物流业联动发展的政策建议

制造业是我国国民经济的支柱产业，也是物流社会化的需求基础。物流业是重要的生产性服务业，对于促进制造业结构调整和产业升级具有重要作用。推进制造业与物流业联动发展，不仅是提升制造业核心竞争力的重要手段，也是促进物流业发展的基本途径。

（一）把"两业"联动作为推进制造业产业升级的重点工程

近年来，我国制造业和物流业发展较快，但两者联动相对滞后。一方面，制造企业沿袭"大而全""小而全"的运作模式，内部资源缺乏有效整合，物流外包多有顾虑；另一方面，物流企业总体上"小、散、差、弱"，一体化服务的能力还不强。由于物流的社会化需求不足和专业化服务能力不

够，缺乏必要的物流服务市场体系与政策环境，"两业"联动进展缓慢，导致物流资源利用率偏低，运作成本相对较高。

我们建议：相关企业和政府主管部门，要充分认识"两业"联动的重要性，切实把"两业"联动作为启动物流需求、推进制造业升级的重点工程。要在发挥市场机制作用，调动企业积极性的基础上，积极营造有利于"两业"联动发展的政策环境。可以考虑，首先在列入调整和振兴规划的钢铁、汽车、造船、石化、轻工、纺织、有色金属、装备制造、电子信息等九个产业中，积极推进"两业"联动。要通过政策手段，鼓励制造企业转变传统观念，改造业务流程，分离外包物流业务；要有具体措施，支持物流企业采用现代物流理念，提升服务水平，提高适应制造企业需要的一体化服务能力；要引导制造企业与物流企业信息沟通，标准对接，业务联动，结成战略合作伙伴关系，共享"两业"联动发展的成果。

（二）加快推进制造企业物流服务社会化

总体上来看，我国制造业物流社会化程度偏低、自营比例较大。大量的物流需求分散在企业内部的各个部门，得不到集成整合，降低了资源使用效率。

我们建议：大中型制造企业特别是国有或国有控股的大型制造企业，物流需求量大，专业化程度高，应该作为物流服务社会化的重点。要鼓励制造企业突破"大而全""小而全"观念的束缚，整合优化业务流程，分离、分立物流资产和业务，创新物流管理模式。要鼓励制造企业调整优化物流业务管理机构，制定原材料采购、生产、销售等环节或整体的物流整合、分离、外包方案及推进措施。要积极创造条件，引导制造企业根据自身需要，将能够整合外包的物流业务外包给专业物流企业。

（三）大力支持物流企业增强一体化服务能力

近年来，我国物流企业取得快速发展，产业规模不断扩大，但满足制造企业需要的专业服务能力还不强。在运输和仓储等传统服务领域，产品和服务同质化倾向严重，粗放式经营、低水平竞争愈演愈烈；而制造企业急需的增值服务、一体化服务，特别是物流方案设计以及供应链全程服务等方面的能力严重不足。

我们建议：要鼓励现有运输、仓储、货代、联运、快递等有关企业，进行功能整合和业务延伸，加快向现代物流企业转型；提倡条件成熟的制造企业内部物流机构，进行社会化重组改造，开展面向社会的物流服务；支持制造企业和物流企业通过参股、控股、兼并、联合、合资、合作等多种形式进行资产重组，联合组建第三方物流企业；鼓励大型物流企业做强做大，中小物流企业做专做精，各类企业在专业化分工的基础上联合协作。要鼓励物流企业深入了解制造企业物流和供应链运作模式，提供定制化服务；要引导物流企业按照集成整合、便捷高效、服务增值、绿色环保的原则，不断提升一体化服务能力，实现从传统运输、仓储服务提供商向现代物流服务提供商、供应链集成商的转变。

（四）整合提升制造业集聚区物流功能

目前，制造业集聚的趋势发展很快，由此带来物流需求的大量集聚。如何按照社会化的思路，形成物流供给集聚、需求对接，整合提升制造业集聚区物流功能，是"两业"联动的重要课题。

我们建议：要积极引导工业园区、经济开发区、出口加工区、高新技术产业园区等制造业集聚区释放和集聚物流需求。要统筹规划制造业集聚区的物流服务体系，倡导集聚区内物流基础设施、物流信息平台共享共用，严格控制区内制造企业自营物流用地。鼓励区内制造企业与专业物流企业建立物流业务托管机制，凡能够集成整合、委托外包的物流资产和业务，都要实行社会化运作。生产服务型物流园区要面向周边制造企业，充分发挥园区布局集中、用地节约、功能集成、经营集约等优势，提高为制造业服务的能力和水平。

（五）构建物流服务市场体系和公共信息平台

调研显示，许多地区缺乏必要的专业物流市场，公共信息平台建设滞后，"信息孤岛"、信息不对称现象比较严重。一方面，许多物流企业在运输和仓储等普通物流服务领域低价竞争；另一方面，制造企业在专业服务领域又找不到合适的合作伙伴。"两业"联动急需相应的平台和桥梁。

我们建议：要充分利用电子商务平台信息资源整合功能，促进物流服务统一大市场的建设和发展。要建立区域性物流资源交易市场，把运输、仓储、配送、加工和联合采购、咨询服务、供应链管理等外包服务纳入市场交易。要注重各类专业物流市场，物流市场与相关要素市场，以及物流服务交易网络与政府监管信息网络的对接。要根据需要，组织形式多样的物流供需见面会、洽谈会，为制造业物流供需衔接创造机会和条件。要研究制定物流市场运作的法律法规，加强行业自律。要打破地区封锁和地方保护等行政性垄断，逐步建立统一开放、竞争有序、覆盖全国的物流服务市场，促进物流资源规范、有序、高效流动。

（六）鼓励物流企业托管置换制造企业物流要素

制造企业特别是国有和国有控股企业，一般都有自己的物流管理机构、设施和人员。在推进物流社会化的进程中，这些物流要素缺乏通畅的退出机制，已成为"两业"联动的一大障碍。

我们建议：要鼓励物流企业托管置换制造企业物流要素。对制造企业将闲置物流设施进行出租的，可减征或免征租赁收入的营业税。当物流企业承接国有大中型制造企业剥离的物流设施时，应在土地置换和税收等方面予以鼓励。物流企业租赁制造企业的仓储等闲置物流设施时，允许其将租赁支出一次性计入费用，降低物流企业所得税税基等。物流企业接收原制造企业物流分流人员，或分流人员创办物流企业，应在项目审批、资金补助、税收、贷款贴息等方面给予支持政策。

（七）促进制造业与物流业信息共享、标准对接

信息共享、标准对接，是促进物流社会化的重要保障。现在的问题是，制造企业和物流企业的信息系统不能互联互通，信息资源不能有效交换与共享。制造业的原材料或产成品的标准与物流业的技术设施标准缺乏有效衔接，影响了物流的运作效率。

我们建议：鼓励制造企业在企业物流管理流程规范化、核算精细化的基础上，积极推进物流管理标准化和信息化进程。支持制造企业、物流企业建立面向上下游客户的信息服务平台，实现数据实时采集和对接，并建立物流信息共享机制。加大对公共信息平台服务企业的扶植、奖励力度。建立和完善制造业物流标准体系，鼓励制造企业采用物流业相关运作标准，制修订物流信息、物流服务流程、工具器具和技术装备等领域的标准和规范。鼓励联动发展的制造企业和物流企业主动采用国家物流标准，充分发挥行业协会和龙头企业在制定和宣贯标准中的重要作用。

（八）建立分行业的物流运作评价体系

由于行业特殊性，每一细分制造行业的物流需求都有不同特点，物流运作方式也各不相同。目前，我国仍然缺乏分行业的物流运作评价体系，企业之间不能相互比较物流运作成本和服务水平，不能判定企业物流运作绩效在行业中的位置和努力目标，不利于调动制造企业物流改造的积极性。

我们建议：首先选择列入国家调整和振兴规划的九大行业，对分行业的物流运作评价体系进行深入研究，建立相应的物流成本和服务水平考核绩效指标体系。选择不同规模和层次的制造企业和为其提供服务的物流企业，定期分析物流成本和服务水平的基本情况。政府部门要委托行业协会，建立分行业的物流运作评价分析制度，向社会定期发布相关信息。政府有关部门应

该从资金和政策方面给予支持。

（九）采取鼓励联动发展的财税政策

推进"两业"联动发展，是关系国民经济全局的大事，应该得到国家政策的支持。有关财税政策，是最重要的政策杠杆，也是制造企业和物流企业最企盼的政策。

我们建议：一是要鼓励有条件的国有制造企业将企业的物流资产从主业中分离出来，成立独资或合资法人企业，或者整体转让。其税收减免、资产处置、债权债务、劳动关系处理等可延续享受国家经济贸易委员会等八部门联合下发的《关于国有大中型企业主辅分离辅业改制分流安置富余人员的实施办法》（国经贸企改〔2002〕859 号）中的有关扶持政策。二是物流企业承接或租赁制造企业剥离的物流设施的，在土地置换和税收等方面应予优惠；制造企业或物流企业内部重组，免缴相关税费。三是制造企业物流业务剥离经营后新增的地方税收，可由同级财政主管部门从中提取一定比例用于补助该企业。制造企业向各地税务部门提出申请，审核认定外包前物流成本平均基数，物流外包后一段时间内企业物流成本，以平均基数为标准，成本节省部分可税前列支。四是各地可根据财政状况，通过专项资金、无偿资助和贷款贴息等方式给予示范工程和重点项目承担企业以必要的财政资金支持。五是物流企业与制造企业以合同方式实行联动运行的，其用电、用水、用气等享受与工业企业同等的价格。六是对于制造企业分离外包后所产生的物流费用，允许按照进项税全额抵扣增值税。

（十）组织实施联动发展示范工程和重点项目

"两业"联动，是一项新的工作，需要通过试点、示范，总结经验，逐步推广，以达到"以点带面"的效果。

我们建议：选择一批不同行业、不同生产方式、不同区域的重点制造企业和物流企业，制造业物流集聚区，作为联动发展示范工程或重点项目。纳入示范工程的制造企业，主要经济指标要处于国内同行业先进水平，采用了先进的物流技术与管理方法；纳入示范工程的物流企业，必须是以为制造业企业服务为主的3A级以上物流企业。引导制造企业与物流企业结成供应链合作伙伴，形成联动发展组合。纳入示范工程的制造业物流集聚区，区内物流资源进行了整合，实现了一体化运作。联动发展的重点项目，从纳入示范工程的单位中择优确定。

示范工作由国家发展改革委牵头，制定相应的申报和评审办法，明确示范工程和重点项目的条件、程序和规则，组织实施全国示范工作。委托中国物流与采购联合会，总结和推广联动发展的做法与经验。各省市（区）物流工作牵头部门也要组织开展本地区的示范或试点工作。示范工程和重点项目，优先享受促进物流业发展的扶持政策和激励措施。

五、关于支持物流企业做强做大的政策建议

（一）进一步明确支持物流企业做强做大的政策导向

物流企业是推动物流业发展的主体。支持物流企业做强做大，是落实《规划》的重点任务。进入新世纪以来，我国专业化、社会化物流企业发展很快，多种所有制、不同服务方式的物流企业逐步成长壮大。但总体来看，多数物流企业仍处于数量扩张阶段，"小、散、差、弱"的状况没有根本性改变。物流的行业地位尚未得到相关经济工作管理部门的有效落实，一些现行具体政策仍然不支持物流企业一体化运作和网络化经营。因此，有必要进一步明确支持物流企业做强做大的政策导向。

我们建议：要从工商登记、财政税收、统计信息、法律事务等经济管理的各个层面，对物流企业进行界定，明确物流行业的主体地位和主管部门。

根据物流业一体化运作、网络化经营的实际，调整现有政策思路，明确支持物流企业规模化、一体化、网络化、国际化发展。有计划、有重点、有政策，培育一批基础条件好、服务水平高、国际竞争力强的大型现代物流企业。这一思路，要落实到相关政府部门具体的管理工作当中。

（二）鼓励物流企业兼并重组

近年来，我国物流企业数量发展很快，但一般来说规模较小、业务模式单一，网络化、一体化服务能力不强，与跨国物流企业相比，还有较大差距。与此同时，也有一些企业经过多年发展，积累了一定的经营实力和管理经验，具有做强做大的基本条件。

我们建议：鼓励和支持大型物流企业通过增资扩股、加盟连锁和委托管理等方式对中小物流企业进行兼并、重组和托管。有关部门应协助解决物流企业在兼并重组过程中，遇到的流动资金、债务核定、人员安置等方面的问题。对重组企业增设网点，技术改造，发行股票、债券，申请贷款等提供方便。要支持大型物流企业对场站、码头、机场、仓库、车辆等物流资源的兼并重组和整合利用。鼓励大型物流企业加快技术改造，拓展原有业务，加快向一体化物流服务提供商转型。要鼓励中小型物流企业与大企业规模化服务相配套，开展专业化的特色服务，满足多样化的物流需求。国家有关部门应对物流企业兼并重组提供资金支持和政策保障。

（三）简化国有大型物流企业内部产权转让程序

大型国有物流企业下属分支机构众多、资源容易分散。根据业务变化，常常需要调整内部结构和资源配置，进行内部产权转让。但现行政策法规认定，国有企业内部产权转让属于交易性质，要求对转让标的企业进行审计、资产评估，并产生大量的交易费用，包括聘请中介机构的费用、资产评估费用，以及因资产评估引起的所得税、增值税、契税、印花税等。而且上报审核需要较长的等待时间，大大增加了企业的交易费用和时间成本。

我们建议：对国有企业产权转让行为分类处理。第一类，向社会投资者或内部员工转让企业产权、资产的行为，应严格适用现有国有资产管理关于产权转让的法律法规；第二类，国有企业内部的产权转让行为，原则上由企业自主审批，并免去专项审计、资产评估、进场交易等程序；第三类，国家国有资产监管机构组织的两个国有企业之间的重组合并行为，应采取行政手段、无偿划拨方式，帮助大型企业尽快做强做大。

（四）为物流企业设立分支机构提供方便

"总部签约，分部经营"是大型物流企业集约化经营的基本模式，可以发挥网络资源优势，灵活、统一、便捷、高效地提供多样化服务。但是，各地还存在一些阻碍、限制分支机构设立和经营的问题。许多地方要求企业在当地登记注册有独立法人资格的子公司，不允许注册非独立核算的分支机构；有些地方规定，物流企业设立分支机构要在当地找"挂靠单位"，并要求进入指定地点经营；一些地区还简单地照搬运输企业的注册要求，硬性规定物流企业分支机构所需车辆的台数，或者不允许非独立核算的分支机构拥有或租赁车辆；一些地区要求运营企业缴纳一定数量的押金，增加了企业的财务负担。

我们建议：要允许物流企业异地设立非独立核算的分支机构，实行总部领导下的统一经营、统一管理、统一核算；允许物流企业自主选择经营地点，取消车辆台数的硬性规定，取消不分企业状况收取押金等不合理限制，允许分公司、营业部等非独立核算的分支机构拥有或租赁车辆，消除对物流企业设立分支机构设置的各种障碍。

（五）允许物流企业分支机构使用总部取得的各类资质

物流运作涉及运输、仓储、货代、流通加工、配送、质押监管等多种业务环节，大型物流企业所需业务资质证明超过 30 种。随着企业相关业务的开展，各地分支机构需要具备各类资质才能完成总部分派的工作。但一些地方不承认物流企业分支机构总部取得的经营资质，要求分支机构在当地重新登记申报，增加了企业不必要的时间和费用负担。同时，总部享受的政策，有些分支机构还享受不到。如，一些大型物流企业反映，虽然总部已经获批税收试点单位，但是许多分支机构的资格不被当地税务机关认可。

我们建议：有关部门调整物流相关业务的资质登记要求，精减相关资质证明。必需的资质证明，要允许企业分支机构在全国通用。凡赋予总部的各种优惠政策，分支机构要同样能够享受，无须再次申报。

（六）为物流企业跨区域运营提供便利

网络化经营是物流企业的基本特征，但是还有很多制约物流企业跨区域运营的问题。如，企业所得税还不能够统一缴纳；企业与银行间的结算，只能在各地分支机构与当地银行间进行；许多营运证件不能跨区域使用；物流企业全国运营的车辆必须回到登记所在地办理年检；外雇车辆无法在异地缴纳税费和开具税票；一些地方设置不合理的准入门槛，人为地限制外地企业进入本地市场，甚至有黑恶势力欺行霸市行为。

我们建议：取消对跨省市总分机构物流企业实行"就地预缴"的政策，允许企业所得税总分机构统一申报缴纳；支持物流企业与银行间开展总部对总部结算模式；逐步扩大营运证件跨区域使用范围；允许物流企业全国运营的车辆异地年检；允许外雇车辆的物流企业代开发票；加强对地方保护和地区封锁等行政性垄断文件的清理整顿；放宽物流市场准入政策，加强对物流市场的监管，为物流企业异地经营提供方便。

（七）引导物流企业和工商企业实行战略合作

制造业和流通业，是物流业发展的需求基础。现在的问题是，一方面，制造企业和流通企业沿袭"大而全""小而全"的运作模式，内部资源缺乏有效整合，物流外包多有顾虑；另一方面，物流企业总体上来说，一体化服务的能力还不强。迫切需要引导物流企业和工商企业实行战略合作，共同建立现代物流服务体系，以促进制造业和流通业发展。

我们建议：引导国内大型制造和商贸流通企业集中精力做强做大主业，与物流企业加强各种形式的战略合作，推进物流需求社会化。要在发挥市场机制作用，调动企业积极性的基础上，积极营造促进物流企业与工商企业战略合作的政策环境。

（八）支持大型物流企业"走出去"

随着对外开放的扩大，我国的物流企业开始"跟随"核心企业"走出去"，建立全球化的物流网络。但总体来看，我国物流企业"走出去"的步伐，大大落后于国外企业"走进来"。主要是我国物流企业对国外的政策和法律环境了解不够；物流企业"走出去"还缺乏相应的配套政策，如税收征管、外汇结算、人员安排等；海外基地的建设也需要大量的资金支持。

我们建议：要支持国内大型物流企业通过多种方式，整合并购国际物流资源，建立覆盖全球的物流网络；简化项目审批程序，完善信贷、外汇、财税、人员出入境等政策措施；对符合条件的大型企业，在境外投资的资本金注入、外汇使用等方面给予支持；了解和介绍国外投资环境，为"走出去"的企业提供信息和法律援助。

（九）加快物流企业综合评估工作进度

国家标准《物流企业分类与评估指标》（GB/T 19680—2005）在全国宣传贯彻以来，受到各地的普遍重视，许多部门在相关政策文件中对 A 级物流企业予以肯定，一些地方还出台了与国家标准相挂钩的激励政策。这对于明确物流企业范围，规范和提升物流企业管理水平，促进物流行业有序健康发展，发挥了重要作用。但总体来看，通过评估的企业数量还不多。随着行业发展，也对企业综合评估工作提出了新的要求。

我们建议：要加快物流企业综合评估工作进度，建立覆盖全国的地方评估机构；以评估认定的 A 级物流企业为依托，尽快建立重点企业统计直报系统；疏通企业反映问题的正常渠道，了解企业诉求和行业发展趋势；有关政府部门要明确将 A 级物流企业资质，作为享受物流政策的必要条件。经过几年的努力，使绝大多数符合条件的物流企业进入 A 级物流企业序列。

（十）开展重点物流企业综合改革试点工作

物流业是新行业、新产业。物流企业做强做大，需要典型引路。物流政策的推行，也需要设立试点。因此，有必要开展重点物流企业综合改革试点工作。

我们建议：在经过评审认定的 3A 级以上物流企业中选择一批试点企业，开展物流企业综合改革试点工作。对不同类型的企业提出不同的要求，及时总结推广试点企业的做法与经验。有关部门出台有关财税、交通、融资等政策措施时，首先在这些企业中进行试点。待条件成熟时，再在全行业逐步推广。物流工作主管部门和行业协会，要建立和完善重点物流企业联系制度，为重点企业开辟"绿色通道"。

六、关于促进物流园区健康发展的政策建议

（一）开展物流节点城市仓储类物流设施的调查工作

当前，我国仓储类物流设施已有一定规模。包括依托铁路、公路、航空、港口/码头等建设的货运场站，隶属于原物资、商业和供销等系统的储运设施，生产和流通企业内部的仓储设施，以及近年来各地政府规划建设的物流园区、物流（配送）中心等。这些数量庞大的仓储类物流设施，是目前

我国物流系统运作的重要基础，但没有一个机构负责相关信息的统计工作，其总体规模、结构布局、技术状况、功能条件、隶属关系和匹配程度等基础资料很不健全。这是当前规划建设物流园区、构建现代物流服务体系必须开展的基础工作。

我们建议：鉴于这项工作的复杂性，首先在《规划》确定的 21 个全国性物流节点城市和 17 个区域性物流节点城市，进行一次仓储类物流设施的全面调查。政府主管部门可以委托行业协会，制定统一的标准和调查方法，摸清基本情况，为有针对性地制定物流园区发展规划及相关政策提供依据。在此基础上，逐步在有条件的其他地区开展调查工作。要积极创造条件，把仓储类物流基础设施信息纳入国家统计信息体系，形成定期统计制度。

（二）抓紧制定全国物流园区发展专项规划

近年来，各地区、各部门普遍重视物流业发展，都在制定相关规划。这些规划，从地方和部门来看，也许是必要的。但从全局来看，很容易形成同类物流园区在同一地区有效辐射范围内的重复建设，导致土地、人力、财力等相关资源的严重浪费。在各地方、各部门重视物流业发展，布局新一轮物流基础设施的时候，更应该注意这个问题。

我们建议：由国家发展改革委牵头，抓紧制定全国物流园区发展专项规划。第一，物流园区规划应该立足于物流业发展的实际需求，服务于经济发展的大局。第二，要在摸清现有仓储类物流设施的基础上，明确物流园区规划布局的基本标准和原则。第三，在确定总体建设规模的基础上，优先安排现有物流资源的整合利用和改造提升，特别要注意各种联运、转运设施的配套。第四，物流园区规划要体现九大物流区域、十大物流通道和三级节点城市等基本布局，各地规划要服从于全国规划。第五，铁道、交通、商务、民航、国土、规划等相关部门要参与规划制定，部门规划要与全国规划相衔接。第六，要严格相应的约束机制，全国性物流节点城市的物流园区建设规模由中央政府统一调控和管理；其他地区物流园区规划应报省级人民政府批准。对未纳入全国或省级物流园区规划的项目要严格控制。

（三）整合利用现有仓储类物流设施

我国现有的物流基础设施分属不同的部门和行业，社会化程度较低、利用效率不高；布局分散，有的已被城市"包围"；新建、改建比例小，建设水平低，20世纪五六十年代的老旧仓库甚至还在"超期服役"。总体来看，现有的仓储类物流基础设施不能很好地适应现代物流业发展的需要。

我们建议：要出台鼓励整合利用、提升改造现有物流基础设施的相关政策。要支持大型优势物流企业通过资产划转、增资扩股、加盟连锁和委托管理等方式对现有分散的物流基础设施进行兼并整合重组。要简化国有大型物流企业集团内部兼并重组的审批程序，免除相关税费，推动国有大型物流企业加快内部资源整合。鼓励工业企业以老旧厂房、仓库置换物流用地或交给物流企业托管经营。要制定相关的规划和标准，限期淘汰不符合标准的老旧设施，促进其升级改造。对物流园区以外的仓储设施，应根据实际需要和自身条件，分别采取就地改造、易地搬迁或改变用途等多种措施。隶属于条条管理的部门仓储设施，要对地方和社会扩大开放。

（四）妥善解决物流园区的用地问题

用地方面的障碍，导致物流园区规划难以"落地"。一是由于用地指标限制，无法取得国有土地使用证，不能满足银行贷款要求，进而导致项目引进的失败。二是物流用地价格大大超过物流企业的承受能力。建设成本成倍增加，物流园区已无法运作物流业务。

我们建议：鉴于物流园区具有基础性、公共性和公益性特点，所以应该妥善解决其用地问题。对纳入国家规划的物流园区土地征用给予重点保障，土地管理部门在审批用地时，要充分考虑物流工作主管部门的意见，优先计划安排。对于资金短缺而成长性较好的物流企业，应当允许其租用物流园区土地进行项目建设，租金应适度优惠，租期应适度放宽。要鼓励物流园区节约使用土地。例如，对重点物流企业以原划拨土地改建物流项目的，在办理土地出让手续时优先、优惠；重点物流企业易地搬迁，原土地拍卖所得可返还用于搬迁安置；建设多层库房的，应减免相关规费。重点物流项目用地，在地价上等同或低于工业用地，相关规费按照下限收取或减征、免征、先征后返。在保证消防安全的情况下，放宽容积率及单体库房面积的限制，消防设施的配备也要区别不同的情况。

（五）拓宽物流园区建设的投融资渠道

物流园区具有高投入、低回报性质，前期投资规模大、资金占用周期长。尽管其收入来源相对稳定，但一般利润率较低，资金短缺问题相当严重。

我们建议：第一，建立支持物流园区发展的专项资金。对于纳入全国物流园区规划、具有发展潜力的物流园区给予优先贷款和贴息。鼓励各级地方政府投资参与符合发展规划要求的物流基础设施建设，并将物流基础设施租赁给物流企业经营，减轻企业一次性投资的压力。第二，允许有发展潜力的物流园区发行不同期限的长期债券，或在创业板市场发行股票融资。第三，依据《商业银行并购贷款风险管理指引》的有关规定，鼓励符合条件的商业银行积极开展面向本土物流企业的网络并购贷款业务，对物流企业拓展物流网络的战略性并购给予信贷支持。第四，要允许金融机构投资参与物流园区建设，开展多样化的投融资服务。第五，鼓励外资和民间资本投资物流园区，形成多渠道、多层次的投融资环境。

（六）注重物流园区周边交通运输配套设施建设

物流园区集中了大量的物流企业，特别是从事配送、运输的企业，这对园区周边的交通基础设施提出了较高的要求。但多数物流园区内部交通微循环和主次干道接驳不利，造成交通拥堵，极大地影响联运效率，迫切需要改善集疏运条件。

我们建议：第一，加大对物流园区道路、交通设施等部分公用基础设施的财政预算投资，对周边道路进行拓宽或扩建。第二，适当放宽入区物流企业车辆限行/禁行限制。第三，有针对性地建立进出园区的绿色通道。第四，考虑物流园区与周边的公交畅通和接驳，增加公交线路进入园区，与外部交通系统形成有效衔接。

（七）实行适宜物流园区运营的税费政策

税收政策是影响物流业发展的重要政策杠杆，相关税赋过重给物流园区的建设和运营带来巨大影响。例如，土地使用税是定税，不随经营状况征收，所以对拥有较大仓库和加工、配送使用场地的物流企业来讲，可以说是决定其经营和生存的关键因素。2006年年底，国务院对《中华人民共和国城镇土地使用税暂行条例》进行了修改，税率比原来提高了1~3倍。部分地区由于土地使用税等级范围和单位税额标准调整幅度过大，增幅甚至高达10倍，全额交纳就会出现巨额亏损。其他相关税费，也有负担过重的问题。

我们建议：第一，凡物流企业为公共服务的仓储设施占地仍执行2006年年底的土地使用税税率，以维持物流企业的正常经营。第二，以物流园区为单位，进行营业税差额纳税试点。凡进驻园区的物流企业，均可享受运输、仓储营业税抵扣政策。第三，落实国家有关企业购置用于环境保护、节能节水、安全生产等的专用设备投资抵免的企业所得税政策。第四，设立物流园区辅助税收征管政策。对入园物流企业所使用的小规模运输业主的统一管理与运输业发票实行代开、代征，可在有条件的物流园区先行试点。第五，物流园区用电、用水、用气等采用工业价格，取消针对物流企业的不符合国家规定的各种收费项目，减轻税费负担。

（八）建立健全物流园区考核评价体系

物流园区的健康发展有赖于规范的物流市场环境。一些地方在物流园区快速发展的同时，也存在定位不准、规划不明、经营不善、管理不力，甚至盲目发展、重复建设的问题，严重影响了物流园区的健康发展。因此，急需建立健全相应的考核评价体系。

我们建议：第一，结合我国物流园区的发展特征，综合考虑区域经济发展、减轻城市交通压力、优化城市布局、促进资源整合、减少环境污染等各项指标，建立社会化的物流园区评价体系和方法。第二，充分发挥行业协会的作用，深入开展物流园区综合评价工作，从行业自律层面强化对物流园区的管理，规范物流市场经营秩序，引导物流园区健康发展。第三，加强物流园区规划、立项的后评价工作，对占用土地而又迟迟不开工的项目，采取有针对性的措施。

（九）组织实施物流园区示范工程和重点项目

物流园区是一个新的事物，其发展是一项复杂的系统工程。近年来，以物流园区为代表的物流业集聚区发展很快，但也显现出良莠不齐、鱼龙混杂的局面。不仅需要加强管理和约束机制，也应该树立典型，加以引导。

我们建议：在深入调查，建立健全考核评价体系的基础上，组织实施物流园区示范工程和重点项目。示范工作由国家发展改革委牵头，制定相应的申报和评审办法，明确示范工程和重点项目的条件、程序和规则，组织实施全国示范工作。对于示范工程和重点项目，应在土地、投融资以及税收等政策方面给予重点扶持，促其快速发展，也为其他物流园区树立标杆，起到示范和带动作用。

（十）统筹协调物流园区的规划建设和运营管理

物流园区的规划建设不同于一般的城市基础设施建设，涉及国家发展改革委、国土资源、交通、铁道、建设、海关、税务、工商等多个部门，以及各省区市，必须加强协调与配合。

我们建议：中央政府层面，应由国家发展改革委牵头，吸收相关部门参加，制定有关的规划与政策，加强对物流园区发展的指导、协调和宏观管理。各级各类物流园区应该实行分级、分类管理，重要节点城市的物流园区应该纳入全国统一规划。地方政府要服从全国统一规划，指定专业职能部门分管物流业及物流园区相关工作。政府相关部门要委托行业协会，了解情况，参与规划，落实政策，加强行业自律。

［说明：此文被 2009 年 9 月国务院办公厅现代物流调研组作为调研提纲，大部分建议被纳入《国务院办公厅关于促进物流业健康发展政策措施的意见》（国办发〔2011〕38 号）］

关于建立我国托盘共用系统的建议

（二〇一〇年九月）

进入新世纪以来，在党中央、国务院的关怀和重视下，我国现代物流业得到较快发展，为保证经济平稳较快增长，推进发展方式转变，发挥了重要的支撑和保障作用。但总体来看，我国现代物流服务体系还不够完善，物流运作成本高、效率低。2009 年，我国社会物流总费用占 GDP 的比率为18.1%，高出发达国家一倍左右。据测算，这个比率每降低一个百分点，就可以创造 3000 多亿元的经济价值。

造成这一状况的原因是多方面的，托盘利用水平低是一个重要因素。托盘是现代物流系统运作的基本单元，统一使用标准托盘，把各种形状各异、大小不一的货物归集为集装单元，是现代物流一体化运作、集约化经营的基本条件。在欧美国家和日本等地，已建立起以租赁制为核心的托盘共用系统。专业化的托盘租赁经营企业拥有大量的托盘，供用户租用。托盘货物单元经历各个作业环节无须拆装；到达供应链末端后，空托盘再返还给设在各地的回收网点循环使用。这样，不仅便于机械化作业，信息化整合，避免多次搬倒，节约物流成本，而且可以减少货损，提高托盘利用率，减轻物流作业对资源和环境的压力。

从发达国家的经验看，建立托盘共用系统，能够创造巨大的供应链综合效益。国外统计资料显示，一个托盘从投入使用到报废，在所承载的物品流通过程中，平均节约储存、装卸和运输费用 500 多美元。通过共用系统，实现循环使用，托盘总量可以减少三分之一；由于系统的严格管理及维修体制保障，托盘寿命可以延长到 6~8 年。按照 6 年使用周期计算，一个托盘年均节约物流费用可达 90 美元左右。日本国土交通省和东京海洋大学黑川研究室的模拟调查结果显示，托盘共用系统对 CO_2 减排贡献巨大，仅在该研究范围内预计每年能够减排 CO_2 达到 11 万吨。

我国在托盘使用方面尚显不足，潜力巨大。一是托盘总量不足，单元化作业比例不高。据统计，美国托盘拥有量达到 20 亿个，日本托盘拥有量达 8 亿个，而我国也只有 8 亿个左右，与我国的经济规模与结构不相适应。二是标准化程度低，通用性差。虽然我国也制定了托盘的国家标准，但宣贯力度不够，企业拥有的托盘规格质量五花八门，无法进入社会公共物流系统。三是没有建立托盘共用系统。企业托盘自购、自有、自用，不能进入供应链循环使用，导致寿命短，效率低。

2009 年，我国货物运输总量已达 278.8 亿吨，货物运输周转量达 12 万亿吨公里。由于没有建立托盘共用系统，带来了巨大的损失。一是资源的浪费。我国每年新制作托盘不少于 6000 万个，其中木托盘与塑料托盘约占 80% 以上。因此每年消耗木材 400 万立方米，消耗塑料原料达 25 万吨之多。二是物流费用的增加。如果我国托盘共用系统建设目标按保守估计 3000 万个的话，每年就可节约 27 亿美元。按照目前的操作方式，等于白白浪费相应的费用。三是不利于国际物流合作。温家宝总理在两次"10+3"会议上都提出加强东北亚物流合作的建议，中日韩三国政府也在努力推进这一事业。中日韩三国托盘业界多次协商，已经成立亚洲托盘系统联盟来推进亚洲托盘事业，日韩之间已经实现托盘系统的对接，建立中国托盘共用系统刻不容缓。

综上所述，托盘利用水平的提高是一个国家物流现代化的基本条件，物流服务的能力和水平是国家综合实力和国际竞争力的重要体现。托盘共用系统是提高社会物流系统效率、降低物流成本的重要基础项目，对于贯彻科学发展观，促进我国经济可持续发展和构筑国际经济合作体系具有重大意义和深远影响。在这方面，我们已经落后于人，但完全有条件，也有办法后来居上。

为建立和完善我国现代物流服务体系，加强国际物流合作，必须早日建成我国托盘共用系统。鉴于这项工程带有全局性、战略性和公益性，特请求政府予以支持。

一是把托盘共用系统建设纳入"十二五"重点物流项目。国务院《物流业调整和振兴规划》指出："推广实施托盘系列国家标准，鼓励企业采用标准化托盘，支持专业化企业在全国建设托盘共用系统，开展托盘的租赁回收业务，实现托盘标准化、社会化运作。"这项任务，应该引起政府有关部门高度重视，在"十二五"期间得到落实。

二是支持组建托盘租赁公司。专业化的托盘租赁公司是托盘共用系统的核心。我们建议，组建以大型国有企业为主要股东的独立企业法人作为运营实体，进行市场化运作。从长远看，该项目具有较好的赢利预期，但由于前期投入大、投资回报周期较长，单纯依靠企业启动困难较大。

我们建议，参照发达国家的经验，采取前期以国家支持为主，后期企业自身滚动发展的方式。初步测算，该类公司创立初期，需要四个方面的投资：一是托盘购置费用。按照初期建成目标为 1500 万个托盘，每个 300 元计，需要 45 亿元；二是网点建设费用。先期在国务院《物流业调整和振兴规划》确定的 21 个全国性物流节点城市和 17 个区域性物流节点城市，建设 48 个托盘回收与维修中心和 96 个托盘仓库，约需 7.5 亿元。三是信息化建设费用。智能化管理信息系统建设软件与硬件投资共计 1.2 亿元。四是标准化与用户设备改造费用。先期对 50 家大型生产和流通企业用户，进行原有托盘处理以及货架等设备的标准化改造，平均每家投入 800 万元，约需 4 亿元。以上四项合计总投资接近 60 亿元。除企业筹措外，希望政府通过财政补贴、投资入股或贷款贴息等多种方式予以资助。预计3~5年后，企业实现赢利，可以保证正常运营和维护的需要。只有国家加大支持力度，才能走出一条中国特色的托盘快速发展道路，尽快赶上发达国家的水平。

三是鼓励企业使用标准化托盘。（1）把标准化托盘纳入固定资产管理。2007年，我国开始执行的新会计准则，把固定资产定义为：同时具有下列特征的有形资产：①为生产商品、提供劳务、出租或经营管理而持有的。②使用寿命超过一个会计年度。新准则没有设定资产单价的限制，托盘符合这样的条件，应该纳入固定资产管理和核算，并享受相关税收政策。（2）对租赁共用系统托盘的用户，给予租赁补贴，逐步把符合标准的自有托盘纳入共用系统。

四是建立政府部门间协调指导机制。物流业是复合型产业，托盘共用系统建设及运营涉及多个政府部门。建议建立综合经济协调部门牵头，各有关部门和行业协会参加的协调指导机制，研究解决方案制订、标准宣贯、实际推广以及与此相关的问题，以保证这项工作顺利推进。

（根据北京科技大学物流研究所所长吴清一教授提供的说明材料修改定稿）

《物流及寄递行业禁毒手册》后记

（二〇一〇年十一月三十日）

编完《物流及寄递行业禁毒手册》（简称《手册》），掩卷深思。我们物流及寄递行业，应该为禁毒堵源截流工作做点儿什么？

首先，要充分认识毒品的祸害。一人吸毒，全家遭殃；毒品泛滥，危及社会。当前，我国毒品犯罪形势十分严峻，禁毒工作任重道远，物流及寄递行业毒品堵源截流刻不容缓。

其次，要履行社会责任。做好客户服务、提高企业效益、促进行业发展是我们的责任，做好物流及寄递行业毒品堵源截流工作，也是企业应尽的社会责任。如果任由毒品泛滥，不仅危及社会，而且企业正常经营也会受到影响。

最后，要掌握禁毒知识。一线工作人员，不仅需要提高禁毒意识，更要学会识毒、查毒的方法，掌握配合公安机关发现和查缉毒品犯罪的本领。

为此，中国物流与采购联合会配合公安部禁毒局、中国人民公安大学等单位编辑了这本《手册》，供物流及寄递行业一线工作人员在实践中学习使用。物流及寄递行业配合公安部门开展毒品堵源截流工作，就从这本《手册》开始吧。

（背景说明：2010年前后，本人配合国家禁毒委员会、公安部禁毒局一起组织禁毒专项调研，联合举办培训班，合作编辑宣传手册，多次参加禁毒执法工作座谈会。2011 年 8 月，由本人与公安部禁毒局李宪辉处长、中国人民公安大学李文君教授等共同策划并修改定稿的《物流及寄递行业禁毒手册》由作家出版社出版。本文是本人为该《手册》撰写的《后记》）

关于物流业营业税改征增值税试点的政策建议

（二〇一一年十二月）

物流业是融合运输业、仓储业、货代业和信息业等的复合型服务产业。国家"十一五"和"十二五"两个五年规划都要求大力发展现代物流业。2009 年 3 月，国务院发布《物流业调整和振兴规划》。2011 年 8 月，国务院办公厅印发国办发〔2011〕38 号《国务院办公厅关于促进物流业健康发展政策措施的意见》（以下简称"国九条"），明确要求"切实减轻物流企业税收负担"。

根据《财政部 国家税务总局关于印发〈营业税改征增值税试点方案〉的通知》（财税〔2011〕110 号）（以下简称《试点方案》）及《财政部 国务税务总局关于在上海市开展交通运输业和部分现代服务业营业税改征增值税试点的通知》（财税〔2011〕111 号）精神，物流业已被纳入本次改革试点范围。

经初步研究，我们认为《试点方案》指导思想明确，基本原则合理。将物流业纳入试点范围，体现了国家产业政策导向，有利于解决重复纳税问题，支持现代服务业发展。《试点方案》首次将"物流辅助服务"列入应税服务范围，并设置了 6% 的适用税率；试点政策会使原有增值税纳税人可以抵扣的进项税额增多，有利于物流企业业务拓展；试点纳税人中的物流企业小规模纳税人税负由原来的 3% 或 5% 的含税税率，降低为 3% 的不含税税率，将会促进中小物流企业发展。但是，我们发现《试点方案》还有一些不足。例如，对于试点中的增值税一般纳税人（特别是从事交通运输的企业），适用税率大幅增加，但由于实际抵扣的进项税额很少，以及实务中大量增值税发票难以取得等原因，试点后的实际税收负担将会大幅增加。再如，依旧把物流业分为"交通运输业"和"物流辅助服务"两种应税服务，实行11%和6%两种不同的税率，与"国九条"基本精神不符，也不适应物流业各环节一体化运作业务模式的需要。此外，还有操作层面将会遇到的问题，也急需明确和解决。

中国物流与采购联合会在认真学习领会国务院、国务院办公厅文件精神以及财政部、国家税务总局《试点方案》的基础上，经过深入调研，现就此次改革实施过程中物流业将会遇到的问题及相应的政策建议报告如下。

建议一：切实解决交通运输业改革后税负增加较多的问题

根据我们对65家分别从事运输、仓储、快递和货代一种或多种业态的物流企业的调查，2008—2010年三年年均营业税实际负担率为1.3%，其中运输业务负担率平均为1.88%。《试点方案》规定，交通运输业适用11%的增值税税率。交通运输企业的人力成本等税法规定不能抵扣项目的支出约占总成本的35%左右。实行增值税后，即使企业发生的其他购进项目全部可以取得增值税发票并进行进项税额抵扣，实际负担率也会增加到4.2%，增幅高达123%，有些企业的税收负担将增加2倍以上。运输业尤其是公路运输是充分竞争的行业，平均利润率只有3%左右，税收负担大幅增加，企业内部无法消化，必然引起运价上涨，从而推高物价。

如是这样的结果，不符合"国九条"关于"切实减轻物流企业税收负担"的基本精神和财税〔2011〕110号文"改革试点行业总体税负不增加或略有下降"的基本原则。

在目前无法调整税率的情况下，建议采取以下措施：一是物流企业所从事的交通运输业务，视同物流辅助服务，采用6%的税率（经测算，略高于营业税实际负担率）；二是相应扩大抵扣范围或实行减计收入计算销项税额，使实际负担率与改革前大体相当；三是经测算核实，实行增值税后，同口径计算税负超过营业税体制应纳税额的部分，先征后返或即征即退。

建议二：合理解决物流业务各环节税率不统一的问题

现行的营业税制度将物流业务划分为交通运输业与服务业（包括仓储、代理等）两类税目。运输、装卸、搬运的营业税税率为3%，仓储、配送、代理等的营业税税率为5%。物流业务各环节税率不统一，票据不一致，对物流业一体化运作形成障碍，是多年来困扰物流业发展的政策瓶颈。

为此，"国九条"明确指出："要结合增值税改革试点，尽快研究解决仓储、配送和货运代理等环节与运输环节营业税税率不统一的问题。"而财税〔2011〕111号中依旧对物流业设置了交通运输（包括陆路运输服务、水路运输服务、航空运输服务、管道运输服务）和物流辅助服务（包括航空服务、港口码头服务、货运客运场站服务、打捞救助服务、货物运输代理服务、代理报关服务、仓储服务和装卸搬运服务）两类应税服务项目。交通运输按照11%，物流辅助服务按照6%征收增值税。

整合各类物流资源，实行供应链管理，一体化运作，开展一票到底业务、一站式服务，是物流企业基本的运作模式，也是客户普遍的服务要求。在实际经营中，各项物流业务上下关联，很难区分运输与物流辅助服务，也增加了税收征管工作的难度。这样的安排不仅与国务院要求不相符合，也不适应现代物流业发展的需要。

我们建议，在不改变《试点方案》及其附件基本框架的前提下，对"物流辅助服务"重新做出解释。可否对以下两类企业提供的物流服务（包括运输、仓储、货代、快递等各环节）统一按照物流辅助服务对待，比照6%税率征收增值税？一是按照国家标准《物流企业分类与评估指标》（GB/T 19680—2005）经评估认定的物流企业；二是按照国家发展改革委等九部门下发的发改运行〔2004〕1617号文的规定，从事运输（或运输代理）和仓储等两种以上业务，能够提供运输、代理、仓储、装卸、加工、整理、配送等一体化服务的物流企业。

建议三：明确快递企业的行业归属及适用税率

快递业务是现代物流业的一种典型业态，近年来得到快速发展。特别是随着电子商务、网上购物需求爆炸式增长，快递服务的瓶颈制约日益明显。在现行营业税体制下，由于对政策的理解和掌握尺度不尽一致，各地税务机关将快递业务分别认定为交通运输业、邮电通信业和服务业等3个不同税目征收营业税。征管标准不统一，是长期困扰快递企业的政策问题。对于这次被认定为试点纳税人的快递企业，多数按照交通运输业纳税人对待，适用11%的增值税税率。有的快递企业不在试点范围之内，依旧按照邮电通信业缴纳营业税。这样，不仅造成同业间适用税种不一致和税负不均，而且被纳入试点纳税人的企业税负增加幅度很大，难以承受。快递业属于劳动密集型行业，可以抵扣的进项税额更少，如按交通运输业11%的税率征收增值税，企业将会面临涨价或歇业两种无奈选择。而且，有些物流企业同时开展运输、仓储、货代和快递各种业态，如果税率不统一，也会带来核算和税收监管的麻烦。

我们建议，明确快递企业所提供的服务为物流辅助服务，统一适用6%的增值税税率；或者暂时不纳入改革试点范围，统一实行邮电通信业3%的营业税税率。

建议四：相应解决试点前物流企业存量资产的抵扣问题

营业税改征增值税试点从2012年1月1日起开始实施，《试点方案》并未对企业在此之前购进的货物和固定资产的进项税额抵扣问题做出规定。物流企业和经营性出租业务所需运输设备一般金额较大，使用年限较长。如一艘船舶购置成本动辄上亿元，使用年限可超过20年。对于连续多年稳定经营的物流企业，车船等运输工具和相应设备已经购置齐备，近几年或更长时间内，不可能再有大额资产购置。由3%的营业税税率改为11%的增值税税率进行试点，又没有固定资产进项税额抵扣，过渡期内企业税收负担将会急剧增加。

根据"全面协调、平稳过渡"的原则，我们建议，对企业在改革前的存量资产酌情准予抵扣：一是对于已购置的存量机器设备和运输工具，将每年计提的折旧额中包含的进项税额核定为可抵扣进项税额；二是对于其他存量应抵扣物资，参照 1994 年增值税改革时对已有存货的进项税额抵扣的方法处理。

建议五：切实解决燃油费、路桥费、保险费及修理费等进项税额抵扣的问题

试点后由于难以取得增值税发票和试点区域限制，物流企业新购买的应税货物和支付的费用在实际操作中可抵扣的进项税额很少。比如，燃油消耗、过路过桥费、修理费、保险费、房屋租金、水电费等支出，在物流企业经营成本中占有很大比重，但多数在实际操作中无法取得增值税发票，也不能作为进项税额抵扣。

我们建议，一些相对固定性的支出（如燃油消耗、过路过桥费、修理费、保险费、房屋租金、水电费等）按照行业平均水平测算应抵减比例，将这些项目的支出作为减计收入处理，计算销项税额。这样，不仅能照顾到物流业全天候、全国范围运营不易取得增值税发票的实际情况，也可大大降低税收监管工作的难度。

建议六：明确发生在境外的快递及相关劳务不予征收流转税

国际快递服务在支持我国制造业和生产性服务业发展，促进我国经济参与国际经济大循环中发挥着重要作用。国际快递业务有着庞大的全球服务网络，依靠全球紧密合作开展业务。对于包括国际快递业务在内的国际运输劳务不征收流转税，是世界各国的通行做法和国际惯例。

2009 年 1 月 1 日起新修订的《中华人民共和国营业税暂行条例》实施后，政府相继出台财税〔2009〕111 号文、财税〔2010〕8 号文及国税函

〔2010〕300号文，在一定程度上为跨境劳务的应税判断做出了进一步界定，但同时也存在一些不明确的地方。如，财税〔2010〕8号文规定，对中国境内单位或者个人提供的国际运输劳务免征营业税。快递业务按照交通运输业被纳入试点，但并没有明确快递业务可享受免税。又如，国税函〔2010〕300号文规定，境外单位或个人在境外向境内单位或个人提供的国际通信服务，不属于营业税征税范围，不征收营业税。与国际通信服务性质相同的快递业务，依然没有被规定享受此项免税。

我们建议，结合这次营业税改征增值税试点工作，考虑到国际快递业务的特殊性，参照国际惯例，明确规定对国际快递服务中由境外单位在境外提供的服务，不征收流转税。

建议七：明确航空货运发票抵扣凭证

货运代理业通过航空公司发货，航空公司不给货代企业开具发票，而以航空货运主单、分单或者结算单作为结算费用的依据。在目前的税收政策中，没有明确这些凭证能否作为抵扣凭证。这次营业税改征增值税试点，航空运输业也被纳入试点纳税人，我们建议，明确航空货运业的结算凭证，可以作为抵扣凭证。

建议八：为物流业试点纳税人设计增值税专用定额发票

物流企业与传统生产制造企业的业务模式和客户类型差异较大，有些物流企业（如，货物运输代理服务企业、代理报关服务企业、仓储服务企业和装卸搬运服务企业等）开票金额小、数量大、频率高。以中国外运长航集团下属华东公司为例，每月开具的发票约为2.5万份，取得的发票则超过10万份。对于这样的试点纳税人，若每笔业务都按照现有增值税发票管理模式开具增值税发票，在发票的购买、开具、比对等方面工作量太大，给企业和税务机关都将带来很大的不便。

我们建议，为适应物流企业经营网点多，发票额度小、用量大的特点，设计增值税专用定额发票（撕本），并允许将增值税专用定额发票作为可抵扣的凭据。

建议九：对交通运输业小规模纳税人增值税发票实行征抵相同税率

财税〔2011〕111号文中规定："原增值税一般纳税人接受试点纳税人中的小规模纳税人提供的交通运输业服务，按照从提供方取得的增值税专用发票上注明的价税合计金额和7%的扣除率计算进项税额，从销项税额中抵扣。"而小规模试点纳税人提供的交通运输服务按3%征收率缴纳增值税，这就产生了4个百分点的差率，有可能造成新的征管漏洞。

我们建议，原增值税一般纳税人接受试点纳税人中的小规模纳税人提供的交通运输业服务时，按照3%的扣除率计算进项税额，从销项税额中抵扣，从制度设计上堵塞偷税漏洞。这样，虽然降低了抵扣比例，但由于此次改革已扩大了可抵扣范围，对增值税一般纳税人预计影响不大。

以上是我们经过深入调研，就这次营业税改征增值税试点工作中遇到的问题，提出的政策建议，提交相关政府部门决策参考，希望予以重视并抓紧解决。中国物流与采购联合会作为行业社团组织，将继续反映行业情况和企业诉求，积极协助政府有关部门做好工作，确保营业税改征增值税试点取得实效，达到预期目的。

（此文由本人起草，中国物流与采购联合会作为正式文件印发）

关于国际货物运输代理服务免征
增值税的政策建议

（二○一三年七月十日）

2013 年 5 月，财政部、国家税务总局发布了《财政部 税务总局关于在全国开展交通运输业和部分现代服务业营业税改征增值税试点税收政策的通知》（财税〔2013〕37 号，以下简称 37 号文），明确自 2013 年 8 月 1 日起，在全国范围内开展交通运输业和部分现代服务业"营改增"试点。37 号文对前期试点中的税收政策进行了梳理和归并，取消和调整了一批试点过渡性政策，进一步规范了税制，使"营改增"政策体系更加完善，也便于理解和执行。但 37 号文对国际货物运输代理服务（以下简称国际货代）问题的有关规定引起了国际货代行业的较强反响。

为此，中国物流与采购联合会于近日专门组织召开了重点物流企业贯彻"营改增"政策座谈会。行业企业普遍反映，37 号文取消国际货代可按营业税规定差额计算销售额（以下简称差额纳税）的规定，将对我国国际货代业带来严重影响，并将影响我国国际运输业的竞争力和进出口贸易的国际地位。现将有关情况和政策建议报告如下。

一、国际货代业的基本情况

"一体化运作、一站式服务"是国际货代业基本的运作模式。国际货代业已经从传统的收发货代理和收取客户佣金发展成为整合国际运输各个环节，为客户提供"一票到底，一站式服务"的第三方物流供应商。业务范围不仅包括传统的揽货、订舱、托运、仓储、包装、装卸、中转、分拨以及报关报检、货物保险等与国际运输相关的服务，还包括国际多式联运、国际快递、合同物流等新兴物流业务，其业务模式正由传统的代收转付向新型国际物流整合的方向发展。这种服务方式，不仅给货主和运输企业带来极大方便，而且促进了社会资源的有效整合和充分利用。

据不完全统计，我国规模以上国际货代企业全额收入每年约为 3000 亿元，行业整体规模不大，但在整合国际航运资源、促进国际货物贸易方面发挥了重要作用。国际货代是联系货主和运输企业的纽带，既要整合众多货主的货运需求，又要安排多个运输企业承担国际运输服务，在经营业态上具有"多对多"的配比关系，是国际货物运输的重要辅助业态。从全球范围来看，目前世界上80%以上的国际海运、空运业务是通过国际货代业完成的。这种集零为整的服务方式，有效解决了货源和运力的匹配问题，有利于满装满载、集约化经营，减少资源消耗，扩大服务贸易，进而提高我国进出口贸易的竞争力。

从我国国际货代企业实际情况看，虽然企业收入和开票额很大，但自身的毛利率很低。其绝大多数收入属于代收转付收费和代垫杂费（运费、港口使费、装卸费、海关费、商检费等），占业务成本的比重平均超过80%。根据国际惯例和业务要求，国际货代企业给客户开具的是包含上述费用的一揽子全额发票，开票金额很大，但其取得的扣除代收转付费用后的实际收入和毛利率水平很低。据业内几家大型企业测算，国际货代业务毛利率一般在1%~3%。

二、37 号文对国际货代业的影响

从长远来看，随着营业税改征增值税全面扩围，取消差额纳税政策是大势所趋。但国际货代业具有一定的行业特殊性，如果单纯取消差额纳税，将给我国国际货代企业和行业带来严重影响，甚至对我国国际运输业和进出口贸易造成巨大冲击。具体表现为以下三方面。

一是国际货代企业税负大幅上升。37 号文取消了差额纳税的规定，绝大部分代收转付收费和代垫杂费无法取得增值税专用发票而需要全额纳税，极大地加重了企业的税收负担。无法取得增值税专用发票的费用，主要是支付给国内外国际运输企业的国际运费和支付给海关、商检等部门的行政事业性收费。其中：国内船东、航空公司和陆路运输企业从事国际运输享受增值税零税率政策，无法开具增值税专用发票；国外符合税收协定免税优惠的船东和航空公司不需要缴纳增值税，仅能开具形式发票；海关、商检等行政事业性收费因未纳入增值税链条，开具的行政事业收据无法抵扣。据测算，取消差额纳税后，行业大型企业应缴增值税增幅超过 200%，绝大多数货代企业将因此出现严重亏损。

二是国际货代业抵扣链条不完整，税负难以转嫁将导致行业发展面临较大困难。目前世界上主要发达国家都将国际货代服务作为国际货物运输辅助服务，比照国际货物运输服务实行免税或零税率政策。而国内外国际运输企业从事国际运输因无须缴纳增值税，无法提供增值税专用发票，导致国际货代企业增值税抵扣链条不完整。由于国际货代业属于充分竞争行业，与相对集中的船东和货主相比议价能力弱，增加的税负难以转嫁，将导致国际货代行业发展面临较大困难。此外，对于 37 号文发布前已经签订的老合同，是基于差额纳税政策确定的价格，短期内难以通过商业谈判转嫁税负。

三是我国进出口贸易和服务贸易将受到严重影响。国际货代行业税负的加重，将提高社会物流成本，直接传导并抬高进出口贸易商品价格，从而降低我国出口商品的国际竞争力，影响我国出口贸易的国际地位。更为重要的是，从长期来看，进出口贸易双方为规避税负增加的风险，将逐步转而采用国外的国际货代企业。国外货代企业则更倾向于选择与国外国际运输企业合作。这一方面会导致国际运费结算地全面转向境外，导致税源大规模流失；另一方面也将严重影响我国目前已陷入困境的国际运输企业的生存和发展，严重削弱我国企业在国际运输市场的话语权和控制力，对国家经济安全也会带来负面影响。

三、关于国际货代免征增值税的政策建议

综上所述，为完善国际货代增值税试点政策，建议对于在中国境内的单位和个人提供的国际货物运输代理服务免征增值税，理由如下。

一是免税不会影响国家财政收入。从增值税流转环节看，国际货代免税后，国际货代企业不得对货主开具增值税专用发票，货主也不得抵扣进项税，免税整体上不会影响国家财政收入。

二是有利于落实国际运输零税率政策。国际货代实质是对国际运输提供辅助服务。在国际运输零税率政策下，对国际货代征税，实际上是在代理环节补征了国际运输环节免征的增值税，将导致国际货代企业与国际运输企业利益格局的重新博弈，影响了国际运输零税率优惠政策的实施效果。因此，给予国际货代免税政策，有利于落实国际运输零税率的政策，真正起到鼓励我国国际运输企业发展壮大的作用。

三是国内货物运输代理虚假适用免税政策的动机不足，免税不会引起税收征管漏洞。首先，我国货代企业提供的服务主要是国际货代服务，国内货代服务比重很小。其次，国内货代销售额按照6%计算销项税，同时可以抵扣国内运费11%的进项税，销项税小于进项税或基本持平，因此国内货代没

有动力虚假适用免税政策。此项政策不会引起税收征管漏洞，无须采取特别的征管手段。

四是国际货代业资质便于认定，有利于税务机关管理。对于从事国际货代业的企业，可凭其营业执照中经营范围列示的"国际货运代理、国际船舶代理"认定其可从事国际货代业务。对于从事国际船舶代理业的企业，还可以依据国际船舶代理经营资格登记证认定其资质。在实务操作中，国际货代企业可通过提单、运单、货物清单或国际航行船舶出口岸许可证证明其所提供的服务属于国际货代服务，通过相关的结算单据证明相关收入属于国际货代收入。单证链条清晰，具备实践操作性。

因此，建议对于中国境内的单位和个人提供的国际货物运输代理服务免征增值税。国际货代企业不得向客户开具增值税专用发票，同时提供国际货代取得的增值税进项税额应予以转出，不允许抵扣。这样就可以解决取消差额纳税后对行业税负的影响，同时也符合国际惯例。

我国广大国际货代企业希望政府有关部门切实解决行业面临的紧迫问题，从而保证增值税改革的平稳、有序进行，进而落实稳增长、调结构的经济发展目标，支持服务业发展，提高我国国际贸易的竞争力。

（财政部、国家税务总局 2016 年 3 月 23 日发出《财政部 国家税务总局关于全面推开营业税改征增值税试点的通知》财税〔2016〕36 号，采纳了我们提出的政策建议，明确规定纳税人提供的直接或者间接国际货物运输代理服务适用增值税零税率政策）

关于集团型物流企业合并缴纳
增值税的政策建议

（二○一四年六月三十日）

2014 年 6 月 11 日，李克强总理主持召开国务院常务会议，讨论通过了《物流业发展中长期规划》，提出"健全土地、投融资、税收等扶持政策，培育发展大型现代物流企业"。目前，我国物流业普遍存在"小、散、差、弱"的问题，市场集中度不够，企业竞争力不强。在网络化、规模化发展方面，还存在诸多政策障碍，集团型物流企业不能够合并计算缴纳增值税就是当前遇到的突出问题。

一体化运作、网络化经营是物流业运行的基本特征，也是规模化、集约化发展的必备条件。集团型物流企业运营和管理模式与航空公司类似，具有总机构集中管控、分支机构分散经营的特点。集团总部集中采购设备和运输工具，分支机构分散使用和维护的情况较为普遍。2013 年 8 月 1 日起，物流业全面纳入营业税改征增值税试点，集团型物流企业面临增值税不能合并缴纳的问题，出现了集团总部和分支机构进销项严重不匹配的情况。总部大量进项税留底长期无法使用，而分支机构因进项额较少而不得不支出大额税金，大大增加了企业的经营成本和税收负担。

《交通运输业和部分现代服务业营业税改征增值税试点实施办法》（财税〔2011〕111 号）第四十二条规定："经财政部和国家税务总局或者其授

权的财政和税务机关批准，可以由总机构合并向总机构所在地的主管税务机关申报纳税。"为解决中国东方航空公司营业税改征增值税试点期间总机构缴纳增值税问题，财政部、国家税务总局曾下发《财政部 国家税务总局关于中国东方航空公司执行总机构试点纳税人增值税计算缴纳暂行办法的通知》（财税〔2011〕132号），并制定了《总分机构试点纳税人增值税计算缴纳暂行办法》，允许中国东方航空公司及其分支机构合并缴纳增值税。

随着"营改增"试点区域范围的扩大，其他航空公司也面临总分机构缴纳增值税的问题。2013年10月，财政部、国家税务总局发布《财政部 国家税务总局关于部分航空运输企业总分机构增值税计算缴纳问题的通知》，批准南航、深航等15家航空公司总分机构合并缴纳增值税。财政部、国家税务总局还重新印发了《总分机构试点纳税人增值税计算缴纳暂行办法》（财税〔2013〕74号），对总分机构试点纳税人增值税计算缴纳办法做了具体规定。此举表明，总机构汇总缴纳增值税已具备在类似行业推开的基础条件。

2013年年底，《财政部 国家税务总局关于将铁路运输和邮政业纳入营业税改征增值税试点的通知》（财税〔2013〕106号）中《营业税改征增值税试点实施办法》第七条的规定，两个或者两个以上的纳税人，经财政部和国家税务总局批准可以视为一个纳税人合并纳税。具体办法由财政部和国家税务总局另行制定。对于增值税纳税地点，第四十二条第一项提出，固定业户应当向其机构所在地或者居住地主管税务机关申报纳税。总机构和分支机构不在同一县（市）的，应当分别向各自所在地的主管税务机关申报纳税；经财政部和国家税务总局或者其授权的财政和税务机关批准，可以由总机构汇总向总机构所在地的主管税务机关申报纳税。这些规定，进一步明确了总机构汇总纳税的政策规定和实施办法。

集团型物流企业汇总缴纳增值税是推动物流企业规模化发展的重要支持措施，具有较为明显的政策推动效应。将有助于统筹业务盈亏，平衡进销项目，降低企业经营成本，减轻企业税收负担；有助于加强统一管控，引导企业一体化运作，促进网络化经营；有助于培育规模化、集约化物流企业，提升发展的质量和效益。目前，我国已经形成了一批集团型物流企业。截至2014年3月，由中国物流与采购联合会依据《物流企业分类与评估指标》国家标准，评估认定的A级物流企业已有2533家，其中5A级物流企业156家，4A级物流企业837家，3A级物流企业1104家（3A级运输型物流企业年货运营业收入6000万元以上，资产总额4000万元以上；3A级仓储型物流企业年仓储营业收入2500万元以上，资产总额4000万元以上；3A级综合服务型物流企业年综合物流营业收入6000万元以上，资产总额4000万元以上）。

为此，建议财政部和国家税务总局批准，比照航空公司相关规定，采用逐户审批的方式，允许3A级以上物流企业总机构汇总向总机构所在地的主管税务机关申报纳税。具体操作按照《总分机构试点纳税人增值税计算缴纳暂行办法》（财税〔2013〕74号）文件的规定执行。

（此件报送财政部、国家税务总局、全国现代物流工作部际联席会议）

关于物流业减少收费降低成本的报告

（二〇一四年九月十二日）

当前，我国社会物流成本仍维持在较高水平，是影响国民经济转型升级、提质增效的重要制约因素。其中，各种名目的收费和罚款是阻碍市场公平竞争，抑制企业主体活力，推高社会物流成本的原因之一。

按照 2014 年 7 月 14 日全国现代物流工作部际联席会议的部署，中国物流与采购联合会经过深入调查，提出物流业减少收费、降低成本的政策建议。

一、切实落实国家取消收费的政策措施

去年以来，为推进简政放权，减轻企业负担，国家明令取消了一批行政事业性收费，涉及物流业的多项行政事业性收费也被列入取消或免征范围。但据我们调查，仍有一些政策措施没有得到有效落实。一些地方转变收费名义，将行政事业性收费改为经营服务性收费，或将有关收费转到下属或关联单位继续收费。如，国家两次正式发文明令取消的运营车辆二级维护检测收费和综合性能技术等级评定检测收费，许多地区仍在收取。收费主体由检测站变为关联修理厂，收费名义由行政事业性收费变为经营服务性收费，收费标准不变或略有增加。还有一些行政事业性涉企收费项目在部分地区取消，

而一些地区仍在收取。如，国家已经在一些地区取消了超限运输车辆行驶公路赔（补）偿费，但是仍有许多地区尚未取消，或转为关联单位收费，增加了物流企业特别是大件运输企业的负担。

为此建议，落实国家和省市出台的关于取消和免征行政事业性收费的有关政策，力破政策"中梗阻"。禁止将行政事业性收费转为经营服务性收费，禁止通过转变收费名义、明收改为暗收或将有关收费转到下属或关联单位继续收费。要加大对此项工作的督查力度，以确保国家政策落到实处。

二、降低公路过路过桥通行费

2013 年，全国公路货车通行费收入约为 1900 亿元，占干线运输企业运输成本的 20% 左右，是运输企业的主要成本之一。企业普遍反映的问题：一是高速公路收费标准偏高。大部分地区 10 吨以上货车高速公路通行费收费费率在 1 元/公里以上，路桥通行费收费费率在 20 元/车次以上。二是收费标准不统一。通行费收费标准均由省级物价、财政、交通部门确定，收费标准不统一；收费依据有按整车重量、按过磅重量、按距离，还有的按集装箱。收费依据不一致，导致企业难以合理估算运费。特别是对于超限运输车辆，一些地方采取 16 倍的惩罚性收费，导致部分大件运输企业的通行费占运输成本超过 40%。三是计重收费有待改进。目前，高速公路加快从按车型收费改为计重收费，大部分地区公路通行基本费率在 0.08 元/吨公里左右，路桥通行基本费率在 1.5 元/吨车次左右，企业普遍反映收费水平总体有所提高。四是已经到期的收费公路，一再延长收费期限。

公路基础设施属于公共产品。目前，世界上的大部分国家的公路建设主要依靠财政投入。改革开放初期，为筹措公路建设资金，我国出台了"贷款修路、收费还贷"政策，为缓解交通基础设施建设"瓶颈"做出了重要贡献。但是"贷款修路、收费还贷"模式在执行过程中也出现了还贷比例低、资金被大量挪用等一系列问题，成为地方预算外资金的重要来源。主要是因为收费公路收支和还贷情况不公开，缺乏社会监督，形成利益输送，这是公众反映最为强烈的问题。许多公路以此为借口，一再延长收费年限，还有一些转为上市公司，谋求高额收入，偏离了政策初衷，加重了企业负担。

为此建议，降低和统一公路收费标准，还公路以公益属性。完善公路计重收费办法，保证合法装载车辆计重收费后负担不增加。严格禁止超期收费，加快有序取消一级及一级以下普通公路收费。

建议，制定收费公路收费公开制度，收费公路信息应当按规定向社会公布，接受社会监督。完善信息公开制度、价格听证制度和价格审计制度。收费公路管理实施地方领导人负责制，公路收支情况纳入年度人大审计。引入社会第三方组织对收费公路收支情况进行审计监督。细化公路收费使用规定，切断公路收费与地方收入的利益链条。

三、切实解决公路乱罚款问题

我国从 1994 年开始治理公路乱设卡、乱收费、乱罚款的"三乱"问题。20 年来，公路"三乱"依然严重，特别是公路乱罚款问题屡禁不止。目前，公路运输企业罚款支出占运输成本的十分之一左右，部分汽车运输、大件运输企业的罚款支出甚至达到运输成本的 20% 左右。企业普遍反映的问题：一是多头执法问题。公路监管执法主体多，主要有交警、路政、城管、运管等部门，还有高速公路、环保、工商、卫生、动物检疫、收费站等部门和单位。二是对违法事实处罚标准不统一。例如"超载"行为，交警的罚款理由是"超载"，依据是行驶证载质量，按照简易程序最高罚款 200 元；路政的罚款理由是"超限"，依据是车辆轴荷，最高罚款 3 万元；城管叫"超重行驶公路"，最高罚款 2 万元；运管叫"超越许可"，最高罚款 1 万元。同一项违法事实，不同部门的处罚标准相差悬殊，且执法结果不能互认，普遍存在

"重复罚款"现象。三是执法自由裁量权大。由于没有统一的执法标准和完善的执法监督，自由裁量权过大，随意性强。企业不得不采取"私了""不开票"等方式逃避执法，也形成了执法的"灰色地带"。此外，执法单位"以罚代管""只罚不纠"现象依然普遍，非法超载超限车辆在缴纳罚款后可以继续上路通行，源头治理难以落实。治理乱罚款问题还没有形成有效的举报、问责和处罚机制，对违规执法约束力不强。

为此建议，一是改革综合监管执法机制。整合规范公路监管执法主体，合并执法队伍，推进公安、交通等综合执法。相对集中执法权，实行执法结果部门间互认机制，解决重复罚款问题。清理各部门不同的执法规定，制定统一的公路监管执法标准，建立执法自由裁量基准制度，细化、量化行政裁量权。结合公路市场的特点，建议统一按照车辆轴荷制定执法标准。规定完成期限，形成全国统一、标准明确、处罚分明的全国公路治理体系和执法制度。

二是落实既有的罚款配套制度。严格执行违法车辆在纠正违法行为后才能上路的规定，规划超限检查站卸载场地。违法车辆在检查站卸载或原路返回，不得在缴纳罚款后上路通行，从起运地杜绝"只罚不纠"现象。落实《公路安全保护条例》规定，由起运地公路管理机构统一受理跨省区市超限运输许可申请，沿线公路管理机构配合道路通行，不再对大件运输等超限运输企业实施重复审查和收费。

三是打破"灰色收入"利益链条。设立公路罚款统一收缴平台，公路执法后不得在现场收取现金，统一在公路罚款收缴平台上或代办点缴纳罚款。加强对基层执法机构的规范管理，严格控制编制，各级地方政府不得下达罚款指标，罚款收入不得与执法单位和个人收入挂钩。

四是公开市场监管执法情况。充分利用全国交通运输行业公路执法行风投诉举报电话。定期公开投诉情况报告，接受社会监督，加强事中事后监管。

四、整顿进出口环节经营服务性收费

我国港口码头长期以来担负着进出口贸易物流主渠道的重任。长期以来，港口码头经营企业利用自身优势地位指定经营、强制服务、强行收费。如，许多地方港口经营单位指定使用与其有利益关系的船舶代理、装卸、拖轮、理货和安保企业等，收取高于市场平均价的运作费用。此外，港口经营单位向航运企业强制收取铅封费、港口附加费、港口建设费、打单费、单证费、码头操作费、移箱作业费、高速公路集装箱通行费、夜间操作费、燃油附加费等不合理的经营服务性收费，增加了企业的运营成本。

海关、商检是进出口环节的监管窗口，也是提高通关效率的关键。目前，海关、商检等部门通过指定的关联单位或第三方服务提供商收取各类经营服务性费用。如，企业注册登记费、报关员注册/注销/延续费、电子口岸卡解锁/延续/换卡费、过磅费、查验/缉私扣货仓储费、货物进出口证明书费、报关单/法检申报单/私人物品查验记录单等各类单证购买费、报关员注册备案登记费、报关员培训考试发证费等。收费名目繁多，企业为了完成报关报检程序不得不缴纳，上述费用增加了通关成本。

目前，海关、商检等部门都搭建了进出口 EDI 通关系统等管理服务平台，并要求通关企业通过平台传输数据，由指定的信息技术公司收取较高费用。据了解，数据传输费用收费标准是：快递 1 元/票，普货 30 元/票。按照 2012 年我国进出口国际快件 1.8 亿件计算，单单国际快件每年征收的服务费就达上亿元。此外还有，报关单预录入费、新舱单系统数据传输费等。

通关申报属于政府提供的一般公共服务，应通过财政预算予以保障；或者引入市场竞争机制，通过市场调节价格，从而降低企业通关成本，进一步促进贸易便利化。

为此建议，一是全面清理港口码头经营单位向企业收取的经营服务性费用，严禁指定经营、强制服务、强行收费行为。规范收费定价机制，确需实行政府定价、政府指导价的相关物流服务纳入政府定价目录管理，严格核定服务成本，制定服务价格。建立健全进出口环节物流收费目录清单，推进收费管理透明化、制度化、科学化。

二是清理进出口货物海关、商检相关的经营服务性收费，凡是与行政执法或者管理相关的收费项目，由同级财政提供资金保障。取消各类单证费用，取消仓储等海关监管手续费用，取消报关员相关注册费用。

三是清理进出口管理平台服务收费，取消海关、商检 EDI 通关系统数据传输收费，由同级财政预算安排相关平台服务经费，不得通过有关信息技术公司等市场经营主体向企业收费。或者引入市场竞争机制，增加市场竞争主体，打破政府指定运营商的垄断地位。此外，建议加快推进关检"三合一"（一次申报、一次查验、一次放行），取消同类数据向海关、商检双向传输的做法，减轻企业负担。

五、进一步加强涉企收费管理

由于物流业涉及领域多、覆盖范围广，涉企收费仍然较多。许多地方和单位通过各种方式设置了行政事业性收费或经营服务性收费。如，船舶登记费、新车购置附加费、新车上牌费、新车上户检测费、机场处置费、垃圾清运费、污水处理费、环境监测服务费、卫生费、工商查询费等，有待进一步清理取消和整合规范。一些政府性基金政策效应不明显，如价格调节基金、防洪基金、残疾人保障金、水利建设基金等。

为此建议，落实国务院办公厅关于进一步加强涉企收费管理的有关规定，在物流领域开展涉企收费管理改革试点。建立涉企收费目录清单制度，不断完善公示制度，加强社会监督。清单之内的涉企收费，逐步减少项目数量；清单之外的涉企收费，一律停止执行。

中国物流与采购联合会作为行业社团组织，愿意配合政府有关部门，通过全国现代物流工作部际联席会议的工作平台，积极反映企业诉求，继续加强政策研究，做好减少收费降低成本的工作。

特此报告。

（此文由本人起草，中国物流与采购联合会作为正式文件印发）

我国物流业发展趋势和相关政策问题及建议

（二〇一五年七月八日）

一、我国物流业发展的新趋势

2014 年 9 月，国务院发布《物流业发展中长期规划（2014—2020 年）》（以下简称《规划》），对物流业发展做出新的部署。我个人理解，从现在起到 2020 年，我国物流业进入一个新的发展阶段，将体现"三期叠加"的阶段性特征。

一是物流产业地位的提升期。从 20 世纪 70 年代末改革开放初引入"物流"概念，到 2006 年"十一五"规划纲要确立产业地位，再到 2009 年列入国务院十大产业"调整和振兴规划"，我国物流业经历了产业地位确立和不断提升的过程。这一次国务院《规划》明确提出物流业"是支撑国民经济发展的基础性、战略性产业"，不仅是对物流业产业地位的精准定位，也进一步明确了产业地位提升的基本方向。

二是现代物流服务体系的形成期。《规划》在"指导思想"中提出，"着力建立和完善现代物流服务体系"。又在"发展目标"中明确，"到 2020 年，基本建立布局合理、技术先进、便捷高效、绿色环保、安全有序的现代物流服务体系"。这是物流业发展的战略目标，也是这一阶段的重要任务。

三是物流强国的建设期。从总量规模来看，我国已成为"物流大国"，但并非物流强国。物流运行总体上成本高、效率低，存在诸多体制机制障碍，相应的服务贸易长期滞后，国际竞争力有待加强。特别是"一带一路"倡议的实施，对我国物流业国际化发展、物流强国建设提出了新的要求。

在这样一个"三期叠加"的发展阶段，我国物流业发展逐步呈现一些新的趋势和特点。

——总体运行的大趋势：常态趋稳，动态调整。经过连续高速增长之后，我国物流业增速自 2012 年以来一路放缓。社会物流总额和物流业增加值增幅，分别由 2011 年的 12.3% 和 13.9%，降为 2012 年的 9.8% 和 9.1%，2013 年的 9.5% 和 8.5%，2014 年的 7.9% 和 9.5%，今年以来仍然延续了小幅回落的势头。在总体运行放缓趋稳的同时，结构调整步伐加快。需求结构、供给结构、地区结构、城乡结构以及增长的动力，已经和正在发生深刻变化。今后一个时期，我国物流业将从规模速度型粗放式增长逐步转向质量效率型集约式增长，从增量扩能为主转向调整存量、做优增量并存的深度调整。

——市场需求的新特点："黑冷白热"，网涨店缩。随着结构调整的深入，钢铁、煤炭、水泥、矿石等"黑货"增速进一步趋冷；而属于生活消费品的"白货"保持持续增长。2014 年，以大宗货物运输为主的全国铁路货物运输量有所下降，今年以来仍然延续了下滑态势。社会消费品零售总额 2014 年全年增长 12%，今年仍然保持上升势头。网上零售额去年全年实现 2.79 万亿元，同比增长 49.7%，占全年社会消费品零售总额的 10% 强。与此同时，一些实体店铺、批发市场、"提袋消费"销售萎缩。2014 年，全国完成快递件量 140 亿件，农村新增快递网点 5 万多个。线上与线下结合的城乡社区物流服务、"门到门"的末端消费潜力逐步显现，个性化、多样化、体验式物流服务成为"新亮点"。

——组织结构的新变化：平台整合，产业融合。2014 年，平台整合方兴未艾。物流园区、"公路港"等实体平台迅速扩张，车货匹配的虚拟平台风起云涌，物流金融服务等监管平台开始出现。虚拟平台和实体平台相辅相成，天网和地网互联互通。具有竞争优势的平台型企业"裂变式"发展，在物流地产、快递快运、干线运输、汽车物流、冷链物流等细分领域开始占据主导地位，市场需求正在向优势企业和品牌集中。制造业与物流业"两业联动"，逐步走向商贸业、农业、金融业等"多业联动"，合作共赢的"产业生态圈"正在形成。以某个产品或产业为核心，相关的研发、采购、设备、制造、维修、销售、物流、回收以至于金融、保险等业态高度集聚，协同发展的"产业融合体"雏形显现。

——物流企业的新对策：互联网加，供应链乘。以互联网思维改造传统运营模式，云计算、大数据、物联网、移动互联等信息技术广泛应用。一批车货匹配平台迅速崛起，行业门户应用从 PC 端向移动互联延伸；车联网技术飞速发展，向车队管理、智能调度、金融服务等领域全方位扩展；嵌入物联网技术的物流机械化、自动化智能设备快速发展，促进了流程的可视化、可跟踪和可追溯；中国智能物流骨干网开始建设。物流企业运用供应链理念跨界经营。电商企业构建物流系统，物流企业增加电子商务功能；快递企业干普货，干线企业做快递；物流企业参与采购、供应、分销、物流供应链一体化服务。许多物流企业开始海外布点，跨境电子商务热度不减，服务供应链向全球延伸。

——行业发展的新动能：资本驱动，科技创新。2014 年物流业投资增势迅猛。京东集团、阿里巴巴先后上市，一大批知名物流企业已经或正在筹备上市融资，并购、重组案例层出不穷，各类投资机构普遍看好物流业。据不完全统计，获得风险投资基金的车货匹配类信息平台不下 150 家。各类资本大量介入，新的经营模式受到资本追捧，正在改变着传统的"游戏规则"。"免费仓储""免费运输""免费配送"等模式，冲击传统商业底线，对传统物流企业盈利模式形成巨大挑战。随着人口老龄化发展，劳动力成本逐步提高，科技创新的重要性显著提升。"以机器替代人"的趋势带动现代化物流装备产业蓬勃发展，加速物流业信息化、机械化、自动化进程。

——政府层面的着力点：规划先行，示范启动。2014 年，《规划》正式印发，《促进物流业发展三年行动计划》随后出台。在国务院刚刚发布的"互联网+"行动意见中单列"互联网+"高效物流一条，并在"互联网+"协同制造、"互联网+"现代农业、"互联网+"电子商务、"互联网+"便捷交通等条目中都提到了物流业。各有关部门和多数地方对物流业的重视和支持程度普遍提高，与物流相关的规划与政策密集发布。全国现代物流工作部际联席会议制定新的议事规则，注重政策协调。以落实《规划》为抓手，各有关部门从各自的职能出发，持续改善行业政策环境。由政府部门主导的新一轮示范城市、示范园区、示范企业、示范信息平台、甩挂运输、货运场站、物流配送等试点示范工作全面推进。国家发展改革委等三部门联合发文，委托中国物流与采购联合会组织开展示范物流园区工作。

二、物流业发展中存在的主要政策问题及相关建议

本人在中国物流与采购联合会负责与政府部门对接，参与全国现代物流工作部际联席会议办公室工作，反映企业诉求，提出政策建议。自《规划》发布以来，部际联席会议实行新的运行机制，加大了协调力度，协调解决了一些具体问题，受到企业欢迎。但一些紧迫问题仍未解决，企业反映强烈。

经过深入调查，现将物流企业反映强烈的 10 个紧迫问题报告如下。

（一）关于税收方面的 2 个紧迫问题

1. 物流企业土地使用税减半征收政策的延续问题

背景： 2012 年，财政部、国家税务总局根据国务院《物流业调整和振兴规划》（国发〔2009〕8 号）及国办发〔2011〕38 号文的要求，下发《关

于物流企业大宗商品仓储设施用地城镇土地使用税政策的通知》（财税〔2012〕13号）。明确自2012年1月1日起至2014年12月31日止，对物流企业自有的（包括自用和出租）大宗商品仓储设施用地，减按所属土地等级适用税额标准的50%计征城镇土地使用税。

该项政策的出台，取得了明显成效。一是企业税负大幅下降。据中国物流与采购联合会《2013年度减轻物流企业负担调查报告》，与上年相比，2013年调查企业土地使用税平均减少31.4%。以中储股份为例，中储股份2013年缴纳土地使用税约2200万元，单项税负支出下降45%。二是拉动基础设施投资。随着减半征收政策的实施，物流仓储设施投资回报率有所上升，拉动了仓储设施投资需求。近两年来，仓储业固定资产投资连续保持30%左右的增长速度，远高于全国固定资产投资增速，进而建成了一批新的高标准仓储设施。仓储业固定资产投资的持续高速增长，成为我国稳增长趋势下的增长亮点。三是促进集约节约利用土地。与传统单一的仓储设施相比，新建仓储设施在区域上更加集中，产业集聚效应明显，形成了新型物流仓储组织模式，对于满足城市多样化物流需求，集约节约利用土地开始发挥积极作用。

目前，该项政策已经到期，亟待后续政策延续。2014年年底，报经国务院同意后印发的《促进物流业发展三年行动计划（2014—2016年）》，明确提出"2014年底前，研究下一步物流企业土地使用税政策"。国办在批复中也明确要求，发展改革委要督促财政部等部门做好有关工作。

当前，各地上半年土地使用税征缴工作已经开始。物流企业普遍反映，由于近几年土地使用税单位税额普遍提高，如果该项政策不能延续，物流企业税负水平将高于政策实施前，减税红利将在短期内被蚕食。据调研了解，2011年中储股份所属河北物流中心5.7万平方米的仓储用地单位税额为9元/平方米，缴纳土地使用税52万元。2013年则上涨为30元/平方米，涨幅达233%，应缴土地税170余万元。减半征收之后仍须缴纳85余万元，比2011

年增加了 60% 以上。郑州物流中心的仓储用地单位税额由 2011 年的 8 元/平方米上涨为 12 元/平方米，涨幅达 50%。山东省从 2014 年 7 月 1 日起，调整了土地使用税征缴标准，一级仓储用地从 8 元提高到 14 元。又把物流园区用地从二级提高到一级。如减半征收政策不能延续，物流园区用地的土地使用税将从 3 元提高到 14 元，物流企业不堪重负。长期来看，土地使用税过快上涨将影响企业投资积极性，我国仓储物流设施总体不足的局面难以扭转，也不利于物流业乃至国民经济的转型升级。

建议：在房地产税收立法改革前，按照确保稳妥的原则设立过渡期，延长土地使用税减半征收政策，至少到 2020 年。同时，尽快启动与房地产税改革的衔接和过渡工作。进一步明确享受政策的物流企业认定范围，保证政策的实施效果和覆盖范围。

2. 个体运输业户无法开具增值税发票问题

背景："营改增"试点方案的指导思想是"改革试点行业总体税负不增加或略有下降"。"营改增"以来，公路货运业税负大幅增加，实际税负普遍增长 85%~120%。许多地区采取财政补贴政策，企业总体税负增加不明显。但是，企业普遍反映，财政补贴政策不透明、流程烦琐、结算时间长。且财政补贴往往是年度结算，占压了企业资金。还有一些地区没有出台财政补贴政策，导致企业税负难以消化。许多地区尚未明确 2015 年度财政补贴政策是否延续，带来了较大的不确定因素。

物流企业税负增加，重要原因之一是处于增值税抵扣第一链条上的个体运输业户由于征管难度较大无法开具增值税发票，导致物流企业无法取得足额发票作为进项抵扣，加重了企业税务负担。一些企业不得不通过不合规方式增加进项抵扣，带来了较大的税务风险。当前，财务不合规已经成为制约物流企业上市融资的普遍性问题，影响到物流业利用资本市场做大做强。

此外，房屋租赁费、过路过桥费等占物流企业成本较大比重的费用尚未纳入增值税抵扣范围，也导致物流企业税负难以下降。

建议：按照目前的技术条件，只要措施到位，完全有条件控制虚开发票问题。第一，允许劳务接受单位（付款方）代开发票，并对其真实性负责，突破只能由车籍所在地税务机关代开的限制。第二，充分利用物流园区和货运信息平台，开发平台监管和开票的新型征管模式。第三，以车辆"车牌号"为唯一识别码，按小规模纳税人适用税率开具增值税专用发票。税务机关根据"车辆载重吨位"等指标进行预警设置，从总量上杜绝虚开发票。第四，开票时提供运输合同、司机驾驶证、车辆行驶证、司机身份证等证件复印件。运费结算统一通过银行办理，逐步将现金结算过渡到银行结算，便于事后监督。第五，提升信息化监管水平，降低税务风险。劳务接受单位将货物运输经营过程中产生的业务签订（承运合同）、业务跟踪（货运路径）、业务付款（运费结算）等信息进行备份，接受税务机关的数据稽核和日常抽查。此外，逐步将房屋租赁费、过路过桥费尽快纳入增值税的抵扣范围。切实解决物流企业"营改增"税负增加及税收合规问题。

（二）关于城市配送方面的 4 个突出问题

3. 城市配送车辆进城难问题

背景：目前，城市交通管理"重客轻货"思想严重，多数城市采取限制货运车辆进城的交通管制措施，主要采取通行证管理方式进行总量控制，存在较高的监管成本。同时，货车进城普遍受到通行时间和区域限制，且限制通行区域范围不断扩大，大大影响了通行效率。为规避通行限制，大量客车违法载货现象突出，实际上增加了车辆进城频次，降低了配送效率。此外，由于大部分城市基础设施、大型商场超市没有规划物流配送停靠区域，导致城市配送停靠装卸难、作业效率低、等待时间长，增加了商超等设施周边的交通拥堵。

建议：建立配送车辆分类管理机制，严格城市配送专用车型市场准入，制定配送车辆专用标识和管理规范，保障标准化物流配送车辆进城通行。加强车辆动态监控和城市物流公共信息平台建设，实现配送运力的实时监测和动态调整。除特大城市中心城区以外，逐步取消通行证管理制度，使运力需求由政府控制向市场调节转变。制定城市配送车辆绿色环保更新机制，鼓励建立"绿色车队"，引导新能源和清洁能源车辆在物流配送领域的应用。加强对配送车辆停靠作业的规范管理，在城市商业区、办公区、居住区、学校和大型公共场所等地科学布局和设置专用临时停车位或临时停车港湾等停靠作业区域。配送车辆统一进区作业，不得随意停靠。制定配送车辆停靠管理办法，规范停靠时段、费用、作业时间。加强新建城市基础设施、大型商场超市的交通评价工作，在前期规划中科学设置物流配送停靠作业区域，作为项目运营的前置条件。对现有大型商超设施要求限期改造，设置停靠作业区域。引导商贸企业外包或开放自有停车场地、配送站点作为停靠作业区。

4. 城市配送网络设施的建设问题

背景： 随着各地城市扩围和土地价值的提升，城市周边仓库设施不断外迁或转为他用，导致物流中转分拨节点缺乏，配送距离和配送成本大幅增加，难以保障城市居民的生活消费需要。随着电商和快递的发展，城市末端配送需求快速提升。而现有末端配送设施落后、网点缺乏、成本较高，难以满足城市配送的要求。

建议： 推行"子母库"配送模式，在城市周边规划和建设一批公共型的城市配送基础设施作为"母库"，在大型商业网点和居民区设置暂存货物的"子库"。为推行夜间配送、共同配送模式创造条件，以提高配送效率，保障城市居民生活消费的配送需求。出台相关政策，对于物流园区、配送中心等物流设施用地进行硬性规定和立法保护，不得随意变更用地性质和规模，保护现有物流设施用地。

5. 城市配送网点的设立问题

问题： 随着城市配送的发展，末端配送需求不断增加，带动配送渠道逐步下沉，配送和快递企业加快在城乡设立分支机构，主要是配送站点。特别是随着电子商务的快速发展，产生了一批"落地配"公司，主要承接电商和快递企业的城市配送工作，主要收入来源是派件业务。目前，许多地方查处无证无照经营行为，要求配送站点具备全套的工商资质，否则就罚款或者关闭。还有的大型物流企业只是因为一个物流项目的需要，在一定时期内在某地设立临时网点，项目完成后即撤销。但有关部门照样要求进行各项登记管理，设立财务部门和人员。这大大增加了企业的前期开办成本和后期经营成本，不利于新型商业模式的创新发展。

建议：简化设立网点审批手续，推广"一照多址"模式，在同一县（市）、区行政区划内且无需前置审批的配送站点，只需申请在营业执照上加载新的经营地址即可。对于临时网点，可以采取更加便捷的临时管理措施。

6. 城市配送车辆车型规范问题

问题：城市配送车辆大部分为轻型厢式货车，由于最大设计总质量标准过低，核载能力不高，导致大部分配送车辆存在事实上的超载问题。此外，许多地区随着交通管制的加强，"一刀切"地禁止电动三轮车上路通行，导致城市配送"最后一百米"配送压力大大增加。

建议：目前，工业和信息化部、交通运输部、公安部等部门正在进行GB 1589国家标准的修订工作。建议在标准修订时，提高配送车辆最大设计总质量上限标准。同时，制定非机动配送车辆标准和认证规范，允许符合标准的认证非机动配送车辆从事社区配送业务。

（三）关于车辆维护和驾驶员资质问题

7. 道路运输车辆二级维护问题

问题：目前，按照《中华人民共和国道路运输条例》《道路运输车辆维护管理规定》等法规的要求，货运经营者必须按规定维护和检测运输车辆，道路运输车辆运行到国家有关标准规定的行驶里程或间隔时间必须按期执行维护作业。目前，大部分地区要求道路运输车辆每季度进行二级维护，且超期 15 天以内罚款 1000 元。总体来看，二级维护时间间隔较短，且随着车辆性能的增强二级维护的必要性减弱。由于道路运输车辆在全国范围内运行，受运输任务和道路情况等因素影响，往往无法按时回到车籍所在地进行二级维护，导致车辆罚款。此外，交管部门每年进行车辆年检，和运管部门的二级维护性质类似，增加了企业负担。

建议：对于车辆维护和检测采取分级管理。将普通道路运输车辆二级维护和车辆年检合并，每年进行一次综合检测，平时可选择性地进行随机抽查。对于危化品运输车辆可以采取强制维护。

8. 道路运输从业资格异地考核年审问题

背景：目前，货运司机都要有车管所颁发的驾驶证和运管所颁发的道路运输从业资格证。从业资格证有效期为六年，其间不需年审，但要参加每年一次的诚信考核。按照规定，货运司机从领证之日起计算，届满前 20 日，到档案所在地（一般为户籍地）设区的市级道路运输管理机构签注诚信考核等级，相当于"年审"。由于货运司机流动性大，工作地点与户籍地往往不一致，"年审"往往要返回户籍地办理，导致车辆停工、业务停滞，增加了企业负担。从业资格证还存在年审收费高、周期短、耗时长等问题。一般从预约到审验合格大约需要半个月，年审期间司机存在无证驾驶风险。

建议：在全国加强道路运输从业资格信息的互联互通。允许道路运输从业资格证异地进行诚信考核，降低年审费用，简化办理手续。适时将驾驶证和从业资格证年审合并，实行一次年审。

（四）关于涉企收费减少行政审批问题

9. 清理进出口管理平台服务收费问题

问题：目前，海关、商检等部门为便利通关都搭建了进出口 EDI 通关系统等管理服务平台，并要求通关企业通过平台传输数据。据了解，海关 EDI 数据传输由中国电子口岸各地方数据分中心及其指定的第三方服务提供商收取费用，属于准入型的经营服务性收费，具有一定的强制垄断性。目前，海关 EDI 数据传输收费标准是 1 元/票。按照 2012 年我国进出口国际快件 1.8 亿件计算，单单国际快件每年征收的服务费就达上亿元。部分口岸商检部门也开始收取 EDI 数据传输费，但没有公布收费依据。

据了解，各口岸海关指定第三方服务提供商收取报关单预录入费用，收费标准是 30 元/票，价格为统一垄断高价。部分地区开放了数据录入端口，但是还没有实现全面开放。一些地区即使开放端口，仍需要收取通道费用。还有即将上线的海关进出口舱单系统，其中涉及舱单数据传输部分，目前部分地方口岸指定的第三方服务提供商也提出与 EDI 传输相类似、更高昂的收费方案。由于舱单系统涉及的报告类型众多，传输费用也猛增至 12 元/票以上。

此外，海关、商检等部门通过指定的关联单位或第三方服务提供商收取各类经营服务性收费。如，企业注册登记费、报关员注册/注销/延续费、电子口岸卡解锁/延续/换卡费、过磅费、查验/缉私扣货仓储费、货物进出口证明书费、报关单/法检申报单/私人物品查验记录单等各类单证购买费、报关员注册备案登记费、报关员培训考试发证费等。收费名目繁多，企业为了完成报关报检程序不得不缴纳。这些经营服务性收费涉及行政审批、市场监管和准入等方面，具有一定的强制垄断性，增加了企业通关成本。

建议：清理进出口管理平台服务收费，引入市场竞争机制，开放数据通道，增加市场竞争主体，打破政府指定第三方服务提供商的市场垄断地位。放开数据录入端口，允许企业自行录入，免收预录入费。推广全程通关的无纸化，从源头上推行信息化，取消预录入环节。加快推进关检"三合一"（一次申报、一次查验、一次放行），取消同类数据向海关、商检双向传输的做法，避免重复收费。

清理进出口货物海关、商检相关的经营服务性收费，凡是与行政审批、市场监管和准入相关的项目，一律取消收费。取消各类单证费用，取消仓储等海关监管手续费用，取消报关员相关注册费用。

10. 允许分支机构使用总部资质问题

问题背景：物流业具有网络化经营的特点，各地分支机构接受总部安排，是业务具体运作的主体。

主要问题：目前，企业总部取得的资质证书，分支机构往往需要重新申报，形成层层审批的局面，且各地资质申报程序不同、要求不一。如道路运输许可证，由县级道路运输管理机构负责发放。总部获得资质后，分支机构仍要到当地道路运输管理机构重新申请。且各地有不同的申报要求，甲地取得乙地不认，总部资质分部不认，去年资质今年不认。有的地方名为下放审批权限，将原来的地市级主管部门审批，改由县一级审批，实际上增加了审批难度。企业为了应对审批，设置了数量庞大的"证照专员"，专门办理各种审批事项。

建议：企业总部申请获得的证书资质，各类分支机构均可备案获得。分支机构应在合理时限内达到相关资质规定的要求，由相关管理部门加强事中事后监管，不再进行层层审批。

（此文为民建中央企业委员会物流工作组向全国政协提交的提案）

关于物流领域高新技术企业认定问题建议的函

（二〇一五年八月一日）

按照全国现代物流工作部际联席会议 2015 年第二次办公室会议的部署，中国物流与采购联合会经过调研，现提出对《高新技术企业认定管理办法》（以下简称《办法》）中物流领域高新技术企业认定问题的建议。

一、物流业具备高技术服务业的特征

物流业是融合运输、仓储、货代、信息等产业的复合型服务业，利用现代化技术与信息化手段，依托行业专有知识，主要通过技术创新、流程创新和管理创新，针对客户需求和变化的市场环境，提供高附加值物流服务，具有较强的知识密集性，具备高技术服务业的特征。

由于物流业提供的服务具有非物质化、及时性、服务过程的非标准化和服务消费形式的灵活性等特点，所以对于它的技术含量的理解区别于制造业。

制造业以技术（自然科学技术）水平的高低为衡量基础，结合专利水平、研究开发的强度（资金投入）以及人力资本结构，主要侧重于"硬技术"。

物流业等服务业主要是技术应用，以知识（社会科学专有知识）的密集程度、管理创新性、流程创新性以及高级人才的密度为衡量手段，更加侧重于"软技术"。

物流业等服务行业的技术水平更多是"软性"的，大多没有专利可以申请，而目前行业创新活动大多体现为管理创新和流程创新，具体体现在提升物流服务的附加价值上。所以，对物流业等服务业技术含量的认定可以考虑两个方面的结合：一方面，借鉴制造业技术含量的认定办法，并结合行业特点适当放宽；另一方面，就企业在服务功能、商业模式、流程变革、管理创新等方面的实行情况，按照是否提升服务附加价值的基本标准进行判断，发挥行业协会和专业人士的作用，通过与行业中其他企业的纵向比较，判定其高新技术的含量。

二、关于高新技术企业认定条件与程序的修改意见

（一）关于核心技术

《办法》第三章"条件与程序"第十条规定，高新技术企业认定须满足的条件之一是：在中国境内（不含港、澳、台地区）注册的企业，近 3 年内通过自主研发、受让、受赠、并购等方式，或通过 5 年以上的独占许可方式，对其主要产品（服务）的核心技术拥有自主知识产权。

由于物流业等现代服务业主要是技术应用，对于核心技术更多是应用开发，往往没有自主知识产权。同时，物流业创新主要集中在流程创新、模式创新、管理创新等方面，属于"软技术"。建议改为：对其主要产品（服务）的核心技术拥有自主知识产权或没有知识产权争议。产品（服务）涉及的流程创新、模式创新、管理创新等处于领先水平。

（二）关于研发人员

《办法》第三章第十条第（三）款要求：具有大学专科以上学历的科技

人员占企业当年职工总数的 30% 以上，其中研发人员占企业当年职工总数的 10% 以上。由于物流业等现代服务业客户服务人员及劳务服务人员占比较高，因此建议，将研发人员占比要求取消或对于物流业等现代服务业减半要求。

由于物流业等现代服务业的技术应用属性，因此技术应用人员占比较多，单纯从事技术研发的人员占比与制造业等其他产业相比较低。同时，服务研发更多涉及流程创新、模式创新、管理创新。建议对于研发人员与应用人员等同考虑，研发人员中包含流程、模式、管理研发人员。

（三）关于研发费用

《办法》第三章第十条第（四）款，对企业研究开发费用总额占销售收入总额的比例提出了具体要求；第（五）款对高新技术产品（服务）收入占企业当年总收入的比例提出了具体要求。但物流企业研发费用普遍较低，难以达到上述要求。考虑其应用大于研发的特殊性，建议研究开发费用中包含技术应用开支费用和服务研发开发费用。

三、关于高新技术领域中现代物流部分的修改建议

《办法》附件《国家重点支持的高新技术领域》第五项"高技术服务业"第 2 条列出"现代物流"：具备自主知识产权的现代物流管理系统或平台技术；具备自主知识产权的供应链管理系统或平台技术等。其表述较为笼统，失之简单。从目前的发展情况看，经调研梳理，建议做如下修改：

现代物流

物流信息技术：物流跟踪定位技术、无线射频识别技术、物流可视化技术、智能配货技术、车联网技术、位置服务技术、移动物流信息服

务技术、物流管理软件；基于北斗导航、物联网、云计算、大数据、移动互联等先进信息技术的物流应用。

物流信息平台：物流公共服务平台、综合运输信息平台、物流资源交易平台、电子口岸、大宗商品交易平台、车货智能匹配平台；基于物流信息平台的开发利用。

物流装备技术：自动仓储技术、自动搬运设备技术、快速分拣技术、自动引导车辆技术、铁路重载运输技术、车船智能运输技术、集装箱单元化技术、物流安全检测技术、自动拆包与包装技术、托盘/周转箱循环共用系统。

供应链管理技术：运输管理技术、仓储管理技术、配送管理技术、货运代理技术、快递管理技术、供应链一体化技术；物流与供应链管理咨询。

（此件报送全国现代物流工作部际联席会议）

关于进一步推进物流业减证放照的报告

（二〇一五年九月）

2014年9月，我会受全国现代物流工作部际联席会议办公室委托，开展了物流业所需证照的调查工作，提交了《关于物流业清理证照减轻负担的报告》。一年来，在政府有关部门的积极努力下，清理证照、减轻负担的工作有新的进展。

为推动相关政策贯彻落实，进一步深入推进物流领域简政放权，切实减轻物流企业负担，我会从6月起开展了2015年度物流业相关证照调查摸底工作。调查显示，目前我国物流业所需证照资质约为70项，相关审批事项依然较多，有待改进、简化、合并或取消。现将有关情况及建议汇报如下。

一、我国物流业证照摸底情况

据调研不完全统计，我国物流业所需证照资质约为70项，涉及工商、运输、快递、货代、安全、质检、海关、环保、商务等。其中，运输、质检、海关涉及证照资质项目较多。运输涉及证照资质占近一半，其中，道路运输、水路运输、危化品运输所占比重较大。目前，包括道路运输经营许可证等的大部分证照审批调整为后置审批，便利企业开展业务。但是，还有快递业务经营许可证等少部分证照审批为前置审批。大部分证照资质审批已经下放地方，但是也有部分证照仍需要省级或国家级主管部门审批。大部分证照资质需要年审，需要提交相关材料，审批办证免费（具体见本节附件）。

二、我国物流业证照管理长期存在的问题

（一）部分审批事项不适应发展要求

当前，随着我国经济的快速发展，特别是互联网的普遍应用，许多新的经营模式不断涌现，现有的审批管理规定已经不适应发展要求，成为行业创新发展的障碍。如，随着"互联网+"进入货运行业，一批轻资产的企业利用信息平台整合车辆和货源，组织道路运输经营，有效提升了货运的集约化程度。按照道路运输经营许可证申请要求，需要拥有相应的货运车辆资源，这就限制了社会资源整合和行业集约化发展。还有城市货运通行证、中国民用航空运输销售代理业务资格认可证书（简称航空运输销售代理资格证）、法人负责人安全员资格证、快递员职业资格证等，已经不适应行业发展的要求。此外，公路证照路检较为复杂，驾驶员要带齐所有的证照，包括车辆购置税缴纳证明，增加了路检的难度。

为此建议，在对物流行业证照资质梳理的基础上，取消或放宽不适应行业发展要求的证照资质。推进证照信息跨部门联网，利用大数据便利行业管理。

（二）多头管理、重复审批问题较普遍

由于物流业涉及的行政审批和许可管理部门较多，同一经营事项往往涉及多个部门，因此存在多头管理、重复审批现象。如，每个货运司机都要有车管所颁发的驾驶证和运管所颁发的从业资格证，每辆货车都要获得车管所颁发的行驶证和运管所颁发的营运证，且需要经过车管所和运管所两次年

检。还有海员证和出海船民证，船舶登记证和出海船舶户口簿，也是管理对象相同、事项类似而管理部门不同，增加了企业的负担。

为此建议，取消或合并具有相同或相似管理对象、管理事项的证照资质。充分利用大数据共享，加强部门间的信息资源整合，切实减轻企业负担。

（三）行政审批效率低、层级多、透明度不高

企业普遍反映，对于相同的审批事项，各地的审批条件不统一、程序不规范、材料不通用、系统不共享。企业往往需要多次报送才能获得通过，审批周期大大延长，降低了审批效率，不利于企业创新创业和跨区域经营。如，货运通行证、超限运输许可证等，各地登记条件、申报程序、所需材料各不相同，审批透明度不高，存在较多的"灰色地带"，增加了企业的经营风险和申报成本。还有部分审批层级依然较多，如，快递业务经营许可证存在部、省、市三级许可，审批时间长，效率低。

为此建议，由国家主管部门牵头，推进审批程序规范化改革，统一行政审批申报条件、申报程序和申报材料，完善相关法律法规，对于确需审批的事项提高透明度。

（四）物流企业难以设立非法人分支机构

2015年6月底，国务院办公厅印发《国务院办公厅关于加快推进"三证合一"登记制度改革的意见》，部署全面推行"三证合一"登记制度改革，要求2015年年底前在全国全面推行"一照一码"登记模式。目前，各地"三证合一"工作陆续开展，进一步便利企业注册。但是，企业注册设立非法人分支机构（非独立核算的分公司、经营网点等）时，仍然存在诸多障碍。

一些地方和有关部门以各种理由不予办理营业执照，主要原因是非法人分支机构不需就地分摊缴纳企业所得税，影响了当地税收。企业不得不

在每个经营网点都设立独立核算的法人分支机构，不仅增加了企业的开办成本，而且需要配备相应的财务人员和账务系统。独立核算分支机构之间不能合理调节和分摊各项费用，增加了企业的财务成本，不利于企业创新发展。

为深化工商注册登记制度改革，杭州市于 2013 年 4 月起实施的《杭州市工商局关于深化改革优化服务促进创业创新的意见》，探索"一照多址"新模式。在杭州同一县（市）、区行政区划内且无需前置审批的内资企业，只需申请在营业执照副本上加载新的经营地址即可。这就为企业设立非法人分支机构提供了便利。

此外，一些地方非法人分支机构无法在当地招收员工，发放工资，为员工上社保，导致企业非法人分支机构无法正常经营。

为此建议，取消企业设立非法人分支机构的限制。推广"一照多址、一址多照、集群注册"等住所登记改革，为物流企业经营网点、营业所等非法人分支机构的登记设立提供便利。允许非法人分支机构在当地为员工发放工资和上社会保险。

（五）分支机构难以使用总部的资质证书

物流业具有网络化经营的特点，各地分支机构接受总部安排，是业务具体运作的主体。目前，企业总部取得的资质证书，分支机构往往需要重新申报，形成层层审批的局面，且各地资质申报程序不同、要求不一。如道路运输许可证，由县级道路运输管理机构负责发放。总部获得资质后，分支机构仍要到当地道路运输管理机构重新申请。且各地有不同的申报要求，一些地方对自有车辆和场地要求偏高，严重制约运输型物流企业的发展。

为此建议，企业总部申请获得的证书资质，各类分支机构均可备案获得。分支机构应在合理时限内达到相关资质规定的要求，由相关管理部门加强事中事后监管，不再进行层层审批。

（六）外资企业设立和变更事项存在障碍

目前，外资企业设立和变更经营事项与内资企业审批要求类似。但是，开办外资物流企业需要交通部门和商务部门的联合批文；外商投资道路运输业务需要取得总公司所在地的省级交通主管部门的许可后方能进行工商登记或经营范围的变更；外商投资国际货运代理企业设立分支机构的需要取得总公司所在地的省级商务主管部门的批准，审批周期长，不利于引进外资。

为此建议，对于外商投资企业设立和变更经营事项参照国内企业执行。

三、对于部分证照的改进建议

（一）取消或合并道路运输从业资格证

目前，货运司机都要有车管所颁发的驾驶证和运管所颁发的道路运输从业资格证。从业资格证是交通运输部根据《中华人民共和国道路运输条例》《道路运输从业人员管理规定》向道路运输从业人员颁发的从业资格证件。从业资格证的申请条件和考试要求与驾驶证类似，存在重复许可、多次认定问题。司机获得准驾货运车辆的驾驶证已经能够证明其驾驶能力，没有必要再进行一次资质审批。驾驶员在当地学习合格领取从业资格证后，无法像驾驶证一样在全国通用。还有，驾驶员从业资格继续教育学习时间长、费用高、效果不佳，流于形式。此外，从业资格证和驾驶证需要分别年审，且年审时间不同；从业资格证还存在年审收费高、周期短、耗时长等问题。一般从预约到审验合格大约需要半个月，在年审期间司机存在无证驾驶风险。

建议，取消道路运输从业资格证，或者将驾驶证和从业资格证年审合并，部门间加强公共信息共享，实行一次年审。降低年审收费，允许网上年审、异地年审等多种便民方式，简化年审办理手续。充分利用公共信息平台，开展网上继续教育学习培训。

（二）取消或合并车辆营运证

目前，营运车辆需要车管所颁发的行驶证和运管所颁发的车辆营运证。车辆营运证是根据《中华人民共和国道路运输条例》《道路货物运输及站场管理规定》对道路运输企业投入运输车辆的审批事项。行驶证和营运证需要分别年审，年审时间不同。车辆营运证审核前一定要做二级维护，否则不予年审。营运证需要回车辆属地年审，无法异地年审，造成车辆经营中断，成本增加。同时，车辆上线费用也在逐年上涨。由于办理营运证需要 3 个工作日，在此期间车辆营运没有携带营运证，会受到处罚。此外，如果营运车辆检测结果与公安局交管部门要求的车辆检测报告不一致，不予发证。

建议，取消车辆营运证，或者将车辆营运证和行驶证年审合并，部门间加强公共信息共享，实行一次年审。取消或降低上线费。办证期间，办证机关出具正在办理证件的证明材料。公安局交管部门数据与交通运输管理部门的数据能共享，减少企业重复对车辆进行检测。

（三）放宽道路运输经营许可证

道路运输经营许可证是根据《中华人民共和国道路运输条例》《道路货物运输及站场管理规定》对道路运输企业的审批事项。按照《条例》要求，申请道路运输经营许可证必须有与其经营业务相适应并经检测合格的车辆。其中，申请从事危险货物运输经营的，需要有 5 辆以上经检测合格的危险货物运输专用车辆、设备。目前，我国道路运输企业普遍存在外包运输业务的情况，一些轻资产的道路运输企业通过信息平台整合社会资源，甚至没有 1 辆自有车辆。按照《条例》要求，该类企业无法获得经营许可，限制了"互联网+"时代创新型企业的发展。此外，经营许可证审批所需材料要求多，流程复杂。每个分支机构都需要办理，有些地区还要缴纳押金，增加了企业的投入。

建议，放宽道路运输（道路普通货物运输、集装箱道路运输类）经营许可证要求，申请不再受自有车辆数量限制；规范年审或换证要求，统一材料、简化流程、信息互联；在许可证有效期内取消年审，或者改为网上备案。

（四）取消城市货运通行证

当前，城市交通管理"重客轻货"思想严重，三线以上城市大都采取了"一刀切"的限制货运车辆进城的交通管制措施。各地"限货"城市基本采取通行证管理制度，货运车辆进城普遍受到通行时间和区域的限制，且限制通行区域范围不断扩大，大大影响了通行效率。企业普遍反映，通行证数量不足，无法满足正常经营需要。各地申报程序、所需材料不同，正常申报较为困难。此外，企业还反映通行证受理部门不明确、管理不规范、程序不透明，"灰色地带"较多，增加了企业的申报成本。由于通行证的限制，许多企业冒着被查处的风险，采用客车送货，大大降低了配送效率，更加重了道路拥堵。调研了解，1辆金杯载货客车仅能载货3立方米，1辆最基本的4.2米厢式货车可以载货12~15立方米，两种车型的投影面积基本一样，但是4辆违法的载货客车才相当于1辆货车的载货量，从而造成了4倍的道路占用和污染排放。

我们要认识到，城市配送是保障城市运行的刚性需求，无论是否有城市货运通行证，城市所需的货物都要由车辆配送进入城市。通行证的限制仅仅是将部分原可以通过高效货车运输的改为客车运输，并且增加了道路占用和污染排放。国内外实践证明，通过通行证进行交通管制往往是不成功的。

建议，逐步取消城市货运通行证，保证货运企业的通行便利。对城市配送车辆和普通货运车辆进行分类管理，对符合城市配送标准环保车型的配送车辆按照公共交通管理，给予道路通行权。充分利用车辆动态监控和城市物流公共信息平台建设，实现配送运力的实时监测和动态调整，使运力需求由政府控制向市场调节转变。对企业从事生活必需品、药品、鲜活农产品和冷藏保鲜产品配送，使用低排放、新能源和清洁能源车辆从事配送，以及规模较大的零担快运和快递企业，优先考虑通行便利。制定夜间配送和共同配送支持政策，给予通行便利。

（五）规范超限运输通行证

大型物件运输（简称大件运输）是承载不可解体的重型或大型设备的运输形式，担负着国家重点工程项目的运输保障任务。目前，根据《超限运输车辆行驶公路管理规定》，大件运输等超限运输车辆行驶公路前，其承运人应向公路管理机构申请超限运输通行证。同时，跨省（自治区、直辖市）行政区域进行超限运输的，由途经公路沿线省级公路管理机构分别负责审批。一些地方需要护送协议方可办理。由于各地审批手续不一，考察标准各异，办证时间不同，收费标准不统一，起运地统一协调难度较大，因此，2011年7月1日开始实施的《公路安全保护条例》对公路超限运输许可做了有关规定。由起运地公路管理机构统一受理跨省区市超限运输许可申请，但沿途协调仍然存在很大难度。由于各地执法标准不一，一些大件运输车辆不得不在省界滞留或改装，甚至不得不绕道运输，严重影响了国家重点工程项目的实施进度。此外，大件运输验算、检测、加固费用较高，且验算数据不能实现共享，每次验算都要单独收费。

建议，针对大件运输的特殊性、专业性，实行专业化管理。规范申报和审批程序，使符合条件的大件运输企业和车辆获得合法地位和运营牌照。落实《公路安全保护条例》的规定，由起运地公路管理机构统一受理跨省区市超限运输许可申请，沿线公路管理机构配合道路通行，不再对大件运输等超限运输企业实施重复审查和收费。建立大件运输等超限运输网上申报和清算中心，实行大件运输等超限运输"一证到底"和"一次性收费"。提高对公路、桥梁、隧道的管理服务水平，验算数据实现共享，为公众查询提供便利。

（六）取消快递业务经营许可证前置审批

《中华人民共和国邮政法》规定，快递企业经营快递业务需要取得快递业务经营许可。《快递业务经营许可管理办法》对许可条件、审批程序做了要求，并规定申请人凭快递业务经营许可证向工商行政管理部门办理设立或者变更登记。因此，快递业务经营许可证仍属于前置审批事项。此外，《快递业务经营许可管理办法》规定分支机构应当向邮政管理部门备案。但是，快递企业在设立分支机构时需要凭企业法人快递业务经营许可证（副本）及所附分支机构名录，到分支机构所在地工商行政管理部门办理注册登记。其中，新设立的分支机构要列入所附分支机构名录则需要到邮政管理部门重新申请许可，其做法和行政前置审批的流程与要求一样，是将形式上的备案制转变为实质上的前置审批条件。

快递业属于重要的服务产业，对于促进消费具有积极作用，快递业前置审批不利于快递企业根据社会需要合理布局和调整，一定程度上限制了社会消费。虽然近年来也出现了一些快递安全问题，但是这不是快递业本身的问题，更多是其他领域管理的问题，不应由快递业来承担。

建议，取消快递业务经营许可前置审批要求，按照国家"先照后证"工商登记管理制度改革要求，在取得工商营业执照后再进行后置审批。快递企业申请新设立分支机构，到工商行政管理部门进行注册登记，企业分支机构取得营业执照之日起二十日内到所在地邮政管理部门办理备案手续，取消添加分支机构名录的规定。同时，做好工商管理部门和邮政管理部门间的信息互联共享，将快递企业工商注册信息及时传递到邮政管理部门，简化注册登记和变更流程。

（七）取消快递员职业资格证

快递员职业资格证是由人力资源社会保障部和国家邮政局根据《快递业务员国家职业技能标准》联合颁发的从业资质资格证。根据《快递业务经营许可管理办法》，申请在省、自治区、直辖市范围内经营快递业务的企业，需有符合《快递业务员国家职业技能标准》并通过资格认定的快递业务员，企业及其各分支机构快递业务员中，具备初级以上资格的均不低于40%。快递员职业资格是准入类职业资格，属于国务院部门设置的没有法律、法规或国务院决定作为依据的职业资格。且快递员职业资格与国家安全、公共安全、公民人身财产安全关系并不密切，并不需要具备特殊信誉、特殊条件或特殊技能，应予取消。

建议，取消快递员职业资格证，取消快递员职业资格与经营许可挂钩的要求。

（八）取消中国民用航空运输销售代理业务资格认可证书

中国民用航空运输销售代理业务资格认可证书是中国航空运输协会根据《中国民用航空运输销售代理资格认可办法》向航空运输企业委托销售代理企业颁发的资质证书。企业普遍反映，新办资格证书费用较高，如，新办理手续费1500~2000元，岗位资格证书700~1000元。为获得该资质，另外需三位持有从业资格证的人员两年培训一次、三本危险品证书2年培训一次、两本安保培训证书2年培训一次。证书有效期3年，到期换证费用在1000~2000元不等。且资质证书每年需要年审，年审不收费，但审核时需要附加其他各种从业资格证，资格证书种类繁多，需要收费。换新证书需要提供其指定担保公司出具的担保函，担保费最低为3000/3年。且总、分公司单独办理担保，分别收担保费。同时，审核变更手续烦琐、种类多样，所有变更事项都要收取500~800元不等的费用，且营业执照变更时，资格证书需要做相应变更。

建议，取消中国民用航空运输销售代理业务资格认可证书。简化申报流程和申请材料，规范收费项目，进行价格公示。采用其他更为便捷有效的方式进行资质认定。

（九）规范食品流通许可证管理

食品流通许可证是依据《中华人民共和国食品安全法》对食品流通经营设置的前置审批事项。目前只有北京、上海等少数地区可以办理"储运"型的食品流通许可证，除上述地区外的大部分地区没有"储运"型的食品类前置证照可以办理，只有"食品批发"及"食品零售"，故当前食品物流行业特别是冷链物流行业大都无法办理相关前置证照，影响了相关行业的有效监管。

建议，在食品流通许可中增加"储运"型的食品类前置证照，将食品储运纳入食品流通环节进行管理，开放证照办理窗口。

（十）取消法人负责人安全员资格证

目前，根据一些地方城市道路运输管理局的规定，从事道路运输及相关业务的企业，其主要负责人必须参加安全培训并取得"安全员"资格。法人单位必须是法人代表，非法人单位是分公司负责人。如果实际控制人不一样，还必须包括实际控制人。规模化的道路运输企业往往是网络型的企业，法人和负责人通常不在当地，外资企业还可能是外籍人员。企业法人代表为此需要各地奔波，疲于应付。同时，安全管理需要企业制度化管理，和法人负责人是否有安全员资格证书没有直接关联。

建议，取消法人负责人安全员资格证，取消部分城市实行的道路运输许可证与法人负责人安全员资格证书挂钩的流程。

（十一）取消出海船民证、出海船舶户口簿

海员证是依据《中华人民共和国船员条例》，由中华人民共和国海事局

统一印制并签发的中国海员出入中国国境和在境外使用的有效身份证件，是海员的专用护照。船舶登记证是依据《中华人民共和国船舶登记条例》，经船舶登记机关审查，对符合法定条件的船舶予以注册，并以国家的名义签发相应证书。但是，自 2000 年起，公安部实施《沿海船舶边防治安管理规定》，通过出海船舶户口簿和出海船民证对我国领海海域内停泊、航行和从事生产作业的各类船舶和船民进行出海管理。但"两证"及相应政策与交通运输部海事部门存在重复管理问题，不符合上位法要求。且实际操作不便、各地执行不一等问题，增加了航运企业的营运成本，给船员带来很大困扰。

建议，取消出海船民证、出海船舶户口簿。

中国物流与采购联合会作为行业社团组织，愿意配合政府有关部门，通过全国现代物流工作部际联席会议的工作平台，积极反映企业诉求，继续加强政策研究，做好减证放照的工作。

附件：物流业证照资质梳理表

序号	证照名称或审批事项	归类	实施机关或批准单位	设立依据	适用范围及时间	审验周期	收费情况
1	营业执照	工商	工商行政管理局	《中华人民共和国公司登记管理条例》《企业法人登记管理条例》	10~20 年	每年	不收费
2	税务登记证	工商	税务局	《中华人民共和国税收征收管理法》	长期	外商投资企业税务登记证年检	不收费
3	组织机构代码证	工商	质监局	《全国组织机构代码编制规则》	4 年	到期换证；有些地方需要年审	不收费，部分地方年审、换证收费

序号	证照名称或审批事项	归类	实施机关或批准单位	设立依据	适用范围及时间	审验周期	收费情况
4	银行开户许可证	工商	中国人民银行营业管理部	《国务院对确需保留的行政审批项目设定行政许可的决定》《人民币银行结算账户管理办法》	对临时存款账户实行有效期管理，有效期限最长不得超过2年		
5	驾驶证	道路运输	交通管理局	《机动车驾驶证申领和使用规定》			
6	机动车行驶证	道路运输	交通管理局	《中华人民共和国道路交通安全法》		每年	
7	道路运输经营许可证（含普通货物运输、集装箱运输、危险品运输等）	道路运输	运输管理局	《中华人民共和国道路运输条例》《道路货物运输及站场管理规定》	4年	每年	不收费
8	道路运输经营许可证（国际）	道路运输	省交通运输厅道路运输局	《外商投资道路运输业管理规定》	4年	每年	不收费
9	道路运输经营备案证	道路运输	运输管理局	《中华人民共和国道路运输条例》	4年		
10	车辆营运证/车辆运输证	道路运输	运输管理局	《中华人民共和国道路运输条例》；《道路货物运输及站场管理规定》	3年	每年	不收费或收费标准不一（工本费）

续表

序号	证照名称或审批事项	归类	实施机关或批准单位	设立依据	适用范围及时间	审验周期	收费情况
11	从业资格证（普通货运、危险货物、押运员）	道路运输	运输管理局	《中华人民共和国道路运输条例》及《道路运输从业人员管理规定》	长期	每年	培训费、工本费全国标准不统一，培训费不等
12	货运许可证（货运通行证）	道路运输	交通管理局、运输管理局	地方交通管理、运输管理规定	不定期	不定期	收费标准差异大
13	机动车停车场验收登记证	道路运输	交通管理局	各地机动车公共停车场管理办法		1年	不收费
14	法人负责人安全员资格证	道路运输	安全生产监督管理局	《生产经营单位安全生产培训规定》			
15	超限运输证/超限运输通行证	大件运输	运输管理局	2000年交通部2号令；交通部〔1995〕1154号文；地方法规条文			工本费
16	电力大件运输企业资质证	大件运输	中国水利电力物资流通协会	电建〔1996〕462号文			不收费
17	国内水路运输经营许可证	水路运输	水运局	《国内水路运输管理规定》	5年		不收费
18	船舶营业运输证	水路运输	水运局	《国内水路运输管理规定》		每年	不收费
19	国内船舶管理业务经营许可证	水路运输	水运局	《国内水路运输管理规定》			无

续表

序号	证照名称或审批事项	归类	实施机关或批准单位	设立依据	适用范围及时间	审验周期	收费情况
20	港口经营许可证	水路运输	地方港务局	《中华人民共和国港口法》《港口经营管理规定》		每年	无
21	国际船舶运输经营许可证	水路运输	交通运输部	《中华人民共和国国际海运条例》《中华人民共和国国际海运条例实施细则》		每年	
22	国际海运辅助业经营资格登记证	水路运输	省级交通运输主管部门	《中华人民共和国国际海运条例》		每年	不收费
23	无船承运业务经营资格登记证	水路运输	交通运输部	《中华人民共和国国际海运条例》《中华人民共和国国际海运条例实施细则》	3年	有些地方需要年审	
24	海员证	水路运输	海事局	《中华人民共和国船员条例》			400~500元左右
25	出海船民证	水路运输	公安边防武警	公安部2000年47号文	4年		工本费
26	船舶登记证	水路运输	海事局	《中华人民共和国船舶登记条例》	5年	每年	工本费
27	出海船舶户口簿	水路运输	公安边防武警	公安部2000年47号文	4年		工本费
28	登外轮边检注册证书	水路运输	出入境边防检查站	《中华人民共和国出境入境管理法》	船代业务用		无

续表

序号	证照名称或审批事项	归类	实施机关或批准单位	设立依据	适用范围及时间	审验周期	收费情况
29	快递业务经营许可证	邮政快递	邮政局	《中华人民共和国邮政法》《快递业务经营许可管理办法》	5年	每年	工本费
30	快递员职业资格证	邮政快递	邮政局	《快递业务经营许可管理办法》			
31	国际货运代理企业备案表	货运代理	货代协会	《中华人民共和国国际货物运输代理业管理规定》	开展国际货运代理业务	年报	3000元
32	公共航空运输企业经营许可	航空运输	民航局	《中华人民共和国民用航空法》	2年		不确定
33	中国民用航空运输销售代理业务资格认可证书	航空运输	航空运输协会	《航空运输销售代理资质认可办法》（2015修订）	国内航空货运代理企业	3年	收费项目名目繁多
34	房产证	房产	房屋土地管理局	《城市房地产开发经营管理条例》			工本费
35	房屋出租许可证	房产	衡南县房产局	《商品房屋租赁管理办法》（住房和城乡建设部令第6号）、合同法等法律法规规章	仓库及门面出租，有效期1年	1年	2000元
36	交通运输企业安全生产标准化达标等级证书	安全	地方交通运输局	《交通运输企业安全生产标准化考评管理办法》和《交通运输企业安全生产标准化达标考评指标》	3年	年度审验	无

续表

序号	证照名称或审批事项	归类	实施机关或批准单位	设立依据	适用范围及时间	审验周期	收费情况
37	港口设施保安符合证书	安全	交通部	《中华人民共和国港口设施保安规则》《关于发布〈《港口设施保安符合证书》年度核验办法〉的通知》	5年	每年	不收费
38	危险化学品经营许可证	危化品运输	安全生产监督管理局	安监55号；《危险化学品经营许可证管理办法》	危化品经营	3年	2万~4万元（每3年要交安全现状评价报告）
39	海运危险货物集装箱装箱备案证明	危化品运输	海事局	《国际海上危险货物运输规则》	危货装箱	1年	
40	危化品从业单位安全标准化达标征收	危化品运输	安科所	《危险化学品从业单位安全标准化通用规范》		3年	
41	烟花爆竹经营（批发）许可证	危化品运输	地方安全生产监督管理局	《烟花爆竹经营许可实施办法》	3年		无
42	危险化学品从业人员安全资格证	危化品运输	安监局	《中华人民共和国安全生产法》《危险化学品安全管理条例》		3年	
43	危险货物装箱员证书	危化品运输	海事局	《中华人民共和国船舶载运危险货物申报与集装箱装箱诚信管理办法》	危货装箱操作	2年	
44	易燃易爆危险品从业人员培训	危化品运输	消防学校		操作员	2年	

序号	证照名称或审批事项	归类	实施机关或批准单位	设立依据	适用范围及时间	审验周期	收费情况
45	港口危险货物作业附证	危化品运输	地方港务局	《港口危险货物作业附证》	3年	每年	无
46	铁路危险货物托运人资质证书	危化品运输	地方铁路安全监督管理办公室	《危险化学品安全管理条例》《铁路危险货物运输管理规则》		每年	
47	剧毒品技防验收	危化品运输	公安局技防办		剧毒品存放	无	
48	国境口岸储存场地卫生许可证	质检	地方出入境检验检疫局	《中华人民共和国国境卫生检疫法》		每年	无
49	代理报检单位注册登记证书	质检	地方出入境检验检疫局	《出入境检验检疫企业管理办法》	开展代理报检	每年	无
50	自理报检单位备案登记证明书	质检	地方出入境检验检疫局	《出入境检验检疫企业管理办法》	自理报检	按有效期	无
51	报检员备案登记	质检	地方出入境检验检疫局	《出入境检疫处理单位及从业人员核准管理办法》		每2年年审	无
52	进出境集装箱场站登记证	质检	当地出入境检验检疫局	《进出境集装箱场站登记细则》			
53	出入境检疫处理单位核准证书	质检	当地出入境检验检疫局	《出入境检疫处理单位及从业人员核准管理办法》	按有效期		
54	安全生产标准化证书	质检	国家安全生产监督管理总局	《企业安全生产标准化评审工作管理办法（试行）》	3年	3年	

续表

序号	证照名称或审批事项	归类	实施机关或批准单位	设立依据	适用范围及时间	审验周期	收费情况
55	叉车、起重机年检（特种设备合格证）	质检	上海市宝山特种设备监督检验所		所有在用设备	1年	叉车190元/台，行车室外790元/台、室内570元/台
56	电子秤、砝码年检（特种设备合格证）	质检	上海市计量测试技术研究所		所有在用设备	1年	电子秤700元/台，砝码180元/个
57	报关企业报关注册登记证书	海关	地方海关	《中华人民共和国海关报关单位注册登记管理规定》	2年	1年	无
58	海关监管场所注册登记证书	海关	地方海关	《中华人民共和国海关监管场所管理办法》		每3年	不收费
59	中华人民共和国海关出口监管仓库注册登记证书	海关	地方海关	《中华人民共和国海关法》《中华人民共和国海关对出口监管仓库及所存货物的管理办法》	3年	3年	无
60	海关保税仓库注册登记证书	海关	地方海关	《中华人民共和国海关对保税仓库及所存货物的管理规定》	3年	有效期届满30日前	不收费
61	进出口拼箱承运资格备案证书	海关	地方海关	地方法规		有效期届满30日前	不收费
62	转关、过境集装箱货物拆装箱业务证书	海关	地方海关	《中华人民共和国海关法》		长期有效	不收费

序号	证照名称或审批事项	归类	实施机关或批准单位	设立依据	适用范围及时间	审验周期	收费情况
63	监管车监管本	海关	地方海关	2001年总署88号令	海关监管车	每年	
64	中国电子口岸法人卡	海关	地方海关	地方法规	报关业务	每2年年审	100元
65	报关员卡	海关	地方海关	地方法规	报关业务	每2年年审	办卡200元/人
66	境内公路运输企业载运海关监管货物注册登记证书	海关	地方海关	《中华人民共和国海关关于境内公路承运海关监管货物的运输企业及其车辆、驾驶员的管理办法》(海关总署令第121号)		车辆年审	280元/台车/年
67	对外贸易经营者备案登记表	商务	地方商务委	《对外贸易经营者备案登记办法》		长期	不收费
68	增值电信业务经营许可证	工信	地方通信管理局	《电信业务经营许可管理办法》	按有效期	每年	每证100元
69	排水许可证	环保	水务局	《城市排水许可管理办法》	向排水设施排水	5年	无
70	排放污染物申报登记注册证	环保	环境保护局	《排放污染物申报登记管理规定》		一季度	具体排污而定

（此文由本人起草，中国物流与采购联合会办公室以正式文件印发，本人代表中物联在全国现代物流工作部际联席会议汇报了文中提出的政策诉求，其中部分建议逐步有所落实）

物流业"稳增长"企业调研情况汇报

（二〇一五年十二月）

10月下旬，我会组织开展了物流业"稳增长"企业调研。重点选择了10家典型企业，涉及公路货运、铁路货运、航运和货代、仓储、快递、综合物流六大物流板块，具有较强的行业代表性。

一、物流行业发展现状

调研显示，我国物流业运行持续放缓。近3年来，社会物流总额增速持续下滑，2014年降低到两位数以下。今年前三季度为5.8%，延续小幅下滑态势。从调研情况看，企业业务规模和营业收入总体下滑，一批企业陷入亏损局面。例如，中国铁路总公司货运量已经连续三年下滑，今年前三季度，铁路货运发送量同比下降11.4%，跌幅进一步扩大。

从行业看，产业结构分化明显。受工业制造业需求不足影响，钢铁、煤炭、建材等大宗生产资料的物流需求增速大幅放缓。由于外贸增长低迷，航运和货代等进出口物流需求增长缓慢。随着制造业转型升级，高端制造业物流需求增长明显。以电商物流、快递、冷链等为代表的消费品物流需求保持快速增长。顺丰速运等快递企业近3年来保持了30%以上的高速增长态势。

当前，成本压力持续加大。物流业劳动力、用地、资金等资源要素成本持续上涨，低成本竞争难以为继。调研企业反映，近 3 年来，企业人力成长上涨在 10%～20%，快于利润增长速度。一线城市物流用地价格普遍在 80～100 万元/亩，超过了企业的承受范围。由于物流企业大部分为轻资产型，可抵押资产少，难以获得银行贷款和授信。

二、当前物流行业面临的问题

（一）产业支撑力度不足

物流业是重要的生产性服务业。目前，工业品物流总额占社会物流总额的比重长期维持在90%左右。工业物流仍然是社会物流的主要需求来源。但是，工业制造业对物流业的重视程度不够，物流业对工业制造业的产业支撑力度不足，制约了产业转型升级。

一是物流外包水平不高。以新杰物流为例，60%的承接业务仍然是传统的运输、仓储业务，综合化、一体化、智能化的综合物流外包业务比例较低。工业制造企业采购、生产、销售等环节中的物流资源分散在不同部门和环节，无法实现一体化管理。

二是供应链管理协同性差。目前，企业间的竞争已经上升到供应链与供应链之间的竞争。但是，大部分工业企业仍停留在低端制造环节，还没有向更高附加值的供应链上下游延伸，导致供应链物流理念缺失，管理能力薄弱，成本浪费严重。

三是重点领域存在薄弱环节。在支撑国家大型工程建设的工程物流领域，存在资质申请困难、跨省运输协调难、企业罚款多等问题。以中远物流为例，大件工程运输过程中的罚款最多能占运输成本的40%左右，且跨省运输协调时间过长，严重影响了国家重点工程的实施进度。

在保障危化品生产流通的危化品物流领域，存在多头管理、标准不一、有法不依、责任不明、监管不力等问题，一些标准和法规存在冲突。各地区对危化品加大了道路限行和禁行，导致运输成本居高不下。

四是物流布局与工业布局不协调。目前，工业园区与物流节点的联合规划和配套建设不足，主要原因是很多工业基地、园区和企业在选址布局时没有充分考虑到周边物流设施的配套保障能力，物流成为工业集群发展的短板。

（二）简政放权还有较大空间

一是物流企业所需证照资质多。据调研不完全统计，我国物流业所需证照资质约为70项。由于物流业涉及的行政审批和许可管理部门较多，存在多头管理、重复审批现象。如，新杰物流反映，每个货运司机都要有驾驶证和从业资格证，每辆货车都要获得行驶证和营运证，大大增加了企业运营和管理成本。

二是企业难以设立非法人分支机构。顺丰速运等网络型企业反映，在设立非法人分支机构（非独立核算的分公司、快递经营网点等）过程中存在诸多障碍。一些地方和有关部门以各种理由不予办理营业执照，大大增加了企业的各项成本。主要原因是非法人分支机构不需就地分摊缴纳企业所得税，影响了当地税收。

三是分支机构难以使用总部取得的资质证书。物流业具有网络化经营的特点，各地分支机构接受总部安排，是业务具体运作的主体。中远物流反映，企业总部取得的资质证书，分支机构往往需要重新申报，形成层层审批的局面。

（三）企业税负不合理

一是"营改增"导致税负增加。"营改增"试点方案的指导思想是改革试点行业总体税负不增加或略有下降。"营改增"以来，物流业尤其是货物运输业税负大幅增加。新杰物流反映,与试点前相比,货运企业实际税负普遍增长85%~120%。重要原因之一是处于增值税抵扣第一链条上的个体运输户无法开具增值税发票,导致物流企业无法取得足额发票进行抵扣。此外,房屋租赁费、过路过桥费等占成本较大比重的费用尚未纳入增值税抵扣范围。

二是集团型物流企业不能合并纳税。一体化运作、网络化经营是物流业运行的基本特征。中外运、中远等大型物流企业反映,"营改增"以来,集团型企业面临增值税不能合并纳税的问题,导致集团总部和分支机构进销项严重不匹配。财政部、国家税务总局为解决航空公司总机构缴纳增值税问题,曾下文允许航空公司实行总分机构合并缴纳增值税,但是没有在物流业等其他行业实施。

(四) 道路通行存在较大障碍

一是过路过桥费依然较高。目前,过路过桥费占干线运输企业运输成本的30%左右,是运输企业的主要成本之一。新杰物流反映,高速公路收费存在标准偏高、收费标准不统一、计重收费有待改进、已经到期的收费公路一再延长收费期限等问题。

二是乱罚款问题依然严重。目前,公路运输企业罚款支出占运输成本的十分之一左右,部分汽车运输、大件运输企业罚款支出甚至达到运输成本的20%左右。新杰物流等企业反映主要原因如下:一是多头执法问题;二是对违法事实处罚标准不统一;三是执法自由裁量权大。此外,执法单位"以罚代管""只罚不纠"现象依然普遍,源头治理难以落实。

三是城市配送车辆进城难。当前,三线以上城市大都采取了"一刀切"的限制货运车辆进城的交通管制措施。基本采取通行证管理制度,货运车辆进城普遍受到通行时间和区域的限制。新杰物流、德利得物流反映,通行证申报困难,数量不足,无法满足正常经营需要。由于通行证的限制,许多企业冒着被查处的风险，采用客车送货。

三、物流业"稳增长"政策建议

中国是世界工业生产大国，当前工业制造业处于转型升级的关键时期，物流业作为重要的生产性服务业，要充分发挥产业支撑作用，促进制造业服务化升级，加强供应链管理，提升制造业在全球经济中的竞争力和话语权。

（一）明确对工业物流的规划指导

提升工业物流的战略地位，牵头出台推动工业物流发展的指导意见，促进工业物流社会化、专业化发展。引导工业企业释放物流需求，支持工业企业物流外包和辅业剥离。培育工业物流企业集群，推动工业与物流业融合发展，促进供应链协同发展。

（二）加强工业物流基础设施配套

统筹优化工业与物流业布局，加强重点工业基地物流基础设施规划和建设。加强工业物流园区规划建设发展，提升物流园区生产性服务功能，整合资源建立产业物流聚集区。保证物流用地指标的稳定供应，取消对物流用地投资强度、税收贡献等方面的附加要求。

（三）引导重点领域物流发展

支持工程物流发展，落实《公路安全保护条例》的规定，不再对大件运输等超限运输企业实施重复审查和收费。支持危化品物流发展，联合相关部门出台综合配套危化品物流行业的审批、建设、运营等行业标准。统一各地危险化学品公路运输通行证办理标准。

（四）促进企业创新驱动

鼓励物流领域广泛应用先进信息技术，完善物流信息系统建设。鼓励互联网平台型企业发展，加快落实"无车承运人"政策。推动智能仓储、智能交通、智能配送等智能物流发展，将物流业纳入"两化融合"专项资金支持范围。推进物流技术现代化和装备现代化。

（五）降低企业要素成本

取消国企劳务工比例限制，放宽对工资总额的限制。开辟多种融资渠道，推进物流产业基金试点工作。

（六）加大简政放权力度

继续取消或放宽不适应行业发展要求的证照资质。推进政府公共信息跨部门联网，利用大数据便利行业管理。取消企业设立非法人分支机构的限制。推广"一照多址、一址多照、集群注册"等住所登记改革。企业总部申请获得的证书资质，各类分支机构均可备案获得。

（七）降低企业综合税负

充分利用互联网货运信息平台，开发平台监管和开票的新型征管模式。充分发挥物流企业的主体作用，允许劳务接受单位（付款方）代开发票，并对其真实性负责。逐步将房屋租赁费、过路过桥费纳入增值税的抵扣范围。允许物流企业总机构汇总申报纳税。

（八）保障企业通行便利

降低和统一公路收费标准，制定收费公路收费公开制度。改革综合监管执法机制，整合规范公路监管执法主体，推进综合执法。取消城市货运通行证，保证货运企业的通行便利。对使用低排放、新能源和清洁能源车辆从事配送的，优先考虑通行便利。

（九）支持企业"走出去"发展

培育大型国际物流企业集团，鼓励物流企业跟随大型工程和制造项目"走出去"发展。支持物流企业通过多种方式，兼并重组战略性国际物流资源，形成与国际产业布局相协调的国际物流格局。

（此文作为国务院 2015 年 12 月 7 日专题会议基础材料，本人代表中物联做了重点专题汇报）

关于推行物流全程"一单制"的情况与建议

（二一六年八月三十一日）

近日，国务院办公厅转发国家发展改革委《营造良好市场环境推动交通物流融合发展实施方案》。其中明确提出，支持行业协会及会员企业制订出台绿色畅行物流单实施方案，加快推广"一单制"，实现"一站托运、一次收费、一单到底"。

根据文件部署，我会配合基础产业司召开了物流全程"一单制"企业座谈会，并开展了行业调研工作。根据座谈和调研情况，结合业内专家意见，现将有关情况和政策建议报告如下。

一、物流业"一单制"的发展现状

物流全程"一单制"是多式联运的内在要求，更是提升运作效率，降低物流成本，支持实体经济发展的迫切需要。从我们了解的情况看，"一单制"在物流领域的一些细分行业已有一定的应用基础。

（一）在国际海运领域的应用

国际海运是世界贸易的主要运输方式，在世界贸易发展中占据举足轻重的地位。目前，国际海运主要遵循《海牙规则》《海牙-维斯比规则》和

《汉堡规则》三大国际公约，以及各国的海运相关法律法规。按照公约规定，各航运公司开具的海运运单格式、内容较为统一。此外，海运运单还是物权凭证（能背书转让），可与其他运输方式形成联运提单，对促进国际贸易发展发挥了重要作用。在美国、欧洲等发达国家和地区，航运公司、铁路、港口、海关等之间通过信息共享，实现了全程运输可视化、单证流转电子化、运输计划提前化和海关通关一体化，提高了全程运输效率和服务质量。例如，美国铁路公司在集装箱还在海上运输时，就得到了集装箱的到港信息，可提前安排到港运输计划。

当前，国际多式联运"一单制"取得初步进展。1991年，联合国贸易和发展会议与国际商会在《联合运输单证统一规则》的基础上，共同制定了《多式联运单证规则》，但是目前尚没有具体的法律规定或者生效的国际公约采纳。我国也在积极探索以海运为基础的全程"一单制"。1997年，我国出台《国际集装箱多式联运管理规则》，对相关多式联运单证有过规定，但由于条件不具备和需求不足导致应用较少。近年来，一些物流企业积极开展多式联运探索。如，中远物流一方面整合公路运输资源，另一方面与中铁集装箱建立战略合作关系，可为客户签发全程物流运单。

（二）在航空运输领域的应用

在航空物流"一单制"中，国际航空运输协会发挥着重要作用。其不仅在货运单证、货物运输管理等方面建立了一整套完整的标准和措施，还为航空公司及其货运销售代理人提供货运财务结算系统，协调运价和班期时刻，促进企业技术合作。目前协会已拥有全世界近300家航空会员公司，遍布100多个国家。为加快与国际接轨，中国民航局于2016年8月8日公布了《中华人民共和国民用航空法》（修订征求意见稿），结合了《蒙特利尔公约》（1999年）、《东京公约》等国际公约的规定，对航空运输承运人责任制度、航空货运单等运输凭证方面进行了修订。中国民航信息网络股份有限公司建设并运营航空物流信息服务平台，方便航空公司、海关、地面代理等航空货运从业者与政府监管机构之间进行数据传输和交换，可以保证数据的有效性和及时性，减少了信息重复录入。

（三）在铁路运输领域的应用

我国国内铁路运输由中国铁路总公司统一管理，使用统一的铁路货票和货物运单，但是与其他运输方式和客户企业的信息系统没有实现有效对接，仍然需要大量使用纸质单据。近年来，我国提出"一带一路"倡议，加快推动内陆地区向西向外开放，对铁路国际多式联运"一单制"提出了新的要求。目前，中欧班列要途经国际铁路运输政府间组织（主导制定《国际铁路货物运送公约》简称"国际货约"，以西欧国家为主，共 49 国参加）和铁路合作组织（主导制定《国际铁路货物联运协定》简称"国际货协"，以东欧和东亚国家为主，共 25 国参加）两大国际铁路运输组织所辖区域，往往需要在交界地重新打印和交换纸质运单。为便利跨区域铁路运输，国际铁路运输政府间组织和铁路合作组织联合制定了国际货约/国际货协统一运单，但统一运单需要铁路沿线国家铁路部门盖章同意，导致客户需要提前 1~2 月申报计划。到目前为止，我国与欧洲铁路直通运输统一运单规则和填制办法的确定工作基本完成，但在信息共享、金融保险、管理机制等方面仍有许多问题亟待解决。

（四）在公路运输领域的应用

公路运输是我国货物的主要运输方式，目前，公路运输货运量占货运总量的 75% 以上。但我国公路运输主要由专线和个体司机完成，市场呈现多、小、散的特点，管理规范难度较大，基本没有使用统一的运输单证，增加了数据的采集、处理、转换和共享成本。虽然交通部于 1997 年施行《道路货物运单使用和管理办法》，但未得到有效推广。近年来，随着互联网+战略的实施，传化、林安、卡行天下、维天运通等公路运输平台型企业，通过线上线下融合，整合公路货运资源，订单、运单、保单、发票等单证加快电子化，实现信息透明和互联共享，在一定程度上规范了公路货运市场的交易秩序，提升了市场信息化和集约化水平，为公路运输"一单制"奠定了一定基础。在国际道路运输领域，2017年1月5日，中国将正式加入《国际公路货运公约》，使用公约规定的国际公路运输运单，这将有利于缩短国际公路运输的时间，提高运作效率和加强安全保障。

（五）在快递领域的应用

近年来，为顺应快递业降本增效的要求，菜鸟网络、京东商城、顺丰速运等电商和快递企业纷纷推出电子面单，建立新的对接和应用标准，串联商家、消费者、商品、物流企业的物流信息，优化物流路径，改善服务体验。例如，菜鸟网络搭建了电子面单平台，联合15家快递公司共同推出标准化的电子面单模板，在不改变快递公司原来使用面单的基础上，设计统一的电子赋码制度，根据电商订单实时生成统一的单号，对从收件到派件的整个流程进行信息化处理，实现物流全程信息实时更新和互通共享。据测算，企业发货、配送效率分别提升10%和3.6%。快递电子面单的推出，不仅有利于快递企业实现精准分单、减少人工投入、避免人工差错、提高发货效率，更有利于提高企业信息化和标准化水平，推动行业互联共享和提质增效。

（六）在合同物流领域的应用

合同物流要求物流企业以物流全程服务商身份与货主签订合同，根据货主要求整合物流资源，安排物流运作计划，设计全程物流线路，提供全程可控的物流服务。因此，"一单制"涉及仓储、货代、配送、装卸搬运、流通加工等多个环节和多种单证。在实际操作中，往往规模大、实力强的客户企业在物流单证流转中掌握话语权,这样会出现同一物流企业面对不同客户企业时使用不同单证的现象。物流企业通过对单证信息的转换和对接,满足物流全程"一单制"要求。目前,一些物流企业也在尝试通过建设信息平台,设计和使用通用数据接口,解决企业自身信息交换和共享问题。

二、物流业"一单制"面临的主要问题

目前,物流全程"一单制"主要面临以下几大问题。

(一)物流单证标准化程度低

目前,我国物流单证较为规范统一的领域主要集中在国际贸易领域,如国际海运、国际铁路、国际航空运输等,而国内贸易相关领域的物流单证标准化程度较低。主要是国内物流单证标准体系尚未建立,重点领域单证标准缺失,难以与国际规则或协议接轨。特别是占国内货运量较大比重的公路运输没有使用统一的单证,增加了数据采集、处理和转换成本,不利于单证流转和效率提升。随着计算机以及信息网络技术的发展,基于EDI和XML技术等的电子单证得到广泛应用,大大降低了数据交换成本。但大部分国内物流企业电子单证信息编码和基本要素也不统一,阻碍了企业间的数据交换。

(二)物流单证信息化水平低

物流单证标准不统一阻碍了单证信息化发展。目前,很多物流企业还是手工制单,业务留存、财务报账、仓库提货、客户签收等流程仍以纸质单证为主,无法及时转化为电子数据信息,导致数据交换成本过高,信息无法实时跟踪查询,企业无法提前规划和统筹安排,降低了物流运作效率。此外,铁路、港口、海关、检验检疫等不同管理部门、信息系统之间的货物相关信

息也需要通过大量的纸质单证进行传输，不能实现信息互联和实时共享，出现了"信息孤岛"问题，没有充分发挥公共信息平台的作用。

（三）物流单证缺乏互联共享

现代物流具有一体化运作的特点和要求。根据物流运输组织的需要，物流全程往往采用公路、铁路、水路、航空等多种运输方式开展多式联运。目前，各种运输方式的单证格式、服务规范、运输要求、作业标准等都不统一，责任与义务规定不同，导致单证之间不能互认、信息不能互联，需要多次开单、多次转换和多次传递，直接影响到多式联运的无缝衔接。同时，国内铁路、港口、海关、检验检疫等各部门均建立了各自的信息系统，但各系统相关业务之间并未搭建信息交换和共享平台，缺乏统一的数据交换标准，导致单证信息共享困难。例如，海铁联运时以海运为主的国际物流信息平台与国内铁路的 TMIS 信息平台自成体系，共享不足，难以实现"一次申报、一次查验、一次放行"的便捷通关，降低了多式联运效率。

（四）"一单制"配套体系不完善

物流全程"一单制"的核心是"全程负责"。由于物流各环节责任归属难以把握，尤其是多式联运对责任主体的认定还存在分歧。目前国际社会主要采用的是网状责任制与统一责任制：在网状责任制中，多式联运的责任主体为不同运输区段的多式联运实际承运人；统一责任制下多式联运的责任主体为统一的多式联运经营人。目前，分段负责的网状责任制仍占主流。在保险方面，由于物流保险缺乏对全程物流的保险项目，往往需要分段投保，不仅提高了物流保险费用，还增加了企业经营风险。在税务方面，各环节增值税税率不统一，导致企业需要将统一的物流业务进行分拆，分别进行纳税，影响了全程物流的一体化。在结算方面，我国除了航空运输和铁路运输有明确的结算规则，其他运输方式还没有建立起统一的结算体系。

（五）物流管理体制机制的制约

目前，我国物流业分属不同的部门管理，企业遵循不同的管理制度和标准要求，只能按照规定开具相关领域的物流单证。由于多式联运涉及多种运输方式，不同运输方式的管理规则和物流单证不尽相同。部门间信息开放不足、互联水平低、协同共享差，导致货物在改变交通运输方式时，需要审查和重新制作相应的单证才能流向下一环节，降低了多式联运的运作效率。此外，物流运作还涉及车辆信息、承运人信息、驾驶员信息等政府监管的公共信息。随着互联网+政务在物流领域的推进落实，政府公共信息开放成为必然要求。但是目前物流领域信息开放的进度、广度和深度还不够，物流全程"一单制"的障碍远未消除。

三、推行物流全程"一单制"的思路和对策

当前，国家多次发文支持多式联运发展，促进交通物流融合发展，物流全程"一单制"是多式联运和交通物流融合发展的重要基础，研究和推进相关工作很有必要，势在必行。按照文件部署，结合座谈和调研情况，针对绿色畅行物流单实施方案，考虑到行业现实需要和可能，现初步提出相关思路和对策。

（一）基本思路

——**问题导向、需求驱动**。针对制约物流全程"一单制"中单证不互认、信息难共享等主要问题，紧扣"一票到底"的行业现实需求，抓住多式联运、无车承运等重点影响领域，结合信息化手段，完善信息交换机制和模

式，切实推动相关领域单证互认和信息共享，提高物流全程运作效率效益。

——统分结合、扩展赋能。在承认现有法律法规和国际公约，以及企业在用物流单证的基础上，归纳和提炼多方互认的物流单证基本要素，构建统一规范的电子赋码制度，形成单证信息交换机制，通过电子标签码串联单证信息，形成包含货单基本信息的唯一电子身份，在物流全程实现互通互认和实时共享。

——多方参与，政企协、产学研互动。组建"一单制"推进小组和产业联盟，吸引货主、企业、协会、研究机构等多方参与，挖掘和释放"一单制"需求动力，协调和满足多方利益诉求，充分调动各方积极性和主动性，完善"一票到底"生态体系。

——循序渐进、试点先行。在单证标准化薄弱的公路运输、合同物流等领域率先开展单证标准推进工作，为全程"一单制"全面开展奠定基础。在多式联运、无车承运等重点影响领域，选择行业内已经开展"一单到底"实践探索、信息化建设较好、有成熟运作体系和一定行业影响力的物流企业和互联网平台进行试点。

（二）主要目标

"十三五"时期，全面实现物流单证标准化和电子化，强化物流各环节、多领域的单证互认和信息共享，在多式联运、无车承运等重点领域形成若干"一票到底"的新模式，基本建立"一单制"便捷运输制度，构建协同发展、开放共享的交通物流体系。

（三）实施路径

1. 建立物流"一单制"推进小组和产业联盟

由国家相关部门牵头，行业协会组织实施，吸收物流相关货主企业、物流企业、物流平台、科研机构等相关方参与，组建社会化、公益性的"一单制"推进小组和产业联盟,深入挖掘"一票到底"的社会需求,逐步完善标准规范和服务体系,重点发挥大客户、大企业、大平台的主动性、积极性和创造性,形成多方参与、需求驱动、合作共赢的工作推进机制。

2. 补齐物流单证标准化短板

依托"一单制"推进小组和产业联盟,从物流单证标准化较为薄弱的公路货运、合同物流等领域入手,结合现有法律法规、标准规范和国际公约,充分发挥协会广泛联系政府和企业的优势,以行业协会团体标准试点为契机,开展相关领域单证团体标准研制、宣贯和推广工作,强化标准的市场适应性,提高标准的企业接受度,为推进物流"一单制"补齐短板。

3. 制定物流单证基本要素标准

通过"一单制"推进小组和产业联盟,开展物流单证基本要素调研,调动多方参与积极性,归纳和提炼多方互认的物流单证基本要素。在单证要素互认共享的基础上,研究统一规范的物流运单标准,逐步完善与"一单制"相关的货物交接、合同运单、信息共享、责任划分、费用结算、税收征缴、保险理赔等方面的制度对接和统一规范,促进不同运输方式间的标准规范相衔接。

4. 建立物流单证电子赋码制度

加快物流单证基本要素的电子化,依托国家物流平台和社会平台,明确信息交换规则和标准,建立物流单证电子赋码制度,对推进小组和产业联盟内部企业在用单证进行电子赋码,形成包含货单基本信息的唯一电子身份,便于数据交换和实时共享。

5. 完善物流单证信息交换机制

充分利用"一单制"推进小组和产业联盟中大客户、大企业、大平台的需求带动能力和产业引导能力,通过电子赋码制度,实现单证基本信息互认,便利企业一体化运作。充分利用物流国家平台和社会平台,打造不同系统间的公共信息交换平台,实现单证数据交换和共享,加强单证信息的汇集、共享、监测。

6. 在重点领域开展试点示范和行业推广

充分发挥"一单制"推进小组和产业联盟的示范作用，选择一批重点企业和平台开展行业试点，重点在多式联运、无车承运等领域实现突破，并进行宣传和推广应用。

四、相关政策保障

物流全程"一单制"是一项系统性工作，也是长期的战略任务。这项工作顺利推进，离不开相关部门的政策保障和大力支持。

1. 建立健全工作推进和协调机制

通过全国现代物流工作部际联席会议，建立部门间推进物流全程"一单制"工作推进和协调机制。强化铁路、公路、水路、民航等多种运输方式之间的业务协同和互认共享。充分调动各有关部门和单位的积极性、主动性，建立联系机制，加强沟通协调，及时掌握试点工作进展情况，有效解决试点中遇到的问题。

2. 统一物流业各环节增值税税率

"营改增"试点工作实施以来，物流业各环节增值税税率不统一的问题没有得到解决，不符合《国务院办公厅关于促进物流业健康发展政策措施的建议》（国办发〔2011〕38号）提出的"结合增值税改革试点，尽快研究解决仓储、配送和货运代理等环节与运输环节营业税税率不统一的问题"。物流业各环节税率不统一，不仅影响了物流"一体化"运作，而且成为物流"一单制"推进的制度性障碍。建议将货物运输服务和物流辅助服务税率统一到6%，体现国家支持现代服务业发展的政策导向，也有利于物流业"一体化"运作，便利物流全程"一单制"实际操作。

3. 研究建立物流全程保险制度

目前，物流运作涉及多段运输业务时采取的是分段负责制度，不同运输区段按照不同的保险规则认定责任，不利于多式联运"全程负责"的实际需求。建议通过全国现代物流工作部际联席会议，联合保监会开展多式联运全程保险制度研究和设计，清除物流全程"一单制"的障碍，充分保障多式联运经营主体利益，降低企业经营风险。

4. 加快开放政府公共信息资源

当前，政府主管部门掌握大量的公共信息资源，但是缺乏资源共享和合作利用机制，造成大量的数据资源浪费。特别是多式联运涉及的多个领域，部门间信息互联和开放不足，严重制约了物流"一单制"的推进。建议有关部门依托物流国家平台和社会平台，有效开放公共信息，发挥公共信息资源的最大价值。

5. 加大政策引导资金支持

物流全程"一单制"在我国基础较为薄弱，是一项长期推进工作。建议争取国家财政资金，采取购买服务方式，进一步深化对物流全程"一单制"的系统研究，提出落实"一单制"的具体政策建议和实施方案。加大对承担"一单制"信息交换和互联共享职能的国家平台和社会平台的财政资金支持。对试点企业开展"一单制"相关的技术研发、系统设备等的投入给予适当的资金支持。

（此件报送国家发展改革委）

关于改善公路货车司机生存状况的提案

（二〇一六年十月二十日）

物流业是支撑国民经济发展的基础性、战略性产业，公路货运是保障物流业正常运转的血脉系统。近年来，全社会公路运输完成的货运量占运输总量的四分之三，直接从事公路货运业务的人员约有 3000 万人。如果加上关联业态从业人员，估计背后支撑的家庭供养人口不下 1 亿人。因此，国家应该高度关注这个群体的生存状况。

据我们调查，他们的生存状况还存在诸多问题，行业吸引力大大下降，面临"后继乏人"的危机。

一是组织化程度低。2015 年，全国营运货车总计 1450 万辆，从事道路货物运输的经营业户 718.2 万户（其中个体运输户占 91.8%），每户平均车辆数还不够 2 辆。公路货运运营主体极度分散，车货匹配难度很大，运营效率低下。抽样调查显示，长途运输车辆平均每月有效运行时间较短，大量时间浪费在等货、配货过程中。近十几年来，各项运营成本持续上涨，而运输价格不断被压低，利润空间被严重挤压。货运司机抗风险能力进一步减弱，许多年轻人不愿意从事这个职业，行业发展后劲严重不足。

二是工作环境差。长途货运司机不是在路上拉货，就是在外地等货，长期超负荷工作，休息时间得不到保证，业余文化生活更无从谈起。他们往往以车为家，工作、生活都在车上，长时间都不能回一趟家，家庭的温暖和关爱缺失。由于工作时间不规律，工作环境艰苦，多数处于亚健康状态，普遍患有与职业相关的疾病。公路货车司机大部分为个体户，社会保险覆盖率低，社会保障力度不够。由于社会车辆总体上供大于求，货运业务利润偏低，他们只能靠超负荷工作和超载赚取生活费用。

三是审批手续多。公路运营车辆除了具备证明车辆状况的行驶证，还要道路运输经营许可证；驾驶员除了具备证明驾驶资格的驾驶证，还要经过培训的从业资格证。"四证"必须齐全带在车上，以备随时被检查。而且，每年还要回到原籍进行培训、年检、换证，既耽误时间，又耗费财力和精力。

四是税费负担重。高速公路通行费占干线运输企业运输成本的30%左右，而且到期的收费公路，找理由延长收费。另外，还有一些杂七杂八的行政性收费，国家明令禁止的收费一些地方还在变换名目继续收取。税收方面，自"营改增"以来，运输服务税率由营业税体制下的3%提高到11%，多数物流企业进项抵扣不足，增加85%～120%的税负。虽然，个体运输户按照"小规模纳税人"对待，可以采用简易计征法3%的税率，但在实际操作中，很难取得相应的发票。

五是道路通行难。公路监管执法主体多，主要有交警、路政、运管、城管等部门，还有高速公路、环保、工商、卫生、检验检疫等部门和单位。由于多头执法，处罚标准不统一，自由裁量权太大，运输户不得不采取"私了""不开票"等方式逃避执法，有的地方还出现了"公路月票"等怪现象。目前，公路运输企业罚款支出一般占运输成本的5%～8%，因公路罚款纠纷导致的极端案例时有发生。由于人生地不熟，他们还会遇到上当受骗、拖欠货款、抢劫偷盗、压低运费等不公正待遇，合法权益难以得到保障。

六是话语权弱。公路货车司机的生存状况存在许多问题，相对来说又是一个弱势群体。在一个庞大的群体中，竟然没有发现全国人大代表或政协委员，在地方各级人大也鲜有他们的代言人。虽然中国物流与采购联合会等行业协会关注这些问题，还有一些民间维权人士的参与，近年来中央电视台就相关问题也做了较集中的报道。但总体来看，这个群体的声音还比较弱，他们的生存状况并未引起应有的重视。

公路货车司机的生存状况，不仅关系到企业生存、行业发展，国民经济的有序运行，也是涉及群众生活和社会稳定的大问题，必须引起高度重视。各有关方面应该积极创造条件，努力改善他们的生存状况。为此，提出以下建议。

一是促进公路货运业组织化、集约化运营。引导大型企业通过兼并重组、平台整合，利用互联网+现代信息技术，带动中小企业发展。鼓励中小微企业按照市场经济规则，开展联盟合作，转型发展，提高市场竞争力和抗风险能力。支持"公路港"、物流园区等实体平台网络化发展，为公路货车司机提供集配货及生活服务。支持货运信息平台开展车货匹配业务，推动企业利用信息化手段，整合分散的社会资源，提高货车运营效率。

二是努力改善货车司机工作和生活环境。加强公路货运社会保障制度建设，形成全覆盖、可转移的货车司机社会保障体系，提高行业福利和待遇水平。组织制定涉及公路货运安全的技术标准和管理规范，提高货车司机工作的安全技术标准。建立具有公益性的"公路驿站"，为长途货车司机提供换班休息的场所。调动社会力量，丰富货运司机的业余文化生活，关怀、关注他们的"留守家庭"。

三是简化涉及公路货运的行政审批。除危险品运输等专业性强、安全性要求高的道路运输进行行政许可外，取消或者简化道路运输经营许可证及相关的车辆营运证。同时，将工商登记信息及时传递到道路运输管理部门，加强政府事中事后监管。取消道路运输从业资格证；或者将驾驶证和从业资格证年审合并，实行一次年审。采取网上年审、异地年审等多种便民方式，简化年审办理手续，取消年审、培训、发证等收费。

四是切实减轻公路货运税费负担。降低税负、统一税率、取消补贴。把运输服务增值税税率由11%降为6%，切实解决运输企业税负增加的问题，适应物流业各环节一体化运作、一站式服务、一票到底运作模式的需要。解决个体运输户正常开票问题。允许劳务接受单位（付款方）代开发票，突破只能由车籍所在地税务机关代开的限制。税务机关在"公路港"、物流园区设立代开票窗口，接受代开票业务。充分利用园区和货运信息平台，开发平台监管和开票的新型征管模式。公开收费公路收费标准和年限，严禁超标准、延期收费，逐步降低公路收费。

五是大力整治公路货运通行环境。整合规范公路监管执法主体，合并执法队伍，推进公安、交通等综合执法。相对集中执法，实行执法结果部门间互认机制，解决重复罚款问题。统一制定公路监督监管执法标准，建立执法自由裁量权基准制度，细化、量化行政裁量权。设立公路罚款统一收缴平台进行公路罚款认缴工作，现场执法不得收取现金。充分利用全国交通运输行业公路执法行风投诉举报电话，定期公开投诉情况，接受社会监督。

六是营造尊重货车司机的良好氛围。推动货车司机代表进入各级人大，与货运物流相关行业协会的代表进入各级政协，提升货车司机群体的话语权。开展星级司机评定工作，建立货车司机诚信信息联网共享和信息披露机制。完善行业诚信指标体系，加强行业自律和规范发展。开展全行业优秀货车司机评选工作，表彰先进人物，传播感人事迹，提高行业认同感和社会参与度。在报刊、电台、电视台增设专业栏目和频道，营造尊重货车司机的良好氛围。

（此文为民建北京市西城区委提交的提案）

关于深化公路超限治理
规范行业市场环境的政策建议的函

（二〇一六年十一月）

今年 9 月 21 日，新一轮治超工作全面启动，对货运与物流行业带来了深远影响，也引起了社会各方面的广泛关注。我会及时了解情况，向有关部门反映治超过程中出现的新情况和新问题，得到了积极回应。2016 年 10 月 14 日，交通运输部和公安部两部办公厅发出《交通运输办公厅、公安部办公厅关于规范治理超限超载专项行动有关执法工作的通知》（交办公路〔2016〕130 号），对治超专项行动执法工作进行了调整和细化。

10 月 27 日，我会组织会员单位召开了"公路货运车辆规范治理座谈会"，交通运输部、公安部等部门派相关工作主管同志参加，听取了行业企业在治超过程中遇到的主要问题和政策建议，并做了现场回应，取得了较好效果。现将我会在深入调研基础上获得的有关情况，以及下一步治超工作的政策建议反映如下。

一、9 月 21 日治超以来的基本情况

总体来看，货运与物流行业坚决拥护和支持国家开展治超工作，希望通

过规范车辆治理，统一车型标准，保障公平竞争，推进安全高效运输。

（一）治超工作开展一个多月来取得了一定成效

1. 统一了车货总重限值认定标准

主要是由原公路管理机构执行的 6 轴货车车货总重 55 吨的超载标准统一到新修订出台的 GB 1589 规定的 49 吨。这也是此次治超行动的主要整治内容。

2. 建立了联合执法机制

首次规范了各地公路管理机构和公安交通管理部门联合执法流程，明确了涉嫌超限超载的运输车辆的处理办法。特别是要求超载车辆先卸载，消除违法状态才能进行处罚、计分，才能放行，使联合执法和统一执法，防止只罚不纠、以罚代管等问题有了制度保障。

3. 双排运输车得到遏制

9 月 21 日以来，双排车辆禁止上路得到较好落实，目前没有出现反弹现象。

在取得成效的同时，我们也要承认，行业超载超限现象由来已久，长途零担专线、家电、快消品、煤炭、钢铁等部分领域存在集体违规、全行业超限问题，治超工作难以一蹴而就。

（二）此次治超工作反映的主要问题

1. 前期宣传导入不够，行业预期不明，导致市场运力出现不正常波动

此次治超专项行动主要是治理大型货车超重问题。为此，交通运输部发布了《超限运输车辆行驶公路管理规定》（以下简称《规定》），出现治超专项行动和常态工作同时开展的局面。《规定》对超限运输车辆的长宽高都做了明确规定，而目前大型货车超限问题较为普遍。初步估算，干线运力 50% 左右为 17.5 米低平板半挂车和厢式挂车，加上普遍超高的标准集装箱

挂车，大约60%的干线运力属于超限范围。这些干线运力大部分为个体运力，属于个体司机所有，抗风险能力较弱。由于前期没有明确此次治超工作重点，行业对于是否治理超长超高超宽等超限问题预期不清，且没有留出过渡时间，因此9月21日前后许多个体司机选择了停运观望，导致干线运力短期内出现大幅下滑。

中物联公路货运效率指数显示，9月21日前1周，公路货运效率指数明显下滑，9月16日指数降低到86.7，为近三个月最低位。行业大数据显示，9月21日，全国货运车辆运营数下跌近四分之一。其中，在京津冀区域内，当日货车进出车流总量为19936辆车次，相较平日3万辆左右的车流量，减少了约三分之一。正是由于行业预期不清，避险情绪普遍，导致干线运力短时期出现大幅下滑，货运市场出现不正常波动，物流企业普遍出现了"找车难"的问题，货物积压导致发送延迟，短期内带动运价普遍上涨。

2. 没有过渡方案，行业转换成本高，可能导致物流成本明显上升

从8月18日治超行动方案下发到9月21日治超行动启动仅1个月左右的时间，而超长超宽超高等超限车辆消除违规问题需要时间进行改装。例如，1辆违规厢式挂车恢复到标准车厢大概需要2天，而全国违规厢式挂车大概有20万辆，全部恢复到标准车厢大概要40万天工时，大概需要全国合规改装厂用2个月的时间来完成。

还有原来规定保障大件运输的17.5米低平板挂车，全国估算大概有45万辆，全部进入普货运输市场，存在集体违规运行的问题。特别是在家电运输、快消品运输、零担专线等行业领域，干线运输采用该种车型较为普遍。由于大部分违规车辆为中小企业和个体司机所有，如果"一刀切"地完全禁止该类车辆从事普货运输，存在较大的执行难度，也容易引发社会群体事件。

对于运送标准集装箱的挂车，一般骨架高度在1.5米左右，而标准集装箱普柜高度为2591毫米，在车辆和集装箱都符合标准的情况下车货高度普遍超过 4 米，全行业出现超高问题。由此判定超限，行业企业难以接受，全行业无车可用。能满足限高要求的高度为 1.1 米的牵引车和挂车现在极少。9 月 21 日前，由于来不及将原有车辆改装为达标车辆，部分企业为消除市场风险，保障正常运行，集中购置标准车辆。一次性固定资产投入大，增加了企业经营压力。

由于此次治超工作将 6 轴货车车货总重统一到 49 吨，单车实际载重比原来少了 6 吨，货物装载量下降 11%，由于同样一批货物需要更多趟车来运送，导致企业运输成本上涨，上路车辆增加。据估算，仅降低车货总重限值一项，将导致运输成本上涨大约 15% 左右。特别是对于钢铁、煤炭、重货零担等运输企业，成本上涨压力较大。如果车辆长度从现在普遍的 17.5 米恢复到 14.6 米标准车型，运载方数将从 135 立方下降到 96 立方左右，货物装载量也将下降 30% 左右。据估算，如果全面治理超载超限，没有其他过渡措施，运输成本将上涨至少 30%。且由于短期内运力短缺，运输成本上涨幅度还会更大。在 9 月 21 日前后，物流专线外调车辆运费报价上涨 30% 左右。且由于企业运输趟次增加，仅 6 轴车从 55 吨降低到 49 吨就要新增 20% 的车辆和司机，而短时间内车源和司机很难增加，必然导致市场上出现"一车难求"的现象。

3. 没有考虑成本疏解方案，忽略了对其他产业部门的影响，低估了社会影响力

本次治超对可能出现的运费上涨，以及对整个行业及国民经济的影响考虑不多，与相关部委的沟通以至于相关的成本疏解方案欠缺。例如：与铁总沟通，调整增加铁路货运的转移承载能力；与工信部门沟通，加速研发和推广中置轴列车、低底板挂车；与商务部门沟通，进行行业风险提示和政策导入；与财政部门沟通，对企业退出成本予以补贴；在一定时期内，对于车辆高速公路通行予以收费优惠等。

4. 时机选择欠妥，行业运输压力大，引起社会关注度高

本次治超选择在 9 月 21 日启动，正值国庆节前各类企业备货旺季，物流企业业务繁忙，运输需求量大。治超行动与业务高峰叠加，企业找车成本上涨。加上单车实际载重减少，运输趟次增加，运输成本大幅增加。对于零散运力，成本上涨必将传导到上游企业。而对于整合零散运力提供合同运力的物流企业，短期内只能由自身消化成本上涨压力，企业难以承受。大量企业由上半年的盈利转为亏损局面，不利于行业的健康发展。如果没有合理的疏导，年后价格必将传导至上游实体经济，给低迷下行的实体企业带来更大的经营困难，最终带动物价上涨。这样的局面，显然不符合当前国家正在推行的供给侧结构性改革要求，不利于实体经济发展。

5. 在用标准和新标准冲突，采购不确定性大，市场投机苗头出现

新版 GB 1589 规定，集装箱挂车最长的长度为 13.95 米，而目前 14.6 米的挂车在 12 月 31 日前还可以上牌，物流公司开始抢购 14.6 米的挂车。据了解，各挂车生产企业本年度的生产计划已经全部排满，交付周期已经延长到 2 个月左右。如果近期内不明确下一步治超路径，将会导致新增大量不符合新版 GB 1589 的 14.6 米的车辆上牌，给下一步治超工作制造新的障碍。

6. 部分标准的制定理由还有待澄清

后提升桥 6×2 的装载质量限值在行业内引起了较大争议，6×2 后提升桥的装载限值按照 GB 1589 的新规是 46 吨，比 6×4 少装 3 吨，比原有的 55 吨少装了 9 吨。由于 6×2 后提升桥主要车型基本以进口车为主，并且在很多区域是主流。因此，许多干线运力企业和车队对此非常不理解，需要进一步对标准制定的理由进行澄清，减少行业对于标准科学性的疑虑。

（三）行业对此次治超预期的疑虑

1. 能否长期坚持车货总重限值认定标准

目前，行业对于车货总重不超 49 吨已经初步形成共识。但是对于疏港

大宗商品运输、城市渣土运输、重货零担等领域还存在部分抵触声音。一些地方迫于地区经济压力执法标准有所松动，出现运动性治超现象，行业对执法标准的长期性存在疑虑。

2. 能否明确下一步治超重点和时间节点

行业对于下一步深化治超已经有初步预期。对于普遍存在的超长超高超宽等超限问题的治理顺序和时间节点选择，行业希望有明确的时间表和具体安排，以便企业进行合理车型改造、车辆购置筹划并与客户协商，降低政策转换的市场风险和经营风险。

3. 能否协同制订系统性的成本疏解方案

综合考虑社会各方承受能力，使行业整体运价，特别是事关国计民生的物资运费不要因为大幅上涨而推动物价上涨，影响国民经济健康发展。

二、下一阶段治超工作的思路和建议

治超工作不能一蹴而就，也不能半途而废。未来治超思路，要充分考虑实际情况和利益相关方的诉求，坚持问题导向，争取行业共识，尽量减少阵痛，避免运动式治超。采取源头入手、系统思维、疏堵结合、张弛有度、循序渐进的方式，综合采用市场、技术、标准、财政、监管和法律等手段，有目的、有步骤、有主次地引导行业企业实现车型替换和标准化，引导行业逐步从无序低价竞争向安全高效运输转变，通过高效运输提升行业企业质量效益，形成统一开放、竞争有序的市场环境。

（一）下一步治超工作分步建议

第一阶段：2016 年 9 月 21 日至 2017 年 6 月底，集中治理车辆超重问题，形成长效治理机制。研究和讨论下一步治超方案，引导形成合理预期。

对于车辆出现超重问题较为集中的始发地，如矿山、港口码头、货运场站等进行重点防控，持续加强政策宣传、行业引导和源头管理，保证治理效果不反弹。

完善路面联合执法制度，将超载车辆先卸载后处罚转变为常态机制，上溯源头，有效落实"一超四罚"规定，杜绝只罚不纠、以罚代管等问题。

开展车辆轻量化技术推广，通过行业协会组织装备制造企业推广车辆轻量化技术和装备，开展轻量化改造。对于煤炭、钢铁等重点行业开展专项研发和技术攻关。

协调铁路总公司开展公铁联运试点，在一些特定线路，如上海至成都，开展试点，实现公路向铁路疏解运力，将干线货源逐步向铁路运输转移。

在货运行业广泛调研，公开研究和讨论下一步治超方案，引导行业企业形成治超的合理预期。

第二阶段：2017 年 7 月至 2018 年 7 月底，作为过渡期，集中治理17.5 米低平板挂车、厢式挂车套牌和引导车型标准化。

（1）数据先行，摸清底数，清理违规套牌车。

对于 14.6 米及以上（16.5 米、17.5 米）的存量轿运车、低平板挂车和厢式挂车开展专项治理，由交通运输管理部门对于这部分挂车率先推行电子营运证管理。在车辆年审时向挂车配发电子营运证。利用全国运管系统联网时机，实现超标挂车在线化管理，同时摸清行业存量底数。路面执法时进行电子查验和实时比对，通过数据实时监管，全面清理违规套牌车辆。

（2）制定超限存量合规车辆改装标准。

对于真实核发牌照，具备电子营运证的 17.5 米低平板挂车和厢式挂车，允许在过渡期内进行合法改装。

合法改装后，17.5 米低平板挂车长度缩短至 16.5 米，宽度不超过板面宽度，车货总高不超过 4 米。允许改装车辆进行普货运输，但是应按初次上牌时间计算报废年限。对于确实从事大件不可拆卸货物运输的 17.5 米低平板车，允许不改装继续从事大件运输，按大件运输流程申报。禁止在 17.5

米低平板车辆上安装固定箱体，实际从事普货运输。

对于 16.3 米骨架车和 14.9 米骨架车改装的 17.5 米厢式挂车，有两个方案：

方案一：限定车厢长度、宽度不超过原骨架尺寸，车货总高不超过 4 米。

这种做法，维护了政府的治超信誉，也保护了既有车辆所有者的原有投资，但是对不同时期进入市场的企业会有失公平，预计会导致运费和人员短期内较大波动。

方案二：限定车厢长度不超过 16.5 米，宽度不超过 2.55 米，车货总高不超过 4 米。

这种做法，通过将装载单元统一到 16.5×2.55×4，既能够实现装载单元标准化，又能够保证行业平稳过渡，消化运费上涨和驾驶人员增加压力，减轻行业震荡。

（3）严格新车准入，统一行业标准。

对于新增 13.75 米、13.95 米挂车核发电子营运证，严格要求执行新版 GB 1589 的规定。

（4）开展中置轴普货运输试点，引导车型替换。

开展 20 米中置轴普货运输试点，引导替换 17.5 米低平板挂车和厢式挂车。重点在快递、快运、家电运输、快消品运输等领域开展试点工作。

（5）开展低底盘挂车研发。

开展 950~1100 毫米低底盘挂车、大容积厢车及配套牵引车，以及与之配套的 385 毫米单胎的研发和推广，鼓励集装箱运输企业和普通货物运输企业车型替换。

第三阶段：2018 年 8 月开始，全面落实《规定》要求，实现车型标准化。

治超工作进入常态化管理，从路面重点治超转向企业治超。在 2020 年前全面解决超载超限问题。

在试点 20 米中置轴普货运输的基础上进行全行业推广。

引导集装箱运输车采用低底盘技术。

研究 25.25 米汽车列车在部分路段运行的可行性。

（二）主要保障措施

（1）开展电子营运证管理。对于 14.6 米及以上的存量低平板挂车和厢式挂车开展电子营运证管理，摸清行业底数，清除套牌车，由过去的经验管理向数据管理转变，提高行业治理水平。

（2）研究中置轴列车等合规替代车型。在快递、快运、家电运输等领域开展中置轴列车行业试点示范推广。抓紧研究 25.25 米汽车列车运行的可行性，在部分国家高速公路主通道进行试运行，形成示范效应。

（3）完善货运保险机制。会同保险管理部门，对于套牌车辆发生事故的不予以保险理赔。联合相关保险公司研究物流货运责任险的格式和条款，明确保险责任边界，在行业内推开。

（4）给予通行费优惠。联合多省高速公路公司，对于运输标准集装箱的车辆给予通行费优惠，发挥正向激励和引导作用。

（5）调整计重收费运作模式。计重收费由高速公路出口称重改为高速公路进口称重，对于超重车辆不允许高速公路通行。研究货运 ETC 模式，逐步实现货运车辆高速公路不停车收费。

（6）加强源头执法。将现场执法的重点放在货源始发地附近，保证超重车辆不出场，车货总重 49 吨以上和双排运输车禁止通行。

（7）约谈部分超限运输严重的货主企业，制定家电、钢铁（煤炭）等重点行业的过渡方案和引导计划。

（8）引导多式联运，鼓励运力置换。加强与铁路部门的沟通，推广公铁联运组织方式，引导公路运力向铁路运力转移。

（9）加强事中事后监管。严把年检关，对于非法改装车辆不予年检；严禁不合规车辆过户交易；严禁给非法改装车辆上户上牌；提高不合规车辆检验频次。

（10）规范执法纪律。严格执行上路执法必须开执法仪；充分利用全国举报电话，对各地超载超限行为和随意执法行为予以监督；设立全国统一的治超罚款账户，罚款全部进入财政统一账户。

总之，建议吸取十几年来的治超工作经验，充分考虑行业实际情况，进一步细化治超方案，有理有利有节地处理好市场各相关利益主体关系，形成一套各方可接受、进程可控制、落实有保障的政策方案，以保证治超工作的顺利推进。

中国物流与采购联合会作为行业社团组织，将充分发挥联系企业和行业的优势，深入调查研究，反映问题诉求，提出合理化建议，协助政府部门做好相关工作。

（此文由本人起草，中国物流与采购联合会作为正式文件印发）

关于延续土地使用税减半征收政策的建议

（二〇一六年十二月十九日）

自 2012 年以来，财政部、国家税务总局先后两次发文，对物流企业大宗商品仓储设施用地城镇土地使用税实行减半征收政策，取得明显效果，深受业界欢迎。目前，该项政策即将到期。我会通过专题调研，提出延续该项政策的建议。现就有关情况反映如下：

一、背景情况

2012 年初，财政部、国家税务总局根据《国务院关于印发物流业调整和振兴规划的通知》（国发〔2009〕8 号）及《国务院办公厅关于促进物流业健康发展政策措施的意见》（国办发〔2011〕38 号）的要求，下发《财政部 国家税务总局关于物流企业大宗商品仓储设施用地城镇土地使用税政策的通知》（财税〔2012〕13 号），明确自 2012 年 1 月 1 日起至 2014 年 12 月 31 日止，对物流企业自有的（包括自用和出租）大宗商品仓储设施用地，按所属土地等级适用税额标准的 50% 计征城镇土地使用税。

2014 年 9 月，《国务院关于印发物流业发展中长期规划（2014—2020 年）的通知》（国发〔2014〕42 号），把物流业定位于"支撑国民经济发展的基础性、战略性产业"，要求认真落实物流业相关税收优惠政策。

2015 年 9 月，经国务院批准，财政部、国家税务总局下发财税〔2015〕
98 号文，将土地使用税减半征收政策延续到 2016 年 12 月 31 日。

目前，该项政策即将到期，面临着后续政策的接续问题。

二、土地使用税减半征收政策的效果分析

土地使用税减半征收政策实施 4 年多来，取得了明显的效果。

（一）减轻了企业税负

以中储股份为例，2011 年，中储股份缴纳土地使用税约 4033 万元，土
地使用税占企业总体税负的 12.5%。政策实施以来，2012—2016 年，中储
股份平均每年缴纳土地使用税约 2607 万元，土地使用税占企业总体税负的
平均值为 8.4%，与 2011 年相比，下降了 4.1 个百分点。

（二）拉动了基础设施投资

随着该项政策的实施，物流仓储设施投资回报率有所上升，拉动了仓储
设施投资需求。近 4 年来，仓储业固定资产投资连续保持 30% 左右的增长速
度，远高于全国固定资产投资增速，进而形成了一批新的高标准、专业化的
仓储设施，部分地方出现了冷链、快递、医药、危化品等专业物流园区。仓
储业固定资产投资的持续高速增长，成为我国稳增长趋势下的增长亮点。

（三）促进了土地集约利用

当前，随着新型城镇化的快速推进，快速扩张的城市急需新型仓储物流
设施的支撑。各地政府纷纷把仓储业作为发展物流的重点，规划建设了一批
物流园区、物流中心、货运场站等物流基础设施。土地使用税减半征收成为
各地政府扶持物流发展、吸引社会投资的重要支持政策。与传统单一的仓储

设施相比，新建仓储设施在区域上更加集中，产业集聚效应明显，土地利用更加集约。

（四）推进了企业转型升级

土地使用税减半征收政策实施以来，不少生产和商贸企业按照分工协作的原则，剥离或外包物流功能，促进了物流社会化，一些大型仓储企业加快企业网络化布局。例如，中储股份 2012—2015 年在南京、无锡、郑州、沈阳、青州等地新建和改扩建物流中心 45 万平方米，年均投资额 2 亿元，有效优化了企业物流网络，促进了物流服务一体化。

（五）增加了仓储设施供给

据统计，到 2015 年年底，全国仓储业营业性通用仓库面积约 9.55 亿平方米，同比增长 4.94%；仓储企业约 3 万家，同比增长 2.35%；从业人员约 96.6 万人，同比增长 3.98%；企业主营业务收入约 11613.3 亿元，同比增长 8.7%。这主要是市场需求推动的结果，土地使用税减半征收政策也起到了推动作用。

（六）降低了社会物流成本

2015 年，我国社会物流总费用占国内生产总值的比率为 16%，其中，保管费用占社会物流总费用的 34%。虽然保管费用仍处于较高水平，但与 2012 年相比，保管费用占社会物流总费用的比重下降了 1.2 个百分点，土地使用税减半征收政策起到了一定作用。

三、土地使用税减半征收政策延续的必要性分析

目前，我国正处于供给侧结构性改革的关键时期，加快物流业发展，延续土地使用税减半征收政策更有必要性与紧迫性。

（一）仓储物流企业生存发展的需要

仓储资源是基础性、战略性资源，具有公共性和一定的公益性，但投资大、周期长、回报慢，自身盈利能力较弱。特别是近年来，人工成本、土地成本逐步上升，导致仓储物流业务的各项利润指标逐年下降。2015 年，仓储型物流企业行业平均净资产收益率仅为 4.87%，较上年降低 0.52 个百分点，已难以承受较高的税负。

（二）仓储物流业转型升级的需要

改革开放以来，我国仓储业快速发展，仓储设施明显改善，产业规模持续扩大，社会化进程逐步加快，服务水平与作业效率有所提高。但从总体上看，传统经营方式还没有根本性改变，仓储自动化、标准化与信息化管理仍处于较低水平。特别是电子商务物流"爆炸式"发展，现有的仓储设施难以满足其需求。土地使用税减半征收政策的延续有利于继续拉动企业投资，优化仓库布局和结构，推动仓储物流业转型升级。

（三）推动供给侧结构性改革的需要

今年 9 月，国务院办公厅转发国家发展改革委《物流业降本增效专项行动方案（2016—2018 年）》，明确提出要解决物流领域长期存在的成本高、效率低等突出问题，大力推动物流业降本增效，推进物流业转型升级。不合理的仓库结构是制约我国仓储效率提升、成本下降的重要原因之一。土地使用税减半征收政策的延续有利于降低社会物流成本、扩大有效投资、促进城乡居民消费，是消除瓶颈制约、补齐薄弱短板、提升国民经济整体运行效率的重要措施之一。

（四）国家"三大战略"实施的需要

十八大以来，中央部署优化经济发展空间格局，明确提出重点实施"一带一路"、京津冀协同发展、长江经济带三大区域性经济发展战略。三大国家战略的共同特点是跨越行政区划、促进区域协调发展、统一国内大市场、提高资源配置效率。我国经济发展空间格局的战略性调整，不仅对仓储布局和结构提出新需求，还对物流体系的建设提出了跨区域服务一体化的新要求。三大国家战略的实施，要求仓储业投资规模继续保持稳定，物流企业加快网络化经营，土地使用税减半征收政策的延续恰恰有利于国家三大战略的实施。

四、土地使用税减半征收政策执行中存在的问题

土地使用税减半征收政策有效减轻了企业税收负担，但是，在政策执行过程中，也存在以下问题亟待解决。

一是土地使用税减半征收政策落实不够。中国物流与采购联合会《2015年度物流企业负担及营商环境调查报告》显示，重点物流企业中，2015年享受土地使用税减半征收政策的占54%，有超过4成的企业没有享受到该项政策。一些地方甚至不知道有此项优惠政策，出现政策落实"肠梗阻"。

二是部分地区调整土地级别导致减税效应不足。据调研了解到，2011年中储股份所属河北物流中心5.7万平方米的仓储用地单位税额为9元/平方米，缴纳土地使用税约52万元。2013年则上涨为30元/平方米，涨幅达233%，应缴土地税超170万元。减半征收之后仍然缴纳85万元，比2011年增加了67%。还有郑州、武汉、西安等地均不同程度调高单位税额，使土地使用税的减税效果大打折扣。

三是政策适用范围有待进一步明确。目前政策适用范围是，物流企业自有的（包括自用和出租）大宗商品仓储设施用地，但一些地方对政策适用有不同理解。随着物流分工深化细化，出现了专门提供仓储设施的建设和运营商，如林安物流、传化公路港、宝湾物流等。这些企业专门为物流企业提供

高标准、高质量的仓储设施，促进了物流企业网络化经营，已成为物流业中不可或缺的重要组成部分。但是，许多地区不把这类企业认定为物流企业，导致它们不能享受土地使用税减半征收政策，降低了政策的普惠性。这不仅不利于社会分工，还削弱了企业投资积极性。

四是政策适用货物种类有待扩大。财税〔2015〕98号文件中，取消了部分大宗商品种类，原来享受政策优惠的食品、饮料、药品、医疗器械、机电产品、文体用品、出版物等工业制成品的仓储设施无法继续享受该政策，而这些货物与百姓的日常生活息息相关。缩小政策适用货物种类范围，不利于促进城乡居民消费。

五是后续政策支持影响投资决策。2016年年底，该项减税政策即将到期，政策延续性受到普遍关注，部分企业放慢了投资速度，等待观望后续政策的出台。由于各地土地使用税单位税额已经普遍提高，如果政策不能延续，物流企业的税负将极大提高，税负总水平将远远高于政策实施前的水平。这不仅会影响企业经营效益，仓储设施投资积极性也会受到压抑，从而导致仓储设施紧缺，仓租费用上涨，进一步推高社会物流成本。

五、延长土地使用税减半征收的政策建议

（一）延长政策适用期限

根据国务院《物流业发展中长期规划（2014—2020年）》的要求，结合我国经济发展新形势，考虑仓储业的发展状况和公共服务属性，应提升企业投资积极性，扩大仓储规模和优化仓库结构，加快仓储业转型升级。这需要充分发挥税收政策调节分配、促进结构优化的职能作用，建议延长土地使用税减半征收政策，至少到2020年。同时，不要随意调高土地级别，使企业能够实实在在享受到减税的政策红利。

（二）进一步明确物流企业认定范围

大宗商品仓储设施用地是否能享受优惠，不应取决于土地所有权是否为物流企业，而应取决于土地是否被用来提供专业化、社会化的仓储物流设施。建议将专业的仓储设施建设和运营商视为物流企业，同时，物流园区、物流中心、货运场站等物流基础设施平台建设类单位也应该享受该项政策。

（三）取消商品种类的限制

仓储业是竞争性行业，其在供应链任一环节降低的税收，都会使末端消费者受益。同时，食品、饮料、药品、医疗器械、机电产品、文体用品、出版物等工业制成品，是面向消费者终端、受电子商务影响极大的商品。未来，这些商品通过电子商务销售的比重将越来越大，却无法享受土地使用税减半征收的优惠，这不利于供给侧结构性改革。为提高政策的普惠性，促进城乡消费，建议扩大大宗商品覆盖范围，取消对商品种类的限定。

物流仓储业是用地大户，随着房地产税立法改革进程加快，必将面临新的调整。中国物流与采购联合会作为行业组织，有责任、有义务也有能力，组织开展行业调研和测算，配合政府部门做好政策衔接过渡工作。

［财政部、国家税务总局 2017 年 4 月 26 日发出《财政部 税务总局关于继续实施物流企业大宗商品仓储设施用地城镇土地使用税优惠政策的通知》（财税〔2017〕33 号），再一次明确继续实施此项政策。2009 年中物联提出政策建议，2012 年起实行，以后不断延期，该项政策一直延续了 20 年，2022 年被纳入《"十四五"现代物流发展规划》］

关于完善无车承运人管理制度的建议

（二〇一七年八月三十日）

2016 年 11 月，交通运输部在全国组织开展无车承运人试点工作。近 1 年来，试点工作取得初步成效，得到业界的广泛认同。但在深入推进试点工作的过程中，我们认为仍面临一些亟待解决的问题。为此，中物联公路货运分会开展了无车承运人管理制度的专题研究，对交通运输部正在研究制定的无车承运人管理办法提出相关政策建议。现将有关情况汇报如下。

一、完善无车承运人管理制度是对既有行业管理规定的必要补充

道路运输业是国民经济的基础性产业，运输任务重、市场开放早、从业人员多。特别是公路货运业，20 世纪 90 年代就实现了全面开放，从业人员超过 2000 万人，承担了全国三分之二的货运任务。

2004 年 7 月 1 日起施行，2016 年 2 月第二次修订的《中华人民共和国道路运输条例》（以下简称《道条》）是目前规范道路货运行业经营与管理的行政法规。其中第二十一条明确规定：申请从事货运经营的，应当有与其经营业务相适应并经检测合格的车辆。据此，我国大部分地区对申请人投入运输的车辆规定为自有车辆，且对车辆数量还有具体要求。

从现实情况看，《道条》"基于有车承运的经营许可"已不能满足公路

177

货运业的发展要求了。这种重资产运营的行业管理要求，不利于货运企业整合分散的运力资源。目前，公路货运企业大部分没有车辆或仅有少量维持基本经营需求的车辆。货运企业承揽业务后，往往采用层层分包方式，绝大多数业务最终是由个体车辆实际完成的。因此，现行《道条》"基于有车承运的经营许可"管理规定不适应行业发展实际，亟待调整优化。

"个体车辆分散经营、货运企业整合运力"模式是我国公路货运行业的主要运行方式。据我们调查了解，在我国从事公路货运实际承运业务的主体，90%左右为个体车辆。货运企业通过整合分散的个体车辆运力，实现了分散资源的有效配置，提升了运输的组织效率，已经形成了相对稳定的分工合作关系。由于分散经营的个体车辆无法取得道路运输经营许可，不得不通过"挂靠"的方式变相获得经营许可和车辆营运证。这扭曲了货运车辆的财产归属权，不利于落实实际承运人安全生产主体责任，这也是公路货运行业一系列生产安全和市场风险的问题根源。

在"互联网+"新形势下，无车承运模式依托互联网平台，有效解决了传统模式下信息不对称问题，减少了中转环节和交易成本，提升了个体车辆的配置效率，强化了无车承运人在整个运输体系中的整合作用，推进行业格局向着"个体车辆分散经营、平台企业整合运力、货运企业集中采购"转变，对促进物流"降本增效"作用显著。同时，无车承运人充分利用云计算、物联网、大数据等先进信息技术，强化了对个体车辆的信息化管控和规范化管理，在一定程度上分担了政府部门的监管压力。交通运输部适时启动无车承运人试点，探索建立多方参与的道路运输市场监管机制，顺应了供给侧结构性改革要求，对于落实创新驱动，促进大众创业、万众创新，培育经济发展新动能意义重大。

二、无车承运人管理制度推行面临的主要问题

近1年来，行业和社会各界普遍关注无车承运人试点，试点工作总体取

得了积极成效。同时，我们也要看到，制约无车承运人发展的问题亟待解决，试点中暴露出的问题也应引起高度重视。

一是税务风险问题。目前，"虚开"发票问题在公路货运市场较为普遍。个体车辆作为经营主体独立承揽业务，属于实际承运人，在增值税体制下，应该向委托业务的无车承运人开具增值税发票。由于个体车辆将产权让渡给挂靠企业，因而自身不具有开票资质。调研显示，70%以上的个体车辆进行现金交易，无法为委托其业务的企业开具增值税发票，导致委托其业务的无车承运人进项抵扣不足。而按照"以车控票、以票控税"的征管模式，挂靠企业虽然不参与经营，但是由于形式上拥有个体车辆让渡的产权，从而拥有车辆购置产生的进项。由于缺乏对业务真实性的监管和相关企业行为的规范，一些挂靠企业违规向进项抵扣不足的企业大量虚开增值税发票，虽然表面上减轻了企业的负担，但是增加了整个行业的税务风险。由于产权归属不清，"有车的实际承运人没有开票权，无车的挂靠企业却拥有开票权"，这是虚开发票税务风险问题的根源。

二是赔付风险问题。近年来，公路货运市场中"跑路""上访"事件频发，很大一部分是由于车辆事故超过自身赔付能力。货运企业投保不足或没有投保，导致货主和司机权益受到侵害，极易引发社会不稳定事件。公路货运市场普遍存在承运人投保不足情况，特别是作为实际承运人的个体车辆由于产权归属挂靠企业，无法购买相应的承运人保险产品来降低自身赔付风险，导致环环紧扣的保险链条出现了断链，实际承运人风险得不到覆盖，大大增加了上游无车承运人的赔付风险。保险人不得不提高保险费率，无车承运人出于成本考虑不足额投保，整个行业的投保比率不高，货运保险市场持续亏损，从而出现了恶性循环，保险作为赔付风险调控工具的目的远没有达到。

三是市场稳定问题。近年来，各地个体车辆车主聚众集会、罢工、闹事的情况时有发生。主要原因是个体车辆虽然名义上属于挂靠企业，但是实际上属于个体经营主体，个人经营的个体车辆缺乏组织管理，纪律性差、抗风险能力弱，易受市场景气度影响和社会舆论诱导。传统的挂靠企业缺乏与个体车辆的真实业务联系，无法对个体车辆车主形成有效的约束和管理。而传统的货运企业虽然与个体车辆存在委托业务关系，但是合作关系的稳定性不强，约束力不够，个体车辆的利益无法得到有效维护。同时，由于缺乏监管规范，货运企业为降低自身税负，向个体车辆大量支付油卡冲抵运费，导致"油卡满天飞"现象，侵占了个体车辆利益。近年来，通过互联网平台，降低了行业信息不对称水平，极大地丰富了货源获取渠道和市场运力资源，促进了市场开放和公平竞争，也在一定程度上引发了一些市场稳定问题。

四是市场监管问题。目前，公路货运市场主要采取审批监管的事前监管模式。随着市场监管逐步从事前监管向事中、事后监管转变，对货运经营者提出了更高的要求。传统的挂靠企业，由于并不真正参与个体车辆经营管理，难以承担相应的监管责任。而传统的货运企业委托个体车辆从事经营业务，受管理手段限制，往往也无法实现有效监管。此次试点的无车承运人大部分具备较高的互联网技术水平，依托企业内外的互联网平台，强化了对个体车辆的有效监管，通过商业监管分担政府监管压力，取得了明显成效。但是，对于个体车辆作为无车承运人的监管对象尚未正式明确，现行监管方式与企业经营模式难以合理匹配，导致企业经营不适应政府监管要求。

三、无车承运人管理制度创新的突破点

前不久发布的《国务院办公厅关于进一步推进物流降本增效 促进实体经济发展的意见》（国办发〔2017〕73 号）再次要求，深入推进无车承运人试点工作。通过模式创新带动管理制度创新，突破政策瓶颈，顺利推进试点工作，时间紧迫，意义重大。

当前，公路货运市场主要以个体车辆为实际承运人的现状，是无车承运

人试点工作必须面对的现实，也是对现行法规政策的挑战和对政府治理能力的考验。我们认为，无车承运人试点，主要目的是利用互联网等先进信息技术，整合分散运力资源，提升运输的组织化、规模化水平，同时，强化对个体车辆的有效管控，理顺管理机制，明确主体责任，提升运输市场的供给质量。因此，个体车辆作为独立经营主体从"幕后"走向"前台"，由"地下"转入"地上"，是试点工作能顺利推进，实现预定目标的关键所在。随着无车承运试点工作的开展，将实际承运的个体车辆产权回归本体，将利益相关方的运营权责回归本位，从而助推实现市场监管回归本源，应该成为无车承运试点管理制度创新的突破点。

一是车辆产权回归本体。通过管理制度创新，将个体车辆产权回归本体，使个体车辆能够为委托企业开具交通运输增值税专用发票，从而完善税收抵扣链条。由于产权回归本体，挂靠企业无法获得车辆进项，也堵住了虚开发票的漏洞。同时，个体车辆经营主体购买相适应的货运保险产品，从而实现保险链条环环相扣，增强了整个行业的风险赔付能力。

二是运营权责回归本位。挂靠企业解除与个体车辆的产权关系，回归管理服务本位，能够更加集中于对个体车辆的管理与服务。通过模式创新，无车承运人通过市场化手段采购个体车辆运力资源，并承担相应的管理责任；同时，合理获得运费进项抵扣，并将集中采购交给个体车辆使用的油费、路桥费等纳入进项抵扣，税收链条逐步完善，企业税负有望得到降低。

三是市场监管回归本源。考虑到个体车辆过于分散和市场监管的难度，由道路运输管理机构向符合条件的无车承运人颁发道路运输经营许可证，并为接受其管理的个体车辆配发以车辆产权人为业户名称的车辆营运证，强化无车承运人的监管责任，从而理顺层层负责的监管链条。这样既保证了个体车辆产权回归本体，也实现了利益相关方运营权责回归本位，达到市场监管回归本源的目的。

四、无车承运人管理制度创新的政策建议

当前，现行《道条》已经不能够充分满足行业发展要求，无车承运人试点为公路货运行业管理制度创新提供了重要机遇。本着实事求是、问题导向、包容审慎的原则，按照"车辆产权回归本体，经营权责回归本位，市场监管回归本源"的思路，建议无车承运人管理制度在以下方面进行创新。

一是在市场准入方面，明确无车承运人准入条件，强调对个体车辆资源的管控要求，提高市场准入门槛。同时，明确货运代理、货运经纪等其他业态类型的准入条件，对原《道条》规定的有车承运形成补充，实现行业全业态分类管理。

二是在经营许可方面，无车承运人获得经营许可后，由道路运输管理机构为接受其管理的个体车辆配发以车辆产权人为业户名称的车辆营运证。

三是在税务征收方面，无车承运人按照交通运输业务，适用11%的增值税税率。无车承运人管理的个体车辆适用小规模纳税人税率，按照3%的简易征收率征收，由承担运输业务的无车承运人为其代扣代缴，并对其真实性负责。无车承运人自行采购并交给个体车辆使用的成品油和支付的道路、桥、闸通行费，根据运输合同、运费发票、运输轨迹、交易信息等，能够证明运输业务真实性的，其进项税额准予从销项税额中抵扣。

四是在风险赔付方面，无车承运人按照赔偿责任购买相应的货运保险产品，并督促其管理的个体车辆购买相应的承运责任险，逐步完善保险链条。

五是在安全责任方面，无车承运人对其所管理的个体车辆承担安全主体责任，个体车辆车主对实际承运业务承担民事赔偿责任。

六是在车辆管理方面，无车承运人对其管理的车辆保证业务真实、轨迹真实、交易真实、开票真实，并承担车辆的维护保养、年检年审等义务。

七是在市场监管方面，无车承运人提供接受其管理的个体车辆的业务数据和运行轨迹，接受政府有关部门监督。

八是在诚信机制方面，完善货运司机诚信考核机制，建立个体车辆诚信信息共享平台，实现与公安、工商、法院等信息联网。

九是在退出机制方面，个体车辆有权在营运证到期后重新选择无车承运人。

五、启动无车承运人配发个体车辆营运证试点正当其时

近期，国家税务总局发布 30 号公告，明确规定无车承运人自行采购并交给实际承运人使用的成品油和支付的道路、桥、闸通行费进项税额准予从销项税额中抵扣。但是，由于大部分实际承运人是个体车辆，在现行管理制度下产权仍然属于挂靠企业，无法向无车承运人开具运费增值税发票，也就无法形成运费与油费和通行费的对应关系，税收利好政策难以落地。因此，行业期待尽快开展无车承运人配发个体车辆营运证试点工作，实现个体车辆产权回归，打破管理制度瓶颈。

建议道路运输管理机构为试点无车承运人管理的个体车辆，配发以车辆产权人为业户名称的车辆营运证，并在许可准入、运营监管、税收征管、风险赔付、诚信考核等方面进行制度探索，为无车承运人管理制度创新积累宝贵经验。

（此件报送交通运输部等部门）

关于物流领域简政减费降税情况的汇报材料

（二〇一八年一月二十四日）

一、我国物流业发展现状

2017 年，我国物流总体运行稳中向好。全年社会物流总额可达 252.8 万亿元，同比增长 6.7%左右；社会物流总费用 12.1 万亿元，同比增长 9.2%左右。12 月中国物流业景气指数达 56.6%，全年均值为 55.3%，始终保持在 50%以上的景气区间。

2016 年 9 月，国务院办公厅转发国家发展改革委《物流业降本增效专项行动方案（2016—2018 年）》，提出了一系列政策措施和任务安排。2017 年 8 月，国务院办公厅印发国办发〔2017〕73 号《国务院办公厅关于进一步推进物流降本增效 促进实体经济发展的意见》，从七大方面提出了 27 项具体措施。在不到 1 年的时间里，国务院办公厅先后两次就物流降本增效专门发文。各有关部门出台相应的配套政策措施，大力推进物流降本增效工作。我国社会物流总费用与 GDP 的比率持续稳步下降，由 2012 年的 18%降为 2016 年的 14.9%。2017 年该比率进一步降至 14.6%，较上年下降 0.3 个百分点，降本增效取得积极成效。

从微观角度看，随着企业物流运作效率的不断提高和作业流程的持续优化，工商企业的物流费用占企业销售收入的比率总体上逐年下降。据我们对重点企业的调查，我国工商企业物流费用率由 2012 年的 8.6% 下降到 2016 年的 8.1%，即每万元销售收入所消耗的物流总费用从 2012 年的 860 元降至 2016 年的 810 元，累计下降 50 元，下降幅度为 5.8%。

（一）我国物流成本降低的主要原因

一是经济结构的调整。相对来说，一产和二产所需物流费用会高于三产，也就是说三产占比越高，物流费用率越低。历史数据表明，服务业占 GDP 的比重每上升 1 个百分点，物流费用与 GDP 的比率就会下降 0.3~0.4 个百分点。我国服务业增加值占 GDP 的比重从 2012 年的 45.5% 上升至 2017 年前三季度的 52.9%，累计提高了 7.4 个百分点，可以带动社会物流总费用与 GDP 的比率下降约 2.6 个百分点。

二是物流运行效率的提升。近年来，我国现代物流业深入推进供给侧结构性改革，通过转变发展方式、转换发展动能、推广应用新技术、新模式，与工商企业等物流需求方联动融合，完善现代供应链体系，有效提升了物流运行效率。据此，可使社会物流总费用与 GDP 的比率下降约 0.6 个百分点。

以工业为例，我国规模以上工业企业库存率由 2012 年的 9.4% 下降到 2015 年的 9.1%。从社会物流角度看，物流总费用中资金占用成本（利息费用）与 GDP 的比率 2012 年为 2.6%，而到 2017 年前三季度已降至 1.9%，仓储费用与 GDP 的比率由 2012 年的 2% 左右下降到 1.7%。

三是营商环境的改善。5 年来，国务院连续出台一系列促进物流业发展的规划、政策，有针对性地采取政策措施，降低制度性交易成本。从物流费用构成来看，管理费用比率从 2012 年的 2.2% 下降到 2%，可使社会物流总费用与 GDP 的比率下降约 0.2 个百分点。

（二）我国物流成本比率的国际比较

近年来，虽然我国物流运行效率明显提高、物流费用水平稳中有降，但从国际比较来看，相对于发达国家依然存在一定差距。当前我国社会物流总费用与 GDP 的比率降为 14.6%，仍比美国等国家高出 7 个百分点左右。

按照国际惯例，社会物流总费用由运输费用、保管费用和管理费用三大部分构成。从三大部分构成的国际比较来看，我国运输费用与 GDP 的比率为 7.7%，比美国、日本高 2~3 个百分点，保管费用与 GDP 的比率为 5.5%，比美国、日本高 2.8 个百分点，管理费用与 GDP 的比率为 2%，高于美国、日本 1.7 个百分点。

首先是运输环节的差距。我国与美国国土面积相当，我国运输费用占物流总费用的 53.9%，低于美国 60% 的水平。但从各种运输方式的占比来看，我国公路运输承担了三分之二的货运量，相对经济的水路和铁路运输占比偏低。不同运输方式之间衔接不畅，多式联运水平偏低。2016 年上半年天津港海铁联运占比仅为 2.1%，宁波港占比不到 1%，而国际先进水平为 20% 左右。

其次是保管环节的差距。我国保管费用占物流总费用的 33.1%，高于美日等发达国家，保管费用中资金利息费用占 40.9%、仓储费用占 33.7%、配送流通加工费用占 19.9%，反映出我国经济活动中存在大量的社会库存。这些库存既存在于工业企业内部，也存在于流通各个环节，反映出整个宏观经济结构不协调，要素资源没有物尽其用导致了物流不畅。

最后是我国管理费用水平偏高。我国物流管理费用占物流总费用的 12.6%，而发达国家这一费用比重只有 6%。其中，很大一块属于制度性交易成本。

（三）未来物流降本增效的基本途径

降低物流成本不仅是供给侧结构性改革的重要内容之一，而且能够有效推动现代供应链创新与应用，并通过供应链传导，有效支持实体经济发展。未来一段时期，随着社会经济转型升级步伐加快，创新物流模式，降低物流成本将更加受到社会广泛重视。大力发展现代物流、提高物流效率将是破解经济发展难题、转变发展方式、提升运行质量和效率的重要抓手。预计在未来三至五年，我国社会物流总费用与 GDP 的比率将降至 12%~13%。

二、有关物流简政减税降费的问题和建议

近年来，国务院及有关部门出台的相关政策措施，推动了物流业持续健康稳定发展，受到行业企业的普遍欢迎。我们曾经反映过的某大型物流企业设置的"证照专员"，由两年前的 150 名减少到现在的 100 名左右，表明企业"办证难"问题有所缓解。我会《2016 年度物流企业负担及营商环境调查报告》显示，52%的企业反映国务院出台的简政放权政策基本落实；53.3%的企业反映清理行政性收费政策基本落实；51.9%的企业反映公路运输"乱罚款"现象有所扭转。同时，也说明物流企业对于进一步落实政策，改善营商环境充满期待。总体来看，一方面，已经出台的政策落实不够，许多好的政策在落实过程中存在肠梗阻，行业企业"获得感"不强；另一方面，仍有一些制约行业长期发展的政策问题亟待研究、协调解决。

（一）进一步精简审批事项

1. 进一步简化货车年检年审

目前，货车年检年审合并按照进度推进，但是车辆还需要进行排放检验，合格后方可上路行驶。目前，在实际操作中年检和排放检验同步进行，但是年审的部分项目与排放检验项目存在重复。

据测算，排放检验单次平均费用为 100 元左右，按照 2016 年我国货运车辆保有量 1350 万辆计算，如合并进行，每年可为企业节省检验费用 13 亿

元左右。

2. 简化货运车辆认证管理

汽车产品认证被认为是多头管理的"重灾区"。目前汽车产品进入国内市场，需进行工信部公告、认监委3C认证、交通运输部油耗、环保部公告四项强制性认证，其分别归属于工信部、认监委、交通运输部、环保部四个部委管理。工信部公告管理中已对产品的油耗做出明确要求，而交通运输部又出台了不同标准的道路运输车辆燃料消耗量检测和准入管理办法。工信部负责汽车产品公告，从申报到发布需要1~2月的时间，但基本能够保证每月发布一批。交通运输部负责车辆燃油公告，从申报到发布时间不定期，发布一批用1~3月，多数超过2月。加上环保和3C认证，每个车型平均4万~5万元的认证检测总费用（改装车约4万~5万元，冷藏车和特种车约12万元），每个车型从申请到全部发布的时间为5~6月。且车型细微改动就要重新申报，不利于鼓励车辆技术创新。稍有规模的主机厂都有3000~5000个公告，给企业造成巨大负担和时间成本。此外，工信部的公告认证和认监委的3C认证有近50项是完全一样的检测，重叠度如此高的检测项目，不仅使车企无所适从，也浪费大量的人力、物力等公共资源，而且增加了汽车企业的负担，影响了我国汽车产业的健康发展。

目前，我国每年申请公告的货车车型约5000个，每个车型平均10万~15万元的认证检测总费用，每个车型从申请到全部发布的时间为5~6月，如果予以合并简化，能够降低公告和认证费用超过2亿元，为企业节省大量时间。

	工信部公告 费用（元）	交通部油耗 费用（元）	3C认证 费用（元）	环保认证 费用（元）	总计 金额（元）
半挂车	40000	—	5000	—	45000
改装车	18000	30000	5000	2000	55000

3. 取消 4.5 吨及以下普通货运驾驶员从业资格证和普通货运车辆营运证，研究取消普通货运驾驶员从业资格证和车辆营运证

交通运输部在交运发〔2017〕141 号文中已经提出"研究推动取消总质量 4.5 吨及以下普通货运车辆道路运输证和驾驶员从业资格证"，河北等地已经率先落实，建议在 2018 年内予以解决。

从业资格证是交通运输部根据《道路运输从业人员管理规定》向道路运输从业人员颁发的从业资格证件。从业资格证的申请条件和考试要求与驾驶证类似，存在重复许可、多次认定问题。司机获得准驾货运车辆的驾驶证已经能够证明其驾驶能力，没有必要再进行一次资质审批。驾驶员在当地学习合格领取从业资格证后，无法像驾驶证一样在全国通用。还有，驾驶员从业资格继续教育学习时间长，费用高、效果不佳，流于形式。

目前，道路运输企业已经有工商执照和经营许可证，营运车辆需要车管所颁发的行驶证和运管所颁发的车辆营运证。车辆营运证是根据《中华人民共和国道路运输条例》对道路运输企业投入运输车辆的审批事项。车辆取得行驶证已经能够证明其车况符合要求，没有必要再进行一次审批。且行驶证和营运证需要分别年审，年审时间不同。由于车辆营运证年审需要回车辆属地，造成车辆经营中断，成本增加，建议取消车辆营运证。

4. 取消新能源货车城市通行限制

城市道路拥挤和尾气排放是限制货运车辆进城的主要原因，新能源货车有效解决了尾气排放问题，同时，一台标准的新能源货车能够替代六台非法载货的微型面包车，对于整合车辆运力，减轻城市拥堵，提升城市配送效率具有积极意义，符合现代城市绿色生态发展的要求，建议取消符合标准的新能源货车城市通行限制。

5. 制定统一的公路执法罚款清单

清理各部门执法规定，制定统一的公路执法罚款清单，细化处罚标准，实现执法互认。整合规范公路执法主体，统一执法机构，推行交通执法总队模式，加强公路非现场执法。严格执行公路货运罚款按照国库集中收缴制度的有关规定缴入国库，落实罚缴分离。

6. 落实《汽车、挂车及汽车列车外廓尺寸、轴荷及质量限值》（GB 1589—2016）的规定，允许规范加装尾板车辆上路通行

尾板是提高城市配送车辆装卸效率的重要装备，在国外，城市配送车辆安装尾板比例在 70% 左右，而国内不到 3%。GB 1589—2016 明确尾板不在车辆长度测量范围内，新车出厂时加装尾板没有问题。企业在用车辆根据业务需要加装尾板，不需要的时候卸载。每一个尾板可以节约 1 个人工，按照 1 人年薪 6 万元计算，50 万辆车安装尾板每年可节省人工 300 亿元。目前，加装尾板的在用车辆年检时必须将尾板拆下来，每次拆装需要花费 1600 元，增加了企业负担。建议不将加装尾板纳入非法改装范围，年审年检时尾板不纳入测量范围。

7. 推行货车高速公路不停车收费系统

目前，我国高速公路 ETC 全国联网目标已经实现，而货车由于需要计重收费，在收费口需要停车进行静态称重，极大地降低了通行效率，往往导致货车长时间积压和收费口拥堵现象。随着动态称重技术的发展和完善，货车推行 ETC 具有较大的可行性。

8. 精简快递物流企业分支机构、末端网点的备案手续

物流企业和快递企业都具有网络化经营的特点，往往存在分公司、分部、经营网点等多级非法人分支机构。目前，物流企业和快递企业存在的大量末端网点，特别是与便利店、社区店合作的末端网点，无法正常取得相关经营许可，存在无照经营或超范围经营问题。建议，进一步简化快递和物流企业设立分支机构的手续，出台末端网点备案制度。

9. 允许货运车辆异地检测上牌

目前，货运车辆检测上牌按照属地管理，企业采购的大型货车需要从厂商所在地运到企业注册地办理车辆检测上牌手续，而大部分大型货车以异地经营为主，浪费了车辆运输成本。据测算，将新车运回企业注册地的成本约为 10 元/公里次，按照平均运距 800 公里每辆车就需支出 8000 元。

10. 加强物流数据开放共享

加快实现运政系统全国联网。依托邮政实名制数据采集平台，实现邮政与公安数据共享。加快货运车辆交通违章信息全国联网，方便企业实时查询。落实口岸管理相关部门信息互换、监管互认、执法互助的"三互"大通关改革。在物流行业推广应用电子运单、电子仓单、电子面单等电子化单证，提高流程运作效率。结合一批骨干物流信息平台试点，探索物流信息互联互通方式及路径，构建国家骨干物流信息网络。

（二）进一步降低企业税负

1. 对购置挂车取消车辆购置税

车辆购置税是对在我国境内购置汽车、摩托车、电车、挂车、农用运输车等规定车辆的单位和个人征收的一种税，税率为 10%。2015 年 10 月，车辆购置税实行减半处理。最近又对新能源车免征车辆购置税。目前，国家鼓励发展甩挂运输方式，交通运输部开展了四批甩挂运输试点。甩挂运输是指牵引车按照预定的运行计划，在货物装卸作业点甩下所拖的挂车，换上其他挂车继续运行的运输组织方式。甩挂运输是提高道路货运和物流效率的重要手段，其早已成为欧美、日本等发达国家和地区的主流运输方式，占比达到 70% 以上。但是在国内所占比例仍然较低，仅占 2% 左右。我国将挂车作为车辆管理，需要征收车辆购置税。由于挂车不具有动力，在国外更多是作为汽车的单元化装载工具，因此不应按照车辆管理。

建议取消购置挂车的车辆购置税。按照每年销售 30 万辆挂车，单价 8 万元测算，按照 5% 的税率计算，能够节省税负 12 亿元左右。

2. 推动土地使用税减半征收政策常态化

自 2012 年以来，财政部、国家税务总局先后三次发文，对物流企业大宗商品仓储设施用地城镇土地使用税实行减半征收政策，取得明显效果。现在的主要问题如下：一是每两三年都要出台延续文件，每次延续两三年，到期后还要再次发文；二是存在适用范围逐步收窄、落实"门槛"提高、减税效应不足等问题。

建议把物流业土地使用税减半征收政策纳入常态化机制，一定多少年不变，稳定企业政策预期。同时，取消对于仓储商品的种类、土地所有权等的限制，简化物流企业认定标准，扩大政策覆盖范围。

3. 切实解决物流各环节增值税税率不统一问题

在营业税体制下，交通运输业执行 3% 的税率；其他劳务（包括仓储、货代）执行 5% 的税率。"营改增"后，货物运输服务和物流辅助服务分别执行 11% 和 6% 的税率。其中，货物运输服务税率从原来的 3% 提高到 11%，导致运输服务税负大幅增加。行业税率不统一不符合物流业一体化运作的现实需求，也加大了税收征管工作的难度。2011 年《国务院办公厅关于促进物流业健康发展政策措施的意见》（国办发〔2011〕38 号）明确指出："要结合增值税改革试点，尽快研究解决仓储、配送和货运代理等环节与运输环节营业税税率不统一的问题。"2017 年的国办发 73 号文再次提出，"结合增值税立法，统筹研究统一物流各环节增值税税率"。到目前为止，国办两次发文均未真正落实。

建议将交通运输服务增值税税率降为 6%，统一物流业各环节税率、降低企业税负，支持物流业一体化运作，从根本上解决物流业"营改增"后税负增加的问题。

4. 落实部分领域增值税进项抵扣问题

据我们的调查，70% 以上的个体车辆采取现金交易，无法给上游企业开具发票，导致上游企业没有进项抵扣。同时，非挂靠的个体运输业户，属于小规模纳税人，只能开具 3% 的增值税发票。它们的车辆购置费用、燃油费、路桥通行费等进项成本，难以把税负传递给上游企业，导致承接运输业务的物流企业进项抵扣不足。近期，国家税务总局发布 30 号公告，明确规定承运人自行采购并交给实际承运人使用的成品油和支付的道路、桥、闸通行费进项税额准予从销项税额中抵扣，在一定程度上解决了上游企业进项抵扣不足的问题。但是，由于实际承运人大部分是挂靠车辆，自身没有开票资质，税收利好政策难以真正落地。

建议尽快出台国家税务总局第 30 号公告的实施细则，切实解决承运人进项抵扣不足的问题。

（三）进一步降低企业收费

1. 扩大高速公路差异化收费

目前，交通运输部确定一批省份开展高速公路差异化收费试点，取得明显成效。但是，差异化收费主要是对当地 ETC 车辆通行费打折优惠，跨省就无法享受优惠。且对于甩挂运输、集装箱运输等先进车型运输方式没有优惠，没有起到鼓励车型标准化的作用。建议在全国范围内开展高速公路差异化收费，对于甩挂运输车、集装箱运输车等先进车型通行费予以优惠。

2. 取消高速公路省界收费站

截至 2016 年年底，全国收费公路主线收费站还有 1575 个。我国已建成较为完善的高速公路网络，高速公路 ETC 联网目标成功实现，全国路网中心清算能力已经具备，全国范围"一卡通"基本具备。但受以省划界、分省收费的管理体制制约，省界收费站依然存在，严重影响了高速公路网的无缝对接，降低了高速公路的通行能力和效率，省界收费站成为严重堵车地段，并增加了建站成本和运行成本等一系列成本。

建议在全国范围内建立过路费统一收缴清分系统，取消省界高速公路收费站点。

3. 严格执行收费公路到期停止收费政策

2004 年《收费公路管理条例》（国务院第 417 号令）第十四条规定："收费公路的收费期限，由省、自治区、直辖市人民政府按照下列标准审查批准：

（一）政府还贷公路的收费期限，按照用收费偿还贷款、偿还有偿集资款的原则确定，最长不得超过 15 年。国家确定的中西部省、自治区、直辖市的政府还贷公路收费期限，最长不得超过 20 年。（二）经营性公路的收费期限，按照收回投资并有合理回报的原则确定，最长不得超过 25 年。国家确定的中西部省、自治区、直辖市的经营性公路收费期限，最长不得超过 30 年。"

目前，许多东部省市，无论是政府还贷公路还是经营性公路都超过了收费期限，甚至一些中西部省市也有部分公路超过收费期限。一些省市开始执行"统贷统还"政策，违反了《收费公路管理条例》的规定。2016 年度，全国收费公路通行费收入为 4548.5 亿元，全国收费公路里程达 17.11 万公里，平均下来为 260 万元/公里。如果减少 5000 公里的收费公路，将节省企业通行费 130 亿元。

建议在新条例出台前，到期的收费公路立即停止收费。

4. 取消人防工程易地建设费

人防工程易地建设费按照总建筑面积的 4% 修建防空地下室，易地建设费 1900 元/平方米，部分省份不收。目前，仓储设施大部分参照工业项目，相关的人防设施应予免建。

（2018 年 1 月 24 日，国务院副秘书长主持座谈会，国家发展改革委、工信部、公安部、财政部、环保部、交通运输部、税务总局、质检总局、铁路总公司等部委领导出席，专题研究物流领域简政减税降费有关问题。本人代表中国物流与采购联合会出席并发言，本文是为本次会议准备的背景材料，会后许多政策建议被采纳。其中取消省界高速公路收费站，挂车车辆购置税减半征收，货车年审、年检和排放检验"三检合一"，取消 4.5 吨及以下普通货运驾驶员从业资格证和车辆营运证等突破性创新性政策，受到行业普遍好评和全社会广泛关注）

（此件报送国家发展改革委等部门）

列席国务院常务会议

（二〇一八年五月）

2018 年 5 月 16 日，国务院总理李克强主持召开国务院常务会议，确定进一步降低实体经济物流成本的措施。国家发展改革委、财政部领导分别做了《关于进一步推进简政放权，促进物流降本增效有关情况的汇报》和《关于进一步减轻物流税收负担有关情况的汇报》。与会人员就此展开讨论，李克强总理发表重要讲话。我代表中国物流与采购联合会列席会议。

为进一步促进物流降本增效，会议确定，一是从 2018 年 5 月 1 日到 2019 年 12 月 31 日，对物流企业承租的大宗商品仓储设施用地减半征收城镇土地使用税。从今年 7 月 1 日至 2021 年 6 月 30 日，对挂车减半征收车辆购置税。二是今年年底前，实现货车年审、年检和排放检验"三检合一"，推行跨省异地检验。简并货运车辆认证许可，取消 4.5 吨及以下普通货运驾驶员从业资格证和车辆营运证。制定货车加装尾板国家标准，完善管理。三是推动取消高速公路省界收费站。采取上述措施，加上增值税率调整后相应下调铁路运价，预计全年降低物流成本 120 多亿元。

党中央、国务院十分重视物流降本增效工作。以上政策的出台，是继国务院办公厅《物流业降本增效专项行动方案（2016—2018 年）》（国办发〔2016〕69 号）和《国务院办公厅关于进一步推进物流降本增效 促进实体经济发展的意见》（国办发〔2017〕73号）连续发布以来，国务院再次对物流降本增效工作精准施策。今年年初，根据国务院领导同志的指示精神，中物联积极配合国家发展改革委等政府有关部门，多次召开专题座谈会，深入企业调研，反映行业诉求。1月24日，我曾参加了国务院办公厅组织的政策协调会，代表中物联提出了相应的政策建议，为以上政策的形成提供了基础依据。

我国物流业发展情况及交通强国建议

（二〇一九年十一月）

一、当前我国物流运行总体情况

前 10 月物流业运行情况主要呈现以下特点。

第一，下行压力加大，利润空间缩小。我会重点监测的系列指数多数处于回落状态。2019 年 10 月，全球制造业采购经理指数（PMI）为 48.8%，持续 4 月处于 50% 以下；中国制造业采购经理指数（PMI）为 49.3%，连续 6 月未达荣枯线；中国非制造业商务活动指数为 52.8%，环比下降 0.9 个百分点；中国仓储指数为 50.9%，较上月回落 1.1 个百分点；中国物流业景气指数为 54.2%，较上月微升 0.4 个百分点。

今年以来，物流服务价格持续走低，4 月后跌至荣枯线以下。1—9 月，中国沿海（散货）运价指数 1031.6 点，同比下降 10.5%；中国公路物流运价指数 97.6 点，同比下降 0.7%，且低于 2018 年全年平均水平。受价格持续下滑、业务量增速连续放缓的挤压，物流企业盈利水平进一步走弱。近 4 月主营业务利润指数均处于荣枯线以下，前三季度均值为 49.3%，同比下降 0.6 个百分点。

第二，增长速度放慢，结构调整加快。在增速全面放缓的情况下，物流业供需结构加快调整。从需求看，前三季度消费支出对经济增长的贡献率在

60%以上。在刚刚过去的"双11"，当天各邮政、快递企业共处理快递包裹5.35亿件，同比增长28.6%。高技术产业、战略性新兴产业等的物流需求增速快于高耗能物流、大宗商品物流。受中美贸易摩擦影响，进出口物流需求增长趋缓。

从供给看，一是物流企业集中度提高。全国A级物流企业已达6146家，其中5A级物流企业284家。"中国物流企业50强"主营业务收入超过1万亿元，进入"门槛"提高到29.6亿元。在仓储、运输、冷链、快递、汽车等细分领域，出现了一批实力较强、带动和引领作用较大的头部企业。

二是发展动能加速转换。智能仓储、车货匹配、无人机、无人驾驶、物流机器人、无人码头等一批国际领先技术在物流领域得到应用；网络货运、多式联运、甩挂运输等一批新模式得到推广。以资源整合、流程优化、组织协同和价值创造为特点的供应链模式创新应用。

三是基础设施网络逐步成型。我国规模以上物流园区发展到1600多家，百家骨干物流园区互联互通工程有序推进。国家物流枢纽开始规划布局，127个承载城市和2019年首批23个国家物流枢纽布点确定。

四是运输方式和结构调整。全国已设立3批共70个多式联运示范工程项目。今年以来，全国铁路货物发送量大幅增长，同比增幅高于公路和水路，运输结构调整初显成效。

五是成本费用结构变化。前三季度，社会物流总费用为10.2万亿元，同比增长7.5%，高于GDP增长速度，比上年同期回落1.1个百分点，比上半年回落0.5个百分点。社会物流总费用与GDP的比率为14.7%，尽管比2018年全年回落0.1个百分点，但比上年同期、今年上半年均提高0.1个百分点。从构成看，运输费用5.4万亿元，同比增长7.0%，增速比上半年回落0.4个百分点；保管费用3.5万亿元，同比增长8.2%，增速比上半年回落0.7个百分点；管理费用1.3万亿元，同比增长7.8%，增速比上半年回落0.5个百分点。保管费用中资金占用成本增长5.2%，仓储成本增长

11.9%，仓储保管费用是推高物流成本的重要因素。

第三，宏观政策趋松，微观环境偏紧。近年来，党中央、国务院高度重视物流业发展。2014年9月国务院发布《物流业发展中长期规划（2014—2020年）》，把物流业定位为支撑国民经济发展的基础性、战略性产业。2017年，党的十九大报告要求加强物流等基础设施网络建设，把"现代供应链"列入新的增长点和新动能。国办发〔2019〕16号文提出六个方面、十四条关于加快道路货运行业转型升级、促进高质量发展的意见。国务院办公厅以及交通运输部等政府有关部门出台一系列促进物流业降本增效、高质量发展的政策文件。有的已经落实，有的正在推进落实当中。目前来看，取消高速公路省界收费站、运输车辆超载治理、网络货运、货运车辆"三检合一"、挂车车辆购置税和物流企业仓储设施土地使用税减半征收等政策得到较好落实。中国物流与采购联合会《2018年度物流企业营商环境调查报告》显示，86%以上的企业反映政策落实见效，其中超过20%的物流企业表示政策效果明显，企业获得感增强。

在物流业营商环境持续改善的大背景下，企业面对的微观环境日益艰难。经济下滑、车多货少、竞争加剧、价格下跌，当期经营困难，发展后劲不足。特别是用地难、用地贵，融资难、融资贵，进城难、通行停靠难等矛盾依然突出。多数中小微物流企业面临经营困难，个别传统物流企业进入破产清算阶段。出现这个结果，既有物流企业自身对市场判断失准、经营失误的原因，也反映出物流业经营环境趋紧的因素。

二、优化物流业营商环境的政策建议

一是规范车辆超载超限治理，推进车型标准化和运输单元化。坚持问题导向，争取行业共识，尽量减少阵痛、避免"运动式"治超。尽快部署超长平板半挂车、超长集装箱半挂车专项治理工作，明确社会预期，出台相关财税政策，支持车辆更新替换。加强货运源头管理，狠抓路面管控。综合采用行政、市场和技术手段，逐步引导不合规车辆退出市场，减少过剩运能。推进车型标准化和运输单元化，促进运输组织方式优化创新。引导行业逐步从无序低价竞争向安全高效运输转变，通过高效运输提升行业企业质量效益，形成统一开放、竞争有序的市场环境。

二是便利城市配送通行，支撑强大国内市场建设。规划完善城市物流网点布局，科学制定配送车辆通行规则，缓解城市物流"最后一公里"难题。开展城市配送货车电子通行证试点。规范车辆选型，鼓励厢式车配送，选择试点，取消通行证管控，允许符合标准的新能源货车城市通行、停靠和装卸作业，完善城市配送微循环。鼓励物流企业与零售企业、社区服务企业共建末端网点，将智能快递柜纳入社区公共服务设施共建范围。

三是大力发展多式联运，稳步调整运输结构。充分发挥铁路在中长途运输中的主导优势，解决铁路多式联运发展中存在的衔接不畅问题，加大沿海港口铁路专用线接入，推进内陆公路港引进铁路专用线和货场，逐步向多式联运枢纽转型。吸引各类经济主体加入，培育一批市场化的多式联运相关经营主体，提供"一站式"的多式联运承运服务。开行一批集装箱多式联运班列，推进双层集装箱运输、驮背运输、滚装运输等多式联运模式试点。梳理和规范铁路收费，规范铁路收费项目和收费标准，提高铁路运输竞争优势。开放铁路短驳市场，引入社会资本，降低装卸、搬运成本，打通"最先一公里"和"最后一公里"。

四是切实减轻企业税收负担。将交通运输业纳入加计抵减政策范围，进一步落实物流行业相关减税政策，研究解决便利个体司机资质认定和代开发票问题，增加上游物流企业进项抵扣。将交通运输业税率由9%调整到6%，落实国务院文件要求，统一物流业各环节增值税税率。

五是推广高速公路差异化收费。对于符合 GB 1589 的 45 英尺（约为 14 米）标准厢式车等标准车型采取差异化优惠收费，对于合规装载的车辆运输车、模块化运输车等国家鼓励车型实施优惠费率。对于新建高速公路加大差异化收费引流优惠力度，调节同向或繁忙高速公路通行压力。对于合规车辆减免高速公路通行费，对于不合规车辆提高通行成本。做好收费公路收费模式由计重收费向按车型收费的过渡，确保每一类车型的通行费费额不大于原计重收费的通行费费额。

六是依据法律法规，抓紧落实制定公路货运处罚事项清单。减少监管中的重复、烦苛和自由裁量权，明确处罚标准并向社会公布。加大科技执法替代人工执法，形成全天候智能化执法机制。研究深化公路综合执法和联合执法机制，推动公路货运行业政务信息交换共享和行业协同管理，实现从职能部门"单打独斗"转变为多部门"协同监管""智慧监管"，解决执法部门多、重复执法和不规范执法问题。降低高速公路拖车费、清障费、停车费等收费标准，允许企业自行联系处理事故车辆和货物。

进一步发挥制度创新在降低物流成本中的重要作用，完善行业治理体系和治理机制。加强部门统筹和地方协调，抓好已有政策的落实，并根据出现的新情况，研究出台新的配套政策。推广"互联网+"政务服务模式创新，全面推行便民服务措施。开展平台数字化治理，创新"政府监管平台、平台监管企业"的监管方式。充分发挥行业协会作用，推进诚信体制建设，加强社会统筹协调，形成协同治理机制，营造统一、开放、规范、有序的物流营商环境。

三、对交通强国标准的理解

第一，物流网络的覆盖度。

第二，保障能力的精准度。

第三，相关产业的融合度。

第四，科技创新的领先度。

第五，服务质量的满意度。

第六，交通生态的稳健度。

第七，对经济发展的支撑度。

第八，对全球供应链体系的参与度。

第九，物流人才的匹配度。

第十，治理能力的适应度。

四、对"十四五"推进交通强国建设的几点建议

一是由注重基础设施网络建设，转向运输组织协调。

二是由单一运输方式，转向多式联运协同。

三是由注重线路建设，转向网络体系协作。

四是引入市场机制，深化铁路系统改革。

五是推进国家物流枢纽建设，构建城乡一体物流网络。

六是助力客运无缝衔接、货运精准对接、网络充分连接。

（此件报送交通运输部等部门）

关于切实做好疫情防控和节后公路货物运输保障的情况反映和政策建议

（二○二○年二月一日）

为打赢新型冠状病毒感染肺炎疫情防控阻击战，交通运输部贯彻落实党中央、国务院决策部署，出台多个统筹疫情防控和交通运输保障工作的通知文件，提出的一系列政策措施开始见效，防疫初期出现的一些问题逐步缓解。

当前，疫情防控阻击战进入关键阶段，除疫情防控救援物资外，节后各类货物特别是生活必需品的运输任务艰巨，但存在的问题相当突出。一是许多地方封路（桥）、断路（桥）情况仍然较为普遍，而封路状况无法在导航中显示，外地司机跨区运输多有阻碍。二是各地农村采取封路锁村做法，春节假期返乡的大中型货车无法上路进城，司机无法返岗复工，运输车辆及在岗货车司机严重不足，尤其是化学品运输、冷链运输车辆和司机奇缺。三是部分地方政府保畅通机制不够完善，执行标准不一、渠道不畅，沟通耗时费力，车辆等待通行卸货、迂回运输、返程空驶情况较多。四是初期出于防控疫情的需要，进入疫区的车辆和司机需要隔离14天才能返程。交运明电〔2020〕33号文虽有明确规定，经体温检测符合规定的，不需采用居家医学观察14天的措施，但企业反映一些地方尚未真正落实到位，根本原因是疫区与非疫区之间的接驳转运问题。五是缺乏统一的货物运输指挥调度信息平台，货主方、干线运输企业、配送企业以至于接收方信息沟通不畅。不仅疫情防控应急物资运输受阻，而且生活必需品也出现了"爆仓"情况，产地物资"运不出去"和销地物资"运不进来"矛盾突出。

目前，节后返程高峰已经到来，节前城市生活必需品存量毕竟有限。如果道路运输不畅、运力不能保障，将会引发供应链断裂、物价上涨等社会矛盾，解决此类问题刻不容缓。我们通过深入调研，提出以下政策建议。

一是加强交运明电〔2020〕33号文《交通运输部关于统筹做好疫情防控和交通运输保障工作的紧急通知》的督查落实，确保做到"一断三不断"，即：坚决阻断病毒传播渠道，保障公路交通网络不断、应急运输绿色通道不断、必要的群众生产生活物资的运输通道不断。监督和解决违规封路（桥）、断路（桥）现象，严肃查处违规限制货车正常通行问题。

二是全力保障货运车辆和司机返岗复工。由交通运输主管部门出台返岗运输物流人员交通指引，各级政府积极配合，引导相关从业人员迅速返程投入工作岗位。为大中型货车司机、城市配送司机，特别是化学品运输车辆、农产品冷链运输车辆司机复工提供方便，如铁路优先购票，允许驾驶货车直接上高速，保证休假期间工资待遇等。优先放开非湖北籍，近一月内无湖北居留史的司机和车辆返回工作岗位。发挥共产党员先锋模范带头作用，优先安排上岗复工，主动作为，勇于担当，让党旗在疫情防控阻击战中高高飘扬。将企业运力投放情况、司机上岗情况列入政府和行业协会评先、评优考核条件。

三是采取强有力保畅通措施。尽快统一各地通行证发放制度，实现在线办理，一证到底。对于固定线路多次进出的车辆，可以发放固定期限的通行证，以节约调度时间。各地交通运输主管部门尽快实施应急物资运输与公路保畅通公开电话制度，公开受理渠道，切实解决防疫应急物资及生活必需品运输车辆顺畅通行问题。严格落实防疫应急运输车辆绿色通道政策，保障防疫应急物资运输车辆"不停车、不检查、不收费"，优先便捷通行。建议有条件再延长高速公路货车免费通行政策。交通运输部门可通过网上审批通行证、实时掌控车辆运行轨迹及收费减免情况，为校验前期 ETC 通行数据，实行按轴收费政策提供决策参考。

四是尽快设立共享式的接驳转运中心。为了既落实疫情管控措施，又能够保障运输畅通，建议在疫区与非疫区结合部，建立共享式的接驳转运中心。采取企业运营、协会互联、政府监管的方式，提高接驳转运效率。来自非疫区的车辆在转运中心卸货，司机经健康监测后返程，由疫区车辆换装后配送。同时，加强本地应急运输车队建设，实行固定区域固定线路运输，在完成本地应急物资运输任务的同时，保障本地生产和生活物资供应需求。

五是在各地党委应对新型冠状病毒感染肺炎疫情工作领导小组下面，由交通运输部门牵头建立物流保障办公室联系机制。建立全国统一的医疗及生活物资物流信息平台，统筹物资运输、仓储、配送等物流各环节，加强省市间跨区域应急物资调度和协调，精准施策，提高效率，减少浪费。

六是加强自身疫情防控。以交通运输物流企业为主体，实行司机和车辆健康管理制度，做好自身防护，减少感染风险。利用国家物流枢纽、各地物流园区、快递分拨中心、货运场站及"司机之家"，对司机进行集中管理与服务。防疫期间，企业应为司机提供集中食宿条件，搞好相应的生活服务，并按时进行健康检测、防疫知识培训，切实做好司机流动防疫工作，阻断疫情传播渠道。

中国物流与采购联合会作为物流领域的行业社团组织，有责任、有义务，也有能力，发挥政府与企业间的桥梁和纽带作用。在前期工作的基础上，我们将及时跟踪疫情防控和交通运输保障中出现的新情况、新问题，积极反映会员企业诉求，主动配合交通运输部等政府部门，为打赢疫情防控阻击战做出应有贡献。

（此件报送交通运输部，延长高速公路货车免费通行、设立共享式的接驳转运中心等建议被采纳）

物流行业中小微企业复工复产情况及建议

（二○二○年三月十七日）

物流行业是中小微企业大量集聚的行业，特别是在公路物流货运领域，90%左右为个体运输业户，一家一户平均拥有载重汽车不足两辆。为公路货运服务的物流园区，进驻企业大多数为势单力薄的中小微企业。但这个行业承担了全国四分之三以上的货运量，每年差不多3万亿元以上的市场规模，从业人员超过3000万人，供养着上亿人口，对经济社会平稳运行发挥着巨大作用。

一、物流行业中小微企业复工复产情况

随着国家有关政策的逐步落实和疫情防控形势的积极向好变化，物流行业整体复工复产进度加快，效果明显。但是与大型企业相比，中小微企业复工复产差距较大。具体表现如下。

一是复工进度偏慢。截至3月13日（上周五），全国整车运输市场流量恢复至去年旺季（2019年11月）的79.8%。以中小企业为主的零担运输市场流量恢复至去年旺季的71.5%。大型物流企业有的在春节期间正常运营，2月第二周（2月10日）开始陆续复工，到2月底基本全面复工。而大多数中小企业复工时间比大型企业晚1~2周，到目前约有20%的中小物流企业

受多种因素影响仍未复工。

二是复产水平不高。行业大数据显示，3月第二周公路货运市场货运流量为去年同期七成左右。就目前掌握的情况看，各地物流园区复工率已超过90%，但复产进度参差不齐。截至3月11日，园区内入驻企业复工比例达80%左右，返岗人员约为70%，货运量与去年同期相比下降40%上下，部分以中小企业为主的公路货运服务型物流园区货运量下降幅度更大。初步估算，多数物流企业因疫情影响全年营收30%以上，影响利润50%左右，中小微物流企业和个体运输业户更是难以为继。全面恢复常态化运营，预计需要3~6月的时间。

二、中小微企业复工复产面临的主要问题

随着国家连续出台复工复产援企稳岗政策措施，前期物流行业遇到的"审批难、通行难、开工难"等问题正在逐步缓解，但疫情对物流企业造成的深刻影响不容忽视，特别是中小微企业复工复产还有较大困难。主要体现在以下三个方面。

（一）需求不足复产难

从宏观经济指数来看，2月，中国制造业采购经理指数为35.7%，非制造业商务活动指数为29.6%，均创历史新低。受需求不足的影响，物流业相关指数大幅回落。2月，中国物流业景气指数为26.2%，较上月回落23.7个百分点；中国仓储指数为39%，较上月回落12.1个百分点。

需求不足是当前物流业正常复工达产的主要制约因素。特别是服务于钢铁、汽车、建筑工程等运行不畅的产业链的物流企业，货运量下降明显，货物压库、滞港现象严重。如湖南一家专营钢材流通的物流园区3月1日—13日钢材日均出库量较上年同期减少35.4%。上海一家为汽车生产厂家提供零

部件入厂服务的物流企业，业务量只恢复到正常水平的15%左右，人员到岗率仅有30%。

（二）资金短缺运营难

一是成本高企、亏损加剧。物流企业开工日期一再延迟，中小企业延迟时长普遍在一个半月以上。停工期间仍需支付员工工资与社保、租金、物业费、维护费、管理费等固定成本。即使勉强开业，运作现场防疫要求和操作流程变化，以及增加防护和检查环节，不仅降低了现场作业效率，也增加了日常运营成本。再加上归还贷款利息、上缴税费，大多数企业面临财务收支失衡，一季度亏损已成定局。

二是代垫运费、账期拖累。一般物流业务的运作模式是，货主企业将物流运输业务委托给物流企业，运输费用有3至6月的账期。物流企业联系个体司机为实际承运人，司机需要现金现结，物流企业就成为代垫运费的实际承担者。初步估算，全行业每月代垫运费总额约需2000亿元，其中燃油预付每月也在400亿元上下。过去正常经营时，可以维持运转。目前受疫情影响，多数物流企业收支难抵，现金流已经非常紧张，特别是中小企业面临资金链断链的风险。

三是偿债到期、风险累积。大量中小企业和个体司机通过融资租赁和经营租赁方式获得车辆使用权，靠运输收入分期归还贷款。由于疫情期间无法经营，大量偿债违约风险不断累积。据调查，接近一半左右的自雇型卡车司机，每月还贷金额为6000元上下。根据2018—2019年重型卡车销售数量推算，全国卡车贷款总额应为2300亿~2500亿元，月还款额度为190亿~210亿元。其中三分之一左右通过融资租赁公司垫款周转，而融资租赁公司自身实力有限，遇到突发情况，也无法承受个体司机延付租金的偿债压力。

以上成本增加、运费垫款和偿债压力"三座大山"压得物流运输企业喘不过气来。初步调查，有些中小物流企业和个体运输业户"资金链"撑不过

3 月。江西一家拥有 200 余户中小微物流企业进驻的物流园区，目前仍有 20% 左右的业户没有开门，园区自身每月应收租金、物业管理费也无法收回。许多小老板原指望道路畅通、员工返岗后可以正常经营，结果发现复工后的日子比停工时还要难过。随着时间的推移，还会出现业务合同履约及劳动合同纠纷等法律风险。

（三）利好政策落地难

疫情发生以来，各级政府出台了一系列帮扶企业复工复产的政策措施，实施效果正在逐步显现。如道路畅通、员工返岗、社保费减免缓政策、延期办税、仓储设施用地土地税减半征收、税收征管服务改革等具有普惠性，受到业内企业普遍欢迎。但对于广大中小微物流企业来说，还有一些更实在的利好政策没有真正享受，反映比较强烈的集中在以下几个方面。

一是高速公路免收通行费政策。2 月 15 日，交通运输部发布通知，全国收费公路免收车辆通行费至疫情防控工作结束，这是公路货运企业最大的政策利好。但是，不少企业反映，多数上游货主企业借此压低运价，公路物流企业特别是实际承担运输业务的中小微物流企业和个体运输业户并未真正受益。

二是增值税免征和降低税率政策。疫情发生以来，国家先后出台了"对运输防控重点物资和提供公共交通、生活服务、邮政快递收入免征增值税"的优惠政策，但这些税收减免只能出具增值税普通发票，用户企业无法用来抵扣而不愿接收，因此缺乏实际操作意义。

三是金融服务政策。2 月 1 日，财政部《关于支持金融强化服务 做好新型冠状病毒感染肺炎疫情防控工作的通知》（财金〔2020〕3 号）文明确提出，各级政府性融资担保、再担保机构应当提高业务办理效率，取消反担保要求，降低担保和再担保费率。但有已被列入疫情防控重点保障企业名单的企业反映，仍然被要求抵押担保。被列入"名单"的企业尚且如此，大多数中小微物流企业因缺乏抵押物，实际上很难获得银行贷款。遇到如此大的不可抗力，中小企业"融资难"问题更为凸显。

四是延期偿债政策。3月1日，《银保监会 人民银行 发展改革委 工业和信息化部 财政部关于对中小微企业贷款实施临时性延期还本付息的通知》（银保监发〔2020〕6号）提出，对于2020年1月25日以来到期的困难中小微企业（含小微企业主、个体工商户）贷款本金，银行业金融机构应根据企业延期还本申请，结合企业受疫情影响情况和经营状况，通过贷款展期、续贷等方式，给予企业一定期限的临时性延期还本安排。但是，由于大部分中小企业和个体司机主要是通过商业性融资租赁和经营租赁方式贷款和获取车辆，企业和司机反映还难以享受上述政策。

五是车辆通行政策。国务院及交通运输部等部门多次发文强调，短期内向疫情重点地区运送物资的驾驶员、装卸工等提供保障的人员，在体温检测符合规定并采取佩戴口罩等防护措施的前提下，不再需要隔离14天。目前这一规定多数地方得到落实，但有企业反映部分地区规定，从疫区返程车辆仍需要隔离，甚至规定，途经疫区未下高速的车辆也要隔离。企业不得不选择绕行湖北疫区，平均绕行150公里，大大增加了运输成本。

三、有关政策建议

众多中小微物流企业是维护物流供应链稳定运行的必备条件，是制造业、农业、流通业等相关产业链复工复产的重要环节，也是稳就业、稳经济、稳人心的"稳定器"。做好物流企业特别是中小企业复工复产工作，必须在落实前期出台政策的同时，突出重点、精准施策，尽快见效。我们提出以下建议。

一是启动终端需求。物流企业渡过难关最终还要靠产业链全面恢复，离不开终端需求稳步回升。要抓紧落实国家发展改革委等23个部门联合印发的《关于促进消费扩容提质加快形成强大国内市场的实施意见》，聚焦改善消费环境、破除体制机制障碍、提升消费领域治理水平。要充分发挥产业链龙头骨干企业的作用，带动相关产业全面复工复产，扩大物流需求基础。只要终端需求恢复到正常水平，市场配置资源的决定性作用就能够有效发挥。

二是缓解偿债压力。针对受疫情影响的物流企业和个体运输业户车辆贷款问题，主办银行允许 6~12 月延期偿付，这一期间停止计息，由财政给予利息补贴。建议金融机构对资信良好、业绩突出的融资租赁公司给予授信额度，并适当降低利率水平，补偿因个体司机临时性延付租金造成的损失。以仓库及土地抵押贷款的物流企业，财政部门给予 6~12 月的贷款利息补贴，将贷款年化利率控制在 5% 以内，以缓解偿债压力。

三是落实税收优惠。将交通运输等行业对纳税人运输疫情防控重点保障物资取得的收入，以及为居民提供必需生活物资快递收派服务取得的收入免征增值税政策扩大到全行业。同时，采取阶段性即征即退政策。将交通运输物流业税目纳入财政部、税务总局 2019 年第 87 号公告所指的增值税加计抵减政策范围。研究出台减免或缓缴上半年企业所得税、车船税、车辆购置税、个人所得税等援企政策。

四是疏通贷款渠道。引导金融机构主动对接产业链核心企业，加大流动资金贷款支持，给予合理信用额度。支持核心企业通过信贷、债券等方式融资后，以预付款形式向上下游企业支付现金，降低上下游中小企业现金流压力和融资成本。积极创造条件，设立运费垫资、燃油费预付、车辆贷款、小微企业融资等专项贷款额度，提高首贷率，增加信用贷款和中长期贷款。梳理有关部门前期出台的利好政策，重点推进降低企业担保和再担保费率，对中小微企业贷款实施临时性延期还本付息。提供顺畅的续贷手续流程，打通申贷绿色通道，快速审批，快速放款，降低申贷成本。加强考核督查，确保前期出台的各项政策惠及中小企业。

五是推动缩短账期。加大核心企业的欠款清偿工作力度，使物流运输行业尽快回笼资金。对于国有企业、政府投资性项目物流运输费用，强制规定缩短账期至 1 周以内。对于暂时无法清偿的代垫款项，货主企业应主动配合物流运输企业完成应收账款确权工作。鼓励银行等金融机构开展应收账款保理业务，支持企业以应收账款、仓单和存货质押等进行融资，协助物流运输企业渡过难关。

六是延长保险期限。物流运输车辆因疫情影响，无法上路行驶，自然也没有产生保险赔付。建议保险公司通过延长保险期限、续保费用抵扣等方式，适当减免疫情防控期间停运的营运车辆等运输工具的保险费用。

七是直补运输车辆。研究将高速公路免费通行政策减免的资金数额全部或部分，直接补给实际承运人的政策措施，让各方依据运行情况共享政策红利。

八是支持职工培训。在疫情防控期间，许多中小企业开工不足，但又不能大幅裁员。为保持就业相对稳定，提升劳动者素质，建议通过行业协会组织开展职工培训，国家给予临时补贴。

九是鼓励智慧物流。在本次抗疫阻击战中，无人车、无人机、无人仓、无人配送机器人和智能快递柜等"无接触配送"方式大显身手，展示了广阔的发展前景。建议有关部门和各类金融机构将"无接触配送"、物流园区互联、网络货运、供应链金融、甩挂运输、多式联运、托盘共享、挂车租赁等新业态、新模式作为支持重点，助力物流行业动能转换。

十是关注法律问题。密切关注疫情过后可能出现的业务合同、租赁合同、劳动合同等方面的法律纠纷。向中小微企业开展法律咨询服务，提供法律援助，维护各利益相关方的合法权益和社会稳定。

在这次疫情防控和复工复产工作中，各类行业协会及时了解和反映行业企业诉求，积极参与政府决策，做了大量工作。今后，应在宣传贯彻国家政策、反映企业诉求、推荐重点支持企业、提出政策建议、防范和化解纠纷等方面更好发挥行业协会作用，通过"稳物流"支撑"稳经济""稳就业""稳预期""稳人心"。

（此件报送工业和信息化部，部分建议被采纳）

物流企业复工复产情况及相关建议

——在交通运输部企业复工复产座谈会上的发言要点

（二○二○年四月十六日）

自新冠疫情发生以来，国务院及交通运输部等有关部门出台了一系列抗疫援企、复工复产的政策措施。总体来看，普惠性政策落实较好，面向大型企业的政策也有落实，但一些具有附加条件的定点政策很难惠及中小微企业。

进入 4 月以来，绝大多数物流企业已经复工，道路货运达产率到 4 月 11 日上升到 76%。疫情初期出现的通行受阻、岗位缺人等问题已经基本消除，现在的突出问题主要有：一是物流需求不足。一家大型网络货运平台企业反映，目前平台撮合、交易的货运量较去年同期下降 20% 左右。湖北省有行业协会预测，与去年相比物流企业今年主营业务收入预计减少 30% 左右。二是运价下浮。据初步调查，截止到 4 月初，公路整车运输运价约下浮 8% ~ 10%，零担运输运价约下浮 3% ~ 5%。三是资金压力加大。成本、运费垫款和偿债压力逐步加大。中小企业支撑运营的现金流已经捉襟见肘，多数企业的资金链风险加剧。随着时间的推移，还会出现业务合同履约及劳动合同纠纷等法律风险。四是国际供应链风险。不仅对从事国际货运的物流企业造成了重大影响，也会陆续传导到国内物流货运企业，全国物流行业将被迫承受更大压力。

为此，提出了推动物流企业复工复产的 15 条相关政策建议。一是加强政策落实专项督查；二是延长阶段性政策实施期限；三是扩大减免税费实施范围；四是消除增值税减免瓶颈制约；五是对到期贷款停息展期；六是推动缩短运费账期；七是疏通贷款融资渠道；八是免费通行政策惠及实际承运人；九是稳定高速公路收费政策；十是进一步消除道路通行障碍；十一是研究出台物业租赁费减免缓办法；十二是鼓励物流数字化、智能化改造；十三是支持开展职工培训；十四是提供法律咨询服务；十五是推动上游货主企业复工复产。

（此文为参加交通运输部组织的企业复工复产座谈会上发言要点。中国物流与采购联合会等六家行业协会和北京长久物流股份有限公司等六家企业的代表出席。会议听取了参会代表关于国家近期出台的支持中小微企业政策措施落地情况以及行业复工复产情况的交流发言）

疫情防控常态化前提下"六稳" "六保"政策建议

（二〇二〇年四月十八日）

4月17日，习近平总书记主持召开的中央政治局会议明确指出：在疫情防控常态化前提下，坚持稳中求进工作总基调，坚持新发展理念，坚持以供给侧结构性改革为主线，坚持以改革开放为动力推动高质量发展，坚决打好三大攻坚战，加大"六稳"工作力度，保居民就业、保基本民生、保市场主体、保粮食能源安全、保产业链供应链稳定、保基层运转，坚定实施扩大内需战略，维护经济发展和社会稳定大局，确保完成决战决胜脱贫攻坚目标任务，全面建成小康社会。

为贯彻落实党中央决策部署，现就疫情防控常态化前提下，"六稳""六保"提出以下政策建议。

第一，尽快实现人员和货物流动常态化。客货运输物流系统是抗疫应急物流的"生命线"，也是"六稳""六保"的"主动脉"。随着各项政策逐步落实，各地运输业务正在陆续恢复，但各种运输方式运量与疫情前相比下降幅度仍然较大。据统计，3月，航空货运量同比下降23.4%，铁路货运量下降0.3%，水运货运量下降11.0%，公路货运量和客运量分别下降11.8%和71.6%。人流、物流受阻，运输业务下降，也是一季度经济增速下降的重要原因。

当前，全国人民在党中央坚强领导下，抗击疫情阻击战取得明显成效，我国疫情防控向好态势进一步巩固。自1月23日武汉"封城"算起，全国性的人流、物流限制通行已近3月，在疫情防控工作常态化条件下，适时"启封"顺应民意，迫在眉睫。同时，运输与物流行业自身就业容量大、关联作用强，维护经济社会稳定的责任重。尽快消除人员和货物正常流动阻隔，是"六稳""六保"的必要前提和紧迫任务。

建议：根据国内外形势变化，因时因势完善外防输入举措，严防严控，守好国门；同时，有序放开搞活国内流通，适时调整和简化健康检测规定。尽快消除重复检测、往返隔离等管制措施，实现"健康码"全国互认，在低风险地区顺畅通行，全面恢复国内人员和货物流动常态化运行。只有增加人员流动性，才能保证商流、物流、资金流全流程供应链畅通有序，为经济社会秩序全面恢复提供有力保障。

第二，尽快恢复市场流通服务常态化。2019年我国第三产业增加值占国内生产总值的比重已达53.9%，全年最终消费支出对经济增长的贡献率为57.8%。2020年一季度，我国社会消费品零售总额同比名义下降19.0%。其中商品零售同比下降15.8%，餐饮下降44.3%。商业服务行业也是民营经济发展的重要领域，长期关门歇业，多数经营企业和从业人员的承受能力已到极限。在疫情防控常态化条件下，尽快恢复市场流通、居民消费服务常态化意义重大，刻不容缓。

建议：一是全面取消商业、快递、物流网点复商复市审批，在做好防控预案的前提下应开尽开；二是消除家电安装维修人员、快运快递人员、搬家公司人员、家政服务人员、房产中介、装修工人等服务人员进小区限制，鼓励开展上门服务；三是适度开放"社区超市""地摊经济""夜市经济""假日经济"，营造多元消费环境；四是及时调整限购、限行、限号、限售等限制消费政策，释放消费潜力；五是鼓励直播带货、农超对接、无接触配送等新兴流通方式，疏通消费渠道；六是通过提高个税起征点、增加阶段性扣除项、定额返还社保（比如按缴费年限满 1 年返还 1 月的缴费额度）、阶段性提高退休人员工资、加大民生托底保障和发放消费券等方式提升居民消费能力和收入预期，维护强大国内市场常态化运行，把扩大内需战略落到实处。

第三，把应急物流体系建设纳入常态化。投资是推动经济增长的"三驾马车"之一，也是受疫情影响最重的领域。一季度，全国固定资产投资同比下降 16.1%，其中基础设施投资下降 19.7%，制造业投资下降 25.2%。在这次抗疫期间，我国应急物流体系发挥了重要作用，也暴露了突出"短板"。把应急物流"补短板"建设纳入"新基建"范围，从长远看可以增强我国应急物流能力，对近期来说也可增加稳投资、稳经济新的投资渠道。

建议：通过政府引导，带动社会资本投入应急物流体系建设：一是充分利用国家物流枢纽、示范物流园区等现有存量物流基础设施，嵌入应急物流功能。二是提升铁路应急物流能力，推进铁路专线进园区、进港口，实现公铁联运、铁水联运无缝衔接。在高铁枢纽站区建设路侧物流转运设施，发挥高铁快速输送优势。三是加强航空应急物流能力建设，鼓励发展航空全货机，完善应急物流空域保障机制，发挥空侧物流基地联运转运优势。四是规划布局城市外围物流园区，市域、县域配送中心，街道、社区、村镇物流站点无盲点、全覆盖的三级物流配送网络，畅通"微循环"。五是支持海外物流基地建设，布局全球供应链服务网络。六是鼓励快递柜、无人车、无人机、无人仓、无人码头等开展无接触物流，支持甩挂运输、带板运输、单元化、集装化物流设施设备建设。七是结合疫情防控常态化及军事斗争准备需要，补短板、强弱项，形成军民融合、平急结合、快速响应的应急物流基础设施网络体系。

第四，研究推动应急援企政策常态化。自新冠肺炎疫情发生以来，党中央、国务院及有关部门出台了一系列抗疫援企、复工复产的政策措施，发挥了重大作用。总体来看，普惠性政策基本落实，面向大型企业的政策落实较好，但一些具有附加条件的定点性政策很难惠及中小微企业。当前，应该梳理研究出台疫情防控常态化条件下的政策措施。

建议：一是加强政策落实专项督查。在及时出台实施细则，明确政策实施条件和范围的基础上，选择覆盖面广、影响大的普惠性政策，分地区加强政策落实专项督查。对落实到位的地方政府通报表扬，对推诿扯皮、落实较差的单位个人问责批评并限期改正。同时加大政策宣传力度，让更多企业特别是中小微物流企业能够享受政策红利。二是适当延长阶段性政策实施期限。鉴于疫情防控工作进入常态化，初期制定的一些政策应该适当延长。比如企业所得税、个人所得税和车船税减免政策，职工社保优惠政策，贷款还本付息延期政策，贷款贴息政策，车辆保险费延长期限和续保费用抵扣以及证照延期办理等政策，建议至少延期至9月，以利于企业休养生息。三是将疫情防控期间形成的一些行之有效的政策措施，根据形势发展需要转化为常态化政策，以更好发挥市场主体作用。

总之，只要我们认真贯彻党中央、国务院决策部署，根据疫情防控形势变化，适时调整优化相关政策措施，充分发挥市场主体作用，尽快找准"痛点"，打通"堵点"，加快人流、物流、资金流流通速度，加大"六稳"和"六保"工作力度，就一定能够尽快恢复正常经济社会秩序，推动我国经济平稳健康和高质量发展，完成全面建成小康社会目标任务。

以上是我们通过深入企业调研提出的政策建议。

（此件报送国务院研究室）

统筹硬件软件建设　构建现代流通体系

（二〇二〇年九月十四日）

近日，中央财经委员会第八次会议专题研究畅通国民经济循环和现代流通体系建设问题。习近平总书记强调："统筹推进现代流通体系硬件和软件建设，为构建以国内大循环为主体、国内国际双循环相互促进的新发展格局提供有力支撑。"习近平总书记的重要讲话，从理论和现实层面深刻分析了流通体系在国民经济中的地位和作用，为构建现代化水平的流通体系指明了方向。

建设现代流通体系，是经济高质量发展的必然要求。在社会大生产中流通业是一头连接生产，一头连接消费的重要环节，对于提高国民经济总体运行效率发挥着基础支撑作用，被称为拉动经济发展的"火车头"，也是反映一个国家经济繁荣程度的重要窗口。我国改革开放 40 多年来，从一个农业大国发展成为全球最大的制造业国家，人民群众的生活水平向全面小康迈进，流通业发挥了基础性和先导性作用。同时也要看到，我国流通体系现代化程度不高，无论硬件还是软件方面，还有许多"短板"和"痛点"，不衔接、不平衡、不充分的矛盾依然突出。加强现代流通体系建设，是打造新发展格局的一项战略任务，补齐硬件"短板"、优化营商环境是建设现代流通体系的迫切需要。

硬件补短板，应突出网络建设。一是补齐节点设施短板。经过 40 多年超常规发展，我国公铁水航管等交通基础设施网络基本成型，但相应的节点建设相对滞后。比如高铁物流设施、货运机场、多式联运转运设施，以及各类物流枢纽、物流园区、配送中心、货运场站等节点设施布局不均衡、功能不完善，严重制约物流体系网络化运作。二是补齐城乡物流短板。随着城市扩张、城市群发展，城市居民消费品物流必需的基础设施被迫外迁。在居民密集的大城市周边，物流园区、配送中心等用地"一地难求"。市内物流网点不足，"最后一公里"流通不畅，"买菜难""买菜贵"问题有待解决。在新型城镇化建设中物流基础设施配套不足，县域经济、特色产业物流体系不健全，特别是农产品冷链物流设施不能满足需要。三是补齐应急物流短板。这次抗击疫情过程中，交通运输网络和应急物流体系发挥了重要作用，有力保障了应急救援及生活物资的流通，但也反映出一些问题。如何补齐基础设施短板，构建平急结合、军民融合的应急物流网络体系，保障产业链供应链安全稳定，也是现代化流通体系建设的重要内容。

软件优环境，重在制度保障。一是用地保障。流通和物流基础设施同供水、供电、供暖、供气基础设施一样，都是保障城市正常运转和居民生活的刚性需求，具有基础性和准公益性质，其建设用地应被纳入城乡建设总体规划中。要根据城市人口规模做出强制性规划，优先保障国家物流枢纽、示范物流园区用地需求，居民小区、机关学校、商场市场等都应配建相应的物流设施。对物流设施用地实施严格的用途管制，不论政府还是企业都不得随意变更用地性质。二是税费保障。结合增值税立法，降低和统一物流业增值税税率。允许集团型流通和物流企业实现跨法人企业所得税汇总纳税。把物流业土地使用税减半征收政策纳入常态化机制，扩大到所有符合条件的物流企业仓库。清理规范涉企收费，严禁违规收费。全面推广高速公路差异化收费，进一步降低通行成本。三是执法保障。深化流通和物流领域"放管服"改革，进一步简化和取消行政审批手续，推动相关管理部门电子政务系统建设和全国联网运行。推动跨部门、跨区域、跨层级政务信息开放共享，避免多头管理和重复监管。建立覆盖全国的"证照互认制度",允许异地分支机构备案使用。适应电子商务、平台经济等流通领域的发展特点,运用现代信息技术实施线上线下统一监管。加强流通领域法治化、标准化和诚信体系建设,推进治理体系和能力现代化。

深刻领会习近平总书记关于现代流通体系建设的重要讲话精神,我们要立足当前,补齐基础设施短板,优化营商环境,降低流通成本,提高流通效率。同时着眼长远,推进传统物流企业智慧化改造,培育壮大具有国际竞争力的现代物流企业,促进物流业与相关产业融合发展,形成供需互促、产销并进的良性循环,城乡一体、内外联通、安全高效的物流网络,为经济社会高质量发展,建设社会主义现代化国家提供有力支撑。

(原载于《经济日报》2020 年 9 月 14 日第一版,后经学习强国网站转载,点击量超过 300 万人次)

五大举措落实五中全会精神

（二〇二〇年十一月五日）

党的十九届五中全会描绘了我国今后 15 年的宏伟蓝图，也为现代物流业发展指明了方向，明确了任务。对于作为支撑现代化经济体系和国民经济发展的基础性、战略性、先导性产业的物流业，如何贯彻落实五中全会精神，本人提出以下"五个一"工程。

一是编制一个创新发展的规划。五中全会提出的重大发展战略多数与物流、供应链相关，特别是 4 次直接提到物流，8 次提及供应链。在新的发展格局下物流、供应链创新发展，必须搞好顶层设计。正在谋划中的《"十四五"现代物流发展规划》应全面贯彻全会精神，以高质量发展为主题，以"物流强国"建设为目标，明确创新发展的指导思想、实现路径和具体举措。

二是构建一个协同联动的基础设施网络体系。五中全会提出要"构建现代物流体系""完善综合运输大通道、综合交通枢纽和物流网络"。这就要求我们加快国家物流枢纽布局和建设，促进示范物流园区提档升级，推动物流园区、配送网点智能化改造、数智化升级、网络化运行，构建起布局合理、供需匹配、城乡统筹、协同联动，平急结合、安全高效的物流基础设施网络体系，为物流业提质、降本、增效奠定基础。

三是培育一批具有国际竞争力的现代物流企业。随着经济持续快速发展，我国已经成为世界第一"物流大国"，但总体上"大而不强"，缺乏具有国际竞争力的现代物流企业。这是我国物流业发展的"短板",也是"十四五"以至于今后一个时期的重点任务。我们应该面向强大国内市场需求,坚持要素资源市场化改革方向,更好发挥政府作用,加大政策支持力度,促进物流企业升级改造、做强做大。

四是营造一个深度融合、开放共享的"生态圈"。推进物流业与交通运输业、先进制造业、大宗原材料产业、商贸流通业、农业、金融业及相关产业深度融合,锻造产业链、供应链长板,补齐短板。在新发展格局下,坚持新发展理念,促进物流业深度融入现代化经济体系的"生态圈",满足人民群众追求美好生活的物流服务需求。

五是完善一个适应新格局的政策法规体系。深化"放管服"改革,落实现有各项支持和促进物流业发展的政策措施,切实解决物流企业普遍遇到的土地、融资、税费、交通等难题。采取包容审慎的态度,不断推出支持创新发展的政策举措。逐步建立和完善行业法律法规体系,营造法治化、国际化、市场化、便利化营商环境。加强行业标准、统计、信息、科技、理论研究和人才培养等各项行业基础工作,更好发挥行业协会作用。加强监管和改进监管方式,推进物流行业治理能力和水平现代化。

综合交通运输体系与"物流强国"建设协同发展的思考与建议

（二〇二一年二月二十三日）

综合交通运输体系是建设社会主义现代化国家的核心支持系统，也是补齐现代物流体系短板，建设"物流强国"的重要载体。在"大循环""双循环"新发展格局下，综合交通运输体系与"物流强国"建设共同支撑和推进国民经济高质量发展，具有较明显的联动融合、协同发展的特点。现就综合交通运输体系与"物流强国"建设协同发展提出以下思考与建议。

一、综合交通运输体系为物流业发展提供了基础支撑

"物流强国"，交通先行。构建新发展格局离不开道路畅通，货畅其流。"十三五"时期，我国"十纵十横"综合运输大通道初步形成，综合交通运输体系建设取得巨大成就。截至 2020 年年底，全国铁路运营总里程 14.6 万公里，其中高铁运营里程 3.8 万公里；公路通车里程约 519.8 万公里，其中高速公路 15.5 万公里。高铁运营里程、高速公路通车里程均居世界第一。航空、水运和管道等交通基础设施建设也得到长足发展。

"十三五"时期，我国综合交通运输体系有力支撑了物流业持续健康发展。

一是物流规模稳步扩张。2020 年，全国社会物流总额突破 300 万亿元，较 2015 年的 219.2 万亿元增长 36.9%，"十三五"时期年均增长 6.5%，成为服务业支柱产业之一。

二是降本增效成效显著。随着国家相关政策出台、企业运作模式创新和综合交通运输体系逐步完善，"十三五"时期，我国社会物流总费用与 GDP 的比率由 2015 年的 16.0% 下降到 2020 年的 14.6%。

三是市场主体发展壮大。截至 2020 年年底，全国 A 级物流企业达到 6882 家。2020 物流企业 50 强物流业务收入 1.1 万亿元，比 2015 年增长 31%。截至 2019 年年末，我国物流岗位从业人员达 5191 万人，比 2016 年增长 3.6%。物流业成为吸纳就业的重要渠道，也是助力脱贫攻坚的有效途径。

四是产业物流民生物流贡献巨大。物流业与交通运输业、制造业、商贸流通业、农业等产业逐步融合，服务能力和水平加快提升。2020 年面对突如其来的新冠肺炎疫情，各种运输方式、多种物流模式逆势上扬，全国快递业务包裹件量突破 800 亿件，有效支撑了疫情防控、复工复产、脱贫攻坚和经济社会发展。以上成绩的取得，表明综合交通运输体系提供了基础支撑。

二、"物流强国"建设对综合交通运输体系建设提出了新要求

党的十九届五中全会提出了"加快构建以国内大循环为主体、国内国际双循环相互促进的新发展格局"的重大战略部署，明确了建设现代产业体系、现代流通体系和现代物流体系的战略任务。"十四五"以至于今后一个时期，建设"物流强国"更加迫切，交通与物流协同发展更加普遍，也对综合交通运输体系建设提出了新的要求。

一是更加安全稳定。受国际经贸摩擦影响，全球产业链供应链加快重构，再加上疫情常态化冲击，产业链供应链安全稳定的重要性日益突出，对安全运输、稳定运输提出了更高要求。

二是更加高效通畅。在新发展格局下，畅通国内大循环任务艰巨，需要打造现代流通体系和与之配套的物流体系。随着扩大内需和民生消费发力，物流服务时效要求更高、覆盖范围更广，离不开高效畅通的综合运输体系支撑。

三是更加经济便捷。现代产业体系加快建设，要求提升产业链供应链现代化水平，物流业与制造业深化融合，全链条一体化降成本将成为可能，运输经济性、便捷性创造更大降本空间。

四是更加开放协同。随着我国区域战略不断深化，一系列重大区域战略陆续出台，对物流枢纽布局提出了新要求。多种运输方式更加开放，衔接国内国际市场，串联枢纽形成网络，更好地发挥集聚辐射优势，将协同推进区域经济转型升级。

五是更加绿色智能。随着新一轮科技革命和产业变革，物流产业加快迈入数字化、智能化、绿色化发展大潮，绿色智能交通的发展将成为重要的前提条件。

三、综合交通运输体系还存在短板和弱项

从"交通强国""物流强国"协同发展的角度来看，我国综合交通运输体系还存在一些短板和弱项，需要在"十四五"期间锻长板、强弱项。

一是强在线路、弱在节点。综合交通运输体系由"通道+枢纽+网络"构成，近年来我们的通道建设突飞猛进，但与之配套的节点和枢纽建设相对滞后。2020年全年预计完成交通固定资产投资3.4万亿元，继续保持高位增长。而仓储业固定资产投资约6800亿元，仅占交通固定资产投资的五分之一。物流运营必需的物流枢纽、物流园区、配送中心和货运场站建设普遍面临用地难、融资难、配套难等一系列难题，物流节点的集聚辐射效应难以充分发挥。

二是强在客运、弱在货运。在铁路运输领域，"十三五"时期，高铁新增里程占铁路新增里程的 72%。高铁从设计到建设和运营基本以客运为主，没有配套的货运基础设施，无法开展高铁货运业务，导致空闲时段高铁线路资源运力应用不充分。在航空运输领域，我国 75% 的航空货运通过客机腹舱带货，全国全货机不到 200 架，而联邦快递一家就拥有 681 架。同时，我国缺乏专业货运枢纽机场，机场空侧货运设施不足。在公路运输领域，城市交通管理仍然存在重客轻货现象，三线以上城市对通行区域和通行时间限制较多，仓干配一体化存在通行障碍。

三是强在投资建设、弱在运输组织。在综合交通运输体系基本成型之后，应更多考虑运输组织和运营管理，发挥多种运输方式的综合效能。特别是多式联运组织和物流枢纽运营与实际需求有较大差距。以海铁联运为例，尽管这些年国家大力推动多式联运发展，但我国集装箱铁水联运量占港口集装箱吞吐量的比重仍处于较低发展水平，具有很大的发展潜力。同时，由于体制机制原因，我国节点性的物流基础设施投资建设往往各自为政，机场货站、铁路货场、港口码头和物流园区相互分离，缺乏规模化、集约化、协同化的综合性物流枢纽统筹协调。不同设施间缺乏联动融合，资源集聚辐射效应不足，难以吸引临港产业集中，不适应城市群、都市圈对交通物流设施转型升级的要求。

四是强在国内、弱在国外。2020 年疫情初期，国际客运飞机停飞，腹舱资源大幅缩减，国际航空货运短板凸显，严重影响国家防疫物资运输保供。随着新冠肺炎疫情全球蔓延，境外港口压港严重，舱位紧张和空箱不足导致价格大幅上扬，暴露了国际航运控制力不足的问题。目前，我国国际货运市场份额占比小，我国大部分机场的国际货邮运输来自外方航空公司。从国际网络看，国际快递、航运企业在我国国际货运市场占有率较高，2019 年我国国际快递业务量、业务收入占总体份额分别不足 3% 和 10%。主要原因是国际供应链物流服务自主可控能力不足。多数物流企业境外地面网络覆盖有限，无法提供全程一体化供应链物流服务。这也导致我国大部分出口贸易采取 FOB 报价，进口贸易采取 CIF 报价，国际物流业务仍然被海外企业掌控，在突发事件下难以保障产业链供应链安全稳定。

五是强在增量、弱在存量。经过多年的高投入、强基建，我国交通基础设施跨越式发展，面临的主要问题是存量设施的整合优化。目前，大量存量资源利用水平偏低。例如，老旧城区的城市道路拥堵严重，许多计划经济时期的工业制造业企业自建的老旧仓储设施、专用线设施、公路客货运输场站等设施大量闲置。各类交通物流基础设施从一、二线城市向三、四线城市发展，从东部地区向中西部地区延伸，一些地方由于需求不足，存量资源利用不充分、不平衡、不协调问题较为突出。

四、完善综合交通运输体系，建设"物流强国"的政策建议

为支撑构建新发展格局，针对综合交通运输体系的短板和弱项，推进交通物流协同发展，完善现代物流体系，建设"物流强国"，提出以下政策建议。

一是把"物流强国"写入"十四五"规划纲要。物流业是融合运输、仓储、货代、信息等产业的复合型服务业。党的十九大明确提出，"加强水利、铁路、公路、水运、航空、管道、电网、信息、物流等基础设施网络建设"。交通基础设施已经从分别建设向整合优化、协同发展转变，助力构建"枢纽+通道+网络"的物流运行体系。因此，"物流强国"建设与"交通强国"建设同等重要。建设综合交通运输体系，夯实现代物流交通基础，构建现代物流体系，建设"物流强国"，对于发展现代产业体系、健全流通体系，支撑构建新发展格局意义重大，建议将"物流强国"写入"十四五"规划纲要。

二是加强国家物流枢纽等节点建设。为发挥综合交通运输体系的整体效

能，应切实加强国家物流枢纽、示范物流园区、骨干物流基地等重大物流基础设施建设。建议将重大物流基础设施用地纳入交通基础设施用地范围，科学设置物流用地考核指标，解决物流用地难问题。加大中央预算内投资对重大交通物流基础设施投资的支持力度，鼓励金融机构或大型企业集团等发起成立物流产业投资基金，加快推广交通物流基础设施领域不动产投资信托基金等创新融资模式。对于物流设施土地使用税、创新研发经费、采购进口飞机等交通运输装备采取税收优惠政策。

三是补上多式联运发展短板。充分发挥铁路、水路运输优势，继续加大对铁路专用线、多式联运场站等物流设施建设的支持力度，继续推动大宗货物"公转铁""公转水""散改集"。释放铁路既有线路货运资源能力，增加铁路货运装车数量。加大高铁线路货运场站配套力度，做好既有铁路货运基地与高铁线路的衔接，积极开行高铁货运班列。支持集装箱多式联运发展，加大内陆集装箱运输体系规划与建设，鼓励开行内陆集装箱班列，并在枢纽建设、资源保障、价格机制、数据对接、箱管操作等方面给予政策支持。

四是深化交通运输物流领域市场化改革。深入推进铁路货运混合所有制改革，吸引社会资本参与铁路货运市场运营。开放铁路两端公路运输市场，吸引网络化、规模型物流企业进入，大力发展多式联运经营人。激发航空货运市场活力，研究优化整合国内航空公司全货机机队资源和市场资源，培育航空货运超级承运人。开展城市货运车辆通行制度改革，给予城市配送车辆充分路权，开展取消城市配送车辆通行证试点。鼓励和支持多种所有制、不同投资主体的物流企业和基础设施通过市场化手段打造优势互补、业务协作的合作共同体，推进物流枢纽设施建设和运营管理，引导物流资源集聚和企业集群发展，释放枢纽经济区域经济发展活力。

五是盘活存量基础设施资源。鼓励地方政府盘活存量闲置土地资源，用于物流用途。研究利用工业企业旧厂房、旧仓库、铁路专用线和存量土地资源投资建设或改造升级物流设施。配合老旧城区改造，拓宽城市道路，利用闲置场站资源、居民小区物业和社区商业资源，加大城市末端分拨网点配套力度。充分利用高速公路服务区、省界收费站等土地改造用于城市分拨配送。

六是培育壮大具有国际竞争力的现代物流企业。银行金融机构与政府主管部门及行业协会合作，提出物流业重点保障企业名单，给予多渠道、低成本、便捷性的金融政策。通过混改、战略投资等多种方式组建若干家具有全球竞争力的国际化物流企业。充分利用境外经贸合作区资源，推动国内主要货主企业和国外中资企业开展区域合作。鼓励物流企业与需要国际供应链支持的货主企业"抱团出海"，形成符合客户需求的国际供应链服务体系。推动能源、粮食等战略物资国内货主企业和物流企业的合作，提高"国货国运"承运水平。

七是加快形成自主可控的国际物流供应链网络。依托国内头部物流企业，由政策性银行及其他主要中资基金和行业优秀企业入股成立大型国际供应链发展基金。选择头部企业作为战略投资牵头人，集合力量推动海外并购，定向支持航空货运设施设备、境外多式联运设施、重点物流枢纽等短板建设，建设海外物流资源共享平台，共建共用共享境外物流基础设施，快速形成安全稳定、自主可控的国际物流供应链布局。

八是促进综合交通物流体系智能化、绿色化发展。开展智能化改造仓储物流基地试点示范，推广一批数字化商业模式和智能化技术装备，带动物流基础设施数字化智能化变革。依托重大物流基础设施推动信息互联互通，促进园区间、枢纽间、城市间线路开通和业务联动，推动物流基础设施线上线下融合。全面推广绿色物流发展技术、模式和装备，开展行业试点示范，促进经济社会发展全面绿色化转型。

（此件报送国家发展改革委、交通运输部等部门）

为提升物流企业的国际竞争力"添柴加薪"

——货币政策委员会 2021 年一季度行业协会专家咨询会发言要点

（二〇二一年三月十五日）

2021 年 3 月 15 日，本人参加了人民银行货币政策委员会 2021 年一季度行业协会专家咨询会。会议由中国人民银行副行长主持。来自机械、电力、物流、电子信息、房地产和钢铁等行业协会的专家及人民银行有关司局的负责同志参加了会议。会议通报了今年以来人民银行采取的主要货币政策措施及下阶段政策思路。参会代表交流了一季度各行业运行情况、未来困难及政策诉求。

本人在发言中介绍了物流业的当前运行情况、后市预测，存在的短板和弱项，对一些热点问题进行了分析。围绕今年两会通过的"十四五"规划和 2035 年远景目标纲要，结合行业当前热点问题，本人提出货币金融政策方面的六条建议。一是将物流基础设施列入金融业战略支持重点，支持现代物流体系建设；二是引导银行金融机构对中小微物流企业开展直接信贷业务，为更多中小微企业"普降甘霖"；三是为培育具有国际竞争力的现代物流企业提供金融支持，为提升物流企业的国际竞争力"添柴加薪"；四是采取包容审慎的态度，鼓励和引导物流与供应链金融创新；五是支持全球物流与供应链体系建设，提升我国国际产业链供应链自主掌控能力；六是将绿色物流项目纳入金融业支持范围，鼓励有条件的重点企业率先达到碳排放峰值。

（此文为参加货币政策委员会行业协会专家咨询会的发言提纲。2019 年起，人民银行货币政策委员会每季度召开专家咨询会，本人多次应邀参加，提出政策建议）

对建设现代综合交通运输体系的建议

——参加全国人大财经委专题会议的发言要点

（二〇二一年五月七日）

2021 年 5 月 7 日，本人作为中国物流与采购联合会副会长参加了全国人大财经委（全称为全国人大财政经济委员会）组织召开的建设现代综合交通运输体系专题会议。会议听取了中国物流与采购联合会、国家发展改革委综合运输研究所关于人大财经委委托研究课题的汇报，讨论了财经委综合调研报告初稿。

建设现代综合交通运输体系是全国人大常委会今年的重点调研课题。为做好调研工作，人大财经委专门列出两个专项课题，中物联作为唯一的行业协会承担了"完善综合交通运输体系，促进现代物流业高质量发展研究"专项课题研究工作。综合运输研究所承担了"建设综合交通运输体系的体制机制研究"课题。财经委相关委员在听取课题研究成果汇报后，充分肯定了两家课题承担单位的研究成果，要求做进一步修改完善后精缩为摘要版提交全国人大常委会审议。

本人在发言时感谢国家最高权力机关对行业协会的信任和肯定，表示愿意为国家重大决策建言献策。就本次调研工作，本人指出，综合交通运输体系是物流业发展的重要依托，物流业高质量发展得益于综合交通运输体系建设。经过 40 多年的改革开放，我国综合交通运输体系建设取得了历史性成就，但也面临一些发展中的问题。从物流角度看，迫切需要突破体制、机制、税制和法制等方面的障碍。各地方、各部门、多种运输方式之间存在分割、封锁的体制问题；有效市场、有为政府和资源配置的市场化问题尚未真正解决，政府、行业、企业运行机制有待完善；物流业税负依然偏重，运输、仓储等各环节税率仍未统一，现行税制还不能适应"一体化运作、网络化经营"的需要；现代物流业是改革开放以来兴起的新兴服务业，法律条文分散、缺失，急需根据行业发展的需要，将物流业促进法等相关法律列入"十四五"立法计划。此外，本文还就最近在物流领域发生的一些重大事件，如粗暴执法、平台规范、"一箱难求"、车型标准化、苏伊士运河堵塞等事件发表了自己的看法，希望引起全国人大对物流安全、监管执法等问题的关注。

对推进智慧物流发展
建设现代物流体系的政策建议

（二○二一年十一月）

　　物流业是我国的基础性、战略性、先导性行业，也是保障现代流通体系建设，构建双循环新发展格局的基础支撑，是落实"双碳"目标，推进我国经济社会发展全面绿色转型的重要领域。智慧物流是运用智能软硬件及互联网、物联网、大数据、云计算、人工高智能等科技手段，实现物流各环节数字化、动态化、可视化、智能化管控，提高物流智能化决策和自动化操作能力，提升物流运作效率的现代物流模式。发展智慧物流是我国物流业高质量发展的必由之路，是建设现代物流体系的重要抓手，利于中国占据数字经济竞争新高地，维护数字化产业链供应链安全稳定。

　　近年来，党中央、国务院高度重视物流行业数字化、智能化发展。2015年，国务院推出《国务院关于积极推进"互联网+"行动的指导意见》，把"互联网+"高效物流列入 11 个重点领域。2019 年，国家发展改革委等 24 部门联合发布的《关于推动物流高质量发展促进形成强大国内市场的意见》明确提出"实施物流智能化改造行动"。2020 年，国务院办公厅转发《国家发展改革委 交通运输部关于进一步降低物流成本实施意见的通知》，明确提出"加快发展智慧物流"。习近平在第二届联合国全球可持续交通大会上强调："要大力发展智慧交通和智慧物流，推动大数据、互联网、人工智能、区块链等新技术与交通行业深度融合，使人享其行、物畅其流。"

中国物流与采购联合会综合调研了顺丰集团、中国外运、京东物流、满帮集团等80多家重点企业的情况。调研样本以珠三角、长三角、京津冀等地区的领先企业为主，也有陕西、四川、贵州等中西部地区的企业；有钢铁等领域的生产物流企业，也有快递等领域的生活物流企业；有各类物流服务企业，也有托盘等物流装备及科技企业。综合问题及建议如下。

一、影响智慧物流发展的突出问题

"十三五"以来，我国加速推进物流业数字化、智能化发展。智慧物流相关科技创新加速发展，物流新模式新业态不断涌现。同时，智慧物流发展仍存在诸多制约因素，物流数据开放共享不足、物流新型基础设施支撑不够，物流数智化发展程度仍不能满足一、二产业高质量发展需求及人民日益增长的美好生活需要。

（一）物流数据开放共享不足

由于物流行业条块分割的管理体制，实际交易和运行数据分散在多个政府部门，各类数据无法互联互通和共享互认，企业获得难度大。公安、交通运输等部门政府公共数据开放不足，造成网络货运、即时物流等信息平台对从业者安全筛查不足。互联网+物流相关平台企业相关数据产权不清晰，基本封闭在企业内部，既无法为政府监管、社会共治提供支持，也无法与供应链上下游企业实现合理分享和开发。部分物流企业在物流数据采集和使用中存在不规范行为，不利于物流企业充分利用大数据创新发展。航空货运企业和机场对业务数据管控严格，造成货站、货代与航司信息不联通，效率低下。

（二）新型基础设施支撑不够

物流园区/基地、港口码头、铁路场站、货运机场、物流仓库等传统物流服务基础设施的信息化建设尚不充分，不能有效满足智慧物流体系对互联互通、开放共享的数字化、智能化的发展需求。5G 网络、物联网、大数据中心、边缘数据中心等技术及通信底层基础设施建设，与物流业发展市场需求不匹配，制约智慧物流服务数字化、智能化、无人化发展。相关航空机场、仓储、运输等各数字物流系统之间未实现有效集成，航空物流资源难以得到高效配置，货物跟踪、仓储管理、运输管理能力均受到严重制约。

（三）智慧物流标准体系缺乏

智慧物流信息相关基础标准体系建设方面明显落后于市场发展，尚未建立智慧物流物联网的标准化 TCP/IP 协议体系。数智物流相关标准体系不完善，覆盖面不够，部分领域由于标准缺失已经严重影响消费者合法权益的保障，不利于优化营商环境。面单、运单、仓单、提单等物流衔接单证的电子化、标准化还有待各方协同推进。相关物流信息的标准化规范化水平较低，企业间难以进行有效数据交换，影响供应链条协同效率。国际物流领域科技应用水平不高，缺乏全球化标准互通和国际合作，不利于增强国际物流控制力。航空公司间数据格式不统一，各航空公司无法与海关总署、各地海关口岸、物流园区等各方数据直接连接，数据需经历多次迭代方可连接。在冷链行业中，各省市冷链食品外包装上加贴的"追溯码"无统一标准、各不相同，导致各地间编码无法互相识别，产品信息不能互联互通，企业操作难度大，信息孤岛普遍存在，同时造成编码资源的浪费。托盘行业，许多企业在应用国际统一编码体系如 GRAI（全球可回收资产代码）、SSCC（系列货运包装箱代码）等时，未能将这些编码体系的标准应用至其 IT 系统之中，其托盘编码都是根据自身系统参数而部署的，且部署位置各不相同，导致不同企业间的托盘无法共享共用。

（四）专业法律法规仍然滞后

部分法律法规不适应物流数字化、智能化、专业化技术带来的新模式、新业态的规范发展，缺乏对于物流数字化的底层法规制度设计。大型互联网平台企业滥用市场支配地位排除、限制竞争及侵害中小微企业的行为仍存在。数字化服务平台在交易安全、消费者权益保护、知识产权保护等方面仍待完善并落实法规。泄露用户隐私、刷单交易、价格欺诈、网络诈骗等问题时有发生，影响了智慧物流体系安全和稳定发展。

（五）智能科技及设备推广难

云计算、大数据、物联网、人工智能、区块链等新科技及相关新设备投入成本高、投入周期长，中小企业缺乏财力支撑，制约了大量企业数字化、智能化转型。物流产业链上下游及产业集群数字化发展不均衡、不完善，部分智能化设施设备使用受限，制约数字化协同倍增效应和集群效应，也影响物流企业推进数字化、智能化转型。

（六）深化"放管服"仍待协同

物流数智化转型涉及多部门，多部门的政策文件多次部署相关内容，存在整体性、协同性设计不足，政策碎片化问题；在落地层面，还缺乏具体的规划指导和落实举措。政府公共数据开放共享水平不高，数智化供应链协同发展缺乏顶层制度保障。部分领域存在多部门政策交叉，没有形成合力。各地出台的政策措施，也存在低水平重复建设问题。部分项目商业模式单一、价格战问题突出。在即时物流、同城货运等领域，部分互联网平台借助流量入口和垄断优势，在平台接入、交易等环节过度收取服务费，个体从业者的合法权益得不到有效保护。

（七）物流企业出现招工难

随着人口红利退潮，公路货运、快递、外卖及即时物流等劳动密集型物流领域普遍遭遇"用工荒"。中国物流与采购联合会《2021 年物流企业营商环境调查报告》显示，"招工难用工难"位居 2021 年中国物流企业面临的第三大困难之一。同时，以互联网为交易媒介的物流服务领域，缺乏专业人力资源支撑和配套人才体系建设，服务水平参差不齐，制约行业稳健发展。智慧物流发展所需要的综合性、混合型、国际化人才严重不足，特别是既懂得现代信息技术又懂物流专业的复合型人才紧缺。企业间对高端人才的争夺较为激烈。即时物流、网络货运等物流新业态从业人员权益得不到有效保障，撮合平台收费不透明，交易模式持续侵占司机权益。专业人才培训投入不足，科技创新缺乏必要的资金投入，影响物流企业创新的持续性和稳定性。

（八）物流数字安全影响问题

境外黑客网络攻击国际航空、海运等领域物流企业平台的情况时有发生。某大型航运企业北美公司曾经遭遇黑客攻击，虽然数据没有泄露，但由于遭到勒索病毒攻击，导致北美部分服务器受到影响。国外政府相关网络安全审查带来信息安全挑战，某国际航运企业集装箱船在境外相关国家停靠接受 PSC（海口国监督）检查时，多次被问及网络安全相关问题，并要求提供部分邮件截图和船舶网络安全风险管控策略信息。国外情报等机构通过间谍及咨询公司手段获取航运等物流数据。2020 年 1 月，国内航空公司信息系统遭到境外网络攻击。经深入调查，该攻击是由某境外间谍情报机关精心谋划、秘密实施的，攻击中利用了多个技术漏洞，并利用多个网络设备进行跳转以隐匿踪迹。2021 年 5 月，某境外咨询调查公司频繁联系我国大型航运企业、货代企业等管理人员，搜集我国航运基础数据、特定船只载物信息，并将其提供给境外间谍情报机关。

（九）物流生态圈建设不足

城市群及都市圈物流竞合发展缺乏有序规划引导，同质化竞争问题突出，不利于城市群及都市圈的物流一体化协同和前瞻性布局。物流集聚区，各参与环节痛点不同、协作度不高、数智化建设水平与能力参差不齐，各环节精益化能力参差不齐。缺乏龙头企业带动，难以形成产业集群，亟待物流与供应链平台龙头企业加强对生态圈的整合服务能力，构建起产业生态圈精益化管理体系。物流业与农、工、贸等产业联动不足，相关行业的物流外包程度相对较低，供应链融合发展不足。

二、推进智慧物流发展的政策建议

推进智慧物流发展，建设现代物流体系，坚持以市场为导向，以企业为主体，以数智化为方向，以提质、降本、增效为主线，推动物流质量变革、效率变革、动力变革，增强现代物流国际竞争力，构建高效畅通、协同共享、智慧安全的现代物流体系，支撑国内国际双循环新发展格局，为"十四五"期间我国经济社会发展注入新动能。

（一）加快推进数据开放共享

大力推进司法、公安、商务、工信等部门共同参与，强化数字交换及信息共享共用的底层法规建设。推动制定物流数据采集、传输、使用、共享、安全风险防范等相关标准，让物流信息平台与物流企业数据共享和交易有法可依。大力推进物流相关部门全口径信息共享，加强基础数据积累。消除部门间的信息孤岛，制定政府物流数据共享清单，促进公共数据开放和数据资源规范流动。围绕物流上下游，界定数据产权，加快物流数据的纵向互联共享。推进多式联运数据交换平台建设，构建公路、铁路、水运、航空及生产企业等联运信息交换平台，实现数据充分共享和高效协同。加快航空货运领域信息系统集成，强化货物跟踪、运输及仓储管理流程一体化和透明化。重点推动公安交管、交通运输等部门向货运平台开放有关证照和违法信息，将行驶证、驾驶证、交强险、车辆检测、交通违法、道路运输证、从业资格证、运输违章等信息与平台对接，提高平台证照验真能力和安全管理水平，降低安全和违法风险。

（二）大力推进物流新型基建

加快现代通信基础设施建设，推动物联网、云计算、大数据、5G 等技术在物流领域的应用普及，实现物流设备全面入网，打造"万物互联"的物流互联网，重点覆盖主要物流枢纽、通道和节点。加快智能交通运输基础设施建设，重点推进高速公路智能化升级改造，加快 5G、物联网、北斗导航等技术设备在高速公路及服务区的应用。加大无人驾驶货车的研发及应用，推进"智慧路+智慧车"协同发展。加快智能仓储设施建设，围绕主要商品集散地、消费地，加快智能云仓等基础设施建设，推动传统仓储设施向智能化、无人化、立体化方向改造升级。加快货运机场站坪车辆与设备的 RFID 管理系统、货物电子编码等技术的应用，建设安检信息管理、货物自动化测量等系统。基于港口、货运机场、铁路货场、物流园区等物流枢纽，部署物联网基础设施，包括 NB-IoT（窄带物联网）、LoRa（罗拉）等基础网络，构建物流数据通道并制定相关标准，实现各物流枢纽、节点间数据互联互通。进而围绕数据资产推动数字技术创新，打通数据生成—汇聚—交易—消费—应用全链条，培育物流数据驱动的新兴产业，形成开放共生新型数字物流枢纽经济。

（三）加强智慧物流标准体系建设

大力推进智慧物流新业态、新模式等相关标准建设，积极推进智慧物流物联网标准化 TCP/IP 协议体系，修订完善《网络平台道路货物运输经营管理暂行办法》。积极参与国际物流数字化治理，加强国际数字通关和标准互认合作，促进信息共享和执法合作，推进国际联运无纸化。通过与 IATA（国际航空运输协会）等行业组织合作，加快推动中性电子运单实施，加快航空货运数字化转型发展。支持推广中国的物品编码，组织研究机构、单位共同编制中国的物品编码，对物品编码的使用，少收费或不收费。建议政府统筹推进加大统一编码标准体系的执行程度，增强企业编码标准化意识。制定全国统一的冷链追溯编码标准和托盘编码及标识标准，引导企业遵循统一的编码及标识规范（包括编码规则、标识位置、数量及尺寸等要素），并真实、严格地应用于仓储、运输、配送等物流相关环节，打通城市、地区和企业间信息通道，避免智慧物流发展过程中供应链不同节点间因编码标识不统一而无法兼容识别的问题。帮助中小微企业全面使用物品编码，促进企业物流与供应链全面上云用数赋智。制定物流载具数据平台标准，规范企业间数据交换与共享规则。推进航空公司数据格式统一，促进航空货运公司与海关总署、各地口岸等方面数据标准化对接。深化货机航班、腹舱航班、卡车航班等不同运输方式之间的运输信息标准对接。

（四）完善智慧物流相关法规

完善数字化物流相关领域的法律法规和配套规章制度，强化保障数字交互共享的底层法规建设，提升数据治理水平。强化数据监管体系建设，提升各级监测平台的监管能力，保护市场主体和消费者权益。对在全国有较大影响、税务不规范的大开票平台进行联合打击，扭转网络货运行业的不良现象，让行业重新回归到以提供货运服务为主业的轨道上来。健全互联网货运匹配及撮合、交易安全、大数据应用、互联互通等方面的法规，营造公平、安全、有序的数字化物流市场环境。加大反垄断法执法力度，加快推动《关于平台经济领域的反垄断指南》的出台，避免龙头平台型企业利用市场支配地位获取不正当利益，抬升营销、交易等环节的成本。

（五）加大财税金融支持力度

发挥财政资金的引导作用，对物流基础设施数字化转型、智能化改造，以及物流大数据的开发应用、标准托盘和周转箱的推广应用等给予税收、资金等支持。简化物流设施数字化、智能化、节能改造等方面的审批手续，对新能源货运车辆给予新能源车专项补贴。鼓励金融企业积极开发风险可控的金融产品和服务，推动开展在线供应链金融业务。提高个体司机运输增值税、个税起征点，年营业额 150 万元以内免缴增值税，减半征收个人所得税。针对目前货车司机代开发票复杂的问题，简化代开票流程，凭车牌+营运证+收款凭证及金额开具，由货车司机根据实际情况选择从平台、税务局等合法渠道开具。基于网络货运和撮合交易等产业特征和发展逻辑研究增值税的相关制度创新，逐步替代地方政府扶持项目，明确推进财税制度，逐步将地方政府的财税奖补升级为增值税体系下的规范方式，进而逐步替代地方政府的奖补行为。

（六）创新探索监管共治体系

深化物流治理改革和服务型政府建设，升级物流相关的电子政务系统，搭建现代物流政务公共服务综合平台，推进数字化共治体系，探索责权明确、协同有序的共治机制。支持物流新科技应用和新业态、新模式创新，在发展初期采取包容审慎的监管方式，为智慧物流创新发展营造宽松环境。加强部门间的沟通协调，建立物流大数据共享共用协调机制，研究探索交通、商务、发展改革委、财政、市场监管、工信等行业部门，协同推进物流基础数据积累和大数据共享共用。针对物流设施智能化改造涉及的行政审批，政府相关部门应加强协同审批，加快物流设施数字化、智能化改造速度，加大改造深度。

（七）培育新型人才完善保障

加强智慧物流基础理论研究和教育培训，打造一批现代物流教学示范院校。推进现代物流职业教育，加大"政产学研用"协调发展，以工学交替、双元制、学徒制、半工半读、远程教育等多种方式培养智慧物流人才，提升传统物流企业人才素质。强化国际人才交流及海外实践，培养和吸引具备高尚职业道德、较高人文素养、通晓国际法规标准和领先技术技能的国际物流人才。强化用工社会保障，加强物流从业人员社会保障制度的落实。统筹考虑物流行业社保负担，切实降低社保缴费率。完善物流领域灵活就业人员社会保障制度，大力扩展工伤保险，鼓励企业加大智能物流设施设备投资力度，减少对人工投入的需求。允许无雇工的个体工商户和未在用人单位参保的非全日制从业人员以及在物流行业灵活就业的人员参保。

（八）强化物流数据安全体系建设

推进智慧物流核心技术自主创新和数字物流系统的国产化，加快物流数据收集、使用、传输、交换等过程的国产化技术替代和应用，加快推进国家北斗卫星导航系统在物流数据采集环节的应用，推进北斗系统国际化应用工作。加强对智慧物流与供应链数据安全建设的引导，引导物流企业积极运用区块链等技术，强化数据安全和保密能力建设。推动物流行业建立物流数据安全标准，根据行业细化管控要求，对数据分类分级及管控要求出台行业标准和具体操作、评估标准。确保物流终端设备安全，采用统一的安全管理标准管理终端；确保物流数据中心安全，建立统一的数据中心网络安全运营中心，确保数据传输安全，对协议传输业务数据采取加密措施，严格限制境内相关物流数据出境。确保信息系统安全，定期对网络和系统安全风险进行评估，及时发现数据安全风险。

（九）引导智慧物流生态圈发展

进一步推动制造业与物流业深入融合发展，强化在融合仓、信息网、供应链等方面的数字化融合发展。设立相关产业融合发展基金，协调政策性银行支持，重点对物流企业与制造企业共同投资兴建的融合仓、信息网、供应链的基础设施和信息系统等加大支持力度，引导制造业与物流业全面融合，提升供应链竞争力。积极发展智慧物流协同创新体系，搭建开放、共享、互动的科创中心，为智慧物流科技创新和应用提供支撑。推动政府加强政策引导、协会参与标准制定、院校和研究机构参与研发与人才培养、企业承载研发应用、用户参与需求引导，充分发挥协同效应，促进相关智慧物流科技应用普及和商业转化。

（此文提交中共中央办公厅）

深化"放管服"改革　优化营商环境

——在国务院办公厅职转办座谈会上的发言要点

（二〇二一年十一月三十日）

11月30日，本人参加了国务院办公厅政府职能转变办公室组织的深化"放管服"改革优化营商环境调研座谈会。座谈会由国务院办公厅政府职能转变办公室主任主持，中国物流与采购联合会、中国贸促会、全国工商联和中国企业联合会等部分重点行业协会代表参加了会议。会议听取了行业协会当前经营状况、遇到的困难问题、政策诉求等意见建议。

本人在发言中介绍了物流行业基本情况及对经济运行、民生福祉和社会稳定的重要作用，分析了今年以来物流行业运行基本态势。重点就当前行业面临的燃油价格涨幅过高、环保治理"一刀切"、货车司机等从业人员短缺、公路执法互认、物流业务各环节税率不统一、空车通行费收费不合理、物流用地难用地贵、物流行业账期长融资难等八个方面的问题进行了反映，并提出了具体政策建议。本人表示，中物联愿意积极参与国务院办公厅改革优化营商环境的推进工作，认真反映行业诉求，及时向政府提出政策建议，更好发挥政府和企业间的桥梁和纽带作用，为营商环境持续改善做出应有的贡献。

发挥工业品物流主力军作用

——参加工业和信息化部行业协会专题调研座谈会的发言要点

（二〇二二年四月八日）

4月8日，本人参加了工业和信息化部组织召开的部分行业协会专题调研座谈会。会议分析了当前的工业经济形势，研究了助企纾困、保持工业经济持续平稳增长的政策措施。中国机械工业联合会、中国钢铁工业协会、中国纺织工业联合会、中国物流与采购联合会的有关负责同志参加了座谈。

本人代表中物联发言时指出，工业品物流是社会物流的主力军，物流总额占社会物流总额的90%左右，生产供应链全流程的90%以上处于物流环节，对于维护产业链供应链稳定起着至关重要的作用。本文反映，今年3月以后，受国际形势动荡和国内疫情多发影响，我国物流业复苏态势受到严峻挑战。进入4月以来，形势更加严峻复杂，全行业遇到的困难前所未有，企业预期进一步下降。本人分析了当前影响物流业特别是工业物流运行的主要问题，包括道路通行不畅、油价快速上涨、国际物流供应链失稳、大宗商品保供出现物流瓶颈、部分物流节点设施关闭、中小微物流企业生存压力加大等。

结合行业调研情况和企业诉求，本人提出了以下政策建议：尽快疏通"堵点""卡点"，建立关键材料、重要产品物流需求企业"白名单"制度；启动成品油税费调节机制，阶段性减免缓道路通行、社保等收费，减轻物流企业税费负担；延长小微企业普惠贷款期限，小额贷款实行自动展期，启动小微企业和个体司机车贷延期还本付息政策；建立国际供应链物流预警和应对机制，推进人民币海运费的报价、支付和结算；鼓励大型国企、央企、民企资本合作，组建集贸易、生产、物流等功能于一体的"综合商社式"运营主体，增强国际供应链自主可控能力；支持重大物流基础设施建设，完善覆盖国内、连通国际的物流供应链网络体系；扎实推进现有各项惠企纾困普惠政策落地实施，针对物流行业实际，再出台缓解企业压力的针对性措施，以增强抗疫保供能力；建立和完善政府部门与行业协会之间的协同联动机制，加强分工合作，增强改善营商环境的合力等。这些意见和建议，得到了与会领导的充分肯定和积极回应。

落实政策　减税降费　全面推进复工达产

——在财政部宏观经济形势研讨会上的发言要点

（二〇二二年六月二十八日）

6月28日，本人在京参加了财政部宏观经济形势研讨会。来自物流、房地产、汽车、煤炭、电力、旅游、交通、中小企业等行业协会的代表以及财政部有关司局的负责同志参加了会议。会议通报了今年以来财政部相关财税政策措施的推进情况、取得的成效及下阶段的政策思路。参会代表交流了本行业上半年的运行情况、存在的问题和建议，以及国务院一揽子政策措施的落实情况和对下半年经济运行情况的预测预判。

本人代表中物联介绍了上半年物流行业的运行情况和存在的问题。本人指出，随着全国疫情逐步缓解，物流保通保畅和助企纾困政策同步发力，物流保通保畅工作取得阶段性进展。但物流行业仍然面临保供稳链、成本上升和资金短缺三重压力。本人指出，为实现党中央、国务院疫情要防住、经济要稳住、发展要安全的目标，下半年要重视以下三方面工作：一是加大力度，深入推进扎实稳住经济一揽子政策措施落地见效；二是加强督导，推动建立保通保畅长效机制，巩固政策成效；三是严格执行国务院联防联控机制疫情防控"九不准"要求，全面推进复工达产。

本人谈到现代物流的重要地位和作用时指出，现代物流设施是和城市供电、供水、供气设施一样的重要基础设施，是保障民生福祉的"生命线"，支撑经济发展的"先行官"。物流行业稳定运行涉及经济社会生活的方方面面，国家财政政策向现代物流业倾斜，可以起到"四两拨千斤"的作用。为此，本人提出了促进物流业稳步复苏、健康发展的八条财政政策建议：一是推行阶段性减税降费，进一步减轻企业负担；二是适当下调燃油消费税，分担油价上涨压力；三是物流企业仓储设施用地城镇土地使用税减半征收政策扩围并常态化；四是从低统一物流业务各环节增值税税率，适应现代物流全流程"一体化"运作的需要；五是为小微企业、个体司机纳税开票提供便利；六是加大财政资金对国家物流枢纽等物流基础设施建设的支持力度；七是研究建立常态化应急物流补偿机制；八是推动落实《保障中小企业款项支付条例》，缓解物流企业"垫付运费"的资金压力。

保供稳链 稳住经济大盘政策建议

——在国研中心保供稳链座谈会上的发言要点

（二〇二二年六月六日）

6月6日，本人参加了国务院发展研究中心（简称国研中心）以视频方式组织召开的畅通物流与稳定供应链座谈会。来自京东、永辉和G7等企业的高管和工信、商务、交通、邮政等部门的分管同志参会。会议围绕保供稳链、稳住经济大盘的主题进行了交流研讨。

本人在发言中就今年以来物流行业的运行情况、当前存在的问题，现有政策的落实情况，以及物流企业所做的贡献做了汇报交流，并就保供稳链、稳住经济大盘提出近期和长期14条政策建议。其中近期建议6条：一是加强督导检查，确保政策落地；二是优化通行管控，保持全网畅通；三是加快复工复产，网点应开尽开；四是推进减税降费，减轻企业负担；五是善待从业人员，提供正常生产生活条件；六是尽快启动消费，促进产业链供应链全链条复工达产。长期建议8条：一是重点降低燃油成本；二是持续降低通行成本；三是切实降低融资成本；四是研究降低税负成本；五是大力提升供应链韧性；六是加强物流基础设施网络建设；七是构建数字化智慧化物流共享机制；八是建立和完善常态化、现代化、法治化应急物流管理体系，并将其纳入国家总体安全发展战略全局。

共同营造良好市场环境

——在国家市场监管总局行业协会调研座谈会上的发言要点

（二〇二二年九月二十八日）

9月28日，本人参加了国家市场监管总局行业协会调研座谈会。来自商业、石化、轻工、有色、中小企业、房地产、连锁经营等行业协会的领导以及国家市场监管总局有关处室的负责同志参加了会议。

本人在发言中介绍了当前的物流业运行情况和物流企业的经营状况，以及今年以来国家出台的助企纾困政策的落实情况。本人指出，当前，随着国家稳经济一揽子政策持续发力，我国物流业正处于逐步恢复期。但是，受疫情多发频发高发影响，上游需求不足态势明显，物流行业恢复势头有所放缓，企业经营压力持续加大，物流业总体运行受到严峻挑战，产业链供应链安全稳定继续承压。本人列举了行业当前存在的主要困难，诸如保通保畅防疫难题、油价上涨难以传导、税费成本难以消化、违规经营冲击信心、公平竞争面临挑战、进城通行有待改善等。

为此，本人提出了相关政策建议：适当降低燃油消费税，实行油价运价联动机制，由国家财政、货主企业和物流企业合理分担油价上涨成本；从低统一物流业各环节增值税税率，支持物流企业一体化运作，网络化发展；物流企业和园区用电价格执行工业或民用电价，支持新能源车辆扩大使用；允许物流从业人员异地办理社保缴费，全国统一划转；统一物流行业企业监管执法、保险定损等行业标准，优化、人性化、法治化执法监管；住房公积金由缓缴改为阶段性免缴，缓解企业和员工缴费压力；进一步扩大高速公路差异化收费范围，吸引回程空驶车辆、快递车辆、车辆运输车、罐车等特种车辆回流，减轻企业通行费负担；优化配送车辆进城通行停靠和卸货作业管控措施，保障物流"微循环"畅通；继续深化落实各项援企纾困政策，按照党中央和国务院要求统筹疫情防控和经济社会发展，对层层加码、过渡防疫造成严重后果的地方部门和单位实施双向问责。与会领导对行业协会的诉求给予积极回应，希望行业协会深化对市场监管工作的了解和认识，充分发挥各自优势，紧密联系行业企业，提出有利于市场主体发展的政策建议，建立市场监管部门和行业协会常态化联系机制，共同营造良好的市场环境。

关于高铁货运与快递市场融合创新发展的建议

（二〇二二年十一月）

党的十八大以来，我国高铁建设飞速发展，运营里程跃升至世界第一。全国电商快递规模持续扩张，2021年全年快递件量突破1000亿件。高铁货运是电商快递的便捷通道，电商快递是高铁货运的巨大市场。大力推进"高快融合"，是物流行业贯彻落实党的二十大精神，加快构建新发展格局，着力推动高质量发展的具体措施。

第一，推动快递上高铁，可以安全、准时、便捷、稳定地运输，推动快递物流实现铁路价格、航空时效。"高快融合"，有利于物流行业提质提速、增效降本，推进高质量发展；有利于提升客户体验，满足人民群众对美好生活的向往；有利于加快全社会商品流通，培育全国统一大市场，支撑构建"大循环""双循环"新发展格局。

第二，高铁承运快递件，可以在中长距离（800~1500公里运距）运输市场与航空价格和公路时效形成强有力的竞争优势，为铁路部门增运增收。《"十四五"邮政业发展规划》显示，到2025年，预估快递行业营收将达到1.5万亿元，运输环节费用约为4500亿元。意味着高铁运输市场份额每提高一个百分点，就会带来45亿元的收入。

第三，发展高铁货运，有利于减少道路拥堵和污染排放。目前，公路运输约占快递运输市场份额的90%，航空约为9%，铁路占比还不到1%。推动

"高快融合"，符合《国家综合立体交通网规划纲要》鼓励交通与现代物流、邮政快递融合发展，支持发展高铁快运、高铁快递的政策导向；有利于推进"公转铁"，调整优化运输结构，推动铁路系统供给侧结构性改革；有利于充分利用铁路优势运能，减少道路拥堵和污染排放。

近年来，快递行业在高铁货运方面进行了有益尝试，但均为既有高铁客运动车组捎带模式，整列车载重只有500~800公斤，难以形成规模效应。从运能角度来看，高铁货运动车组短编组可载重84吨，相当于6架B737或3架B757全货机。由此可见，发展高铁货运潜力巨大、前景广阔。阻碍高铁货运大规模常态化运行的主要原因，在于铁路部门与快递企业尚未建立融合创新合作机制；客运站作业没有集货装卸物流场地和通道；全程运营缺乏专用车辆、集装化运载工具和相关的作业流程标准规范。

发展高铁货运是铁路与快递行业融合创新发展的必然选择。为此，我们提出以下建议。

第一，建立铁路部门与快递企业融合创新发展机制。建议铁路系统相关企业与快递行业龙头企业联合，按照市场化改革方向，以资本为纽带组建新的专业运营主体。充分发挥各自优势，从组织体系、设施设备、业务流程、标准规范、信息资源等全方位深度融合，实现风险共担、利益均沾，形成相互依存、共生共荣的融合创新体制机制。

第二，建议打造高铁货运综合物流节点。根据路网布局和货物流向，在都市圈和城市群设立高铁货运物流节点，综合考虑铁路、公路、航空等多种运输方式转运衔接、快递中转分拨、安检、装卸等功能。借鉴航空货运模式，结合高铁运行规律，在路侧附近建立综合快件处理中心，留足场地空间、配置必要设备，适应快递件快速装卸集散转运需求。

第三，开通客货兼容的高铁货运线路。随着路网规模不断扩大，高铁信号不断改善、运营技术不断提升，列车追踪间隔、维修天窗不断压缩，将有更多的线路和时间选择。综合考虑快递市场货物流向和铁路通道运输能力，建议优先选择京沪、京广和沪昆等线路开通若干货运通道先行先试，逐步扩容。

第四，研发高铁货运专用动车组及运载器具。采用新造和既有高铁客运车辆改造相结合的模式打造高铁货运动车组列车，适应高铁列车全货车运行需要。在保障货运安全的基础上实现批量化作业，同时考虑研制适应空铁、公铁、公铁空等多种运输方式无缝衔接的集装器具，创造多种运输方式联运转运一体化便利作业条件。

第五，制定高铁货运作业流程和标准规范。建议从试点示范起步，发现问题，积累经验，逐步建立起高快融为一体、多种运输方式兼容，资源整合、流程优化、网络协同的高铁货运作业流程和标准规范。

（此件报送国家发展改革委、国家铁路局等政府部门）

短期纾困　长远发展的政策建议

——在国务院参事室经济形势分析座谈会上的发言要点

（二〇二二年十一月三日）

11月3日，本人参加了国务院参事室组织召开的经济形势分析座谈会。来自钢铁、机械、建材、交通、纺织、煤炭、电力等行业协会的领导和专家以及部分在京参事、参事室特约研究员等参加了会议。

本人首先介绍了当前物流业的运行情况和特点，主要表现为需求收缩仍在持续、下行压力进一步加大、市场预期不足尚待扭转。本人突出反映了当前物流业面临的主要困难和问题，包括物流保通保畅形势有所反弹、油价上涨压力难以承受、应收账款问题未有缓解、公路超限运输出现反复、国际供应链韧性和安全压力加大、制造业物流短板还很明显、物流基础设施存在瓶颈制约、应急物流体系有待完善。

本人强调，2023年，是贯彻落实党的二十大精神的开局之年，也是"十四五"中期的关键一年。现代物流业在现代化经济体系中处于先导性、基础性、战略性地位，对于加快构建新发展格局，着力推动高质量发展具有无可替代的支撑和保障作用。本人指出，明年现代物流发展与经济大盘密切相关的重点工作有以下几点：一是加大对国家物流枢纽等基础设施网络体系的支持力度；二是深化物流业与制造业融合创新发展的促进政策；三是着力提升产业链供应链韧性和安全水平；四是鼓励现代物流新技术、新模式、新业态创新应用；五是推进多式联运和城乡配送高质量发展；六是把应急物流管理纳入国家应急管理体系。

针对当前物流行业存在的突出问题，本人提出了 10 点纾困建议：一是扎实巩固保通保畅成果；二是以"三方分担"方式消化油价上涨成本；三是推动 1000 亿元交通物流专项再贷款政策落地；四是减轻物流业应收账款负担；五是择机推进跨部门综合监管货车超限治理工作；六是合理降低物流企业税收负担；七是继续扩大高速公路通行费差异化收费范围；八是调整优化物流企业用电价格；九是物流企业员工社保缴费异地通办，职工住房公积金由缓缴改为阶段性免缴；十是扩大中小微企业享受房租减免缓政策覆盖范围，同时出台房屋出租单位减收降税配套政策。

部分参事、参事室特约研究员对有关问题进行了询问和沟通，并将就重点问题开展后续调研。会议主持人还就中物联提供信息获高层领导重要批示的有关情况做了通报，对中物联建言参政行动表示感谢并提出表扬。

参加国务院参事室金融形势
分析座谈会的发言要点

（二○二三年二月八日）

2023 年 2 月 8 日，本人在京参加了国务院参事室和人民银行参事室组织召开的金融形势分析座谈会。来自国家信息中心、银保监会、人民银行、房地产协会、建设银行、中银国际、蚂蚁集团等单位的领导和专家参加了会议。

本人介绍了当前物流业运行情况和特点，以及物流领域稳增长政策的落实情况。针对当前影响物流业恢复和健康发展的主要问题，本人提出了 10 条政策建议：一是采取得力措施，推进 1000 亿元交通物流专项再贷款政策落地落实；二是延续收费公路通行费减免优惠政策，深化高速公路差异化收费政策；三是改善物流从业人员工作和生活条件，缓解物流企业用工压力；四是加大物流基础设施支持力度，采取财政贴息等方式支持国家物流枢纽、示范物流园区、骨干冷链物流基地和城郊大仓等物流基础设施建设和改造；五是延续铁路集装箱回空优惠等存量政策，增强"公转铁"内生动力；六是以财政、货主和物流企业"三方分担"方式消化油价上涨成本；七是开发适合物流行业的金融产品，利用物流平台数据支撑，减轻物流企业应收账款负担；八是提倡"国货国运""抱团出海"，建立海外仓储物流网络，提升产业链供应链韧性和安全水平；九是深化"放管服"改革，进一步降低制度性交易成本，推进现代物流提质增效降本；十是把应急物流管理纳入国家应急管理体系。

部分参事对有关问题进行了询问和沟通，并将就重点问题开展后续调研。

参加交通运输部专题研讨会的政策建议

（二〇二三年三月十日）

3月10日，本人在京参加了交通运输部推动道路货运行业高质量发展研讨会。来自部分货运物流企业、行业协会和交通运输部科学研究院的代表参加了会议。与会代表围绕会议主题，就当前制约道路货运行业高质量发展的问题深入交流研讨，并提出了相关政策诉求。领导同志就有关问题作了现场回应。

本人首先概述了道路货运行业的地位和作用。道路货运行业供养1亿上下的人口，货车司机及相关从业人员近2000万人，每年创造约3万亿元的市场规模，完成了四分之三的货运总量，从业人员每天在500万公里的各种道路上奔波。道路货运行业是现代物流体系"基础"的基础，是"六稳六保"的重要支撑。

就道路货运行业高质量发展问题，本人提出了"四梁八柱"的初步想法：检验行业高质量发展的四条基本标准——安全、效率、成本和服务；要把握八个重点。

一是标准化供给。包括，推行车型标准化，整顿超限车；杜绝"零首付"卖车，管住车辆"入口"；清理"挂靠经营"，落实主体责任；从源头上缓解车多货少的突出矛盾。

二是一体化运营。包括，扩大多式联运，"一单制"，追求运输链条无缝衔接、全程最优；嵌入产业链、串接供应链，深度融入货主企业，通过全程一体化服务，降低综合物流成本。

三是差异化收费。包括，分时段、路段，分车型、货种，深入推进高速公路差异化收费。对于模块化汽车列车、新能源货车、邮政快递货车、多式联运接驳车等实行高速公路通行费长期优惠；对于返空车，罐车、车辆运输车等特种车辆实行不同优惠政策，吸引回流高速公路。

四是规范化监管。包括，发挥道路货运高质量发展部际联席会议机制作用，执行全国统一监管标准，制定"负面清单"；深化公路综合执法和联合执法，实现从职能部门"单打独斗"转变为多部门"协同监管""数字监管"；提升常态化监管水平，引导平台企业规范运行，持续健康发展。

五是数智化转型。包括，开展智能驾驶试点示范，鼓励物流企业和智能驾驶企业开展战略合作，重点推进高速公路场景试点。支持数字货运企业在引领发展、创造就业、国际竞争中大显身手。

六是网络化设施。包括，高速公路服务区扩围增能，增加物流服务功能，变为全国物流网络体系的重要一环；服务区与国家物流枢纽、货运场站等物流基础设施联网运行；在有条件的地方设立专用停车场、卸货点，方便货运车辆通行停靠和装卸作业。

七是绿色化升级。包括，支持鼓励新能源重卡投入商业化应用，建设油电气氢综合加能站；按规定淘汰报废高耗能车辆。

八是人性化政策。包括，从低统一物流业各环节增值税税率；对道路运输业务收入进项税允许加计抵扣；扩大物流仓储设施城镇土地使用税减半征收政策实施范围；物流业集团型企业实行统一缴纳所得税政策；以低息贷款、贴息贷款等方式支持货运企业和园区建设；探索适合物流货运企业的金融产品，缩短账期，减轻企业资金压力；降低燃油消费税税率，分担油价上涨成本；切实落实两个"毫不动摇"，简化个体运输业户办事手续，减轻税费负担；深化关爱卡车司机行动，维护司机合法权益，切实改善他们的生产生活条件，增强行业获得感、归属感。

中国外运、祥龙物流、德邦快递、盛丰物流、北京红通力拓、卡友地带、货车宝等有关企业参加了座谈，中国物流与采购联合会研究室相关负责同志陪同参加了会议。

即时配送行业的"导航器"和"安全阀"

——《关于促进即时配送行业高质量发展的指导意见》解读

（二〇二四年一月）

日前，国务院常务会议审议通过《关于促进即时配送行业高质量发展的指导意见》（以下简称《指导意见》）。这是国务院层面专门针对即时配送行业审议的第一个政策性文件。我的理解，这个文件是推进行业高质量发展的"导航器"，也是行业规范健康发展的"安全阀"。

一、顺应形势发展的《指导意见》

即时配送是指按照用户提出的时间、地点、品种、数量等方面的要求，通过网约平台和网约配送员即时进行点对点、无中转、即送即达的配送方式。它是现代物流发展的新模式、新业态，对于促进居民消费、稳定扩大就业、保障民生供应、满足人民群众对美好生活的需要发挥着重要作用。

近年来，即时配送行业高速发展，特别是疫情防控期间需求集中爆发，即时配送行业成为为数不多的继续保持高速增长的行业之一。旺盛的物流需求带动形成了一批全国领先、国际知名的即时配送企业，如美团配送、顺丰同城急送、达达快送、饿了吗等。初步估算，行业从业人员1200万人，市场规模超过2000亿元。预计2026年即时配送订单量将超千亿单，市场规模将达万亿元级别。2014—2022 年，订单量复合增长率超过 50%，进入高速发展期，我国已形成全球最大的即时配送市场。

即时配送的快速发展，已成为现代物流诸多细分领域中新的增长点，对促消费、稳就业、保民生发挥着越来越大的作用。疫情防控期间，商户纷纷转入外卖平台，即时配送保证了"闭店不歇业"。防疫政策转段后，越来越多的消费者养成了享受即时配送的习惯，推动着即时配送企业向全渠道零售快速发展。配送品类也从早期的餐饮外卖，拓展到生鲜、鲜花蛋糕、医药、服装鞋帽、3C 电子、美妆等。从"送外卖"转向"送万物"，从大城市到小县城，形成了遍布城乡的"最后一公里"物流网络。

凭借技能要求低、时间弹性大、报酬支付快等特点，即时配送成为吸纳灵活就业的重要渠道。部分刚毕业的大学生把即时配送作为就业前的"起步器"，来应付毕业后的房租、吃饭问题。部分失业人员也把即时配送作为再就业的"缓冲区"，缓解赡养家庭的压力。即时配送还是农民工转岗再就业的"稳定器"，初步估算七成左右网约配送员为进城务工人员。初步估算2023 年全行业服务用户规模接近 7 亿人，网约配送员供养人口不低于 3000万，由此带动的餐饮和零售业从业人员更是难以计数。即时配送服务千家万户，供养着万户千家，已成为关系民生福祉和社会稳定的重要行业。

即时配送行业快速发展的同时，也出现了一些矛盾和问题。比如，配送员的交通安全问题，违规违章事故屡禁不绝；食品安全和非餐物品的安全，甚至有非法传递违禁物品的现象；消费者、商家、网约平台、配送员之间的矛盾和纠纷时有发生；配送员社会保险机制不健全，劳动者合法权益得不到有效保障；等等。所有这些问题严重影响即时配送行业高质量发展，对社会稳定也带来一定影响。亟需装上"导航器"指明发展方向，配备"安全阀"保障行业规范健康有序发展。

二、《指导意见》顺民心、合民意

《指导意见》坚持以人民为中心的发展思想，统筹发展和安全，加快促进即时配送行业健康规范有序发展，是一个顺民心、合民意的好文件，是坚持人民性、政策性、系统性的"及时雨"。全文分为"总体要求""增强即时配送行业服务和带动能力""营造良好发展环境""完善即时配送行业管理"四部分、14条意见，涉及30多个政策点，体现了党中央、国务院对即时配送行业的关怀和重视。

《指导意见》的"总体要求"是：以习近平新时代中国特色社会主义思想为指导，深入贯彻党的二十大精神，完整、准确、全面贯彻新发展理念，加快构建新发展格局，着力推动高质量发展，坚持以人民为中心的发展思想，统筹发展和安全，加强对即时配送行业的政策支持和引导，完善行业管理，营造公平竞争的发展环境，保障消费者和网约配送员合法权益，促进即时配送行业加快健康规范有序发展，带动相关行业实现多方共赢，更好满足人民群众美好生活需要。

《指导意见》的第二至第四部分，是具体政策体现。其中，第二部分"增强即时配送行业服务和带动能力"讲了五点，是对行业发展方向的指引。一是充分发挥供需衔接与促进作用，二是更好发挥吸纳就业作用，三是加强技术和服务创新，四是推动行业绿色发展，五是完善收益分配和纠纷处理机制。第三部分"营造良好发展环境"的重点是创造条件、营造环境、支持发展，分为四点。一是便利经营主体市场准入和登记注册，二是完善即时配送便利化配套设施和条件，三是健全即时配送标准体系，四是纳入城市生活物资应急保供体系。第四部分"完善即时配送行业管理"，突出加强管理、综合治理、规范管理，统筹发展和安全，分为五点。一是强化食品和非餐物品安全管理，二是加强配送安全管理，三是建立服务质量监督机制，四是健全劳动权益保障机制，五是发挥各级工会和行业协会作用。

总览全文，《指导意见》体现了中国共产党以人民为中心的发展思想，以更好满足人民群众美好生活需要为出发点和立足点，以加快构建新发展格局、着力推动高质量发展为主线，把统筹发展和安全、统筹营造环境和规范管理、统筹消费者和网约配送员合法权益结合起来，既有支持和促进的政策，又有管理和规范的措施，政策指导和规范引领的作用明确具体。随着《指导意见》的出台和落实，装上"导航器"和"安全阀"的即时配送行业必将迎来规范健康可持续发展的新阶段。

三、推动《指导意见》落地落实

促进即时配送行业高质量发展，关系经济发展、民生福祉和社会稳定。各地区各部门都要建立健全工作机制，加强组织实施。《指导意见》明确要求，有关部门要根据职责分工明确责任、形成合力，细化实化相关政策措施；各地区要落实属地责任，明确任务目标，统筹考虑本地区经济社会发展和行业发展情况，结合实际加大支持引导力度，有效防范化解风险，解决行业发展面临的突出问题。

网约配送员是即时配送行业的主体，他们的劳动理应得到全社会的尊重，他们的合法权益理应得到切实保护。《指导意见》提出，即时配送企业要依法合规用工，根据用工方式与网约配送员订立劳动合同或书面协议，合理制定订单分派、计费标准、奖励补贴等规则，保证配送员能够取得合理收入。鼓励即时配送企业为网约配送员提供多样化的商业保险方案，提高职业保障水平。调整完善政策，优化流程，提高职业伤害确认、劳动能力鉴定、待遇支付的办理时效。面向网约配送员开展政策宣讲、权益维护、教育培训、技能竞赛、关爱帮扶、驿站铺设等工作。支持网约配送员参加全国性、地区性劳动模范等荣誉称号评选活动，增强网约配送员的职业认同感。加强舆论宣传引导，形成全社会关心关爱尊重网约配送员的良好社会氛围。

配送食品、非餐物品的安全和网约配送员的安全，是《指导意见》关注的重点。指导即时配送企业、餐饮类合作商户、网约配送员履行食品安全法律法规规定的义务，落实食品配送环节安全责任。加强非餐物品安全管理，严防违禁物品流入即时配送渠道。指导即时配送企业依法落实安全责任制，综合考虑工作时长、劳动强度等因素，合理确定配送时限和同时接单量上限。应用智能头盔等安全防范设备，规范网约配送员驾驶行为，提高配送环节交通安全水平，维护网约配送员人身安全。

调动各方面力量，形成促进即时配送行业高质量发展的合力。《指导意见》强调，探索符合即时配送行业特点的建立工会方式，支持各级工会提高服务联系网约配送员的水平。支持行业协会充分发挥桥梁纽带作用，畅通政企沟通渠道，及时反映即时配送企业和网约配送员的合理诉求，推动政策落地落实。建立健全行业自律机制，引导即时配送企业按照《指导意见》明确的方向，加快健康、规范、有序、可持续发展。

做大做优经济总量　做小做精物流成本

——对降低全社会物流成本的理解与建议

（二〇二四年四月二十三日）

前不久，习近平总书记在中央财经委员会第四次会议上发表重要讲话，强调物流是实体经济的"筋络"，联接生产和消费、内贸和外贸，必须有效降低全社会物流成本，增强产业核心竞争力，提高经济运行效率。这是有关物流的议题首次被列入中央财经委员会会议，把"降低物流成本"的范围扩大到"全社会"，提到产业核心竞争力和经济运行效率的高度。这可以被看作是近年来物流提质增效降本的"升级版"，具有重大而又深远的里程碑式意义。

我们通常所说的"物流成本"，一般是指社会物流总费用与 GDP 之间的比率。降低全社会物流成本，就应该从全社会、全要素、全链条系统考虑，从经济总量和物流成本双向发力。

一、调结构，做大做优经济总量

党的十八大以来，随着经济平稳增长，政策持续发力，现代物流提档升级，我国社会物流总费用与 GDP 的比率由 2012 年的 18% 降到 2023 年的 14.4%。下一步有效降低全社会物流成本进入"深水区"，不仅要在"物流端"发力,也要做好"需求端"文章,从产业链供应链入手,系统考虑顶层设计、结构调整。

其一,发展新质生产力。大量运用大数据、人工智能、互联网、云计算等新技术与高素质劳动者、现代金融、数据信息等要素紧密结合而催生的新产业、新技术、新产品和新业态被称为"新质生产力"。近十余年产业变革孕育兴起的新一代信息技术、人工智能、生物医药、新能源、新材料等战略性新兴产业,还有类脑智能、量子信息、深海空天开发、氢能与储能等产业,相较于传统产业附加值高、物流量小,所需物流成本低,在 GDP 中的占比越来越大。大力发展战略性新兴产业和未来产业,可以大幅度减少物流作业规模,有效降低全社会物流成本。

其二,优化区域产业布局。随着国家物流枢纽布局和建设,枢纽经济、临空经济、临港经济发展,物流活动越来越向原料的生产地、商品的消费地和货物的转运地集中。按照现代物流发展规律,调整优化区域产业布局、培育发展枢纽经济、壮大完善产业集群物流配套、建设城市群和都市圈、设立流通战略支点城市、打通重要商品骨干流通走廊、推动产业链聚集,可以大幅度缩短供应链空间距离,从而有效降低全社会物流成本。

其三,扩大生产性服务业。第二产业所需的物流成本大于第三产业,第三产业每增加 1 个百分点,社会物流总费用与 GDP 的比率大约可降低 0.3个百分点。这也是发达国家物流费用相对较低的一个重要原因。近年来,我国第三产业规模扩大,但生产性服务业仍然有待进一步发展。鼓励制造业企业分离、分立物流部门,剥离释放物流功能,按照市场化原则,发展专业化、社会化物流企业,是提高物流效率、有效降低全社会物流成本的一个重要途径。

其四,改变产品形状设计思路。产品从生产到终端消费绕不开物流环节,形状设计应考虑到物流适应性。千奇百怪、形状各异的产品浪费运输、配送和储存空间,增加了无效物流作业,必然带来社会物流成本上升。从产品设计源头开始，考虑运输、仓储、配送、销售、售后等过程中的物流适应性非常重要。要改变设计思路，"为物流设计"。产品外形的规格尺寸与产品包装要适应运输、储存、配送、装卸、搬运、堆码和信息感知的需要，从而推动物流全链路提质增效降本。

其五，促进产业链供应链深度融合。产业链供应链是现代物流的需求基础，离开了产业链供应链，现代物流将成为无源之水。现代物流必须打破企业边界，深度嵌入产业链，构建集采购、生产、销售和回收为一体的供应链服务体系。鼓励现代物流与供应链企业与生产制造和商贸流通企业建立战略合作伙伴关系，设计采用一体化、柔性化、智能化供应链解决方案。

二、促改革，做小做精物流成本

目前，简单地降低物流服务价格已无发展空间，而整合资源、调整结构、优化流程、压缩流通环节、加快库存周转、发展共享物流等物流新模式大有潜力可挖。

其一，做小总量规模。2023 年，我国社会物流总额为 352.4 万亿元，按可比价格计算，同比增长 5.2%，单位 GDP 物流需求系数（每一单位 GDP 所需物流总额）已由 2012 年的 3.3 降至 2.8，为近年来新低，这也是社会物流总费用与 GDP 的比率逐步降低的重要原因。我国地域辽阔，各地资源禀赋差异较大，西煤东运、北粮南运等大运量、长距离运输，是总体上推高物流成本的客观因素。针对此，要建设坑口电站，变输煤为输电；大力发展风能、太阳能、水能、生物质能、地热能、海洋能等可再生能源及核能等新能源，减少煤炭开采和运量；在产地进行粗加工，将原粮变成品、毛菜变净菜、原木变板材，不使无用的"废料"进入物流环节，减少无效运输、迂回运输，降低物流成本。

其二，发挥网络效应。京东、顺丰、日日顺等头部物流企业网点遍布全国，可以把千家万户分散的需求集中起来，通过全国性网络实现规模化集约化作业。点线网无缝衔接、统一调度、一体化运作、网络化发展是头部物流企业的核心竞争力。目前，125 个物流集聚区已被纳入国家物流枢纽建设名单，遍布全国 31 个省、自治区、直辖市。国家级示范物流园区、国家骨干冷链物流基地、各地城郊大仓、各类货运场站等物流基础设施信息联通、业务协同，发挥网络效应，对于降低全社会物流成本意义重大。

其三，压缩流通环节。建立全国统一大市场，打通阻碍商品流通的堵点卡点。发展数字化的商贸物流，推动电商物流发展，通过完善的物流网络实现产品从生产制造到消费者的直接连接，有助于降低社会物流成本。鼓励农超对接、农商互联的农产品供应链创新，"菜园子"直通"菜篮子"。推广制造业服务化创新，促进现代物流业与先进制造业深度融合，通过压缩流通环节，提高流通效率，降低物流成本。

其四，加快库存周转。2023 年，我国社会物流总费用中的保管费用（6.1 万亿元）与 GDP 的比率为 4.8%。库存量过大不仅增加仓库面积和保管费用，占用流动资金，加重利息负担，还会造成产品损耗。加强销售预测、订单管理，推行供应商管理库存、循环取货等管理模式，提高库存管理水平，可以消除低效库存、实现"零库存"，降低保管费用，节约流动资金，进而带动全社会物流成本降低。

其五，调整运输结构。铁路、水路适合大批量、长距离运输，铁水联运、多式联运成本低、污染少。一是深化铁路货运市场化改革，推动公路货运市场治理和改革，因地制宜推进"公转铁""公转水""散改集"，以价格导向形成运输结构调整的内生动力。二是按照市场化原则，培育多式联运经营人，健全标准体系，提高集货能力，推行"一单制"物流，形成多式联运组织体系。三是推动船、车、班列、港口、场站、货物等信息开放共享，实现到达交付、通关查验、转账结算等"一站式"线上服务。

其六，发展共享物流。任何一家企业都不可能"包打天下"，联合共享、合作共赢是必由之路。通过共享物流资源实现优化配置，从而提高物流资源使用效率。组织多家供应商对一个接货点或一个中转地对多个收货点的共同配送；一间仓库可由多家企业分时段租用，或多家企业共享分处各地的仓库；网络密度不同的两家或多家企业共享网络，尤其是国内偏远地区和国外的网络；还有设施、设备共享等，通过共享物流资源，达到降低成本的目标。

三、优环境，形成统一高效、竞争有序的物流市场

降低全社会物流成本，有赖于统一高效、竞争有序的物流市场建设，离不开适宜的政策环境。党的十八大以来，党中央、国务院重视现代物流发展，深化"放管服"改革，破解了许多政策瓶颈，但仍有一些政策方面的堵点卡点需要进一步突破。

第一，调整税收政策。建议从低统一运输、仓储等物流环节增值税税率，支持现代物流一体化运作、网络化经营基本运作模式。切实解决网络货运平台企业进项税额抵扣不足问题，支持平台化、数字化物流创新业态发展。取消储存品种和物流企业独立法人限制，将物流仓储设施土地使用税减半征收政策扩围并常态化执行。允许集团化经营大型物流企业，在全国范围内统一汇总缴纳所得税。

第二，推进高速公路收费方式改革。适当延长收费年限，降低当期收费标准。实行差异化收费，对于空车、夜间行驶车辆，以及合规的轿运车、集装箱卡车等给予通行费优惠，吸引更多车辆回流高速公路。鼓励有条件的地方政府回购城市周边繁忙高速公路经营权，减轻企业通行费负担。支持高速公路服务区开展物流服务，增加高速公路经营企业收入来源。

第三，消除各种类型的地方保护。清理规范各地排他性、歧视性"土政策"，提高执法的统一性、权威性。统一执法标准和程序，规范执法行为，

减少自由裁量权，促进公平公正执法。加强对平台经济、共享经济等新业态领域不正当竞争行为的治理，鼓励跨行政区域联合发布统一监管政策法规及标准规范，杜绝"以罚代管"，形成统一高效、竞争有序的物流市场。

第四，持续深化公路超限超载治理。巩固轿运车治理成果，尽快启动超长低平板半挂车和超长集装箱半挂车治理工作，禁止套牌、临牌车进入普货市场。优化落实车型标准化、集装单元化，据实修改车型标准，归并车型种类。全面推广物流包装模数，促进包装箱（筐）、托盘、周转箱（筐）、集装箱、货运车厢、内河船舶船型等物流装载单元标准衔接，推动装载单元一贯化运输。发展可交换箱体和模块化汽车列车，在指定道路开展双挂或多挂汽车列车试点。

第五，为配送车辆进城通行停靠装卸作业提供便利。大部分城市对进城货车实现通行证管理，迫使许多无法取得证件的车辆非法改装，冒着被罚款扣分的风险违规进城。城区内缺少停靠作业场地和接卸设施，"停靠难""卸货难"问题突出。配送车辆进城装卸作业是刚性需求，"物流"和"人流"同等重要。建议取消通行证管理，分车型、路段和时段为进城货车提供通行便利，建立"物流友好型城市"。加强配送车辆停车场地和设施设备布局建设，缓解物流配送"最后一公里"难题。

第六，减少行政性审批证照。近年来，政府有关部门减少行政性审批、减证合照取得重大进展，物流企业正常经营所需证照大幅减少，但还有一些重复审批、重复发证现象存在。比如，普通货运车辆既要行驶证，还要道路运输证，货车驾驶员既要驾驶证，还要从业资格证，这与一项工作两个部门分管的体制有关。建议改革体制，避免重复发证。

第七，加强物流用地保障。完善物流设施专项规划，重点保障国家物流枢纽等重大物流基础设施的合理用地需求。对物流用地实行强制规划、用途管制，建设规划必须留足物流用地，无论政府还是企业都不能随意变更，确保物流用地规模、土地性质和空间位置长期稳定。创新物流用地模式，支持物流仓储用地以长期租赁或先租后让、租让结合的方式供应。鼓励地方政府盘活存量土地和闲置土地资源用于物流设施建设。支持物流企业利用自有土地进行物流基础设施升级改造。支持依法合规利用铁路划拨用地、集体建设用地建设物流基础设施。

第八，加大投融资政策支持力度。发挥预算内资金、长期国债等的引导作用，吸引社会资金，扩大现代物流硬件和新基建投入。鼓励银行业金融机构创新物流金融服务产品，推出应收账款、动产质押融资和供应链金融产品，让更多的物流企业享受到创新金融产品和优惠政策。针对大型物流企业、制造企业在大型专用船舶投资建设、海外枢纽节点基建投资、国际物流大通道航线开辟等方面的融资需求，加大超长期资金支持。

第九，有序推进物流数据信息开放。建立国家物流基础数据公共信息平台，全面联通公路、铁路、港航、航空、海关等部门的实时物流数据，打造公益性的全国物流信息基础设施。依托国家物流基础数据公共信息平台，为骨干物流与供应链综合服务企业提供基础数据信息服务。

第十，开展《现代物流促进法》立法前期研究工作。把这几年行之有效的政策措施，以法律的形式固定下来，促进现代物流持续稳定健康发展，为物流强国建设提供法律保障。

（本文缩编后刊于二〇二四年五月二十二日《人民日报》第 18 版，题目改为《物流降成本要从供需两端发力》）